U0905529

2018

中国农垦统计年鉴

CHINA STATE FARMS STATISTICAL YEARBOOK

中华人民共和国农业农村部农垦局
中国农垦经济发展中心 编

中国农业出版社
北京

《2018中国农垦统计年鉴》编辑委员会

2018 ZHONGGUO NONGKEN TONGJI NIANJIAN BIANJI WEIYUANHUI

《2018中国农垦统计年鉴》编辑人员

2018 ZHONGGUO NONGKEN TONGJI NIANJIAN BIANJI RENYUAN

主　　编：叶长江

副 主 编：武新宇　王　生　刘琢琬　程维歧

编辑人员：（按垦区顺序排列）

王宏伟　李少川　王　伟　高保萍　吕　红　韩　军　李美祎
张　斌　沈轶敏　端　静　李　露　闫崔峰　黄榕彬　万燕燕
段恩来　贾永平　张　家　罗超意　古夏宇　韦汉东　梁园园
严　凌　徐　东　赵　颖　周　力　于智勇　张　程　王　雪
普秀红　陈　宁　邓康处　闫香国　欧春莹　谭　华　姜丹丹
张若凡

数据处理：程维歧　张若凡

审　　核：刘琢琬

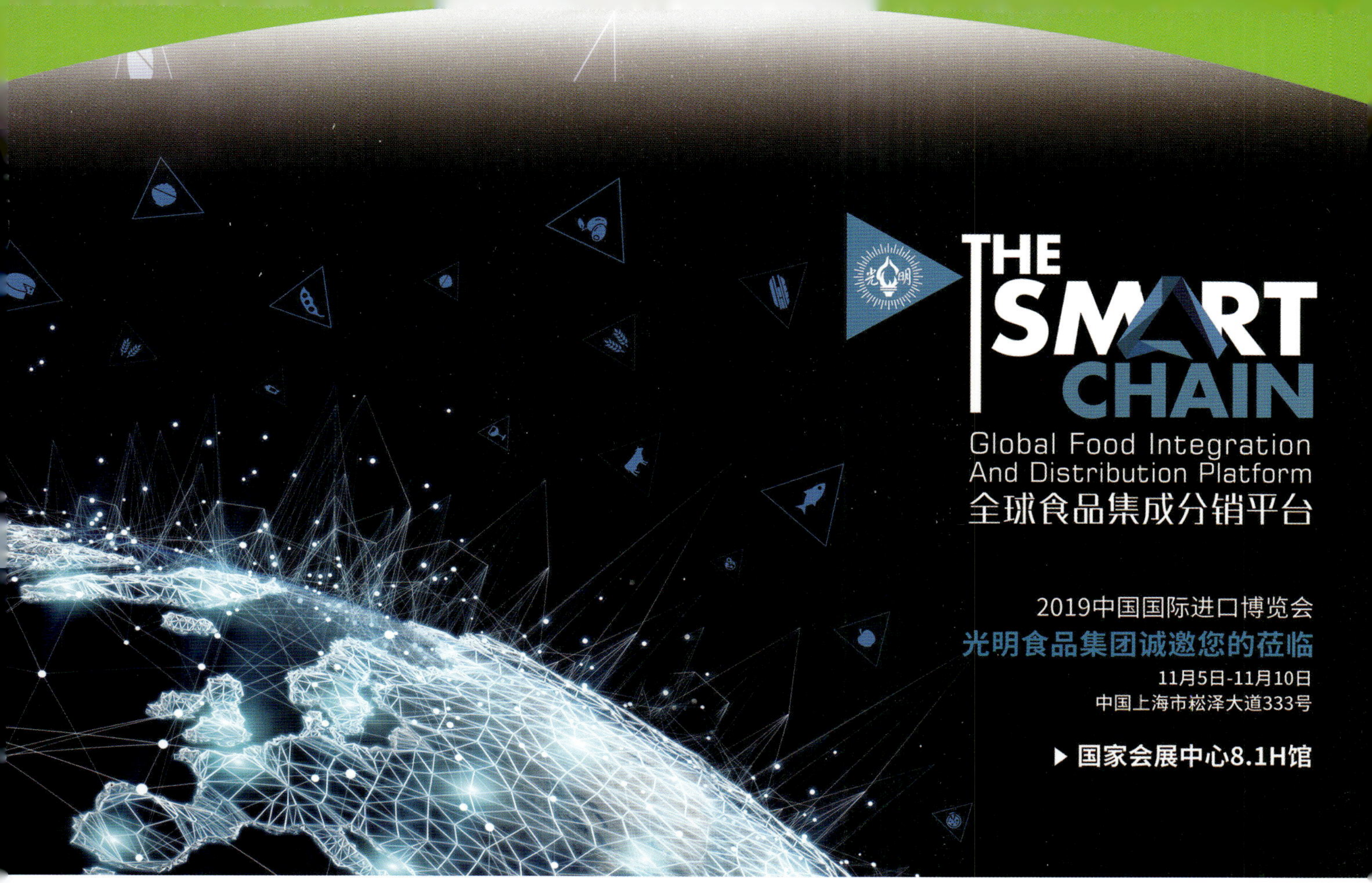

光明食品（集团）有限公司是集现代农业、食品加工制造以及食品分销为一体，具有“从田头到餐桌”完整食品产业链的综合食品产业集团。目前已形成以乳业、肉业、糖业、粮油、蔬菜、水产、现代农业和食品零售等食品主业为主体，地产物流和金融为两翼的“一体两翼”产业结构，2018年实现营业收入1 580亿元。

光明食品集团围绕“五年再造一个光明，十年构建实力光明”的战略目标，以满足市民日益增长的美好生活需求为己任，切实保障各类农副产品供应的量足价稳，坚定不移走高质量蛋白质发展道路；以建设“产业先进、环境优美、生活优越”的殷实农场为抓手，主动融入崇明世界级生态岛建设和中国花博会筹办，打造光明田缘，实施沃土工程、重构农业服务体系；举全集团之力参与首届中国国际进口博览会，打造“全球食品集成分销平台”，组织20个国家和地区的近60家海外知名企业参展，完成20亿元的订单；深入云南、贵州等地区开展精准扶贫，“云品入沪”“遵品入沪”惠及了边远贫困地区建档立卡的万名贫困户；坚持践行“爱与尊重”的光明文化和“员工第一”的价值理念，宣传、弘扬劳模精神、工匠精神。2018年，集团全面加强党的建设，保持经济平稳健康发展，集团排名上海百强企业第八名，中国企业全球化50强。

泛玉298

苗齐、苗匀、苗壮

抗旱、耐涝、适应广

耐高温、不易花粒

穗大

粒深

产量高

抗病、抗倒、活秆成熟

脱水快、宜机收

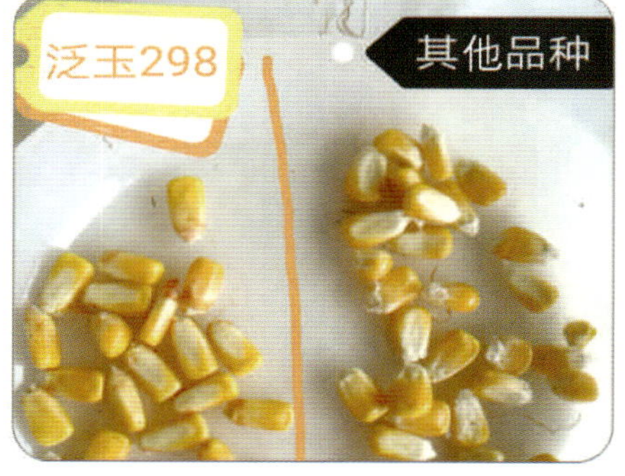

粒黄、质优、好卖粮

栽培要点:

抢茬播种：黄淮海夏玉米区建议5月下旬麦垄点种或6月上旬麦收后足墒直播，一般田块4 000株/亩，高肥水田块4 500株/亩。

种植模式：宽窄行种植，宽行80cm，窄行40cm；等行距60～65cm，株距25～28cm。苗期注意增施磷钾肥提苗，拔节期重施拔节、孕穗肥，花期轻施粒肥，注意防治玉米螟并适时化控。适期晚收，包叶发黄一周后收获。

首农
SUNLON
北京首农食品集团有限公司资产、营收双超千亿元，员工近6万人，所属企业500余家，其中中外合资合作企业30余家，境外公司10余家，上市公司2家，农业产业化国家重点龙头企业8家，位列中国企业500强。
集团产业横跨农牧渔业、食品加工业、商贸服务与物产物流业，覆盖米面油、肉蛋奶、酱醋茶、糖酒菜等全品类食品，涉及种植、养殖、仓储、加工、贸易、配送、销售等各个环节，形成从田间到餐桌的现代食品产业体系和一二三产融合发展的全产业格局。
集团持有15个中国驰名商标，24个北京著名商标，18个北京老字号，13个中华老字号，月盛斋酱烧牛羊肉制作、六必居酱菜制作和王致和腐乳酿造3项技艺入选国家级非物质文化遗产保护名录。2018年，“首农”“三元”“古船”品牌价值分别达到408.66亿元、199.52亿元、102.08亿元。
集团在育种领域具有全国领先的技术优势和产业优势，种鸭规模、蛋鸡制种规模世界领先，自主培育的“京”系列蛋种鸡，是我国不依赖进口的高产畜禽品种；种牛规模全国领先，“中育”配套系种猪、北京黑猪、北京油鸡等一批具有自主知识产权的良种品牌，共同打造了畜禽种业的中国“芯”。
紫合伊甸园
现代化牧场
现代化生产线
北京首农食品集团有限公司
BEIJING CAPITAL AGRIBUSINESS & FOOD GROUP

统筹谋划促转型　克难攻坚抓落实

宁夏农垦谱写新时代改革发展新篇章

2018年，在自治区党委、政府的坚强领导下，在自治区国资委等有关部门、市县区的大力支持下，宁夏农垦深入学习贯彻落实习近平新时代中国特色社会主义思想、党的十九大和习近平总书记来宁视察重要讲话精神，认真落实自治区第十二次党代会部署要求，坚持稳中求进工作总基调，深入贯彻落实新发展理念，统筹抓好稳增长、促改革、调结构、惠民生、防风险各项工作，为打造“实力强、产业优、职工富、农场兴、生态美”的新农垦奠定良好基础。

坚持市场导向，综合实力明显增强

2018年，集团资产总额达到168亿元，实现营业收入27.2亿元，利润1.2亿元，职均收入4.1万元。四大支柱产业健康发展、持续壮大，粮食年总产38万吨以上，用占全区3.6%的耕地和2%的农业劳动力生产出全区10%以上的粮食；新建万头奶牛场1个，奶牛养殖由2.7万头增加到4.3万头，鲜奶生产量占全区的1/10，牧业年利润占集团总利润的一半以上；葡萄酒加工能力占全区近1/2，以销定产、产能匹配的发展模式初步形成；旅游业困中求变，房地产“去库存”成效明显，新建楼盘热销。盈利企业逐年增加，亏损企业明显减少，整体呈现了稳中有进、稳中有增的良好势头。

坚持转型升级，优势产业快速壮大

坚持以农为本、聚焦主业，优化产业布局，培育壮大龙头企业，着力推进企业转型升级，产业发展方向更加明晰，集聚效应初步显现。种植业特色彰显。稳定粮食种植面积，大力发展特色优势产业，以优质粮食、优质牧草、现代种业、特色经果林、绿色果蔬为主的特色种植格局基本形成，加强“三品一标”认证和农产品质量追溯体系建设，农产品质量不断提高。现代牧业扩规增效。坚持奶肉一体化发展，新建太阳梁万头奶牛场，规模化牧场达到15个，年产鲜奶21万吨，单产处于全国领先水平。“灵农”鲜猪肉获最具影响力的特色产品。建成封闭式有机肥料发酵车间，贺兰山生物肥料获生物有机肥资质证书。葡萄酒以销定产。稳定葡萄种植面积，推行标准化管理，11个标准园入选自治区级优质葡萄园，葡萄基地的品质和效益不断提升。加快新品研发，葡萄烈酒和白兰地新品实现批量生产，填补了贺兰山东麓产区的空白；成功研制钙果酒，引领特色健康产业发展。加大市场开拓力度，整合规范品牌品系，区内外产品铺市终端达6 200家，品牌形象店546家。服务业困中求变。聘请加拿大ALD设计事务所、深圳华侨城，制定沙湖旅游开发详细规划，启动实施以“东线生态体验、中线亲水观光、西线休闲度假”为主的旅游项目，景区形象有了明显改善。房地产累计销售商品房3 000余套35万米^2。勘测设计院实现设计、监理、招投标代理等多元化发展；金控公司、电商等业态健康发展；宁垦农庄有效发挥“吃放心食品找宁夏农垦”的窗口作用。

坚持深化改革，体制机制更加完善

坚持市场化、企业化、集团化改革方向，具有企业特质的体制框架基本建立，各司其职、各负其责、协调运行的法人治理结构基本构建。科学制定发展战略、“十三五”规划、“三年滚动”计划和产业发展规划，确立了“宁夏农垦 引领健康生活”的战略使命。将原集团公司50个子公司和农场，合并重组为30个全资（控股）公司、5个参股公司，自主经营、独立核算、自负盈亏的经营管理模式基本建立。积极推动关联产业资源

整合、联动发展。推行薪酬与绩效挂钩的激励约束机制，“干好干坏一个样、干多干少一个样”的局面已经打破。创新土地经营管理，开展土地托管、租赁经营25.6万亩，实施“五统一”管理，促进企业增效、职工增收；加快土地确权办证。加强与银川市等市县区合作，垦地协同联动发展迈出新步伐。

坚持依法治企，管理水平不断提高

坚持用制度管人管钱管事，清理废止制度50余项，新建完善200余项，初步建立了符合现代企业管理和农垦实际的制度体系，确保企业有序、协调、灵活、高效运行。规范决策运行机制，严格执行“三重一大”决策机制和议事规则，确保决策的科学性和严肃性。建立健全集团公司总法律顾问制度，全面推行三项法律审核，规章制度、经济合同和重要决策审核全覆盖。

坚持生态优先，垦区环境持续改善

认真贯彻落实中央环保督查“回头看”问题整改及自治区领导现场督办会议精神，累计投入3.2亿元，全面完成沙湖生态治理及景观修复7大工程，实施了沙湖大道绿化、沙生态修复、景区环境绿化美化和骆驼场搬迁等13项重点任务。2018年，沙湖水质全年稳定在Ⅳ类标准，水质治理初见成效。认真落实“河长制”，着力实施化肥、农药零增长行动，配套推广水肥一体化、测土配方施肥、病虫害绿色防控统防统治等技术，开展秸秆资源化利用等工程措施，减少化肥使用量10%以上，农业面源污染有效控制。坚持“源头减量、过程控制、末端利用”，实施养殖粪污零排放，推进畜禽粪污综合利用和无害化处理，发展草畜一体、循环农业。

坚持履职尽责，国企作用有效发挥

紧盯国家和自治区政策导向，加强农业基础设施建设，建成高标准农田47万亩，发展高效节水灌溉26万亩，垦区农业综合生产能力不断提高；2018年，职工收入达到40 933元，年均增长10%以上。承担建设了3期8个生态移民区，安置了9 061户43 715名移民，提供土地11.45万亩，全部移交属地政府管理；积极推进农场办社会职能移交，14个农场承担的社会管理和公共服务职能整体移交属地政府。着力解决农业职工社保问题，制定出台指导意见，积极落实减灾救灾政策，帮助受灾职工度过难关。坚决遏制农地非农化，全面开展垦区“大棚房”问题专项清理整治。落实脱贫富民战略，包扶帮扶彭阳、西吉等地6个贫困村，实施“五帮一扶”精准扶贫措施，积极培育“造血”功能。

坚持从严治党，党的建设全面加强

认真贯彻落实党的基本理论、基本路线、基本方略，把党的领导融入公司治理结构，党组织作用有效发挥。全面推行党组织书记、董事长（场长）“一肩挑”，提高党建绩效考核权重，“两个责任”有效落实。党的群众路线教育实践活动、“三严三实”专题教育和“两学一做”学习教育常态化制度化成效明显。规范理顺党组织关系，将56个基层党组织，规范调整为30个基层党组织，286名党员移交到地方党组织管理。完成基层党组织选举换届，召开了集团公司第一次党员代表大会，绘就了今后五年改革发展蓝图。坚持党管干部原则，严格执行国企干部选拔任用标准和选人用人程序。深入开展巡视反馈意见整改落实，研究制定了“1+3+1”整改方案，明确了责任领导、责任部门、主要措施、完成时限。在全区率先开展内部巡察，下狠心惩治腐败，下决心纠正不正之风；深入开展违反中央八项规定精神突出问题专项治理，发现的6 603个问题全部整改到位，清退追缴违规资金325.07万元，问责处理472人。党员干部“四个意识”不断增强，正能量在提升，精气神在凝聚，风清气正的改革发展环境逐步形成。

内蒙古农垦

内蒙古农垦现有104个国有农牧场，分布在10个盟市、46个旗县区(市)。现有土地面积约6 000万亩，其中耕地990万亩，草原3 600万亩，林地370万亩。垦区总人口49.5万人，在岗职工近10.7万人，企业离退休人员6.1万人。2018年实现生产总值128.68亿元，人均纯收入15 313元。

种植业发展平稳。通过结构调整，发展设施农业，开展科技培训，推广保护性耕作和节水灌溉技术，扩大了测土配方施肥等增产新技术应用面积，农作物总播种面积达到683.54千公顷(含租赁面积)，产量205.96万吨，油料产量26.85万吨，分别居全国农垦前列。农业生产条件进一步得到改善，加大了机械化作业面积，耕种收综合机械化率达93%。

畜牧业生产方式得到转变。分散饲养逐步转变为规模化、标准化养殖，形成规模养殖基地；特色养殖发展较快，通过实行“科研单位+龙头企业+养殖户”的合作模式，垦区肉羊、肉牛产业链条得以延伸，增强了农牧民的抗风险能力。牧业年度牲畜存栏为321.87万头(只)，肉类总产量8.28万吨，牛奶产量21.95万吨。肉类总产和牛奶总产量居全国农垦前列。

天津食品集团有限公司

天津食品集团是2015年3月经天津市委、市政府批准，由原市农垦集团、二商集团、粮油集团和立达集团整合重组的国有法人独资公司。集团重点产业包括现代农牧渔业、食品生产加工业、仓储物流及贸易服务业、房地产开发业。集团正积极推进百万头生猪、百万只肉羊、百万只蛋鸡、放心馒头等民心工程建设，全力保障米面油、肉蛋奶、糖酒茶、果蔬、调料等11大类3 000余种放心食品的城市供应。

广大纸业公司成功挂牌新三板

2018年，天津食品集团深入学习贯彻习近平新时代中国特色社会主义思想和党的十九大精神，贯彻落实天津市委十一届三次全会精神，念好“五所大学”，“五个现代化天津”建设要求，以全面从严治党为统领，大力推进“六个建设”，加快实施“两大改革”，不断强化“四项管理”，滚石上山，锐意进取，担当作为，实现集团各项工作较好发展。2018年实现营业收入300.6亿元，同比增长6.1%，实现利润9.7亿元，同比增长6%。

2019年，集团将以习近平新时代中国特色社会主义思想为指导，坚决贯彻落实习近平总书记对天津工作重要指示，坚持把“着力保障和改善民生”作为光荣使命，深入贯彻落实党的十九大和十九届二中、三中全会精神和天津市委十一届五次、六次全会部署，主动融入京津冀协同发展战略，深化“六个建设、两大改革和四项管理”，全面加强党的建设，坚决打赢深化改革、项目建设、提质增效、市场营销和对口帮扶“五大攻坚战”，为天津高质量发展做出新贡献，以优异成绩庆祝中华人民共和国成立70周年。

嘉立荷山东万头牧场旋转挤奶厅

集团系统农场企业全部社区管理职能移交

天津二商迎宾肉类食品有限公司
Tianjin Ershang Yingbin Meat Food Co.,Ltd

湖南农垦

永州市回龙圩管理区的前身是成立于1958年的原湖南省国营 龙圩农场。2001年，省委、省政府批准设立回龙圩管理区，行政级别为正县级，“比照县级政府赋予职能职权，全面负责管理区域内的行政、经济和社会事务”，同时继续享受原农场优惠政策。该区总面积107千米^2，耕地面积2.9万亩，有林面积11万亩。总人口3.52万人。回龙圩是以农业为主的管理区，主要是以水稻、蔬菜、柑橘、茶叶、畜牧为支柱产业，是农业农村部绿色食品柑橘生产基地、水利部自压喷灌试点基地、全国农垦系统中较大的柑橘无公害示范基地、全国农垦现代农业示范区、湖南省绿色食品示范基地和外贸出口基地，有“湘桂边界柑橘之乡”之美誉。

大通湖区位于洞庭湖区腹地，处于益阳、岳阳、常德三市的中心地带，现有11.23万人口，面积379.3千米^2，其中耕地面积30.16万亩，是著名的商品粮、棉、糖、麻生产基地。

2018年全区粮食播种面积29.924 2万亩，水稻播种面26.04万亩。其中早稻种植面积9.35万亩，中稻面积6.74万亩，晚稻播种面积9.95万亩。全区土地集中连片，流转率高，机械化程度高，是湖南省适合现代规模经营的区域，种植品质与成本更有优势。大通湖大米于2018年12月28日通过中国绿色食品发展中心审查和组织专家评审，符合《农产品地理标志管理办法》规定的登记保护条件，农业农村部拟准予登记，依法实施保护。

全区棉花常年种植面积约10万亩，2010年被列入国家优质棉生产基地县。棉花一直是区重要的大宗农产品，为地方经济发展、农民增收致富做出了重要贡献。大通湖区成功选育出的洞庭1号，1962年被国家品种审定委员会审定并命名，被农业部确定为国家区域化良种，成为六七十年代长江流域棉花当家及换代品种，1997年又选育出湘棉17号。

2018年全区夏收油菜14.185万亩，亩产97.3千克，总产1.186万吨，优质油菜面积12.1万亩，优质率达到85.3%。2017年全区蔬菜播种面积(含菜用瓜)12.465万亩，产量38.755 1万吨；2018年播种面积13.082 5万亩，产量40.869 7万吨。

广东农垦：

深耕“一带一路” 迈向广阔舞台

改革开放以来，作为中国现代农业“走出去”的先行者，广东农垦在泰国、马来西亚、印度尼西亚、柬埔寨、老挝、新加坡等国建设了多个天然橡胶种植、加工、贸易项目。2016年，广垦橡胶并购泰国泰华树胶，一跃成为全球较大的天然橡胶全产业链经营企业，种植面积达200万亩，年加工能力达到150万吨，占据全球1/8。

造福一方人民。依托天然橡胶产业，广东农垦为“一带一路”沿线国家提供直接就业岗位超过1万个，带动就业人口超过3万人。他们中的不少人，已经成长为企业管理人员，在广垦橡胶收获了个人价值和幸福生活。

奉献一片爱心。广东农垦不仅为“一带一路”沿线国家带来经济发展机遇，更编织出一条绚烂多姿的人文纽带。广垦橡胶在柬埔寨春丰公司为当地居民免费开办的“胶林学校”，既是孩子们梦想起飞的地方，也是中柬传统友谊的现代佳话。

弘扬一种精神。2018年7月，泰国普吉岛游船翻覆事件救援现场，出现了广东农垦志愿者的忙碌身影。艰苦奋斗的农垦精神与无私奉献的志愿精神交相辉映，赢得了包括总理在内泰国社会各界的由衷点赞，也树立了中资国企的良好形象。

“一带一路”，伸向远方；广垦“胶”情，日久弥坚。

บริษัท กว่างเขิ่นรับเบอร์ (แม่น้ำโขง) จำกัด

广垦橡胶（湄公河）有限公司

广垦橡胶海外工厂一隅

广东燕塘乳业股份有限公司

广东燕塘乳业股份有限公司（下称“燕塘乳业”）始创于1956年，为农业农村部直属广东农垦上市企业，中国奶业协会副会长单位、中国乳制品工业协会副理事长单位、IDF（国际乳品联合会）中国国家委员会成员、中国奶业20强（D20）企业联盟成员，也是广东第一家一体化全产业链乳制品上市公司、华南首家且唯一一家D20企业。

一直以来，燕塘乳业秉承“市场导向、科技领先、质量第一、顾客至上”的经营理念，深入打造一体化全产业链，实现“从牧场到餐桌”的全程质量管理，为广大消费者输出“至佳品质”和“至佳体验”，深受人们喜爱和信赖。

作为华南乳业领头牛，目前燕塘乳业拥有两个现代化乳品加工基地。其中，广州开发区旗舰工厂具有“智能高效、节能环保、行业示范”突出优势，设有华南地区唯一的国家乳制品加工技术研发专业中心和博士后科研工作站，引领南方乳业发展。此外，旗下阳江牧场和澳新牧业为国家级示范牧场，养殖管理水平居于南方领先水平，是高温高湿地区奶牛养殖的典范。经过多年发展，燕塘乳业已形成极具南方特色的一体化全产业链，稳健迈向集团化、多元化，成为南方乳业的一面旗帜。

未来，燕塘乳业将继续坚持“精耕广东、放眼华南、迈向全国”的发展战略，以资产经营和资本运作为双轮驱动，充分利用资本市场的广阔平台，着力打造“种植饲养、食品加工、营销网络、物流运输、资本运作”五大产业板块，大力推进实施科技兴乳，致力成为中国优秀乳制品上市企业集团，实现人们对优鲜生活的美好向往。

广东农工商职业技术学院

广东农工商职业技术学院成立于1952年，前身是由叶剑英元帅在兼任华南垦殖局局长期间创办的华南垦殖干部学校。1984年经广东省人民政府批准成立广东农垦管理干部学院；1989年经农业部批准挂牌“农业部华南农垦二部培训中心”；2000年6月转制为广东农工商职业技术学院。

学校拥有粤垦路校区和增城两个校区，设有9个二级学院，开设有47个招生专业，2019年全日制在校生18 600多人。六十多年来，学校坚持“以人为本、特色强校、求实创新、和谐发展”的办学理念，依托农垦、面向广东、服务社会，以“农”为主导，带动“工商”两翼，三者融合发展，培养服务社会的高素质技术技能人才。2005年，接受全国“高职高专院校人才培养工作水平评估”被确认为优秀院校；2015年通过广东省示范性高职院校建设验收；2016年，被广东省教育厅、广东省财政厅确定为“广东省一流高职院校建设计划”立项建设单位，在《2018中国高等职业教育质量年度报告》中，获评全国高等职业院校“教学资源50强”“国际影响力50强”“服务贡献50强”。

学校与泰国11所职业学校和协会代表共同签署了谅解备忘录（MOU）

学校地址：

广州市天河区粤垦路198号

广州市增城区中新镇风光路393号

桂热芒3号

桂热芒3号是广西壮族自治区亚热带作物研究所从黄象牙芒实生后代的变异单株培育成的优质新品种，2018年12月通过全国热带作物品种审定委员会审定。

该品种嫁接苗种植后2～3年开花结果，两性花率14.4%～33.3%，在广西百色、云南永德等地成熟期为9月上中旬，大小年结果现象不明显。果实椭圆形，单果重257g，成熟时果皮黄至橙黄色，细滑光亮，果肉橙黄色、坚实、嫩滑，纤维极少，汁液多，可食率72.3%～78%，可溶性固形物含量23.0%～25.0%，总酸1.54%，维生素C 23.5mg/100g，味蜜甜、芳香。果核多胚。该品种晚熟，早结丰产，果实外观好，大小适中，品质优，耐贮运。对炭疽病、细菌性角斑病有较强抗性。嫁接苗种植第4～6年连续3年亩产1 088.29 kg，7～20年生树高接换种第4～6年平均亩产为1 363.2～3 581.6kg，适合在贵州、云南、广西等海拔300米以上气候干凉的芒果产区种植。

中国热带农业科学院分析测试中心

中国热带农业科学院分析测试中心（以下简称：分析测试中心）成立于1984年，位于海南省海口市，隶属农业农村部中国热带农业科学院，是集热带农产品质量安全研究和检验检测技术服务为一体的国家级科研机构。

分析测试中心围绕农业环境与农产品质量安全，针对我国热带农产品生产、贸易、消费以及管理方面的科技需求，重点开展热带农业环境检测与控制技术、农产品检测技术、农药安全评价、农产品质量安全风险评估与营养品质评价和热带农业标准制修订等领域研究，着重解决热带农产品质量、安全、标准和检测技术中的重大科技问题。

“十二五”以来，先后承担了国家重点研发计划、国家自然科学基金等各类科研项目100余项，获批经费近5300万元；获省部级以上科技奖励5项；发表科研论文300余篇，其中SCI论文70余篇，最高影响因子9.5；制定国家标准80余项；授权专利90余项，其中国家发明专利14项；出版专著4部；培养研究生20余人。

四川省武胜县现代农业示范场

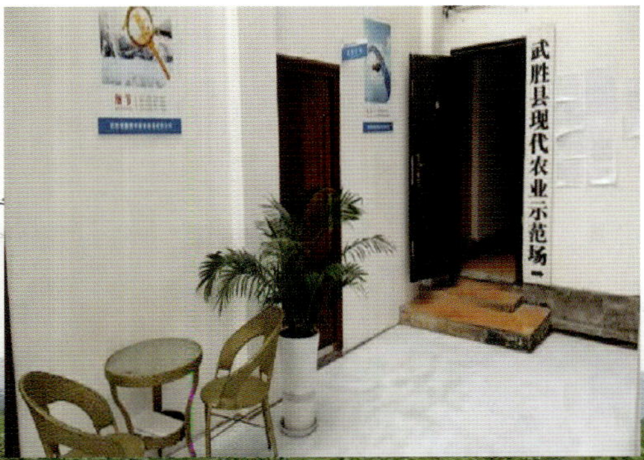

四川省武胜县现代农业示范场于2C07年由原县园艺场、县良种场改制后合并而成，属全额拨款的事业单位，隶属于武胜县农业局，单位注册资金550万元，现有在职职工45人，具有大学本科学历10人，高级职称30人。负责农业新技术、新品种的引进、试验、示范，展示新品种的丰产性能，指导农业生产技术，承担上级下达项目的实施，利用现有土地进行城乡统筹开发实践，引进相关工业进行以工补农、以工带农的尝试，搞好观光农业、旅游农业试点，做好节约型农业和农业循环经济开发，为建设社会主义新农村提供新模式。

东港市五四农场

东港市五四农场成立于1963年，是以水稻种植、稻米加工和水产养殖为主导产业的中型边境国有农场。农场下辖4个农业分场，拥有3个二级公司。2018年，农场实现社会总产值47 473万元，农业总产值31 000万元，工业总产值16 473万元，完成固定资产投资1269万元。

五四农场大米成功入选《全国名特优新农产品目录》，获得全国名特优新农产品称号，荣获第二十届中国国际有机食品和绿色食品博览会金奖产品。米业公司全年销售大米2 890.7吨，销售收入1568.4万元。

2018年，全场港湾养殖水产品总产量11 010吨。仍以海蜇、缢蛏两大主养品种为主，搭配牙鲆、河豚苗、中国对虾、斑节对虾等品种，混养模式有：鱼虾贝蜇、虾贝蜇等。

五四农场作为辽宁省推进国有农场企业化改革和公司化改造试点单位，根据自身特点和产业优势，稳步推进国有农场改革。推进农场企业化公司化改革，注册成立了五四农场电子商务有限公司、五四农场保洁有限公司和五四农场米业有限公司；成立了丹东垦区米业联盟，促进丹东垦区相同产业共同发展，实现共赢；社会职能和“三供一业”移交工作正在协调推进之中。

河南省新乡市平原示范区农牧场

国有新乡市平原示范区农牧场辖3个基层分场（核心区2个．黄河滩区1个），土地面积3 350亩。

农牧场立足黄河滩区一分场现有土地，积极与省农科院联姻，吸收省农科院试验示范基地的派出效应。建设集农业休闲观光旅游、生态农产品采摘、高效农业展示为一体的具有“一园风景，二季有果，三季有花，四季常青”功能的现代农业园区，全力打造示范区黄河滩区旅游开发和乡村振兴的名片。

渔场原址变成美丽公园

农牧场以主导的金秋发展服务有限公司为依托，在示范区保安、保洁、绿化、家政服务等领域开展市场化运营，拓宽服务领域，打造农牧场物业劳务品牌。谋化“大郑州都市区菜篮子工程”。利用农牧场土地优势和职工家属种菜技术优势，打造大郑州都市区菜篮子，打造承包无公害蔬菜基地，寻找品牌合作，补齐示范区城市发展服务功能。积极发展黄河滩区民俗生态旅游。利用一分场三个居民点拆迁空闲土地建设乡村民俗旅游庄园，吸引更多的都市人到黄河滩区旅游、度假、实现“转一圈，买一兜，住一晚，吃三顿”的目标。

木薯新品种

华南16号

测产验收

审定编号：热品审2018001

选育单位：中国热带农业科学院热带生物技术研究所
主要选育者：卢　诚　王文泉　李开绵　陈新　孙玉芳　叶剑秋　李兆贵　刘翠娟　周宾　张　鹏

品种来源：SC8（♀）×Q10（♂）杂交产生的F1代

品种特征特性：

1.**形态特征**：多年生直立亚灌木，高1.8～2.4米。块根掌状平伸，纺锤形，富含淀粉。茎具节，节上有芽点。叶互生，叶柄灰绿色，叶柄长30～40厘米，叶深裂几达基部，裂片膜质，7～9枚。圆锥花序，顶生或腋生，雄蕊10枚，雌蕊子房3室；蒴果椭圆形，具棱，种子扁圆形，种皮硬壳质，具花纹。

2.**生物学特性**：茎干直立，罕见分枝，叶柄较粗，叶上举，株型紧凑，抗风，抗倒伏，结薯集中，掌状平伸，大小均匀。成熟期8～10个月，在海南一般不开花结实。

产量表现：鲜薯产量高，历年区域性试验平均产量45.59吨/公顷，比对照SC205增长45.94%，历年生产性试验平均产量为47.29吨/公顷，比对照SC205增长33.60%。

抗性表现：耐渍性较强，在白沙县2016年雨水较大情况下，SC5和SC205有不同程度块根腐烂，而SC16未发现有块根腐烂现象。较抗细菌性叶斑病。

适宜地区：适宜在海南、广东、广西等木薯产区种植。

栽培技术要点：

1.**整地**　一犁一耙清除杂物。

2.**种茎**　选择选用新鲜，粗壮密节，芽点完好，不损皮芽，无病虫害的主茎作种苗。

3.**种植方法**　一般2～4月份种植，采用斜插或平放种植方式。株行距为1×（0.6～0.7）米或0.8×（0.6～0.8）米，亩密度1 000～1 200株为宜，最密不宜超过1 600株。推荐采用双茎栽培。

4.**田间管理**　机械整地起垄，适度施复合肥或者有机肥基肥。植后采用除草剂乙草胺封闭，苗高15～20厘米时，间定苗，建议每株留2个茎秆，植后60～70天进行一次中耕除草，并根据土地肥力水平确定是否追肥。后期监测病虫害发生，减少管理，8～10个月可采收。

5.**病虫害防治**　注意防控细菌性枯萎病和朱砂叶螨。

沙市农场

2018年6月22日，农业农村部农垦局巡视员何子阳（左二）、农业处处长王林昌（右一）一行到我场督导调研农垦改革发展工作，湖北省农垦事业管理局副局长黄德斌、荆州市农场管理局局长王从兵等陪同。

沙市农场位于荆州市中心城区东南部，国土面积35千米^2，常住人口2.17万，辖区入驻企业302家，其中规上企业64家。2018年，沙市农场深入推进企业化改革，设立鱼农桥街道办事处和沙市农场发展有限公司，街办下辖3个社区、7个分场，沙农发公司下辖22家全资子公司、控股公司1家、参股公司2家，经营业务涵盖能源、房地产、化工、建筑、建材、投资、农产品加工等。

2018年，农场党委以习近平总书记视察湖北重要讲话精神为指导，围绕“改革创新、提质增效”的总体思路，以高质量发展要求统揽全局，不断推进沙农发公司经营管理模式规划化，搭建了以党委会、董事会、监事会、经营层为核心的公司治理架构，修订完善公司章程、董事会议事规则、监事会议事规则、经理工作细则，制定企业目标计划书，健全绩效考核、财务管理、风险控制等管理制度，为公司稳步起航、全面推进农场经济社会发展提供了可靠保障。2018年，全场实现地区生产总值54.9亿元，固定资产投资完成65.7亿元，人均可支配纯收入2 4091元。沙农发公司资产总额达8亿元，年营收2亿元，年上缴税金1 800万元，年实现纯收入2 000万元。

未来，沙市农场将全力推动企业化改革和公司化改造，以沙农发公司为市场经营主体，主动适应经济发展新常态，持续推进经营管理提档升级、服务区域经济，围绕“深化改革重实效，优质服务促发展”的核心，突出投融资业务和存量资产经营两大主业，延伸园区服务、建筑产业、现代农业三大产业链，确保公司扬帆起航。

编者说明

BIANZHE SHUOMING

一、《2018中国农垦统计年鉴》是一部全面反映国民经济和社会发展情况的综合性资料刊。全书内容分为专载和八个部分，即：综合情况，农业部分，工业部分，建运服部分，固定资产投资，科技部分，从业人员及工资总额，附录，并附有主要统计指标解释。反映了2018年全国农垦经济和社会发展情况及部分企业的经济指标资料。

二、《年鉴》中使用的度量衡单位均采用国际统一标准计量单位。亩、斤为非法定计量单位，1亩＝1/15公顷，1斤＝0.5千克。

三、《年鉴》中符号含义的说明：

“…”表示数据不足本指标最小单位数；

“空格”表示无指标数据；

“#”表示其中的主要项；

“—”表示数据不可比。

四、垦区经济与社会发展情况的排列以国家行政区划排序为准；农场按生产总值排序中取消农管局类型的农场。

五、《年鉴》资料来源于全国农垦2018年统计年报资料，是全国农垦广大统计工作者辛勤劳动的成果。农垦局的有关处室和各垦区统计部门及基层综合统计人员为此书的出版做了大量的工作，并提供了宝贵资料，在此表示诚挚的谢意。

六、限于编辑水平，该书在编纂中难免出现疏漏之处，敬请农垦系统的同志和统计界的各位同仁提出宝贵意见，以便今后不断改进。

编　者

2019年8月

目　　录

一、领导讲话

二、垦区经济与社会发展情况

三、主要经济与社会指标

附录

一

领导讲话

屈冬玉副部长在努力打造中国农垦现代农业航母专题研讨班上的讲话

2018 年 5 月 25 日

2016 年 5 月 25 日，习近平总书记在黑龙江省考察时指出："要深化国有农垦体制改革，以垦区集团化农场企业化为主线，推动资源资产整合、产业优化升级，建设现代农业大基地、大企业、大产业，努力形成农业领域的航母。"总书记的讲话高瞻远瞩，举要驭繁，为我们指明了前进方向，是新时代农垦改革发展的基本方略和根本遵循。

今天的会议，既是重温总书记"努力形成农业领域的航母"重要指示的学习交流会，也是落实总书记重要指示的一次再动员，检查一下这两年我们思想观念解放的怎么样、集团化改革成长的怎么样、"两个 3 年"硬任务完成得怎么样，评估绩效以利再战。会议的主要目的就是将思想和行动进一步统一到总书记重要指示精神上来，举旗定向，顺应新时代新方略要求，携手打造中国农垦现代农业航母，把农垦改革发展推向新高度。

今天上午，专家为我们介绍了资本运作的有关知识和实操经验，垦区同志围绕打造农垦现代农业航母交流了体会与看法，提出了一些很好的意见建议，值得深入思考，值得学习借鉴。下面，我讲三点意见。

一、深刻领会总书记重要指示精神，进一步增强打造中国农垦现代农业航母的自觉性和使命感

习近平总书记明确指示，要深化国有农场体制改革，努力形成农业领域的航母，这是站在新的历史起点，对新时代农垦改革发展提出了更高要求，对农垦赋予了更加重要的历史使命。两年来，全国农垦上下认真学习贯彻总书记重要指示精神，大力推进垦区集团化农场企业化改革，加快发展现代农业，为形成农业领域的航母勇于担当、勇于实践，取得了关键性突破，探索了新路子。甘肃垦区这些年艰苦奋斗，发挥特色优势，积极推进集团化改革，组建 4 个国家级、13 个省级农业产业化重点龙头企业，控股了 2 家上市公司，颇有股知难而进、越战越勇的干劲。各垦区，尤其是西部垦区要向甘肃学习。我相信，甘肃垦区条件这么艰苦，能做到的，其他垦区也一定能做到。大家要居安思危，登高望远，以新时代应有的新担当和新视野，进一步增强打造农垦现代农业航母的自觉性和使命感，推进农垦事业行稳致远、历久弥新。

中国已进入新时代，我国现代农业发展也走进新的历史方位，新的使命需要新的作为。农垦有 1 780 多个国有农场，许多地处城乡接合部、农牧交错地带，大量位于沿江沿湖、草原湿地和山区林区等生态脆弱区，还有不少分布在边境线上。在过去的时间里，这些农场在促进城乡区域协调、改善生态环境、维护边疆地区繁荣稳定等方面贡献了智慧和力量。今天，在习近平新时代中国特色社会主义思想指引下，我们更应该也必须贡献新力量，要在贯彻新发展理念上走在农业农村前列。粮食安全是国家安全的重要组成部分。目前农垦系统粮食生产能力达到 350 亿千克以上，粮食商品率达到 94%以上，过去是、将来也必须是关键时刻国家抓得住、用得上的保障粮食安全的重要力量。这是我们的光荣历史，也是我们的责任担当，任何时候都不能怀疑，更不能弱化。农垦作为国有农业经济的骨干和代表，是中国特色农业经济体系不可或缺的重要组成部分。打造农垦现代农业航母，根本要求就在于增强国有农业经济的内生动力、发展活力、整体实力，这对于实施乡村振兴战略、带动农业农村多种所有制经济共同发展、坚持和完善我国基本

经济制度、巩固党的执政基础，具有重大意义。

当今世界经济格局正在发生深刻变化，中国正在日益走近世界舞台中央，比历史上任何时期都更接近中华民族伟大复兴的目标。向这一目标加快前进的过程中，我们也注定会遇到从未有过的挑战和困难。在国际市场，农业竞争愈演愈烈，而且越来越表现为大型跨国集团之间的竞争。以 ADM、邦吉、嘉吉、路易达孚和丸红、丰益国际等为代表的跨国大粮商，在全球范围内攻城略地，对中国也通过并购、合作和租赁等方式加速布局。总书记告诫我们，我们这么大的国内市场，要有打造我们自己国际大粮商的信心，一定要有真本事，同这些全球化的百年老店去竞争。打造农垦现代农业航母，就是要农垦着眼于建设国际一流企业应具有的核心竞争力，加快产业资源优化重组、企业创新活力塑造、专业链分工协作，加快做强做优做大，练就能与国际大粮商同台竞技的真本领，不断增强我国农业在国际上的竞争力和话语权。我们要看到，全球农业经济和农产品市场一体化进程虽有曲折但势头不减，中国市场影响力越来越占据重要地位，这是农垦打造现代农业航母的巨大空间和机遇，我们要有决心、把持好建航母的战略定力，利用好这个大背景大环境。

大家清楚，ABCD 四大国际粮商，在涉农科技创新、金融资本运作、现代企业管理等方面具有明显优势，在全球产业布局上占尽先机。与他们相比，我国农垦在许多方面存在不足和短板，如农产品物流供应系统较薄弱，金融资本运作和扩张能力不强，大型农业企业集团还较少，国际竞争力还较弱，参与全球农业竞争与合作也不够深入等。弥补这些不足和短板，关键在于尽快解决我们发展中面临的问题和挑战，主要包括：一是农垦虽然本质是企业，但竞争意识还不够强，改革意志、市场意识、经营观念相对滞后。二是农垦体量大，但还背负着沉重的办社会负担和历史债务，包袱沉重。三是农垦历史悠久，但“政策边缘化”问题突出，许多国有农场没有纳入国家农业支持和民生改善政策覆盖范围，地方政府编制规划时没有将农垦纳入其中并同步组织实施。四是农垦资源资产虽然丰富，但分散在 35 个垦区。五是产业布局覆盖了农业全产业链，但各链条环节多处于断裂状态。六是农垦企业集团众多，但垦区集团间尚未形成合力，集团内分散经营，专业化程度不高，市场化程度不细。在这种境况下，与人家抗争，显然是力不从心。

我们也有优势，有的甚至是独占鳌头。如果把这些潜力变为现实、将优势转化为胜势，那局面就会不一样。我看至少有四点：一是国有企业的潜力和优势。中央将农垦定位为“国有农业经济的骨干和代表”，更容易获得国家的信任和支持。二是大基地的潜力和优势。农垦已经建成了一批规模大、水平高的农产品生产基地，随着改革深入，农垦的资源优势将转化成巨大的资产资本优势。三是大企业的潜力和优势。农垦已经涌现出资产百亿级、千亿级大型企业集团，其中超过 1 000 亿元的有 3 家，在区域、全国乃至全球市场具有一定竞争力。农垦还有很多控股的上市公司，这些都是优质的企业资源。四是大产业的潜力和优势。经过多年的发展，农垦在农业领域形成了一批优势主导产业，在加工、流通、研发和金融等现代农业产业链的各个环节上均有布局，一二三产业融合发展的格局初步形成。打造农垦现代农业航母，就是要克服农垦的劣势和不足，充分挖掘农垦的潜力、放大农垦的优势，要有充分的自信，不断把农垦做强做优做大，更好服务国家战略需要。不论是集团化垦区，还是农场归属市县管理的垦区，都要坚定信心，勇于担当，主动作为，以市场化带动集团化，以专业化带动产业化，为打造农垦现代农业航母贡献自己的力量。

二、主动顺应新时代新方略，把握好打造中国农垦现代农业航母的总思路和基本要求

总体来看，农垦打造“航母舰队”所需的巡洋舰、驱逐舰、护卫舰、补给舰、舰载机甚至母舰的雏形已经具备，只要我们把思想和行动统一到“航母”这面旗帜下，加快体制机制创新，促进各垦区加快“整合编队”，农垦现代农业航母一定会形成强大的控制力、竞争力、影响力。

一要进一步明确指导思想。我认为，打造新时代农垦现代农业航母，必须在习近平新时代中国特色社会主义思想和党的十九大精神指引下，努力顺应人民日益增长的美好生活需要，坚持以服务国家战略为宗旨，以垦区集团化农场企业化改革为主线，以创新驱动为灵魂，以体制机制改革、资源资产整合、产业转型升级、合作共赢共享为手段，以打造具有国际竞争力的现代农业航母群为目标，加快建设现代农业大基地、大企业、大产业，建造一

批具有国际竞争力的现代农业企业集团，最终打造成几支具有强大控制力、影响力、竞争力的“中国农垦号”航母舰队。

我在这里要特别强调一下解放思想、与时俱进的问题。在不同的发展阶段，农垦人相继锤炼出南泥湾精神、兵团精神、北大荒精神和农垦精神。这些厚重独特的精神法宝成为农垦事业发展的不竭动力，她们不断吸收时代的营养，不断激励农垦人改革创新、追求卓越，不断在前进中铸就农垦历史辉煌。中国农垦有光辉的历史，有可歌可泣的伟大业绩，这一点任何场合、任何时候都不能忘记。淡忘农垦的精神、否认农垦的历史，是不折不扣的历史虚无主义表现。但昨天的成功并不代表着今后能够永远成功，过去的辉煌并不意味着未来可以永远辉煌。时代是出卷人，我们是答卷人，人民是阅卷人。时代在不断前进，农垦事业不进则退。习总书记在十九大报告中要求全党同志，要“勇于变革、勇于创新，永不僵化、永不停滞”。我们一定要深刻学习领会总书记要求的历史含有和时代意义，坚持解放思想、实事求是、与时俱进、求真务实，切实转变观念，进一步强化市场意识，牢固树立起现代企业经营管理理念，为建造和驾驭中国农垦现代农业航母提供基础保障。

二要牢牢把握四项基本要求。打造“中国农垦号”航母，没有现成的经验和做法可供照搬照抄，必须结合实际、立足国家战略需求，准确把握以下基本要求。一是坚持农垦姓农。农垦打造的航母是现代农业领域的航母，不是房地产等其他领域的航母。农垦一定要立足农业，以农为本，要把“农”字文章做好做足做实，在一二三产业融合、构建现代农业全产业链上发力，从“农业生产者”向“农业全产业链控制者”转变。二是坚持农垦国有。农垦是为承担国家使命而由国家主持建立的。进入新时代，中央对农垦的使命要求、战略定位更加明确。我们一定要坚持完善国有农业经济实现形式，发挥国有经济主导作用，做到听党指挥、顾全大局，甘当默默无闻的“压舱石”。三是坚持协同经略。航母作为作战平台，需要一个统一的指挥中心，各参战单位高度协同，否则便形成不了战斗力。在这个问题上，总书记看得很准，指示也非常明确，强调要“推动资源资产整合、产业优化升级。”其要旨就是要有效凝聚垦区发展合力，推进各垦区协同经略、协同作战，形成指挥统一的“航母舰队”。四是坚持法人治理。各垦区资源禀赋、区位条件、发展阶段、管理体制差异性还较大，真正聚起来打造航母并非易事。每个农垦企业都是独立自主的经营主体和法人实体。各级农垦管理部门可以科学规划、合理引导，但不能越俎代庖，不能“拉郎配”，不能搞行政命令“垒大户”，要遵循市场规律，坚持社会主义市场经济改革方向，充分尊重垦区意愿和保障企业自主权。在推动农垦资源资产整合过程中，要以特色资源为基础、优质资本为纽带，要善于协调用好行政和市场两个手段，既要真正做到使市场在资源配置中起决定性作用，也要更好发挥政府作用。

三要辩证对待热点问题。随着垦区集团化农场企业化改革加快推进，打造农垦现代农业航母的一些体制机制性障碍也逐渐显现出来。有些问题在实践中需要务实求理、辩证考量，工作上一定要坚守稳中求进的总基调。一是农业经营管理体制。农垦目前的农业双层经营体制，强调的是发挥大农场的统筹作用、强化国有农场农业统一经营管理和服务职能，但实际落实不尽人意。一个时期以来，农垦农业经营管理体制比照农村改革，承包租赁关系都固化了，职工愿意种什么、怎么种、是赚还是亏，跟农场基本没什么关系。这种经营管理体制恐怕难以适应打造现代农业航母的要求！就拿大宗农产品进口来说，糖缺口 300 多万吨，大豆进口了 9 500 多万吨，关键时刻农垦能顶得上吗？黑龙江农垦能做到当年新增 1 000 万亩大豆种植面积吗？广西、云南农垦能补上糖的缺口吗？我看当前这个农业经营管理体制下，很难做到。下一步，部里要督促和指导各垦区在发展股份制、公司制等农业经营形式上积极探索和实践，充分体现国有农场作为现代国有企业的属性和作用，不要去和农户比优势，而要对标国内专业化公司、对标国际大粮商。同时，各垦区要尽快解决国有农场土地承包租赁经营中存在的租金过低、租期过长、面积过大的问题，强化农垦农业生产的标准化、规模化、产业化优势。二是农垦行业指导管理体制。新时代，创新农垦行业指导管理体制的出发点和落脚点就是打造中国农垦现代农业航母。围绕打造现代农业航母，在国家行业指导、农垦系统管理、农垦自主经营，以及完成国家任务和监管国有资产等方面还需要进一步厘清和具体化。为落实国家赋予农垦系统的任务，一方面，各级农垦管理部门要切实转变农垦管理职能，按照“放管服”的要求，既要在引导资源整合、规划产业布局、指导体制机制改革等方面履职尽责，更关键的是要为企业提供各项优质服务，特别是针对跨垦区的联合协作，一定要有新理念，要转变管理思路、强化服务能力、改善服务方式，引导农垦企业更好服务国家需要。另一方面，农垦企业集团要不忘初心，牢记使命，加快建立健全现代法人治理结构，不断完善现代企业制度，时刻把国有企业顾全大局、服务国家的责任放在首位，同时要加强自律，严格依法参与市场竞争。通过农垦上下共同努力，形成管理和服务相结合的新的体制机制，凝聚成新的强大合力。三是以土地为重心的国有资产监管体制。农垦国有资产是农垦保障粮食安全、贯彻乡村振兴战略、建设现代农业、提高自身国际竞争力的重要物质基础，其中土地是农垦最大的资源资产，是农垦的兴农之本、立垦之基。这么丰富的土地资源资产，管理起来难度大，专业性、精细化管理的要求又非常高，不是单靠技术、靠规划、靠企业、靠政策就行了的，关键还是要靠制度。农垦局要协同相关部门，从强化农业基础地位、切实保护国有土地资源、更快更好打造农垦现代农业航母的高度，加快构建符合农垦特性、以管资本为主、以监督土地资产为重心的国有资产监管体制。农垦管理部门要加强和改进对农垦企业的监管，全面开展包括土地在内的国有资产清产核资工作，加大对国有资本投向的专项监督力度，促进国有资产保值增值。需要强调的是，农垦企业决不允许带头搞消耗式粗放开发土地，利用农场土地突出主业。同时，中央允许农垦推进土地资源资产化和资本化，这是中央赋予农垦打造现代农业航母的重要政策，里面蕴藏着巨大的改革红利，各地要立足自身实际，加强这方面探索。但也要清醒认识到，土地资产化和资本化也是一柄“双刃剑”，我们农垦企业的同志肯定深有体会。一方面，土地资产化资本化有利于改善企业资产负债表、增强企业的融资能力。但另一方面，土地资产化资本化后，农垦企业作为维护国有土地权益的责任人，也会面临更多新的险情，例如资产流失、资本缩水，产权主体变更等。因此，农垦企业在发展混合所有制经济和探索股权多元化改革时，涉及国有土地的一定要慎之又慎；在寻找合作伙伴时，尽量考虑国有企业、国有金融机构。

三、坚持务实稳妥打造中国农垦现代农业航母

打造中国农垦现代农业航母，需要艰苦奋斗、勇于开拓，需要农垦人一棒接着一棒地干好。各级农垦管理部门的负责同志既不能坐等靠要，也不能急于求成。大家要树立正确的政绩观，秉持“功成不必在我”的情怀，坚持久久为功，持续向远大目标前进；坚定“千里之行，始于足下”信念，坚持科学方法论，以只争朝夕的热情，把当前能做的既紧要又事关长远的事情抓紧做好。

一是大力推进改革。农垦改革是打造农业航母、推进农垦发展的前提和基础。两年多来，各地做了大量富有成效的工作，农垦改革取得明显进展，但是各地改革进展不平衡问题还非常突出，特别是“两个3年”硬任务进展缓慢，离中央要求还有明显差距。今年是“两个3年”和改革专项试点任务的收官之年，眼看就到了6月，剩下的时间越来越紧张了。目前来看，全国仍有近900家国有农场办社会职能尚未全部纳入地方政府统一管理，超过应改革农场总数的50%，其中390家农场的公检法、基础教育或基本医疗和公共卫生等职能还没有彻底移交，这怎么得了？各地方政府要从讲政治的高度，加快办社会职能改革，全力确保按时完成任务，切实为农垦“瘦身减负”，推动农垦企业轻装上阵。部分省、自治区农垦土地确权发证任务十分艰巨。内蒙古确权发证率只有28.4%，新疆确权发证率还不到10%。这里固然有些客观原因，但两垦区还是要尽快想办法，进步一小步就是迈出一大步，落实一小点就会成就一大点。其他各个垦区土地确权工作也要抓住机遇、加快推进。确权是管好、用好农垦土地的基础，是土地资源资产化和资本化的第一步。土地确权工作扎实了，才能有效盘活农垦土地资源，才能为农垦“健体增能”。中央直属垦区管理暂行办法已经出台，直属垦区改革已经到了冲刺关头，黑龙江、广东两位“老大哥”怎样在改革上、在打造农垦现代农业航母上带好头、走在前，要抓紧拿出实打实的措施和成效，发挥龙头老大的作用。

我再次强调，《中共中央　国务院关于进一步推进农垦改革发展的意见》是总书记亲自主持审定通过的，是党中央、国务院在统筹推进“五位一体”总体布局、协调推进“四个全面”战略布局下

作出的重大决策部署。总书记在提出“努力形成农业领域的航母”时，第一位要求还是“要深化国有农垦体制改革”，说明总书记深化农垦改革的思想是一以贯之的，大家深化农垦改革的努力也要一以贯之。深化农垦体制改革是总书记“三农”思想的重要组成部分，是中央高度关注的政治任务。中央关于农垦改革的题目已经出了这么长时间，地方政府、相关部委和我们都是答题人，今年年底就要到交卷的时候了，到时考核结果是优秀、合格还是不及格，都要一个个摆到桌面上来。大家一定要讲政治，讲政治不是一句空话，深入贯彻中央 33 号文件、推动农垦改革发展，特别是当前农垦干部最大的政治。下半年要对农垦改革继续开展高规格的督察，大家绝对不能有一丝一毫懈怠和放松，要全力确保按照中央要求完成任务。

二是聚焦主导产业。产业的大小是相对的。大而无效是小甚至为零，小而高效为大，表现为本行业、本领域有较强的控制力和影响力。各垦区要立足资源优势，聚焦主导产业，加强品牌培育，加快推进产业优化升级，形成产业优势和品牌效应。产业优化升级的关键是产品质量和品牌价值的提升。主导产业不宜过多，每个集团的主业最好不要超过 3 个，超过 3 个就很可能一个都发展不好。每个垦区特色资源和优势资源就那么多，一定要集成集约用好管好，要把特色产业做优、把优势产业做强，成为支柱产业。要推进农垦庞大的国有资本更多向粮食、天然橡胶、大豆、棉花、糖料等基础重要行业集中，加快向深加工、物流、仓储、品牌、资本运作等现代农业产业链和价值链的高端环节布局，全面加快农垦现代农业大基地、大企业、大产业建设。现代农业航母要具有全球视野、前瞻战略、先进理念，在企业管理、质量管理、品牌管理上要对标国际一流的现代农业企业集团，善于在全球范围内开展产业布局和资源配置，要牢牢掌控全产业链关键环节、核心领域，不断增强重点农业产业的生产掌控能力、宏观调控能力。

三是注重资本运作。长期以来农垦主要从事第一产业生产，对资本市场不甚熟习、知之不多。经验表明，多元化利用金融工具进行资本运作一直是国际大粮商主宰全产业链条、强化风险管理的重要方式与手段。大家一定要善于发现价值，加强与资本市场的对接，借用资本的力量推动资源资产的整合，推动特色优势产业发展。要加强与金融机构合作，提升农垦金融资本运作能力，促进产业链与资本运作深度融合，有条件的农垦集团要积极且善于运用证券、债券、保险、基金、期货等多种金融工具筹措资金、防范风险。中国农垦产业发展股权投资基金已经正式运营，各垦区要主动加强合作，同时也要有效维护农垦企业权益。

四是重视技术研发。先进的技术是农垦航母的核心动力，是航母的“芯片”，是农垦占据农业产业链高端环节的重要工具。只有落后的技术，没有落后的产业。我们一定要高度重视现代农业技术研发和创新，要积极主动有效对接和利用农业前沿技术。既要充分借助“外脑”力量，与农业科研院校加强合作，积极转化和应用他们的成果，更要通过整合垦区内外科技资源，加快推进农垦科技协同创新和共享应用体系建设，组建以企业为主体的农业产业技术创新联盟，进一步完善农垦科技推广和服务体系建设，推进农垦现代农业高质量发展。

五是创新合作方式。中国农垦现代农业航母是一个联合舰队。部农垦局要指导创新垦区间、垦地间、国内外企业间的合作发展模式，推进资源共享、优势互补、差异经营、集成特色、互利共赢，运用并购、引入多元化投资主体等方式，形成合理利益分配机制。打造现代农业航母不仅是两个中央直属垦区任务，当然两个直属垦区要做好先锋和主力，要承担“老大哥”的责任，要励精图治、练好内功，顾全大局、多做贡献。其他每个垦区也都要坚定信心、有所作为，尽快在中国农垦现代农业航母这个大平台上找准自己的位置。像天然橡胶产业，广东、海南、云南要尽快商量好合作的方式，加快整合资源、推进产业升级，率先在这一领域实现开放共享、互利共赢。各个垦区之间要加强交流、加强了解、加强信任、加强合作，每个垦区“一招鲜”的经验和方法都要拿出来互相学习和借鉴，积极探索专业化联合、跨所有制联合、跨地域联合、跨国联合等。

六是争取地方支持。农垦改革顺利的垦区，都获得地方党委政府高度重视和大力支持，推进垦区集团化改革、打造农垦农业航母也是如此，尤其是国有农场归属市县管理的垦区，推进区域集团化改革更是离不开市县支持。农垦管理部门和农垦集团负责同志要深入研究问题、研究方案、研究路径，只有自己研究透了，才能向地方领导汇报到位，才有助于问题一个一个得以解决。特别在解决农垦企业长期面临的“政策边缘化”问题上，各级农垦管理部门要积极主动协调地方，努力争取地方支持，督促地方政府按照中央文件要求履职尽责，确保“一衔接、两覆盖”真正落实到位。

七是打造人才队伍。打造农垦现代农业航母，归根结底要靠农垦人的努力。没有一支强有力的、适应农业高质量发展和现代农业企业经营管理的人才队伍，“中国农垦号”航母就难以打造，更谈不上胜利远航。各级农垦管理部门要坚持党管干部、党管人才的原则，进一步转变观念，高度重视并大力加强人才队伍建设。部农垦局年内将组织实施“农垦职业经理人培训计划”，对农垦部门负责同志、农垦企业管理人员、国有农场场长进行第一批轮训。各垦区要积极探索建立职业经理人制度，完善企业激励约束机制，打造一支懂经营、爱农垦、干事业的骨干队伍。

同志们，打造中国农垦现代农业航母，是新时代中国农垦改革发展的旗帜。我们要以习近平新时代中国特色社会主义思想和党的十九大精神为引领，大力弘扬新时代“农垦精神”，坚持不忘初心、牢记使命，艰苦奋斗、顾全大局，勇于开拓、追求卓越，为开创农垦改革发展新局面而努力奋斗！

屈冬玉副部长在全国农垦改革“两个3年”任务2018年中期评估通报会暨改革推进会上的讲话

2018年7月30日

农垦改革“两个3年”任务已经到了收官读秒的阶段，深化农垦改革专项试点也将进入尾声，大家要充分认识到任务的紧迫性、重要性、艰巨性。今天请大家来开会，主要是对各地“两个3年”任务完成情况进行评估通报，对专项试点进行阶段性总结，全面审视工作态势，查找剖析梗阻难题，有的放矢加快推进改革，确保年底向党中央、国务院交一份合格答卷。

刚才，自然资源部地籍管理司和农业农村部农垦局同志分别通报了“两个3年”任务进展情况，财政部农业司同志对国有农场办社会职能改革中央财政补助有关政策进行了解读。相信大家对各自改革任务完成情况、在全国的位置和下一步努力方向有了一个基本的认识。

中央农垦改革发展文件出台以来，从国务院电视电话会到2017年全国农业工作会、改革任务对接会，这期间汪洋同志、王沪宁同志多次作出重要指示批示，韩长赋部长多次开会研究、部署和推进，多次协调相关部委，多次实地督办检查各地改革情况。这次会前，韩部长还专门作了三点指示：第一，坚定方向，攻坚克难，特别是办社会职能改革，工作一定要落实到每个农场。第二，不能松劲，主线不能偏，硬任务要完成。第三，明年一季度要组织全面检查验收，各省改革情况要向中央报告。韩部长还强调，农垦改革应越抓越紧、越抓越实，问题导向与目标导向紧密结合。这些要求，大家回去后要向本部门主要负责同志、向省委省政府领导汇报清楚。领导同志们该讲的都讲了，在这里我再简单讲三点意见，主要是给大家再鼓鼓劲、再加加油。

一、成绩值得肯定，短板亟待补齐

两年多来，各地区、各部门、各垦区认真贯彻落实中央农垦改革发展文件，在大家的共同努力下，包括“两个3年”、专项试点等在内的农垦改革各项工作取得积极进展，尤其是今年以来工作进度明显加快。“两个3年”任务进展慢的一些垦区快马加鞭赶上来，专项试点也形成了一批新成果、新典型，成绩值得充分肯定。我们也要看到，成绩不说跑不掉，问题不说不得了，特别是各垦区改革进展还不平衡，还有一些短板需要尽快补齐。

在国有农场办社会职能改革方面。各省、自治区、直辖市都建立了推进改革的工作机制，办社会职能改革实施方案也基本都出台了。全国农垦1 721家国有农场中，有1 039个农场全部社会职能都已纳入地方政府统一管理，占比60.4%。北京、吉林、上海、海南、重庆、四川、贵州、云南、宁夏、广州等10个垦区办社会职能改革任务全面完成。全国农垦99.6%的公检法机构、91.1%的基础教育机构、86.6%的基本医疗和公共卫生机构，都已经纳入地方政府统一管理。这个60.4%的完成率是按照各项社会职能全部改革到位的标准计算的，许多农场只是由于一点扫尾工作没彻底，就没有纳入进来。河北、安徽如果把最后7家农场少量的派出所、司法人员安置好，全国农垦公检法职能移交任务就100%完成了。你们两家一定要抓紧推进。我分管农垦工作一年来，到黑龙江、广东、吉林、陕西、广西、湖南、甘肃、云南等多个省份实地调研和督导农垦改革工作，因为其他工作到地方出差时也利用一切机会和当地领导商谈农垦改革的事情，近期我打算还要去一趟河北，安徽方面我也要给省政府负责同志写信。千万不能因为你们的一小点，影响了全国的一大点。天津、辽宁、浙江、福建、江西、河南、湖南、广西、青海、新疆、西藏等11个垦区的大部分国有农场，基本只剩下社区建设等职能改革未到位，如果这项任务完成，将会新增200多家农场全部完成改革任务，全国改革完成率将提升10多个百分点。农场社区建设等职能改革情况复杂、难度很大，起步相对晚一些，任务完成率也要低一些，请各级民政、财政部门继续给予大力支持。总体看，改革任务重的还是黑龙江、广东、江苏、安徽、甘肃、陕西等垦区，河北、内蒙古也还剩不少任务，特别是黑龙江省改革方案还未出台。希望这些省份相关部门加强协调、精诚合作，争取年底改革工作有大的突破。

在农垦土地确权登记发证方面。中央财政安排的农垦土地确权补助资金已经到位，15个省份已经落实了地方财政补助资金。目前，全国农垦国有土地确权率达到53%、发证率41.6%，比2015年年底分别增加11和10个百分点。其中，重庆、云南、黑龙江、江苏、广东、安徽、天津、海南、宁夏、吉林、青海等11个省份发证率超过90%，提前完成任务。浙江、辽宁、北京、贵州等4个省发证率超过80%，陕西、江西、西藏、广西、福建、湖北、甘肃、河南、山西、山东等10个省份确权率超过80%。特别值得一提的是，内蒙古自治区今年上半年工作力度加大，不到半年时间基本完成无争议土地实地勘测等外业调查工作。可见只要领导重视、责任到位、工作到位，没有完不成的任务。另外，也有一些省土地确权工作仍面临不少难点问题。河北还有部分农场信用代码证还没申请下来，土地确权找不到合法主体，影响了工作进度，要抓紧摸清情况，尽快协调解决。新疆维吾尔自治区农垦土地面积大，占全国农垦土地面积的40.5%，其中未登记发证面积占全国农垦未登记发证总面积的62.9%，确权发证任务很重，要充分利用好这两个月时间，抓紧完成权籍调查户外工作，尽最大努力加快工作进度。

在深化农垦改革专项试点方面。在186项确认备案的试点任务中，90余项任务已经完成或基本完成，其余70余项正在积极推进中，其中，近100个试点任务在改革探索中形成了好经验、好做法。总体看，北京、江苏、浙江、福建、湖北、海南、四川、青海、广州等垦区试点任务进展较好，大部分试点任务完成或基本完成，许多试点积累了规律性经验。河北、内蒙古、黑龙江、新疆、湖南等垦区试点进展总体还较滞后，大部分试点任务还在推进过程中，少数任务甚至尚未启动。从20项试点任务推进情况看，直属企业整合重组、农场企业化改革和公司化改造、组建区域现代农业企业集团和专业化农业产业公司、开展多种形式的适度规模经营、垦地合作、加强党的领导和建设等试点任务完成情况较好，取得了一些可借鉴、可推广的经验和做法；化解国有农场办社会职能形成的债务、建立符合农垦特点以管资本为主的国有资产监管体制、国有农用地使用权抵押担保等政策性强、协调难度大的少数试点任务进展不明显，需要我们共同努力，进一步加强协调和研究，寻找破题之法。

总之，在党中央、国务院的坚强领导下，在各地各部门的共同努力下，农垦改革特别是“两个3年”任务取得明显进展，开创了良好的局面，改革成效有目共睹。现在，财政部又出台了办社会职能改革中央财政补助政策，正是策马扬鞭的好时候。大家一定要对照先进找差距、对照典型找方法，再加把劲冲一冲，确保按时完成中央交办的任务。

二、决战150天，一鼓作气赢得始终

中央农垦改革发展文件从出台到现在，大家在农垦改革的阵地上已经连续奋斗了960多天。按照“两个3年”任务的时间要求，还有5个月就到期了。无论从改革取得的成效看，还是从改革的时间节点看，改革工作都已进入决战阶段。剩下150多天时间里，希望大家不怕疲劳、不要厌战，要焕发出新一轮的工作激情和热情，咬紧牙关、一鼓作气，善作善成、赢得始终。

中央专门出台文件，为农垦改革发展创造了重大历史机遇。经过大家共同努力，各地农垦改革的工作机制已经建立，良好的工作格局已经形成。这个时间段里，各级党委政府、各有关部门都在积极推进农垦改革，心里都装着农垦改革。在这种形势和氛围下，为农垦改革协调一些政策、解决一些问题，都会事半功倍。等到大家都基本完成任务了，就剩你一家了，再想去协调政策、解决问题，可能就更难了，真是“过了这个村就没有这个店”，大家一定要牢牢把握这个窗口期。

第一，要把政治要求挺上来。《中共中央　国务院关于进一步推进农垦改革发展的意见》是习近平总书记亲自主持审定通过的文件，深化农垦体制改革是习近平总书记“三农”思想的重要组成部分，是中央高度关注的政治任务。王沪宁同志去年

底明确批示，要求各有关党组织要高度重视农垦改革，把责任担起来。各地区、各部门一定要从讲政治的高度来看待农垦改革，要把抓农垦改革落实作为重要政治责任。中央关于农垦改革的题目已经出了这么长时间，地方政府、相关部委和农垦部门都是答题人，今年年底就要到交卷的时候了，到时考核结果是优秀、合格还是不及格，都要一个个摆到桌面上来。我们绝大部分同志政治觉悟还是非常高，改革主体责任落实得都比较好，但有的地方“上热下冷”，省级党委政府高度重视、认真部署，但一些市县对承接国有农场办社会职能、解决农垦土地权属纠纷等难题绕道走，避重就轻、不敢担当。特别是办社会职能改革本是地方的事权、是地方的责任，但一些地方部门不主动作为，中央不给钱就不动，拖拉推诿，只讲客观困难，不做主观努力。各省份的土地确权发证实施方案早就出了，但在市县一级有的就落实不了，老拿客观原因做挡箭牌，年复一年，进展非常缓慢。农垦管理部门的同志一定要学会找地方党委政府领导，学会汇报和协调，要转变工作作风，改进工作方法，特别是抓农垦改革，一定要做到盯住短板、盯住任务、盯住地方领导、盯住自己队伍。

大家一定要讲政治。讲政治不是一句空话，深入贯彻中央33号文件、推动农垦改革发展，就是当前中央交给我们的重要政治任务。党的十九大报告明确提出要深化政治巡视。前不久，中央巡视组在黑龙江省进行政治巡视，主要就是巡视巡察地方对中央重大决策部署的贯彻落实情况，农垦改革也是巡视的重要内容。在黑龙江的巡视工作做得相当细致和严格，巡视考察到点到人。对于农垦改革，大家绝不能有一丝一毫的懈怠放松，否则将来任务没完成，中央不认可，相关部门不认可，老百姓也不认可。我相信，大家都是政治上的明白人，“四个意识”都非常强，也相信大家一定会全力以赴完成中央部署的农垦改革任务。

第二，要把工作要求严起来。“两个3年”任务出了几个配套文件，改革的细分任务、工作内容、改革路径和具体要求都已经非常明确了。办社会职能改革，要求能够移交的职能都要移交地方政府管理，暂不具备移交条件的可采取“内部分开、管办分离，授权委托、购买服务”的方式进行改革，要做好调查摸底等基础工作，搞清楚交什么、如何交、怎么管，科学制定方案，落实经费保障，妥善处置人员、资产、债务等；土地确权发证，要求尽快完成权籍调查，加强权属争议调处，依法办理登记手续，规范已有登记成果等。这些改革工作上的要求非常明确，但也并不是“一刀切”，而是给各地结合自身实际推进工作留了很大空间。

目前，一些省份办社会职能改革任务还十分艰巨，有的地方工作上的要求还不是很严格，更没有很好落实。有的省份出台的工作方案照葫芦画瓢，一定要在工作措施的落实上赶紧细化。一些省区办社会职能改革经费一直没有落实到位，对市县层面推进改革要求不高、标准不严、支持不力，影响改革进度。有的地方对中央文件关于“内部分开、管办分离，授权委托、购买服务”四句话不能准确理解、严格要求，只讲前一句或者前两句，不讲后两句，没有把握好纳入地方政府统一管理和妥善解决机构编制、人员安置、所需经费等深刻内涵。有的地方改革负责部门，对改革到底涉及多少职能、多少机构、多少人员、多少资产、多少债务等底数还没有摸清楚，也不知道怎么推进改革。在土地确权发证上，有的省份上报的数据老是“打架”，既有农垦部门和国土部门统计数据不一致的，也有一些垦区前后报送的数据对不上。据反映，个别地方为了报送的农垦土地确权发证数据好看一点，要求国有农场虚报确权发证面积。同志们，如果真有这种欺上压下、弄虚作假的行为，绝对要不得、绝对不允许，必须马上纠正。将来中央督察要是发现谁有弄虚作假的行为，责任部门那就是鸡飞蛋打。这也是对国家不负责任，对农垦事业不负责任，谁还要往上撞，必须严肃处理。一些垦区反映，农场与地方土地争议还比较多，调处难度大。关于这个问题，三部门文件都有明确规定，在这里我想强调的是，现在农村集体土地也在确权颁证，农场与周边农村如果有争议地，那么这块争议地就是双方土地确权发证工作的共同梗阻，一定要把争议地的“四至”搞清楚，为以后解决争议留下空间。这些工作上的要求一定要严起来，一就是一，二就是二，到这个阶段了，不能再提什么“大概也许可能是”了，不能再当“差不多先生”了，改革措施的落实上、工作的要求上，老是觉得差不多行了、差不多可以了，最后就会差很多。总之，我们一定要有严的工作态度、严的工作作风、严的技术手段，还要有严的结果倒查机制。

第三，要把考核要求亮出来。2017年，部里组织了两次贯彻落实中央农垦改革发展文件的量化考核，把各地农垦改革工作和成绩评评分、排排坐，看看别人的成绩，也找找自己的差距，改革推进更有针对性、更有紧迫感，效果还是不错的。从两次考核结果看，海南省农垦改革为全国树立了一个标杆，特别是在办社会职能改革、清理土地“三过”等问题上大胆探索，创造了改革的典型。今年4月13日，习近平总书记在庆祝海南建省办经济特区30周年大会上讲话，充分肯定海南农垦体制改革走在全国前列。从去年年中到年底两次考核成绩看，吉林、福建等省进步非常大，也有些省份排名往后掉队较多。

今年，将继续对各地贯彻落实中央农垦改革发展文件工作进行全面考评，《中央农垦改革发展文件2018年贯彻落实情况量化考核评分表》已经印发各地，农业农村部、财政部、教育部、国家卫生健康委员会、民政部还联合制定了《农垦国有农场办社会职能改革工作2018年度考核评估指标》，各垦区都提交了《2018年深化农垦改革责任书》《计划书》，立下了军令状，年底将根据中央文件精神和工作方案要求，逐项开展考核。这次评估通报会，已经对各地国有农场办社会职能改革进展进行了考核评估，对各地同期土地确权发证进展也进行了考核通报。年底要对“两个3年”任务总的完成情况进行全面考核。总的考核要求是，到今年底，农场办社会职能改革，公检法职能要力争全面改革到位，基础教育、基本医疗和公共卫生等职能改革完成率（按农场数计算）达到92%、力争95%以上，社区建设等职能改革完成率80%以上。少数今年完成不了的也要用改革协议的方式明确改革路径、经费渠道、时限要求等。请大家注意，中央财政补助政策到2020年终止，谁早改、谁受益，改慢了可能就错过了窗口期。土地确权登记发证率要达到90%以上。对于农垦改革，下一步中央要督察，财政肯定要核查，国家相关部门也要联合督导。各地要压实责任，也要对地市、县区“两个3年”任务最终落实情况进行考核汇总，考核一要细，二要严，三要实，一定要督促各地按照设定的目标完成任务。个别完不成任务的省份，建议省委省政府要向中央作出说明。

三、需要着力把握好的几个重要事项

中国特色社会主义进入新时代，新时代有新要求，新时代要有新作为。实施乡村振兴战略是新时代“三农”工作的总抓手。农垦是国有农业经济的骨干，是中国特色农业经济体系的重要组成部分，要在乡村振兴中发挥好骨干和引领作用。中央农垦改革发展文件对新时期农垦提出来“国家队”“示范区”“排头兵”“稳定期”四大历史使命，习近平总书记提出农垦要“努力形成农业领域的航母”。农垦一定要按照中央文件精神和总书记指示，把责任担起来，把任务落实好。各垦区都要按照社会主义市场经济要求，聚集优势、加强联合，积极谋划和构建特色产业和支柱产业，实行公司化经营管理。新一轮国家机构改革到位后，农业农村部作为农垦的行业主管部门，对农垦行业负有监管职责，主要职能之一就是督促各垦区履行新时代的使命、完成中央交办的任务。

现在，乡村振兴战略已全面启动实施，农业农村部正围绕“五个振兴”，加强政策研究、抓好工作落实，以编制村庄布局规划为重点，科学优化村镇和产业布局；以分类编制村庄建设规划为重点，科学有序推进乡村建设。农垦也要顺应实施乡村振兴战略，主动协调相关方，落实好乡村振兴战略中规划、项目、资金等“一衔接、两覆盖”政策。按照20个字的总体要求，我们农垦战线上的同志要主动作为、履行使命，首先要在“五个振兴”和扶贫攻坚这两大任务上发挥应有的领头作用，在实施乡村振兴战略和落实国家扶贫攻坚任务中不断开拓市场、做大产业，重塑垦地关系，加快农场绿色发展、高质量发展步伐，促进城乡融合。这对农垦是新的重大机遇。各垦区必须尽快投入进去、主动作为。同时，大家也要认识到，发展是以改革为前提的，若不能按时完成办社会职能、土地确权发证等改革任务，怎么撸起袖子、甩开膀子投入到乡村振兴、打造航母的事业中？改革慢的垦区，在实施乡村振兴战略中容易掉队，很容易陷入“一步慢、步步慢”的恶性循环。农垦改革重点任务的落实，已经到了“最后一公里”，我们一定要不遗余力收好尾。“最后一公里”没有走到位，虽不至于前功尽弃、一无所得，但也会棋输一着、功亏一篑。剩下不到半年时间，还没有完成的工作要紧抓快干，已经落实的改革任务要进一步巩固成果。同时要着力把握好几个重要事项。

（一）尽快组织开展改革“回头看”。改革既要向前走，也要“回头看”，特别是一些重大问题、复杂问题，通过“回头看”亮成绩、晒不足、找差距、开药方、抓紧干，能够更好推进改革向前走。各地农垦改革工作领导部门，近期要尽快组织一次“回头看”，进一步核查有没有不实的地方，有没有余下一点拖拉、收尾工作还没顾得上的地方。要看改革任务是否实现预期进度、各级党委政府和各部门主体责任是否落实、工作推动是否有力、部门协调是否紧密、已推出的改革措施是否达到预期效果、群众满意度是否高、工作中还存在哪些困难和问题、整改措施是否部署到位，等等。改革“回头看”要在实和细上下功夫，要一竿子插到底。改革政策要靠基层落实，经过层层传导，对政策出现理解偏差、执行错位有时难以避免，要通过到基层一线查看、实地听取群众反馈，把这些偏差、错误赶紧纠正过来。特别是办社会职能移交给地方后，地方是不是真正接住了、对垦区职工群众的服务水平有没有得到有效保障；土地使用权是不是按要求确给国有农场了、国有农场是不是真正拿到土地使用权证了、国有土地资产有没有流失等，都要尽快回头梳理一遍，抓紧查缺补漏。

（二）认真组织开展改革督查和追责问责。大家知道，农垦改革工作是列入中央深改办督察的改革任务之一。根据《中央有关部门贯彻实施党的十九大报告重要改革举措分工方案》，农垦改革也列入了《农业农村部　中央农办 2018 年深化农村改革工作要点》，作为农业农村改革领域的重要督办督查事项。下半年要组织开展跨部门联合督导，进一步转变工作作风、改进督导方式，抓住关键环节，深入重点垦区，重点督导任务重、阻力大的垦区及所在市县，要对标两书（责任书、计划书）和督导中垦区作出的承诺，紧紧抓住时间进度硬指标，不问过程，只要结果。有督察、有考核，就意味着有表扬鼓励、有追责问责。在改革督察这个事情上，一定是有什么问题指出什么问题，是谁的责任就由谁来承担责任，财政部门也好，国土部门也好，农业农垦部门也好，都要各负其责、各担其责。像土地确权发证，权籍调查工作进度慢了，要追究农垦部门的责任；提交符合要求的申请资料，不及时登记发证的，就是国土部门的责任；中央财政经费落实了，省级和市县财政没落实而影响改革进度的，要追究地方财政部门责任。年底将对照中央农垦改革发展文件的要求和各地考核评估结果，按图按表问效、追责，对改革抓得实、有效果的要表扬；对敷衍塞责、拖延扯皮、屡推不动的，对重视不够、研究甚少、贯彻乏力的，要问责整改。各级农垦改革的牵头部门和参与部门一定要加强协调，争分夺秒用好这半年时间，特别是各部门的主要负责同志真的要高度重视起来，切实负起主要责任，勇于挑最重的担子，敢于啃最硬的骨头。建议各省份下半年重点依据中央部委相关文件、标准和工作进度，提前开展情况调度、考评、整改等工作，对重点问题和难点地区加大有针对性地督察督导问责力度，力争各个突破、取得实效，对问题较为突出的地方和部门进行问责。特别是结合中央关于全面从严治党的要求，加强对农垦领域腐败问题、不正之风进行严格督查问责，破除改革梗阻和利益掣肘。各级农垦管理部门一定要加强作风建设，要不断聚集和增强求真务实、艰苦奋斗、积极探索、勇于改革的正能量。

（三）明确改革成果的总结报送程序。为做好年底改革考核工作，大家要把总结工作做扎实，要认认真真地总结工作和成绩，实事求是地面对问题和不足。要坚决杜绝说大话、空话、假话的现象，材料要准确、数据要可靠、凭据要真实、程序要合规，确保经得起督察考核的检验，经得起职工群众的检验，经得起历史和实践的检验。办社会职能改革是多个部门共同分工推进的，各个国有农场作为最基层单位，要会同当地地市县区的财政、教育、卫生、民政等部门，做好自我评估和总结工作，每个部门都要签字盖章，再逐级报送到省农垦改革的牵头单位；省级报送给中央部门的评估总结材料，也要经过省级财政、教育、卫生、民政等部门的背书认可，由农垦改革牵头单位最后汇总报送。土地确权发证工作也一样，各级农垦管理部门要积极会同国土部门、财政部门，一起做好本级的评估总结工作，以自然资源部牵头，共同上报材料，最终认可的工作成绩就是实实在在登记在证书上的面积，一定要做到有据可依、有证可查。改革试点工作也要进行全面系统总结，下半年还要召开试点工作总结会，一定要力争总结提炼出谋划政策的要素、推进改革发展的范例、形成若干工作建议，切实发挥对面上改革的示范引领作用。

（四）扎扎实实做好建档立卡工作。农垦改革，尤其是“两个 3 年”任务，多数省份已进入收尾阶段。大家要注意及时收集整理相关资料，建立专门的改革档案卷宗，确保档案的完整性、系统性。像办社会职能改革，各地形成的改革实施意见、工作方案、会议纪要、政策文件、考核表格、督察通知，摸底调查社会职能时完成的机构、人员等统计数据，记录资产、债务清查结果的账册，经费收入及支出的凭证等；像土地确权发证，包括各种政策文件、工作方案、会议纪要、政策文件等，招投标和权籍调查的相关材料，各种图片照片、签字材料，确权登记簿，以及争议调处记录等，都要整理归档好。总之，档案资料要齐全完整，基础工作要扎实，档案标准和质量要高，一定要整理汇总形成可核查、可审计、可评估、可检验的改革成果形式。

同志们，全国农垦改革特别是“两个3年”任务已经进入最后冲刺阶段。历史把大家推到农垦改革的大潮浪头了，等到十年后、二十年后再回忆起这次改革，要是当时就是因为你自己一哆嗦、没有坚持到底，留个尾巴一直没有得到解决，这遗憾可能终生难以弥补；如果你坚持到底，农垦改革难题在你手上解决了，人生也会更加圆满。我相信，只要我们大家团结一致、精诚合作，下定决心、攻坚克难，咬紧牙关、全力以赴，农垦改革的最后胜利一定属于我们。今天会议结束后，同志们就尽快回去，抓紧时间赶落实，按时保质保量完成中央交办的任务，向改革开放四十周年献礼，向人民群众交上满意的答卷。

二

垦区经济与社会发展情况

2018 年全国农垦经济和社会发展统计公报

农业农村部农垦局

2019 年 6 月 14 日

2018 年，全国农垦系统以习近平新时代中国特色社会主义思想为指导，认真贯彻落实中央农垦改革发展文件和中央 1 号文件精神，按照党中央国务院决策部署和实施乡村振兴战略的总体要求，大力推动农垦“两个 3 年”改革任务落实，切实发挥农垦质量兴农示范引领作用，推动农垦重要领域和关键环节改革实现新突破，农垦经济保持稳中向好态势。

一、综合

全年农垦经济实现生产总值 8 155.46 亿元（图 1）。其中，第一产业增加值 1 885.94 亿元；第二产业增加值 3 516.84 亿元；第三产业增加值 2 752.68 亿元。第一、第二、第三产业增加值占农垦生产总值的比重分别为 23.1%、43.1% 和 33.8%。人均生产总值 58 684 元；居民人均可支配收入持续增长，达到 18 946 元，比上年增长 8.4%（图 2）。

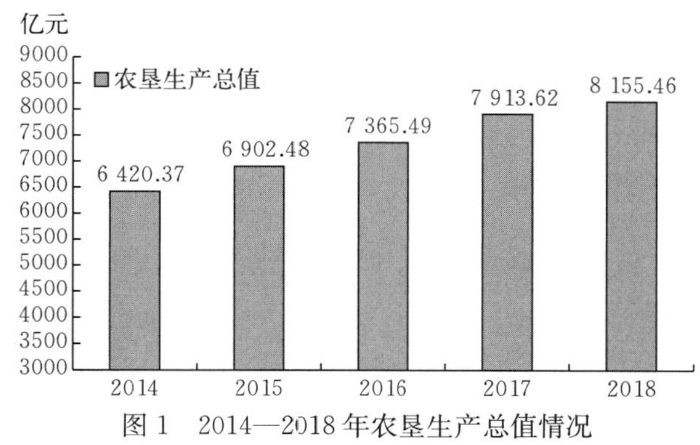

图 1　2014—2018 年农垦生产总值情况

二、农业

全年实现农业总产值 3 823.05 亿元。其中：种植业产值 2 450.08 亿元，林业产值 97.99 亿元，畜牧业产值 777.01 亿元，渔业产值 256.71 亿元。

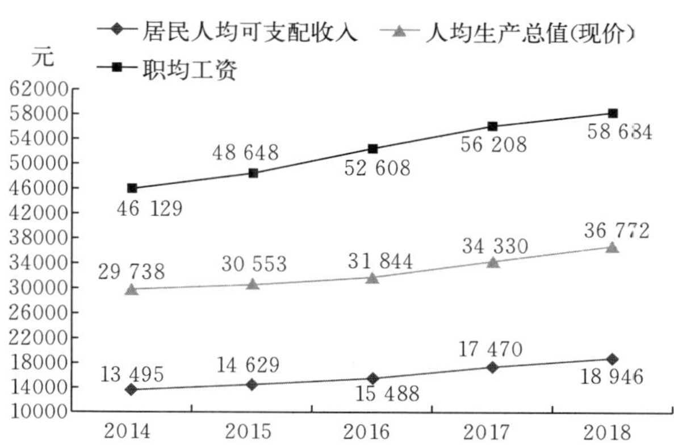

图 2　2014—2018 年农垦人均指标情况

全年农作物播种面积为 6 851.23 千公顷，比上年减少 21.48 千公顷，下降 0.3%。其中：粮食播种面积 4 826.97 千公顷，减少 67.14 千公顷，下降 1.4%，占农作物播种面积的 69.8%；棉花面积 1 021.80 千公顷，增加 225.45 千公顷，增长 28.3%；油料面积 306.22 千公顷，减少 30.99 千公顷，下降 9.2%；糖料面积 93.57 千公顷，增加 3.22 千公顷，增长 3.6%。

粮食总产量达到 3 652.80 万吨，比上年增加 137.31 万吨，增长 3.9%（图 3）。主要农产品产量见表 1。

表 1　2018 年主要农产品产量

产品名称	产量（万吨）	比上年增长（%）
粮　食	3 652.80	3.9
棉　花	284.78	36.5
油　料	79.73	4.1

（续）

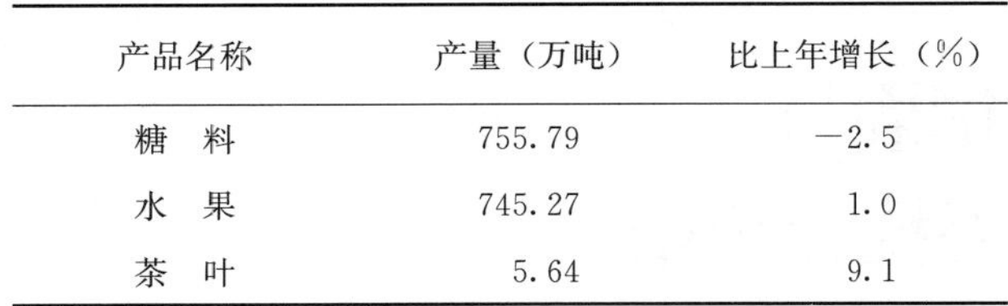

产品名称	产量（万吨）	比上年增长（%）
糖　料	755.79	−2.5
水　果	745.27	1.0
茶　叶	5.64	9.1

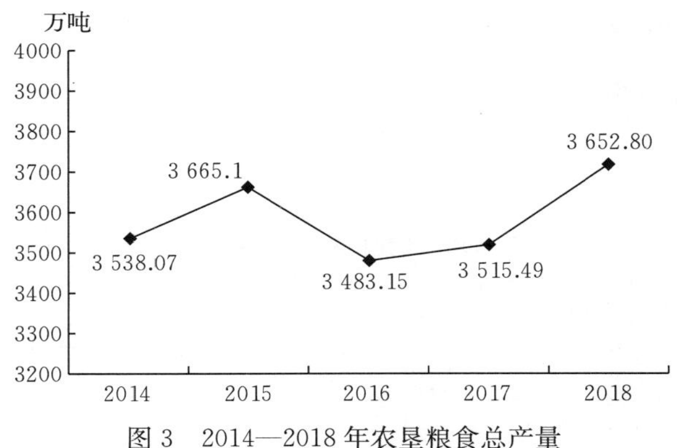

图 3　2014—2018 年农垦粮食总产量

畜牧业占农业总产值比重为 20.3%，比上年下降 1.9 个百分点；牲畜年末存栏总数及主要畜产品产量见表 2。

表 2　2018 年牲畜年末存栏总数及主要畜产品产量

产品名称	计量单位	产量与年末数	比上年增长（%）
大牲畜总头数	万头	280.24	−6.7
其中：奶牛	万头	128.80	−10.4
猪存栏	万头	1 173.05	−7.2
羊存栏	万只	1 236.46	−9.7
肉类总产量	万吨	220.41	−14.6
牛奶	万吨	389.80	1.2
禽蛋	万吨	45.42	−16.4

全年水产品产量 162.75 万吨，比上年增长 1.1%。其中：淡水产品产量 120.59 万吨，增长 1.2%；海水产品产量 42.16 万吨，增长 0.76%。对虾产量 4.23 万吨，下降 31.7%。

全年植树造林面积 65.39 千公顷。

年末农业机械总动力 3 062.31 万千瓦，比上年增长 1.2%；大中型农用拖拉机 22.88 万台，增长 1.7%；农用小型及手扶拖拉机 37.34 万台，增长 24.0%；联合收获机 6.36 万台，比上年下降 0.3%。

三、工业和建筑业

工业发展保持稳定，结构调整成效明显。全年完成工业增加值 2 859.72 亿元。实现工业总产值 7 934.19 亿元。其中：国有工业总产值 2 329.81 亿元，占工业总产值的 29.4%；非国有工业总产值 5 604.38 亿元，占工业总产值的 70.6%。产值 100 亿元以上的农垦工业企业创产值 7 392.10 亿元，占工业总产值的 93.2%。其中产值前 10 位的行业是农副食品加工业 1 649.81 亿元，食品制造业 804.18 亿元，石油、煤炭及其他燃料加工业 562.67 亿元，医学制造业 339.09 亿元，纺织服装，服饰业 317.08 亿元，汽车制造业 299.10 亿元，纺织业 297.21 亿元，非金属矿物制品业 297.06 亿元，化学原料和化学制品制造业 284.28 亿元，酒、饮料和精制茶制造业 237.26 亿元。

2018 年主要工业产品产量见表 3。

表 3　2018 年主要工业产品产量

产品名称	计量单位	产量	比上年增长（%）
混配合饲料	万吨	846.49	−21.5
食用植物油	万吨	414.49	−5.7
成品糖	万吨	313.47	15.1
乳制品	万吨	400.91	−0.6
其中：液体乳	万吨	374.15	1.9
饮料酒	万千升	179.33	42.3
水泥	万吨	1 735.83	−11.4
砖	亿块	107.82	−15.2
发电量	亿千瓦时	964.33	10.4

年末建筑企业 3 612 个，从业人员 40.01 万人，全年实现增加值 657.13 亿元；年末固定资产原值 174.50 亿元；全年施工房屋建筑面积达 25 694.34 万米^2。

四、运输业、批发零售贸易业、服务业及出口商品

全年共完成货运量 26.52 亿吨，客运量 7.02 亿人，实现营业收入 753.46 亿元。

年末批发零售贸易业、住宿餐饮业、服务业营业单位（除新疆生产建设兵团外）总数 16.32 万个，拥有固定资产原值 917.49 亿元，营业用房总面积 2 005.41 万米^2，从业人员 75.91 万人，全年

完成商品销售额或营业收入 5 575.51 亿元。

全年出口供货商品总金额 701.46 亿元（图4），比上年增加 6.88 亿元，增长 1.0%。出口商品供货总额超过 10 亿元的垦区分别是：新疆生产建设兵团 473.07 亿元、广东 77.65 亿元、湖北 40.96 亿元、江西 39.32 亿元、河北 24.27 亿元、广西 10.04 亿元，上述 6 个垦区出口金额合计达 665.31 亿元，占全国农垦出口商品总金额的 94.8%。

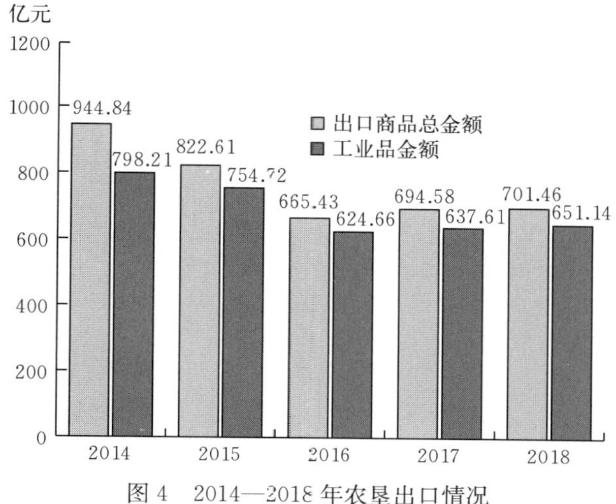

图 4　2014—2018 年农垦出口情况

五、科技

年末全系统拥有科研单位 293 个，职工 1.65 万人，其中，科技人员 0.90 万人。全年科研经费 39.56 亿元，比上年增长 9.2%；其中，国家拨款 7.49 亿元，占科研经费 18.9%；企业自筹 29.38 亿元，占科研经费 74.3%。

六、固定资产投资

全年固定资产投资总额 4 019.61 亿元（图 5），比上年减少 1 211.47 亿元，降幅为 23.2%；当年新增固定资产 1 928.97 亿元。其中：第一产业投资 325.63 亿元，占投资总额的 8.1%；第二产业投资额 2 070.94 亿元，占投资总额的 51.5%；第三产业投资额 1 623.04 亿元，占投资总额的 40.4%。全年国有固定资产投资总额 1 149.42 亿元，占投资总额的 28.6%。

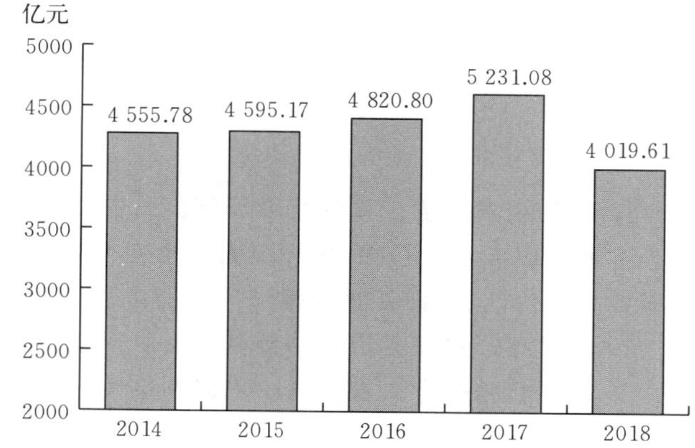

图 5　2014—2018 年农垦固定资产投资情况

七、人口、就业和劳动工资

年末农垦系统总人口 1 433.23 万人，比上年减少 22.21 万人，下降 1.5%。

年末社会从业人员 646.40 万人。其中：第一产业 304.72 万人，第二产业 145.07 万人，第三产业 196.62 万人，分别占社会劳动者总数的 47.3%、22.4%和 30.3%。

年末职工 192.12 万人（除新疆生产建设兵团），其中：在岗职工 179.37 万人。全年职工工资总额 1 011.52 亿元，职工年平均工资 36 772 元，比上年增长 7.1%。

八、无公害农产品、绿色食品、有机食品生产

年末全系统种植业无公害农产品、绿色食品、有机农产品认证数达到 1 138 个，带动种植农户数达到 28.59 万户。其中：绿色 A 级农作物种植面积 912.68 千公顷，产量 454.68 万吨；无公害、绿色、有机茶叶认证数 66 个，从事种植农户数达到 4.31 万户。其中：绿色 A 级面积 2.85 千公顷，产量 2 485.00 吨；无公害、绿色、有机水果认证数达到 211 个，从事种植农户数达到 4.82 万户。其中：绿色 A 级面积 53.00 千公顷，产量 72.63 万吨。

九、资源消费

主要资源消费量中：钢材 323.86 万吨，比上年下降 15.1%；木材 458.66 万米^3，增长 83.9%；水泥 1 063.14 万吨，下降 38.6%；煤炭 6 578.27 万吨，下降 2.0%；成品油 351.17 万吨，增长 5.3%；电 1 874.03 亿千瓦时，增长 74.2%。

万元生产总值消费钢材 0.040 吨，比上年下降 16.7%；万元生产总值消费木材 0.056 米^3，比上年增长 75%；万元生产总值消费水泥 0.130 吨，

比上年下降40.6%；万元生产总值消费煤炭0.806吨，比上年下降5.1%；万元生产总值消费电力2 297千瓦时，比上年增长68.8%；万元生产总值消费成品油0.043吨，比上年增长2.4%。

注：

1. 农垦生产总值、各产业增加值、工农业总产值等价值指标均按现价计算。2018年农垦“两个3年”任务基本完成后垦区GDP统计范围发生变化，导致GDP增幅数据与以往年度相比不具有可比性，故没有公布按可比价计算的GDP增幅。

2. 新疆生产建设兵团部分数据无法取得。

3. 公报数据如有出入，以《中国农垦统计年鉴》为准。

北京农垦2018年经济和社会发展统计公报

北京首农食品集团有限公司

2018年，是全面贯彻落实党的十九大精神开局之年，是打好三大攻坚战开局之年，也是迈向高质量发展新征程起步之年。这一年，北京农垦在以习近平同志为核心的党中央坚强领导下，深入学习党的十九大精神，全面贯彻落实党中央、市委市政府的各项决策部署，坚持以供给侧结构性改革为主线，以推动垦区高质量发展为要求，全年经济保持平稳发展，民生保障持续增强，综合实力进一步提升，较好地完成了本年预期目标。

一、综合

2017年年底，根据北京市委市政府、市国资委的要求，原北京首都农业集团有限公司与北京粮食集团有限公司、北京二商集团有限公司重组为北京首农食品集团有限公司。在此过程中，北京农垦在市委市政府的正确领导和农业部农垦局的关心指导下，坚持“稳中求进、两线运行、条块结合、统筹安排、协调推进”的基本工作思路，抢抓发展机遇，积极面对挑战，实现了良好开局。2018年是首农食品集团重组元年，也是北京农垦实现新统计范围后的第一年，垦区二产企业新增42家，三产企业新增186家，年末总人口、土地面积、产业产值、能源消耗等各项指标均有较大变化。

（1）2018年北京农垦生产总值增加值合计129.20亿元，营业盈余27.90亿元。

第一产业增加值16.22亿元，占全年生产总值增加值的12.55%；营业盈余1.40亿元，占全年营业盈余的5.01%。

第二产业增加值42.41亿元，占全年生产总值增加值的32.82%；营业盈余4.87亿元，占全年营业盈余的17.46%。

第三产业增加值70.57亿元，占全年生产总值增加值的54.63%；营业盈余21.63亿元，占全年营业盈余的77.53%。

（2）北京农垦2018年年末土地总面积7 892公顷，其中耕地面积1 396公顷，占土地总面积17.69%。

（3）2018年年末国有企业从业人员61 143人，其中在岗职工56 070人，其他从业人员5 073人。

二、产业布局

（一）第一产业

1. 农牧渔业总产值

北京农垦现有二级农场8家，三级农场5家，共计13家。2018年实现农牧渔业总产值65.91亿元，其中种植业产值0.73亿元，林业产值0.21亿元，牧业产值52.46亿元（占比最大），渔业产值0.72亿元，农林牧渔服务业产值11.79亿元；农林牧渔业商品总产值64.84亿元。

2. 农牧业生产情况

（1）2018年年末良种及改良乳牛9万头，规模化养殖场32个，牛奶总产量447 701吨。

（2）2018年年末生猪存栏16万头，能繁殖母畜2万头，带动农户250户，猪肉产量107 509吨。

（3）2018年年末家禽存栏452万只，规模化养殖场39个，带动农户32 366户，禽蛋产量40 877吨。

（4）2018年度农作物播种面积1 202公顷，总产量2 996吨。其中，粮食作物355公顷，粮食总产量1 470吨；蔬菜播种面积103公顷，总产量1 526吨；药材及其他作物播种面积744公顷。

（5）2018年年末果园实有面积153公顷，果品产量663吨。

（6）2018年年末水产产品总产量2 680吨，全部为鱼类。

（二）第二产业

（1）工业企业80家，工业总产值全年完成321.64亿元。其中，农副食品加工业总产值154.25亿元，占工业总产值的47.96%；食品制造业工业总产值163.65亿元，占工业总产值的

50.88%；其他制造业总产值3.74亿元，占工业总产值的1.16%。

（2）建筑企业5家，年末从业人员115人，全年施工房屋建筑面积5万米^2，房屋建筑竣工面积1万米^2，建筑业总产值5 165万元。

（三）第三产业

（1）2018年年末交通运输业企业5家，年末从业人员2 371人，全年货运量12万吨，客运量861万人次。全年实现营业总收入9.91亿元，其中货运及装卸收入1.48亿元。

（2）2018年年末批发零售业企业117家，年末从业人员5 360人，年末营业用房面积65.47万米^2，全年实现收入总额556.58亿元。

（3）2018年年末住宿餐饮业企业9家，年末从业人员16 998人，年末营业用房面积6.03万米^2，全年实现收入总额38.95亿元。

（4）2018年年末服务业企业160家，年末从业人员8 871人，年末营业用房面积93.5万米^2，全年实现收入总额97.34亿元。

（5）全年外贸出口供货商品金额3.90亿元。其中，畜产品出口2.60亿元，占66.67%；工业品出口1.30亿元，占33.33%。

三、固定资产投资

2018年全年完成固定资产投资总额37.37亿元。其中，完成国有固定资产投资总额36.42亿元，占投资总额的97.46%。当年新增固定资产21.66亿元。

投资总额中用于第一产业的投资为8.14亿元，占投资总额的21.78%；用于第二产业的投资为9.71亿元，占投资总额的25.98%；用于第三产业的投资为19.52亿元，占投资总额的52.24%。

四、科研基本情况

2018年度拥有科研单位15家，其中部、省（市）、地（区）属科研单位3家，场直属科研单位12家。职工合计1 503人，科技人员911人，其中本科及以上567人。实验地面积2公顷。

天津农垦2018年经济和社会发展统计公报

天津食品集团有限公司

天津食品集团有限公司为贯彻落实习近平新时代中国特色社会主义思想，切实做到全面推进新时代改革开放，敢于担当负责，狠抓工作落实，以实现中华民族伟大复兴中国梦作为行动指南，立足振兴企业，干好事业，保障民生，聚焦天津食品产业优势资源，以民需为本，以市场为导向，重点以现代农牧业、食品加工业、商贸物流及房地产业为发展方向，承担全市及周边地区“菜篮子”、肉禽蛋奶、粮油等食品供应，从源头保障食品品质，全力打造“从田间地头到餐桌”，纵贯一二三产业的食品全产业链和农工商科一体化的发展新模式，为大众提供健康、优质、安全、放心食品，成为政府信赖、百姓放心、保障有力的民心工程企业。

集团全力打造一批核心骨干企业，现代农牧业以嘉立荷牧业集团、渤海农业集团等为基地，大力发展奶牛、肉牛、生猪、蛋鸡和观赏鱼养殖，加快生鲜绿色有机果蔬种植和观光休闲农业建设；食品加工业以海河乳业、二商迎宾、利民调料、利达粮油等企业为龙头，做优做强海河牛奶、迎宾放心肉、副食调料、利达粮洎、山海关豆制品等主副食品，满足市场需求，扩大市场占有率；商贸物流及房地产业以商贸公司、壳牌石油、红光贸易、农垦房地产、龙呈嘉益等商贸物流企业为核心，拓展农产品贸易，发展冷链物流和连锁零售终端建设，进一步做大石油零售业务规模和效益，发挥土地资源优势，做强房地产业。

2018年集团共有161个经营单位，其中农林牧渔业34个，工业27个，建筑业1个，商业28个，社会服务业及其他行业71个，分布在天津市郊区县和市内各区。2018年农垦总人口3.8万人，其中职工1.1万人，土地7 767公顷，其中耕地2 727公顷。2018年全体干部职工认真按照集团公司的工作思路和具体部署，认真履行岗位职责，在集团广大干部职工的齐心努力下完成了预期经济指标。

1. 经济总量

2018年天津食品集团资产总额388亿元。集团实现生产总值37.1亿元，第一产业3.7亿元，第二产业5.3亿元，第三产业28.1亿元。集团比上年生产总值的34.5亿元，增长7.5%，其中第一产业比上年的3.4亿元增长8.8%、第二产业比上年的6.1亿元降低13.1%、第三产业比上年的25.0亿元增长12.4%。集团营业收入300亿元，比上年的283亿元增加了17亿元，同比增长6.0%；集团全年实现利润总额9.7亿元，比上年的9.1亿元增加了0.6亿元，同比增长6.5%；集团年居民人均可支配收入6.6万元，与上年基本持平。

2. 农牧业生产

进一步推进农牧业结构优化调整。农垦年末耕地面积2 727公顷，由于调整种植结构，改善农田水利设施，采用优良品种和先进科学技术，加大农业设施建设投入，使种植业生产得以稳步发展。农作物总播种面积2 163公顷，比上年的2 501公顷减少了338公顷，其中粮食播种面积1 795公顷，比上年的1 876公顷减少了81公顷；棉花播种面积0公顷，比上年的47公顷减少了47公顷；粮食总产13 411吨，比上年13 041吨增加了370吨；棉花产量0吨，比上年147吨减少了147吨。草坪种植面积24公顷，提供商品草皮66.7万米^2。果园面积295公顷，比上年的305公顷减少了10公顷；水果总产量3 174吨，比上年的3 862吨减少688吨。

天津食品集团奶牛业在改革发展中不断壮大，奶牛年末存栏达到3.5万头，比上年的3.2万头增加0.3万头；成母牛1.7万头，比上年的1.6万头增加了0.1万头；全年牛奶总产量18.1万吨，比上年的16.6万吨增加了1.5万吨，比上年增长9.0%。

水面养殖面积897公顷，比上年的909公顷减少了12公顷；水产品总产量8 193吨，比上年的16 747吨减少了8 554吨。

3. 工业企业

集团实现工业总产值27.7亿元，比上年的30.9亿元，减少了3.2亿元。全年工业外贸出口额15 292万元，比上年的20 875万元减少了5 583万元。葡萄酒产量0.9万吨，其中出口葡萄酒0.5吨，中法合营王朝葡萄酿酒有限公司生产的葡萄酒仍为全国品质最高的全汁高档葡萄酒之一。为保持葡萄酒生产优势，他们将继续增加投入，为更高、更大的跨越奠定坚实基础。集团乳品加工业在保障产品质量和开发新产品上下功夫，生产的乳制品在市场上深受消费者的欢迎，扩大了市场占有率。全年生产乳制品5.9万吨，比上年的5.7万吨增加了0.2万吨，增加了3.5%，包装业全年完成纸箱7 445吨、塑料包装6 790吨。

4. 第三产业

集团第三产业实现生产总值28.1亿元，比上年的24.8亿元增长了3.3亿元，同比增长13.3%。壳牌华北石油集团在继续扩大规模的基础上，全年营业额为60.3亿元，实现利润0.7亿元。天津市第二商业学校和天津市经济贸易学校在扩大招生的同时，不断加强学生思想和品质教育，使学员在德智体等方面得到良好的教育，为社会提供素质高技能强的中等技术人才。食品集团旗下仓储库作为国家粮、肉、糖等物资的储备库，为国家和社会的物资供给提供了保障。

5. 固定资产投资

2018年集团完成固定资产投资47 313万元。其中第一产业天津农垦津港有限公司生猪养殖基地项目投资750万元，天津农垦津港有限公司生态循环农业示范区项目投资156万元，天津市利民调料有限公司建立大豆种植基地项目投资1 000万元，嘉立荷牧业沼气利用工程及改建粪污管道项目投资893万元，嘉立荷牧业山东牧场粪污处理项目投资2 750万元；第二产业天津市宝德包装有限公司废气治理项目投资189万元，天津市宝德包装有限公司药包车间改造项目投资15万元，天津海河乳业有限公司新瓶装巴氏奶生产车间搬迁改造项目投资819万元，天津海河乳业有限公司超高温车间购置新型无菌软包装机项目投资424万元，天津市利民调料有限公司加纳番茄加工厂项目投资7 442万元；第三产业天津西营门国家粮食储备库东丽分库高大平房仓功能提升改造项目投资813万元，天津利达粮油有限公司设立“天津龙江利达米业股份有限公司”项目投资500万元，天津利达粮油有限公司设立“延寿利达粮油有限公司”项目投资5 100万元，利达粮油科技（天津）有限公司临港经济区利达粮油生产基地项目投资19 845万元，天津利达物流服务有限公司天津军粮城国家粮食储备库平房仓提升改造项目投资2 840万元，天津市二冷食品冷冻有限责任公司冷媒改造项目投资908万元，天津市第二商业学校鲁班工坊三期项目投资526万元。

6. 职工收入

2018年年末集团从业人员11 009人，在岗职工10 218人，其他从业人员791人。年末从业人员比上年的10 481人增加了528人，增长5.0%。全年从业人员人均年收入8.8万元，在岗职工人员人均年收入9.2万元。其他从业人员人均年收入3.6万元。集团系统离休、退休、退职人员2.4万人，发放离、退休、退职人员生活费总额9.6亿元。目前，在确保下岗职工基本生活费的基础上，继续做好企业富余职工的分流安置和再就业工作。

河北农垦2018年经济和社会发展统计公报

河北省农垦局

2018年，河北垦区在省委、省政府和农业农村部的正确领导下，以习近平新时代中国特色社会主义思想为指导，深入贯彻落实中央1号文件精神，落实中央农村工作会议、全国农业工作会议的部署，深化农垦改革，积极探索与推进市场企业化、垦区集团化，巩固创新农垦农业高质量发展，促进农垦现代化产业融合发展，垦区经济持续稳定健康发展。

一、综合

农垦经济平稳增长，经济总量又上新台阶。全年实现农垦生产总值531.16亿元，比上年增长8.64%（图1）。其中，第一产业增加值57.78亿元，增长11.47%；第二产业增加值271.84亿元，增长5.14%；第三产业增加值201.54亿元，增长12.88%。2018年人均GDP净增加11 342元，达到127 233元，比上年增长9.79%。人均纯收入19 527元，比上年增长12.13%。

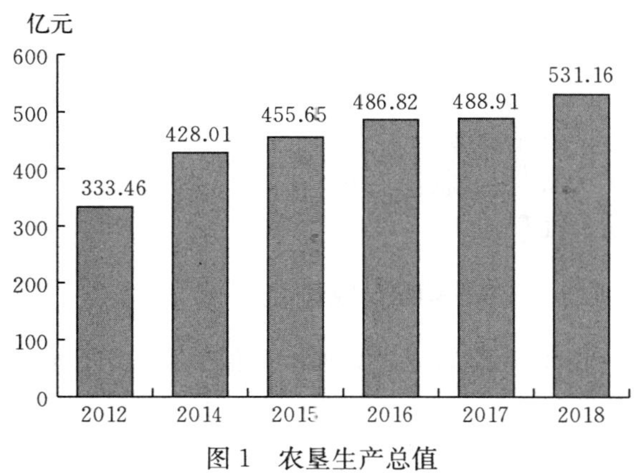

图1　农垦生产总值

2018年各农场发挥自身优势，积极调整产业结构，特色主导产业对经济发展起到了龙头拉动作用。一、二、三产业增加值在农垦生产总值中的比重分别为10.88%、51.18%、37.94%，第一产业比重比上年增长了2.6个百分点，第二产业比重比上年下降3.2个百分点，第三产业比重比上年上升了0.6个百分点。

二、农业

2018年，垦区切实贯彻落实惠农强农政策，加快农业科技推广，加强现代农业建设，农业综合生产能力平稳增强。全年实现农林牧渔业总产值111.52亿元，比上年增长21.79%。其中：种植业产值29.45亿元，比上年增长7.59%；林业产值0.93亿元，增长24%；牧业产值36.19亿元，下降3.88%；渔业产值34.78亿元，增长34.80%；服务业产值10.17亿元，增长6.72%（图2）。

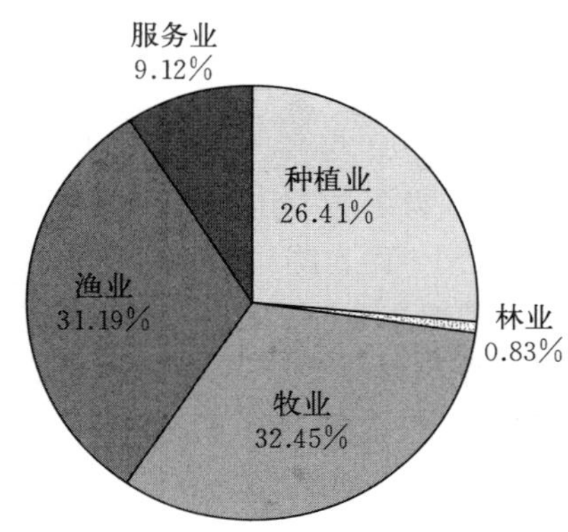

图2　农林牧渔业产值比例结构

全年农作物总播种面积为86.20千公顷，比上年增长1.15千公顷，增长1.35%。其中：粮食作物播种面积70.18千公顷，比上年增长4.41千公顷，增长6.71%，占农作物总播种面积的81.42%；棉花面积2.89千公顷，减少0.95千公顷，下降24.74%；油料面积2.52千公顷，增长1.11千公顷，增长78.72%；蔬菜、瓜类面积5.54千公顷，减少1.59千公顷，下降22.30%。其他作物4.41千公顷，减少2.1千公顷，下降32.26%。

垦区全年农作物种子播种面积1 880.28公顷，

其中，原种播种面积385.22公顷，良种播种面积1 495.06公顷。生产量合计8 450.04吨；加工厂6个，加工生产能力15 030吨；种子公司6个；年末从业人员150人，其中技术人员24人；种子质量检验室8个，种子检验人员8人。

2018年粮食总产量57.05万吨，比上年减少8.26万吨，下降12.65%（表1）。

表1 主要农产品产量

农作物名称	2018年产量（吨）	比上年增长（%）
一、粮食	570 494	−12.65
其中：稻谷	178 162	−32.01
小麦	58 663	31.78
玉米	105 967	−5.45
二、油料	3 427	112.33
其中：花生	1 178	102.08
油菜籽	1 707	264.74
三、棉花	3 134	−38.25
四、糖料	31 325	91.07
五、蔬菜、瓜类	272 643	−22.61
六、其他作物	118 902	−47.85
其中：青饲料	118 902	−47.85

畜牧业保持健康发展。2018年年末大牲畜存栏17.44万头。奶牛数量达到14.98万头，减少2.46万头，比上年下降14.11%；牛奶总产量55.87万吨，增加4.37万吨，比上年增长8.49%。察北、沽源两个农场牛奶产量分别达到18.72万吨和23.63万吨，占全垦区牛奶总产量的75.80%（表2、图3）。

表2 牲畜年末存栏及畜产品产量

牲畜种类	计量单位	2018年产量	比上年增长（%）
大牲畜总头数	万头	17.44	−10.84
其中：奶牛	万头	14.98	−14.11
猪存栏	万头	36.31	−3.56
羊存栏	万只	8.01	−24.43
其中：绵羊	万只	7.63	−25.27
家禽	万只	415.74	39.55
肉类总产量	万吨	7.18	−6.27
其中：猪肉	万吨	4.73	−0.21
禽肉	万吨	1.71	−23.66
牛奶	万吨	55.87	8.49
禽蛋	万吨	1.90	−6.40

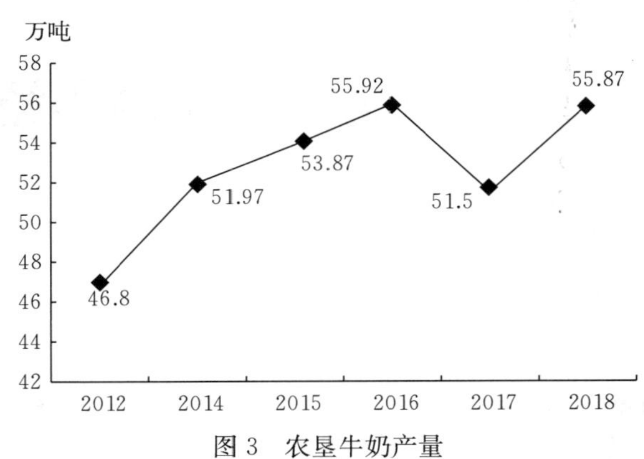

图3 农垦牛奶产量

水产养殖业保持平稳发展。2018年年末水产品养殖面积16 223公顷，比上年增长4.46%。养殖面积中淡水8 687公顷，海水7 536公顷。全年水产品总产量154 640吨，比上年增加41 215吨，增长36.34%。其中：淡水产品产量89 054吨，增长11.89%；海水产品产量65 586吨，增长93.83%。对虾产量24 118吨，比上年下降7.44%。

全年植树造林面积7.46千公顷，其中用材林0.29千公顷，经济林0.59千公顷，防护林6.58千公顷。年末林地面积74.11千公顷。

农业基础设施建设得到加强，农业生产机械化水平进一步提高。年末农业机械总动力108.51万千瓦，比上年增长3.35%。农用排灌动力机械12 232台，大中型农用拖拉机4 274台，小型拖拉机16 068台，播种机2 919台，联合收获机762台，机动割晒机623台，机动脱粒机3 355台，农用运输车辆4 806辆。水稻工厂化育秧设备105套，温室549万米^2，大棚474万米^2。当年机播面积84.50千公顷，占农作物总播种面积的比重达98.03%；机械收获面积73.89千公顷，占农作物总播种面积的85.72%。

三、工业和建筑业

2018年第二产业实现增加值271.84亿元，比上年增长5.14%，增加值占农垦生产总值的51.18%，其中工业增加值243.41亿元，比上年增长5.25%（图4）；建筑业增加值28.43亿元，比上年增长4.18%。

工业保持平稳发展。2018年工业企业总数为1 146个，其中国有工业企业及规模以上的非国有工业企业211个，销售产值519.25亿元，比上年下降36.18%。乳制品产量37.57万吨，比上年下

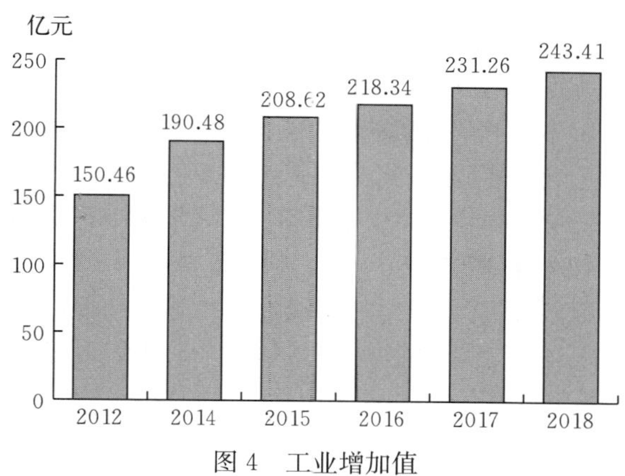

图4 工业增加值

降19.13%；液体乳产量34.66万吨，比上年下降11.81%。

2018年实现工业总产值710.55亿元，比上年下降17.54%。国有工业总产值147.81亿元，增长11.24%；战略性新兴工业产值57.12亿元。主要工业产品总产值为：农副食品加工业34.54亿元，比上年下降11.48%；食品制造业49.10亿元（主要为乳制品制造业），下降25.02%；纺织业3.60亿元，下降17.24%；纺织服装、服饰业3.26亿元，下降20.10%；家具制造业34.10亿元，增长1.37%；化学原料及化学制品制造业37.64亿元，增长2.28%；金属制品业25.45亿元，增长14.74%；交通运输设备制造业51.32亿元，下降48.39%；石油、煤炭及其他燃料加工业324.06亿元，增长21.38%。

表3 2018年主要工业产品产量

产品名称	计量单位	绝对数	比上年增长（%）
原盐	吨	34 900	6.67
大米	吨	123 974	−98.74
小麦粉	吨		
混、配合饲料	吨	277 452	−6.67
乳制品	吨	375 660	−33.00
#液体乳	吨	346 615	−36.71
饮料酒	千升	6 004	0.80
#白酒	千升	6 004	0.80

建筑业稳步发展。建筑企业620个，年末从业人员9 447人。全年实现增加值28.43亿元，比上年增长4.18%。年末固定资产原值3.53亿元，全年施工房屋建筑面积56.91米^2，房屋竣工面积21.44万米^2。

四、固定资产投资

固定资产投资增速较快。固定资产投资对垦区经济持续增长起着较强推动作用。2018年全垦区完成固定资产投资总额468.66亿元，比上年减少107.07亿元，比上年下降18.59%。国有固定资产投资9.57亿元，比上年下降70.86%；非国有固定资产投资459.09亿元，比上年下降19.86%（图5）。

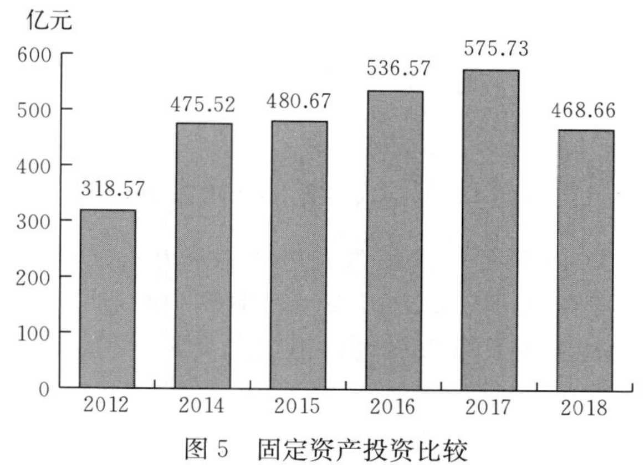

图5 固定资产投资比较

第一产业投资32.39亿元，比上年增长10.77%；第二产业投资331.21亿元，比上年下降13.50%；第三产业投资105.06亿元，比上年下降37.77%。一、二、三产业在固定资产投资中比重为7∶70∶23。

固定资产投资中，国家预算内资金3.26亿元，自筹资金451.14亿元，其他资金14.26亿元。当年新增固定资产211.32亿元。

五、运输业、批发零售贸易业、服务业及出口商品

交通运输业全年完成货运量87 975万吨，客运708万人次；年末单位个数5 938个，从业人员17 069人，运输工具10 408台；营业总收入27.26亿元，比上年增长13.58%。

批发零售业、餐饮业、服务业年末单位13 623个，固定资产原值33.30亿元，比上年增长1.31%，营业用房面积56.41万米^2，增长3.90%；营业总收入301.59亿元，比上年增长3.55%，其中批发零售业217.66亿元，比上年增长4.28%；餐饮业21.32亿元，与上年持平；服务业62.62亿元，比上年增长2.32%；批发零售

业、餐饮业、服务业营业网点数 15 692 个，年末从业人员 5.05 万人。

全年出口商品总金额 24.27 亿元，比上年增长 24.46%。其中：农产品 40 万元，下降 73.51%；水产品 2 558 万元，增长 9.69%；工业品 240 141 万元，增长 25.46%。

六、科研

2018 年年末全垦区拥有科研单位 4 个，其中省、地属科研单位 1 个，场属 3 个；从业人员 83 人，其中科技人员 56 人。科研经费 1 605.93 万元，其中省、地自筹 1 595.93 万元，企业自筹 10 万元。

七、人口、职工、收入与社会保障

2018 年年末垦区总人口 42.09 万人，年末全垦区从业人员 25.70 万人。其中第一产业 9.23 万人，比上年下降 6.96%；第二产业 8.06 万人，下降 7.57%；第三产业 8.41 万人，增长 0.84%。

职工生活水平稳步提高。2018 年全垦区实现居民人均可支配收入 19 527 元，比上年增长 12.13%。垦区危房改造工作自 2011 年开展以来，职工居住条件得到改善，年末职工实有住房面积 1 706 万米^2，比上年增长 4.98%，人均住房面积 40.54 米^2。

八、绿色、有机食品、无公害农产品

截至 2018 年年末，垦区认证了 36 个绿色、有机食品、无公害农产品，带动 18 428 个农户。其中：种植业 11 个，含水稻 5 个、蔬菜 3 个、水果（梨）1 个、玉米 1 个和其他 1 个；已认证的绿色食品 A 级面积 1 563 公顷，产量 66 429 吨；已认证的有机食品面积 6 094 公顷，产量 71 023 吨；已认证的无公害农产品面积 1 774 公顷，产量 24 560 吨。渔业 3 个，含淡水鱼 1 个、海水鱼 1 个和蟹 1 个；已认证的无公害农产品面积 4 247 公顷，产量 4 078 吨。畜牧业 19 个，其中生猪 9 个、肉牛 1 个、奶牛养殖 4 个、羊 1 个、蛋鸡 1 个、肉鸡 3 个；已认证无公害农产品数量 32.83 万头，产量 14 189 吨；已认证的加工品类 2 个，为乳制品。

九、其他

全垦区 33 个农牧场中，生产总值超过 1 亿元的有 9 个。这 9 个农牧场共有职工 4.98 万人，耕地 45.83 千公顷。2018 年实现生产总值 524.29 亿元，占垦区生产总值的 98.71%。其中农业增加值 59.14 亿元，工业增加值 234.29 亿元，利润总额 41.61 亿元，销售税金 25.81 亿元。生产总值列前 3 位的是柏各庄农场、中捷农场、南大港农场，生产总值分别为 148 亿元、139 亿元、107 亿元。

2018 年年末全垦区拥有大中型工业企业 15 家，全年完成总产值 193.79 亿元，销售产值 75.13 亿元；完成增加值 65.35 亿元；年末资产总额 224.79 亿元，固定资产原值 106.67 亿元，年平均从业人员 5 012 人，实现利税总额 11.70 亿元。龙头企业 17 家，全年完成总产值 68.26 亿元，销售产值 62.19 亿元；完成增加值 27.93 亿元；年末资产总额 135.90 亿元，固定资产原值 85.89 亿元，年平均从业人员 4 201 人，实现利税总额 7.23 亿元。

截至 2018 年年底，全垦区共有“三资”企业 14 家。企业投资总额约 1.78 亿元，其中外方投资总额 1.47 亿元，中方投资总额 0.31 亿元。

山西农垦2018年经济和社会发展统计公报

山西省农业农村厅农垦与渔业渔政管理局

2018年，山西农垦深入贯彻习近平总书记系列讲话精神，坚持社会主义市场经济改革方向，以促进农垦职工增收为目的，以深化垦区集团化、农场企业化改革为主线，加快转变发展方式，推进资源优化配置、产业提档升级，全面增强农垦内生动力、发展活力和整体实力，农垦经济和各项社会事业均呈现出平稳发展的良好局面。

一、综合

截至2018年年底，山西垦区拥有国有农场24家，总人口32 042人，年末国有单位从业人员3 168人，其中在岗职工2 663人，其他从业人员505人，国有单位从业人员劳动报酬7 347.10万元。土地总面积22 900.43公顷，耕地面积6 484.79公顷。

全年实现生产总值6.32亿元，比上年增长8.17%。其中第一产业增加值1.48亿元，比上年增长6.30%；第二产业增加值2.60亿元，比上年增长4.32%；第三产业增加值2.24亿元，比上年增长14.37%。一、二、三产业增加值分别占生产总值的23.42%、41.14%、35.44%。人均国民生产总值20 252元；居民生活水平和职工收入稳步增长，2018年职工人均收入21 126元，比上年增长2.73%；居民人均可支配收入11 422元，比上年增长25.04%。垦区继续加快职工住宅基础设施建设，职工居住条件和环境得到极大改善，2018年人均住房使用面积16.60米^2，比上年增加1.02米^2。

二、第一产业

2018年山西垦区农作物种植面积6 248.8公顷，比上年增加341.8公顷。其中，粮食种植面积5 235.27公顷，比上年增加470公顷；油料种植面积59公顷，与上年持平；蔬菜种植面积519.8公顷，比上年减少15.2公顷。在粮食作物种植面积中，玉米种植面积4 381.63公顷，比上年增加508公顷；小麦种植面积312.67公顷，与上年持平。果园年末实有面积241.77公顷，比上年增加59公顷，其中收获面积220.69公顷。

全年全省粮食产量38 680吨，比上年增加6 402吨，增长19.83%。其中，夏粮1 560吨，比上年增产29.78%；秋粮36 485吨，比上年增产24.20%。

2018年主要农产品产量及其增长速度见表1。

表1　2018年主要农产品产量及其增长速度

产品名称	产量（吨）	比上年增长（%）
粮食	36 680	19.83
其中：玉米	35 321	23.80
小麦	1 560	29.78
谷子	179	−21.14
其他谷物	326	−30.19
油料	255	−7.61
蔬菜、瓜果	15 079	5.74
水果	3 588	−14.59
其中：苹果	908	−41.30

截至2018年年底，大牲畜年末存栏1.04万头，比上年减少0.04万头。其中：良种及改良种乳牛存栏0.84万头，比上年减少0.05万头；猪年末存栏由于疫病影响比上年减少0.89万头；羊年末存栏11.90万只，比上年增加0.86万只。全垦区肉类总产量4 267吨，比上年增长14.66%。其中，猪肉产量1 984吨，比上年增长58.47%；牛肉产量270吨，比上年增长45.94%；羊肉产量1 949吨，比上年下降9.31%。牛奶产量30 779吨，比上年增长12.7%。禽蛋产量2 082吨，比上年下降6.17%。

2018年垦区完成造林面积20公顷，比上年下降1.1%。

农业机械化水平不断提升，全年拥有农业机械总动力27 068千瓦。其中：大中型拖拉机47台，小型及手持拖拉机1 187台，排灌机械591台，农用水泵71台，滴喷灌溉机械218套，农用运输车186辆；温室408 187米^2，大棚213 720米^2。当年实现机械耕地面积5 548公顷，比上年增长0.43%；机械播种面积5 014公顷，比上年增长5.47%；机械收获面积2 124公顷，比上年增长24.72%。

全年完成农林牧渔业总产值36 340万元，比上年增长14.13%。其中，种植业总产值16 724万元，比上年增长3.43%；林业总产值442万元，比上年增长13.62%；牧业总产值17 171万元，比上年增长12.35%；农林牧渔服务业产值1 676万元，比上年增长22.73%。农林牧渔业商品产值28 314万元，比上年增长23.48%，商品率为77.8%。

三、第二产业

2018年，山西垦区规模以上工业企业及规模以下工业企业50家，国有工业企业1家，比上年减少1家（农副食品加工业），剩余1家为国有忻定造纸厂，从1996年因环保政策原因停产，到2007年又列入破产，2015年划归山西省农业产业投资公司，但一直处于停工停产状态，只安排13人作为留守人员。49家非国有工业企业。2018年实现工业总产值46 859万元，比上年下降1.63%；工业销售产值26 736万元，比上年下降0.8%；从业人员年末人数1 873人，年报酬总额5 846万元；实现利润总额4 068万元，比上年下降30.48%。

主要工业产品完成配合饲料21 000吨，白酒780 000千升，家具12 500件，除草剂原药253吨。

四、第三产业

年末运输单位43个，比上年减少3个；年末从业人员107人；全年从业人员报酬284万元。固定资产总值641万元，主要运输工具39台，实现营业总收入699万元，全年货运量15.35万吨，客运量5.6万人。

批发零售业年末单位1 045个，比上年增加162个，从业人员3 478人，从业人员劳动报酬7 230万元。固定资产总值3 407万元，销售额391 582万元。

住宿餐饮业180个，比上年增加10个，从业人员478人，从业人员劳动报酬999万元，年末固定资产总值367万元，营业收入64 369万元。

服务业年末单位62个，比上年增加10个，其中：增加2个国有服务业。从业人员432人，从业人员劳动报酬1 528万元，年末固定资产原值2 105万元，营业收入27 152万元。

五、固定资产投资完成情况

2018年，固定资产投资总额2 370.6万元，比上年减少589万元，下降19.91%。其中第一产业投资额626.6万元，第二产业投资额1 660万元，第三产业投资额84万元。国有固定资产投资总额707.6万元，其中：第一产业626.6万元，第三产业84万元。当年新增固定资产2 348.6万元，其中：新增国有固定资产685.3万元。

六、主要物资和能源消费情况

2018年全垦区主要消费钢材1 598吨，水泥1 224吨，能源消费原煤折标准煤10 487.95吨，消费汽油折标准煤12 464.52吨；垦区消费电力17 108.8万千瓦。

工业用水总量451 310米^3，工业废水排放量154 050米^3；农业用水总量5 080 215米^3。

内蒙古农垦2018年经济和社会发展统计公报

内蒙古自治区农牧厅农牧场管理局

2018年，内蒙古农垦按照中央、自治区农垦改革发展文件精神，积极贯彻落实自治区农牧厅党组重大决策部署，重点围绕“农牧业高质量发展10大三年行动计划”要求，全力推动我区农垦改革发展，使垦区经济和社会事业平稳健康发展。

一、综合

全年内蒙古垦区实现生产总值128.68亿元，同比增长6.49%。其中，第一产业增加值77.48亿元，第二产业增加值25.54亿元，第三产业增加值25.66亿元。第一、二、三产业增加值占生产总值的比重分别为60%、20%、20%。居民人均可支配收入15 313元，同比增长6%。年末农垦社会从业人员20.9万人，其中：第一产业16.7万人，第二产业1.1万人，第三产业3.1万人。

二、农业

全年实现农林牧渔总产值130.2亿元（现行价，下同），同比增长7.6%。其中：种植业产值75.8亿元，林业产值1.5亿元，牧业产值47.9元，渔业产值0.9亿元。

农作物播种面积683.54千公顷（含租赁面积），与上年基本持平。其中：粮食作物播种面积485.65千公顷，占农作物播种面积的71%；油料作物播种面积121.29千公顷，占农作物播种面积的18%。

农产品结构调整稳步推进。小麦播种面积占粮食播种面积的24.9%，播种面积120.79千公顷，同比下降15.8；玉米播种面积占粮食播种面积的39.2%，播种面积190.47千公顷，同比增长20%；豆类播种面积占粮食播种面积的25.4%，播种面积123.35千公顷，同比下降16%。

同上年相比，灾情减少，粮食产量增加，单产增长。粮食产量205.96万吨，同比增长3%。2018年主要农产品产量见表1。

表1　2018年主要农产品产量

产品名称	产量（万吨）	同比增长（%）
粮食	205.96	3.5
其中：小麦	46.13	67.0
玉米	114.70	−3.9
大豆	19.39	−22.0
油料作物	26.85	26.0

畜牧业生产保持稳定增长。年末大小畜存栏321.87万头（只），肉类产量8.28万吨，同比下降7%。牛奶产量21.95万吨，与上年基本持平。禽蛋产量3 449吨，同比下降25%。2018年牲畜年末存栏及主要产品产量见表2。

表2　2018年牲畜年末存栏及主要产品产量

产品名称	计量单位	2018年实际数量	同比增长（%）
大牲畜	万头	33.84	8.0
牛	万头	28.92	9.9
羊	万只	261.05	持平
猪	万头	26.98	99.0
肉类总产量	万吨	8.28	−7.0
其中：牛肉	万吨	1.94	−18.0
羊肉	万吨	4.49	9.0
猪肉	万吨	1.60	−19.6
牛奶	万吨	21.95	持平

水产品产量为4 101吨，与上年基本持平，水产品主要来自淡水鱼的养殖。

农业生产条件进一步得到改善，综合机械化率为92.9%。年末机械总动力223.66万千瓦，同比增长7.9%。其中：大中型拖拉机1.5万台；小型及手扶拖拉机5.3万台，同比增长8%。联合收割机0.2万台。

农用化肥施用总量（折纯量）16.3万吨。生物肥施用量1.4吨、有机肥施用量22.6万吨。

有效灌溉面积200.97千公顷，同比增长3%。其中：喷灌面积63.13千公顷，滴灌面积20.42千公顷。节水灌溉面积99.73千公顷，同比增长18.9%。

三、工业和建筑业

2018年，实现工业总产值（现行价）39.5亿元，同比增长28%。煤炭开采和洗选业实现产值20.99亿元，农副食品加工业4.55亿元，食品制造业2.33亿元，非金属矿物制品业7亿元。2018年主要工业产品产量见表3。

表3　2018年主要工业产品产量

产品名称	计量单位	实际数量	同比增长（%）
原煤	万吨	1 205.9	33.28
饲料	万吨	2.2	−29.00
发电量	万千瓦时	22 589	1.20

建筑业发展平稳，年末拥有建筑企业69个，固定资产原值24 226万元。全年施工房屋建筑面积5.8万米^2。

四、交通运输业

交通运输业实现营业总收入5.09亿元，同比下降25%。现有主要运输工具2 891台。全年完成客货运输量分别为375万人和1 662万吨。

五、批发零售业、餐饮业

批发零售业有营业单位2 219个，比上年增加23个，从业人员10 920人，增加986人，实现销售总额32.41亿元，同比增长20.7%。年末拥有固定资产原值8.45亿元，营业用房40.14万米^2。

餐饮业有营业单位787个，增加44个，从业人员4 979人，增加127人，实现营业收入4.85亿元，同比增长56.6%。年末拥有固定资产原值2.42亿元，营业用房1.75万米^2。

服务业有营业单位916个，减少229个，从业人员3 331人，减少218人，实现营业收入7.98亿元，年末拥有固定资产原值1.73亿元，营业用房9.37万米^2。

六、固定资产投资

年末完成固定资产投资25.72亿元，同比下降9%。总投资额中，用于第一产业16.62亿元，占投资总额的64.6%；第二产业3.50亿元，占投资总额的13.6%；第三产业5.60亿元，占投资总额的21.8%。当年国有固定资产投资总额为16.78亿元，占投资总额的65.2%。

七、资源消费

资源消费中钢材1.53万吨，同比下降24.6%；木材2.67万米^3，同比增长24.6%；水泥15.1万吨，同比下降23.8%。

辽宁农垦2018年经济和社会发展统计公报

辽宁省农业农村厅

2018年，辽宁农垦在省委、省政府的正确领导下，在农业农村部农垦局的关心支持下，深入贯彻党中央、国务院关于进一步推进农垦改革发展文件精神和省委、省政府的工作部署要求，统一思想，坚定信心，不断深化农垦改革，加快发展现代农业，农场的内生动力、发展活力、整体实力进一步增强，较好地发挥了农垦在质量兴农中的引领带动作用。

一、综合

2018年10月，辽宁省农业农村厅组建，为省政府组成部门，原辽宁省农垦局职能机构人员全部划转到省农业农村厅，在厅内设立农垦管理处和国有资产监管处负责农垦各项工作。

2018年年末，全省农垦有国有农场106个，其中有2家归并统计，统计单位比上年减少2个。随着农垦国有农场办社会职能改革的深入推进，垦区集团化、农场企业化改革的步伐加快，部分农场已按改革后的职能，仅统计2018年农场（企业）及直属单位、家庭农场等数据，不再统计农垦区域的社会数据，因此，数据比上年有较大变化。

年末，垦区总人口92.12万人，其中从业人员51.89万人，其中第一产业28.41万人，第二产业8.65万人，第三产业14.84万人，各业人员所占比重分别为55∶17∶28。年末国有单位从业人员22.44万人，其中在岗职工14.75万人，其他从业人员7.69万人，从业人员年劳动报酬为20 476元/人。土地总面积502 376公顷，其中耕地158 165公顷，占31.4%，其中水田83 732公顷，占耕地的53%；林地75 714公顷，占土地总面积的15.1%；水面52 188公顷，占土地总面积的10.4%；果园11 508公顷，占土地总面积的2.3%；可垦荒地和宜林地7 288公顷，占土地总面积的1.5%；居民点及工矿用地41 805公顷，占土地总面积的8.3%；其他155 708公顷，占土地总面积的31.0%。

小城镇40个，与上年相同，小城镇人口350 916人，占总人口数的38%，小城镇占地面积20 716公顷，占土地总面积的4%。

全年实现生产总值3 188 227万元，比上年下降7%，其中第一产业927 348万元，比上年下降17%，第二产业1 080 473万元，比上年下降32%，第三产业1 180 406万元，比上年增长64%。一、二、三产业比重为33∶46∶21。人均生产总值36 048元，比上年减少753元。人均纯收入15 826元，比上年减少1 644元，下降9.4%。年末实有住房面积3 399万米^2，人均住房38.50米^2。

全年固定资产投资额为793 504万元，比上年下降68%，其中非国有755 197万元，占总投资额的95%。国有38 307万元，占5%。按工程用途分，第一产业193 499万元，比上年下降52%；第二产业172 934万元，比上年下降82%；第三产业427 071万元，比上年下降60%。一、二、三产业投资比为22∶24∶54。按资金来源划分，国家预算内资金88 335万元，比上年增长91%，占11%；国内贷款103 636万元，比上年下降82%，占13%；自筹资金534 112万元，比上年下降69%，占67%；其他资金67 422万元，占9%。

全年外贸出口供货商品金额54 649万元，比上年下降17%。出口额中，农产品8 800万元，占16%；水产品12 452万元，占23%；工业品33 398万元，占61%。

实现生产总值超1亿元的农场34个，比上年增加2个，超1亿元农场实现生产总值2 497 252万元，占全省农垦生产总值的88%。

二、农业

全年实现农业产值1 709 781万元，比上年下降5%。其中：种植业产值831 181万元，比上年下降3%；林业产值28 567万元，比上年下降

47%；牧业产值320 789万元，比上年下降23%；渔业产值466 860万元，比上年下降0.3%。各业在农业总产值中的比重为50∶1.7∶19∶28。农林牧渔服务业产值55 385万元，比上年下降14%。农林牧渔业商品的产值为1 393 722万元，比上年下降4%，占农业总产值的82%。

全年粮食产量1 193 880吨，比上年下降15%。下降的主要原因：一是农作物种植面积减少，二是遭遇旱灾。农作物播种面积161 340公顷，比上年减少6 114公顷，其中：粮食作物播种面积142 658公顷，比上年减少1 421公顷，占总播种面积的9%；油料作物4 647公顷，占3%；蔬菜、瓜类11 874公顷，占7%，在粮食作物中，水稻播种面积91 022公顷，占粮食作物播种面积的56%；玉米44 108公顷，占39%；高粱651公顷，谷子2 182公顷，占2%。在粮食总产量中，水稻总产886 061吨，占74%；玉米282 948吨，占24%；豆类10 600吨，占0.9%；薯类1 551吨，占0.1%。

年末大牲畜存栏6.52万头，比上年减少1.94万头。其中牛6.46万头，比上年减少1.25万头。生猪存栏62.04万头，比上年减少41.12万头。家禽存栏2 158万只。肉类总产量137 240吨，比上年减少211 223吨，下降61%，其中猪肉37 310吨，减少119 206吨，下降76%，主要是2018年8月在沈阳沈北新区发生非洲猪瘟疫情，其后在辽宁的大连、鞍山、营口、盘锦等地都先后发生疫情，对疫区内生猪全部扑杀和无害化处理，严重的盘锦大洼垦区生猪全部无害化处理并在一定时期不能生产；牛肉9 344吨，比上年减少2 003吨，下降18%；羊肉2 219吨，比上年增加349吨，增长19%；禽肉87 492吨，比上年减少90 422吨，下降51%；牛奶产量28 302吨，比上年减少95 532吨，下降77%；禽蛋36 498吨，比上年减少64 019吨，下降64%。

年末水果种植面积11 518公顷，其中苹果种植面积5 779公顷，占水果种植面积的50%；梨1 614公顷，占水果种植面积的14%；桃1 190公顷，占水果种植面积的10%；葡萄551公顷，占水果种植面积的5%；其他水果2 384公顷，占水果种植面积的20%。水果总产量达到158 627吨，比上年下降6%。下降的主要原因是旱灾。水果总产量中苹果104 388吨，占水果总产量的66%；梨16 583吨，占10%；桃18 703吨，占12%；葡萄9 733吨，占6%；其他水果8 834吨，占6%。

全年植树造林3 413公顷，其中用材林1 098公顷，经济林925公顷，防护林1 390公顷。当年零星植树83万株，年末实有育苗面积731公顷，幼林抚育1 803公顷，成林抚育1 915公顷，木材采伐量18 810米^3。

年末农业机械总动力1 022 389千瓦，比上年减少252 024千瓦，下降20%，其中柴油机发动机动力806 047千瓦，汽油发动机动力44 862千瓦，电动机动力137 225千瓦，其他机械动力34 255千瓦。拥有大中型拖拉机4 984台，比上年减少577台；小型及手扶拖拉机9 179台，比上年减少1 349台；农用排灌动力机械13 868台；联合收获机1 116台；农用运输车12 819辆。当年实际机耕面积140 887公顷，占年末耕地面积的92%，当年实际机播面积126 924公顷，占农作物播种面积79%；当年机械收割面积111 169公顷，占播种面积69%。农场用电量80 787万千瓦时。农药施用量2 492吨，减少325吨。农用化肥施用量81 775吨，比上减少45 582吨。生物肥施用量4 825吨，比上年增长802吨。有机肥施用量46 158吨，比上年增加1 748吨。有效灌溉面积126 037公顷。沼气池2 185个，比上年减少730个。机电井5 160眼，比上年减少112眼。

三、第二产业

（一）工业

年末国有及非国有规模以上工业企业198个，比上年减少19个，实现工业总产值2 408 895万元，实现销售收入1 914 947万元。实现利润95 753万元。产值超10亿元的产业为农副食品加工业421 167万元，石油加工、炼焦及核燃料加工业2 057 005万元，其他制造业139 721万元，化学原料和化学制品制造业118 770万元，食品制造业108 020万元。大中型及龙头企业10个，实现产值290 928万元。

主要工业产品中，饮料酒61 231吨，乳制品10 110吨，服装124万件，水泥76万吨，砖8 130万块。

（二）建筑业

年末建筑企业236个，比上年减少131个，从业人员9 605人，固定资产原值85 962万元，年末拥有机械设备 1 858 台，全年施工房屋建筑面积 186 万米^2，竣工房屋面积 113 万米^2。

四、交通运输、批发零售业、餐饮业、服务业

年末运输单位 3 455 个，比上年减少 1 824 个，从业人员 8 340 人，固定资产总值 54 230 万元，主要运输工具 7 507 台，实现营业总收入 112 940 万元，全年货运量 14 097 万吨，客运量 1 463 万人。

年末批发零售业单位 7 804 个，比上年减少 1 572 个，从业人员 31 542 人，从业人员劳动报酬 105 811 万元，固定资产总值 155 826 万元，销售额 431 977 万元。

年末住宿餐饮业 1 906 个，比上年减少 315 个，从业人员 21 310 人，从业人员劳动报酬 46 767 万元，固定资产总值 61 226 万元，全年营业收入 142 691 万元。

年末服务业单位 3 517 个，从业人员 21 153 人，从业人员劳动报酬 70 735 万元，固定资产原值 65 609 万元，全年营业收入 115 008 万元。

五、其他

年末科研单位 4 个，比上年减少 16 个，其中职工 31 人，科技经费 139 万元。

吉林农垦2018年经济和社会发展统计公报

吉林省农业农村厅

2018年是举国贯彻落实十九大精神的开局之年，是改革开放40周年，是实施“十三五”规划承上启下的关键一年，吉林农垦全面贯彻落实中央、省委省政府、省农业农村厅党组各项要求部署，不忘初心，牢记使命，砥砺奋进，深化改革，全力完成“两个3年”任务，不断释放改革红利，持续推进垦区转型发展和民生改善。

一、综合

吉林农垦系统现有独立核算企业92个，全垦区总人口18万人，其中从业人员年末人数6.64万人，第一产业5.93万人，第二产业0.33万人，第三产业0.38万人，各业人员所占比为89∶5∶6。年末国有单位从业人员4.88万人，其中在岗职工2.76万人，其他从业人员2.12万人。职工年平均工资16 710元，同比增长16.04%。人均可支配收入15 269元，同比增长9.3%。年末实有住房面积387.15万米^2，人均住房21.51米^2。

土地总面积271.99千公顷。其中耕地面积103.74千公顷，牧草地面积70.01千公顷，林地面积46.26千公顷，水面面积2.95千公顷，果园面积1.38千公顷，可垦荒地面积1.31千公顷，宜林地面积1.91千公顷，居民点及工矿用地15.37千公顷，其他面积29.05千公顷。

2018年全垦区实现生产总值25.9亿元，比上年增长33%。一、二、三产业增加值占国民生产总值的比重分别为87∶3∶10。其中：一产增加值22.63亿元，同比增长39.3%；二产增加值0.79亿元；三产增加值2.48亿元。农林牧渔业总产值32.18万元，农林牧渔商品产值为24.65亿元，商品率为76.6%，比上年增长5.9个百分点。

二、农业

（1）强化支柱产业，提高农业生产水平。全年实现农林牧渔业总产值32.18亿元。其中：种植业产值27.67亿元，牧业产值3.6亿元，林业产值与渔业产值分别为2 468万元、1 465万元。

全年农作物总播种面积为102.81千公顷，比上年增加1.14千公顷。其中：粮豆播种面积99.16千公顷，比上年增加4.27千公顷，占农作物总播种面积的96.5%；油料作物播种面积2.43千公顷；其他作物播种面积1.22千公顷。

（2）全年粮豆产量68.01万吨，同比增加8.84万吨，增长14.95%。主要农产品产量见表1。

表1　主要农产品产量

农作物名称	产量（吨）	比上年增长（%）
粮食	680 102.5	14.95
其中：稻谷	225 173	5.19
玉米	415 903	18.35
高粱	16 539	34.76
大豆	14 515	130.95
油料	8 095	−42.70
药材类	805	178.55

（3）2018年大牲畜存栏2.67万头，其中牛2.63万头，黄牛2.14万头，良种及改良种乳牛0.41万头（表2）。

表2　牲畜年末存栏及畜产品产量

种　类	计量单位	产　量	比上年增长（%）
大牲畜总头数	万头	2.67	2.30
其中：黄牛	万头	2.14	7.54
猪存栏	万头	6.30	−1.10
羊存栏	万只	16.61	3.81
家禽	万只	76.62	6.55
肉类总产量	吨	8 115	−3.78
其中：猪肉	吨	3 434	−14.09
禽肉	吨	2 283	12.24
牛奶	吨	9 007	−27.43
禽蛋	吨	4 812	−4.94

（4）农业生产机械化水平均衡发展，机收机械化率提高显著。2018 年年末农业机械总动力 58.73 万千瓦，同比增长 0.41%。大中型农用拖拉机 5 014 台，增加 982 台；小型及手扶拖拉机 16 876 台，增加 2 756 台。当年实际机耕面积 97.62 千公顷，占年末耕地面积的 94.1%；实际机播面积 99.04 千公顷，占农作物播种面积的 96.3%，比上年增长 3.9 个百分点；机械收获面积 84.4 千公顷，占农作物播种面积的 82.1%，比上年增长 6.8 个百分点。

三、工业和建筑业

2018 年垦区工业发展良好，实现工业总产值（现价）56 961 万元，农副产品加工业实现产值 17 783 万元，非金属矿物制品业实现产值 24 893 万元。主要产品产量：碾米 8.03 万吨，中成药 500 吨，水泥 76.19 万吨，塑料制品 1 315 吨。

建筑业发展平稳，年末单位 31 个，固定资产原值 3 412 万元，房屋建筑竣工面积 603.03 米^2，总产值 1 107.2 万元。

四、交通运输、批发零售业、餐饮业、服务业

垦区第三产业发展良好，各行业稳步提升。

交通运输业单位年末 157 个，从业人员 312 人，固定资产原值 3 232 万元，年末拥有主要运输工具 165 辆，全年货运量 24.3 万吨，客运量 67.3 万人，营业总收入 2 559 万元。

批发零售业年末单位 823 个，年末从业人员 1 882 万人，从业人员报酬 3 853.7 万元，固定资产原值 5 750 万元，销售总额 9 231.5 万元。

餐饮业年末单位 141 个，年末从业人员 462 人，从业人员报酬 1 843.2 万元，固定资产原值 3 241 万元，全年营业收入 2 911.3 万元。

服务业年末单位 107 个，年末从业人员 259 人，从业人员报酬 598.8 万元，固定资产原值 945 万元，全年营业收入 917.7 万元。

五、固定资产投资

全年固定资产投资额 6 868.74 万元，其中国有投入 1 941.43 万元，占 28.26%。第一、二、三产业投资额分别为 6 049.74 万元、267 万元、552 万元，比例为 88∶4∶8。在资金投入来源中，国家预算内资金 2 068 万元，占比 30%；利用外资 3 090 万元，占比 45%；自筹资金 679 万元，占比 10%；当年新增固定资产 6 337.21 万元。

黑龙江农垦2018年经济和社会发展统计公报

黑龙江省农垦总局

2018年，垦区深入贯彻落实习近平总书记对黑龙江省和农垦重要讲话精神，深化农垦体制改革，坚持创新驱动，坚持提高农业产业核心竞争力，克服各种不利因素影响，全面增强企业内生动力、发展活力和整体实力。垦区经济继续保持平稳增长，社会事业不断进步，民生保障持续增强。

一、综合

经济实力进一步增强。初步核算，垦区全年实现产业增加值1 083.8亿元。按可比价格计算，比上年增长4.0%。全年实现公有经济增加值668.5亿元，比上年增长3.5%；非公有经济增加值415.3亿元，增长5.9%。北大荒集团运行质量企稳向好，全年实现营业收入1 160亿元，比上年增长7.2%，实现利润2.4亿元。

三次产业呈不均衡发展态势。第一产业增加值463.8亿元，比上年增长4.1%；第二产业增加值157.4亿元，下降2.3%；第三产业增加值462.6亿元，增长6.2%。一、二、三产业对垦区当年经济增长的贡献率分别为45.6%、－8.5%和62.9%。三次产业结构为42.8∶14.5∶42.7，其中，第三产业比重比上年提高5.6个百分点，第一产业比重比上年下降1.0个百分点，第二产业比重比上年下降4.6个百分点。

二、农林牧渔业

农业的支撑作用更加凸显。2018年垦区农作物总播种面积289.3万公顷，比上年增长0.4%，实现农业增加值416.5亿元，增长4.8%。当年针对粮食品种供需矛盾，垦区各级积极调整种植结构，粮食种植面积达286.8万公顷，比上年增长0.7%。其中“三大主栽”作物水稻、玉米、大豆分别为155.7万公顷、70.8万公顷和54.6万公顷，其占粮食作物面积的比重达98.1%，为垦区粮食产能的稳固奠定了基础（表1）。深入实施“藏粮于地、藏粮于技”战略，粮食综合单产实现7 945千克/公顷，比上年增长8.1%。粮食综合生产能力连续8年稳定在200亿千克以上，垦区样本粮食实割实测总产量为227.9亿千克，比上年增长8.9%。当年为国家提供商品粮216.5亿千克，粮食商品率达95.0%，比上年提升0.6个百分点。

历经71年的开发建设，垦区已累计生产粮食4 370.7亿千克，累计向国家交售商品粮3 444.3亿千克。北大荒在保障“中国粮食，中国饭碗”、当好国家粮食安全“压舱石”的重要地位更加突出。

绿色农业发展步伐加快，农业供给侧结构性改革扎实推进。2018年，垦区全年绿色食品作物种植面积278万公顷，占垦区种植面积96.1%；有机作物认证面积7.1万公顷，占垦区农作物种植面积2.5%。绿色食品获证企业122家，有效使用绿色食品标志产品数318个；有机农产品企业85家，有机农产品达到244个；无公害农产品产地认定面积210万公顷，无公害农产品266个，认定产地264个。到2018年年末，垦区累计获得国家地理标志农产品9个，累计获得全国农业标准化示范场25个，创建全国绿色食品原料标准化基地39个。垦区农产品质量追溯系统覆盖规模逐年扩大，实现稻米产品质量追溯全覆盖。2018年垦区累计有全程建立农垦农产品质量追溯企业数量达到84家，分布在垦区9个管理局农牧场和总局直属企业，种植业追溯产品规模达到124.76万公顷，畜牧业追溯规模达到201万头（只）。追溯产品种类涵盖谷物、蔬菜、水果、畜禽肉、奶粉、种子、豆酱、蜂蜜等9大类100余个品种农产品加工品。垦区农产品检验检测体系建设全面展开，建成了部级质检中心3个，6个重点县级和3个县级农产品质检站项目稳步推进。

表 1　2018 年主要农产品产量

产品名称	产量（万吨）	比上年增长（%）
粮食	2 279.6	8.9
其中：水稻	1 405.7	−1.8
小麦	3.0	−52.9
玉米	709.2	60.2
大豆	135.9	−28.8
杂豆	2.7	−50.0
马铃薯（折粮）	7.8	−27.9
油料	0.5	−42.7
亚麻	0.06	−69.6
蔬菜	9.1	−4.0
瓜类	11.2	8.3
饲料作物	38.1	−27.3

林业生态建设成效显著。2018 年实现林业增加值 5.9 亿元，比上年下降 1.4%。当年完成造林绿化 5 533.3 公顷，栽植各类生态经济林 3 066.7 公顷，新建义务植树基地 368 块，义务植树 401 万株；管理区绿化栽植乔木 33.6 万株，灌木 16.3 万丛，绿篱 0.6 万米，花卉 1.6 万米^2。景观道路绿化总长度 403 千米，栽植乔木 7.7 万株，灌木 25 万丛，花卉 4.3 万平方米。全年发生森林、草原火情 12 起，其中林火 10 起，过火林地总面积 23.6 公顷。草甸草原荒火 2 起，过火草甸面积 87.8 公顷，森林草原过火面积控制在 0.5‰以下，林业有害生物成灾率控制在 2.8‰以下，森林无公害防治率达 85%以上。全力做好中央环境保护督察“回头看”反馈意见涉林问题的整改工作，完成了三江平原湿地面积减少问题农垦系统数据核查、退耕地还林自查整改工作，并制订了相应的整改工作方案。

畜牧业下滑趋缓，突出抓好非洲猪瘟防控工作，努力稳定垦区畜产品供给能力。全年实现增加值 37.6 亿元，比上年下降 3.0%。年末垦区“两牛一猪一禽”存栏分别达到黄牛 6.8 万头、奶牛 11.8 万头、生猪 70.5 万头和家禽 938.3 万只；全年肉蛋奶产量分别为 27.4 万吨、3.0 万吨和 37.6 万吨，分别比上年增长 − 7.5%、3.5% 和 −10.1%。

渔业平稳发展。全年实现渔业增加值 3.8 亿元，比上年增长 1.1%。

农业基础设施继续强化，现代化水平显著提高。年末垦区有效灌溉面积达 164.1 万公顷，比上年增长 0.4%，其中节水灌溉面积 46.1 万公顷，增长 12.2%；机电井 9.2 万眼，增长 3.0%。现有粮食处理中心 431 座，种子加工厂 79 个，金属粮仓 2 707 座，水泥晒场 3 755 万米^2，农用飞机场 68 处。粮食仓储能力达到 2 277 万吨。农机装备能力显著提升。截至 2018 年年末，垦区农业综合机械化水平提高到 99.7%，农用机械总动力达 1 137.5 万千瓦，比上年增长 3.5%；农用大中型拖拉机 9.0 万台，增长 7.0%，其中 100 马力①以上拖拉机 11 675 台，增加 827 台；机动水稻插秧机 8.5 万台，增长 3.2%；联合收获机 4.2 万台，增长 8.5%。现有飞机 98 架，其中农用飞机 77 架，航化作业面积 151.4 万公顷，比上年增长 4.2%。

三、工业和建筑业

工业生产负增长，但发展潜力仍在，高质量发展的意识增强。2018 年实现工业增加值 126.4 亿元，比上年下降 1.8%。其中，食品工业实现增加值 82.7 亿元，下降 3.4%，占全口径增加值的比重达 65.4%；其中，规模以上企业实现增加值 59.0 亿元，下降 4.3%。在全部工业增加值中，轻工业增加值 88.4 亿元，下降 4.1%；重工业增加值 38.0 亿元，增长 3.2%。其中国有及国有控股企业增加值 50.5 亿元，下降 5.3%；非公有企业增加值 55.6 亿元，增长 2.8%。2018 年主要工业产品产量见表 2。

表 2　2018 年主要工业产品产量

指标名称	计量单位	产　量	比上年增长（%）
小麦粉	万吨	5.8	持平
大米	万吨	280.1	−28.4
食用植物油	万吨	140.0	−11.3
乳制品	万吨	28.2	−3.1
其中：乳粉	万吨	3.3	−23.3
鲜、冷藏肉	万吨	24.3	14.1
白酒	千升	43 161	−28.4
饲料	万吨	19.3	−48.0
豆粕	万吨	526.6	−6.9

① 马力为非法定计量单位，1 马力=735.50 瓦。

（续）

指标名称	计量单位	产　量	比上年增长（%）
中成药	吨	1 835	－8.5
水泥	万吨	37.7	－10.0
发电量	亿千瓦时	14.4	5.8
豆制品	万吨	4.3	22.9
淀粉	万吨	3.7	－28.8

工业企业效益有所回落。全部工业企业（不含个体）全年实现主营业务收入728.5亿元，比上年下降11.7%，其中国有及国有控股企业主营业务收入524.1亿元，下降4.7%；实现利润11.3亿元，下降28.5%，其中国有及国有控股企业利润2.4亿元，比上年下降41.5%。

建筑业持续走低。全年实现建筑业增加值31.1亿元，比上年下降4.4%，其中国有及国有控股企业增加值4.1亿元，比上年下降35.7%。当年新开工的单位工程施工个数3 828个，比上年减少417个。当年单位工程竣工个数3 911个，比上年减少341个。年内房屋建筑施工面积和竣工面积分别达到137.2万米^{2}和109.8万米^2，分别比上年下降66.3%和38.5%。实现利税11.8亿元，下降43.8%，其中国有及国有控股企业利税2.5亿元，下降52.5%。实现利润总额7.8亿元，下降42.3%，其中国有及国有控股企业利润总额1.1亿元，下降44.9%。

四、固定资产投资

全年完成固定资产投资总额96.0亿元，比上年下降26.2%。从用途上看，生产性建设投资63.8亿元，下降28.1%；非生产性建设投资32.2亿元，下降22%。从产业投向上看，第一产业46.7亿元，下降19.9%，占48.6%。第二产业12.4亿元，下降29.6%，占12.9%。其中工业12亿元，下降29.3%。第三产业36.9亿元，下降31.9%，占38.5%。从投资主体看，公有控股经济投资58.9亿元，下降24.4%；非公有控股经济投资37亿元，下降28.8%。在投资总额中500万元及以上项目完成投资24.1亿元，下降69.5%；亿元以上项目完成投资8.9亿元，下降41.8%。

五、交通运输、旅游业

交通运输能力增强。全年垦区完成运输场站、公路养护等投资2.9亿元，比上年增长16.1%。维修改造运输场站4座；完成农村公路养护补贴15 555千米；改造危桥3座231延米。垦区公路硬化里程达到11 491千米。全年共完成道路客运量0.05亿人次，客运周转量2.95亿人公里，货运量0.13亿吨，货运周转量10.9亿吨公里。

大力地推进三次产业融合发展，旅游业增长较快。全年累计接待国内外旅游者806.5万人次，实现旅游收入43.6亿元，比上年分别增长6.1%和5.6%。年末，垦区拥有A级以上景区47个，其中，AAAA级景区7个，AAA级景区23个，AA级景区17个。

六、国内贸易和对外经济

消费品市场稳定活跃。全年垦区实现社会消费品零售总额266.2亿元，比上年增长6.0%，其中，农场及农场以下消费品零售额205.6亿元，增长3.0%；批发零售贸易业消费品零售额223.1亿元，增长5.1%；住宿和餐饮业零售额43.0亿元，增长10.2%；食品类商品零售额98.0亿元，增长5.7%，占全部零售额的比重为36.8%。

对外贸易总额稳中有降。全年实现自营进出口总额31.5亿美元，比上年下降4.4%，其中，出口总额实现1.0亿美元，比上年下降6.4%；进口总额实现30.5亿美元，比上年下降4.3%。

招商引资和对外经济贸易合作持续发展。全年签订国内外经济技术合作项目86项，其中利用外资项目3项。实际利用国内外资金25.3亿元，其中合同利用外资到位资金152.9万美元。与国内大企业实施强强联合，与华润（集团）合作实施了八五三农场秸秆气化清洁能源利用（发电）工程项目，与华夏幸福等公司合作洽谈北大荒农业特区（综合产业园）项目，与上海易果、麦金地等公司合作洽谈“中央厨房”合作项目等。

“走出去”工作稳中求质求效。2018年垦区主要在俄罗斯、澳大利亚、泰国、老挝、哈萨克斯坦等国家开展对外投资合作业务，开展业务的境外企业达19家，境外开发土地面积9.54万公顷，种植面积4.25万公顷，项目累计投资3.08亿美元。

七、科技、教育、卫生

科技事业成果丰硕。2018年年末，垦区拥有专业科研机构19个，技术推广中心（站）113个，国家级工程技术中心 1 个，省级工程技术中心 15 个，生产力促进中心 2 个；省级科技成果推广示范基地 11 个，全国青少年农业科普示范基地 16 个；国家级农业科技园区 1 个，省级农业科技园区 3 个；科技成果转化平台总数 123 个，其中孵化器 1 个。科技进步贡献率达到 68.2%。全年垦区各级科技投入 7.0 亿元，比上年增长 7.1%。全年组织实施省级以上科技项目 87 项，总局重点科研项目 71 个课题，通过鉴定科技成果 80 项。获黑龙江省科技奖励 15 项，获得总局科技进步奖 48 项。新增专利 105 件，其中发明专利 58 件、实用新型专利 47 件，累计拥有专利 2 005 项。拥有农业农村部科技入户直通车总计 123 辆。

教育事业健康发展。学前教育服务能力进一步增强，学前三年毛入园率达到 85%；义务教育均衡发展全面实现，达标率首次实现 100%，高中教育办学水平稳步提高。年末垦区共有各级各类学校（含幼儿园）272 所。其中，普通高等院校 3 所，招生 0.9 万人，在校生 3.1 万人，毕业生 0.8 万人；成人高等院校 1 所，招生 0.03 万人，在校生 0.15 万人，毕业生 0.16 万人；中等职业教育学校 8 所，招生 0.3 万人，在校生 1.0 万人，毕业生 0.5 万人；普通中小学 140 所（十二年一贯制学校 2 所，高级中学 17 所，初级中学 18 所，九年一贯制学校 79 所，普通小学 24 所），比上年减少 10 所（哈尔滨属地农垦学校 10 所于 2018 年 8 月 31 日已移交地方）。普通中学招生 2.1 万人，在校生 6.9 万人，毕业生 2.2 万人；小学（含十二年一贯制学校小学部和九年一贯制学校小学部）招生 0.8 万人，在校生 5.3 万人，毕业生 1.0 万人；幼儿园 122 所，在园幼儿 2.0 万人。2018 年垦区高考再创辉煌，垦区高考考生 9 031 人，单招考生 1 050 人，共录取 9 620 人。其中本科 6 012 人，一本学校录取 2 780 人，比上年增加 641 人，全垦区高考录取率为 95.4%。有 3 名考生被北京大学、清华大学录取。

医疗卫生服务体系不断完善。2018 年年末，垦区共有各级各类卫生机构 1 288 个。其中综合医院 125 所，总局总医院 1 所，管理局中心医院 7 所，神经精神病专科医院 1 所，疗养院 1 所，农场级医院（挂社区卫生服务中心牌子，承担社区卫生服务功能）115 所，卫生监督所（挂疾病预防控制中心牌子）110 所。垦区拥有卫生技术人员 14 746 人，其中执业医师和执业助理医师 5 672 人，注册护士 4 829 人。拥有住院床位和观察床位 12 423 张。报告国家法定乙类、丙类传染病 16 种，报告发病人数 1 228 例，其中乙类传染病 11 种 1 051 例，丙类传染病 5 种 177 例。报告发病率 86.35/10 万，报告发病率与 2017 年同期相比下降了 16.63%。

八、社会保障和环境保护

社会保障事业运行平稳。年末垦区参加企业基本养老险 93.1 万人，其中，在职参保缴费 45.7 万人，离退休人员 47.4 万人，全年养老保险基金支出 132.4 亿元，比上年增长 9.8%；参加机关事业保险养老保险 5.5 万人，其中参保职工 2.8 万人，离退休人员 2.7 万人，全年养老保险基金支出 17.8 亿元；参加城镇社会养老保险 0.8 万人，其中，享受待遇人数 0.6 万人；参加基本医疗保险 135.9 万人，其中参加职工医疗保险 76.9 万人，参加居民医疗保险 59.0 万人，全年医疗保险基金支出 25.1 亿元，比上年增长 4.1%；参加失业保险 36.4 万人，全年失业基金支出 8 189 万元；参加工伤保险 34.7 万人，全年工伤保险基金支出 7 115 万元；参加生育保险 33.0 万人，全年生育保险基金支出 4 253 万元。

保险事业稳步发展。全年实现保费收入 34.7 亿元，比上年增长 3.3%。其中：农业保险保费收入 28.8 亿元，增长 1.5%，种植业保险承保面积 543.5 万公顷，下降 6.1%；养殖业保险承保数量 610.5 万头（只），下降 13.1%；财产保险保费收入 5.9 亿元，比上年增长 13.2%。全年赔付金额 22.9 亿元，比上年增长 4.3%，其中：农业保险赔付金额 19.4 亿元，增长 2.7%；财产保险赔付金额 3.5 亿元，增长 14.6%。强化防灾防损，增雨防雹效果明显。全年累计作业 504 次，防控面积 233.3 万公顷，减损增效 2 亿元。

资源环境保护力度加大。年末垦区已建各级各类自然保护区 16 个，总面积 51.5 万公顷，占垦区土地总面积的 9.3%。继续加强农村环境保护和自然生态保护工作，2018 年垦区累计完成国家级生态局 2 个，国家级生态场 53 个，省级生态局 6 个，省级生态场 107 个，基本构筑国家商品粮和农产品生态安全基地。认真做好污染减排工作，全年治理废气污染项目 4 个，对 69 座加油站地下油罐双层罐进行了更新或防渗设置改造，对火电、造纸、畜禽屠宰、淀粉等行业的17家企业核发排污许可证。

九、人口与人民生活

人口增速趋缓。全年垦区人口出生率为3.82‰，比上年降低1.95个千分点，人口自然增长率为-4.13‰，比上年降低4.56个千分点。年末垦区常住总人口165.6万人，比年初减少1.7万人，下降1.0%。其中，农场人口146.6万人，占总人口的88.5%。年末垦区户籍人口150.5万人，比上年减少1.2万人。

职工工资水平稳步增长。年末全部在岗职工32.8万人，比上年下降5.5%，其中，国有及国有控股29.7万人，下降4.5%；在岗职工年平均工资为37 755元/人，比上年增长6.1%，其中，国有及国有控股38 691元/人，比上年增长5.0%。

居民生活水平稳步提高。全年垦区居民人均可支配收入达到28 789元，比上年增长6.0%。其中，工资性收入、经营性净收入、财产性净收入和转移性净收入同比分别增长1.1%、-1.9%、6.2%和18.5%。垦区居民人均生活消费支出14 844元，比上年增长5.8%，其中食品消费支出所占比重即恩格尔系数为26.3%。耐用消费品数量与上年同期基本持平，年末平均每百户居民拥有彩色电视机101台、洗衣机91.2台、电冰箱91.3台、空调2.2台、摩托车32.5辆、热水器59.0台、微波炉20.5台、照相机18.1台、家用计算机49.3台、移动电话211.9部、生活用汽车19.1辆。

居民居住条件和环境得到持续改善。垦区继续加快城镇居民住宅基础设施、公共设施建设步伐。到年末，垦区居民住房面积达到5 444.6万米^2，比上年增长0.8%，人均住房面积32.9米^2，增长1.9%。城镇集中供热面积4 756万米^2，比上年增长1.7%；城镇硬化道路长度3 296千米，增长0.9%，城镇主次干道硬化率100%；城镇人均绿地面积48.1米^2，增长0.4%；城镇化率达到86.5%，比上年提升0.4个百分点。

注：

1. 产业增加值合计、各产业增加值及其构成项目绝对数按现价计算，增长速度按可比价格计算。
2. 报告数据为初步统计数据，最终数据以《2019年黑龙江垦区统计年鉴》为准。

上海农垦2018年经济和社会发展统计公报

光明食品（集团）有限公司

2018年光明食品集团围绕“五年再造一个光明，十年构建实力光明”的战略目标，保持了经济平稳健康发展，各项经济指标基本达到了预期目标，集团排名位列上海百强企业第八名，中国企业全球化50强。

一、综合

2018年，光明食品集团全年实现增加值254.9亿元，比上年增长7.4%。其中：

第一产业增加值17.4亿元，比上年下降33.3%，占总增加值的6.8%。

第二产业增加值76.5亿元，比上年下降15.9%，占总增加值的30%。第二产业的增加值中，工业增加值75.6亿元，建筑业增加值0.9亿元。

第三产业增加值161亿元，比上年增长33.8%，占总增加值的63.2%。

2018年，光明食品集团工农业总产值（按现行价）507.7亿元，比上年增长15.5%。全年完成工农业出口商品额14.4亿元，比上年增长10.8%。其中：工业出口7.1亿元，比上年增长10.9%；农业出口7.3亿元，比上年增长10.6%。

2018年，光明食品集团固定资产投资完成额39.2亿元，比上年下降4.2%。

2018年，光明食品集团年末从业人员11.76万人，比上年下降1.6%。

二、第一产业

2018年光明食品集团深入推进都市现代绿色农业发展，扩大休耕、绿肥面积，农业结构更加优化，优质农产品生产基础更加扎实；畜牧业受非洲猪瘟的影响，量价同比下降。

2018年完成农业总产值89.4亿元，比上年增长2.7%。其中：种植业20.5亿元，与上年基本持平；林业0.7亿元，比上年下降22.2%；畜牧业38.5亿元，比上年下降6.1%；渔业26.6亿元，比上年增长13.7%。

2018年，种植业生产情况：粮食播种面积39 154.7公顷（并入安徽白茅岭、军天湖农场1 726.7公顷耕地面积），比上年增长16%，粮食总产量28.1万吨，比上年增长14.7%；蔬菜及食用菌产量26.4万吨，比上年下降4%；西甜瓜产量5万吨，比上年增长61.3%；鲜切花13 642万枝；盆栽花卉1 280.3万盆；草坪销售量45.2万米^2。全年新增造林面积136.3公顷。

2018年，畜牧业生产情况：生猪、禽蛋受市场影响均有所下降，生奶保持稳定态势。全年牛奶产量48.3万吨，与上年基本持平；生猪上市量100.9万头，比上年下降7.8%；家禽上市量63.6万只，比上年下降17.6%；禽蛋产量1.5万吨，比上年增长10.3%；鸽子上市量45.9万羽，比上年增长10.9%。

全年水产品产量20.4万吨，比上年增长17.9%，其中：远洋捕捞15.2万吨，淡水养殖5.2万吨。

三、第二产业

2018年光明食品集团继续围绕食品主业，聚焦农副食品加工业发展，态势平稳；工业品出口受中美贸易战影响，整体略有下降。

2018年，全年完成工业总产值329.7亿元，比上年下降6.4%，工业销售产值为325.4亿元，比上年下降4.2%，产销率98.7%。大中型企业总产值240.1亿元，占72.8%；农副食品加工业、食品制造业和饮料制造业企业总产值为306.1亿元，占总产值的92.8%。

全年工业企业亿元以上工业产值的主要食品产量见表1。

表1　全年工业企业亿元以上工业产值的主要食品产量

产品名称	计量单位	产量	比上年增减（%）
小麦粉	吨	312 756	−9.9
大米	吨	220 759	−4.3
精制食用植物油	吨	86 480	35.9
成品糖	吨	1 572 646	6.7
鲜、冷藏肉	吨	14 877	7.6
熟肉制品	吨	7 350	40.9
糖果	吨	24 786	3.5
乳制品	吨	1 047 763	−1.9
其中：液体乳	吨	1 039 945	−4.9
罐头	吨	347 000	432.5
味精（谷氨酸钠）	吨	18 644	−30.6
蜂蜜营养制品	吨	14 879	8.4
冷冻饮品	吨	284	−98.2
饮料酒	千升	99 905	−13.4
软饮料	吨	284 251	−5.7

建筑业生产情况：全年完成建筑业施工产值19.7亿元，比上年下降18.6%。施工面积318.4万米^2；竣工面积0.9万米^2。

四、第三产业

2018年，光明食品集团的商业、住宿餐饮业受新业态的冲击，较上年有所下降。房地产市场销售面积与销售额均有所回落，市场趋于理性。

年末，批发零售贸易业的营业网点有3 468个，比上年下降23.6%，营业面积86.4米^2，与上年基本持平。

营运的出租车辆10 008辆，比上年下降3.5%。

全年房地产销售面积200.5万米^2，比上年下降1.6%；销售额163.亿元，比上年下降20.6%。

五、固定资产投资

2018年，光明食品集团完成固定资产投资38.57亿元，比上年下降6.8%，其中本年完成投资5 000万元以上项目占58.9%，比上年下降8.5%。固定资产投资总额中，第一产业8.53亿元，比上年增长51.8%；第二产业18亿元，比上年下降4.8%；第三产业12.04亿元，比上年下降29%。一、二、三产业的投资比重分别为22.1%、46.7%和31.2%。当年新增固定资产30.8亿元。

六、职工和工资

2018年，光明食品集团年末从业人员11.8万人，比上年下降4.5%。其中：第一产业1.3万人；第二产业4.1万人；第三产业6.4万人。一、二、三产业的从业人员比重分别为11.1%、34.7%和54.2%。第三产业中批发和零售业的从业人员3.6万人，占全部从业人员的30.5%。

2018年，从业人员年平均报酬86 712元，比上年增长17.4%。

说明：一、公报中提到的增加值按现行价格计算。

二、公报中的统计数据口径是集团控股企业财务合并、事业单位和控股财务不合并的单位。

江苏农垦2018年经济和社会发展统计公报

江苏省农垦集团有限公司

2018年，以习近平新时代中国特色社会主义思想和党的十九大精神为指引，认真贯彻省委、省政府决策部署和省国资委工作要求，在江苏省农垦集团党委的直接领导和董事会的科学决策下，按照集团第一次党代会部署要求，江苏农垦坚持稳中求进、攻坚克难，着力推动思想解放、问题整改、改革深化、发展创新、民生改善，年度各项工作任务得到有力推进，集团高质量发展迈出坚实步伐、实现良好开局。

一、综合

2018年，垦区实现生产总值188.79亿元，比上年增长7.92%。其中，第一产业增加值26.12亿元，比上年增长2.83%；第二产业增加值117.67亿元，比上年增长11.36%；第三产业增加值45亿元，比上年增长2.58%。三次产业比重为14：62：24，非农产业比重较上年提高1个百分点。人均生产总值净增加7 528元，达到101 183元，比上年增长8.04%。

集团经济运行总体平稳。全年实现营业收入263.29亿元，增长12.82%；利润总额50.57亿元，增长15.54%；归属集团公司净利润16.9亿元，增长8.2%；经济增加值31.6亿元，增加3.35亿元；净资产收益率12.31%。集团公司主体信用等级首次被评定为最高级别AAA级。2018年年末，集团资产负债率41.81%，下降1.37个百分点。

二、农业

重质量提效益，农业供给结构持续改善。粮食产能量质齐升。新增旱涝保收田、高标准农田、节水灌溉面积7 466公顷。垦区和流转耕地机插率分别达86.3%、78.5%。集体种植权益面积占比提高到93.2%。实现粮食总产121.06万吨，再创新高，垦区小麦单产、外拓基地稻麦单产均超历史。16个麦稻绿色优质高产万亩示范片全部达标，其中新洋分公司小麦绿色高效高产示范区平均每公顷单产9 810千克，创全省2018年小麦绿色高效创建最高产量。

畜禽生产有序调整。养殖水面4 004公顷，生产水产品5.38万吨。养殖模式持续创新，集体养殖规模效益稳步增长，东辛水产公司、金鲤渔业分别实现利润2 200万元、400万元，临海农场公司渔业产量产值双突破。奶牛存栏6 465头，产鲜奶2.47万吨，分别增长6.49%、12.78%；家禽存出栏1 703万羽，产禽蛋1.47万吨；肉羊存栏8 720头，出栏11 715头；生猪存栏10.27万头，出栏20.64万头。岗埠农场公司为当地政府打赢非洲猪瘟疫情防控攻坚战做出了贡献。

绿色生产全面拓展。江苏省农垦农业发展有限公司（简称苏垦农发）获批创建绿色食品原料标准化生产基地总面积33.85千公顷。秸秆还田率100%。新洋、临海两家林业公司实现盈利。农产品质量安全控制系统、耕地质量管理系统上线运行。新曹农场公司、三河农场公司、苏垦农发弶港分公司、苏垦米业、东辛东米公司和水产公司等单位的相关农产品获得2018至2019年度全国农垦农产品质量追溯标识使用权。

产品结构不断优化。大华种业自主品种经营成效显著。苏垦农服农业生产社会化服务取得实质性进展。新曹农场公司提炼玫瑰精油、纯露生产线投产试运行。苏垦农发云台、东辛分公司试点大棚豆丹养殖，东坝头分公司通过土地租赁发展场域优质西瓜种植。

新业态深入发展。苏垦米业、苏垦园艺探索新零售模式，线上线下联通互动、网络竞拍等成为新亮点和增长点。主要农产品产量见表1，牲畜年末存栏总数及主要畜产品产量见表2。

表 1　主要农产品产量

指标	计量单位	数量	比上年增减（%）
稻谷	万吨	66.89	1.81
小麦	万吨	53.01	6.72

表 2　牲畜年末存栏总数及主要畜产品产量

指　标	计量单位	数量	比上年增减（%）
肉类总产量	万吨	4.40	−3.72
猪牛羊肉	万吨	1.88	持平
禽肉	万吨	2.52	−5.97
生猪年末存栏	万头	10.27	−26.22
牛年末存栏	万头	0.72	7.46
羊年末存栏	万只	0.87	31.82
家禽年末存栏	万只	529	−1.31
肉猪出栏数	万头	21.99	−6.14
禽蛋产量	吨	14 725	−9.38
牛奶产量	吨	24 700	12.86

三、工业和建筑业

2018 年，垦区拥有工业企业 312 个，其中规模以上 54 个。全年实现工业总产值（现行价）290.26 亿元，比上年增长 14.19%。产品销售收入 285.94 亿元，比上年增长 16.86%。主要工业产品产量见表 3。

表 3　主要工业产品产量

指　标	计量单位	数量	比上年增减（%）
大米	吨	406 325	1.83
食用植物油	吨	8 228	−0.12

自主创新能力更强。正大天晴抗肿瘤创新药“安罗替尼”成功上市并纳入国家医保目录，是“大医保”改革后首轮进入医保目录的唯一国产原研创新药，对企业创新发展具有里程碑意义。南京正大天晴仿制药研发项目实现零突破，3 个产品通过一致性评价。正大丰海首个自主研发的治疗性用药成功获批。

经营策略更活。优化融资结构，启动集团 40 亿元公司债发行工作。正大天晴实施成熟产品“双下沉”和新产品“两提升”营销策略，营业收入增长 17.6%，迈上百亿元台阶。南京正大天晴、正大丰海、正大清江完善营销学术支持体系。

建筑业平稳发展。2018 年建筑业实现产值 174 809 万元，比上年增长 2.64%；实现增加值 64 001 万元，比上年增长 4.9%；实现利润总额 15 345 万元，比上年下降 1.98%；上缴税金 3 712 万元，比上年增长 0.19%。

四、第三产业

通宇公司调整重点区域和开发节奏，逆势实现利润成倍增长。中山大厦转换经营思路，苏舜公司、苏垦金属、金桥贸易、棉业公司着力防控风险，发展较为稳健。

2018 年，垦区第三产业完成营业收入 102.84 亿元，比上年下降 4.92%。其中批发零售贸易业 67.21 亿元，比上年下降 8.25%；餐饮业 5.27 亿元，比上年增长 24.88%；服务业 30.36 亿元，比上年下降 1.08%。

五、固定资产投资

2018 完成固定资产投资 33.88 亿元，比上年增长 23.42%。在全部固定资产投资中，基本建设投资完成 29.26 亿元，占固定资产总投资的 86.36%。在整个固定资产投资中，生产性固定资产完成 28.2 亿元，占整个固定资产总投资的 83.23%。

在全部固定投资中，第一产业完成 4.52 亿元，第二产业投资完成 10.34 亿元，第三产业投资完成 19.02 亿元，分别占总投资的 13.34%、30.52%、56.14%。在全部固定资产投资中，国有固定资产投资完成 31.34 亿元，占整个固定投资的 92.5%。

六、科技、卫生

2018 年，全垦区共有各级各类科技专业技术人员 973 人。全年投入科研经费 212 973 万元。

2018 年，卫生事业继续改善，全垦区共有医疗单位 17 个，其中，医院 17 个，病床 1 092 张，各类卫生技术人员 965 人，其中医生 400 人。全年医疗卫生经费支出 17 049 万元，比上年下降 2.19%。

七、人口和职工收入

2018 年，全垦区总人口 186 392 人。其中，农场人口 160 056 人。全垦区人口出生率 7.74‰，人口死亡率 7.53‰，人口自然增长率为 0.21‰。2018 年，全系统平均社会从业人员 79 855 人，其中第一产业 20 757 人，第二产业 29 457 人，第三产业 29 641 人，分别占全部从业人数的 25.99%、36.89%、37.12%。职工收入继续提高，2018 年全垦区职工全年平均收入 71 409 元，同口径比上年增长 12.73%。2018 年垦区农场居民人均纯收入 30 786 元，同口径比上年增长 8.89%。

八、非国有经济

2018 年，全垦区非国有增加值 681 502 万元，比上年增长 6.09%，其中，第一产业增加值 119 378 万元，第二产业增加值 270 024 万元，第三产业增加值 292 100 万元，分别比上年增长 8.69%、4.5%、6.56%。三次产业比重为 17∶40∶43。年末非国有经营单位 15 777 个，其中，私营企业 1 122 个，个体经济 14 651 个。从业人员 55 905 人，其中，第一产业 12 035 人，第二产业 18 932 人，第三产业 24 998 人。从业人员收入总额 353 297 万元。全年共实现利税 250 842 万元，其中，利润 182 653 万元。当年非国有经济完成固定资产投资额 25 436 万元。

九、其他

（1）全系统 17 个农场有限公司中，生产总值超过 1 亿元的有 15 个。这 15 个农场有限公司平均职工人数为 22 624 人，2018 年实现生产总值 717 263 万元，占垦区生产总值的 37.99%。其中，农业增加值 93 579 万元，工业增加值 206 856 万元。销售税金 38 564 万元，利润总额 177 137 万元。东辛农场、岗埠农场、黄海农场列生产总值前 3 位。

（2）全系统有大中型工业企业 7 家，共实现现价总产值 1 780 453 万元，销售产值 1 711 759 万元。增加值 876 654 万元，增加值占垦区全部工业企业增加值的 78.79%。年末固定资产原值 478 831 元，职工人数 9 538 人，实现利税总额 736 835 万元。

浙江农垦2018年经济和社会发展统计公报

浙江省国有农场管理总站

2018年是全面贯彻党的十九大精神的开局之年，也是实施“十三五”规划至关重要的一年。浙江垦区深入学习贯彻党的十九大精神，全面贯彻落实中央和省委农垦改革发展文件精神，积极深化国有农场改革，创新体制机制，加快推进现代农场建设，着力改善农场民生，提升农场综合生产能力，国有农场改革“两个3年”任务提前超额完成，农场经济稳中有进，社区和谐稳定。

一、综合

全系统现有省定点国有农场96个，土地总面积17千公顷，总人口4.3万人，实现生产总值13.36亿元，比上年下降3.1%，其中：第一产业增加值1.84亿元，增长8.2%；第二产业增加值10.66亿元，下降3.8%；第三产业增加值0.86亿元，增长126%。三次产业增加值比例由上年8.8∶89∶2.2调整为13.7∶79.7∶6.6。实现利润3.9亿元，居民人均可支配收入23 158元，比上年增加12个百分点。

二、第一产业

全年实现农林牧渔业总产值58 972万元，比上年增长2.3%，其中，种植业产值23 544万元，林业产值6 385万元，牧业产值17 435万元，渔业产值8 800万元，农林牧渔服务业产值2 808万元，农、林、牧、渔、服务业比重为40∶10.8∶29.5∶15∶4.7。

全年农作物播种面积4 197公顷，与上年基本持平。粮食作物保持稳定，播种面积1 457公顷，总产量10 038吨，单产6 891千克/公顷。经济作物较快增长，蔬果播种面积1 833公顷，比上年增长18%；水果面积745公顷，增长6.7%，产量13 599吨，增长3.7%；茶叶面积1 154公顷，产量3 848吨。

林业增长较多，造林面积254.86公顷，其中用材林及特种用材林220公顷；成林抚育面积2 524.61公顷；采伐木材1 400米^3，毛竹4.1万根。

畜牧业大幅增长，生猪年末存栏8.77万头，年内出栏11.66万头，猪肉产量10 303吨，比上年增长137.1%。

渔业稳定增长，水产品总产量5 097吨，比上年增长3.5%，其中海水产品产量937吨，增长1.4%，淡水产品产量4 160吨，增长3.9%。

三、工业和第三产业

全年工业增加值10.64亿元，工业总产值24.20亿元，工业销售产值1.86亿元；利润总额280.69万元，主要由规模以上非国有工业企业实现，主要产品有：磁钢760吨、家具1 722件、服装24.5万件、锌筒3.67亿只等。

第三产业实现增加值8 570万元，较上年大幅增长，主要来自租赁和商务服务业、住宿餐饮业及农林牧渔专业辅助性活动。批发零售、餐饮、服务业年末固定资产原值920万元，实现销售总额1 546万元。

四、固定资产投资

全年完成固定资产投资2 588万元，全部来源于国有经济单位。第一产业是投资的主要方向，投资达2 560万元，占总额的98.9%。

五、对外经济

全年出口供货商品总金额6.11亿元，其中工业品出口6.1亿元，占99.8%，主要包括服装、磁钢等产品。

六、人民生活和社会保障情况

全系统年人均纯收入23 158元，比上年增长

12%。年末实有住房面积 241.66 万米^2。社会年末从业人数 9 978 人，其中第一产业 2 682 人，第二产业 1 740 人，第三产业 5 556 人。

年末职工养老保险和基本医疗保险参保率均达 100%，部分农场家属工、遗属、精简人员等社会保障问题已基本解决，困难家庭全部纳入城镇居民最低生活保障，实现养老保险、基本医疗保险和最低生活保障全覆盖。

七、无公害农产品、绿色食品、有机食品生产

年末全系统有效使用无公害农产品、绿色食品、有机农产品认证标志产品 31 个，带动种植农户数 22 685 户。其中，无公害、绿色、有机茶叶认证 15 个；无公害、绿色水果认证 6 个；无公害蔬菜认证 1 个；无公害水产品认证 9 个。

安徽农垦2018年经济和社会发展统计公报

安徽省农垦集团有限公司

2018年是全面推进农垦改革发展的启动之年，也是破难奋进的极其艰难之年。安徽农垦不断加强党的建设，竭尽全力使经济运行出现了企稳向好的发展态势，主要做了以下三方面工作：①重点改革如期完成，产业经济平稳发展；②“一体两翼”稳中向好，开放合作稳中有进；③企业管理逐步规范，垦区民生继续改善。安徽农垦的总体发展战略是按照“一体两翼”的发展格局，全力打造全省现代农业企业集团航母。“一体”即现代农业，“两翼”即投资金融业和房地产业。要进一步增强农垦在全省现代农业发展中的核心地位，为全省现代农业建设起骨干引领作用，根据市场需求提供绿色优质安全农产品供应，探索效益高的现代农业生产经营服务体系。要按照一二三产业融合发展，突出“一体两翼”在垦区发展的核心地位。

一、综合

垦区主要经济指标完成情况见表1。

表1　垦区主要经济指标完成情况

指标名称	计量单位	2018年	2017年	增长（%）	指标名称	计量单位	2018年	2017年	增长（%）
农垦生产总值	亿元	26.41	25.11	5.2	第一产业比重	%	45.59	47.01	−3.0
其中：国有部分	亿元	17.42	17.20	1.3	第二产业比重	%	22.04	20.73	6.3
国有部分比重	%	66.00	68.50	−3.6	第三产业比重	%	32.37	32.27	0.3
第一产业增加值	亿元	12.04	11.80	2.0	工农业总产值	亿元	52.23	49.72	5.0
第二产业增加值	亿元	5.82	5.20	11.8	农业总产值	亿元	21.55	21.06	2.3
第三产业增加值	亿元	8.55	8.10	5.5	工业总产值	亿元	30.68	28.66	7.0

二、第一产业

第一产业经济指标完成情况见表2。

表2　第一产业经济指标完成情况

指标名称	计量单位	2018年	2017年	增长（%）	指标名称	计量单位	2018年	2017年	增长（%）
粮食总产	万吨	32.84	33.28	−1.3	棉花播种面积	千公顷	0.13	0.07	85.7
其中：小麦	万吨	12.83	14.60	−12.1	蔬菜瓜类	千公顷	4.30	1.54	179.2
水稻	万吨	16.47	14.87	10.8	干毛茶产量	万吨	1.49	1.41	5.7
大豆	万吨	2.28	2.76	−17.4	茶园面积	千公顷	2.22	2.23	−0.4
粮食亩产	千克	421.6	428.0	−1.5	园林水果产量合计	万吨	1.74	3.73	−53.3
农作物总播种面积	千公顷	58.24	55.62	4.7	园林水果面积合计	千公顷	1.36	1.36	0.0
粮食播种面积	千公顷	51.94	54.75	−5.1	高标准农田	千公顷	15.03	37.30	−59.7
油料播种面积	千公顷	0.56	0.57	−1.8	农业机械总动力	万千瓦	43.82	46.61	−6.0

农业生产在基本稳定粮食种植面积的同时，优化品种结构，大力发展现代农业、高效农业及养

殖业。

畜牧业渔业方面，肉类总产量 12 602 吨，同比下降 12.8%；水产品产量 8 250 吨，同比增长 33%。

全年农业固定资产投资 1.51 亿元，同比下降 44%，其中国有投资 1.42 亿元，同比下降 47%，主要项目为农业综合开发、现代农业、农田水利基本建设、土地复垦、农机购置等项目。

三、第二产业

第二产业经济指标完成情况见表 3。

表 3　第二产业经济指标完成情况

指标名称	计量单位	2018 年	2017 年	增长（%）
工业企业个数	个	136	139	−2.2
工业总产值	亿元	30.68	28.66	7.0
其中：国有部分	亿元	1.61	0	0
建筑企业个数	个	127	155	−18.1
建筑业总产值	亿元	7.33	5.88	24.7
其中：国有部分	亿元	6.23	4.07	53.0

四、第三产业

第三产业经济指标完成情况见表 4。

表 4　第三产业经济指标完成情况

指标名称	计量单位	2018 年	2017 年	增长（%）
批发零售营业额	亿元	16.10	17.23	−6.6
其中：国有部分	亿元	3.84	4.95	−22.4
住宿餐饮营业额	亿元	2.66	2.30	15.7
其中：国有部分	亿元	0.81	0.72	12.5
服务业营业额	亿元	3.88	1.86	108.6
其中：国有部分	亿元	2.00	0.58	244.8
第三产业增加值	亿元	8.55	8.10	5.6
其中：交通运输及仓储	亿元	0.66	0.63	4.8
批发和零售业	亿元	2.31	2.41	−4.1
住宿和餐饮业	亿元	1.20	1.08	11.1
房地产业	亿元	2.04	1.67	22.2
居民和其他服务业	亿元	1.04	1.04	0

住宿餐饮业主动适应市场消费变化，积极调整股权结构，经营模式进一步创新，推动了主体酒店托管模式改革。房地产业战略性调整取得积极成效，增强了政策和市场的应对能力；新的经济增长点快速发展，类金融业逐步成长为集团三大主业的主要经营业态；皖垦小贷、创投公司、银企合作不断加强，取得 11 家银行贷款授信，有力地保障了集团发展的资金需求。

五、固定资产投资

全社会固定资产投资总额 2.93 亿元，同比下降 52.8%；其中国有投资完成 1.95 亿元，同比下降 49.1%，非国有投资 0.99 亿元，同比下降 58.5%。

六、人口及从业人员情况

垦区人口及从业人员主要指标见表 5。

表 5　人口及从业人员主要指标

指标名称	计量单位	2018 年	2017 年	增长（%）
垦区年末总人口	万人	12.44	12.16	2.3
年末社会从业人员	万人	5.38	5.45	−1.3
其中：第一产业	万人	3.14	3.23	−2.8
第二产业	万人	0.97	0.91	6.6
第三产业	万人	1.27	1.30	−2.3
产业人数构成一产	%	58.36	59.34	−1.7
二产	%	18.03	16.70	8.0
三产	%	23.61	23.96	−1.5
年末职工人数	万人	3.38	3.45	−2.0
其中：在岗职工	万人	1.75	1.94	−9.8
在岗职工劳动报酬	亿元	7.43	7.11	4.5

福建农垦2018年经济和社会发展统计公报

福建省农业农村厅农垦处

2018年全省农垦系统认真学习贯彻党的十九大精神，根据中央和省委、省政府以及农业农村部农垦局和福建省农业农村厅的工作部署，结合全省农垦的实际，继续推进农垦改革，办社会职能改革提前完成，土地确权登记超额完成，扶贫资金监管进一步加强，农场职工收入持续提高，各项农垦工作取得一定成效，垦区经济保持健康平稳发展。

一、综合

全省农垦系统现有农场110个，较上年减少2个。土地总面积86千公顷，比上年下降15.6%，耕地面积8.15千公顷，比上年下降11.2%。全省农垦系统总人口19.27万人，比上年下降5.8%。变化原因主要是部分农场土地原先是场带村的村集体土地，土地确权后划拨出去，例如福州江洋农场2016年土地调查面积5.35千公顷，现在1.22千公顷。全垦区完成国民生产总值44.96亿元，同比下降40.7%（未扣除价格因素，下同）。其中第一产业增加值11.61亿元，增长3.1%；第二产业增加值24.16亿元，下降58.3%；第三产业增加值9.18亿元，增长36.2%。一、二、三产的比例为26：54：20，与上年相比，第一、第三产业比例增加，第二产业比例下降（图1、图2）。人均纯收入12 724元，同比增长6.2%；住房面积867.8万米^2，增长17.3%，垦区生活条件进一步提升。福建省农垦经济是多种经济成分并存，国有经济与非国有经济在国民生产总值中比例为17.8：82.2，非国有经济占绝对比例。

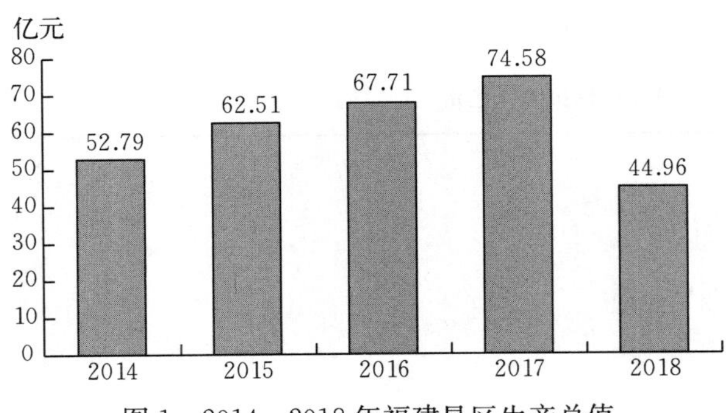

图1 2014—2018年福建垦区生产总值

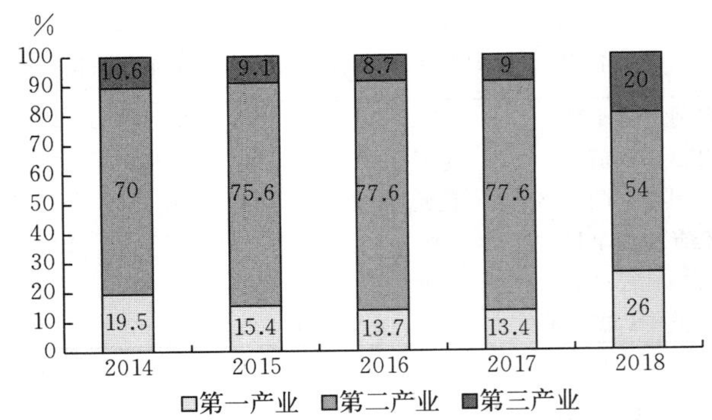

图2 2014—2018年三次产业增加值占生产总值比重

二、第一产业

全年完成农业总产值11.61亿元，比上年增长3.1%。第一产业增加值9.97亿元，比上年增长3.1%（2017年一产增加值有误）。农业总产值22.96亿元，同比下降3.9%。农业总产值中国有、集体、个体、其他经济所占比例分别为55：11：20：14，国有经济仍保持绝对优势。

种植业、园林水果、茶叶生产受市场经济等因素影响，面积有所调减，产量也同步减少。农作物总播种面积16.26千公顷，同比下降5.4%。其中粮食种植面积7.62千公顷，同比下降7.3%；总产量4.3万吨，同比下降9%。油料面积1.04千公顷，同比下降8.7%；产量0.28万吨，同比下降8.7%。茶叶种植面积4.68千公顷，同比下降7.6%；产量0.56万吨，同比下降7.5%。水果种植面积10.63千公顷，同比下降9.8%，产量15.33万吨，同比增长24.%。种植业结构有所调整，但还不够完善，需进一步加强调整。2018年主要农产品面积、产量见表1。

表1　2018年主要农产品面积、产量

产品名称	播种面积（公顷）	比上年增长（%）	总产量（吨）	比上年增长（%）
总计	16 261.4	−5.4		
粮食作物	7 623.7	−7.3	42 978.7	−9.0
其中：稻谷	5 122.8	4.2	34 821.0	12.5
油料合计	1 041.8	−8.7	2 776.0	−8.7
其中：花生	913.8	−10.9	2 588.0	−10.0
蔬菜、瓜类	4 597.9	4.7	69 437.3	−20.8
茶叶	4 678.5	−7.6	5 598.4	−7.5
水果	10 632.7	−9.8	153 309.9	24.1

造林绿化面积同比有所下降。全垦区现有林地总面积38.81千公顷，同比下降17.3%。森林覆盖率达45.2%，较上年略减0.8个百分点。2018年全垦区共完成造林面积1.49千公顷，同比增长33%。木材采伐2.93万米^3，同比下降4.9%。森林面积下降，采伐量也相应下降。

2018年肉类总产量2.12万吨，同比下降30.5%；其中猪肉产量1.6万吨，同比下降35.7%。蛋类产量0.45万吨，同比下降26.8%。奶类产量0.3万吨，同比下降15.5%。生猪出栏23.13万头，同比下降31.6%。

渔业生产方面，全年水产品总产量1.88万吨，同比下降17%，其中淡水产量1.83万吨，占比97.3%。养殖面积1.68千公顷，同比下降7%。

垦区农业现代化水平受部分农场剥离影响，年末全垦区拥有农业机械总动力4.8万千瓦，同比下降32.1%；其中柴油发动机动力2.9万千瓦，同比下降28.6%，占农业机械总动力60%。受种植面积减少影响，全省垦区机耕面积3.83千公顷，同比下降4.6%。用电量9 560.7万千瓦时，同比下降2.5%。测土配方施肥面积273.1公顷，同比下降30.5%；农药使用量895.6吨，同比下降14.3%。

三、第二产业

工业方面部分比重大的企业实施社企分离，企业和土地归入地方政府统一管理，对总体影响较大。全年工业总产值50.7亿元，较上年的180.3亿元，同比下降71.9%，比如漳州的古农农场实行社企分离，已将373家企业连同土地一并纳入地方政府统一管理（共占地133.3公顷），其2018年产值97.6亿元，占全省2017年产值一半以上。全年实现利润2.67亿元。其中非国有经济占94.4%以上，占绝对主导地位，私营企业经济所占比例大大提高，主要原因是大力发展、完善工业园区、开发区的建设，积极鼓励发展非公经济，新引进一批非公的工业企业，迁入、新建一批企业，更新改造提高产品的档次，以提高企业经济效益。规模以上工业企业全年实现产值39.2亿元，占77.3%；实现利润2.67亿元。2018年主要工业产品产量见表2：

表2　2018年主要工业产品产量

产品	计量单位	数量	比上年增长（%）
大米	吨	16 276.0	−70.5
饲料	吨	24 295.0	−31.1
饮料酒	千升	5 829.0	−35.2
精制茶	吨	4 140.0	35.7
砖	万块	7 182.0	−20.5
发电量	万千瓦时	10 504.5	−19.8
自来水	万米^3	178.0	−37.1

四、第三产业

第三产业出现较快增长，全年增加值达9.18亿元，同比增长36.2%，占国民生产总值比重达20%，比上年增加11个百分点。

运输业持续稳定发展。营业总收入1.81亿元，同比增长8.4%。其中：货运收入1.52亿元，同比增长2.7%。年末拥有主要运输工具1 155台，比上年减少55台。

批发零售业、餐饮业、服务业基本发展较快。三者合计销售总额（营业收入）18.7亿元，同比增长31%。年末营业单位数2 723个，同比减少657个。

五、市场经济

农业商品产值、出口供货商品量有增有减。农业商品产值达13.59亿元，同比减少4.26亿元，同比下降23.9%，商品率达59.2%，比上年下降15.5个百分点。出口供货商品金额0.3亿元，比上年的4.88亿元大幅降低。

六、农场民生不断改善

一是提前完成国有农场办社会职能改革。2018

年10月，福建省112家国有农场通过与地方政府签订移交协议、成立社区或事务管理服务中心等方式全部完成社会职能改革任务。其中，101家国有农场采取移交的改革方式，8家国有农场实行内部分开、管办分离、授权委托、购买服务的改革方式，3家国有农场通过设立政府派出机构承接社会职能的改革方式。据统计，2018年度全省国有农场办社会职能经费支出1 487.93万元，较改革前的2015年减少2 326.42万元，降低61%。自2018年10月起，全省所有国有农场均不再承担办社会职能支出。

二是超额完成农垦国有土地确权登记发证任务。2018年全省农垦国有土地完成权籍调查100%，实现登记发证98.74%，超过中央提出的权籍调查92%、登记发证90%的目标任务要求。

三是收入生活持续改善增长。全省农垦系统人均纯收入1.27万元，同比增长6.2%；住房面积867.8万米^2，增长17.3%。

江西农垦2018年经济和社会发展统计公报

江西省农垦事业管理办公室

2018年，是江西农垦史上极不平凡的一年。这一年，全省农垦主动适应新常态，积极履行新使命，全面落实新担当，踔疾步稳奏响新一轮改革发展最强音，交出了一份新时代改革开放的新答卷。2018年既是改革开放40周年、实施乡村振兴战略的开局之年，也是落实“十三五”规划承上启下的关键之年。一年来，按照省委、省政府的决策部署，在江西省农业农村厅党委的坚强领导下，农垦系统以习近平新时代中国特色社会主义思想为指引，全面贯彻落实党的十九大、十九届二次、三次全会精神和省委十四届六次、七次全会精神，紧紧围绕“创新强垦增动力、协调惠垦补短板、绿色兴垦定方向、开放助垦拓空间、共享富垦谋福祉”的发展理念，以更富特色的创新、更具魄力的担当促改革、谋发展、惠民生、抓党建，迈出了全面实施乡村振兴战略新步伐。

一、综合

1. 全垦区独立核算企业个数统计。2018年，垦区现有独立核算农垦农工商公司5个，即九江市农垦农工商公司、景德镇市农垦农工商公司、乐平市农垦农工商公司、鹰潭市农垦农工商公司、贵溪市农垦农工商联合公司。全垦区独立核算企业个数统计见表1。

表1　全垦区独立核算企业个数统计

单位：个

指标名称	2018年实际	上年同期
独立核算企业合计	163	163
1. 垦殖场、企业集团	156	156
其中：企业集团	9	9
其中：场办工业	1 050	1 059
场办商业	3 182	3 148
场办建筑业	79	84
场办运输业	273	279
2. 独立核算的工业企业	2	2
3. 独立核算的农垦农工商公司	5	5

全年农垦年末总人口1 307 099人，较上年下降0.74%；土地总面积696 457.39公顷，较上年增长0.14%；年末实有住房面积4 253.09万米^2，较上年增长3.82%。

2. 主要经济指标平稳发展。经济保持全面持续健康发展（表2）。

表2　主要经济指标

指标名称	计量单位	2018年实际	上年同期	比上年增长（%）
生产总值	万元	2 471 170	2 391 213	3.34
其中：第一产业增加值	万元	291 536	285 601	2.08
第二产业增加值	万元	1 611 397	1 552 000	3.83
第三产业增加值	万元	568 237	553 612	2.64
工农业总产值	万元	8 412 219	8 273 966	1.67
其中：工业产值	万元	7 812 034	7 686 558	1.63
农业产值	万元	600 185	587 408	2.18
全垦区固定资产总投入	亿元	307.5	304.8	0.89
居民人均可支配收入	元/年	15 062	13 886	8.47

2018年，一二三次产业结构比例是12∶65∶23。

3. 农场按工农业总产值大小排序。2018年，全省农垦工农业总产值达到上亿元的场（企业集团、厂）54家，比上年减少3家，即上饶华坛山垦殖场、上饶永平垦殖场、上饶银山垦殖场；比上年新增加1家，即南昌市捉牛岗垦殖场。具体见表3。

表3 按工农业总产值大小顺序排列

排序	农场名称（过亿元）	工农业总产值（万元）	居民人均可支配收入［元/（人·年）］
1	共青场	4 829 287	18 507
2	云山集团	374 144	20 518
3	梅岩	268 326	21 000
4	芙蓉场	226 988	12 840
5	桑海场	213 951	17 800
6	恒丰场	195 787	15 612
7	黄岗山场	148 107	13 100
8	新岗山场	146 168	12 050
9	大茅山场	145 497	15 000
10	墨山场	126 699	13 560
11	罗家场	87 992	19 365
12	阁山场	85 698	13 816
13	南英场	84 776	14 976
14	红星场	74 126	9 468
15	鸡冠山场	72 566	15 000
16	花亭场	68 808	10 000
17	洋峰场	61 878	10 126
18	西郊场	58 942	21 986
19	介桥场	57 920	18 480
20	上十岭场	56 000	15 246
21	赛湖场	51 255	14 940
22	九龙山场	47 100	16 858
23	五府山场	44 496	20 000
24	万龙山场	42 800	11 000
25	武夷山场	39 897	13 500
26	长红场	37 154	7 882
27	刘家站场	37 073	14 160
28	旭光场	35 862	10 000
29	五陂下场	34 637	20 422
30	万埠场	28 103	16 000
31	饶丰场	22 350	14 000
32	五星场	20 690	20 000
33	乐丰场	20 352	15 000
34	千州场	20 161	12 750
35	恒湖场	20 152	12 591
36	广寒寨场	19 215	15 832
37	东风场	18 132	13 105
38	扬子洲场	16 860	18 900
39	怀玉山场	16 198	13 720
40	金坪场	15 189	13 704
41	武山场	13 750	14 282
42	石花尖场	13 566	13 236
43	八角岭场	13 440	19 404
44	鸦鹊湖场	13 168	12 000
45	十里岗	12 839	17 056
46	荷塘场	12 250	19 636
47	永丰场	11 652	18 290
48	华山场	11 300	8 300
49	七里岗场	11 284	9 451
50	新洲场	11 070	10 980
51	高家岭场	10 975	11 200
52	三县岭场	10 430	13 000
53	捉牛岗场	10 396	10 900
54	相城场	10 366	14 008

二、工业

2018年，全垦区实现工业产值781.2亿元，比上年增长1.63%；工业企业实现增加值144.19亿元，比上年增长3.62%。

其中规模较大的5亿元以上的行业有22个，累计完成工业产值762.5亿元，占工业总产值97.6%，比上年同期增长2.37%。其中：纺织业产值38.58亿元，较上年增长17.36%；纺织服装、服饰业产值229.63亿元，比上年下降2%；计算机、通信和其他电子设备制造业产值176.35亿元，比上年增长9.35%；化学原料和化学制品制造业产值36.31亿元，比上年增长16.78%。产值5亿元以上的行业合计见表4（按产值大小顺序排列）。

从工业产品产量看，几个主要工业产品产量分别为：原煤804 993吨；大米1 366 676吨；饮料酒18 285千升；纱 13 522 吨；机制纸及纸板74 120吨；中成药16 559吨；手机2 997万台；发电量73 711万千瓦时。

三、农业

江西农垦进一步挖掘自身优势资源，优化重组各类生产要素，在科学整合中激活内生动力；进一步加强与各类优质主体在资源开发、产业升级、技术更新、管理提升等方面开展全领域互动合作，在深度联合中激发发展活力；进一步通过推进农业内部融合、延伸农业产业链、拓展农业多种功能、发展农业新型业态等多种形式，培育产业融合主体，探索产业融合模式，健全产业融合利益联结机制，完善产业融合投融资体制机制，在无缝融合中深挖创新潜力。余干县整合现代农业示范园区和3个垦殖场、2个生态林场、1个水产场、1个良种场，组建成立余干县农垦集团，以现代农业和休闲旅游业为主线，打造鄱阳湖国家农业公园。渝水区南英垦区集团与中国保利文化集团公司达成合作协议，建设红色文化产业园和温泉小镇。广丰农垦集团与上饶市绿投集团强强联合，投资1.6亿元，全面增强集团整体实力。东乡红星垦殖场与中铁中基（江西）农业管理公司合作，实施“万亩猕猴桃种植基地项目”，建立一产种植园、二产加工区、三产交易平台和特色农业旅游，实现一二三产融合，打造猕猴桃“科教小镇”。

表4　产值5亿元以上的行业合计

排序	指标名称	企业个数（个）	工业产值（万元）	占工业总产值（%）
	5亿元以上的行业　合计	966	7 624 954	97.6
1	纺织服装、服饰业	175	2 250 580	28.81
2	计算机、通信和其他电子设备制造业	97	1 763 991	22.58
3	化学原料和化学制品制造业	51	424 092	5.43
4	非金属矿物制品业	107	395 404	5.06
5	纺织业	24	385 802	4.94
6	医药制造业	19	312 616	4.00
7	电气机械和器材制造业	23	241 971	3.10
8	木材加工和木、竹、藤、棕、草制品业	90	209 073	2.68
9	农副食品加工业	68	207 487	2.66
10	造纸及纸制品业	22	170 042	2.18
11	酒、饮料和精制茶制造业	27	167 720	2.15
12	有色金属矿采选业	2	139 706	1.79
13	金属制造业	20	138 836	1.78
14	有色金属冶炼和压延加工业	17	124 557	1.59
15	其他制造业	65	124 392	1.59
16	食品制造业	30	118 905	1.52
17	家具制品业	24	108 005	1.38
18	电力、热力生产和供应业	46	103 552	1.33
19	煤炭开采和洗选业	9	80 365	1.03
20	通用设备制造业	34	56 000	0.72
21	化学纤维制造业	3	51 557	0.66
22	橡胶和塑料制品业	13	50 301	0.64

2018年实现农业增加值291 536万元，比上年增长2.08%，完成农业产值600 185.1万元，占工农业总产值的7.1%，其中：种植业产值298 112.4万元，占农业总产值的49.67%；林业产值52 223.9万元，占农业总产值的8.7%；牧业产值152 116.6万元，占农业总产值的25.35%；渔业产值59 056万元，占农业总产值的9.84%；农林牧渔服务业产值38 676.2万元，占农业总产值的6.44%。农作物情况见表5。

表5　农作物情况

指　标	播种面积（公顷）		比上年增长（%）	产量（吨）		比上年增长（%）
	2018年	2017年		2018年	2017年	
农作物合计	136 310.78	136 984.66	−0.49	—	—	—
其中：粮豆	104 321.36	104 696.00	−0.36	713 469.39	722 212.14	−1.21
油料	13 615.21	13 768.13	−1.11	28 798.03	27 651.12	4.15
棉花	1 393.18	1 482.45	−6.02	3 205.54	3 375.74	−5.04
茶叶	5 702.7	5 712.00	−0.16	4 275	4 269	0.14
水果	8 943.01	9 106.02	−1.79	86 733	80 798	7.35

畜牧业情况见表6。

表6　畜牧业情况

指　标	计量单位	2018年	2017年	比上年增长（%）
大牲畜存栏	万头	3.91	4.01	−2.49
其中：奶牛	万头	0.42	0.42	0
牛奶产量	吨	12 936	12 442	3.97
生猪出栏	万头	72.52	92.85	−21.90
肉类总产量	吨	65 064	92 944	−30.00

水产业方面：2018年，全垦区水产品养殖面积16 962.19公顷，其中：精养鱼池1 007.27公顷。全年水产品产量51 008吨，其中：养殖产量38 358吨，占水产品的总产量的75.2%。

土地总面积情况见表7。

表7　土地总面积情况

指　标	2018年	占土地总面积（%）	2017年	占土地总面积（%）
土地总面积（公顷）	696 457.39	—	695 486.09	—
其中：耕地	84 383.86	12.12	83 510.25	12
林地	488 124.96	70.09	484 352.4	69.64
水面	25 091.58	3.60	26 291	3.78
宜林荒山	6 713.19	0.96	6 751.45	0.97
茶桑、果园	14 888.21	2.14	15 053.02	2.16

林地面积情况见表8。

表8　林地面积情况

指　标	2018年	占林地总面积（%）	2017年	占林地总面积（%）
林地总面积（公顷）	488 124.96	—	484 352.4	—
其中：用材林	307 735.38	63.04	302 266.19	62.41
经济林	41 856.90	8.58	41 189.46	8.5
防护林	98 753.61	20.23	98 258.96	20.29
薪炭林	17 798.05	3.65	20 262.25	4.18
特种用材林	21 981.02	4.50	22 375.54	4.62
当年造林面积（公顷）	3 585.53	—	5 235.43	—
当年幼林抚育面积（公顷）	12 531.13	—	12 013.76	—

四、出口商品总金额

出口商品情况见表9。

表9　出口商品情况

指　标	计量单位	2018年	2017年	比上年增长（%）
出口商品总金额	万元	393 221	373 275	5.34
其中：水产品	万元	2 241	2 191	2.28

（续）

指　标	计量单位	2018 年	2017 年	比上年增长（%）
工业产品	万元	368 470	371 084	−0.70
其中：纺织品	万元	25 206	25 318	−0.44
出口的主要产品				
其中：手机	万台	3 000	2 800	7.14
活性炭	吨	6 000	5 215	15.05
羽绒制品及服装	万件	700	655	6.87
瓷砖	万米^2	120	113	6.19
异抗坏血酸钠	吨	15 000	15 001	−0.01
龙虾	吨	1 083	1 140	−5.00

五、固定资产投资

2018 年，江西垦区共完成固定资产投资总额 3 075 202 万元，较上年增长 0.89%，其中：第一产业 65 689 万元，占投资总额的 2.14%；第二产业 1 955 801 万元，占投资总额的 63.6%；第三产业 1 053 712 万元，占投资总额的 34.26%。

六、科研

2018 年，全垦区科研单位 4 个，职工 200 人，其中科技人员 129 人，占职工人数的 64.5%，科研经费 2 796 万元。

七、劳动工资与人口

2018 年，全省农垦年末从业人员数 272 500 人，离开本单位仍保留劳动关系的职工有 46 059 人，其中内部退养职工 4 924 人。全年从业人员劳动报酬和生活费 496 554 万元，年平均收入 18 222 元，较上年减少 347 元。

山东农垦2018年经济和社会发展统计公报

山东省农业农村厅农垦局

2018年，在省委、省政府的正确领导和农业农村部的关心指导下，山东省紧紧围绕推进农垦改革发展这一主线，积极调整产业结构，着力保障和改善民生，农垦经济和各项社会事业均呈现出平稳发展的良好局面。

一、综合

截至2018年年底，山东垦区国有农场共12家，总人口18 772人，年末职工3 390人；土地总面积21 066.05公顷，耕地面积12 814.20公顷。全年实现生产总值28 689.96万元（现价，下同），同比减少175 259.04万元，下降85.93%。其中：第一产业增加值23 325.49万元，同比减少35 101.51万元，下降60.08%；第二产业增加值1 277.14万元，同比减少130 576.86万元，下降99.03%；第三产业增加值4 388.33万元，同比减少9 280.17万元，下降67.89%。一、二、三产业增加值分别占生产总值的81.3%、4.45%、15.3%。人均纯收入22 326元，同比增长72.6%，国有农场在岗职工年均报酬3.13万元。

二、第一产业

2018年，垦区农作物播种面积15 010.17公顷，其中粮食播种面积14 285.87公顷，同比增加227.87公顷，增长1.6%。粮食总产92 226吨，同比减产11 753吨，下降13.55%。其中，小麦、水稻、玉米的播种面积分别达到5 502.57公顷、3 921公顷、3 571.57公顷，产量达到31 271吨、22 010吨、18 728吨。棉花总产189吨。蔬菜、瓜果8 160吨。

畜牧水产业平稳发展。大牲畜年末存栏9 600头，猪年末存栏7.14万头，比上年增加1.556万头；家禽15万只。肉类总产量10 363吨，比上年增加6 558吨，其中当年猪出栏12.29万头，比上年增加9 210头，同比增长2.3倍；牛奶产量43 897吨；禽蛋产量48吨。淡水水产品910吨，养殖面积763公顷。

植树造林工作扎实开展。2018年造林面积122公顷，其中经济林112公顷，用材林10公顷，幼林抚育面积151公顷，成林抚育面积667公顷。

农业机械化水平不断提升。全年拥有农业机械总动力38 753千瓦。其中，拖拉机及配套机械：有大中型拖拉机466台，小型及手扶拖拉机570台，大中型拖拉机配套农具158部，小型农具167部，播种机315台，排灌机械804台，农用水泵708台，滴喷灌溉机械72套，植保机动喷雾机287台，联合收获机96台，脱粒机20台，谷物烘干机6台；农田基本建设机械：有推土机6台，挖掘机5台，开沟机20台。当年机播面积达到12 392.94公顷，机械收割面积10 787.94公顷。全年农用化肥施用总量169吨，同比下降了99.57%，有机肥施用量323吨。农田水利建设方面，有效灌溉面积11 814.45公顷，其中机灌面积7 497公顷，电灌面积1 347.38公顷，节水灌溉面积914.07公顷。

全年完成农林牧渔业总产值65 907.64万元，同比减少28 734.36万元，下降30.36%。其中，农业总产值20 787.68万元，林业总产值2 177万元，牧业总产值38 749万元，渔业总产值3 572万元，农林牧渔服务业产值621.96万元。农林牧渔业商品总产值29 109.68万元。

三、第二产业

2018年，山东省垦区国有及规模以上非国有工业企业4家，工业销售产值550.18万元，固定资产原值850.76万元，固定资产净值226.28万元，从业人员年平均人数22人，年报酬总额138.40万元。累计发展非金属矿采选业企业1家，工业总产值366万元。

主要工业产品完成原盐20 000吨，混合饲料4 500吨。

年末建筑业单位 2 个，从业人员 50 人，从业人员年报酬总额 175.24 万元。建筑业单位固定资产原值 911.53 万元，拥有机械设备 20 台。建筑业总产值 1 641 万元。

四、第三产业

年末批发零售业单位 42 个，从业人员 111 人，从业人员报酬 458 万元，实现营业收入 1 601 万元；住宿餐饮业单位 7 个，从业人员 15 人，从业人员报酬 54 万元，实现营业收入 39 万元；服务业单位 16 个，从业人员 33 人，从业人员报酬 135 万元，实现营业收入 103 万元。

五、固定资产投资和新增生产能力

2018 年，固定资产投资总额 21 977.66 万元，其中第一产业投资额 15 256.56 万元，第二产业投资额 29.30 万元，第三产业投资额 6 691.80 万元。国有固定资产投资总额 7 585.66 万元，第一、第二、第三产业投资额分别为 7 131.56 万元、29.3 万元、424.8 万元。当年新增固定资产总额 7 258.56 万元，其中国有 6 333.56 万元。

六、农垦科研基本情况

2018 年，山东垦区科研单位 3 个，职工 52 人，其中科技人员 34 人，本科以上 29 人，科研经费合计 1 944.10 万元，实验地面积 140.07 公顷。

七、生产总值及从业人员

2018 年，山东垦区实现生产总值 28 990.96 万元，劳动者报酬共 17 492.38 万元，固定资产折旧 4 647.74 万元，生产税净额 1 760.89 万元，营业盈余 5 089.95 万元。

年末社会从业人数 3 911 人，其中：第一产业社会从业人数 3 439 人，第二产业 197 人，第三产业 275 人。国有单位在岗职工 3 390 人，在岗职工劳动报酬 10 682.01 万元，职工人均年收入 3.13 万元。国有单位年末从业人员 3 897 人，报酬总额 11 989.70 万元。

八、三资、境外企业基本情况

2018 年，全省三资、境外企业 3 个，生产总值 18 210.55 万元，投资总额 71 380 万元。

河南农垦2018年经济和社会发展统计公报

河南省农业农村厅农场管理局

2018年，河南农垦按照中央和农业农村部农垦局及河南省委、省政府和省农业农村厅的工作部署，结合河南农垦的实际情况，继续深入推进农垦改革发展，完成农垦土地确权登记及农场分离办社会职能，积极推进基层农场农业供给侧结构性改革，围绕提高发展质量和效益为中心，求真务实，开拓创新，垦区经济和社会发展和谐稳定。

一、综合

2018年河南农垦经济发展保持平稳，全年实现生产总值213 996.60万元，比2017年的210 007万元增长1.9%。其中：第一产业增加值102 926.19万元，比2017年的103 646.80万元下降0.7%；第二产业增加值61 752.96万元，比2017年的62 428万元下降1.1%；第三产业增加值49 317.45万元，比2017年的43 932.60万元增长12.3%。第一、第二、第三产业增加值在生产总值中的比重分别为48.1%、28.9%和23%。居民人均可支配收入13 900元，职工群众生活水平逐步提高。

二、农业

全年实现农、林、牧、渔业总产值250 173.93万元，比2017年的261 771万元下降4.4%。其中：种植业产值124 872.43万元，林业产值1 381.53万元，牧业产值106 116.16万元，渔业产值7 742.2万元，农林牧渔服务业产值10 061.61万元。

全年农作物播种面积54 144公顷，比2017年的54 388公顷减少244公顷，下降0.45%。其中粮食播种面积42 926公顷，比2017年的42 137公顷增加789公顷，增长1.9%，占农作物播种面积的79.3%；蔬菜瓜类面积4 152公顷，比2017年的4 852公顷减少700公顷，下降14.4%；油料面积6 508公顷，比2017年的6 900公顷减少392公顷，下降5.7%；棉花面积302公顷。

粮食总产量279 440吨，比2017年的286 718吨减少7 278吨，下降2.5%。全省小麦由于冬季冻害，扬花期温度过低，小麦大面积减产，2018年小麦总产量163 115吨，比2017年的173 766吨减少10 651吨，下降6.1%；2018年玉米总产量89 138吨，比2017年的86 560吨增加2 578吨，增长3%；大豆由于气候和病虫害原因减产，2018年总产量15 935吨，比2017年的18 561吨减少2 626吨，下降14.1%。主要农产品产量见表1。

表1 主要农产品产量

产品名称	2018年（吨）	比2017年增长（%）
粮食	279 440	−2.5
大豆	15 935	−14.1
玉米	89 138	3.0
油料	23 687	−3.4
水果	34 180	−44.6

肉类总产量46 552吨，比2017年的51 063吨减少4 511吨，下降8.8%，其中：猪肉产量45 165吨，比2017年的48 886吨减少3 721吨，下降7.6%，主要是受生猪市场行情及疫情影响，生猪养殖规模减小；禽肉产量1 001吨，比2017年的1 441吨减少440吨，下降30.5%；禽蛋产量2 533吨，比2017年的4 049吨减少1 516吨，下降37.4%，因环保治理和水资源保护原因，有的地区禁止养殖业，全省禽肉禽蛋产量减少。牲畜年末存栏总数及主要畜产品产量见表2。

表2 牲畜年末存栏总数及主要畜产品产量

产品名称	计量单位	2018年	比2017年增长（%）
大牲畜存栏	万头	0.71	−16.5
奶牛	万头	0.51	−5.6
猪年末存栏	万头	49.93	5.6

（续）

产品名称	计量单位	2018 年	比 2017 年增长（%）
猪年末出栏	万头	50	−24.4
肉类总产量	万吨	4.7	−7.8
牛奶	吨	14 497	−7.8
水产品	吨	7 601	−4.7

农业生产机械化程度继续提高，年末农业机械总动力 31.5 万千瓦，比 2017 年的 30.2 万千瓦增长 4.3%，其中大中型农用拖拉机 1 187 台，比 2017 年的 1 287 台减少 100 台，下降 7.8%；农用小型及手扶拖拉机 7 960 台，比 2017 年的 7 524 台增加 436 台，增长 5.8%；播种机 3 977 台，比 2017 年的 3 921 台增加 56 台，增长 1.4%。发展设施农业温室 25.6 万米^2，大棚 31 万米^2。当年实际机耕面积 27 611 公顷，占当年耕地面积的 98.3%，当年实际机播面积 37 179 公顷，占农作物播种面积的 68.7%。

三、工业和建筑业

2018 年河南垦区工业发展平稳，现有工业企业 45 个，全年实现工业总产值 36.2 亿元，比 2017 年的 34.8 亿元增加 1.4 亿元，增长 4%；完成工业增加值 6.2 亿元，与上年持平。其中国有及国有控股工业企业总产值 8 亿元，占工业总产值的 22.1%。工业总产值前三位的行业是：酒、饮料和精制茶制造业 9 亿元、食品制造业 7.5 亿元、农副食品加工业 6.6 亿元。主要工业企业的主要产品保持稳定，产品产量见表 3。

表 3　主要工业产品产量

产品名称	计量单位	2018 年	比 2017 年增长（%）
混配合饲料	吨	189 457	0.2
小麦粉	吨	51 460	−30
饮料酒	千升	107 412	7.4
乳制品	吨	14 535	−1.5
纱	吨	15 944	−8.5
农用磷肥	吨	2 733	−26.5

年末建筑企业 4 个，从业人员 767 人，全年实现总产值 4 564 万元；年末固定资产原值 1 072 万元；全年施工房屋建筑面积 1.36 万米^2。

四、第三产业

垦区从业人员自主创业积极性和能力提高，经营领域不断拓宽，服务水平进一步提高，其中：批发零售业单位 216 个，从业人员 1 251 人，营业收入 55 595 万元；餐饮业单位 82 个，从业人员 458 人，营业收入 8 153.6 万元；服务业单位 51 个，从业人员 460 人，营业收入 5 962 万元。

五、人口、就业和劳动工资

2018 年年末总人口 164 679 人，比 2017 年的 185 544 人减少 20 865 人，下降 11.2%，人口减少是因为南水北调移民已移交到地方，移民不再属于农场。年末社会从业人员 43 902 人，其中：第一产业 32 103 人，第二产业 7 068 人，第三产业 4 731 人，分别占社会劳动者总数的 73.1%、16.1%和 10.8%。从业人员劳动报酬 7.5 亿元，职工年人均收入 21 497 元。

湖北农垦2018年经济和社会发展统计公报

湖北省农业农村厅

2018年，是湖北农垦全面贯彻党的十九大精神开局之年。面对经济下行压力和非洲猪瘟蔓延等各种考验，在省委、省政府的坚强领导下，在农业农村部农垦局及相关部门的大力支持下，全省农垦系统认真贯彻落实习近平总书记视察湖北重要讲话精神和中央农村工作会议精神，按照“五位一体”总体布局和“四个全面”战略布局总要求，树牢“四个意识”，坚定“四个自信”，践行“两个维护”；坚持农业农村优先发展，围绕乡村振兴战略积极推进“农业全面升级、农村全面进步、农民全面发展”；深化农垦改革主题，紧扣农业供给侧结构性改革主线，强化担当，艰苦奋斗，各项工作取得了显著成效，形成了经济和社会事业全面发展的良好局面。

一、综合

2018年，全年完成农垦生产总值1 276亿元①，比上年增加107.3亿元，按可比价计算增长9.2%（图1）。其中：第一产业完成增加值112.3亿元，比上年增长3.7%；第二产业完成增加值902.4亿元，增长9.8%；第三产业完成增加值261.3亿元，增长9.4%。三次产业结构由2017年的9.3∶70.3∶20.4调整为8.8∶70.7∶20.5，产业结构中的第二产业优势进一步巩固，第三产业得到平稳发展（图2）。

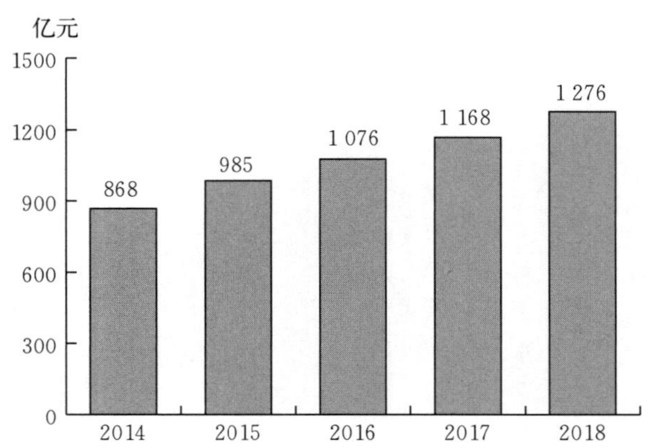

图1　2014—2018年湖北农垦生产总值递增对比

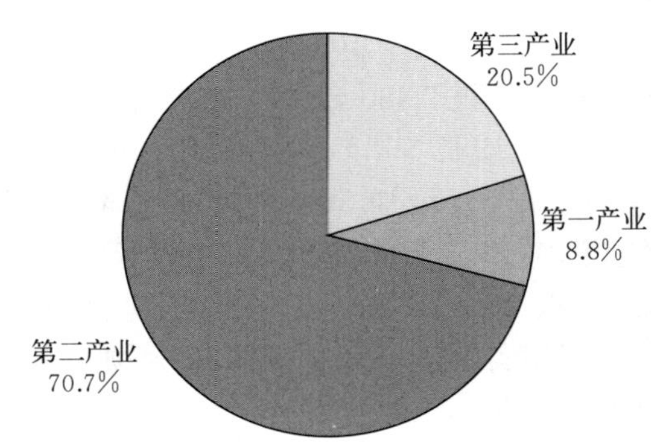

图2　2018年三次产业增加值比重

2018年，全系统人平纯收入21 555元，比上年增加1 876元，增长9.5%；实现工农业总产值2 607.2亿元，同比下降0.3%；垦区国有经济实现利税219亿元，增长18%。

全省农垦国有农场中，生产总值超过1亿元的农场有47家，总值达1 273.3亿元，占全省农垦生产总值的99.7%，排名靠前的单位有：东西湖农管局807亿元，汉南农管局163亿元，武湖农场40.2亿元，总口农场34.1亿元，五三农场21.1亿元，龙感湖农场20.1亿元，后湖农场18.9亿元。

2018年年末，湖北农垦拥有国土面积36.68万公顷，与上年相比略增，其中耕地面积14.2万公顷，同比上年增加0.48万公顷，主要是新一轮土地确权，通过卫星遥感定位测算，面积更为精准；养殖水面5.2万公顷。年末分场187个，农业渔业生产队1 937个。国有及国有控股工业企业68家，其中国有建筑企业20家、国有商业企业14家。

① 注：生产总值、规模以上工业增加值增长速度按可比价格计算；其他指标除特殊情况外，按现价计算。

二、农业

全年实现农林牧渔业总产值238.5亿元，比上年增长2.2%。其中农业产值104.4亿元，渔业产值72.6亿元，牧业产值53亿元，林业产值3.9亿元，农林牧渔服务业产值4.6亿元。

全年农作物播种总面积26.4万公顷，比上年减少0.2万公顷，其中粮食种植面积15.9万公顷，比上年增加0.3万公顷；棉花种植面积0.84万公顷，比上年减少0.08万公顷；油料种植面积2.4万公顷，比上年减少0.1万公顷；蔬菜瓜类种植面积6.1万公顷，比上年减少0.3万公顷。粮食总产量96.27万吨，棉花总产量1.03万吨，油料产量7.57万吨。

全省农垦系统大牲畜年末存栏3.2万头，生猪出栏148.7万头，同比下降13.7%，主因是受非洲猪瘟蔓延和环保压力双重影响；禽蛋总产量4.8万吨，同比下降7.1%；水产品产量达到47.3万吨，同比上涨6.6%（表1）。

表1　2018年全省农垦主要农产品产量

产品名称	2017年产量（万吨）	2018年产量（万吨）	比上年增长（%）
粮食	98.7	96.3	−2.4
棉花	1.16	1.03	−11.2
油料	7.55	7.57	0.3
其中：花生	3.18	3.06	−3.8
油菜籽	4.1	4.02	−1.9
肉类	16.8	14.5	−13.7
水产品	44.38	47.3	6.6
水果	12.5	12.5	0
蔬菜	210.7	208.5	−1.0

全系统年末拥有农业机械总动力180万千瓦，其中大中型拖拉机9 039台，机械总动力36.7万千瓦；小型拖拉机4.56万台，机械总动力34.7万千瓦；排灌机械2.64万台，机械总动力37.6万千瓦；农用运输车9 217辆，机械总动力21.8万千瓦。农业用电量5.06亿千瓦时，农业化肥施用折纯量14.9万吨，当年机械播种面积7.9万公顷，机械收割面积14.3万公顷，2018年新增造林面积4 018公顷。

三、工业和建筑业

2018年，湖北垦区工业顶住经济下行压力，实现了持续平稳发展。全垦区实现工业增加值695.3亿元，比上年增长8.9%。年末全系统规模以上工业企业达到888家，比上年净增16家，增长1.8%。垦区实现工业总产值2 390亿元，国有及规模以上的非国有工业企业实现主营业务收入1 758亿元，实现工业利润92.5亿元。

2018年年末，垦区拥有大中型工业企业66家，其中大型企业12家，中型企业54家，实现工业总产值725.1亿元，实现工业增加值163.1亿元，实现利税58.9亿元。主要工业产品产量见表2。

表2　2018年全省农垦主要工业产品产量

产品名称	计量单位	产量	比上年增长（%）
棉纱	万吨	33.2	9.5
布	万米	29 276	1.1
皮革鞋靴	万双	12	−10
精制茶	吨	454	−6.3
家具	万件	121.3	−7.6
中成药	吨	3.8	2.7
塑料制品	万吨	38	5.5
水泥	万吨	210.1	−18.7
砖	亿块	25.4	−8.6
瓦	亿片	1.6	6.6
发电量	亿千瓦时	4.7	4.4
自来水生产量	万米^3	15 327	2.8
软饮料	万吨	258.8	3.7

2018年农垦建筑业平稳增长，全年农垦系统建筑企业实现增加值207亿元，比上年增长20.1%。年末拥有各类建筑单位854个，从业人员17.6万人，年末固定资产原值61.2亿元，各类机械总数2.4万台，全年完成施工建筑面积10 827万米^2，新开工房屋建筑施工面积2 758万米^2。

四、第三产业

2018年，农垦系统第三产业得到进一步发展，经营领域不断拓宽，结构更趋合理，服务水平进一步提高。全省系统拥有批发零售贸易单位5.2万个，从业人员13万人，营业收入1 054.6亿元；服务业单位5 024个，从业人员1.4万人，营业收入10.2亿元；住宿餐饮业单位11 337个，从业人员3.7万人，营业收入61.3亿元。运输业单位1.31万个，各类运输工具3.76万台，全年运输总收入77.9亿元。

五、固定资产投资

全年完成固定资产投资1 256亿元，比上年增加103亿元，增长9.0%（图3）。其中第一产业50.2亿元，第二产业850.4亿元，第三产业355.4亿元。当年新增固定资产631.1亿元，全年固定资产投资超过1亿元的农场达41家。

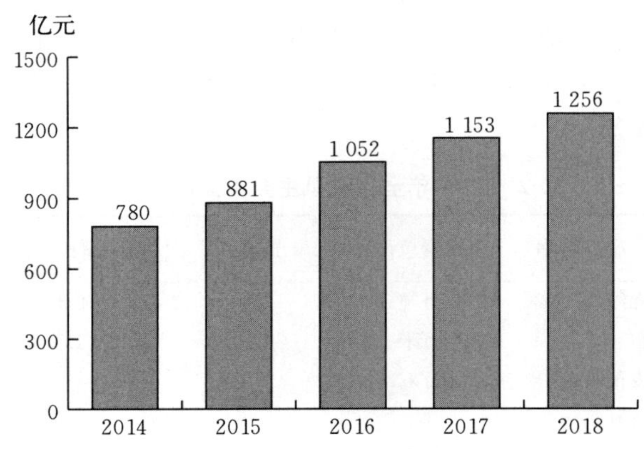

图3　2014—2018年固定资产投资递增对比

六、对外贸易

全年垦区外贸出口供货商品金额为40.9亿元，比上年减少7.4亿元，同比下降15.3%。其中，出口生猪4.9万头，蔬菜1.1万吨，再制蛋879万枚，服装7万件，童车78.1万台。出口金额靠前的单位有：东西湖农管局17.9亿元，后湖农场15亿元，龙王咀农场1.6亿元，华严农场1.3亿元，五三农场1亿元。

七、科研、教育、卫生

全省农垦坚持“科教兴垦”战略，加大教育和科研投入，农垦系统教育、卫生基础设施得到进一步改善。2018年垦区拥有科研单位30个，从业人员1 060人，其中科技人员382人，投入科研经费2 150万元。垦区年末各类学校248所；教职工1.01万人，在校学生12.9万人。2018年末拥有医疗单位615个，其中医院94所，医生3 029人。

八、人口、职工生活和社会保障

2018年年末，垦区拥有49.36万户家庭，148.91万人，增加1.75万人，人口出生率为12‰，人口死亡率为5.6‰，人口自然增长率为6.4‰。

2018年，垦区社会平均从业人数为91.8万人，比上年增加6.5万人，其中第一产业33.7万人，第二产业34.1万人，第三产业24万人；农垦从业人员劳平收入29 203元，比上年增长3.9%；居民人均可支配收入21 555元，增长9.5%。

2018年年末，垦区国有单位从业人员38.5万人，其中国有职工33万人，垦区国有单位从业人员劳动报酬及生活费116.2亿元，比上年增长5.5%。

2018年年末，垦区有33.6万在职人员和28.1万退休人员进入社保；退休农工月平均工资1 732元，月增资108元，退休非农工月平均工资2 309元，月增资65元；全系统当年发放退休人员养老金66.59亿元，解决了农垦职工老有所养的问题。全系统年末住房面积5 574万米^2，户均面积112米^2。

湖南农垦2018年经济和社会发展统计公报

湖南省农业农村厅农垦处

2018年是湖南省农垦的机遇年，也是改革任务最重的一年。这一年来，全省农垦系统，在农业农村部农垦局和省农业农村厅的正确领导下，在各级有关部门的高度关怀和大力支持下，坚持转变发展方式，团结一致，克服困难，积极奋斗拼搏，赢得了经济社会的全面发展，特别是在现代农业建设、工业园建设、特色产业发展、危旧房改造等方面取得了新的成绩。2018年湖南省垦区综合经济实力得到了显著提高，民生得到了进一步改善，农垦的凝聚力得到了增强，实现了全省农垦经济社会又好又快发展。

一、综合

由于体制改革和本场实际需求，现有长沙市国有综合农场、衡阳市珠晖区白渔潭园艺场、益阳市畜牧场、永州市零陵区园艺场4个农场按照相关程序退出农垦序列。人口减少4.3万人，减少土地面积2 432公顷，另外2018年实行土地确权，土地面积发生了变化，原来为197 558公顷，确权后为161 111公顷，依法确认给非农垦单位为36 447公顷，占比为18%。所以湖南农垦2018年数据与往年略有变化。

经济平稳保持正常发展。2018年，全垦区总人口数为78.11万人，农场人口60.56万人。居民人均可支配收入为18 365元，比上年增加1 361元，增幅8%。实现国民生产总值为320亿元，增幅9%，其中第一产业总值为62.8亿元，比上年增加1.83亿元，增幅3%；第二产业总值为144.2亿元，比上年增加18.89亿元，增幅15%；第三产业增加值113亿元，比上年增加21亿元，增幅25%。

危房改造年度任务全面完成。截至2018年，湖南农垦危房改造工作已接近尾声，中央共下达湖南省农垦危房改造任务24万套。改造面积2 100多万米^2，有60余万人居住条件得到改善，人均居住面积由原来29米^{2}扩大至现在的34米^2。政府总投资27.62亿元，其中中央投资21.54亿元，省级配套6.08亿元，农场和职工自筹147.12亿元。

二、农业

农业生产稳定增长。2018年，全省农作物播种面积151 224公顷，比上年增加1 501公顷，增长0.98%。其中粮食播种面积79 328公顷，比上年增加1 217公顷，增长1.24%。油料种植面积29 044公顷，增加201公顷，增长0.08%。棉花种植面积11 137公顷，比上年增加3公顷，增长0.03%。蔬菜种植面积22 407公顷，增加92公顷，增长0.4%。粮食总产量182.24万吨，增加0.83万吨，增长0.13%。其中稻谷产量57.38万吨，增加0.82万吨，增长0.14%；油料产量4.8万吨，与上年持平；蔬菜产量100.3万吨，增加0.14万吨，增长0.2%。

渔、牧、林业持续稳定发展。当年植树造林3 053公顷，比上年减少133公顷，下降8.6%；森林覆盖率达48%。本年牛存栏4.4万头，其中黄牛2.69万头，比上年增加0.4万头，同比增长11.4%；水牛1.17万头，由于农业机械增加，比上年减少0.2万头，同比下降11.7%。牛肉全年产量为4 059吨，同比增长7.5%。当年生猪存栏量为91万头，同比增长0.78%；猪肉当年产量为12.3万吨，同比增长0.98%。当年山羊存栏3.77万头，同比增长3.3%；羊肉产量为750吨，同比增长5.8%。水产品产量为124 299吨，增量为538吨，同比增长0.69%，其中鱼类为103 170吨，同比增长0.3%。农林牧渔业总产值为102.32亿元，其中种植业产值为51.67亿元；林业产值为2.3亿元；牧业产值为26.87亿元；渔业产值为16.18亿元；农林牧渔服务业产值为5.27亿元。

农业机械及使用情况。农业机械总动力为149.8万千瓦，其中柴油发动机动力111.55千瓦，汽油发动机动力12.7万千瓦，电动机动力18.8万千瓦，其他机械动力3万千瓦。大中型拖拉机5 645台，小型及手握拖拉机9 157台。温室3 559米^2，增量为91米^2，同比增长2.6%；大棚196 240米^2，减量为191米^2，同比下降4.7%（大棚整治导致面积减少）。当年实际机耕面积为11.65万公顷，同比增长0.6%；当年实际机播面积为5.1万公顷，同比增长0.43%。有效灌溉面积为6.1万公顷，同比增长1%。

三、工业和建筑业

工业生产进入稳定期。2018年，垦区工业经济出现一定增长，第二产业完成总产值144.27亿元，比上年增长7.3%，完成增加值95.2亿元。同时，工业园区建设态势良好，新增规模工业园8个，其中常德农垦办和西洞庭管理区通过积极争取，落户的大型食品加工企业达50多家，2018年园区投入建设的资金2亿多元，园区加工业产值达12.6亿元，比上年增长30%。通过结构调整，淘汰落后工艺和产能，龙型经济产业链基本形成，并引导带动了周边地区的快速发展。

建筑业稳步发展。全垦区建筑企业93个，比上年减少3个。年末从业人数18 326人，比上年增加235人，下降2.4%。年末固定资产原值28 557万元，比上年增加4 386万元，同比增长15.8%。全年施工房屋建筑面积400万米^2，房屋建筑竣工面积21万米^2，建筑业总产值22.34亿元。

四、固定资产投资

固定资产投资总量有所增加。受国家宏观经济影响，2018年全省农垦固定资产投资232.17亿元，比上年增长5.4%。第一产业固定资产投资5.17亿元，其中国有0.74亿元，比上年增长3.18%。第二产业81.48亿元，其中国有33.39亿元，比上年增长6%，第三产业145.52亿元，其中国有6.4亿元，比上年增长8%。当年新增固定资产77.25亿元。

五、科学技术和教育

年末垦区拥有各类科研单位6家，与上年持平，科研人员和技术工人人数保持稳定，总人数为85人，比上年下降10.7%。因贯彻省里相关文件精神，农场办教育、医疗卫生等职能进行了剥离，相关单位逐步移交地方政府。

六、资源与环境保护

2018年垦区继续把粮食生产放在重要位置，确保粮食生产不动摇。全年未出现违规建设占用耕地的现象，耕地面积减少的势头进一步趋缓。农工环保意识得到加强，全年未发生重大面源污染事件。全年新增造林面积1 408公顷，新增果树定植56公顷，少砍伐树木1 586米^3，荒山变了青山，生态环境得到明显改善。

七、人口与社会保障

2018年年末，全省农垦总人口为78.11万人，比上年减少4.3万人（4个农场退出序列）。其中农场人口60.56万人，城镇人口32.98万人，小城镇化进程得到发展，人口进一步集中。

社会保障工作全面发展。全省农垦职工参加基本养老保险人数21.53万人，企业参加基本养老保险的离退休人员8.9万人，参加失业保险人数2.13万人，参加医疗保险人数50万人，全年发放企业离退休人员基本养老金10.38亿元，社会化发放基本养老金8.32亿元，社会化发放人数15.6万人，占离退休人员数的98%，企事业参保离退休人员人均养老金1 125元/月，离退休职工的生活待遇进一步提高。

广东农垦2018年经济和社会发展统计公报

广东省农垦总局发展规划处

2018年是广东农垦贯彻党的十九大精神的开局之年，也是农垦改革“两个3年”任务、深化农垦改革发展综合示范和专项试点的收官之年。一年来，广东农垦在农业农村部及广东省委、省政府的正确领导和支持下，面对错综复杂、波澜起伏的国际市场和艰巨繁重的垦区改革发展稳定任务，按照中央、省推动高质量发展要求和乡村振兴战略部署，始终坚持“聚焦主业、稳中求进、防控风险”的工作基调，围绕“三年扭亏增盈”目标，积极主动作为，圆满完成了全年各项目标任务。

一、综合

2018年，广东农垦实现生产总值185.00亿元，比上年增长7.1%，其中：第一产业增加值61.00亿元，增长4.8%，对GDP增长的贡献率为22.62%；第二产业增加值72.10亿元，增长4.3%，对GDP增长的贡献率为24.21%；第三产业增加值51.90亿元，增长14.3%，对GDP增长的贡献率为53.17%；三次产业结构由上年的33.71∶40.02∶26.27变为32.97∶38.97∶28.06。人均农垦生产总值达47 706元，增长7.0%。国有在岗职工年均纯收入58 468元，增长8.8%，垦区居民人均纯收入25 887元，增长6.1%。全年国有企业营业总收入达237.4亿元，同比减少18.6亿元，减幅7.3%，实现利润30 285.3万元，减幅3.6%（图1、图2）。

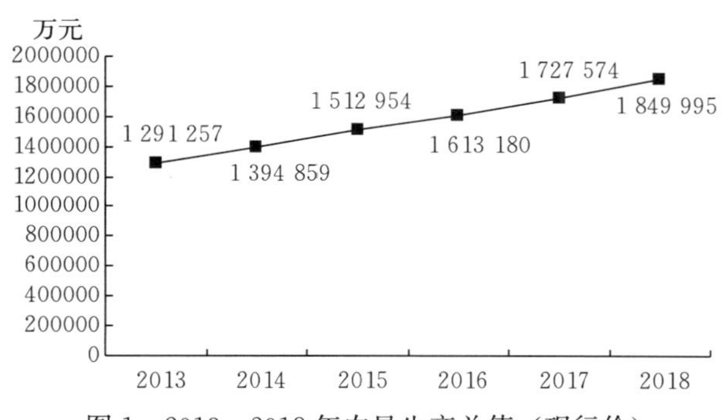

图1　2013—2018年农垦生产总值（现行价）

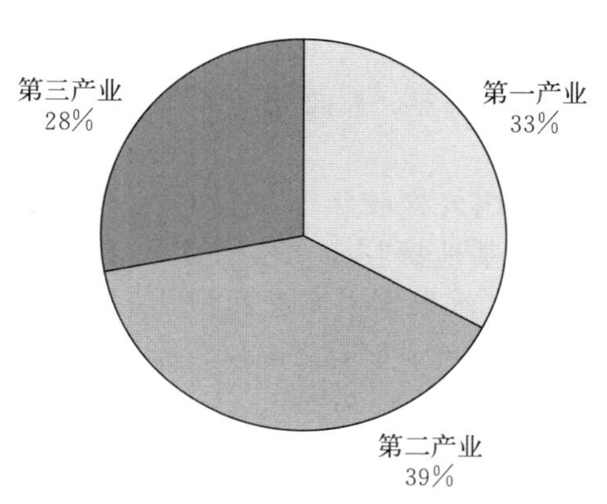

图2　2018年农垦生产总值构成

2018年，垦区经济社会稳步向好向优发展，为全面实现垦区“十三五”发展规划、实现党的十九大的良好开局之年奠定了扎实的基础。在总结成绩的同时，我们也要清醒地看到存在的问题，在发展中逐步解决。一是垦区产业发展总体水平不高，区域发展不平衡，农场产业结构单一，抵御市场和自然风险能力不强等难题，依然没有根本性的好转。二是主产业产品仍处在低端价值链的初级产品阶段。垦区产品开发、市场开拓未能与时俱进跟上时代的步伐，橡胶、糖业、剑麻等产业基本仍停留在生产和出售原料产品阶段。三是橡胶、畜牧集团首次公开募股（IPO）股改上市工作还在筹备起步阶段，股权结构优化、同业竞争等诸多问题仍需下大力气推进和解决。四是内控精细化管理制度执行还不彻底。垦区内控流程管理和信息化监控逐年在完善，但有些单位在贯彻执行上仍有欠缺，不相容岗位、信息不对称导致的监管死角、漏洞仍然存在，甚至出现个别“小单位大漏洞”的情况。五是人力资源与垦区农业现代化、国际化、市场化发展不相适应的矛盾依然存在，产品创新研发、市场营销、资本运作及适应国际化经营的中高端人才不足，在一定程度上影响到垦区整体改革发展的质量和速度。

二、农业

2018年，广东农垦实现第一产业增加值61.00亿元，比上年增长4.8%。农林牧渔业总产值按现行价计算达114.21亿元，增长6.1%，农林牧渔业商品产值为99.17亿元，农业商品率为86.8%。

2018年，实现农作物总播种面积4.96万公顷，增长10.2%，其中：粮食播种面积0.73万公顷，下降3.9%；糖蔗种植面积2.86万公顷，增长12.6%；油料播种面积0.23万公顷，下降11.3%；蔬菜播种面积0.70万公顷，下降15.6%。

垦区国内外橡胶年末实有面积7.42万公顷，其中：国内基地橡胶年末实有面积4.75万公顷，增长5.5%；水果年末实有面积3.17万公顷，下降3.4%；剑麻3 661公顷，增长19.8%；茶叶642公顷，增长15.5%。

全年生猪饲养量200.9万头，增长9.6%，其中年末存栏82.9万头；牛年末存栏2.52万头，其中奶牛1.11万头；全年水产养殖面积3 591公顷。

全年粮食产量5.53万吨，增长2.0%；糖蔗产量226.50万吨，增长5.3%；油料产量0.62万吨，下降8.5%；蔬菜产量12.51万吨，下降24.3%；干胶产量66.72万吨（包含海外、海南和云南），增长10.6%；水果产量90.06万吨，增长1.2%；剑麻直纤维产量2 663吨，下降1.9%；茶叶产量855.8吨，增长21.8%。

全年肉类总产量13.28万吨，增长3.3%，其中猪肉产量10.60万吨，增长3.5%；禽肉产量2.52万吨，增长1.2%。禽蛋产量2 934吨，下降4.9%。全年水产品产量4.19万吨，下降4.5%，其中海水养殖1.03万吨，淡水养殖3.16万吨。鲜牛奶产量6.32万吨，增长8.4%。

全年农业固定资产投入7.85亿元，增长33.9%。年末农业机械总动力为44.80万千瓦，增长1.7%。全年农用化肥施用量（折纯）5.7万吨；农用塑料薄膜用量898吨；农药施用量4 109吨；农场用电量41 480万千瓦时；有效灌溉面积达22 394公顷。

三、工业和建筑业

2018年，实现工业增加值64.25亿元，增长3.8%，占生产总值的34.7%。

2018年，垦区各类工业企业582家，其中：国有及非国有规模以上工业企业92家。垦区各类工业企业全年实现工业增加值64.25亿元，增长3.8%。全年实现工业总产值（按现行价计算，下同）为237.74亿元，下降2.8%，其中国有及非国有规模以上工业总产值217.37亿元，占工业总产值的91.4%。工业产品销售率为95.4%。全年实现工业利润是36.25亿元，应缴税金71 114万元。

2018年垦区27大类工业产品中，产值排前10位的行业是：橡胶和塑料制品业产值76.57亿元，占32.2%；其他制造业产值74.72亿元，占31.4%；农副食品加工业产值35.12亿元，占14.8%；食品制造业14.82亿元，占6.2%；金属制品业10.79亿元，占4.5%；家具制造业6.11亿元，占2.6%；木材加工和木、竹、藤、棕、草制品业产值2.82亿元，占1.2%；纺织服装、服饰业2.8亿元，占1.2%；纺织业2.68亿元，占1.1%；计算机、通信和其他电子设备制造业1.55亿元，占0.7%。这十大产业总产值227.98亿元，占工业总产值的95.9%（表1、图3）。

表1　2018年垦区工业主要产品产量及其增减情况

产品名称	计量单位	产量	比上年增长（%）
机制糖	吨	377 957	11.2
罐头	吨	2 539	−20.5
酒精	吨	3 466	−39.2
乳制品	吨	146 191	5.2
食用油	吨	44 270	−55.4
有机复混肥	吨	34 645	−15.6
饲料	吨	114 107	12.8
地毯	万米^2	12.1	−32.8
水泥	吨	128 643	−48.7
家具	万件	368.89	18.6

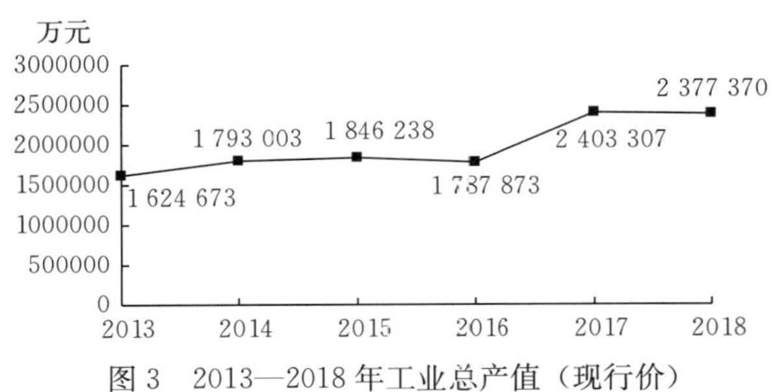

图3　2013—2018年工业总产值（现行价）

2018年，全年完成建筑业产值21.15亿元，比上年增长6.9%，房屋施工面积82.20万米²，房屋竣工面积67.63万米²。建筑业增加值达7.85亿元，增长8.3%。

四、固定资产投资

2018年，全年全社会固定资产投资总额29.74亿元，比上年增长15.5%，其中国有固定资产投资完成12.55亿元，下降26.1%，非国有投资完成17.19亿元，增长95.8%（图4）。

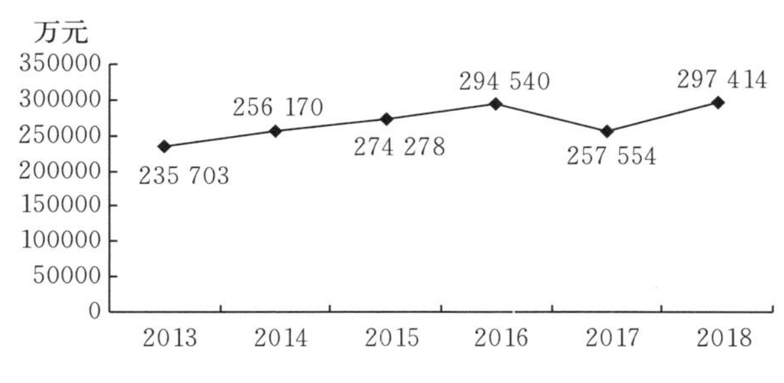

图4　2013—2018年固定资产投资

分三次产业看，第一产业投资7.85亿元，增长34%；第二产业投资4.6亿元，下降53.6%；第三产业投资17.29亿元，增长73.5%。

五、交通运输业、批零贸易业、餐饮业、服务业及出口商品

2018年，现有主要运输工具2 746台，全年货运量937.79万吨；客运量1 131.31万人，营业总收入70 269万元。

2018年，年末批零贸易业、餐饮业、居民服务业营业单位总数达5 130个，营业网点4 787个，从业人员22 935人，年末固定资产原值27.19亿元，营业用房101.53万米²，销售和营业总额173.02亿元。

2018年，出口商品总金额达到77.65亿元，比上年下降1.9%。其中：工业品出口达72.49亿元，占出口总额的93.4%（图5）。

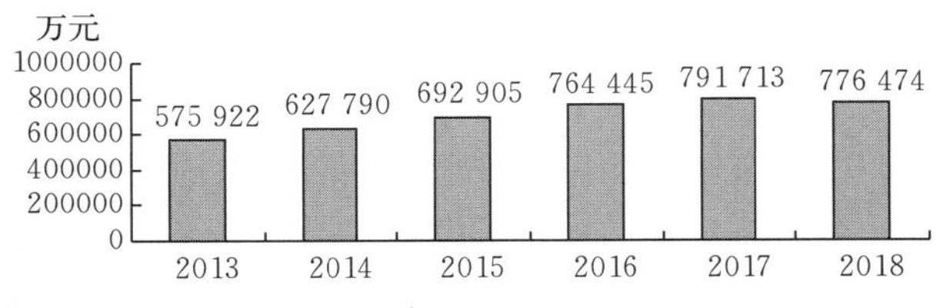

图5　2013—2018年出口商品总金额

六、科技生产、土地

2018年，垦区共有科研单位49家，其中省地级6家，共投入科研经费5 476.46万元。2018年，垦区农业综合机械化水平、农业科技贡献率和良种覆盖率分别达到72.5%、69.5%和100%。

科技创新与应用。通过割胶制度改革，全年共推广新割制236.1万株，推广率30.2%，人均割株从2015年的1 610株提高到2018的2 422株，提高了50.4%，减少胶工492人，节省各种开支2 000多万元。通过推广甘蔗生产全程机械化，机种面积6.07千公顷，占新植蔗的47.3%，同比提高3.4%；完成机械化收获面积2.4千公顷，占总种植面积的9.5%；通过推广病虫害防治新技术，完成无人机防治9.53千公顷，赤眼蜂防治甘蔗螟虫13.91千公顷。通过加强抗性麻苗选育和红江橙脱毒种苗繁育，共繁育健康剑麻苗131.6万株、红江橙脱毒苗8万株，有效促进了剑麻、红江橙等垦区特色产业的恢复性发展。通过推广绿色高产高效奶牛生产模式，成母牛年单产达到8.88吨，同比增加0.53吨，增长6.3%；共产鲜奶21 558吨，同比增加约3 700吨，增长20.9%。通过引进法国养猪研究院生猪养殖技术，提升饲养管理水平，曙光猪场受胎率、分娩率分别提高12个百分点、13个百分点，每头母猪年提供的出栏肉猪增加约4.4头。

品牌建设与宣传。通过加强垦区农产品的品牌建设和质量安全监管，强化基地标准化建设，大力推广农产品质量追溯，树立质量安全意识，“太阳”牌剑麻细纱、“东成”牌剑麻布、“名富”牌番石榴、“燕塘”牌纯牛奶4个产品通过省名牌产品（农业类）复审；“燕塘”牌鲜牛奶、“华煌”牌茶叶、“名富”牌番石榴、“红江”牌红江橙、“雄鸥”牌蒸青绿茶5个产品通过省第三届“十大名牌”系列农产品复审。同时，精心组织谋划参加了中国农民丰收节·农垦系列活动、第十六届中国国际农产品交易会和第九届广东现代农业博览会等活动，得到农业农村部和广东省等领导的高度评价，“燕塘”牌鲜牛奶荣获“丰收节·我最喜爱的农垦美味”第二名，“红江”牌红江橙、“三环”牌白砂糖、“燕塘”牌海盐芝士酸酪乳、“三叶”牌糖水菠萝罐头4个产品荣获第十六届中国国际农产品交易会参展农产品金奖，广东农垦展团荣获第九届广东农博会

“最佳设计奖”和“优秀组织奖”，充分展示了垦区建设“国家现代农业的示范区、城市安全食品生产保障基地”的丰硕成果。

科技体系改革与合作交流。多次调研垦区农业科研机构和产业集团技术研发中心，整合垦区科研机构，组建了广东农垦热带农业研究院；燕塘乳业成立了“燕塘乳业工程技术研究院”，与华南理工大学、以色列阿菲金农业公司等国内外科研机构签订产学研合作协议，创建了国家乳制品加工技术研发专业中心和博士后科研工作站；广垦畜牧研究院引进6名科研人员，申报部、省、市级科研任务23项（已立项下达4项），争取科研经费1 100万元；多次带队到海南农垦、广西农垦、中国农业科学院柑桔研究所（重庆）、粤西垦区开展调研和交流活动，为垦区优质高效特色农业发展出谋划策。

2018年，垦区年末土地总面积223 729.31公顷，其中：耕地38 052.17公顷，林地83 358.87公顷，水面面积5 608.76公顷，茶果桑园面积33 023.62公顷。广东农垦国有农场国有土地使用权应确权发证面积为21.2万公顷，截至2018年年底已经完成国有土地确权登记发证面积20.79万公顷，发证率为98.02%，已全面完成权属清晰、无争议农垦国有土地使用权的登记发证任务。加强土地管理，加大力度追收土地租金、补偿金等土地收益。各局被占地均建档入库实行固化管理，当年被占全部收回。完善垦区国有资源有偿使用电子交易平台及土地租赁电子合同网签系统，延展到垦区物业租赁。开展土地对标管理工作，全面完成生产队土地地籍图、矢量图、收益表上墙公示，每个地块单一编码，下一步抓紧建立收益管理系统。着力推进留用地的落地开发和三旧改造，积极与地方政府沟通，拓宽留用地价值显现途径。

七、教育和卫生

教育事业。2018年，垦区圆满完成了广东省近些年来规模最大的中小学移交工作。农垦所在的湛江、茂名、阳江、揭阳、汕尾5个地级市的124所农垦基础教育学校、2 492名在编在职人员、2 295名离退休人员实现了平稳移交，323名编外人员得到妥善安置，学校的土地、资产移交等配套工作也基本完成。

2018年垦区职业教育稳步发展。垦区有普通高等学校1所，在校学生18 688人，当年新招生人数6 430人，当年毕业生6 339人；中专1所，在校学生5 439人，当年毕业生1 343人；技工学校2所，在校学生1 668人，当年毕业生559人。据《2018中国高等职业教育质量年度报告》发布的高职院校教育质量50强榜单，广东农工商职业技术学院同时进入“教学资源前50强”“服务贡献前50强”“国际影响力前50强”3个全国50强。

高素质农工培育取得新突破，全年共培育各类高素质农工977人。培训工作首次实现五大垦区全覆盖，首次开展垦区青年农场主培育。

医疗卫生事业。2018年，垦区积极推动医疗卫生管理体制改革，做实、做强、做优垦区医疗健康产业。一是以省农垦中心医院为龙头，组建了广垦（湛江）医疗健康有限公司；二是茂名农垦中心医院牵头，组建了“茂名农垦医疗健康联合体”；三是阳江农垦中心医院牵头，托管了织篢农场医院，对运营困难、缺乏竞争力的红五月、红十月、鸡山农场医院予以关停；四是与广东省精神卫生中心合作创办了“广东省精神卫生中心农垦分中心”，积极探索将燕岭医院托管给南方医院，将梅陇农场医院收归汕尾农垦局直管；五是发挥农垦资源优势，在友好农场、团结农场等单位试办养老院，拓展医养结合产业。通过上述措施，垦区国有农场全面剥离职工医院，并纳入属地医保定点医疗机构范围，医疗卫生资源得到有效整合，医疗核心力量重心下移，医疗优势资源向基层延伸，初步实现集中化管理、专业化运营和优质化服务。

截至2018年年末，垦区有医疗单位46个，其中：三级医院1所，二级医院3所，实际开放病床数6 497张，卫生技术人员3 789人，其中医生1 259人。

八、公路、小城镇和安居工程建设

2018年，投入一事一议、税改、水库移民等项目资金3.85亿元，用于改善生产生活环境，农场面貌进一步改善，城镇化率达到70%。基本实现职工安全饮水和生活垃圾、生活污水的无害化处理；全力抓好农场社区建设和人居环境改造，重点实施“五个工程”，建设“一净二亮三美”的农场宜居生态新社区；以10个“美丽乡村”建设示范点为抓手，突出农垦特色，完成农场卫生净化、环境绿化、道路亮化等800多个工程建设；完成30个生产队“美丽家园”建设项目，累计投资超6 422万元，涉移农场场容场貌焕然一新；在有条件的涉移农场建造了一批经营性物业，增强造血功能，累计投资约5 483万元，部分项目已投入使用，项目效益初现。

九、扶贫攻坚

2018年垦区在10个扶贫农场实施财政扶贫资金项目21个，投入财政资金3 210万元。贫困农场扶贫开发贯彻产业扶贫优先的原则，着重提高农场自我造血能力。其中，投入产业扶贫项目资金为2 454万元，占比76.4%，安排了13个产业发展项目。共计种植橡胶面积60.7公顷，油茶面积180公顷，茶叶面积13.3公顷，红江橙面积17.3公顷，优质蔬菜基地13.3公顷，剑麻53.3公顷，火龙果10公顷，涵盖垦区主导产业和优势特色产业。另外，投入756万元实施一批基建项目，建设道路9千米，收胶站1 320米^2，新增仓库4 000米^2，有效改善农场职工生产、储运等生产条件。全面落实湛江雷州市水标村的对口帮扶工作，2018年省农垦集团公司投入150万元用于水标村基础设施改造和产业发展项目，实现脱贫105户371人，脱贫率92.52%。全村居民人均收入11 993元，比上年增长7.89%。

十、人口、职工与垦区居民收入

2018年全垦区年末总人口39.04万人。

国有单位从业人员年末总数6.51万人，其中：国有在岗职工为3.97万人。全年国有在岗职工纯收入合计 239 216万元，国有在岗职工年均纯收入58 468元，比上年增长8.8%。

2018年年末从业人员126 405人，其中：从事第一产业54 831人，占从业人员总数的43.4%；从事第二产业33 781人，占从业人员总数的26.7%；从事第三产业37 793人，占从业人员总数的29.9%。从业人员年平均收入42 911元，增长4.6%。2018年垦区居民人均纯收入25 887元，增长6.1%。

十一、农综、农业产业化重点龙头企业和境外企业基本情况

2018年，总共投入财政资金8 000万元用于农业综合开发项目，其中2 680万元用于4个农业综合开发高标准农田建设及其创新试点项目，建设高标准农田2 012.1公顷；820万元用于广东农垦糖业、畜牧和剑麻等优势产业发展贷款贴息；4 500万元用于农业综合开发境外试点项目，重点用于海外橡胶产业发展及国内配套项目建设。2018年完成龙头企业的申报和监测工作，新增湛江燕塘澳新牧业有限公司为省级龙头企业，至2018年年末，垦区共有12家省级以上龙头企业，其中3家为国家级龙头企业。2018年年末，垦区境外企业达23家，境外企业全年总收入143.65亿元。

十二、财务状况

资产负债情况：由于畜牧、粮油等产业的迅速发展，垦区国有资产规模进一步扩大。2018年年末垦区资产总额为391.1亿元，比年初增加9.1亿元。负债总额221.8亿元，比年初增加0.27亿元，资产负债率为56.7%，与上年56.04%相比有所下降，处于财务安全值的有效范围内。

所有者权益增减变动情况：2018年年末所有者权益169.35亿元（其中：归属于母公司的所有者权益为147.31亿元），比年初增加9.15亿元，增加的主要原因：一是垦区实现综合收益增加3.47亿元（其中，实现盈利未分配利润增加1.84亿元）；二是橡胶公司5.65亿元国有资本金增资导致权益增加；三是少数股东权益的变动。

资产运营效率及债务风险情况：广东垦区2018年资产负债率为56.70%，处于较低的水平，有效地控制了企业的债务风险；流动比率102.12%，比上年减少2.03个百分点；总资产现金回收率4.35%，比上年增加4.4个百分点，经营活动现金流量比上年有明显改善；净资产利润率和总资产报酬率分别为1.1%和1.37%，企业资产的运营效率较好。

国有营业总收入、利润情况：2018年垦区实现营业收入237.43亿元，比上年减少18.6亿元，减幅7.26%；实现利润总额3.03亿元，比上年减少1 123万元，减幅3.58%（图6）。

税金缴纳情况：垦区2018年共实现各项税费52 524万元。

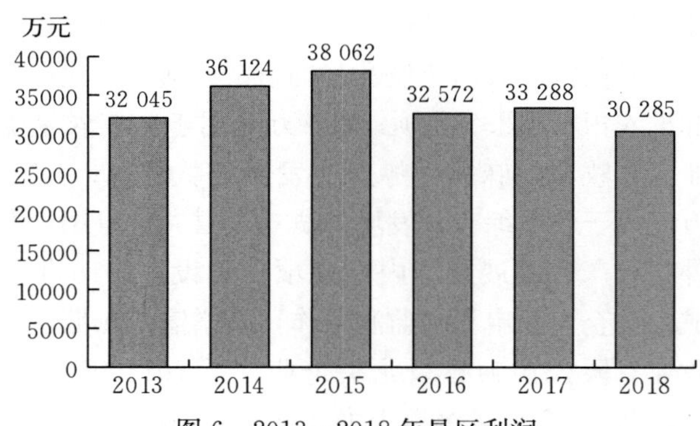

图 6　2013—2018 年垦区利润

十三、非国有经济

2018 年，垦区实现非国有经济生产总值 89.7 亿元，比上年增长 11.2%，占垦区经济总量的 48.5。其中第一产业增加值 14.72 亿元，第二产业增加值 50.52 亿元，第三产业增加值 24.46 亿元，各产业占非国有经济总量的比重分别为 16.4%、56.3%、27.3%。

广西农垦2018年经济和社会发展统计公报

广西壮族自治区农垦局

2018年，在自治区党委、政府的正确领导下，广西农垦深入贯彻新发展理念，坚持稳中求进工作总基调，紧紧围绕“一核三新”主导产业，统筹推进“五个年”工作，垦区经济运行呈现总体平稳、稳中提质的发展态势。但由于垦区集团化和农场企业化改革后，农垦行政职能逐步削弱，已移交地方管理的垦区企业办社会（包括“三供一业”）职能部门的经济活动内容，不再纳入垦区综合统计的调查范围等原因，2018年垦区全社会主要经济指标数据（地区生产总值、从业人员人数等）比上年减幅较大[1]。

一、综合

全年垦区实现地区生产总值[2] 415.17亿元，按可比价[3] 计算比上年下降22.6%。其中，第一产业增加值44.9亿元，下降18.8%；第二产业增加值273.8亿元，下降17.2%；第三产业增加值96.5亿元，下降36.1%。第一、二、三产业增加值占地区生产总值的比重分别为10.8%、65.9%、23.3%，对经济增长的贡献率分别为－12.8%、－46.0%和－41.2%（表1、图1、图2）。

表1 2018年广西农垦主要经济指标与2010年对比

指标名称	计量单位	2010年	2018年	2010—2018年平均递增（%）
地区生产总值	亿元	236.9	415.2	6.1
农业总产值	亿元	51.6	74.8	4.9
工业总产值	亿元	285.1	654.8	11.0
全社会工业增加值	亿元	113.5	230.5	9.3
全社会固定资产投资	亿元	131.3	204.2	5.7
招商引资资金到位	亿元	90.3	112.1	2.7
居民人均可支配收入	元	13 310	23 275	7.2

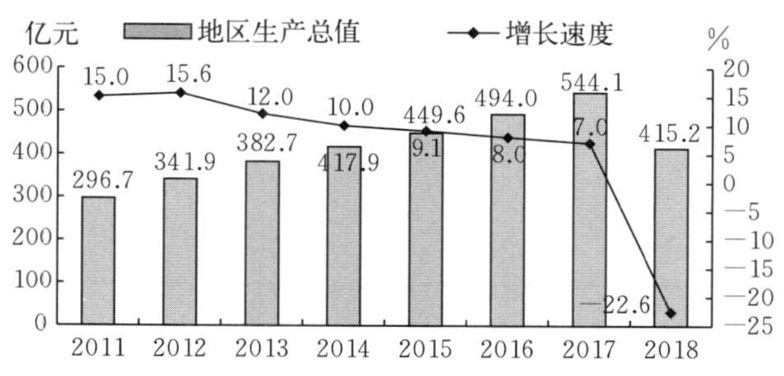

图1 2011—2018年广西农垦地区生产总值及其增长速度

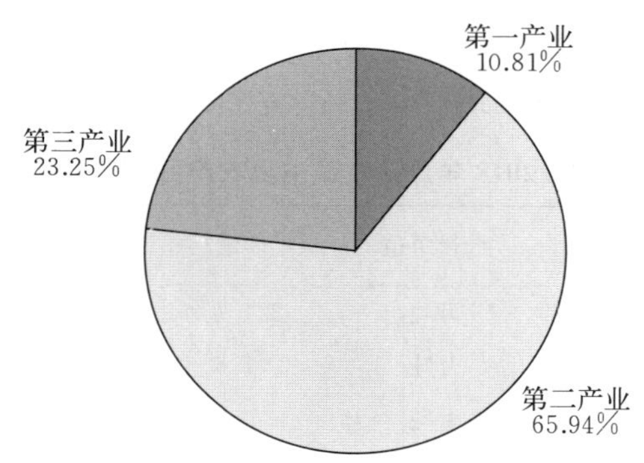

图2 2018年广西农垦地区生产总值构成

二、农业

全年垦区农林牧渔业总产值74.8亿元，比上年下降26.9%（图3）。其中，种植业产值42.5亿元，增长4.2%；畜牧业产值27.3亿元，下降50.2%；渔业产值2.9亿元，下降8.1%。

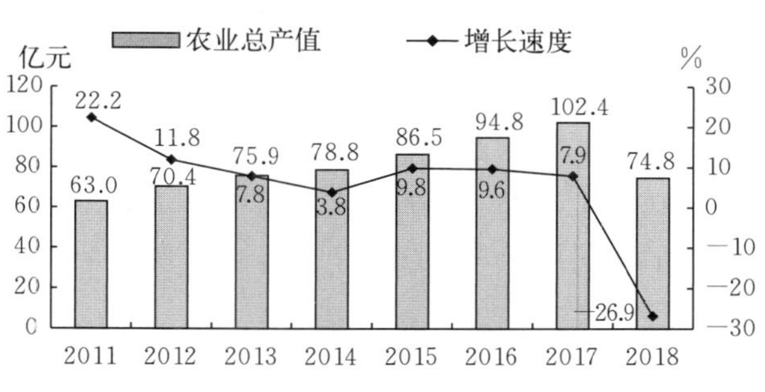

图3 2011—2018年广西农垦农业总产值及其增长速度

垦区甘蔗种植面积 20 520 公顷，比上年[4]增加 328 公顷。剑麻种植面积 3 182 公顷，减少 82 公顷。茶叶种植面积 614 公顷，减少 2 公顷。水果种植面积 12 122 公顷，增加 223 公顷。蔬菜种植面积 2 922 公顷，增加 32 公顷（表 2）。

表 2　2018 年广西农垦主要农作物种植面积情况

指标名称	年末种植面积（公顷）	比上年增长（%）
甘蔗	20 520	1.6
剑麻	3 182	−2.5
茶叶	614	−0.3
水果	12 122	1.9
其中：柑橙	5 481	18.0
蔬菜	2 922	1.1

全年垦区甘蔗产量 221.7 万吨，比上年增产 591 吨，基本与上年持平。剑麻纤维产量 1.6 万吨，减产 17.5%。干毛茶产量 616 吨，增产 2.7%。水果产量 38.2 万吨，增产 3.8%。蔬菜产量 16.7 万吨，增产 4.6%（表 3）。

表 3　2018 年广西农垦主要农产品产量情况

指标名称	计量单位	产量	比上年增长（%）
甘蔗	万吨	221.7	持平
剑麻纤维	万吨	1.6	−17.5
木薯（干片）	万吨	0.6	−44.7
干毛茶	吨	616	2.7
水果	万吨	38.2	3.8
其中：柑橙	万吨	19.9	20.5
蔬菜	万吨	16.7	4.6
肉类总产量	万吨	9.6	−43.2
生猪出栏头数	万头	115.7	−47.8
水产品	万吨	1.7	−9.3

全年垦区肉类总产量 9.6 万吨，比上年下降 43.2%。年末生猪存栏 99.8 万头，下降 40.8%。全年肉猪出栏 115.7 万头，下降 47.8%；出售仔猪 64.1 万头，下降 55.9%；出售种猪 5.5 万头，下降 30.1%。水产品产量 1.7 万吨，下降 9.3%，其中通润发展公司对虾产量 1 077 吨，与上年持平。

永新畜牧集团（国有部分）全年生猪饲养量 126.3 万头，比上年增长 1.2%。其中，年末生猪存栏 50.4 万头，增长 17.2%；生猪出栏 57.6 万头，增长 7.3%；出售仔猪 13.5 万头，下降 41.8%；出售种猪 4.8 万头，下降 3.8%。全年实现利润总额 1.45 亿元，下降 22.3%。

农业现代化建设取得新成果。全年共启动了 33 个现代特色农业示范区创建工作，规划总面积达到 84.87 千公顷，其中核心区面积 7.6 千公顷，拓展区 20.93 千公顷，辐射区 56.33 千公顷，主导产业包括甘蔗、生猪、水果、剑麻、茶叶、水产、林业、休闲农业等，到 2018 年年末已获认定自治区级示范区 11 个、已公示自治区级示范区 4 个，获县级示范区 17 个。获认定自治区级农业产业化重点龙头企业 8 家，其中，国家农业产业化重点龙头企业 3 家。年末垦区有效灌溉面积 18 304 公顷，比上年增加 12 公顷，增长 0.1%；农业机械总动力 35.5 万千瓦，增长 1.1%。

三、工业

全年垦区全社会工业总产值 654.8 亿元，比上年下降 13.6%；全社会工业增加值 230.5 亿元，按可比价计算，比上年下降 11.5%，分经济类型看，国有及国有控股企业增加值下降 9.4%，民营企业下降 11.7%（图 4、图 5）。

图 4　2011—2018 年广西农垦全社会工业总产值及其增长速度

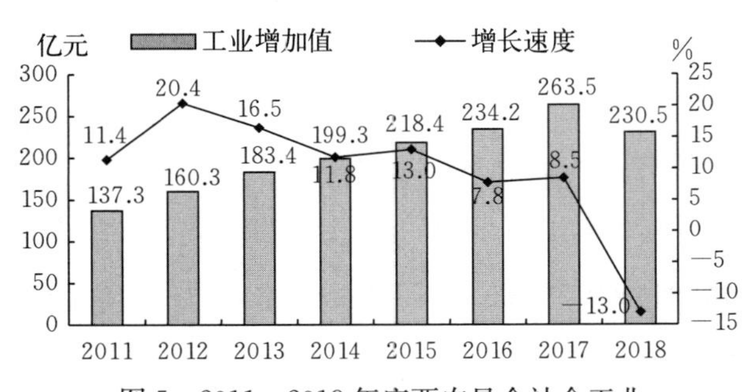

图 5　2011—2018 年广西农垦全社会工业增加值及其增长速度

全年垦区规模以上工业[5]总产值 609.4 亿元，比上年下降 13.9%；规模以上工业增加值 217.3 亿元，按可比价计算，比上年下降 12.4%；规模以上工业利润总额 30.8 亿元，比上年下降 19.8%；规模以上工业税金总额 16.2 亿元，比上年下降 5.9%；规模以上工业企业产销率达到 96.7%。年末垦区规模以上工业企业 373 家（图 6）。

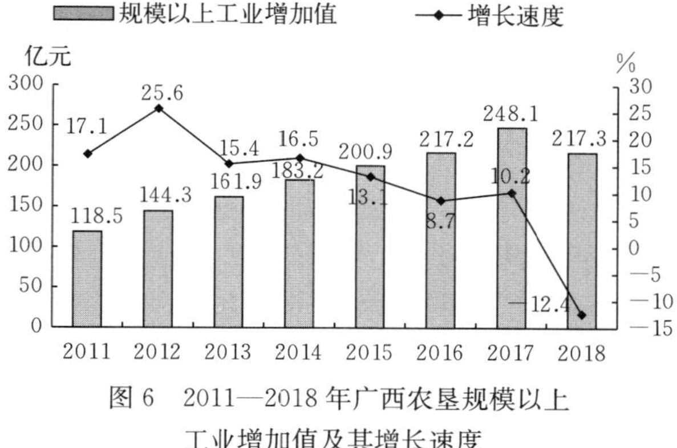

图 6　2011—2018 年广西农垦规模以上工业增加值及其增长速度

从产品产量看，机制糖产量 73.6 万吨，比上年增长 14.3%；酒精 2.9 万千升，下降 69.7%；剑麻制品 2.9 万吨，下降 31.2%；成品茶 2 198 吨，增长 1.3%；淀粉 31.8 万吨，增长 0.6%；软饮料 12.6 万吨，下降 2.3%；乳制品 3 102 吨，增长 17.8%；人造板 276.8 万米^3，增长 34.8%；水泥 10.0 万吨，增长 4.7%；砖 14.4 亿块，下降 16.8%；饲料 63.0 万吨，下降 32.2%（表 4）。分行业看，产品涉及 35 个行业大类，其中，13 个行业产值增长，22 个行业产值下降。从增长的行业看，其他制造业增长 221.3%，铁路、船舶、航空航天和其他运输设备制造业增长 100.0%，电力、热力生产和供应业增长 96.8%，食品制造业增长 54.6%，燃气生产和供应业增长 30.7%，废弃资源综合利用业增长 24.9%，纺织服装、服饰业增长 16.0%，石油、煤炭及其他燃料加工业增长 12.4%，电气机械和器材制造业增长 7.8%，印刷和记录媒介复制业增长 6.3%，黑色金属冶炼和压延加工业增长 3.1%，汽车制造业增长 2.9%，医药制造业增长 0.4%。

从农垦专业集团看，广西糖业集团成品糖产量 73.6 万吨，比上年增长 14.3%；酒精产量 1.2 万千升，下降 44.7%；纤维板产量 8 612 米^3，下降 22.0%；朗姆酒因销售不景气等因素全年没有生产。明阳生化集团全年淀粉产量 17.9 万吨，比上年下降 9.4%；酒精生产因环保原因停产。剑麻集团剑麻制品产量 6 059 吨，比上年增长 3.6%。茶业集团成品茶产量 349 吨，比上年增长 3.3%。十万大山天然食品公司饮用水产量 11.5 万吨，比上年增长 4.2%。

表 4　2018 年广西农垦主要工业产品产量情况

指标名称	计量单位	产量	比上年增长（%）
机制糖	万吨	73.6	14.3
酒精	万千升	2.9	−69.7
剑麻制品	万吨	2.9	−31.2
成品茶	吨	2 198	1.3
淀粉	万吨	31.8	0.6
软饮料	万吨	12.6	−2.3
乳制品	吨	3 102	17.8
人造板	万米^3	276.8	34.8
水泥	万吨	10.0	4.7
砖	亿块	14.4	−16.8
饲料	万吨	63.0	−32.2

四、固定资产投资

全年垦区全社会固定资产投资 204.2 亿元，比上年下降 38.1%。其中，第一产业投资 9.7 亿元，下降 64.3%；第二产业投资 120.5 亿元，下降 10.8%；第三产业投资 74.0 亿元，下降 55.8%。国有投资 38.7 亿元，下降 44.0%；民间投资 165.5 亿元，下降 36.5%（图 7）。

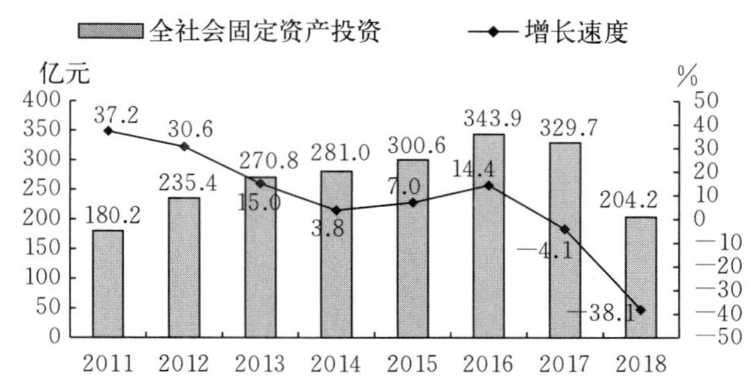

图 7　2011—2018 年广西农垦全社会固定资产投资及其增长速度

全年垦区组织实施总投资1 000万元以上的在建项目300个，完成投资201.8亿元，占垦区的比重98.8%。其中，当年完成投资达到10亿元以上的公司共有9家，分别是：新兴农场公司39.2亿元、九曲湾农场公司29.5亿元、良丰农场公司26.9亿元、北部湾农场公司16.8亿元、通润发展公司15.2亿元、明阳农场公司14.6亿元、西江农场公司11.7亿元、剑麻集团11.0亿元、外经合作公司10.3亿元，上述9家公司完成投资占垦区的比重为85.8%。

五、对外开放

全年签订各类招商引资项目合同（协议）11个，涉及外来投资总额12.9亿元；招商引资实际到位资金112.1亿元。截至2018年年底，中国·印度尼西亚经贸合作区共引进中国、日本、法国、新西兰、芬兰、印度尼西亚等国家和地区的46家企业入园，其中29家入园企业投资项目已建成投产，涉及汽配制造、食品加工、基建建材、仓储物流、包装印刷等产业。明阳生化集团越南归仁公司全年生产木薯变性淀粉1.5万吨（图8、图9）。

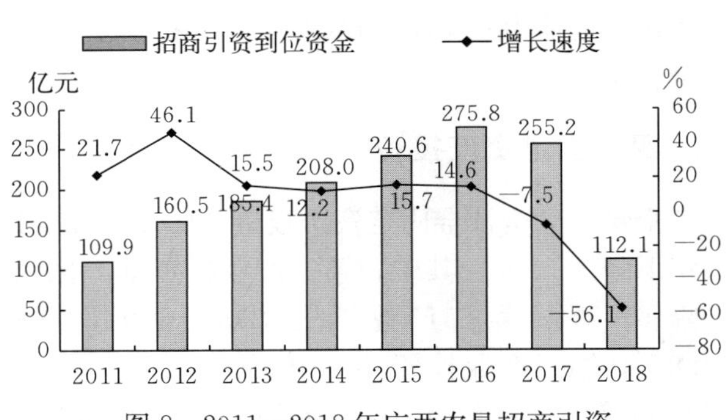

图8　2011—2018年广西农垦招商引资到位资金及其增长速度

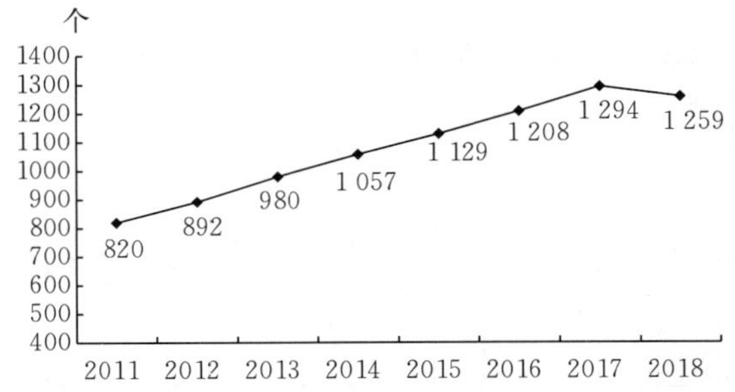

图9　2011—2018年广西农垦外来投资企业数

全年垦区工农业产品进出口总额13.8亿元，比上年下降5.6%。其中，进口4.2亿元，下降13.3%；出口9.6亿元，下降1.8%（其中农产品出口1.3亿元，比上年下降2.0%；工业品出口8.3亿元，比上年下降1.8%）。农垦糖业集团防城精制糖有限公司进口巴西原糖4.6万吨，进口额2.8亿元。明阳生化集团进口原淀粉7.2万吨，进口额2.4亿元；淀粉出口8 250吨，出口额3 712万元。剑麻集团进口剑麻纤维1 127吨，进口额1 376万元，出口剑麻制品2 296吨，出口额3 944万元。畜牧集团出口生猪2.1万头。源头农场公司出口柑橙1.9万吨。

六、科研

2018年年末，垦区有科研单位3家，从业人员603人，其中科技人员298人。垦区年内获奖成果7项，其中省部级获奖成果4项、其他奖项3项。获得科技成果249项，其中，通过项目验收71项，获国家授权专利167项，获地方标准审定8项，其他成果3项。

七、人口、就业和民生

2018年年末，垦区总人口38.4万人，比上年下降7.9%；社会从业人员19.1万人，下降18.2%；其中外来就业16.6万人，下降20.1%；农垦在册职工2.5万人；离退休职工全部移交农场社区管理，农场社区管理费用从2019年开始纳入地方财政预算，拖欠“两险”费的农垦职工恢复续保，垦区“三供一业”顺利移交地方，完成农场道路、饮水安全、文体设施等民生项目建设237项，总投资10.8亿元；全年垦区居民人均可支配收入23 275元；在岗职工人均纯收入49 580元，比上年增加2 271元，增长4.8%。年末垦区居民人均住房面积达到37.5米^2，比上年增加3.5米^2，增长10.3%（图10、图11）。

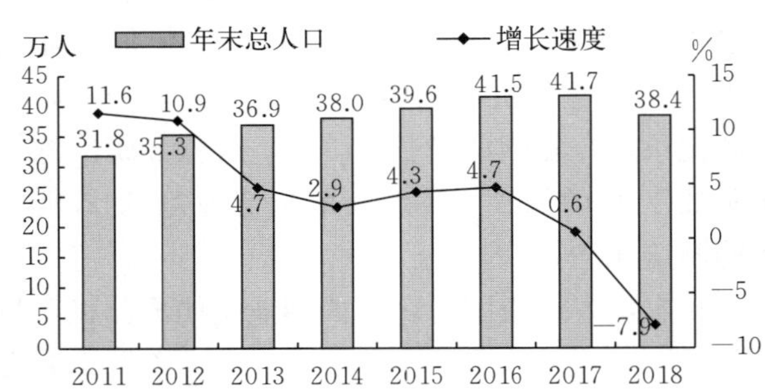

图10　2011—2018年广西农垦总人口及其增长速度

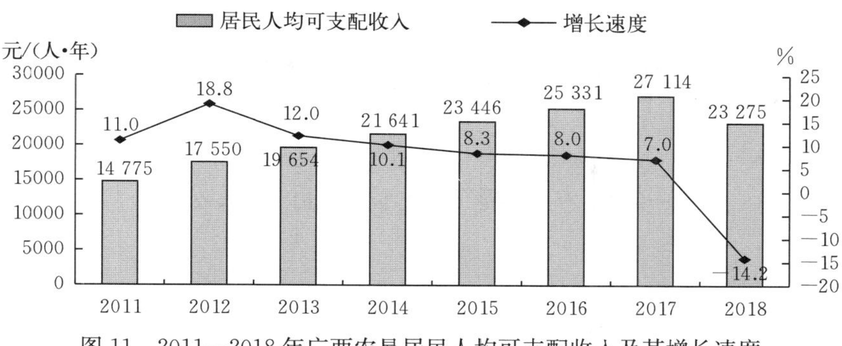

图 11　2011—2018 年广西农垦居民人均可支配收入及其增长速度

注释：[1] 2018 年，广西农垦综合统计工作在农垦工委、农垦集团党委和集团公司董事会的正确领导下，依法依规组织开展综合统计工作，根据农业农村部农垦局最新下发的《农垦综合统计报表制度》的要求，将已移交地方管理的垦区企业办社会（包括“三供一业”）职能部门的经济活动内容，剔除出垦区综合统计的调查范围；此外，根据自治区人民政府关于广西农垦改革后垦区逐步去行政化的安排，强调垦区的企业属性，对垦区统计调查范围、统计口径等作了重新梳理、界定，综合统计调查的范围有所缩小；并且，2018 年以来，按照地方统计部门的要求，农垦产业园区各级统计部门主动挤压水分，受以上多种因素影响，2018 年垦区全社会主要经济指标数据同比降幅较大。

[2] 地区生产总值（GDP）：是指一个国家（地区）所有常住单位在一定时期内生产活动的最终成果。本公报是按收入法计算，它等于劳动者报酬、生产税净额、固定资产折旧和营业盈余之和。

[3] 本公报中，地区生产总值、各产业增加值绝对数按现价计算，增长速度按不变价格计算。

[4] 2017 年甘蔗种植面积和产量、剑麻制品产量数据进行了核实调整，2018 年甘蔗种植面积和产量、剑麻制品产量增速按调整后的可比口径计算。

[5] 本公报中，规模以上工业的统计口径：2006—2010 年为“年主营业务收入 500 万元及以上的工业法人企业”，2011—2018 年为“年主营业务收入 2 000 万元及以上的工业法人企业”。

海南农垦2018年经济和社会发展统计公报

海南省农垦投资控股集团有限公司

2018年，是中国改革开放40周年和海南建省办经济特区30周年，也是中央新一轮农垦改革“两个3年”任务的攻坚之年。这一年，海垦集团在省委省政府和省国资委的正确领导下，以海南全面深化改革开放、建设自贸区（港）为契机，顺利完成农垦改革各项任务，统筹推进各项工作，取得较好成绩。

一、综合

（1）农垦系统经营总收入396.84亿元，比上年增长8.13%（与上年对比，下同），其中：海垦控股集团营业总收入234亿元，增长11%；农场国有经济收入5.43亿元，增长16%；农垦自营经济总收入157.41亿元，增长4.2%。

（2）工农业总产值（当年价）150.51亿元，按可比价计算基本持平。

（3）固定资产投资55亿元，增长33.3%。

（4）社会消费品零售总额102.52亿元，下降20%。

（5）天然橡胶干胶总产13.74万吨，增长6.7%。

（6）农垦劳动者人均报酬6.2万元，增长13%；农垦人均可支配收入1.63万元，基本持平。

二、农林牧渔业

全年完成农林牧渔业总产值（现价）137.49亿元，按可比价计算比上年下降1%。产值构成：农业88.53亿元，林业19.78亿元，畜牧业25.32亿元，渔业3.86亿元（表1）。

全年天然橡胶当年新定值和更新定值面积6.98万亩，下降19.3%；胡椒当年新种植面积0.3万亩，下降4%；槟榔当年新种植面积1.17万亩，增加42%：水果当年新种植面积2.61万亩，下降19%（表2）。

表1　主要农产品产量及增长

项　目	计量单位	产量	比上年增长（%）
粮食	万吨	11.28	−10
糖料	万吨	20.28	−8.8
蔬菜	万吨	20.12	−1.0
水果	万吨	66.48	22
其中：荔枝	万吨	7.20	11
龙眼	万吨	2.56	8.7
芒果	万吨	29.31	37.2
香蕉	万吨	12.18	8.0
柑橘橙柚	万吨	1.50	62
橡胶干胶	万吨	13.75	5.4
胡椒	万吨	1.19	17.4
槟榔干果	万吨	3.86	7.6
椰子	万个	1 036.69	−1.9
干毛茶	吨	440	−10.2
肉类总产量	万吨	10.87	4.4
其中：猪牛肉	万吨	8.98	6.5
禽肉	万吨	1.66	−5.3
禽蛋	万吨	0.32	−4.4
水产品总产值	万吨	3.95	17

表2　主要农作物年末到达面积及增长

项　目	面积（万亩）	比上年增长（%）
天然橡胶	364.8	−1.0
热带作物	49.66	−1.0
其中：胡椒	9.38	−1.5
槟榔	32.32	4.2
椰子	2.62	38.4
茶叶	1.50	3.4

（续）

项　目	面积（万亩）	比上年增长（%）
水果	62.90	1.0
其中：荔枝	10.34	2.6
芒果	29.24	1.0
香蕉	5.76	−5.9
林地（含自然林）	201.19	3.1
其中：人造林	98.13	4.4
水产品养殖	5.33	−14.4
农作物播种	53.07	−8.4
其中：粮食	29.10	−12
糖料	4.82	−8.9
瓜菜	15.27	−4.4

三、工业及建筑工业

全年完成工业总产值（当年价）13.03亿元，按可比价计算比上年增长5%。分轻重工业看，轻工业产值6.74亿元，重工业产值6.29亿元。分经济类型看，国有经济产值5.02亿元，非国有经济产值7.78亿元。主要工业产品产量及增长见表3。

表3　主要工业产品产量及增长

项　目	计量单位	产量	比上年增长（%）
发电量	万千瓦时	16 493	24.1
水泥	万吨	70.70	7.6
成品糖	万吨	2.05	−1.6
人造板	万米^3	2.26	−18.3
锯材	万米^3	13.29	−37
木制家具	万件	0.4	−20
塑料制品	吨	250	—
汽车大中修	辆	133	0.8
橡胶初加工设备	台	415.00	—

全年建筑业完成产值45.15亿元，按可比价计算比上年增长38%。全年房屋施工面积113.27万米^2，下降16.4%；房屋竣工面积84.54万米^2，下降12.4%，其中住宅面积35.68万米^2，下降14.3%。

四、社会消费品零售总额

全年社会消费品零售总额112.03亿元，比上年下降12.6%。其中：批发零售业99.79亿元，餐饮业6.04亿元，分别下降18.2%和增长28.8%。

五、交通运输业

全年完成运营收入7.64亿元，比上年增长30%；货物量10 710 222吨，增长17%，客运量5 997 562人，增长0.4%。

六、外贸出口

全年完成出口总额1 410万元，比上年增长85%。

七、固定资产投资

全年完成固定资产投资总额55.34亿元，比上年增长33%。投资构成为：第一产业投资5.01亿元，增长17%。第二产业投资2.97亿元，增长426%；第三产业投资47.36亿元，增长96%。资金来源为：国家投资1.46亿元，增长27%；国内贷款10.34亿元，增长100%；企事业单位自筹12.93亿元，下降35%；其他资金30.61亿元，增长50%。

八、职工群众收入和家庭生活水平

全年劳动者报酬总额88.99亿元，比上年增长6.2%。其中：在岗职工工资17.37亿元，增长2%；自营经济纯收入66.32亿元，增长2.4%。劳动者人均报酬62 656元，增长16%，其中在岗职工平均工资39 366元，增长15%；自营经济纯收入23 397元，增长7%。农垦居民人均可支配收入16 365元，下降2.4%。

九、人口与职工

农垦户籍总人口90.12万人，比上年增长3.4%。农垦常住总人口83.79万人，下降0.9%。全部职工人数5.45万人，下降18.4%，其中在岗职工4.44万人，下降11.2%。离退休及病退人员23.47万人，增长4.7%。

垦区人口出生率10.9‰，自然增长率5.0‰。

重庆农垦2018年经济和社会发展统计公报

重庆市农业投资集团有限公司

2018年，重庆农投集团全面贯彻习近平总书记新时代中国特色社会主义思想和党的十九大精神，坚持稳中求进工作总基调。按照集团新时期发展战略体系的要求，着力提升发展质量、构建现代农业经营体系，着力做实产业基础、做强农业优势产业链，着力推进改革创新、加强安全农食品保障体系建设，着力满足市场需求、保障重要农食品供给，取得一定成效。

一、综合

（一）垦区GDP保持平稳增长

垦区全年实现生产总值25.3亿元，比上年增长9.5%，高于全年重庆地区生产总值3.5个百分点。按产业划分，第一产业增加值2.3亿元，同比增长9.5%；第二产业增加值15.7亿元，同比增长9%；第三产业增加值7.3亿元，同比增长10.6%，三次产业结构比为2.3∶15.7∶7.3（图1）。非公有制经济实现增加值4.8亿元，增长9.1%，占垦区经济的19%。人均生产总值11.28万元，较上年增长6.7%。

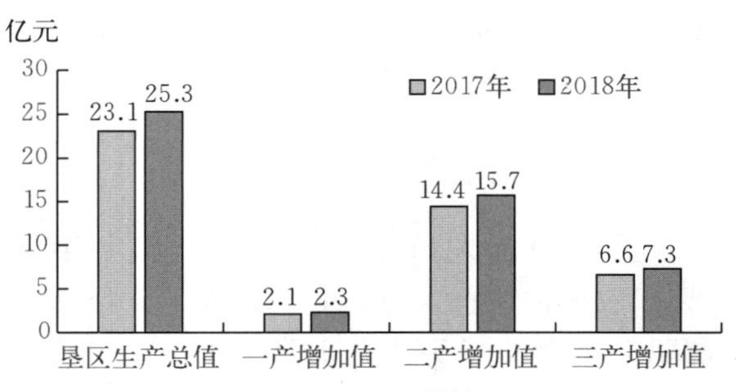

图1　垦区生产总值（GDP）及构成

（二）发展规模

截至2018年年底，重庆农投集团资产总额达到171亿元，其中控股企业达到155亿元，较上年同期增长6.9%；营业收入实现129亿元，其中控股企业实现营业收入63.63亿元，较上年同期增长9.3%；利润总额实现7.3亿元，其中控股企业实现6.03亿元，较上年同期增长11.2%。归属于母公司的净利润实现2.2亿元，较上年同期增长10.6%。

（三）职工收入

2018年，重庆农投集团年末从业人员1.27万人，与上年基本持平。其中：第一产业1 386人，第二产业9 601人，第三产业1 725人，第一、第二、第三产业的从业人员比重分别为10.9%、75.5%、13.6%。第二产业中制造业的从业人员9 601人，占全部从业人员的75.5%。

2018年，集团控股企业职工人均工资77 410万元，同口径较上年增长9.2%。

二、第一产业

2018年垦区实现农林牧渔业总产值14.97亿元，较2017年增长6.2%，其中畜牧业产值11.9亿元，同比增长6.3%，占农业总产值的79.5%；种植业产值2.63亿元，同比增长5.7%，占农业总产值的17.57%；渔业产值4 412万元，同比增长5.1%，占农业总产值的2.93%（图2）。垦区年末存栏奶牛3.1万头；年末生猪存栏11.3万头，

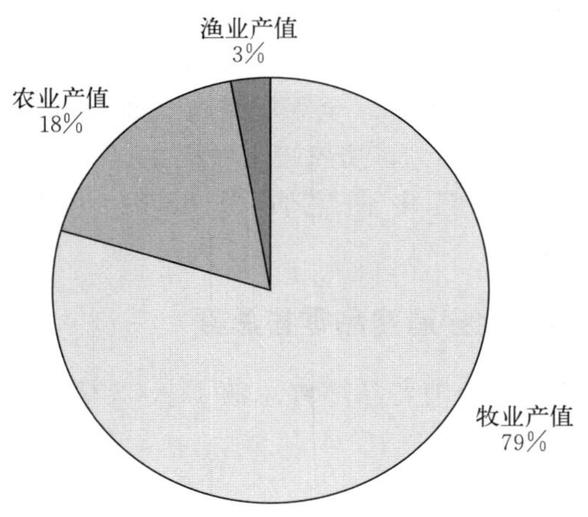

图2　农林牧渔产值比例结构

同比增长 5.8%；全年猪肉产量 1.25 万吨，同比增长 5.7%；年末家禽存栏 115 万只，禽蛋产量 11 563 吨，同比增长 6.2%；牛奶产量 11.8 万吨，同比增长 6.1%；鱼类产量 4 348 吨，同比增长 8.6%，其中有机鱼 2 650 吨。

三、第二产业

工业经济平稳发展。2018 年年末垦区实现工业总产值 103.16 亿元，较上年增长 6.46%；全年实现工业利润总额 3.07 亿元，较上年增长 8.7%；产品销售收入 100.6 亿元，产销率达到 97.3%。

四、第三产业

2018 年，重庆农投集团打造“农投良品”母品牌，整合集团内外资源、业务渠道，集成优质农食品资源，打造集良品“展示+营销+体验”一体的全新商业模式，打通优质农食品田间到餐桌的“最后一公里”。

成立农投基金管理公司，储备发展项目 30 个，项目投资总额 50 亿元。主动对接上海、黑龙江、广西、中捷友谊农场等兄弟垦区，谋划合作项目，推动抱团发展。积极对接重庆万州、涪陵、忠县，四川南江，湖北荆州、荆门等区（市、县），整合优质资源，发掘新的经济增长点。

重庆宏帆实业有限公司四川宣汉、南江“宏帆广场”建成运营，重庆綦江、四川富顺、陕西商洛项目达成战略合作意向，教育地产合作项目正式启动。

五、固定资产投资

全年固定资产投资总额 6.4 亿元，较上年增长 6.67%。投资构成为：第一产业固定投资 7 500 万元，较上年增长 7.14%；第二产业固定资产投资 3.8 亿元，较上年增长 8.26%；第三产业固定资产投资 1.8 亿元，较上年增长 5.88%。主要投资于第一产业畜牧业发展，第二产业工业加工基地建设、技术改造及第三产业存量资产盘活。

四川农垦2018年经济和社会发展统计公报

四川省农业农村厅农场管理局

2018年四川农场系统在农业农村部农垦局的指导下，在各级党委、政府和省农业农村厅党组的领导下，从思想和行动上与中央关于农垦改革的决策部署保持高度一致，聚焦重点任务，大力推进“两个3年”改革任务落实落地。四川省农垦（农场）办社会职能改革、农场国有土地确权颁证登记两项工作在2018年年底按照目标任务全面完成。农垦区域性集团化、农场企业化步伐持续推进。继续抓实基层农场农业供给侧结构性改革，着力发展新型现代农业、绿色农业、康养休闲农业，支持有条件农场发展农业产业园区，全年农业生产稳步发展。抓好民生工程，农场经济和社会发展积极向好。

一、综合

四川农垦系统现有国有农场30个，较上年减少3个，分布在全省11个市州，以种植业、畜牧业为主。

年末全垦区总人口10 567人，其中少数民族人口6 771人，年内农垦平均人口10 255人。年末全垦区总人口较上年减少1 887人，一是因较上年统计农垦企业数减少；二是因国家建设农场土地减少，导人口分流。

2018年四川农垦继续保持农场经济平稳发展，职工收入、生活水平不断提高的良好态势，经济总量因统计农场规模减小较上年有所减少，全年农垦实现国民生产总值8 666万元（扣除农垦企业减少因素影响，较上年实际同比增加2 288万元）。其中，第一产业增加值7 671万元，较上年增加1 672万元，同比增长27.9%；第二产业增加值699万元，较上年减少6 659万元，同比下降90.5%；第三产业增加值296万元，较上年减少22万元，同比下降6.9%。第一、第二、第三产业增加值占农垦生产总值的比重分别为88.5%、8.1%、3.4%，第一产业比重较上年上升44.6个百分点，第二产业较上年比重下降45.7个百分点，第三产业比重较上年上升1.1个百分点。人均生产总值8 451元，较上年减少2 529元，下降23%，是因较上年减少的一个农垦企业为规模化以上工业企业，生产总值在全省占比较重，达50%。

土地总面积463 794公顷，较上年增加2 822公顷（其中：农场国有土地使用权确权净增加15 031公顷，减少统计农场的土地12 209公顷）。其中：耕地850公顷，较上年增加79公顷；牧草地321 396公顷，较上年减少2 835公顷；林地面积16 822公顷，较上年减少3 390公顷；水面48公顷，较上年减少12公顷；茶果桑园1 041公顷，较上年减少4公顷；可垦荒地面积5公顷，较上年减少17公顷；居民点及工矿用地面积和其他面积123 632公顷，较上年增加9 004公顷（图1），其中居民点及工矿用地面积11 980公顷，其他面积111 652公顷。

二、第一产业

切实抓好农产品生产，增加粮食生产，发展主导产业。2018年四川农垦全年农作物总播种面积为1 340公顷，较上年增加692公顷。粮食作物播种面积1 073公顷，较上年增加704公顷，占农作物总播种面积80.1%，粮食作物生产主要是增加了马铃薯种植面积；油料、蔬菜、瓜类、烟叶面积74公顷，占农作物总播种面积5.5%，较上年减少13公顷；其他作物青饲料面积193公顷，占农作物总播种面积14.4%，播种面积与上年持平。农作物总产量16 248吨，较上年增加7 962吨。其中：粮食产量12 672吨，较上年增加9 604吨；油料、蔬菜、瓜类等经济作物产量424吨，较上年减少147吨；其他作物青饲料产量3 152吨，较上年减少1 495吨。

茶、果、桑等经济作物产量有升有降。茶叶种植面积1 043公顷，产量1 242吨，较上年增加168

吨，主要是2018年气候适宜，鲜茶产量上升，采茶农工回流；水果种植面积125公顷，产量908吨，较上年减少275.8吨，因调整栽种水果品种后水果未到盛产期和改制农场减少所致；桑园种植面积80公顷，产量36.2吨，较上年增加25.2吨。主要农产品产量见表1。

表1　2018年主要农产品产量

产品名称	产量（吨）	比上年增长（%）
粮食	12 672	314.2
油料、蔬菜、瓜类	424	−25.7
其他作物	3 152	−32.1
水果	908	−23.3
茶叶	1 242	15.6

马铃薯种子产业得到迅速发展，助力凉山彝族自治州脱贫攻坚。2018年马铃薯种子播种面积776公顷，原种生产量10 482吨，拥有标准化种子质量检验室2个，从业人员59人。

畜牧业发展稳定。牲畜年末存栏总数9.38万头（只），较上年减少0.73万头（只）。其中：大牲畜年末存栏数7.06万头，较上年减少0.21万头，年末奶牛规模化养殖场1个；猪年末存栏数0.2万头，较上年减少0.12万头；羊年末存栏数2.12万只，较上年减少0.35万只；家禽和兔年末存栏数0，较上年减少0.05万只。

肉类总产量1 671吨，较上年减少152吨，下降8.3%；牛奶产量5 105吨，较上年减少143吨，下降2.7%。禽蛋产量1吨，较上年略减。蚕茧产量36吨，较上年增加11吨，增长44%。

畜牧年末存栏总数及主要畜产品产量见表2。

表2　2018年畜牧年末存栏总数及主要畜产品产量

产品名称	计量单位	产量与年末数	比上年增长（%）
大牲畜总头数	万头	7.06	−2.9
其中：黄牛	万头	6.83	−1.4
猪存栏	万头	0.2	−37.5
羊存栏	万只	2.12	−14.2
肉类产量	吨	1 671	−8.3
牛奶	吨	5 038	−2.7
蚕茧	吨	25	44

全年淡水养殖面积48公顷，较上年增加44公顷，水产品产量351吨，较上年增加242吨。

全年实现农林牧渔业总产值16 252.63万元。其中：种植业产值10 278.23万元，林业产值28.15万元，牧业产值5 299.1万元，渔业产值13万元，农林牧渔服务业产值634.15万元。农林牧渔业商品产值9 842万元。

全年植树造林3公顷，较上年增加2公顷。森林覆盖率8.4%。

推动农场农牧业机械化程度，淘汰老旧设备。2018年保有农业机械总动力1 789千瓦，较上年减少340千瓦，拥有农牧业机械92台（套），较上年减少41台。发展设施农业，拥有设施大棚3.72万米^2，较上年增加0.06万米^2。保护环境，减少面源污染，加大有机肥使用量，全年施用化肥547吨，较上年减少67.05吨；有机肥施用276吨，较上年增加188吨。

三、第二产业

全年工业企业有5家，较上年减少3家（含企业改制减少2家和统计口径变化1家），其中国有工业企业2家，无规模以上工业企业。受规模以上工业企业改制影响，全省农垦工业企业工业增加值和利润较上年减幅明显，全年实现工业总产值4 656.3万元，较上年减少22 727.5万元，下降84.8%。从工业主要行业划分看：酒、饮料和精茶制造业4家，实现工业总产值4 034万元，较上年减少22 773万元；纺织业1家，实现工业总产值622.3万元，较上年增加45.5万元。从所有制形式划分看：国有工业总产值872.3万元，占工业总产值18.7%，较上年上升2个百分点；非国有工业总产值3 784万元，占工业总产值81.3%，较上年下降2个百分点。

四川全省农垦无建筑企业、运输业。

四、第三产业

第三产业发展平稳。2018年年末服务业单位2个，年末从业人员31人；拥有固定资产原值441.2万元，较上年增加16万元；营业用房总面积627.5米^2；实现销售或营业收入234.5万元，较上年略减。

四川农垦企业无批发零售企业。

五、固定资产投资

助力脱贫攻坚，推动农垦产业提档升级，开展农垦企业基地规模化、标准化建设，更新机械设备。四川农垦全年完成固定资产投资692万元，较上年增加198万元，增长40%。全部为第一产业投资，投资于马铃薯原种基地建设、更新茶叶加工设备。从资金来源看投资额，全部投资692万元均为企业自筹资金。2018年新增固定资产692万元，较上年增长40%。

六、人口、职工和劳动报酬

年末从业人员6 207人，较上年增加381人。其中第一产业6 028人，第二产业112人，第三产业67人，分别占社会劳动从业人员总数的97.1%、1.8%、1.1%。第一产业从业人员占比较上年上升11.6个百分点、第二产业从业人员占比较上年下降8.9个百分点，第三产业从业人员占比下降1.5个百分点。

农垦从业人员劳动报酬持续增长，农场职工社会保障得到提高。国有从业人员年末数5 972人，其中：在岗职工1 024人，其他人员4 948人。全年从业人员劳动报酬8 018.26万元，其中：在岗职工劳动报酬4 367.96万元，其他从业人员劳动报酬3 650.3万元。居民人均可支配收入7 588元，较上年增加490元，增长6.9%；职工均年收入42 490万元，较上年增加2 974元，增长7%。

七、农垦科研、农产品认证情况

2018年年末有场直属科研单位2个，较上年增加1个，从事茶叶研发。科技经费99万元，较上年减少105万元，企业自筹99万元，试验地面积61公顷。

截至2018年年末，垦区取得8个茶叶绿色、有机食品认证，带动农户3 810户。已认证A级绿色食品面积167公顷，产量100吨；已认证有机食品面积282.2公顷，产量118吨。

贵州农垦2018年经济和社会发展统计公报

贵州省农业农村厅园区农垦管理处

2018年，贵州农垦系统在党中央、国务院和省委、省政府的关怀下，全面开展了农垦改革工作，在产业上调整和优化种植业、养殖业结构。经过全系统广大干部职工的共同努力，艰苦奋斗，克服了种种困难，2018年全垦区生产总值3.04亿元，实现贵州垦区连续16年盈利。

一、综合

贵州省垦区2018年有农垦企业37个，和2017年持平；农垦年末总人口为27 322人，比上年增加2 784人，主要原因为统计口径变化，将劳务派遣工及家属进行了统计，年末在职职工总数为2 317人，比上年减少1 919人；居民人均可支配收入9 649元。

二、农业

农牧渔业总产值59 782万元（现价）。垦区总面积13 468公顷，农作物播种面积664公顷，粮食产量3 734吨，茶叶产量7 786吨，水果产量11 626吨，牛奶产量42 461吨，奶牛存栏数1.03万头，2018年继续淘汰了大量的低产奶牛。

三、工业

工业总产值103 184万元（现价），比上年增加19 610万元，增幅23.5%。原煤产量为0，原因为贵州垦区唯一煤矿2015年5月再次冒顶停工至今，预计2020年以前仍难以恢复生产；混合饲料产量45 000吨，乳制品96 405吨，名优茶产量1 127.2吨。

四、评价

1. 主要问题

2018年，贵州农垦总体形势保持良好势头，全垦区继续保持盈利。在农垦系统进入社会养老统筹后，退休职工的养老金得到有效保障，但存在企业缴费负担沉重的情况，部分企业不能按时缴纳社保基金现象仍然存在，特别是职工医疗保险方面，因没有统一政策，各农垦农场入保方式、补贴水平不一，职工困难较大；各地区企业办社会职能因为各方面原因暂时不能剥离，企业负担仍然严重；垦区危房改造全面推进后，职工出现大面积借债建房，负债较高，这些已成为制约贵州省农垦企业进一步发展的主要因素。

2. 发展形势

2018年，贵州省垦区在加大企业改革力度的情况下，通过经济转向，着重加大了效益明显的产业投入，特别是乳业、茶业和水果业有较大的发展，茶叶生产由以往的生产普通茶重点转向生产名优茶为主，质量得到提高，因而增加了产品的附加值，提高了经济效益。

云南农垦2018年经济和社会发展统计公报

云南省农垦局

2018年是全面贯彻落实党的十九大精神的开局之年。在云南省委、省政府的坚强领导下，云南垦区各级、各单位坚持以习近平新时代中国特色社会主义思想为指导，深入贯彻落实党的十九大和十九届二中、三中全会和十届省委四次全会精神，牢固树立“四个意识”，坚定“四个自信”，坚决做到“两个维护”，紧紧围绕习近平总书记对农垦改革发展的重要指示精神，贯彻新发展理念，落实高质量发展要求，全力推动中央和省委、省政府关于农垦工作的决策部署落地落实，实现农垦改革“两个3年”重点任务基本完成、经济健康发展、社会和谐稳定。

一、综合

垦区生产总值继续保持持续增长态势，整体经济形势良好。

第一产业基本持平，第二、三产业同比均有不同程度增长。产业结构调整成效显现。

2018年云南农垦实现生产总值（现价，下同）71.5亿元，同比增长8.6%。其中第一产业增加值35.73亿元，同比增长0.9%；第二产业增加值6.05亿元，同比增长11.3%，第三产业增加值29.68亿元，同比增长19.0%。

2018年云南农垦一、二、三产业比重为50∶8.5∶41.5。二、三产业比重之和首次达到50%。

全年共完成工农业总产值83.2亿元，其中工业总产值16.46亿元，农业总产值66.76亿元（表1）。

表1　云南农垦2018年生产总值

指标名称	计量单位	2018年	2017年	同比增加量	同比增长（%）
垦区生产总值	万元	714 733	658 017	56 716	8.6
第一产业	万元	357 347	354 114	3 233	0.9
第二产业	万元	60 548	54 409	6 139	11.3
其中：工业	万元	54 669	50 880	3 789	7.4
第三产业	万元	296 838	249 494	47 344	19.0
第一产业比重	%	50.0	53.8	−3.8	
第二产业比重	%	8.5	8.3	0.2	
第三产业比重	%	41.5	37.9	3.6	
工农业总产值（现价）	万元	832 304	943 109	−110 805	−11.7
工业总产值	万元	164 616	221 304	−56 688	−25.6
农业总产值	万元	667 588	721 805	−54 217	−7.5
其中：橡胶综合产值（含收购加工）	万元	409 663	464 817	−55 154	−11.9

二、农业

农业保持稳定增长，垦区主要农作物种植规模稳定、多产量不同基本保持稳定，橡胶、蔬菜瓜果、水产品产量增长。

2018年云南农垦实现农业总产值66.76亿元（现价，下同），同比下降7.5%。其中种植业产值18.79亿元，同比增长11.9%；林业产值15.78亿元，同比下降13.9%；牧业产值4.26亿元，同比基本持平；渔业产值1.64亿元，同比增长25.3%，农林牧渔专业及辅助活动产值（原农林牧渔服务业产值）26.29亿元，同比下降16.5%（表2）。

表2 云南农垦2018年度生产总值

单位：万元

指标名称	2018年	2017年	同比增长量	同比增长（%）
农林牧渔业总产值	667 588	721 805	−54 217	−7.5
一、种植业（农业）产值	187 878	167 912	19 966	11.9
1. 粮食产值	18 074	17 402	672	3.9
2. 糖料（甘蔗）产值	18 386	18 701	−315	−1.7
3. 蔬菜、瓜果	25 252	27 163	−1 910	−7.0
4. 茶叶产值	20 783	19 254	1 529	7.9
5. 水果产值	91 499	72 802	18 697	25.7
6. 热带亚热带作物产值	11 246	11 262	−16	−0.1
二、林业产值	157 773	183 149	−25 376	−13.9
其中：橡胶产值	148 775	154 657	−5 882	−3.8
三、牧业产值	42 632	42 912	−280	−0.7
其中：肉类产值	34 153	34 052	101	0.3
四、渔业产值	16 433	13 110	3 322	25.3
五、农林牧渔辅助活动产值	262 873	314 723	−51 850	−16.5
其中：橡胶初加工产值	260 887	312 674	−51 787	−16.6
公有经济农业总产值	419 310	498 341	−79 031	−15.9
非公及管区经济农业总产值	248 337	223 465	24 872	11.1

橡胶、蔬菜瓜果、澳洲坚果、禽蛋、水产品等主要农产品产量有不同幅度的增长。面对天然橡胶因灾减产及长期价格低迷的状态，垦区各级、各单位在稳定传统优势产业的基础上，立足垦区资源优势，优化产业布局，积极调整种植和品种结构，特色热作农业生产规模不断扩大，效益逐步显现。各农场优化农业产业结构，积极加快热带特色农业发展步伐，反季节蔬菜、热带水果、畜牧业、渔业等特色产业呈现良好的发展态势。

1. 橡胶种植面积下降，投产面积有所增加，产量有所增长

2018年末，垦区共种植橡胶145 021公顷（含农垦非公经济及农垦控制的境外胶园面积），比上年下降1.3%。其中公有橡胶115 493公顷，比上年下降1.9%。2018年橡胶平均开割面积107 107公顷，同比增长8.1%。

2018年垦区生产橡胶14.06万吨，同比增加0.51万吨，同比增长3.8%，其中公有橡胶产量10.65万吨，同比基本持平。全垦区橡胶平均亩产87.5千克，平均株产3.9千克，同比分别下降4.1%、2.5%。

2018年共收购加工橡胶23.4万吨，同比增长4.0%。生产成本居依旧高不下，2018年垦区橡胶平均生产成本约为1.7万元/吨，高于年平均销售价格（表3）。

表3 云南农垦2018年度橡胶生产情况

指标名称	计量单位	2018年	2017年	同比增长量	同比增长（%）
年末橡胶面积	公顷	145 021	146 968	−1 947	−1.3
其中：公有橡胶	公顷	115 493	117 685	−2 192	−1.9
年末橡胶株数	万株	5 273.6	5 491.1	−217.5	−4.0
其中：公有橡胶	万株	4 016.8	4 203.9	−187.1	−4.5

（续）

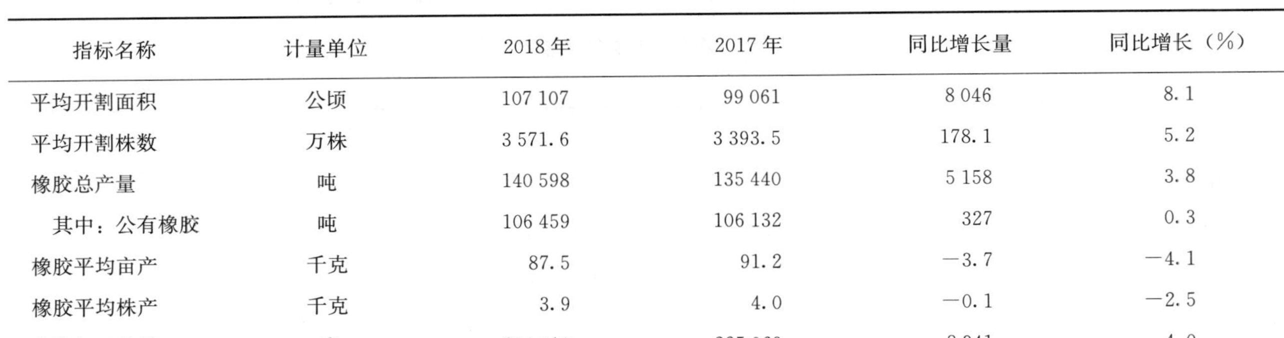

指标名称	计量单位	2018年	2017年	同比增长量	同比增长（%）
平均开割面积	公顷	107 107	99 061	8 046	8.1
平均开割株数	万株	3 571.6	3 393.5	178.1	5.2
橡胶总产量	吨	140 598	135 440	5 158	3.8
其中：公有橡胶	吨	106 459	106 132	327	0.3
橡胶平均亩产	千克	87.5	91.2	−3.7	−4.1
橡胶平均株产	千克	3.9	4.0	−0.1	−2.5
收购加工橡胶	吨	234 010	225 069	8 941	4.0

2018 年橡价格走势总体呈持续下降态势。2013 年橡胶销售均价为 18 300 元，2014 年为 12 725 元，2015 年为 11 266 元，2016 年为 11 029 元，2017 年为 13 854 元，2018 年为 11 032 元。

2. 茶叶种植面积下降，产量基本持平，产值同比增加

2018 年末垦区茶叶种植面积 4 518 公顷，同比下降 2.73%。收获面积 4 323 公顷，同比下降 2.1%。全年生产干毛茶 10 157 吨，同比基本持平。实现产值 2.08 亿元，同比增长 7.9%。

3. 水果种植面积增长、产量基本持平，产值快速增长

2018 年垦区水果种植面积达到 15 190 公顷，同比增加 1 056 公顷，增幅为 7.5%。水果产量 28.31 万吨，同比基本持平，但水果品种结构调整部分加快。其中香蕉产量 15.81 万吨，同比下降 7.4%；柑橘橙柚 2.17 万吨，同比增长 30.7%；葡萄 4.8 万吨，同比增长 4.8%；菠萝 2.71 万吨，同比增长 10.2%；芒果 1.76 万吨，同比增长 18.1%。实现产值 9.15 亿元，同比增长 25.7%。

4. 糖料（甘蔗）的种植面积保持稳定，产量、产值不同程度增长

2017/18 榨季垦区种植甘蔗 4 122 公顷，同比基本持平，整个榨季产甘蔗 41.66 万吨，同比下降 3.6%。实现产值 1.84 亿元，同比下降 1.7%。

5. 蔬菜种植面积、产量大幅增长，产值下降

2018 年垦区蔬菜种植面积 3 570 公顷，同比增长 33.2%，产量 9.05 万吨，同比增长 28.2%，实现产值 2.52 亿元，同比下降 7.0%。

6. 粮食种植面积增长，产量基本持平，产值增长

2018 年垦区粮食种植面积 9 586 公顷，同比增长 1.2%，生产粮食 5.95 万吨，同比基本持平。实现产值 1.81 亿元，同比增长 3.9%。

7. 畜牧业基本持平、渔业生产保持增长

由于畜牧业、渔业增收效果显著，垦区各单位加大畜牧业、渔业发展力度。2018 年垦区肉类总产量为 1.20 万吨，同比下降 4.9%。实现牧业产值 4.26 亿元，同比基本持平，产量下降原因是受疫情所致。

全年生产水产品 1.21 万吨，同比增长 21.6%，实现渔业产值 1.64 亿元，同比增长 25.4%。

云南农垦 2018 年度非胶农业生产情况见表 4。

表 4　云南农垦 2018 年度非胶农业生产情况

指标名称	计量单位	2018年	2017年	同比增长量	同比增长（%）
粮食播种面积	公顷	9 586	9 470	116	1.22
粮食总产量	吨	59 451	59 125	326	0.55
粮食产值	万元	18 074	17 402	672	3.86
甘蔗种植面积	公顷	4 122	4 130	−8	−0.19
甘蔗产量	吨	416 581	432 282	−15 701	−3.63
甘蔗产值	万元	18 386	18 701	−315	−1.68
蔬菜瓜果种植面积	公顷	3 570	2 681	889	33.16

（续）

指标名称	计量单位	2018 年	2017 年	同比增长量	同比增长（%）
蔬菜瓜果产量	吨	90 508	70 582	19 926	28.23
蔬菜、瓜果产值	万元	25 252	27 163	−1 911	−7.04
茶叶种植面积	公顷	4 518	4 645	−127	−2.73
茶叶产量	吨	10 157	10 225	−68	−0.67
茶叶产值	万元	20 783	19 254	1 529	7.94
水果种植面积	公顷	15 190	14 134	1 056	7.47
水果总产量	吨	283 108	284 863	−1 755	−0.62
水果产值	万元	91 499	72 802	18 697	25.68
咖啡种植面积	公顷	824	974	−150	−15.40
咖啡产量	吨	1 319	1 490	−171	−11.48
咖啡产值	万元	1 358	1 890	−532	−28.15
澳洲坚果种植面积	公顷	2 858	2 403	455	18.93
澳洲坚果产量	吨	1 791	1 247	544	43.62
澳洲坚果产值	万元	4 264	4 439	−175	−3.94
石斛种植面积	公顷	91	93	−2	−2.15
石斛产量	吨	553	478	75	15.69
石斛产值	万元	5 368	4 606	762	16.54
热带亚热带产值	万元	11 247	11 262	−15	−0.13
肉类总产量	吨	11 979	12 595	−616	−4.89
禽蛋产量	吨	6 804	6 645	159	2.39
牧业产值	万元	42 633	42 911	−278	−0.65
水产品产量	吨	12 083	9 940	2 143	21.56
渔业产值	万元	16 433	13 110	3 323	25.35

三、第二产业

第二产业增加值持续增长。工业增加值增长，企业利润大幅度增长，但工业总产值下降。建筑业同比增长。

云南农垦 2018 年主要工业产品产量见表 5。

表 5　云南农垦 2018 年主要工业产品产量

指标名称	计量单位	2018 年	2017 年	同比增长量	同比增长（%）
食糖产量	吨	55 307	55 486	−179	−0.32
食糖产值	万元	24 716	29 514	−4 798	−16.26
发电量产量	万千瓦时	47 064	44 193	2 871	6.50
发电产值	万元	17 141	14 297	2 844	19.89
锯材及人造板材产量	米^3	63 110	53 444	9 666	18.09
锯材及人造板材产值	万元	9 254	10 961	−1 707	−15.57
精制茶产量	吨	8 797	9 561	−764	−7.99
精制茶产值	万元	14 790	11 506	3 284	28.54
马铃薯片产量	吨	1 630	1 539	91	5.91
马铃薯片产值	万元	4 670	4 294	376	8.76

（续）

指标名称	计量单位	2018年	2017年	同比增长量	同比增长（%）
咖啡粉产量	吨	1 486	83	1 403	1 690.36
咖啡粉产值	万元	6 959	30 779	−23 820	−77.39
水泥产量	吨	394 055	285 036	109 019	38.25
水泥产值	万元	13 530	9 361	4 169	44.54
钢模板产量	吨	12 409	12 092	317	2.62
钢模板产值	万元	7 380	7 027	353	5.02
汽车配件产量	套	6 486	9 116	−2 630	−28.85
汽车配件产值	万元	3 156	4 203	−1 047	−24.91
热作机械产量	台	225	270	−45	−16.67
热作机械产值	万元	4 128	5 586	−1 458	−26.10

2018年垦区共完成第二产业增加值6.05亿元，同比增长11.3%，其中工业增加值5.47亿元，同比增长7.4%。2018年垦区共实现工业总产值16.46亿元，比上年减少5.67亿元，同比下降25.6%，下降的原因是个别单位统计口径调整所致。

发电、锯材及人造板材、马铃薯片、咖啡粉、水泥、钢模板等工业品产量均保持了增长。2018年酒精、布面胶鞋全面停产。

2018年垦区各工业企业产销衔接能力不及上年，各工业企业全年完成工业销售产值16.16亿元，同比下降28.5%。工业品产销率为98.2%，比上年下降3.9个百分点。但是垦区工业企业总体盈利能力提升，垦区各类工业企业全年实现利润同比大幅度增长。垦区各类工业企业全年实现利润10 268万元，同比增加2 720万元，同比增长36.0%。

2018年垦区各类建筑业实现增加值5 879万元，同比增加2 350万元，同比增长66.6%。

四、第三产业

第三产业恢复高速增长态势。2018年全垦区第三产业实现增加值29.68亿元，比上年增加4.73亿元，同比增长19.0%。

1. 交通运输业收入、利润、上缴税金同比不同幅度增长

2018年垦区拥有各类主要运输工具8 108辆，交通运输业实现营业收入42 287万元，同比增长6.5%。实现利润8 772万元，同比增长14.7%。上缴税金926万元，同比增长1.5%。

2. 批发零售贸易业收入同比大幅增长，利润、上缴税金不同幅度下降

2018年垦区批发零售贸易业实现营业收入246.39亿元，同比增长40.2%。实现利润2.26亿元，同比下降10.8%。上缴税金4 433万元，同比下降5.6%。

3. 住宿和餐饮业收入、利润、上缴税金同比不同幅度增长

2018年垦区住宿和餐饮业营业收入61 192万元，同比增长23.9%。实现利润10 601万元，同比增长9.2%。上缴税金2 160万元，同比增长9.2%。

4. 服务业收入、利润同比增长，上缴税金均有所下降

2018年垦区服务业实现营业收入52 819万元，同比增长6.1%。实现利润15 742万元，同比增长5.2%。上缴税金1 682万元，同比下降1.6%。

五、固定资产投资

固定资产投资同比大幅度增加。2018年，全垦区固定资产投资总额为14.22亿元，比上年增加5.14亿元，同比增长56.6%。其中第一产业投资额4.49亿元，比上年增加1.69亿元，同比增长60.7%。第一产业中橡胶生产投资额2.39亿元，比上年增加5 151万元，同比增长27.5%；第二产业投资额4.33亿元，比上年增加2.63亿元，同比增长154.2%；第三产业投资额5.41亿元，比上年增加8 228万元，同比增长17.9%。

全垦区国有经济投资额为8.58亿元，比上年增加1.44亿元，同比增长20.1%。其中第一、

二、三产业投资额分别为 3.36 亿元、3.02 亿元、2.2 亿元，增幅分别为 28.8%、181.1%、−36.4%。非公及管区经济投资增幅高于国有经济投资增幅。2018 年垦区内非公及管区经济固定资产投资 5.65 亿元，比上年增加 3.71 亿元，同比增长幅度高达 191.3%（表 6）。

表 6 云南垦区 2018 年度固定资产投资情况

单位：万元

指标名称	2018 年	2017 年	同比增长量	同比增长（%）
垦区固定资产投资总额	142 247	90 808	51 439	56.6
第一产业	44 859	27 910	16 949	60.7
其中：橡胶生产	23 850	18 699	5 151	27.5
第二产业	43 294	17 032	26 262	154.2
第三产业	54 094	45 866	8 228	17.9
1. 公有经济固定资产投资额	85 790	71 427	14 363	20.1
第一产业	33 589	26 073	7 516	28.8
其中：橡胶生产	23 237	18 642	4 595	24.6
第二产业	30 175	10 734	19 441	181.1
第三产业	22 026	34 620	−12 594	−36.4
2. 非公及管区经济固定资产投资额	56 457	19 381	37 076	191.3

六、劳动报酬

垦区从业人员年均收入持续增长，但增速放缓。

2018 年垦区劳动者年均可支配收入 1.87 万元，同比增长 3.8%。垦区内从业人员年均劳动报酬 1.76 万元，同比增长 4.5%。

七、非公及管区经济

2018 年云南垦区非公及管区经济实现生产总值 36.44 亿元，同比增长 18.4%。非公及管区经济总量占垦区经济总量比重为 51%，比上年增加 4.2 个百分点。非公及管区经济一、二、三产业均呈现良好增长态势，一、二、三产值实现生产总值分别为 13.86 亿元、1.76 亿元、20.82 亿元，增速分别为 8.8%、31.3%、24.5%。

非公及管区经济劳动报酬总额为 15.05 亿元，比上年增加 1.37 亿元，同比增长 10.0%。

非公及管区经济实现利润 12.03 亿元，比上年增加 2.43 亿元，同比增长 25.3%。

非公及管区经济上缴税金 9 777 万元，比上年增加 813 万元，同比增长 9.1%。

八、垦区受灾情况

垦区受灾情况比上年好转，受灾面积、农作物减产产量、直接经济损失均比上年大幅下降。

2018 年垦区各种农作物受灾面积 13 219 公顷，比上年减少 14 743 公顷，同比下降 52.7%。其中橡胶受灾面积 12 148 公顷，因灾减产橡胶 2 999 吨；茶叶受灾面积 74 公顷，因灾减产茶叶 20 吨；水果受灾面积 461 公顷，因灾减产水果 6 853 吨；甘蔗受灾面积 1 926 公顷，因灾减产 7 915 吨。各种自然灾害共造成直接经济损失 7 915 万元，同比下降 50.9%。

陕西农垦2018年经济和社会发展统计公报

陕西省农垦集团有限责任公司

2018年，在农业农村部农垦局的正确领导下，陕西农垦以党的十九大精神为指导，坚持稳中求进工作总基调，按照“强化战略、深化改革、优化产业，高质量发展”工作思路，围绕“质量效益提升”和“改革创新突破”两大目标，加快改革发展，促进产业升级，各项工作稳中有进、稳中向好、稳中有新，实现了经济指标稳步提升、改革任务强力突破、特色产业持续优化、科学发展孕育机遇、社会民生和谐稳定的良好发展局面。

2018年全省农垦实现国民生产总值54 056.66万元（现价，下同），同比增长13.64%。其中：第一产业增加值25 634.97万元，同比下降1.26%；第二产业增加值19 121.75万元，同比增长39.93%；第三产业增加值9 299.94万元，同比增长17.11%。

全省实现农业总产值56 314.74万元，农林牧渔服务业总产值4 419万元，工业总产值39 560万元。

一、农业

1. 农业生产总体良好

2018年，农业生产克服雪灾、风灾、低温霜冻、洪涝等自然灾害，依然实现了较好收成。全省农垦共收获稻谷658吨，小麦44 518吨，玉米65 068吨，高粱3吨，其他谷物34吨；大豆1 143吨，杂豆18吨；油料合计1 116吨；药材类合计504吨；蔬菜瓜果类合计22 659吨；其他作物9 808吨。

省直属农垦大樱桃实现产销18.4万千克，收入439.14万元。冬枣产量16.4万千克，收入165.8万元。

2. 产业发展亮点纷呈

一是特色果蔬业蓬勃发展。围绕“六个一工程”和“五大行动计划”，15个千亩特色果蔬基地和近万亩绿化苗木基地初步建成。果蔬基地集约化、设施化、规模化、科技化等现代农业设施装备的运用，阳光玫瑰、甜蜜蓝宝石葡萄和甜柿子、大樱桃、洋梨、草莓等一批特色果蔬新品种的陆续引进栽植，极大地丰富了果蔬产业经营内容。

二是现代乳业效益显现。中垦乳业华山牧场综合管理经营水平全国领先，年末存栏奶牛9 043头，全年产奶5.2万吨，预计实现利润3 000万元。

三是现代种业发展升级。陕垦大华种业总部迁址杨凌，入驻全国种业硅谷。繁育丰德存麦5号、小偃68、淮麦33、武农986等小麦良种500万千克；取得河南锦绣公司锦绣21号小麦品种在陕西省推广权；试种两年的自有品种陕垦10号小麦、陕垦青豆1号大豆表现良好；华垦麦818、陕垦麦22进入生产试验；订单收购优质小麦丰德存麦5号、郑麦366共计900万千克，完成陕西省“中国好粮油”项目建设任务。

四是休闲农旅业蓄势待发。4个农场特色果蔬、苗木产业基地的建成，形成了农业休闲观光旅游的自然优势；陕西华垦农旅文化有限公司华阴农场大田园综合体项目正在抓紧筹备开工；英考公司围绕鸵鸟基础资源，着力整合瘦身和特色发展，在集团帮扶下，持续开发鸵鸟观光旅游，稳步推动发展。冯原牧场依托新能源项目，正在高起点规划生态旅游产业。

3. 经营要素不断激活

一是激活土地资源。在土地作价入股中垦乳业和陕垦大华种业实践基础上，华阴农场国有农用地抵押担保专项改革试点工作取得突破，以34.53公顷农用地50年使用权抵押贷款1 500万元额度，并首次申请办理抵押贷款200万元，向全面推动土地资产化、资本化迈出了坚实步伐。

二是激发人力资源。围绕管好人、用好人，践行“三项机制”，激发干事创业活力。在省农垦集团机关推行月度考评机制。首次召开了人力资源工作会议，出台规章制度，强化规范了人力资源管理工作。

三是争取资金资源。在陕西省国有资产管理委员会帮助支持下，为农场提供资金 5 850 万元，保证了经营贸易业务的正常运行。同时，全面落实省国资委清欠及低效无效资产专项工作要求，清理低效无效资产 964.04 万元。争取交通银行贴息贷款 6 000 万元，缓解了农垦经营流动资金困难。

4. 开放合作步伐加快

围绕“走出去”“引进来”，华阴农场在新疆种植棉花 8 159 亩，总产约 325 万千克，预计实现收入 2 000 万元，实现利润 300 万元。沙苑农场在新疆种植辣椒 121.8 公顷，收获 2 820 吨，预期收益较好。机电技校创字当先，坚持“走出去”拓展生源、促进就业，办学路子越走越宽。与此同时，各农场在“引进来”上加大力度。华阴农场引进苗木项目，种植苗木 100 公顷；引进甜柿子项目，栽植甜柿子 146.7 公顷，两个项目发展前景看好。沙苑农场引进设立的院士工作站，为特色果蔬产业发展和科技利用转化发挥了积极作用。朝邑农场累计投资 870 万元，引进的系列大功率、高性能农业机械，为提高农业作业质量和推进垦地合作插上了发展的翅膀。大荔农场引进土专家，种植百香果、火龙果、蟠桃、红肉苹果等新品种，一举改变了现代农业园的面貌，其中仅夏季种植的 101 棚西甜瓜，每棚利润近 3 000 元。培训中心拓展经营领域，引进战略人才，创设友泰公司，实现煤炭贸易经营利润 104 万元。

5. 政策性项目创历史新高

集团紧扣国家农业发展方向，积极争取和落实国家惠农政策，申报资金项目相继批复落地。2018 年共争取各类政策性项目 67 个，其中：基础建设类项目 48 个、专项支持类项目 6 个、产业发展类项目 13 个，资金总量突破 1 亿元，达到 11 058.67 万元。

6. 改革任务全面完成

一是农垦改革基本完成。2018 年是农垦改革“两个 3 年硬任务”的最后一年。在改革进入关键时期，省委书记胡和平于 6 月 7 日深入朝邑农场实地调研；省长刘国中先后 3 次批示要求大力推动陕西省农垦改革；副省长魏增军两次主持召开农垦改革会议、先后 5 次对农垦改革工作做出批示；省农垦改革领导小组办公室（农业农村厅）牵头强势推进；农业农村部两次实地督察；省级各有关部门和地方政府积极配合。至 2018 年 9 月底，4 个农场办医疗机构、集中小区“三供一业”、社区管理等办社会职能和省农垦职工医院全面移交地方政府。农场土地确权发证工作基本完成，1.2 万公顷土地全部确权发证（和部队共用的 4 400 公顷土地视同确权发证），其中换发不动产权证 6 933.3 公顷，占应换发土地证面积 7 600 公顷的 91%。解决社保拖欠问题获得政府支持，省财政厅和农业农村厅通过产业化渠道支持 2 000 万元项目资金，省人社厅通过稳岗补贴渠道下拨 153.14 万元，均用于化解社保债务。五项专项改革试点实现达标，为推动农垦改革发挥了示范带动作用。

二是国企改革照单消号。在粮农集团领导支持下，西安片 3 个小区“三供一业”移交协议全部签订。按照协议和接收单位的要求，由陕西省农垦集团有限责任公司承担的前期改造费用已支付到位，正在等待实施改造。

二、工业

农垦是一个特殊的社会经济系统，具有企业性、社会性、区域性等多重特征。要准确把握农垦的这些行业特征和内在规律，在农业农村部农垦局的宏观指导和有关配套政策的支持下，借鉴兄弟垦区的成功经验，积极稳妥地推进工业体制改革。

2018 年全省共实现工业总产值 39 560 万元。

2018 年主要工业产品产量有原煤 869 538 吨，液体乳 1 021 吨。

三、商贸服务业

2018 年年末商业经营单位 29 个，商品销售总额 548 万元。住宿餐饮业年末经营单位 19 个，营业收入 1 061 万元。服务业经营单位 23 个，营业收入 3 733 万元。

四、固定资产投资

全省农垦固定资产投资 10 910 万元，其中：第一产业 10 337 万元，占投资总额的 94.75%；第二产业 490 万元，占投资总额的 4.49%；第三产业 83 万元，占投资总额的 0.76%。

按投资来源划分，国家预算内资金 885 万元，自筹资金 9 565 万元。当年新增固定资产投资 3 994 万元。

五、劳动工资、人口

2018 年年末农垦社会从业人员 6 830 人，其中：第一产业 6 063 人，第二产业 339 人，第三产业 428 人，分别占总数的 88.77%、4.96%、6.27%。

农垦从业人员中，属于国有经济从业人员的共有 3 792 人，劳动报酬 11 942 万元。其中：在岗职工 3 451 人，劳动报酬 11 394 万元；其他从业人员 341 人，劳动报酬 547 万元。农场的国有经济从业人员有 3 245 人，劳动报酬 10 217 万元。陕西农垦全年居民人均可支配收入 10 753 元。

六、科研、文教、卫生

陕西农垦种业公司下设科研机构 1 所，职工人数为 5 人，其中科技人员 5 人。2018 年科研经费共计 42 万元，全部为企业自筹资金，实验地面积为 10.3 公顷。

农垦原有医疗单位（含农垦职工医院）11 个。医疗单位于 2018 年 10 月全部移交地方管理。近两年来，农垦办中小学校部分移交地方政府，农垦现有技工学校 1 所。

甘肃农垦2018年经济和社会发展统计公报

甘肃农垦集团有限责任公司

2018年是全面贯彻党的十九大精神、实施乡村振兴战略的开局之年，是农垦改革发展的关键之年、也是“两个3年”改革任务收官之年。2018年，甘肃农垦上下围绕年初确定的总体思路、紧盯打造“百亿集团”奋斗目标，实施“三步走”发展战略，以提高经济发展质量和企业经营效益为中心，扎实有效开展各项工作，成功应对了各种风险和挑战，较好地完成了各项目标任务，垦区经济运行整体呈现平稳向好的态势。

一、综合

2018年，集团公司经济运行面临前所未有的困难和挑战。农业生产遭受严重自然灾害，18家农牧场不同程度受灾，造成经济损失达1.85亿元；中美贸易摩擦加剧，部分产品销量和价格都出现大幅度下降，企业利润受到挤压；资本市场强烈震荡，受债市违约、股市下跌和汇市贬值影响，市场流动性持续趋紧、融资成本持续攀升，给集团正常生产经营资金需求和债务展期带来了严重威胁；“两个3年”改革任务急、难度大，牵扯了集团公司工作的大量精力；发挥国企社会责任，助力全省脱贫攻坚任务重、要求高。面对困难和挑战，甘肃农垦集团有限责任公司采取有力措施应对，收到了积极成效，年度经营指标得以圆满完成。垦区经济稳中向好、稳中有进的发展态势基本形成，高质量发展的基础初步奠定。

2018年垦区全年实现国内生产总值15.05亿元，比上年增加0.94亿元，增长6.7%。其中：第一产业增加值7.79亿元，比上年减少0.04亿元，下降0.5%；第二产业增加值5.1亿元，比上年增加0.86亿元，增长20.28%；第三产业增加值2.17亿元，比上年增加0.13亿元，增长6.37%。第一、二、三产业增加值占垦区生产总值的比重分别为52%、34%、14%，第一产业增加值占垦区生产总值的比重较上年降低3个百分点，第二产业增加值占垦区生产总值的比重较上年增长4个百分点，调结构转方式效果明显，一产占比逐步降低。预计实现营业收入50.11亿元，比上年增长10.63%。

二、第一产业

2018年，垦区农业面临产品价格持续低迷和严重的自然灾害双重影响，我们积极采取多种措施，加快推进“三大一化”“三统一”经营、亩节本增效100元为抓手的现代农业建设，稳定了农业发展的基本面，面对自然灾害和市场的双重风险，各农业企业认真贯彻集团公司决策部署，顶住困难和挑战，以强有力的措施推进落实，并取得了以下成效。

一是现代农业装备进一步完善。建成高标准农田2 666.7公顷，百亩以上大条田面积较2017年年底增加9 333.3公顷。引进推广甜菜、甜叶菊、葡萄、番茄等作物耕种收大型农机具，大宗农作物玉米、马铃薯、食葵、甜菜、饲草、香辛料等实现耕种收全程机械化，垦区耕种收综合机械化率显著提升。新建高效节水面积1 333.3公顷，整体达到4 033.3公顷。部分单位实现大条田、水肥一体化全覆盖。平凉全面完成新一轮退耕建设任务，并发展酸枣145.7公顷。

二是“三统一”经营效益显著。各种植农场将“三统一”经营作为提质增产增效的主攻抓手，强力推进。以集体经营为核心，以统一经营为抓手，稳步推进统一经营和订单农业，推行农业项目化管理，坚持专业化布局、标准化生产、集约化管理、规模化经营、精品化提升、产业化发展的现代农业模式，将原有生产型经营模式转变为经营型生产模式，将利润的增长体现在生产方式和经营模式的转变上。垦区统一农机作业面积达到总播面积的75%，统一技术规程面积达到总播面积的64%，以订单为主的农产品统销率达到95%以上。

三是现代农业科技迈上新台阶。深入推进农业供给侧结构性改革，强化科技对构建现代农业生产体系的支撑性作用，加大科技项目立项工作，推荐省级立项 11 个，内部科技立项 38 个。各企业积极开展科研创新工作，加强与科研院所、大专院校的技术合作，开展甜菊糖系列品种工艺优化、中药材育苗、降解地膜试验、保水剂试验、盐碱地改良、药壳破碎新工艺、马铃薯机械化拌种加种、新产品开发等技术攻关，取得了初步成效，收到了节本增效的积极成效。积极引导职工增施有机肥、生物菌肥，指导职工科学用药、合理施肥，实现化肥使用量零增长。

2018 年全年完成农作物种植面积 71.6 千公顷，比上年增加 1.89 千公顷，增长 2.71%；粮食作物种植面积 26.47 千公顷，比上年增加 3.31 千公顷，增长 14.18%；果园面积 2.40 千公顷，比上年减少 1.40 千公顷，下降 36.84%；果品产量 2.06 万吨，比上年减少 3.57 万吨，下降 63.41%。

主要作物种植面积见表 1，主要农产品产量见表 2，牲畜年末存出栏总数及主要畜产品产量见表 3。

表 1　主要作物种植面积

指标名称	面积（千公顷）	比上年增长（%）
小麦	5.56	39.35
玉米	13.35	8
豆类	0.15	－42.31
薯类	6.65	20.91
棉花	4.13	－4.4
油料	3.61	－28.37
药材	4.88	63.76

表 2　主要农产品产量

指标名称	产量（万吨）	比上年增长（%）
小麦	3.25	41.3
玉米	14.4	－1.03
豆类	0.06	200
薯类	14.7	50.77
棉花	0.64	－16.88
油料	1.34	－34.95
药材	1.04	30

表 3　牲畜年末存出栏总数及主要畜产品产量

指标名称	计量单位	数量	比上年增长（%）
猪年末存栏	万头	1.02	－13.56
猪年末出栏	万头	1.68	7.69
牛年末存栏	万头	1.51	4.14
牛年末出栏	万头	0.32	－5.88
羊年末存栏	万头	15.6	－13.91
羊年末出栏	万头	28.94	122.6
家禽年末存栏	万只	18.35	－13.97
肉类总产量	吨	4 998	11.41
禽蛋产量	吨	1 966	9.15
牛奶产量	吨	43 099	42.21

三、第二产业

本年度垦区各工业企业生产经营运行稳健，产销双增长，实现经济逆势增长，为集团经济发展提供了强有力的支撑。全年实现工业总产值（现价）15.53 亿元，比上年增加 4.16 亿元，增长 36.59%；工业销售产值 12.15 亿元，比上年增加 0.49 亿元，增长 4.2%；主营业务收入 16 亿元，比上年增加 3.54 亿元，增长 28.41%。利润总额 5 450 万元。其中：医药板块整体实现营收 8.14 亿元，增长势头迅猛，占集团总营收的 16%。建筑房地产业全年实现增加值 0.7 亿元，比上年增加 0.5 亿元，增长 250%，年末垦区建筑业从业人员 1 185 人，全年施工建筑房屋面积 9 314 万米^2，其中竣工面积 6 804 万米^2。

四、第三产业

全年垦区实现第三产业增加值 2.17 亿元，比上年增加 0.13 亿元，增长 6.37%。其中：运输业继续受市场影响因素，全年实现增加值 0.05 亿元，比上年减少 0.01 亿元，下降 16.67%。年末垦区运输业从业人员 55 人，拥有各种运输车辆 31 台，实现收入 0.09 亿元。批发零售业全年实现增加值 0.58 亿元，比上年增加 0.09 亿元，增长 18.37%。年末批发零售业拥有网点数 73 个，从业人员 381 人。住宿餐饮业全年实现增加值 0.21 亿元，比上年减少 0.02 亿元，下降 8.7%。年末住宿餐饮业营业网点 56 个，从业人员 471 人。

五、固定资产投资

2018 年垦区完成固定资产投资 9.89 亿元，新建或续建各类建设项目 96 个。集团层面对 19 家单位 60 个项目进行实地检查验收，发现问题，提示风险，督促整改，规划部门管流程、财务部门管资金、审计部门管监督的闭环式、动态化项目监管体系基本构建。

六、农垦科研情况

年末垦区科研单位 13 家，从业人员 210 人，其中科技人员 97 人。用于科研的经费 747.8 万元，其中：国家拨款 57 万元，省地局自筹 226.03 万元，企业自筹 464.77 万元。

七、人口、社会保障

2018 年年末垦区总人口 7.58 万人，社会从业人员 2.3 万人，比上年减少 0.64 万人，下降 21.77%，其中：第一产业从业人员 1.8 万人，比上年减少 0.36 万人，下降 16.67%；第二产业从业人员 0.36 万人，比上年减少 0.14 万人，下降 28%；第三产业从业人员 0.13 万人，比上年减少 0.13 万人，下降 50%。

青海农垦2018年经济和社会发展统计公报

青海省农业农村厅农垦局

2018年青海垦区认真贯彻中央1号文件，牢牢坚持稳中求进的总基调，努力落实稳增长、促改革、调结构、惠民生、保稳定一系列政策措施，攻坚克难，锐意进取，大力推进农垦改革，垦区稳定发展，经济稳中有增，保持了平稳的发展势头。

一、综合

到2018年年底，农垦农牧场（企业）有20家，其中牧场9家，农场11家，垦区总人口47 593人，农场人口35 646人，社会从业人员17 721人，农场职工7 523人；2018年垦区生产总值5.23亿元，其中：第一产业4.9亿元，第二产业0.06亿元，第三产业0.27亿元，固定资产投资8 355.8万元，居民人均可支配收入12 000元。

二、农业

全年农作物播种面积为3.59万公顷，其中：粮食作物1.88万公顷，粮食产量8.3万吨；油料作物1.09万公顷，油料作物产量2.1万吨。

三、畜牧

年末大牲畜8.17万头，其中牛4.59万头，羊11.1只，肉产量3 197吨，羊毛487吨。

四、林业

全年造林面积56.3公顷，当年零星植树10万株，年末实有育苗面积1.57万公顷，成林抚育面积1 067万公顷。

宁夏农垦2018年经济和社会发展统计公报

宁夏农垦集团有限公司

2018年，宁夏农垦在农业农村部农垦局、自治区党委、政府的总体工作部署下，农垦集团持续深化改革，加快转型升级，推进高质量发展，着力推进现代农业，着力保障和改善民生，全年经济和各项社会事业保持平稳健康发展。

一、综合

2018年，宁夏农垦经济实力进一步增强。全年实现农垦生产总值（现价，下同）24.56亿元，比上年增长5.5%（图1）。其中，第一产业增加值13.8亿元，增长6.1%；第二产业增加值5.82亿元，增长11.9%；第三产业增加值4.94亿元，下降2.6%。一、二、三产业增加值构成比例为56∶23∶21（2017年比例为56∶22∶22）。

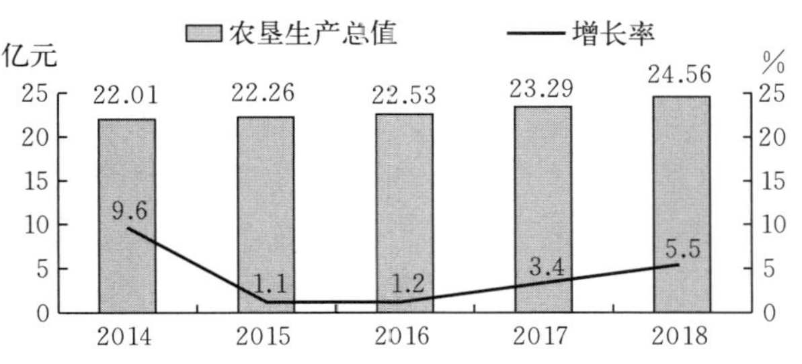

图1　2014—2018年农垦生产总值及增长速度

2018年垦区人均可支配收入21 757元，比上年增加1 449元，增长7.1%，是全区农村居民人均可支配收入11 708元的1.8倍，是全区城镇居民人均可支配收入31 895元的68.2%。垦区职均收入36 430元，比上年增加2 391元，增长7%。

2018年垦区总户数43 211户，总人口134 484人，其中：达到小城镇规模农场个数14个。年末单位从业人员人数11 365人，其中：职工人数11 289人。离退休职工18 808人。年末单位从业人员工资总额50 779万元，职工人均工资收入43 270元，比上年增长6.5%。

二、农业

2018年，宁夏农垦紧扣集团发展战略和“宁夏农垦引领健康生活”企业使命，坚持“绿色、优质、安全、健康”发展定位，培育壮大龙头企业，着力推进企业转型升级，产业发展方向更加明晰，集聚效应初步显现。全年实现农林牧渔服务业总产值31.66亿元（现价，下同），比上年增长6.1%，其中：种植业16.40亿元，增长1.4%；林业0.33亿元，下降19.3%；牧业12.87亿元，增长15.6%；渔业1.05亿元，下降10.5%；服务业1.01亿元，增长6.5%（图2）。

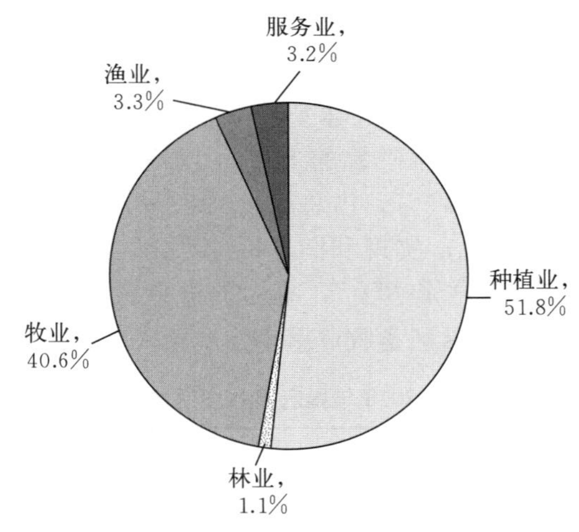

图2　农林牧渔业产值比例结构

种植业优化布局。全面落实农业供给侧结构性改革，调整优化作物结构，初步确立了优质粮食、优质牧草、现代种业、特色经果林、绿色瓜菜等5个特色种植业格局。2018年农作物总播种面积42.93千公顷，比上年增加1.73千公顷，增幅4.2%。全年粮食播种面积30.87千公顷，比上年减少3.27千公顷，下降9.6%。其中：夏粮播种面积1 000公顷，比上年减少200公顷，下降16.7%；秋粮播种面积29.87千公顷，下降

4.5%。春小麦播种面积1 000公顷，与上年持平；水稻播种面积11.2千公顷，增长9.8%；玉米播种面积18.6千公顷，下降17.5%。

全年粮食总产量33.15万吨，比上年下降6.7%，占自治区粮食总产量392.58万吨的8.4%。其中：夏粮产量0.72万吨，下降10.9%；秋粮产量32.43万吨，下降14.6%。2018年垦区种植业基本情况见表1。

表1 2018年垦区种植业基本情况

产　品	产量（吨）	比上年增长（%）
粮食产量	331 473	−6.7
其中：小麦	7 216	−10.9
水稻	101 862	17.3
玉米	221 843	−14.6
油料	2 147	−4.0
蔬菜	71 814	5.7
水果	50 105	−12.6
其中：葡萄	33 207	4.5

畜牧业扩规增效。垦区坚持国有奶产业草畜一体化发展，提升精细化管理水平，其中：全年实现总产值7.58亿元，比上年增长21.7%，占畜牧业总产值的58.9%；年末奶牛存栏4.28万头，增长18.9%，占总存栏数的85%；国有奶产量21万吨，增长14.75%，占总产量的87%，鲜奶每千克成本2.76元，实现利润6 300万元，牧业板块创利撑起农垦"半边天"，有力促进垦区畜牧业的发展。2018年垦区畜牧业基本情况见表2。

表2 2018年垦区畜牧业基本情况

产品或存栏	计量单位	数量	比上年增长（%）
年末大牲畜存栏	头	61 987	11.2
年末牛存栏	头	61 882	11.3
其中：奶牛	头	50 212	7.7
年末羊存栏	只	76 866	6.5
其中：山羊	只	22 963	2.9
绵羊	只	53 903	8.2
猪年末存栏	头	31 188	−13.6
其中：能繁母猪	头	3 444	−15.5
当年牲畜出栏			
其中：牛出栏	头	26 035	32.4
羊只出栏	只	57 356	16.7
生猪出栏	头	50 960	7.1
家禽出栏	百只	9 858	74.2
肉类总产量	吨	10 727	20.5
其中：猪肉产量	吨	3 452	5.5
牛肉产量	吨	4 764	34.5
羊肉产量	吨	919	16
禽肉产量	吨	1 583	72.6
牛奶产量	吨	240 825	6.8
禽蛋产量	吨	1 329	5.9

水产养殖业保持稳定。年末养殖面积5.84千公顷，与上年持平，全年水产品产量11 144吨，比上年增长8.1%。

全年植树造林面积884公顷，其中：非林业用地造林面积884公顷。当年零星植树23.06万株。

2018年垦区不断完善农机标准体系建设，农作物综合机械化水平达到97%。年末农业机械总动力32.45万千瓦，增长3.4%；拥有大中型拖拉机2 648台，小型拖拉机1 537台，播种机582台，排灌动力机械1 464台，联合收割机517台，农用运输车1 799台。

三、工业和建筑业

农垦工业稳步发展。年末垦区工业企业50个，其中：国有及年销售收入2 000万元以上的工业企业4个。全年实现工业增加值4.94亿元，比上年上涨15.9%，占第二产业增加值的84.9%，其中：宁夏西夏嘉酿啤酒有限公司实现工业增加值2.8亿元，增长47.4%，占工业增加值的48%。2018年垦区工业产品产量见表3。

表3 2018年垦区工业产品产量

产　品	计量单位	数量	比上年增长（%）
鲜肉	吨	1 308	0.5
乳制品	吨	30 337	10.7
其中：酸奶	吨	1 130	−0.8
饮料酒	千升	193 422	2.7
其中：啤酒	千升	186 272	4
白酒	千升	343	−52.7
葡萄酒	千升	6 797	−1.3
其中：西夏王	千升	5 368	−1.4
混配合饲料	吨	35 765	21.1
大米	吨	12 785	−7.9

2018年年末建筑企业17个，从业人员1 641人，全年实现建筑业增加值0.87亿元，比上年下降7.4%，占第二产业增加值的15%。当年房屋建筑施工面积6.8万米²。

四、固定资产投资

2018年完成固定资产投资总额6.5亿元，比上年增长47.7%。其中：国有投资6亿元，增长44%，主要是项目建设投资（图3）。

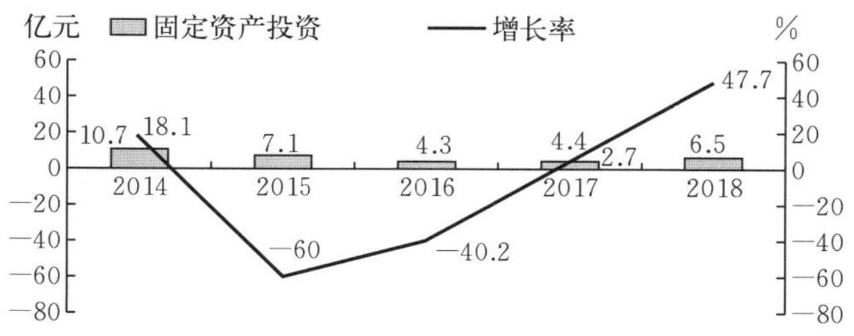

图3 2014—2018年全社会固定资产投资及增长速度

在当年固定资产投资中，基本建设完成投资6.2亿元，比上年增长42.2%，占总投资额的95.3%；更新改造完成投资0.31亿元，增长34.8%，占总投资的4.7%。

当年固定资产投资项目中，完成农垦农场高标准农田建设项目0.44亿元；农场土地整治项目0.37亿元；高效节水灌溉项目0.6亿元；奶业公司完成新建污水处理站1座，配套排水管道及其他附属工程、新建饲料厂1座、配套完成各牛场基础设施共计0.78亿元；巴浪湖农场回乐小镇集中基础设施建设项目1.3亿元；平吉堡奶牛场高效节水灌溉项目、高标准农田建设项目、集污污水处理项目共计0.78亿元；沙湖东南部湖区水质改善与原位修复、环湖木栈道及新建、跨运河桥梁项目0.74亿元；农垦建设实业金地花园C区项目建设0.9亿元。

五、交通运输业、批零贸易业、住宿和餐饮业、旅游业、房地产业及出口商品

2018年，全年拥有载货汽车340辆，载客汽车492辆，实现货运量152.2万吨，客运量324.5万人；实现营业收入9 161万元。

年末批零贸易业、住宿和餐饮业营业单位总数1 652个，从业人员4 659人，拥有固定资产原值30 568万元，营业用房面积9.9万米²，实现社会消费品零售额40 548万元，比上年下降4.7%，其中：批发零售贸易业29 750万元，下降10%；住宿餐饮业10 798万元，增长13.7%。

宁夏农垦沙湖水环境治理取得阶段性成效，自然保护区调整管理规定通过评审，生态红线落地加紧推进，沙湖旅游规划已经完成，旅游资源整合和线路优化正在实施，沙湖景区2019年春将以崭新面貌迎接游客。全年接待游客88万人次，实现旅游收入14 811万元，缴纳税金1 021万元，带动了垦区第三产业的发展。

垦区国有房地产开发企业加大“去库存”力度，年内销售面积5.53万米²，实现营业收入22 806万元，利润4 812万元，缴纳税金4 693万元。

2018年垦区商品出口主要是供港蔬菜，年末商品出口总金额6 148万元，出口蔬菜14 994吨。

六、绿色、有机食品、无公害农产品

2018年年末垦区绿色、有机、无公害农产品认证数43个，带动9 378户农户，其中：从事农作物蔬菜种植3个，带动农户1 256人，绿色A级种植面积489公顷，产量18 163吨；从事水果种植5个，带动农户574人；认证无公害枸杞7个，带动农户438户，无公害农产品种植面积7 286公顷，产量114 820吨；西夏啤酒7个；西夏王葡萄酒9个，带动农户3 750人；灵农猪肉1个，带动农户268人，产量1 308吨；绿色食品金夏贡米1个，带动农户258人，绿色A级产量9 494吨；沙湖水产品6个。

七、科研

年末农垦科研单位1个；科研职工10人，其中：科研人员7人。

八、非国有经济

2018年垦区非国有经济实现生产总值7.66亿元，与上年基本持平，占垦区经济总量的31.2%。其中：第一产业增加值3.45亿元；第二产业增加值1.42亿元；第三产业增加值2.79亿元。各产业在非国有经济中的构成比例为45∶19∶36。年末非国有经济单位个数7 841个，从业人员18 272人，从业人员总收入45 049万元，实现利税14 735万元，其中利润13 021万元。

新疆生产建设兵团2018年经济和社会发展统计公报

新疆生产建设兵团统计局
国家统计局兵团调查总队

2018年，面对复杂严峻的国内外经济环境，在自治区党委统一领导和兵团党委坚强领导下，兵团上下深入学习贯彻习近平新时代中国特色社会主义思想，深入贯彻落实党中央治疆方略和对兵团的定位要求，紧紧围绕新疆工作总目标，聚焦兵团职责使命，加强党对经济工作的领导，坚决贯彻新发展理念，坚持稳中求进工作总基调，坚持推动高质量发展，以供给侧结构性改革为主线，凝心聚力，攻坚克难，全力做好稳增长、促改革、调结构、惠民生、防风险各项工作，经济运行总体平稳、稳中有进，三大攻坚战首战告捷，深化改革成效初显，向南发展开局良好，职工群众生活明显改善。

一、综合

初步核算，全年兵团生产总值2 515.16亿元，比上年增长6.0%（图1）。其中，第一产业增加值545.61亿元，增长7.9%；第二产业增加值1 050.17亿元，增长0.5%；第三产业增加值919.39亿元，增长11.9%。三次产业增加值占生产总值比重分别为21.7%、41.7%、36.6%（图2）。三次产业对经济的贡献率分别为28.5%、3.8%和67.6%，分别拉动经济增长1.7、0.2和4.0个百分点。全年人均生产总值82 317元，比上年增长1.2%。全员劳动生产率为166 073元/人，比上年提高2.9%（图3）。

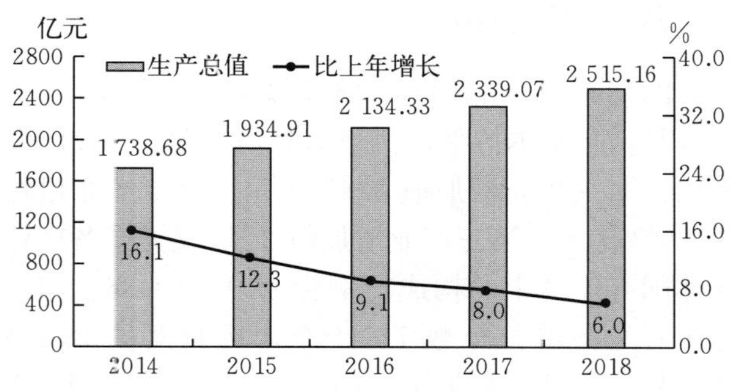

图1　2014—2018年兵团生产总值及其增长速度

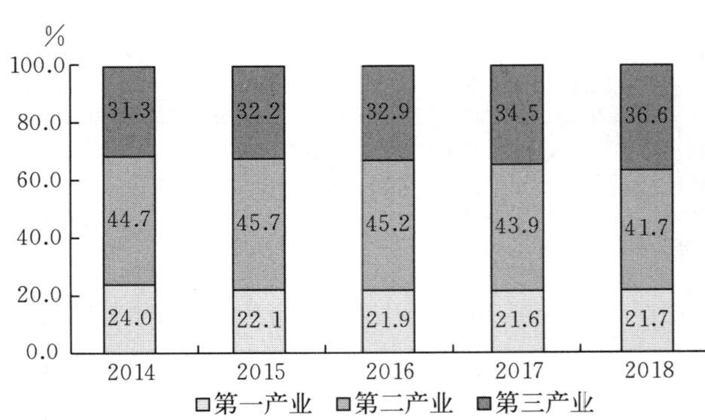

图2　2014—2018年三次产业增加值占生产总值比重

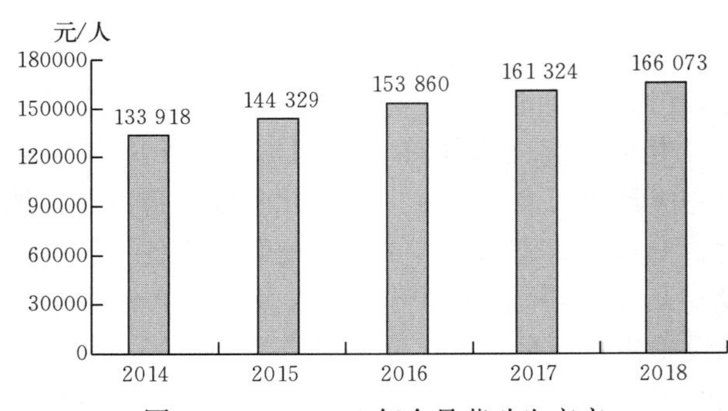

图3　2014—2018年全员劳动生产率

年末兵团总人口310.56万人，比上年末增加10.03万人、增长3.3%。其中，男性160.61万人，女性149.95万人，总人口性别比（以女性为100，男性对女性的比例）为107.1。全年出生人口1.94万人，出生率为6.35‰；死亡人口1.60万人，死亡率为5.23‰；人口自然增长率为1.12‰。年末户籍人口239.68万人，比上年末增加1.82万人、增长0.8%。其中，城镇人口134.72万人，增长6.1%；乡村（连队）人口104.96人，下降5.3%。

年末从业人员146.35万人，比上年末增长1.5%。全年城镇新增就业10.37万人，其中援助就业困难人员就业 1.52 万人（图 4）。城镇登记失业率为 2.49%。全年完成各类职业技能培训 10.56 万人（次）。引进外国专家项目 4 项，引进专家 18 人（次）。出国（境）培训项目 3 项，培训各级各类人员 39 人（次）。

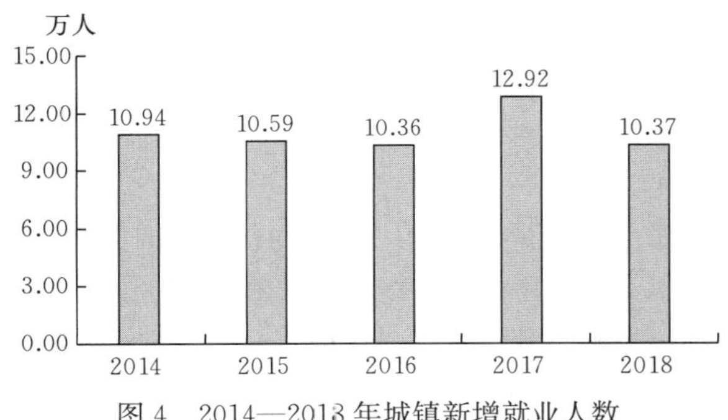

图 4　2014—2018 年城镇新增就业人数

全年新疆居民消费价格比上年上涨 2.0%，其中，食品烟酒价格上涨 3.1%，居住价格下降 2.1%。新疆农业生产资料价格上涨 4.9%。新疆固定资产投资价格上涨 3.7%（表 1）。

表 1　2018 年新疆居民消费价格比上年涨跌幅度

指　　标	比上年增长（%）
居民消费价格	2.0
其中：城市	1.8
农村	2.4
其中：食品烟酒	3.1
衣着	−1.1
居住	−2.1
生活用品及服务	2.3
交通和通信	1.2
教育文化和娱乐	1.3
医疗保健	12.5
其他用品和服务	0.1

全年兵团工业生产者出厂价格比上年上涨 2.8%。工业生产者购进价格上涨 4.3%。兵团农产品生产者价格上涨 3.0%。

2018 年 7 月 1 日，第一师阿拉尔市永宁镇挂牌成立。年末兵团管理的自治区直辖市 9 个、建制镇 11 个。

三大攻坚战首战告捷。防范化解金融风险工作扎实推进。聚焦团场金融债务转换、政府性金融债务清理、小额农贷信用风险等问题采取一系列措施，积极稳妥化解政府债务存量，严格控制政府债务增量，规范市场化举债行为，坚决守住不发生系统性金融风险底线，为重新构建符合兵团新体制发展要求的金融服务新格局提供了有力支撑。脱贫攻坚成效显著。全年兵团 1 598 户、6 525 人实现脱贫，10 个贫困团场摘帽，贫困发生率下降至 0.4%。投入财政扶贫资金 4.20 亿元，80%用于南疆师团。污染防治取得积极进展。节能降耗成效明显，全年规模以上工业综合能源消费量比上年下降 1.3%，增速比上年低 7.9 个百分点。规模以上工业能源生产与消费中，水电、风电、太阳能等清洁能源产品所占比重为 7.6%，比上年提高 0.9 个百分点；原煤消费（折合标准量）占全部能源消费比重为 71.5%，比上年下降 1.3 个百分点。

供给侧结构性改革扎实推进。年末商品房待售面积比上年末减少 14.53 万米^2，下降 6.5%。年末规模以上工业企业资产负债率为 64.1%，比上年末下降 0.5 个百分点。全年规模以上工业企业每百元主营业务收入的成本为 83.34 元，比全国水平低 0.54 元；规模以上工业企业每百元资产实现的年主营业务收入为 95.8 元，比上年末增加 0.70 元。短板领域投资较快增长，全年装备制造业投资 32.60 亿元，比上年增长 13.2%；高技术制造业投资 18.32 亿元，增长 78.4%。

新动能较快成长。规模以上工业战略性新兴产业增加值比上年增长 8.2%，占规模以上工业增加值的比重为 11.2%。高技术制造业增加值增长 2.6%，占规模以上工业增加值的比重为 2.7%。

深化改革稳步推进、成效初显。团场综合配套改革全面推开。建立了团场职能行政化、人员编制实名化、企业市场化、公共服务均等化、社会事业一体化、连队管理民主化的“六化”新运行机制，农业生产力得到切实解放，“兵”的能力得到重塑。国资国企改革全面推进。实施以关闭破产、转让退出、重组整合、培育发展为主要内容的“四个一批”改革，做好“加减乘除”，优化国有资本布局，调整产业结构，激发国有企业活力，“企”的市场主体地位进一步确立。财政管理体制正式实施。建立完善财政预算管理体系，规范财政预算和政府债务管理；完成兵师团三级国库设立，全面实行国库集中收付制度；选取 62 个团场实行兵团财政直管团场管理体制改革试点。健全和转变“政”的职能改革取得突破。全面承接行使自治区授予的 2 190

项行政职能和行政执法权，向各师分两批授予行政职能和行政执法权 1 954 项，“政”的意识正在养成。

向南发展推进有力、开局良好。年末南疆师总人口 91.38 万人，比上年末增加 3.03 万人，增长 3.4%。全年南疆师生产总值比上年增长 5.5%。固定资产投资下降 17.3%，降幅比兵团低 7.0 个百分点，其中，代管团场（园区）投资增长 14.2%。招商引资到位资金 376.39 亿元，完成全年目标任务的 103.7%。社会消费品零售总额增长 6.3%。

二、农业

全年农作物播种面积 1 382.83 千公顷，比上年增长 1.5%。其中，粮食面积 251.33 千公顷，下降 6.1%；棉花面积 854.03 千公顷，增长 23.1%；油料面积 58.59 千公顷，下降 2.9%；甜菜面积 20.89 千公顷，下降 6.7%；蔬菜面积（含菜用瓜）55.67 千公顷，下降 37.3%。

农作物精量半精量播种面积 968.80 千公顷，比上年增长 1.4%。其中，棉花精量播种面积 770.30 千公顷，增长 25.7%。

全年粮食产量 238.46 万吨，比上年增长 1.9%；棉花产量 204.65 万吨，增长 20.8%（图 5）；油料产量 22.23 万吨，增长 0.3%；甜菜产量 176.66 万吨，下降 5.6%；蔬菜产量 383.86 万吨，下降 43.4%，其中，工业用番茄 122.55 万吨，下降 62.5%。

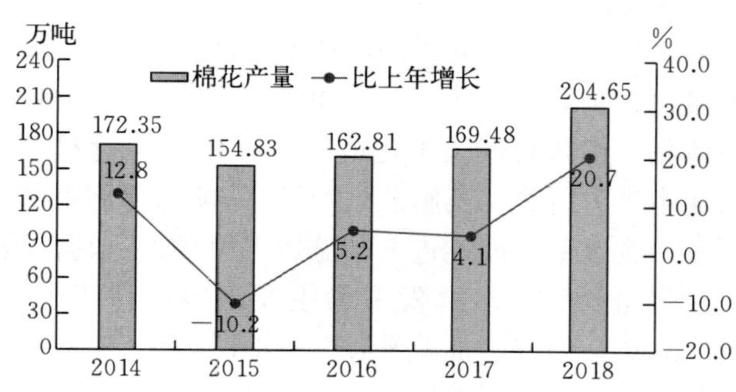

图 5 2014—2018 年棉花产量及其增长速度

年末牲畜存栏 673.67 万头（只），比上年下降 8.6%。其中，牛 49.95 万头，增长 7.9%；猪 172.49 万头，下降 0.2%；羊 445.50 万只，下降 13.1%。年内牲畜出栏 917.43 万头（只），增长 11.3%。全年肉类总产量 46.39 万吨，增长 6.4%。羊毛产量 1.86 万吨，下降 6.6%。禽蛋产量 12.65 万吨，增长 15.8%。牛奶产量 71.67 万吨，增长 5.2%。

全年水果产量 392.71 万吨，比上年增长 0.1%。其中，红枣 188.20 万吨，增长 3.6%；葡萄 82.89 万吨，增长 4.4%；香梨 35.15 万吨，下降 13.5%；苹果 63.21 万吨，增长 0.2%。全年核桃产量 3.86 万吨，增长 37.4%。

全年水产品产量 5.77 万吨，比上年增长 7.1%。

年末有效灌溉面积 1 348.81 千公顷，比上年增长 7.2%。其中，高新节水灌溉面积 1 129.07 千公顷，增长 8.4%。

种植业耕种收综合机械化率 94.1%。采棉机 2 350 台，机采棉面积 686.67 千公顷，棉花机采率 80.4%。

全年新建及改扩建各类标准化规模养殖场 60 个，创建畜禽养殖标准化示范场 1 个，畜禽良种推广覆盖率达到 78.0%，养殖粪污资源化利用率 76.6%。

年末农业产业化龙头企业 130 家，其中，国家级 14 家，兵团级 116 家。销售收入超过 100 亿元的企业 2 家，超过 30 亿元的 8 家，超过 10 亿元的 13 家。已建成 2 个全国农业产业化示范基地，创建 1 个国家级现代农业产业园、2 个全国农业产业示范强镇、2 个全国农村一二三产业融合发展先导区、3 个国家级农产品质量安全团场、41 个全国“一村一品”示范团场（连队）。

三、工业和建筑业

全年全部工业增加值 792.00 亿元，比上年增长 6.6%（图 6）。规模以上工业增加值增长 6.2%。在规模以上工业中，分经济类型看，国有控股企业增长 10.7%，股份制企业增长 7.1%，外商及港澳台商投资企业下降 13.5%，私营企业增长 4.7%。分门类看，采矿业增长 16.6%，制造业增长 2.9%，电力、热力、燃气及水生产和供应业增长 17.9%。分轻重工业看，轻工业增长 5.5%，重工业增长 6.5%。

全年规模以上工业中，煤炭开采和洗选业增加值比上年增长 19.5%，农副食品加工业下降 6.7%，食品制造业增长 15.9%，酒饮料和精制茶制造业下降 2.5%，纺织业增长 34.0%，化学原料

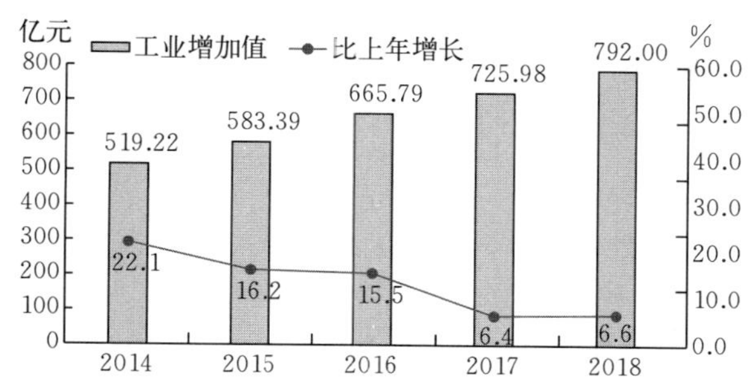

图 6　2014—2018 年全部工业增加值及其增长速度

及化学制品制造业增长 0.8%，非金属矿物制品业下降 1.0%，黑色金属冶炼和压延加工业增长 17.9%，有色金属冶炼及压延加工业增长 1.0%，电力、热力生产和供应业增长 18.2%。六大高耗能行业增加值比上年增长 7.5%，占规模以上工业增加值的比重为 64.3%。2018 年主要工业产品产量及其增长速度见表 2。

表 2　2018 年主要工业产品产量及其增长速度

产品名称	计量单位	绝对数	比上年增长（%）
原煤	万吨	827.63	−8.1
发电量	亿千瓦时	883.03	10.1
其中：火电	亿千瓦时	799.42	10.0
风电	亿千瓦时	28.80	22.3
水电	亿千瓦时	14.70	−8.0
太阳能	亿千瓦时	40.11	11.4
精制食用植物油	万吨	48.50	−32.3
乳制品	万吨	27.46	14.1
番茄酱罐头	万吨	36.14	−40.6
饮料酒	万千升	19.52	−3.4
软饮料	万吨	39.05	−25.6
纱	万吨	55.94	14.5
布	亿米	1.27	−15.4
机制纸及纸板	万吨	7.00	−4.4
农用氮、磷、钾化学肥料（折纯）	万吨	49.87	0.7
初级形态的塑料	万吨	141.06	4.3
塑料制品	万吨	67.70	−23.3
硅酸盐水泥熟料	万吨	825.42	−1.3
水泥	万吨	1 078.75	−15.1
钢材	万吨	184.17	18.1
原铝	万吨	287.25	1.3

年末兵团规模以上工业发电装机容量 1 724 万千瓦，比上年末增长 10.5%。其中，火电装机容量 1 354 万千瓦，增长 7.0%；水电装机容量 34 万千瓦，下降 5.3%；并网风电装机容量 124 万千瓦，增长 66.6%；并网太阳能发电装机容量 212 万千瓦，增长 15.1%。

全年规模以上工业企业实现利润 129.18 亿元，比上年下降 30.3%。分经济类型看，国有控股企业下降 31.0%，股份制企业下降 30.0%，外商及港澳台商投资企业下降 32.9%，私营企业下降 30.9%。

全年规模以上工业企业产品销售率 96.7%；完成工业品出口交货值 31.81 亿元，比上年增长 43.4%。

年末兵团拥有各类园区 32 个，其中国家级经济技术开发区 4 个，国家经济开发区兵团分区 2 个，自治区级工业园区 3 个，兵团级工业园区 23 个。

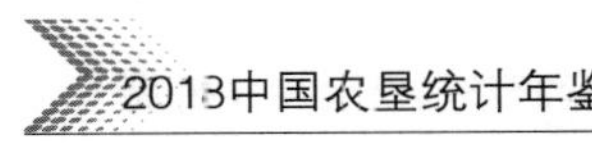

全年全社会建筑业增加值258.35亿元，比上年下降14.0%（图7）。资质以上建筑业企业中，各类建筑施工单位（含十一师海外项目）签订合同额1 606.64亿元，比上年下降15.5%。全年房屋建筑施工面积3 244.68万米²，下降36.2%。

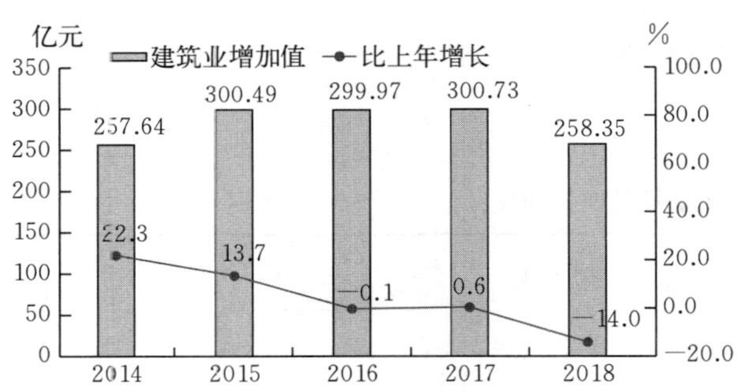

图7　2014—2018年全社会建筑业增加值及其增长速度

四、服务业

全年批发和零售业增加值220.93亿元，比上年增长8.8%；交通运输、仓储和邮政业增加值126.25亿元，增长19.4%；住宿和餐饮业增加值55.24亿元，增长12.2%；金融业增加值79.16亿元，增长8.4%；房地产业增加值63.37亿元，增长12.4%；其他服务业增加值338.67亿元，增长12.4%。全年规模以上服务业企业营业收入比上年下降9.0%，营业利润下降41.9%。

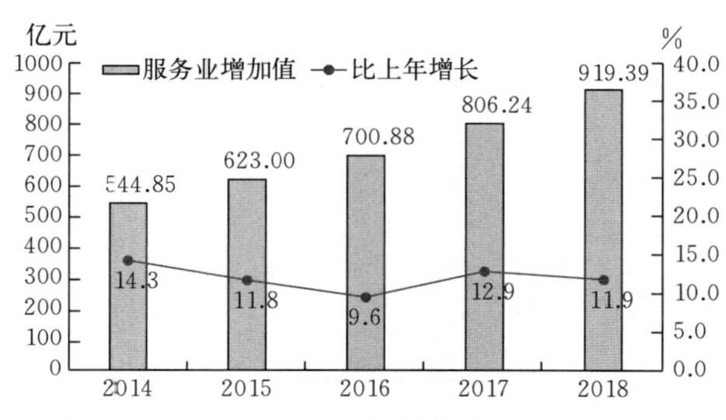

图8　2014—2018年服务业增加值及其增长速度

全年货物运输总量7.56亿吨，比上年增长12.0%。货物运输周转量1 001.56亿吨公里，增长17.1%。旅客运输总量2.48亿人，增长4.9%。旅客运输周转量148.81亿人公里，增长5.9%（表3）。

年末民用汽车保有量32.98万辆，比上年末增长6.5%。其中，载客汽车23.77万辆，增长8.5%；载货汽车6.12万辆，增长2.3%；其他汽车3.09万辆，增长0.98%。民用轿车保有量19.67万辆，增长8.6%。

表3　2018年道路运输业营运情况

指　　标	计量单位	绝对数	比上年增长（%）
货物运输总量	亿吨	7.56	12.0
其中：个体	亿吨	6.09	9.3
货物运输周转量	亿吨公里	1 001.56	17.1
其中：个体	亿吨公里	794.91	11.0
旅客运输总量	亿人	2.48	4.9
其中：个体	亿人	1.86	－6.1
旅客运输周转量	亿人公里	148.81	5.9
其中：个体	亿人公里	126.48	11.2
营运收入	亿元	358.99	10.5
个体纯收入	亿元	118.90	8.7

年末兵团公路通达里程35 623千米。其中，一级485.4千米，二级4 528.5千米，三级5 700千米，四级12 993千米。全年新改建二级以上公路556.4千米。

年末兵团航空企业管理局执管飞机43架。全年总飞行时间5 077小时，起落6 269架次。其中，用于农林牧业飞行2 683小时，作业处理土地面积53千公顷；工业飞行417小时。

年末兵团城市区域光网覆盖率100%，城市家庭光网覆盖率100%，团场及连队光网覆盖率98.3%，光纤宽带用户占比96%，4G网络覆盖全部师团及85%的连队。

五、国内贸易

全年社会消费品零售总额762.60亿元，比上年增长7.1%。按经营地统计，城镇消费品零售额677.27亿元，增长6.6%；乡村（连队）零售额85.33亿元，增长11.0%。按消费类型统计，商品零售额612.53亿元，增长6.2%；餐饮收入额150.07亿元，增长10.7%（图9）。

在限额以上单位（企业）商品零售额中，粮油食品零售额比上年下降4.7%，饮料类增长1.4%，烟酒类下降8.3%，服装、鞋帽、针纺织品类下降7.1%，化妆品类下降13.5%，金银珠宝类下降4.6%，日用品类下降2.3%，家用电器和音像器材类下降6.5%，中西药品类增长14.4%，文化办公用品类下降21.1%，家具类下降2.6%，通信器

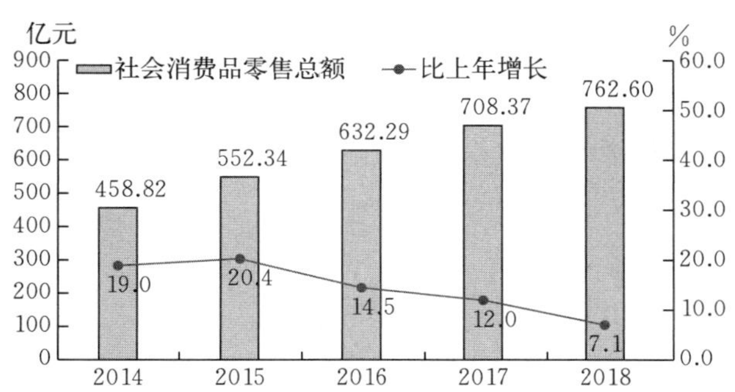

图 9　2014—2018 年社会消费品零售总额及其增长速度

材类增长 29.9%，建筑及装潢材料类下降 12.0%，汽车类下降 26.3%，石油及制品类增长 3.3%。

六、固定资产投资

全年固定资产投资（不含农户）1 001.76 亿元，下降 24.3%。分产业看，第一产业投资 74.18 亿元，下降 37.3%；第二产业投资 358.96 亿元，下降 19.4%；第三产业投资 568.62 亿元，下降 25.2%（图 10）。分区域看，南疆垦区投资下降 17.3%，北疆垦区投资下降 26.7%。民间固定资产投资 432.70 亿元，下降 21.4%，占固定资产投资（不含农户）的比重为 43.2%。基础设施投资下降 22.6%，占固定资产投资（不含农户）的比重为 39.8%。六大高耗能行业投资下降 22.8%，占固定资产投资（不含农户）的比重为 19.2%。

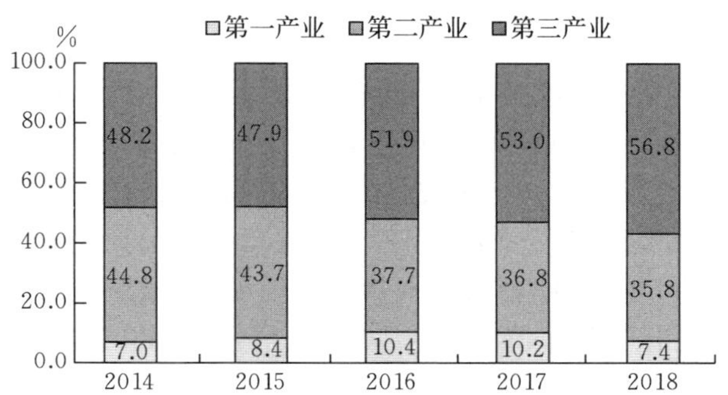

图 10　2014—2018 年三次产业投资占固定资产投资（不含农户）比重

全年工业投资比上年下降 19.4%。其中，制造业投资下降 20.5%；电力、热力、燃气及水的生产和供应业投资下降 17.7%。全年交通运输、仓储和邮政业投资下降 44.3%。2018 年分行业固定资产投资（不含农户）增长速度见表 4。

表 4　2018 年分行业固定资产投资（不含农户）增长速度

行　业	比上年增长（%）	行　业	比上年增长（%）
总计	−24.3	金融业	−71.0
农、林、牧、渔业	−37.3	房地产业	−23.9
采矿业	8.4	租赁和商务服务业	−17.5
制造业	−20.5	科学研究和技术服务	22.8
电力、热力、燃气及水生产和供应业	−17.7	水利、环境和公共设施管理业	−5.8
建筑业	−1.3	居民服务、修理和其他服务业	−32.0
批发和零售业	−45.7	教育	−14.3
交通运输、仓储和邮政业	−44.3	卫生和社会工作	−15.3
住宿和餐饮业	−41.8	文化、体育和娱乐业	−50.4
信息传输、软件和信息技术服务业	80.9	公共管理、社会保障和社会组织	−24.7

全年房地产开发投资 127.71 亿元，比上年下降 17.6%。商品房销售面积 335.70 万米^2，增加 0.7%。其中，住宅 258.20 万米^2，下降 0.9%。年末商品房待售面积 210.80 万米^2，下降 6.5%。商品房销售额 182.76 亿元，增长 22.9%。

全年实施棚户区改造 2 万户。实施农户危房改造 5 200 户，其中，建档立卡贫困户 1 884 户。

全年十类惠民工程完成投资 350 亿元，其中，建设类工程投资 90 亿元，财政补助工程投资 260 亿元。已连续 12 年实施教育保障、就业促进、乡村振兴、向南发展、扶贫帮困等十类惠民工程，为职工群众解决实际困难和问题。

固定资产投资建设资金来源（计划投资 5 000 万元以上项目）总额 551.39 亿元，比上年下降 29.3%。其中，本年资金 544.37 亿元，下降 28.8%。本年资金来源中，国家预算内资金

106.21亿元，增长27.0%；国内贷款50.76亿元，下降33.3%；利用外资0.12亿元；自筹资金362.86亿元，下降33.7%；其他资金23.39亿元，下降36.7%。

全年新增固定资产438.90亿元，比上年下降63.4%。

全年实施招商引资项目2 293个，到位资金1 599.74亿元，比上年下降9.0%。其中，新建项目1 427个，到位资金928.99亿元；续建项目866个，当年到位资金670.75亿元。各类招商引资项目中，第一产业项目239个，到位资金47.64亿元，比上年下降59.5%；第二产业项目1 141个，到位资金868.40亿元，下降10.6%；第三产业项目913个，到位资金683.70亿元，增长2.4%。与13个援疆省市产业合作项目481个，总投资2 205.40亿元，当年到位资金562.01亿元，占全兵团到位资金的35.1%。

全年304个援疆项目全部开工，累计完成投资29.83亿元，到位援疆资金22.29亿元。其中，南疆师完成投资15.50亿元，到位援疆资金11.80亿元；北疆师完成投资14.33亿元，到位援疆资金10.49亿元。

七、对外经济

全年货物进出口总额84.44亿美元，比上年增长11.4%。其中，货物出口71.60亿美元，增长8.1%；货物进口12.84亿美元，增长33.8%。货物出口中，自产品出口9.40亿美元，增长20.6%。货物进出口差额（出口减进口）58.76亿美元（表5、图11）。

表5　2018年货物进出口总额及其增长速度

指　　标	金额（亿美元）	比上年增长（%）
货物进出口总额	84.44	11.4
货物出口额	71.60	8.1
其中：一般贸易	11.10	17.7
边境小额贸易	60.41	10.5
货物进口额	12.84	33.8
其中：一般贸易	11.65	47.5
边境小额贸易	0.69	−43.7
货物进出口差额（出口减进口）	58.76	—

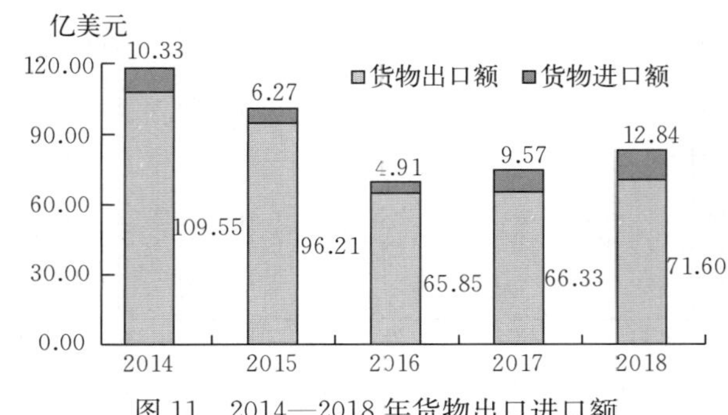

图11　2014—2018年货物出口进口额

全年实际利用外资4.90亿美元，比上年增长20.0%。新设外商投资企业15家，投资总额10.80亿美元，合同外资3.1亿美元。

全年完成非金融类对外直接投资8 961万美元，比上年增长2.0%。完成对外承包工程营业额7亿美元，增长3.0%，对外承包工程项目累计派出各类劳务人员1 134人。

八、财政金融

全年兵团公共财政预算收入1 180.07亿元，比上年增长10.7%。其中，一般公共预算收入103.82亿元，比上年下降19.9%。全年兵团实际完成地方税收收入104亿元，中央财政返还68.60亿元，增长1.2%。全年兵团一般公共预算支出958.41亿元，增长8.9%。首次成功发行60亿元兵团政府债券。

年末兵团辖区各项存款余额3 051.06亿元，比年初增长4.4%。其中，个人存款1 491.89亿元，增长17.9%；单位存款1 531.38亿元，下降7.6%；代理财政性存款25.38亿元，增长17.9倍。兵团辖区各项贷款余额2 574.10亿元，比年初增长9.4%。其中，个人贷款311.99亿元，下降2.6%；单位贷款2 202.74亿元，增长10.8%；票据融资59.38亿元，增长32.9%。

农行兵团分行年末各项本外币存款余额1 300.85亿元，比年初增长2.7%。其中，个人存款645.63亿元，增长8.4%；单位存款653.96亿元，下降1.9%；同业存款1.26亿元，下降64.5%。年末各项贷款余额662.92亿元，比年初增长0.7%。其中，个人贷款103.52亿元，增长6.0%；单位贷款484.65亿元，下降6.1%；贸易融资57.59亿元，增长30.8%；贴现及转贴现净值17.16亿元，增长155.0倍。

全年兵团上市公司直接融资 19 亿元，其中可交换债 4 亿元，超短期融资券 9 亿元，中期票据 6 亿元。

九、居民收入消费和社会保障

全年兵团居民人均可支配收入 31 513 元，比上年增长 7.1%，扣除价格因素，实际增长 5.0%。按常住地分，城镇居民人均可支配收入 38 842 元，比上年增长 5.8%，扣除价格因素，实际增长 3.9%；连队居民人均可支配收入 19 445 元，比上年增长 9.3%，扣除价格因素，实际增长 6.7%（图 12）。

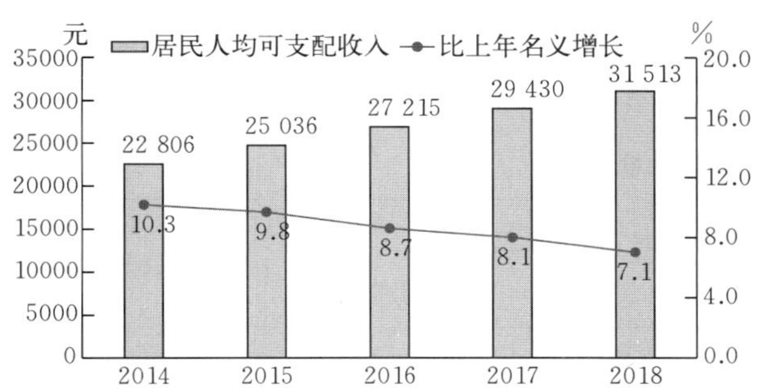

图 12　2014—2018 年兵团居民人均可支配收入及增长速度

全年兵团居民人均消费支出 19 193 元，比上年增长 1.5%。按常住地分，城镇居民人均消费支出 21 897 元，增长 0.3%；连队居民人均消费支出 14 742 元，增长 3.4%。居民家庭恩格尔系数为 26.3%，比全国水平低 2.1 个百分点，其中城镇为 25.9%，连队为 27.3%（图 13）。

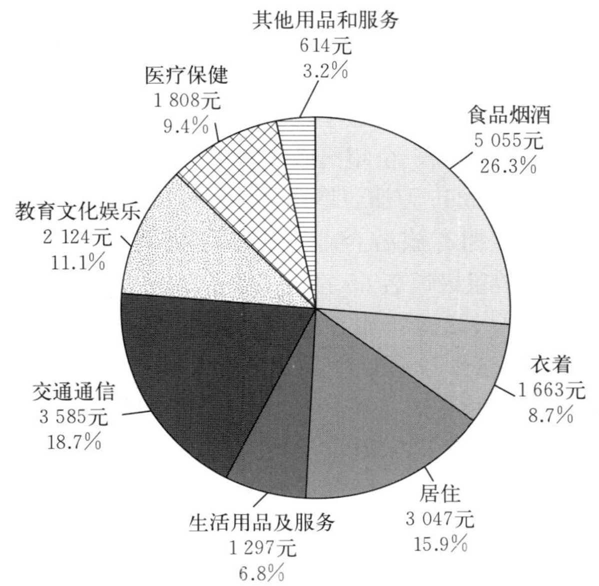

图 13　2018 年兵团居民人均消费性支出及构成

年末参加基本养老保险人数 189.84 万人，比上年增加 4.73 万人，其中，参加城镇职工基本养老保险人数 172.01 万人，增加 3.8 万人；参加城乡居民基本养老保险人数 17.83 万人，增加 0.93 万人。参加基本医疗保险人数 251.95 万人，增加 6.93 万人，其中，参加职工基本医疗保险人数 137.85 万人，增加 2.5 万人；参加城镇居民基本医疗保险人数 114.1 万人，增加 4.44 万人。参加失业保险人数 67.09 万人，增加 0.53 万人。年末领取失业保险金人数 1.62 万人。参加工伤保险人数 80.35 万人，增加 0.38 万人。参加生育保险人数 68.15 万人，增加 0.19 万人。

全年兵团发放低保资金 2.72 亿元，6.77 万人享受最低生活保障；发放临时救助资金 7 711 万元，13.6 万人（次）得到临时救助；发放特困人员救助供养资金 1 155 万元，1 114 名特困人员得到救助供养；发放医疗救助资金 8 997 万元，9.17 万人（次）得到医疗救助。全年国家抚恤、补助各类优抚对象 2 662 人。

全年受理劳动人事争议案件 2 629 件，其中调解组织受理 1 309 件，结案 832 件，调解结案率 63.6%；仲裁机构受理 1 352 件，结案 1 278 件，仲裁结案率 94.5%。受理劳动保障监察案件 625 件，结案 621 件，结案率 99.4%；受理行政复议案件 19 件，结案 19 件，结案率 100%。

十、科学技术和教育

年末兵团拥有师市以上部门所属研究与技术开发机构 18 个。全年兵团争取各类国家科技计划项目批准立项 134 项，国拨经费到位资金 1.23 亿元；兵团本级科技计划项目 256 项，兵团本级财政科技拨款 1.78 亿元。

已累计培育建设国家级高新技术产业开发区 1 个，国家火炬特色产业基地 1 个，高新技术企业 57 家，科技型中小企业 47 家，工程技术研究中心 31 家，产业技术创新战略联盟 9 家，科技中介服务机构 26 家。建设兵团级众创空间 59 家（12 家通过国家备案）、34 家星创天地（33 家通过国家备案）；科技企业孵化器 9 家（5 家国家级）。

全年新增国家地方联合工程研究中心 3 家，国家企业技术中心 1 家，自治区级企业技术中心 3 家，兵团工程研究中心（实验室）3 家。截至 2018 年年底，累计认定国家地方联合工程研究中心（实验室）22个，国家级企业技术中心7家，自治区级企业技术中心59家，兵团工程研究中心（实验室）15家。

全年专利申请量1 719件，比上年下降2.2%；专利授权量1 321件，增长14.2%，其中发明专利150件，下降24.6%；每万人发明专利拥有量2.36件，下降4.8%。

年末共有检验检测机构110家。已建成国家农业综合标准化示范区65个。全年制定地方标准4项。获批“全国质量强市示范城市”1家。

年末兵团有各级各类学校625所。在校学生52.90万人，教职工4.64万人。全年研究生招生0.19万人，在校研究生0.48万人，毕业生0.13万人。普通本专科招生1.33万人，在校生4.93万人，毕业生1.28万人。成人本专科招生0.70万人，在校生2.10万人，毕业生0.63万人。中等职业教育招生1.23万人，在校生3.14万人，毕业生0.82万人。普通高中招生2.01万人，在校生6.16万人，毕业生2.12万人。初中招生3.27万人，在校生9.48万人，毕业生2.96万人。小学招生3.08万人，在校生17.58万人，毕业生2.95万人。幼儿园招生3.60万人，在园幼儿9.01万人，毕业生3.06万人。特殊教育招生18人，在校生98人，毕业生19人。小学学龄儿童净入学率100%，初中适龄少年净入学率99.75%。九年义务教育巩固率98.64%，高中阶段毛入学率94.68%。少数民族中小学及幼儿园国家通用语言文字教学覆盖率100%（表6、图14）。

表6　2018年各类学校基本情况

指　标	学校数（所）	在校生数（人）		教职工数（人）		毕业生数（人）
			其中：新招生		其中：专任教师	
合计	625	529 038	154 086	46 389	36 040	139 501
普通高等学校	8	54 223	15 185	4 575	3 203	14 099
成人高等学校	2	21 030	7 017	883	613	6 263
中等职业学校	22	31 367	12 260	1 560	1 098	8 177
普通中学	237	156 389	52 770	16 979	14 208	50 826
小学	47	175 813	30 825	14 117	12 296	29 512
幼儿园	308	90 118	36 011	8 239	4 595	30 605
特殊教育	1	98	18	36	27	19

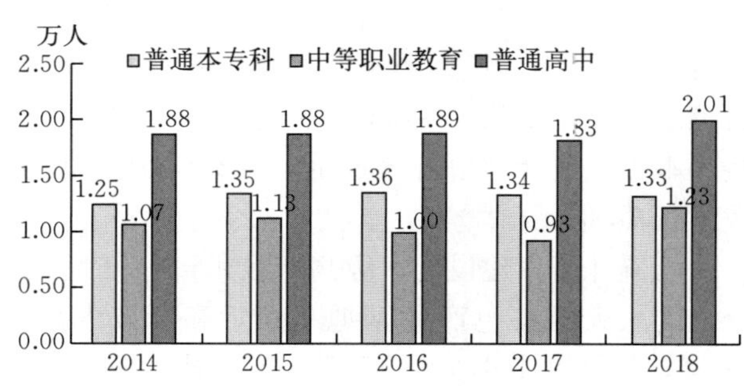

图14　2014—2018年普通本专科、中等职业教育及普通高中招生人数

十一、文化旅游、卫生健康和体育

年末兵团共有专业文艺团体9个，其中兵团直属4个、师市5个，从业人员600余人。各级拥有博物馆、纪念馆81座、图书馆6座（其中国家三级图书馆2座）和美术馆3座。已建成1个兵团文化中心、14个师市综合文化活动中心、190个团场综合文化活动中心和1 230个连队综合文化活动室。年末广播节目综合人口覆盖率为98.7%，电视节目综合人口覆盖率为99.6%，有线电视入户率达到70.0%。全年出版各类报纸6 577万份，各类期刊133.65万册，图书375种。

年末拥有旅游企业421家，其中旅行社163家，旅游星级饭店65家，国家等级景区55个，星级农家乐132个，旅游集团公司6家。全国优秀旅游城市1个，全国特色景观旅游名镇9个，兵团特色景观旅游名团（镇）40个，全国红色旅游经典景区7个，全国休闲农业与乡村旅游示范县3个，全国休闲农业与乡村旅游示范点8个，全国工农业旅游示范点12家，导游4 583人。

全年旅游接待总人次2 500万人，比上年增长32.1%。旅游总收入147亿元，增长44.4%。其中，入境旅游人数 23 万人次，增长 10.0%；国内旅游人数 2 477 万人次，增长 32.4%。国内旅游收入 144.7 亿元，增长 44.4%；旅游外汇收入 0.35 亿美元，增长 10.0%。带动直接就业人员 5.5 万人，增长 10%；间接就业人员 22 万人，增长 10.0%。

年末有各类卫生机构 1 240 个（含营利性卫生机构），其中，医院 208 个，门诊部 15 个，社区卫生服务中心 28 个，社区卫生服务站 88 个，诊所、卫生所、医务室 780 个，疾病预防控制中心（防疫站）102 个。各类卫生技术人员 30 507 人，其中，执业医师和执业助理医师 9 773 人，注册护士 11 789 人（图15）。医疗卫生机构床位 22 092 张。每千人执业（助理）医师 3.15 人，每千人注册护士 3.80 人，每千人拥有床位 7.13 张。传染病报告发病率（甲乙类传染病）319.80/10 万。

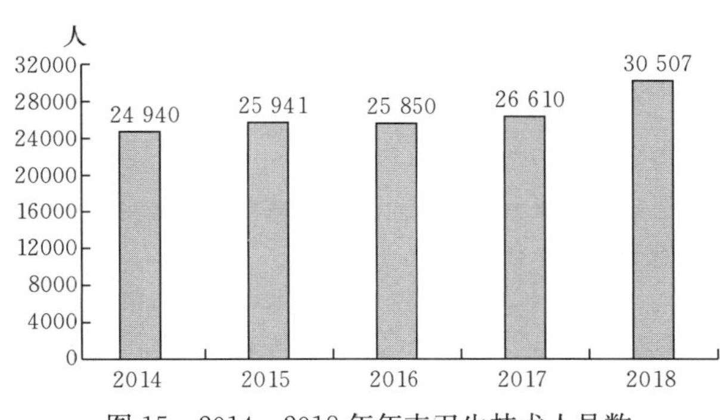

图 15　2014—2018 年年末卫生技术人员数

年末有养老服务机构 162 个，床位数 19 836 张，收养人数 7 986 人。年末有城镇社区服务设施 771 个。

年末共有体育场地 4 741 个，配建全民健身路径工程 1 336 套，平均每万人拥有体育场地 15.78 个，人均体育场地面积 1.85 米^2。公共体育场地设施开放比例达到 50%左右。成立兵团汽车摩托车运动协会、兵团电子竞技运动协会和兵团武术协会。

十二、资源、环境和应急管理

全年批准建设用地 4.53 千公顷，供应土地 4.83 千公顷，土地出让合同价款 36.46 亿元。

年末已建成水库 144 座，总库容 33.68 亿米^3。其中，大型水库 11 座，中型水库 31 座，小型水库 102 座。已建成水电站 94 座、泵站（含节水灌溉首部）4 116 座、水闸 7 039 座、农村集中式供水工程 1 039 处、机电井 36 085 眼（浅层地下水机电井 35 622 眼）。堤防建设长度 2 115.52 千米，堤防保护人口 140.87 万人，保护耕地面积 544.19 千公顷。现有 133.3 千公顷以上灌区 114 处，干、支、斗渠道总长度 35 647.82 千米。现有入河湖排污口 19 个，废污水排放量 8 203.00 万吨。

全年总灌溉面积 1 676.59 千公顷。其中，耕地灌溉面积 1 279.79 千公顷，林地灌溉面积 177.61 千公顷，园地灌溉面积 192.81 千公顷，牧草地灌溉面积 26.39 千公顷。

全年水利工程供水量 116.61 亿米^3，其中，向农业灌溉供水 104.39 亿米^3，向工业生产供水 2.99 亿米^3，向城镇生活供水 1.27 亿米^3，向乡村生活供水 0.9 亿米^3，向生态环境供水 4.97 亿米^3，向其他用途供水 2.09 亿米^3。

全年完成造林面积 19.30 千公顷，其中新造林 16.21 千公顷。林业重点工程完成造林面积 9.60 千公顷。全年水土流失综合治理面积 272.20 千公顷，新增水土流失综合治理面积 18.46 千公顷。

全年规模以上工业企业综合能源消费量 3 335.98 万吨标准煤，比上年下降 1.3%。其中，原煤消费量 5 575.87 万吨，下降 0.7%；电力消费量 782.52 亿千瓦时，增长 5.8%。

全年化学需氧量排放量 9.77 万吨，比上年下降 0.77%；氨氮排放量 0.52 万吨，下降 0.90%；二氧化硫排放量 10.00 万吨，下降 2.36%；氮氧化物排放量 8.77 万吨，下降 4.44%。

全年五家渠市、石河子市空气平均优良天数比例分别比上年提高 2.0、5.6 个百分点，细颗粒物（PM2.5）平均浓度分别比上年下降 13.0%、1.6%。

年末兵团城镇自来水、燃气、集中供热（含燃气采暖）基本实现全覆盖。污水集中处理率达 83.1%。生活垃圾无害化处理率为 61.1%，其中，城市生活垃圾无害化处理率为 90.5%。

全年各类自然灾害造成 220 千公顷农作物受灾，其中绝收面积 8 000 公顷。因灾倒塌房屋 55 户 55 间，其中，民房 52 户 52 间；损坏房屋 2 069 户 4 205 间，其中，严重损坏民房 2 户 3 间，一般损坏民房 2 067 户 4 202 间；倒塌牲畜棚圈 60 多座，因灾死亡牲畜 1 882 头（只）。直接经济损失 10 亿元，其中农业直接经济损失 6 亿元。全年全疆共发生 5.0 级以上地震 4 次，对兵团未造成较大的经济损失。

全年兵团工矿商贸行业领域未发生较大以上生产安全死亡事故，发生一般生产安全死亡事故19起，死亡19人。亿元生产总值生产安全事故死亡人数0.008人。工矿商贸企业就业人员10万人生产安全事故死亡人数1.784人。煤矿百万吨死亡人数为0.121人。

注释：

[1] 本公报中数据均为初步统计数，最终数据以《2019年兵团统计年鉴》为准。部分数据因四舍五入的原因，存在着总计与分项合计不等的情况。

[2] 生产总值、各产业增加值和人均生产总值绝对数按现价计算，增长速度按不变价格计算。

[3] 全员劳动生产率为生产总值（以2015年价格计算）与全部就业人员的比率。

[4] 贫困发生率是指贫困人口占团场总人口的比重。

[5] 工业战略性新兴产业包括节能环保产业，新一代信息技术产业，生物产业，高端装备制造产业，新能源产业，新材料产业，新能源汽车产业等七大产业中的工业相关行业。

[6] 高技术制造业包括医药制造业，航空、航天器及设备制造业，电子及通信设备制造业，计算机及办公设备制造业，医疗仪器设备及仪器仪表制造业，信息化学品制造业。

[7] 装备制造业包括金属制品业，通用设备制造业，专用设备制造业，汽车制造业，铁路、船舶、航空航天和其他运输设备制造业，电气机械和器材制造业，计算机、通信和其他电子设备制造业，仪器仪表制造业。

[8] 农、牧、渔业等历史数据根据第三次全国农业普查结果进行了修订。

[9] 六大高耗能行业包括石油加工、炼焦和核燃料加工业，化学原料和化学制品制造业，非金属矿物制品业，黑色金属冶炼和压延加工业，有色金属冶炼和压延加工业，电力、热力生产和供应业。

[10] 规模以上服务业统计范围包括年营业收入1 000万元及以上，或年末从业人员50人及以上的交通运输、仓储和邮政业，信息传输、软件和信息技术服务业，房地产业（不含房地产开发经营），租赁和商务服务业，科学研究和技术服务业，水利、环境和公共设施管理业，教育，卫生和社会工作；年营业收入500万元及以上，或年末从业人员50人及以上的居民服务、修理和其他服务业，文化、体育和娱乐业法人单位。

[11] 2017年固定资产投资制度修订，2018年增速按可比口径计算。

[12] 本公报中南疆垦区为第一、二、三、十四师，北疆垦区为第四、五、六、七、八、九、十、十一、十二、十三师及兵团直属单位。

[13] 基础设施投资是指建造或购置为社会生产和生活提供基础性、大众性服务的工程和设施的支出。公报中的基础设施投资包括电力、热力、燃气及水生产和供应业，交通运输、邮政业，电信、广播电视和卫星传输服务业，互联网和相关服务业，水利、环境和公共设施管理业投资。

[14] 民间固定资产投资是指具有集体、私营、个人性质的内资企事业单位以及由其控股（包括绝对控股和相对控股）的企业单位建造或购置固定资产的投资。

[15] 高技术制造业投资包括医药制造、航空航天器及设备制造等六大类高技术制造业投资。

[16] 房地产业投资除房地产开发投资外，还包括建设单位自建房屋以及物业管理、中介服务和其他房地产投资。

资料来源：

本公报中深化改革情况资料来自兵团党委全面深化改革委员会办公室；向南发展数据资料来自兵团党委向南发展工作办公室；惠民工程、工程研究中心、企业技术中心等数据来自兵团发展改革委；教育数据来自兵团教育局；外国专家、科技、专利数据来自兵团科技局；园区、电信数据来自兵团工业和信息化局；户籍人口数据来自兵团公安局；设市建镇、低保补助、优抚、收养数据来自兵团民政局；财政数据来自兵团财政局；城镇新增就业、登记失业率、基本养老保险、失业保险、工伤保险、劳动保障监察数据来自兵团人力资源和社会保障局；国有建设用地、供应地、土地出让数据来自兵团自然资源局；主要污染物排放、空气质量数据来自兵团生态环境局；棚户区住房改造、农户危房改造、城镇水气热普及、污水处理率、生活垃圾无害化处理率数据来自兵团住房和城乡建设局；公路通达里程、飞机、飞行时间数据来自兵团交通运输局；水利设施、灌溉面积、供水量、水土流失数据来自兵团水利局；农作物精量播种面积、测土配方施肥面积、机械化、良种推广、龙头企业、“三品一标”、农业示范区数据来自兵团农业农村局；货物进出口、利用外资、对外承包工程、劳务合作、招商引资和对口援疆数据来自兵团商务局；文化、广播、电视、出版、体育和旅游数据来自兵团文化体育广电和旅游局；卫生数据来自兵团卫生健康委；检验检测、标准化数据来自兵团市场监督管理局；灾害、地震、安全生产数据来自兵团应急管理局；基本医疗保险、生育保险和医疗救助数据来自兵团医疗保障局；脱贫攻坚数据来自兵团扶贫办；金融信贷数据来自兵团地方金融监督管理局；造林数据来自兵团林业和草原局；农行存贷款数据来自农行兵团分行；新疆价格数据来自国家统计局新疆调查总队；其他数据均来自兵团统计局和国家统计局兵团调查总队。

新疆地方国有农场2018年经济和社会发展统计公报

新疆农业农村厅地方国有农场管理局

2018年，新疆地方国有农场全面贯彻落实党的十九大和十九届二中、三中全会精神，贯彻落实习近平总书记关于新疆工作的重要讲话和重要指示精神，贯彻落实党中央治疆方略、特别是社会稳定和长治久安总目标，坚决按照自治区党委“1＋3＋3＋改革开放”工作部署，认真落实“两套班子”工作机制，聚焦总目标，坚持稳中求进工作总基调，坚决贯彻新发展理念，不断深化体制改革和机制创新，提高农场经济运行质量和效益，实现了新疆地方国有农场经济和社会快速发展。

一、综合

2018年全区地方国有农场完成国民生产总值386 673.06万元，其中第一产业增加值300 246.92万元，第二产业增加值25 630.70万元，第三产业增加值60 795.44万元，国民经济中三次产业比例为77∶7∶16，居民年人均可支配收入11 383元。

二、农业

2018年，新疆地方国有农场充分发挥农业企业特有优势，继续保持了社会经济全面发展的好势头。完成农林牧渔业总产值560 384.00万元。其中，种植业产值达467 303.82万元，林业产值38 126.13万元，牧业产值达39 023.64万元，渔业产值5 832.20万元，农林牧渔服务业产值10 098.11万元；农林牧渔业商品总产值352 757.38万元。

1. 种植业

全年农作物播种面积119 985.54公顷，其中：粮食播种面积27 666.82公顷，比上年减少11 293.18公顷；棉花播种面积79 948.70公顷，较上年增加56 348.70公顷；糖料播种面积574.67公顷，较上年减少891公顷；油料播种面积2 176.79公顷，较上年减少849.21公顷；瓜菜种植面积3 147公顷，较上年减少4 488.66公顷；其他作物播种面积为4 337.15公顷，较上年减少216.85公顷。主要产品产量见表1。

表1　主要农产品产量

产品名称	2018年（吨）	比上年增长（%）
粮食	299 446	－12.54
棉花	409 298	250.37
油料	37 541	－55.07
甜菜	5 587	－24.52
蔬菜、瓜类	205 334	17.10

2. 畜牧业及水产业

2018年新疆地方国有农场畜牧业稳步发展，主要牲畜和畜禽产品产量见表2。

表2　主要牲畜和畜禽产品产量

产品名称	计量单位	2018年	比上年增长（%）
大牲畜	万头	4.59	－34.05
猪	万头	6.77	－7.13
羊	万只	36.98	11.27
家禽饲养量	万只	157.58	－10.47
肉类总产量	吨	19 588	86.34
牛奶产量	吨	9 883	－64.72
禽蛋产量	吨	12 279	49.02

2018年新疆地方国有农场水产品养殖面积为2 984公顷，比上年增长8.12%；水产量为3 990吨。

3. 水果及林业

2018年新疆地方国有农场水果生产保持平稳发展，总面积33 547.66公顷，较上年减少1 213公顷，总产391 891吨，较上年减25.08%，其主要水果产品产量见表3。

表3　主要水果产品产量

林果名称	2018年（吨）	比上年增长（%）
苹果	218 417	4.35
梨	59 000	−61.29
葡萄	58 265	−52.36
桃	12 309	76.47
红枣	39 001	79.81
其他水果	4 878	−52.94

2018年新疆地方国有农场当年新造林1 896公顷，其中用材林6.03公顷，经济林770.24公顷，防护林1 119公顷。当年零星植树26.54万株，育苗面积184.70公顷，其中当年新育面积154.50公顷。

2018年新疆地方国有农场生产条件持续改善，农业机械总动力为436 653千瓦，其中：柴油发动机动力332 475千瓦，汽油发动机动力98 939千瓦，电动机动力51 039千瓦，其他动力12 200千瓦；有大中型农用拖拉机8 798台，小型及手扶拖拉机8 833台，大中型拖拉机配套农机具9 882台，小型拖拉机配套农机具14 737台，播种机9 047台，化肥深施机1 903台，机引铺膜机3 377台，农用排灌动力机械4 763台，农用水泵2 598台，滴喷灌溉机械3 154台，植保机械机动喷雾（粉）机2 662台；收获机械中，联合收获机201台、动力24 634千瓦，其他作物收获机械302台、动力8 736千瓦；农副产品加工机械中，粮食加工机械210台，棉花加工机械310台，油料加工机械19台；畜牧业机械中，牧草播种机31台，牧草收割机61台，牧草打捆机94台，机动剪毛机18台，机动挤奶器56台；林业机械中，挖坑机75台，植树机3台；运输机械中，农用运输汽车2 263辆、动力29 379千瓦；农田基本建设机械中，推土机103台、动力23 921千瓦，挖掘机98台、动力15 082千瓦，开沟机11台、动力635千瓦。农场用电量49 523万千瓦时，农用化肥施用总量（按折纯量计算）124 017吨，农药施用量3 753吨，地膜使用量6 042吨。

农产品质量：已认证无公害种植业产品220公顷、1 452吨。已认证无公害水果393公顷、8 128吨，认证绿色水果162公顷、283吨，认证有机水果563公顷、16 250吨。

农作物种业基本情况：种子播种面积940.51公顷、产量419吨；原种播种面积17.66公顷、生产量122吨；良种播种面积922.85公顷、生产量346吨。

三、工业和建筑业

2018年新疆地方国有农场完成工业产值141 158.9万元，按行业划分，农副食品加工业94 584万元，占67%；酒、饮料和精制茶制造业160万元，占0.11%；纺织业43 378万元，占30.78%；木材加工和木、竹、藤、棕、草制品业1 059万元，占0.75%；塑料制品业1 220万元，占0.86%。其主要工业产品产量见表4。

表4　主要工业产品产量

产品名称	2018年（吨）	比上年增长（%）
纱	11 473	上年为0
白酒（折65度，商品量）	80	−33
塑料制品	3 861	83.86
砖	400	−50

年末建筑业单位5个，其中国有1个，年末从业人员642人，拥有固定资产原值2 115万元，机械设备总数为77台，全年施工房屋建筑面积6.52万米^2。

四、固定资产完成情况及新增生产能力

2018年，完成固定资产投资61 002万元（含国有50 500元），其中第一产业38 616万元，占63.30%；第二产业18 443万元，占30.23%；第三产业3 943万元，占6.46%。按资金来源分，国家预算内资金3 811.60万元，占9.01%；国内贷款15 906万元，占37.61%；自筹资金14 178.05万元，占33.52%；其他资金8 397.24万元，占19.85%。当年新增固定资产21 944.89万元，其中国有10 892.89万元。

五、科研、教育和卫生

2018年，新疆地方国有农场有科研单位1所，科技人员14人，科技经费50万元，企业自筹50万元。

六、人口、土地

2018年，新疆地方国有农场年末总人口227 211人。年末土地总面积665 471公顷，其中耕地面积139 550公顷，牧草地面积294 852公顷，林地面积78 875公顷，水面面积3 154公顷，果园面积为35 739公顷，可垦荒地面积30 282公顷，宜林地面积7 422公顷，居民点及工矿用地面积10 137公顷，其他面积65 460公顷。

新疆地方国有牧场2018年经济和社会发展统计公报

新疆维吾尔自治区畜牧厅产业发展与牧场管理局

2018年新疆维吾尔自治区地方国有牧场广大干部职工，在农业农村部农垦局及相关部门的大力支持和亲切关怀下，在自治区党委、人民政府的坚强领导下，原畜牧厅党组坚持以习近平新时代中国特色社会主义思想为指引，坚决贯彻以习近平同志为核心的党中央治疆方略，坚决聚焦落实新疆工作总目标，全面贯彻党的十九大和十九届二中、三中全会以及自治区第九次党代会和九届三次、四次、五次全会精神，贯彻自治区党委“1＋3＋3＋改革开放”等各项决策部署，认真落实中央农村工作会议、自治区党委农村工作会议精神，贯彻新发展理念，狠抓畜牧业高质量发展和供给侧结构性改革，助力打赢精准扶贫攻坚战，较好地完成了全年的各项工作任务。

一、综合

2018年年末，新疆上报统计数据和资料的地方国有牧场100个，比2017年年末减少24个，其中：一是核销国有牧场12个，主要是改制撤场并乡、（建）村，分别是伊犁州伊宁市界梁子牧场、尼勒克县阿克塔斯牧场；克孜勒苏柯尔克孜自治州乌恰县国营羊场、阿图什市经济羊场、阿克陶县木吉牧场；阿勒泰地区阿勒泰市散德库木种畜场、阿勒泰市萨尔胡松乡牧场、阿勒泰市喀拉希力克乡牧场；阿克苏地区沙雅县一牧场、沙雅县二牧场和喀什地区叶城县普萨牧场等，这12个牧场已从农业农村部农垦局备案名录中剔除。二是反复督办，仍不能按时、准确报送相关材料（例如财务、综合统计等年报数据、牧场改革进展情况等）的牧场有12个，这12个牧场暂时在农业农村部农垦局名录中保留。100个上报数据和资料的地方牧场中，有自治区属3个，地州属5个，县属92个。土地总面积1 173.84公顷，比上年下降12.3%。其中，耕地面积21.32万公顷，草场面积765.99万公顷，林地面积11.56万公顷，水域面积14.12万公顷，茶果桑园面积1.62万公顷，可垦荒地面积230.13万公顷，宜林地面积0.27万公顷，居民点及工矿用地面积20.6万公顷，其他面积108.24万公顷。2018年年末总人口37.68万人。全年实现生产总值42.65亿元，比上年下降8.28%，其中：第一产业生产总值34.89亿元，比上年下降9.4%；第二产业生产总值3.63亿元，比上年增长17.3%；第三产业生产总值4.13亿元，比上年增长14.72%。各项数据及比值下降，主要原因是统计的地方牧场由124个下调为100个所致。

二、农牧业生产

2018年，全年实现农林牧渔业总产值71.5亿元，种植业产值41.1亿元，畜牧业产值29.17亿元，林业总产值0.3亿元，渔业总产值0.394亿元，农林牧渔业服务产值0.516亿元。国有牧场农作物总播种面积为20.64万公顷，较上年减少2.66万公顷，减幅11.4%，其中：粮食播种面积9.25万公顷，减少1.3万公顷，减幅0.12%；油料面积1.61万公顷，减少0.3万公顷，减幅15.71%；棉花面积5.93万公顷，增加0.04万公顷，增幅0.01%；糖料作物面积0.16万公顷，减少0.17万公顷，减幅51.12%；蔬菜瓜果面积0.63万公顷，减少0.24万公顷，减幅27.59%；其他作物面积2.89万公顷，减少0.67万公顷，减幅18.83%。

主要农产品产量：2018年粮食总产量82.09万吨，较上年减少6.35万吨，减幅0.07%，其中：小麦14.52万吨，减少4.51万吨，降幅23.7%；玉米60.46万吨，增加0.5万吨，增幅0.1%。油料总产量3.47万吨，减少1.02万吨，减幅22.7%；棉花总产量30.92万吨，增加6.29万吨，增幅25.53%。

2018年年末，国有牧场牲畜存栏390.64万头（只），较上年减少98.03万头（只），减幅

20.1%，其中：牛 39.7 万头，减少 8.23 万头，减幅 17.17%；羊 327.94 万只，减少 15.42 万只，减幅 4.49%。

主要畜产品产量：2018 年国有牧场肉类总产量 7.41 万吨，较上年减少 1.64 万吨，减幅 18.1%，其中：牛肉 1.94 万吨，减幅 19.83%；羊肉 2.67 万吨，减少 1.23 万吨，减幅 31.53%。牛奶总产量 16.2 万吨，较上年减少 1.0 万吨，减幅 5.8%。绵羊毛总产量 4 394 吨，较上年减少 563 吨，减幅 11.35%。

农业基础设施建设得到加强，农业生产机械化水平进一步提高，进一步改善了农牧业生产条件。全区国有牧场年末农业机械总动力 80.17 万千瓦，比上年增长 1%。农用排灌动力机械 649 台，大中型农用拖拉机 5 238 台，小型拖拉机 21 620 台，播种机 2 655 台，联合收获机 254 台，机动割晒机 24 台，机动脱粒机 63 台，农用运输车辆 1 360 辆。畜牧业机械 1 363 台，其中，牧草收割机 789 台，牧草打捆机 154 台，机动挤奶器 260 台。温室 4 567 米^2，大棚 16.04 万米^2。当年机播面积 22.59 万公顷，占农作物总播种面积的比重达 109%（含复播），机械收获面积 16.9 万公顷，占农作物总播种面积的 81.93%。农田肥料施用量 12.54 万吨。

三、固定资产投资

固定资产投资总额 79 238.86 万元，比上年下降 18.76%。投资总额中用于第一产业的投资 34 106.22 万元，占投资总额的 43.06%；第二产业投资为 20 947.36 万元，占投资总额的 26.37%；第三产业为 24 185.28 万元，占投资总额的 30.57%。其中国家预算内资金 34 930 万元、自筹资金 31 058 万元。

四、人口、职工、收入和社会保障

2018 年年末新疆地方国有牧场总人口 37.68 万人，社会从业人员 16.01 万人。其中：第一产业从业人员 14.08 万人，占总从业人员 87.9%；第二产业从业人员 0.52 万人，占总从业人员 3.2%；第三产业从业人员 1.41 万人，占总从业人员 8.8%。从业人员劳动报酬 26.29 亿元，在岗职工劳动报酬 10.96 亿元，职工生活水平稳步提高。职工人均收入达 20 233 元。全区国有牧场实现居民人均可支配收入 9 788 元，比上年增长 2%。国有牧场危房改造工作自 2011 年开展以来，职工居住条件得到改善，年末实有住房面积 835.05 万米^2，人均住房面积达 25.82 米^2。

中国热带农业科学院 2018 年经济和社会发展统计公报

中国热带农业科学院

2018 年，在农业农村部的正确领导下，中国热带农业科学院（简称热科院）按照乡村振兴战略总要求和“一带一路”建设总布局，全面提升热带农业科技创新能力，持续加大热带农业科技有效供给，积极服务国家外交大局，不断强化条件支撑保障，着力加快院所改革创新，深入推进全面从严治党，各项工作取得了明显成效，开创了热带农业科技工作新局面。

一、综合

农业农村部核定热科院编制总数 5 500 人，其中：财政拨款补贴人员编制 4 300 人、经费自理人员编制 1 200 人。2018 年，全院常住总人口 12 190 人，年内平均人口 12 235 人，少数民族 2 503 人。年末从业人员 3 663 人，其中：在岗职工 3 095 人，其他职工 568 人。全年职工劳动报酬 47 248.16 万元，比 2017 年增长 18.46%；居民人均可分配收入 34 418.00 元，比 2017 年增长 6.5%。

全年实现第三产业生产总值 55 182.70 万元，比上年增加 4 463.92 万元，增长 8.8%，人均生产总值 4.51 万元，人均纯收入 14.09 万元，居民人均可支配收入 3.44 万元，年末实有住房面积 47.98 万米^2，人均住房使用面积 39.36 米^2。

土地总面积 4 530.70 公顷，其中：耕地面积 292.20 公顷，牧草地面积 6.15 公顷，林地面积 2 128.88 公顷（橡胶面积 1 519.15 公顷），水面面积 49.39 公顷，茶果桑园 118.69 公顷，可垦荒地面积 74.33 公顷，宜林地面积 439.29 公顷，居民点及工矿用地面积 368.05 公顷，其他面积 1 053.72 公顷。耕地面积中水田 121.48 公顷，高标准农田面积 34.47 公顷。

二、科学研究

科学研究和综合技术服务业生产总值 55 055.47 万元，比上年增加 4 482.83 万元，增长 8.86%，其中：劳动者报酬 46 637.57 万元，增加 6 888.50 万元，增长 17.33%，增长的原因：①根据国家政策执行 2018 年基本工资调整，补发了 2018 年 7～12 月基本工资；②成果转化能力逐步提升，发放科技成果转化奖励等，成果转化收益奖励在收入分配占比中进一步提升；③转正定级增资、正常晋升、岗位变动等原因导致工资有所提高。固定资产折旧为 8 165.41 万元，比上年下降 19.88%；批发和零售业 110.84 万元，下降 3%。租赁和商务服务业 16.39 万元，下降 95%，减少原因是岗位调整。

生产总值情况见表 1。

表 1　生产总值情况

生产总值情况	2018 年（万元）	2017 年（万元）	增加额（万元）	比上年增长（%）
一、科学研究和综合技术服务业	55 055.47	50 572.64	4 482.83	8.86
其中：劳动者报酬	46 637.57	39 749.07	6 888.50	17.33
固定资产折旧	8 165.41	10 190.39	−2024.98	−19.87
生产税净额	242.53	626.38	−383.85	61.28
营业盈余	10.8	6.80	4	58.82
二、批发和零售业	110.84	114.17	−3.33	2.92
三、租赁和商品服务业	16.39	31.97	−15.58	48.73
合计	55 182.70	50 718.78	4 463.92	8.80

三、农林牧渔业

（1）全年农林牧渔业总产值 5 110.58 万元，增长 28.26%，其中：种植业产值 1 141.20 万元，林业产值 2 951.35 万元，增长 68.78%，牧业产值 956.72 万元，渔业产值 61.31 万元。农作物播种面积 123.20 公顷，总产量 1 743.84 吨，比上年减少 65.02 公顷；其中，粮食播种面积 58.81 公顷，产量 307.15 吨，比 2017 年减少 76.65 公顷，减少 1 335.30 吨，下降 81.30%，减少的原因是：由于研究、试验、推广等需求调减相应的种植面积；水果面积 99.94 公顷，比 2017 年减少 27.85 公顷，水果产量 809.13 吨，增加 446.13 吨，增长 123.02%，水果主要分布在香蕉、葡萄、芒果、火龙果、菠萝蜜、黄皮等热带水果；当年造林面积 63.75 公顷，采伐木材 3 692.3 米^3（主要为橡胶树更新）。肉类总产量 379 吨，水产品总产量 112 吨，养殖面积 23 公顷。农林牧渔业总产值情况见表 2。

表 2　农林牧渔业总产值情况

指标名称	2018 年（万元）	2017 年（万元）	增加额（万元）	比上年增长（%）
农林牧渔业总产值	5 110.58	3 984.66	1 125.92	28.26
种植业产值	1 141.20	928.96	212.24	22.85
林业产值	2 951.35	1 748.59	1 202.76	68.78
其中：橡胶产值	882.83	1 014.13	−131.30	−12.95
牧业产值	956.72	1 217.00	−260.28	−21.39
渔业产值	61.31	90.11	−28.80	−31.96

（2）橡胶年末实有面积 1 519.15 公顷（其中个人种植 451.74 公顷），全年干胶总产量 802.57 吨。年内实际到达开割面积 940.65 公顷，开割到达株数 33.25 万株。橡胶生产总产值 882.83 万元，比 2017 年减少 131.30 万元，下降 13%。

（3）热带亚热带作物年末种植面积 316 公顷，比 2017 年增加 20.21 公顷，分别为：剑麻 7 公顷、胡椒 6 公顷、咖啡 4 公顷、椰子 98 公顷、油棕 47 公顷、可可 11 公顷、槟榔 123 公顷、益智 6 公顷、澳洲坚果 7 公顷、木薯 2 公顷。

（4）当年造林面积 63.75 公顷，比 2017 年下降 39.09%，其中：经济林 63.75 公顷。幼林抚育面积 594.71 公顷，成林抚育面积 1 291.33 公顷，采伐木材 3 692.30 米^3，森林覆盖率达 123.70%。

（5）肉类总产量 379 吨，比 2017 年减少 59.55 吨，下降 13.58%。其中：猪肉产量 312 吨，牛肉产量 17 吨，羊肉产量 8 吨，禽肉产量 42 吨。桑蚕产量 4 吨。

四、科技

2018 年科研经费 47 357.01 万元，增加 13 138.63 万元，增长 38.40%，其中：国家拨款 39 530.27 万元，增长 25.77%；地局级自筹 5 841.70 万元，增长 134.18%；企业自筹 1 985.04 万元，增长 579.06%。

2018 年全院获科研立项经费 3.50 亿元，较 2017 年增长近 1 亿元，涨幅达 34.61%，创热科院年度科研立项经费新高。其中，竞争性项目立项经费 2.16 亿元，部门预算立项经费 1.34 亿元。

国家级重大项目申报有新突破，国家重点研发计划年度立项突破 2 项，环境与植物保护研究所牵头申报的“特色经济作物化肥农药减施技术集成研究与示范”项目立项获批，经费为 4 890 万元；热带生物技术研究所牵头申报的“热带作物重要性状形成与调控”项目已进入立项公示阶段，拟支持经费 3 574 万元。国防军工项目立项公示 1 项，经费为 1 070 万元；地方支持的科技项目经费显著提升，海南省科技项目经费达 8 104 万元，较 2017 年增长 135.10%；广东省科技项目经费达 2 986 万元，较 2017 年增长 78.26%。其中，海南省重大专项“槟榔黄化灾害防控及生态高效栽培关键技术研究与示范”获立项资助，经费为 3 723 万元。此外，国家热带农业科学中心先导计划项目纳入部门预算储备库。

五、固定资产投资

全年固定资产投资额 30 289.69 万元，减少 10 130.03 万元，下降 25.06%，当年新增固定资产 21 291.84 万元，减少 3 329.79 万元，下降 13.52%。

六、其他

获批绿色食品认证的水果 2 个（菠萝蜜和火龙果），实际面积 10.73 公顷，产量 27.5 吨。

广州农垦2018年经济和社会发展统计公报

广州风行发展集团有限公司

2018年，广州风行发展集团有限公司（简称集团）认真贯彻习近平新时代中国特色社会主义思想和党的十九大及十九届历次全会精神，贯彻落实好市委、市政府及市国资委各项重要决策部署，以习近平总书记对广东工作的重要批示精神为统领，坚持高质量发展要求，坚持改革创新理念，坚持把党建工作与生产经营管理一体化同步推进，集团在创新发展、品牌战略、重点项目建设、结构调整等方面取得新进展，继续保持平稳持续健康发展态势。2018年，集团实现营业收入20.65亿元，同比增长16.12%；利润总额1.39亿元，同比增长11.15%。

一、综合

2018年集团纳入统计报表编制范围的企业共22户，总部及二级企业共7户，三级企业15户，行业分布在加工业、畜牧养殖业、现代服务业，其中：乳制品加工及畜牧养殖企业7户，商贸企业3户，综合经营9户，关停企业3户。年末从业人数1 870人，年末职工人数1 718人，人均年收入77 100元，同比增长11.38%。土地总面积29.67公顷。

2018年集团实现国内生产总值45 164万元，同比下降2.82%，三产业比重为1∶5∶4，其中：第一产业继续推进核心牛群建设，不断提升奶牛饲养技术，实现生产总值5 317万元，但因环保压力增大和产奶周期结构调整，同比下降15.83%；第二产业推进科技创新、品牌宣传创新及营销模式创新，以及并购企业助力规模增长，实现生产总值22 406万元，同比增长18.04%；第三产业大力发展主业及食品相关商贸业务，盘活低效资产，发展多元化租赁业务经营，提升资产经营效益，实现生产总值17 441万元，下降17.64%，主要是物业转让业务收入减少。

二、畜牧业

集团畜牧业为奶牛养殖，拥有3个现代化高水平奶牛养殖场，均为标准化奶牛示范场，分别位于广州增城、从化和南沙，年末从业人员174人。其中穗新牧场2018年4月通过全国优质乳工程的牧场验收；2018年10月30日被中国奶业协会评为“2008—2017年度奶牛生产性能测定规范奶牛场”，也是广东省内唯一一家入选的牧场。南沙牧场因政府征地，养殖环境发生改变，该场处于停产歇业阶段。2018年实现销售收入14 817万元，同比下降11.87%。利润总额72万元，同比降幅较大。主要原因：一是南沙牧场停产歇业；二是奶牛存栏数量减少；三是奶产下降，导致收入减少，利润减少。

2018年，集团畜牧业继续深化科技创新，强化生产效能提升，改善综合治理水平。一是优化牛群结构，饲养环境和条件升级，促进核心牛群数量和质量的提升，不断提高单产，华美牧场平均单产达9.52吨，同比2017年单产9.43吨提升0.09吨；二是加强环保治理，实现生态饲养模式，持续推进粪污处理技改，探索对粪污的资源化再利用；三是加强综合治理，完善质量管理体系，制定《生鲜乳》企业标准（Q/HMNN 0001S—2018）并备案成功，抓好人才队伍建设和培训，完善绩效考核体系。年末奶牛总存栏5 800头，比上年减少1 300头，下降18.31%，主要是对牛群进行优化和淘汰所致的下降，其中：能繁殖母畜4 000头，比上年减少1 300头，下降24.53%；当年生仔畜2 900头，比上年增加200头，增长7.41%。全年实现生鲜奶产量27 046吨，比上年减少3 218吨，下降10.63%；销量27 061吨，比上年30 269吨减少3 208吨，下降10.60%。

三、工业

集团工业以乳制品加工为主，旗下风行乳业股份公司为集团核心乳企。风行乳业股份公司拥有2个加工厂，分别位于广东省广州市和河北省张家口市，拥有1个位于广州市增城区的在建乳制品生产基地，年末从业人员1 536人。实现主营收入76 931万元，同比增长19.37%；全年实现利润2 460万元，同比增长较大，主要是产品盈利水平提升。

2018年，产业发展狠抓品牌建设和渠道建设，围绕“中国优质乳品专家”的品牌定位，聚焦优质、鲜活的核心价值，从中低端产品结构向中高端转型。同时，不断加强宣传推广，推进技术创新，产品优势进一步提升，并以企业并购的外延发展为契机，促进南北两地乳企融合协同发展，进一步推动风行品牌全国布局和区域扩张，逐步从生产经营走向品牌经营。全年实现工业总产值76 996万元，同比增加11 204万元，增长17.03%；全年产量83 465吨，同比增加15 147吨，增长22.17%；实现销量82 073吨，同比增加14 672吨，增长21.77%。

四、现代服务业

2018年，集团纳入统计范围批发零售、服务业企业15个，主要经营成品油销售、物业租赁、商贸等业务，其中：正常经营企业12个，关停企业3个；年末从业人员160人，其中：批发零售业94人，服务业66人。全年实现营业收入126 671万元，同比增长18.23%，其中：批发零售业营业收入112 683万元，同比增长25.59%，主要是经营工业奶粉、白糖、玉米、稻谷、健康食品等产业链相关商品贸易和牛奶主题连锁便利店零售业务，以及加油站业务。2018年通过不断优化商品结构，探索新模式新业态，贸易业务（商贸+便利店）实现收入95 592万元，同比增加21 445万元，增长28.92%；加油站经营抵御国际油价波动和成本上升压力，保持油站购销稳定，并推动互联网+创新经营，实现营业收入17 091万元，同比增长9.73%。服务综合经营主要通过深挖物业经营潜力，探索新的合作模式提高物业租赁效益和经营灵活性，并制订低效资产转让方案，盘活资产收回资金以支持核心主业发展。全年营业收入14 641万元，同比下降18.23%，主要是物业转让业务同比减少。服务业实现利润总额11 419万元，同比增长6.34%。

五、固定资产投资情况

2018年集团根据固定资产投资预算，严格把控固定资产投资支出，继续推进重点项目建设及建设方案的优化调整。全年完成固定资产投资总额4 089万元，同比增长42.57%，主要是根据乳业板块战略规划的总体思路，对项目可研方案及设计方案进行调整，乳制品基地投入增加，投资资金全部通过自筹解决。其中：第一产业完成投资684万元，主要是华美牛场投资515万元，穗新牛场投资166万元；第二产业完成投资3 251元，主要是风行乳制品公司基地项目建设投入1 685万元，风行乳业运输设备、电子设备、项目工程设备等投入955万元，长城乳业购买生产线办公设备等611万元等；第三产业完成投资154万元。当年新增固定资产4 054万元，主要是工业及牧业项目的投入。

南京农垦2018年经济和社会发展统计公报

南京农垦产业（集团）有限公司

2018年，南京农垦严格贯彻落实中央、省、市关于农垦改革各项会议精神，用习近平新时代中国特色社会主义思想武装头脑，重点聚焦“两个3年”任务和农垦改革专项试点等工作，以改革为重点，以稳定为基础，以项目为抓手，以提高经济效益为突破口，重点工作有效推进，职工生活得到很大改善，垦区经济社会发展取得新突破。

2018年，南京农垦资产总额119 440.52万元，负债总额91 560.35万元，净资产27 880.17万元。实现营业收入10 225.06万元，实现利润总额629.69万元。

一、综合

2018年，南京农垦经济平稳，全年实现生产总值4 966.23万元，比上年下降2.28%。其中第一产业增加值398.25万元，比上年下降5.57%；第二产业增加值1 043.06万元，比上年下降14.23%；第三产业增加值3 524.92万元，比上年增长1.69%。三次产业结构比例为8∶21∶71，第三产业仍然是南京农垦主要支柱产业。

土地总面积759公顷，其中林地面积434公顷，占土地总面积的57%；茶果桑园面积38公顷，占土地总面积的5%；居民点用地面积和其他面积287公顷，占土地总面积的38%。

二、农业

南京市青龙山林场是南京农垦唯一涉农全资子企业，但由于历史遗留问题等客观因素，农业生产经营规模很小，目前仅有林场下属南京青泉茶业有限责任公司进行茶叶的种植与销售，还有一家民营禽业养殖单位康欣禽业公司从事生产经营活动。2018年，全年农林牧渔业总产值1 320万元，其中种植业产值129万元，牧业产值1 184万元，渔业产值7万元，总产值与上年基本持平。

1. 种植业

南京农垦茶叶种植面积38公顷，全年生产雨花茶4.4吨，比上年增长1.03%，实现年销售收入223万元。2018年，青泉茶业有限责任公司通过“对标找差　创新实干　推动高质量发展”工作的深入开展，更新了生产设备，学习了茶园管理经验及制茶设备的使用方法，不断提升经营管理水平。在2018年度南京市茶叶质量评比中，青泉茶业有限责任公司荣获银奖。

2. 畜牧业及渔业

全年禽业养殖量8万只，禽肉年产量60吨，比上年下降11.76%；禽蛋产量980吨，比上年下降6.67%。因青龙山林场鱼塘分布零散且淤积多年，已不再适宜养殖鱼类，但存塘鱼仍然存在，产值与上年基本持平。

三、工业

南京农垦所涉工业大多为林场范围内的属地企业，包括阀门厂、昊东钢构厂、佳友机电厂等。全年工业总产值9 660万元，比上年下降0.82%。

四、批发零售业、住宿餐饮业、服务业、交通运输业及其他

2018年，南京农垦第三产业增加值为3 524.92万元，比上年增长1.69%，其中批发零售业665.34万元，比上年增长5.52%；交通运输业74万元，比上年下降4.52%；住宿和餐饮业285.35万元，比上年增长1.84%；租赁和商务服务业2 081.23万元，比上年下降8.20%；居民服务修理和其他服务业419万元，比上年增长7.16%。

南京农垦目前主要收入来源为第三产业，一是房产出租收入。南京农垦积极采取市场化方式运作，提高房屋出租率及租金收益率，全年实现房租收入1 683.90万元，比上年增长5.24%；二是大宗农产品贸易收入。农垦商贸部不断拓展商贸业务

类型与渠道，通过“对标找差　创新实干　推动高质量发展”工作的深入开展，总结了经验，提高了管理水平，弥补了在市场发展、业务拓展能力等方面的短板，全年实现主营业务收入 7 569 万元，比上年增长 36.21%。

五、固定资产投资情况

2018 年，南京农垦完成固定资产投资 300.62 万元，均为自有资金。其中第一产业 122.78 万元，占投资总额的 41%；第三产业 177.84 万元，占投资总额的 59%。主要包括：青龙山林场防霜扇设备的采购和茶叶炒制设备采购，以及办理农垦大厦产权证相关费用。

六、人口、职工和劳动报酬

2018 年年末，南京农垦总人口 2 753 人，其中农场人口 2 569 人。年末从业人员 653 人，年人均劳动报酬为 5.94 万元，其中第一产业 122 人，占总从业人员的 19%；第二产业 149 人，占总从业人员的 23%；第三产业 382 人，占总从业人员的 58%。年末国有从业人员 241 人，其中在岗职工 212 人，其他从业人员 29 人。

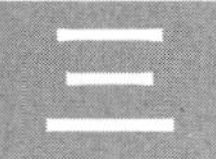

主要经济与社会指标

综合情况

1－1 主要年份全国农垦经济主要指标

指标名称	计量单位	2005年	2010年	2015年	2017年	2018年	2018年比2017年增长	
							绝对数	(%)
一、基本情况								
农垦独立核算企业	个	6 197	5 261	5 880	6 640	5 011	－1 629	－24.5
#农牧企业	个	1 923	1 807	1 785	1 758	1 759	1	0.1
工业企业	个	1 809	1 290	1 237	1 405	959	－446	－31.7
建筑企业	个	443	537	378	493	247	－246	－49.9
运输企业	个	270	290	205	489	391	－98	－20.0
批零贸易餐饮企业	个	1 752	1 337	2 275	2 497	1 655	－842	－33.7
农垦年末总人口	万人	1 259.53	1 332.31	1 445.95	1 455.21	1 433	－22.21	－1.5
职工总数	万人	335.93	330.75	287.64	271.54	192.12	－79.42	－29.2
耕地面积	千公顷	5 038.13	5 989.27	6 325.42	6 455.61	6 419.74	－35.87	－0.6
当年造林面积	千公顷	126.18	88.25	68.50	135.61	65.39	－70.22	－51.8
橡胶面积	千公顷	424.16	469.40	443.27	418.84	415.13	－3.71	－0.9
农垦生产总值（现价）	亿元	1 358.65	3 382.67	6 902.48	7 913.62	8 155.46	241.84	
第一产业增加值	亿元	560.43	1 171.30	1 768.13	1 907.51	1 885.94	－21.58	
第二产业增加值	亿元	417.18	1 341.69	3 132.69	3 570.3	3 516.84	－53.46	
第三产业增加值	亿元	381.04	869.68	2 001.65	2 435.81	2 752.68	316.87	
各产业占生产总值比重								
第一产业	%	41.2	34.6	25.6	24.1	23.1	－1.0	
第二产业	%	30.7	39.7	45.4	45.1	43.1	－2.0	
第三产业	%	28.1	25.7	29.0	30.8	33.8	3.0	
人均生产总值	元/人	10 851	25 669	48 648	56 208	58 684	2 476	4.4
工农业总产值（现价）	亿元	2 472.34	6 535.24	12 528.98	14 005.34	11 757.24	－2 248.10	－16.1
农林牧渔业总产值	亿元	1 118.51	2 342.34	3 449.67	3 837.18	3 823.05	－14.13	－0.4
占工农业总产值	%	45.2	35.8	27.5	24.6	32.8	8.2	
工业总产值	亿元	1 353.83	4 192.90	9 079.31	10 168.16	7 934.19	－2 233.97	－22.0
占工农业总产值	%	54.8	64.2	72.5	75.4	67.2	－8.2	
工资总额	亿元	277.30	546.06	878.82	932.20	1 011.17	78.97	8.5
职工平均工资	元/人	8 255	16 510	30 553	34 330	36 772	2 442	7.1
人均可支配收入	元/(人·年)	4 195	8 232	14 629	17 470	18 946	1 476	8.4
固定资产投资	亿元	449.54	1 811.22	4 593.17	5 231.1	4 019.61	－1 211.49	－23.2
固定资产投资按来源合计	亿元	448.29	1 808.79	4 327.40	4 853.04	3 411.78	－1 441.26	－29.7
#国家预算内资金	亿元	47.50	169.01	480.03	473.35	440.17	－33.18	－7.0
利用外资	亿元	20.18	56.89	53.89	33.6	19.68	－13.92	－41.4
自筹资金	亿元	282.84	1 074.21	3 091.72	3 448.47	2 302.71	－1 145.76	－33.2

1-1 续表 1

指 标 名 称	计量单位	2005 年	2010 年	2015 年	2017 年	2018 年	2018 年比 2017 年增长	
							绝对数	(%)
二、主要农作物播种面积								
农作物播种面积	千公顷	5 145.25	6 310.42	6 898.25	6 872.71	6 851.23	−21.48	−0.3
粮食作物播种面积	千公顷	3 375.83	4 557.64	4 996.98	4 894.11	4 826.97	−67.14	−1.4
总产量	万吨	1 858.99	2 953.29	3 665.10	3 515.49	3 652.80	137.31	3.9
公顷产量	千克	5 507	6 480	7 335	7 183	7 567	384	5.4
棉花播种面积	千公顷	649.37	665.37	834.19	796.35	1 021.80	225.45	28.3
总产量	万吨	124.69	143.93	175.04	208.58	284.78	76.20	36.5
公顷产量	千克	1 920	2 163	2 098	2 619	2 787	168	6.4
油料合计播种面积	千公顷	371.20	375.36	352.24	337.21	306.22	−30.99	−9.2
总产量	万吨	66.94	80.34	80.81	76.57	79.73	3.16	4.1
公顷产量	千克	1 803	2 140	2 294	2 270	2 604	334	14.7
糖料合计播种面积	千公顷	100.51	103.89	84.31	90.35	93.57	3.22	3.6
总产量	万吨	667.52	766.86	718.26	774.78	755.79	−18.99	−2.5
公顷产量	千克	66 416	73 815	85 194	85 748	80 772	−4 976	−5.8
干胶总产量	万吨	31.99	32.78	31.02	27.04	29.28	2.24	8.3
剑麻总产量	万吨	2.60	3.21	2.61	2.29	1.91	−0.38	−16.6
水果总产量	万吨	178.79	323.40	649.21	737.53	745.27	7.74	1.0
其中：主要热带水果产量	万吨	55.32	100.00	199.34	275.29	239.13	−36.16	−13.1
茶叶总产量	万吨	4.64	4.63	5.01	5.17	5.64	0.47	9.1
三、畜牧、水产情况								
年末牲畜存栏头数	万头	2 622.04	2 752.10	3 001.45	2 933.98	2 689.77	−244.21	−8.3
大牲畜年末头数	万头	305.03	319.22	281.98	300.51	280.24	−20.27	−6.7
牛	万头	270.69	292.01	249.80	265.06	238.60	−26.46	−10.0
#良种及改良种乳牛	万头	101.63	143.15	146.44	143.73	128.80	−14.93	−10.4
猪	万头	722.82	1 134.18	1 227.28	1 263.67	1 173.05	−90.62	−7.2
羊	万只	1 591.57	1 298.74	1 492.20	1 369.81	1 236.46	−133.35	−9.7
肉类总产量	万吨	145.76	256.43	254.58	258.20	220.41	−37.79	−14.6
牛奶产量	万吨	245.49	366.09	369.08	385.15	389.80	4.65	1.2
羊毛产量	万吨	2.92	2.72	3.28	3.44	3.18	−0.26	−7.6
禽蛋产量	万吨	22.38	39.71	48.25	54.36	45.42	−8.94	−16.4
鹿茸产量	吨	78.56	77.45	79.13	67.00			
蜂蜜产量	吨	6 504	8 481	12 953	14 609	15 714	1 105	7.6
水产品总产量	万吨	79.48	115.17	152.47	160.94	162.75	1.81	1.1

1－1续表2

指 标 名 称	计量单位	2005年	2010年	2015年	2017年	2018年	2018年比2017年增长 绝对数	2018年比2017年增长 (%)
四、主要农业机械、电、化肥用量								
农业机械总动力	万千瓦	1 463.07	2 126.49	2 838.32	3 025.93	3 062.31	36.38	1.2
大中型拖拉机	万台	8.00	14.60	19.72	22.50	22.88	0.38	1.7
小型及手扶拖拉机	万台	26.98	32.97	30.85	30.11	37.34	7.23	24.0
农用运输车	万辆	5.73	8.33	8.36	8.18	7.60	－0.58	－7.1
排灌动力机械	万台	19.19	24.84	27.99	28.69	33.26	4.57	15.9
联合收获机	万台	2.03	3.92	5.69	6.38	6.36	－0.02	－0.3
农场用电量	亿千瓦时	72.38	174.12	142.65	238.80	320.77	81.97	34.3
农用化肥施用总量（按折纯量计算）	万吨	159.60	227.81	269.87	277.98	273.77	－4.21	－1.5
五、主要工业产品产量								
原煤	万吨	576.48	2 901.05	2 505.01	1 959.09	2 288.55	329.46	16.8
混配合饲料	万吨	213.63	483.13	916.22	1 077.84	846.49	－231.35	－21.5
食用植物油	万吨	82.06	193.08	463.32	439.73	414.49	－25.24	－5.7
成品糖	万吨	115.02	205.79	293.36	272.27	313.47	41.20	15.1
乳制品	万吨	15.37	283.99	380.17	403.14	400.91	－2.23	－0.6
液体乳	万吨	93.59	247.60	351.55	367.08	374.15	7.07	1.9
饮料酒（混合量）	万千升	141.16	144.42	160.49	126.09	179.33	53.24	42.2
纱	万吨	26.43	51.16	73.48	99.03	117.09	18.06	18.2
布	亿米	4.88	6.48	5.78	6.43	5.17	－1.26	－19.6
机制纸及纸板	万吨	100.44	61.72	56.98	56.65	59.61	2.96	5.2
农用氮、磷、钾化学肥料总计(折纯量)	万吨	23.60	35.67	90.21	79.13	73.20	－5.98	－7.5
水泥	万吨	1 046.00	2 245.07	2 158.38	1 958.32	1 735.83	－222.49	－11.4
砖	亿块	60.79	94.02	179.88	127.15	107.82	－19.33	－15.2
发电量	亿千瓦时	59.04	156.63	738.31	873.47	964.33	90.86	10.4
六、外贸出口供货商品金额	（人民币）亿元	254.22	541.50	822.61	694.58	701.46	6.88	1.0
工业品	（人民币）亿元	215.96	468.25	754.72	637.61	651.14	13.53	2.1
批发零售贸易业、餐饮业销售总额		764.25	2 490.73	7 120.48	8 893.58	5 003.81	－3 889.77	－43.7
服务业营业收入	亿元	68.38	127.18	317.56	486.70	571.70	85.00	17.5

1－2　主要年份全国农垦主要经济指标占全国比重

计量单位：%

指　标　名　称	2012年	2013年	2014年	2015年	2016年	2017年	2018年
农垦年末总人口	1.01	1.04	1.04	1.05	1.04	1.05	1.03
生产总值	0.98	1.04	1.01	1.02	0.99	0.96	0.91
固定资产投资	0.89	0.89	0.89	0.82	0.79	0.86	0.62
农作物播种面积总计	3.98	4.05	4.17	4.15	4.16	4.13	4.13
粮食作物播种面积	4.25	4.32	4.37	4.41	4.42	4.36	4.12
粮食作物总产量	5.72	5.68	5.83	5.90	5.65	5.69	5.55
棉花播种面积	15.58	17.70	21.45	21.95	21.66	24.66	30.50
总产量	25.19	27.92	34.32	31.20	35.15	37.99	46.69
油料合计播种面积	2.71	2.53	2.59	2.50	2.56	2.37	2.38
总产量	2.25	2.28	2.35	2.28	2.26	2.05	2.32
糖料播种面积	5.52	5.59	4.41	4.84	5.11	5.38	5.74
总产量	6.30	6.15	5.27	5.73	5.97	6.17	6.31
大牲畜年末头数	2.90	2.49	2.30	2.31	2.45	3.08	2.91
肉类总产量	3.54	3.35	3.00	2.95	2.94	3.06	2.59
牛奶产量	11.62	11.39	10.07	9.83	10.52	10.86	12.68
羊毛产量	6.25	6.86	6.90	7.03	7.04	7.47	8.29
禽蛋产量	1.66	1.66	1.61	1.61	1.63	1.77	1.45
蜂蜜产量	2.43	2.55	2.14	2.73	2.95	2.69	3.51
农业机械总动力	2.40	2.57	2.52	2.54	3.05	3.06	3.06
大中型	3.59	3.36	3.39	3.25	3.35	3.31	5.42
小型及手扶拖拉机	1.85	1.93	1.86	1.81	1.60	1.84	2.05
原煤	0.90	0.93	0.70	0.67	0.47	0.57	0.63
纱	2.12	2.12	1.90	2.08	2.29	2.45	3.96
布	0.69	0.71	0.54	0.65	0.64	0.74	0.79
发电量	0.72	0.91	1.10	1.27	1.29	1.34	1.36

1－3　农垦国有企业个数

计量单位：个

地区	农垦国有企业个数					
	合计	农场	工业企业	建筑企业	运输企业	商业企业
总　计	**5 011**	**1 759**	**959**	**247**	**391**	**1 655**
北　京	380	8	77	5	5	285
天　津	122	12	26	1		83
河　北	66	33	9	3	3	18
山　西	33	25	1			7
内蒙古	172	104	18	2	1	47
辽　宁	209	104	3	3		99
吉　林	94	92	1			1
黑龙江	676	113	220	38	69	236
上　海	580	21	118	8	46	387
江　苏	50	17	17	5		11
浙　江	99	96	2			1
安　徽	70	20	9	6		35
福　建	163	110	14		24	15
江　西	247	156	61	12	2	16
山　东	23	12	2	2		7
河　南	108	91	7	1		9
湖　北	178	65	68	20	4	21
湖　南	80	65	13	1	1	
广　东	210	47	73	9	4	77
广　西	170	18	76	20	4	52
海　南	344	26	30	13	201	74
重　庆	29	17	4		2	6
四　川	34	30	2			2
贵　州	40	37	3			
云　南	197	43	25	5	23	101
陕　西	18	12	2			4
甘　肃	73	21	29	1	1	21
青　海	24	22				2
宁　夏	47	14	13	2		18
新疆（兵团）	288	178	21	89		
新疆（农业）	49	43	5	1		
新疆（畜牧）	112	105	6		1	
热科院	1	1				
广　州	18		3			15
南　京	7	1	1			5

注：运输企业、商业企业中不包含新疆生产建设兵团。

1－4 工农业总产值情况

（按现价计算） 计量单位：万元

地区	工农业总产值	农业		工业	
		总产值	比重（%）	总产值	比重（%）
总计	**117 572 371**	**38 230 485**	**32.5**	**79 341 886**	**67.5**
北京	3 875 508	659 080	17.0	3 216 428	83.0
天津	409 141	132 016	32.3	277 125	67.7
河北	8 220 687	1 115 189	13.6	7 105 498	86.4
山西	82 899	36 040	43.5	46 859	56.5
内蒙古	1 697 084	1 302 047	76.7	395 037	23.3
辽宁	5 072 453	1 709 781	33.7	3 362 672	66.3
吉林	378 724	321 763	85.0	56 961	15.0
黑龙江	14 220 091	8 464 962	59.5	5 755 129	40.5
上海	4 191 878	894 585	21.3	3 297 293	78.7
江苏	3 320 282	417 693	12.6	2 902 589	87.4
浙江	301 153	59 184	19.7	241 969	80.3
安徽	517 162	210 352	40.7	306 810	59.3
福建	727 960	229 638	31.5	498 322	68.5
江西	8 412 219	600 185	7.1	7 812 034	92.9
山东	67 449	65 908	97.7	1 541	2.3
河南	611 701	250 174	40.9	361 527	59.1
湖北	26 286 014	2 385 369	9.1	23 900 645	90.9
湖南	4 360 916	1 023 245	23.5	3 337 671	76.5
广东	3 519 462	1 142 092	32.5	2 377 370	67.5
广西	7 296 581	748 235	10.3	6 548 346	89.7
海南	1 622 447	1 503 106	92.6	119 341	7.4
重庆	1 202 835	149 681	12.4	1 053 154	87.6
四川	20 909	16 253	77.7	4 656	22.3
贵州	162 966	59 782	36.7	103 184	63.3
云南	832 261	667 645	80.2	164 616	19.8
陕西	95 875	56 315	58.7	39 560	41.3
甘肃	393 340	238 045	60.5	155 295	39.5
青海	73 504	71 135	96.8	2 369	3.2
宁夏	418 364	316 640	75.7	101 724	24.3
新疆（兵团）	17 556 688	12 087 708	68.8	5 468 980	31.2
新疆（农业）	701 543	560 384	79.9	141 159	20.1
新疆（畜牧）	814 373	715 006	87.8	99 367	12.2
热科院	5 111	5 111	100.0		
广州	91 813	14 817	16.1	76 996	83.9
南京	10 980	1 320	12.0	9 660	88.0

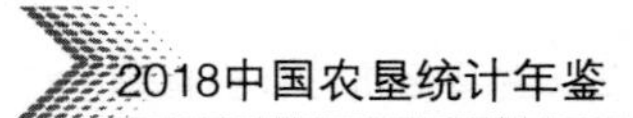

1-5 各垦区粮、油产量的位次及比重

地区	粮食总产（吨）	排序	占全国农垦比重（%）	油料总产（吨）	排序	占全国农垦比重（%）
总计	**36 527 991**			**797 275**		
北京	1 470	32	…			
天津	13 411	27	…			
河北	570 494	11	1.6	3 427	16	0.4
山西	38 680	25	0.1	256	23	…
内蒙古	2 059 634	3	5.6	268 533	1	33.7
辽宁	1 193 880	5	3.3	13 005	10	1.6
吉林	680 103	9	1.9	8 095	11	1.0
黑龙江	22 796 351	1	62.4	5 019	14	0.6
上海	280 618	16	0.8	3 180	18	0.4
江苏	1 210 625	4	3.3			
浙江	10 038	29	…	122	25	…
安徽	328 446	13	0.9	1 741	21	0.2
福建	44 343	24	0.1	2 776	19	0.3
江西	713 469	8	2.0	28 798	6	3.6
山东	75 012	21	0.2	190	24	…
河南	279 440	17	0.8	23 687	7	3.0
湖北	962 653	6	2.6	75 722	3	9.5
湖南	642 025	10	1.8	47 840	4	6.0
广东	55 293	23	0.2	6 154	13	0.8
广西	16 732	26	…	3 197	17	0.4
海南	116 704	18	0.3	4 199	15	0.5
重庆	3 716	30	…	15	29	…
四川	12 672	28	…	7	30	…
贵州	1 779	31	…	96	27	…
云南	59 451	22	0.2	103	26	…
陕西	112 987	19	0.3	1 116	22	0.1
甘肃	328 119	14	0.9	13 373	9	1.7
青海	83 170	20	0.2	20 836	8	2.6
宁夏	331 473	12	0.9	2 147	20	0.3
新疆（兵团）	2 384 570	2	6.5	222 313	2	27.9
新疆（农业）	299 446	15	0.8	6 587	12	0.8
新疆（畜牧）	820 879	7	2.2	34 701	5	4.4
热科院	307	33	…	40	28	…
广州						
南京						

注：“…”为数值不足0.1，下同。

1－6 各垦区糖料、水果产量的位次及比重

地　区	糖料总产（吨）	排序	占全国农垦比重（%）	水果总产（吨）	排序	占全国农垦比重（%）
总　计	**7 557 945**			**7 452 729**		
北　京				663	32	…
天　津				3 174	26	…
河　北	31 325	10	0.4	16 323	18	0.2
山　西	450	19	…	3 588	25	…
内 蒙 古	410 363	5	5.4	6 201	23	0.1
辽　宁	3 053	16	…	158 627	7	2.1
吉　林				15 777	19	0.2
黑 龙 江	25 458	11	0.3	18 019	16	0.2
上　海				800	31	…
江　苏				3 173	27	…
浙　江				13 530	20	0.2
安　徽	118	20	…	17 430	17	0.2
福　建	3 626	15	…	153 310	8	2.1
江　西	8 518	12	0.1	86 733	11	1.2
山　东				1 447	28	…
河　南				34 180	14	0.5
湖　北	8 233	13	0.1	125 741	9	1.7
湖　南	5 419	14	0.1	89 888	10	1.2
广　东	2 265 007	1	30.0	900 609	2	12.1
广　西	2 216 949	2	29.3	382 284	5	5.1
海　南	202 821	6	2.7	664 783	3	8.9
重　庆				5 158	24	0.1
四　川				908	29	…
贵　州				11 626	21	0.2
云　南	416 581	4	5.5	282 643	6	3.8
陕　西				9 116	22	0.1
甘　肃	69 815	8	0.9	20 635	15	0.3
青　海	750	17	…	120	33	…
宁　夏				50 105	13	0.7
新疆（兵团）	1 766 570	3	23.4	3 927 133	1	52.7
新疆（农业）	37 541	9	0.5	391 891	4	5.3
新疆（畜牧）	84 786	7	1.1	56 305	12	0.8
热 科 院	562	18	…	809	30	…
广　州						
南　京						

1-7 各垦区肉类、牛奶产量的位次及比重

地 区	肉类总产（吨）	排序	占全国农垦比重（%）	牛奶总产（吨）	排序	占全国农垦比重（%）
总 计	**2 201 127**			**3 897 986**		
北 京	107 509	7	4.9	447 701	4	11.5
天 津	5 024	26	0.2	180 528	8	4.6
河 北	71 772	14	3.3	558 700	2	14.3
山 西	4 267	28	0.2	30 779	15	0.8
内 蒙 古	82 833	10	3.8	219 506	7	5.6
辽 宁	137 240	4	6.2	28 302	17	0.7
吉 林	8 115	25	0.4	9 007	23	0.2
黑 龙 江	273 688	2	12.4	376 142	5	9.6
上 海	78 268	11	3.6	482 929	3	12.4
江 苏	44 040	16	2.0	24 700	19	0.6
浙 江	10 348	24	0.5			
安 徽	12 602	20	0.6	1 945	29	…
福 建	21 215	17	1.0	3 008	27	0.1
江 西	72 791	13	3.3	12 936	22	0.3
山 东	10 363	23	0.5	43 897	12	1.1
河 南	46 552	15	2.1	14 497	21	0.4
湖 北	144 664	3	6.6	28 720	16	0.7
湖 南	132 446	6	6.0	2 539	28	
广 东	132 757	5	6.0	63 199	11	1.6
广 西	96 454	9	4.4	5 659	25	0.1
海 南	106 489	8	4.8	65	31	…
重 庆	12 961	19	0.6	103 510	10	2.7
四 川	1 671	30	0.1	5 105	26	0.1
贵 州	168	33	…	42 461	14	1.1
云 南	11 979	21	0.5			
陕 西	962	31	…	15 499	20	0.4
甘 肃	4 998	27	0.2	43 099	13	1.1
青 海	3 197	29	0.1	432	30	…
宁 夏	10 727	22	0.5	240 825	6	6.2
新疆（兵团）	463 889	1	21.1	716 745	1	18.4
新疆（农业）	19 588	18	0.9	6 287	24	0.2
新疆（畜牧）	74 051	12	3.4	162 218	9	4.2
热 科 院	379	32	…			
广 州	60	34	…	27 046	18	0.7
南 京	60	34	…			

1－8　出口商品总金额

计量单位：万元

地　区	总金额				其中：工业品金额		
	2018 年	2017 年	增减（%）	排序	2018 年	2017 年	增减（%）
总　计	**7 014 628**	**6 945 759**	**1.0**		**6 511 427**	**6 376 050**	**2.1**
北　京	39 040	35 595	9.7	11	13 045	14 382	－9.3
天　津	15 292	20 875	－26.7	13	15 292	20 875	－26.7
河　北	242 739	194 995	24.5	5	240 141	192 361	24.8
山　西							
内蒙古	18	259	－93.1	22		259	－100.0
辽　宁	54 650	66 240	－17.5	10	33 398	41 096	－18.7
吉　林		240	－100.0				
黑龙江	68 020	71 502	－4.9	8	22 208	39 271	－43.4
上　海	74 945	75 149	－0.3	7	70 990	64 400	10.2
江　苏	20 084	20 024	0.3	12	18 356	18 342	0.1
浙　江	61 149	130 320	－53.1	9	61 012	120 420	－49.3
安　徽							
福　建	3 009	48 750	－93.8	18	2 706	29 387	－90.8
江　西	393 221	379 286	3.7	4	390 980	377 095	3.7
山　东							
河　南	3 862	8 188	－52.8	17			
湖　北	409 618	483 198	－15.2	3	321 916	394 694	－18.4
湖　南	5 155	26 682	－80.7	16		19 001	－100.0
广　东	776 474	791 713	－1.9	2	724 925	725 939	－0.1
广　西	100 403	98 246	2.2	6	86 980	84 552	2.9
海　南	1 410	763	84.8	20			
重　庆	379	306	23.9	21	379	306	24.0
四　川							
贵　州							
云　南	6 568	1 466	348.0	14		1 466	－100.0
陕　西							
甘　肃	1 779	946	88.1	19	616		
青　海							
宁　夏	6 148	3 136	96.0	15			
新疆（兵团）	4 730 665	4 485 181	5.5	1	4 508 483	4 232 205	6.5
新疆（农业）		2 700	－100.0				
新疆（畜牧）							
热科院							
广　州							
南　京							

1－9 农垦生产总值

计量单位：万元

指标名称	增加值合计按当年价格计算		劳动者报酬	固定资产折旧
		非国有		
合计	81 554 578.93	32 481 855.49	38 490 147.71	9 498 323.84
第一产业	18 859 323.08	3 806 176.79	11 767 893.69	1 461 270.04
第二产业	35 168 443.96	15 959 351.26	12 898 684.34	4 502 117.13
工业	28 597 125.12	13 746 254.07	8 766 863.88	3 957 820.21
建筑业	6 571 318.84	2 213 097.19	4 131 820.46	544 296.92
第三产业	27 526 811.89	12 716 327.44	13 823 569.68	3 534 936.67
农、林、牧、渔专业及辅助性活动	1 292 754.51	563 040.64	703 802.18	176 699.84
开采专业及辅助性活动	71 022.00	59 680.00	17 859.20	32 908.10
金属制品、机械和设备修理业	130 162.90	125 606.90	40 729.80	43 697.40
批发和零售业	7 587 773.17	4 576 962.15	3 436 083.49	903 678.67
交通运输、仓储和邮政业	3 427 169.84	2 275 642.73	1 495 400.14	543 916.35
住宿和餐饮业	2 144 109.39	1 566 175.81	1 087 515.35	278 466.53
信息传输、软件和信息技术服务业	358 019.03	157 947.40	111 492.30	76 164.55
金融业	1 546 472.40	222 801.60	557 007.00	124 494.25
房地产业	2 785 934.33	1 253 207.70	652 932.26	640 327.57
租赁和商务服务业	974 662.03	217 796.80	402 324.84	147 429.86
科学研究和技术服务业	664 654.49	106 885.50	536 231.69	31 367.57
水利、环境和公共设施管理业	413 621.97	43 469.70	241 400.58	76 499.06
居民服务、修理和其他服务业	1 569 907.59	983 326.52	902 004.10	148 996.66
教育	1 381 487.58	135 520.12	1 167 735.57	81 297.12
卫生和社会工作	1 076 836.14	74 537.81	844 330.16	57 453.75
文化、体育和娱乐业	277 193.18	135 941.08	131 128.14	54 914.32
公共管理、社会保障和社会组织	1 825 031.34	217 784.98	1 495 592.88	116 625.07
国际组织				

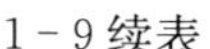

1－9续表

指 标 名 称	生产税净额	补贴	营业盈余
合计	8 345 689.03	812 519.30	25 220 418.35
第一产业	−78 069.01	749 564.19	5 708 228.36
第二产业	5 557 593.79	22 615.99	12 210 048.70
工业	4 956 432.05	21 959.99	10 916 008.98
建筑业	601 161.74	656.00	1 294 039.72
第三产业	2 866 164.25	40 339.12	7 302 141.29
农、林、牧、渔专业及辅助性活动	37 267.74	2 934.70	374 984.75
开采专业及辅助性活动	5 894.20	55.00	14 360.50
金属制品、机械和设备修理业	18 297.50		27 438.20
批发和零售业	878 113.12	22 239.00	2 369 897.89
交通运输、仓储和邮政业	454 137.95	2 115.50	933 715.40
住宿和餐饮业	197 232.97	23.00	580 894.54
信息传输、软件和信息技术服务业	45 835.65	1.00	124 526.53
金融业	87 686.90	23.00	777 284.25
房地产业	645 659.22	399.00	847 015.28
租赁和商务服务业	91 926.14	6 705.38	332 981.19
科学研究和技术服务业	27 116.83	31.04	69 938.40
水利、环境和公共设施管理业	27 894.62	310.00	67 827.71
居民服务、修理和其他服务业	93 685.29	289.00	425 221.54
教育	62 886.25	430.90	69 568.64
卫生和社会工作	77 255.84	52.30	97 796.39
文化、体育和娱乐业	24 467.28	−125.00	66 683.44
公共管理、社会保障和社会组织	90 806.75	4 855.30	122 006.64
国际组织			

1-10 各垦区增加值合计按当年价格计算

计量单位：万元

地区	合计	第一产业	第二产业	工业	建筑业	第三产业
全国农垦	**81 554 578.93**	**18 859 323.08**	**35 168 443.96**	**28 597 125.12**	**6 571 318.84**	**27 526 811.89**
北京	1 292 018.00	162 235.00	424 050.00	422 906.00	1 144.00	705 733.00
天津	371 350.00	37 358.00	53 255.00	51 813.00	1 442.00	280 737.00
河北	5 311 558.15	577 771.85	2 718 426.20	2 434 102.20	284 324.00	2 015 360.10
山西	63 175.32	14 782.17	25 978.70	25 978.70		22 414.45
内蒙古	1 286 780.18	774 761.13	255 393.31	235 850.81	19 542.50	256 625.74
辽宁	3 188 228.43	927 348.93	1 080 473.30	828 586.50	251 886.80	1 180 406.20
吉林	259 033.66	226 394.50	7 888.42	6 865.00	1 023.42	24 750.74
黑龙江	10 837 833.50	4 637 926.80	1 575 705.20	1 264 467.70	311 237.50	4 624 201.50
上海	2 548 950.60	173 861.30	765 441.50	756 415.30	9 026.20	1 609 647.80
江苏	1 887 936.00	261 209.00	1 176 754.00	1 112 660.00	64 094.00	449 973.00
浙江	133 654.71	18 525.67	106 573.80	106 374.20	199.60	8 555.24
安徽	264 079.02	120 371.37	58 183.40	39 859.50	18 323.90	85 524.25
福建	449 614.14	116 130.37	241 639.09	232 195.62	9 443.47	91 844.68
江西	2 471 170.00	291 536.00	1 611 397.00	1 441 883.00	169 514.00	568 237.00
山东	28 990.96	23 325.49	1 277.14	963.00	314.14	4 388.33
河南	213 996.60	102 927.19	61 752.96	55 765.96	5 987.00	49 316.45
湖北	12 760 212.00	1 122 567.00	9 023 944.00	6 953 478.00	2 070 466.00	2 613 701.00
湖南	3 200 728.93	628 027.67	1 442 696.20	1 318 152.20	124 544.00	1 130 005.06
广东	1 849 995.65	610 024.06	721 006.12	642 493.50	78 512.62	518 965.47
广西	4 151 676.00	448 821.00	2 737 706.00	2 304 878.00	432 828.00	965 149.00
海南	1 401 715.00	782 332.00	126 249.00	34 848.00	91 401.00	493 134.00
重庆	253 081.00	22 635.00	156 654.00	152 116.00	4 538.00	73 792.00
四川	8 666.00	7 671.00	699.00	699.00		296.00
贵州	30 391.73	11 453.51	17 027.50	17 027.50		1 910.72
云南	714 734.00	357 348.00	60 548.00	54 669.00	5 879.00	296 838.00
陕西	54 056.66	25 634.97	19 121.75	14 721.75	4 400.00	9 299.94
甘肃	150 533.51	77 863.44	50 952.18	43 918.38	7 033.80	21 717.89
青海	52 751.11	49 420.42	616.09	616.09		2 714.60
宁夏	245 638.70	138 037.40	58 165.70	49 416.10	8 749.60	49 435.60
新疆（兵团）	25 153 459.00	5 456 072.00	10 503 499.00	7 919 996.00	2 583 503.00	9 193 888.00
新疆（农业）	386 673.06	300 246.92	25 630.70	22 835.60	2 795.10	60 795.44
新疆（畜牧）	426 584.38	348 988.67	36 290.64	27 124.45	9 166.19	41 305.07
热科院	55 182.70					55 182.70
广州	45 164.00	5 317.00	22 406.00	22 406.00		17 441.00
南京	4 966.23	398.25	1 043.06	1 043.06		3 524.92

1-10续表1

地区	第三产业					
	农、林、牧、渔专业及辅助性活动	开采专业及辅助性活动	金属制品、机械和设备修理业	批发和零售业	交通运输、仓储和邮政业	住宿和餐饮业
全国农垦	**1 292 754.51**	**71 022.00**	**130 162.90**	**7 587 773.17**	**3 427 169.84**	**2 144 109.39**
北京	−129.00			190 072.00	83 349.00	158 002.00
天津				106 482.00	20 214.00	1 069.00
河北	83 188.00	3 180.00	39 966.00	570 567.00	402 283.00	176 577.00
山西	783.00			15 350.54	429.11	2 594.16
内蒙古	16 595.00	14 195.00	455.00	67 615.40	47 384.60	40 911.38
辽宁	194 660.54	47 646.00	74 790.00	298 190.80	138 686.50	152 702.00
吉林	7 019.90			11 692.98	1 993.80	2 583.60
黑龙江	381 739.60		5 088.90	1 236 059.40	616 976.00	331 225.80
上海				443 512.70	133 115.30	25 069.20
江苏				168 808.00	42 042.00	26 492.00
浙江	1 897.83		59.00	996.70	142.48	1 262.80
安徽	1 764.34		394.00	23 050.06	6 595.70	11 975.51
福建	5 357.70		1 062.00	41 293.53	14 841.68	8 836.32
江西	3 107.00			157 311.00	61 155.00	109 668.00
山东	55.00			701.15		80.00
河南	4 074.00		73.00	16 571.44	5 101.00	3 136.60
湖北	73 541.00			1 040 524.00	237 902.00	128 389.00
湖南	57 343.26	5 327.00	7 111.00	250 424.00	93 589.00	159 438.00
广东	−1 534.91			112 915.60	48 071.02	57 663.60
广西	901.00			411 429.00	103 616.00	84 307.00
海南	55 003.00			106 937.00	37 406.00	33 143.00
重庆				863.00	6 624.00	4 639.00
四川						180.00
贵州	312.66			1 287.70		5.00
云南	33 126.00			65 978.00	34 500.00	48 984.00
陕西				1 013.00		1 195.00
甘肃	7 225.48			5 803.85	469.60	2 067.38
青海						167.30
宁夏				10 258.20	7 574.10	6 175.30
新疆(兵团)	355 805.00	674.00	1 164.00	2 209 337.00	1 262 485.00	552 443.00
新疆(农业)	4 682.75			10 670.80	13 324.58	7 208.00
新疆(畜牧)	6 236.36			8 564.14	7 225.37	5 634.09
热科院				110.84		
广州				2 717.00		
南京				665.34	74.00	285.35

1－10续表2

地　　区	第三产业					
	信息传输、软件和信息技术服务业	金融业	房地产业	租赁和商务服务业	科学研究和技术服务业	水利、环境和公共设施管理业
全国农垦	**358 019.03**	**1 546 472.40**	**2 785 934.33**	**974 662.03**	**664 654.49**	**413 621.97**
北　　京	1 368.00	6 168.00	113 383.00	106 336.00	7 558.00	
天　　津		26 106.00	70 225.00	47 421.00	1 818.00	
河　　北	82 072.00	139 800.00	113 925.00	56 903.00	6 342.00	26 639.00
山　　西	5.00			1 880.00		
内 蒙 古	3 715.00	7 326.90	5 817.00	3 801.20	387.00	1 250.00
辽　　宁	4 545.00	6 341.00	97 263.84	46 681.10	1 469.00	8 545.00
吉　　林						
黑 龙 江	46 431.80	341 927.90	317 062.40	19 060.10	31 081.30	175 104.90
上　　海	145.30	33 942.50	548 317.60	116 810.30	262 394.60	5 299.70
江　　苏	112.00	1 304.00	48 059.00	2 844.00	2 124.00	190.00
浙　　江			172.00	2 603.12		
安　　徽		501.00	20 367.00	49.70	286.98	
福　　建	1 997.00	632.40		1 021.44	979.00	475.00
江　　西	535.00	6 620.00	37 500.00	49 689.00	325.00	4 968.00
山　　东			907.50	28.50		
河　　南	117.00	3 049.00	1 303.00	306.00	111.00	837.00
湖　　北	41 919.00	125 458.00	380 289.00	68 692.00	51 028.00	36 439.00
湖　　南	47 141.00	22 626.00	96 506.00	38 265.00	12 036.00	10 122.00
广　　东	2 742.93	2 361.00	30 238.09	21 628.13	2 119.74	134.17
广　　西		15 614.00	162 832.00	13 618.00	13 033.00	
海　　南	1 544.00	12 864.00	50 146.00	5 060.00	5 968.00	24.00
重　　庆		1 796.00	49 664.00	10 006.00	200.00	
四　　川						
贵　　州				295.76		
云　　南			1 314.00		12 371.00	489.00
陕　　西			1 481.00	1 852.94		
甘　　肃			1 528.69	976.16	67.60	341.20
青　　海				2 547.30		
宁　　夏	77.00	444.70			370.80	
新疆(兵团)	123 538.00	791 590.00	633 713.00	318 205.00	197 529.00	142 764.00
新疆(农业)	14.00		60.21	21 259.66		
新疆(畜牧)			3 860.00			
热 科 院				16.39	55 055.47	
广　　州				14 724.00		
南　　京				2 081.23		

1-10 续表 3

地　　区	第三产业					
	居民服务、修理和其他服务业	教育	卫生和社会工作	文化、体育和娱乐业	公共管理、社会保障和社会组织	国际组织
全国农垦	**1 569 907.59**	**1 381 487.58**	**1 076 836.14**	**277 193.18**	**1 825 031.34**	
北　　京	32 981.00	5 437.00		1 208.00		
天　　津	733.00	6 669.00				
河　　北	120 190.00	52 895.00	31 016.20	5 529.00	104 287.90	
山　　西	927.64		445.00			
内 蒙 古	14 206.00	5 879.00	15 867.00	1 158.00	10 062.26	
辽　　宁	51 752.00	13 772.00	22 940.72	2 970.70	17 450.00	
吉　　林	1 092.66		116.90		250.90	
黑 龙 江	285 730.30	304 970.00	231 979.10	14 924.20	284 839.80	
上　　海	14 674.70	11 667.90	14 498.00	200.00		
江　　苏	122 664.00	1 773.00	24 236.00	393.00	8 932.00	
浙　　江	219.06	86.70	76.51		1 039.04	
安　　徽	10 363.38	315.00	2 308.58		7 553.00	
福　　建	9 552.16	1 619.10	613.00	461.10	3 103.25	
江　　西	109 690.00	17 427.00	1 782.00	5 314.00	3 146.00	
山　　东	34.00		15.00	46.18	2 521.00	
河　　南	1 400.25	1 334.00	834.54	303.00	10 765.62	
湖　　北	60 961.00	136 147.00	63 892.00	15 158.00	153 362.00	
湖　　南	76 576.00	26 833.00	36 579.00	42 376.00	147 712.80	
广　　东	72 277.06	48 943.96	74 965.47		46 439.61	
广　　西	110 091.00	37 728.00	10 426.00	1 554.00		
海　　南	132 334.00	4 890.00	5 920.00	3 367.00	38 528.00	
重　　庆						
四　　川	116.00					
贵　　州			9.60			
云　　南	29 517.00		1 386.00	42 013.00	27 160.00	
陕　　西	3 349.00		80.00		329.00	
甘　　肃	1 829.61	743.80	291.92		372.60	
青　　海						
宁　　夏	20 967.60		70.60		3 497.30	
新疆（兵团）	281 128.00	698 450.00	536 432.00	140 218.00	948 413.00	
新疆（农业）	1 053.40	2 407.04	35.00		80.00	
新疆（畜牧）	3 078.77	1 500.08	20.00		5 186.26	
热 科 院						
广　　州						
南　　京	419.00					

1－11 各垦区非国有增加值合计按当年价格计算

计量单位：万元

地区	合计	第一产业	第二产业	工业	建筑业	第三产业
全国农垦	**32 481 855.49**	**3 806 176.79**	**15 959 351.26**	**13 746 254.07**	**2 213 097.19**	**12 716 327.44**
北京	54 315.00		40 405.00	40 405.00		13 910.00
天津						
河北	3 401 822.90	229 099.00	1 834 657.90	1 710 094.90	124 563.00	1 338 066.00
山西	48 077.71	1 910.00	25 345.70	25 345.70		20 822.01
内蒙古	491 705.60	250 577.00	91 109.00	78 034.00	13 075.00	150 019.60
辽宁	2 578 670.00	627 915.00	882 609.00	776 597.00	106 012.00	1 068 146.00
吉林	64 433.81	47 730.89	5 856.02	5 064.00	792.02	10 846.90
黑龙江	4 206 442.40	462 696.40	1 027 801.30	759 094.50	268 706.80	2 715 944.70
上海						
江苏	681 502.00	119 378.00	270 024.00	207 153.00	62 871.00	292 100.00
浙江	8 238.97	2 977.76	2 830.20	2 830.20		2 431.01
安徽	89 908.75	28 990.00	35 047.61	31 611.41	3 436.20	25 871.14
福建	369 747.71	72 607.20	224 189.89	216 647.62	7 542.27	72 950.62
江西	1 314 187.00	86 586.00	1 024 211.00	1 000 290.00	23 921.00	203 390.00
山东	11 918.00	11 113.14	249.14		249.14	555.72
河南	19 148.25	10 276.25	6 285.00	6 165.00	120.00	2 587.00
湖北						
湖南	2 555 505.04	506 135.58	1 195 054.20	1 097 720.20	97 334.00	854 315.26
广东	897 015.73	147 203.01	505 233.69	443 543.93	61 689.76	244 579.03
广西	3 494 876.00	190 302.00	2 464 889.00	2 057 600.00	407 289.00	839 685.00
海南						
重庆	47 916.00	4 364.00	43 552.00	43 552.00		
四川	955.00	498.00	457.00	457.00		
贵州	6 303.00	4 786.00	1 027.00	1 027.00		490.00
云南	364 384.00	138 580.00	17 617.00	14 249.00	3 368.00	208 187.00
陕西						
甘肃	3 530.63	337.50	679.21	679.21		2 513.92
青海	4 096.03	3 928.23	0.50	0.50		167.30
宁夏						
新疆(兵团)	11 662 758.00	788 743.00	6 252 761.00	5 221 756.00	1 031 005.00	4 621 254.00
新疆(农业)	17 100.00	9 686.00	1 378.00	385.00	993.00	6 036.00
新疆(畜牧)	83 442.55	59 430.42	3 759.90	3 629.90	130.00	20 252.23
热科院						
广州	1 294.00		1 294.00	1 294.00		
南京	2 561.41	326.41	1 028.00	1 028.00		1 207.00

1-11 续表 1

地　区	第三产业					
	农、林、牧、渔专业及辅助性活动	开采专业及辅助性活动	金属制品、机械和设备修理业	批发和零售业	交通运输、仓储和邮政业	住宿和餐饮业
全国农垦	**563 040.64**	**59 680.00**	**125 606.90**	**4 576 962.15**	**2 275 642.73**	**1 566 175.81**
北　京				420.00		13 490.00
天　津						
河　北	56 367.00	3 180.00	39 814.00	481 448.00	234 252.00	137 052.00
山　西				15 225.54	429.11	2 594.16
内 蒙 古	14 362.00	8 366.00	176.00	38 194.00	32 936.60	22 740.00
辽　宁	187 057.00	43 753.00	74 790.00	280 359.80	130 346.50	143 161.00
吉　林	5 720.00			1 641.70	1 455.40	1 264.10
黑 龙 江	170 367.60		5 088.90	1 009 695.80	468 718.90	316 841.70
上　海						
江　苏				131 577.00	41 928.00	
浙　江			59.00	812.70	60.00	1 088.60
安　徽	819.42			11 017.76	3 367.50	5 600.56
福　建	2 902.70		1 062.00	36 745.16	11 484.33	7 785.52
江　西				84 955.00	20 054.00	61 399.00
山　东	55.00			297.04		80.00
河　南	1 502.00			670.00	65.00	350.00
湖　北						
湖　南	52 793.26	4 381.00	4 617.00	205 787.00	83 506.00	123 650.00
广　东	720.72			86 401.07	38 749.36	51 507.04
广　西	273.00			389 388.00	101 614.00	83 874.00
海　南						
重　庆						
四　川						
贵　州	220.00					
云　南	15 024.00			52 642.00	23 546.00	45 685.00
陕　西						
甘　肃				2 043.72	108.00	248.20
青　海						167.30
宁　夏						
新疆(兵团)	51 436.00			1 740 065.00	1 079 638.00	543 905.00
新疆(农业)	3 009.00			1 792.00	380.00	245.00
新疆(畜牧)	411.94			5 309.86	2 930.03	3 207.63
热 科 院						
广　州						
南　京				474.00	74.00	240.00

1－11 续表 2

地　　区	第三产业					
	信息传输、软件和信息技术服务业	金融业	房地产业	租赁和商务服务业	科学研究和技术服务业	水利、环境和公共设施管理业
全国农垦	**157 947.40**	**222 801.60**	**1 253 207.70**	**217 796.80**	**106 885.50**	**43 469.70**
北　　京						
天　　津						
河　　北	60 589.00	71 606.00	84 401.00	23 980.00	243.00	1 507.00
山　　西	5.00			1 880.00		
内 蒙 古	2 190.00	4 305.00	3 399.00	2 239.00	126.00	737.00
辽　　宁	4 205.00	5 495.00	82 690.00	43 549.00	933.00	2 721.00
吉　　林						
黑 龙 江	5 641.40	3 016.20	310 737.70	10 615.30	10 534.50	24 077.70
上　　海						
江　　苏	112.00		1 753.00			
浙　　江			8.00	52.00		
安　　徽			60.00			
福　　建	1 997.00	632.40			335.00	400.00
江　　西	291.00	6 524.00	10 353.00			471.00
山　　东				28.50		
河　　南						
湖　　北						
湖　　南	46 665.00	7 519.00	81 426.00	36 405.00	11 126.00	6 480.00
广　　东	2 642.00	38.00	3 428.00	926.00	116.00	
广　　西		7 354.00	124 729.00	6 073.00	2 428.00	
海　　南						
重　　庆						
四　　川						
贵　　州				270.00		
云　　南						88.00
陕　　西						
甘　　肃						
青　　海						
宁　　夏						
新疆(兵团)	33 610.00	116 312.00	546 363.00	91 259.00	81 044.00	6 988.00
新疆(农业)				520.00		
新疆(畜牧)			3 860.00			
热 科 院						
广　　州						
南　　京						

1-11 续表 3

地　　区	第三产业					
	居民服务、修理和其他服务业	教育	卫生和社会工作	文化、体育和娱乐业	公共管理、社会保障和社会组织	国际组织
全国农垦	**983 326.52**	**135 520.12**	**74 537.81**	**135 941.08**	**217 784.98**	
北　京						
天　津						
河　北	86 524.00	15 727.00	8 911.00	3 227.00	29 238.00	
山　西	688.20					
内蒙古	8 595.00	2 999.00	2 937.00	563.00	5 155.00	
辽　宁	43 209.00	4 310.00	16 679.00	2 643.70	2 244.00	
吉　林	765.70					
黑龙江	272 211.50	1 073.00	30.80	7 177.60	100 116.10	
上　海						
江　苏	116 730.00					
浙　江	187.50	86.70	76.51			
安　徽	3 650.90	14.00	1 341.00			
福　建	4 756.56	1 099.10	469.00	398.60	2 883.25	
江　西	18 521.00	242.00	199.00	190.00	191.00	
山　东	34.00		15.00	46.18		
河　南						
湖　北						
湖　南	73 864.00	10 538.00	14 281.00	31 118.00	60 159.00	
广　东	53 437.10	2 404.24	2 165.50		2 044.00	
广　西	101 269.00	13 453.00	9 063.00	167.00		
海　南						
重　庆						
四　川						
贵　州						
云　南	28 165.00		1 024.00	42 013.00		
陕　西						
甘　肃	114.00					
青　海						
宁　夏						
新疆(兵团)	167 510.00	82 125.00	17 346.00	48 397.00	15 256.00	
新疆(农业)	10.00				80.00	
新疆(畜牧)	2 665.06	1 449.08			418.63	
热科院						
广　州						
南　京	419.00					

1-12 各垦区劳动者报酬合计按当年价格计算

计量单位：万元

地区	合计	第一产业	第二产业	工业	建筑业	第三产业
全国农垦	**38 490 147.71**	**11 767 893.69**	**12 898 684.34**	**8 766 863.88**	**4 131 820.46**	**13 823 569.68**
北京	638 999.00	101 671.00	230 880.00	230 155.00	725.00	306 448.00
天津	141 541.00	20 886.00	40 202.00	38 919.00	1 283.00	80 453.00
河北	2 006 294.89	321 769.39	837 564.60	722 167.60	115 397.00	846 960.90
山西	36 344.42	11 085.72	12 947.00	12 947.00		12 311.70
内蒙古	629 505.35	473 248.69	44 676.20	35 494.20	9 182.00	111 580.46
辽宁	1 575 429.02	531 700.94	374 945.90	251 354.00	123 591.90	668 782.18
吉林	213 088.28	192 974.06	3 504.82	2 893.00	611.82	16 609.40
黑龙江	4 534 672.60	1 991 535.80	600 255.80	479 741.20	120 514.60	1 942 881.00
上海	1 226 345.00	33 202.00	356 626.00	348 311.00	8 315.00	836 517.00
江苏	614 918.00	142 088.00	245 717.00	216 297.00	29 420.00	227 113.00
浙江	63 134.77	14 196.06	43 803.37	43 745.37	58.00	5 135.34
安徽	170 759.24	92 493.13	34 800.78	21 695.05	13 105.73	43 465.33
福建	216 184.27	88 057.69	75 752.34	68 353.14	7 399.20	52 374.24
江西	1 424 328.00	226 689.00	805 172.00	721 617.00	83 555.00	392 467.00
山东	17 492.38	13 898.25	370.84	142.60	228.24	3 223.29
河南	112 659.98	67 783.33	23 062.90	19 392.90	3 670.00	21 813.75
湖北	5 494 189.00	791 338.00	3 450 949.00	2 131 128.00	1 319 821.00	1 251 902.00
湖南	1 552 634.33	451 569.17	571 660.00	518 022.00	53 638.00	529 405.16
广东	772 616.71	309 679.06	193 632.75	157 660.29	35 972.46	269 304.90
广西	1 337 817.00	275 450.00	449 728.00	347 394.00	102 334.00	612 639.00
海南	1 114 027.00	719 727.00	49 825.00	17 321.00	32 504.00	344 475.00
重庆	106 497.00	14 157.00	75 417.00	74 120.00	1 297.00	16 923.00
四川	7 756.00	7 068.00	462.00	462.00		226.00
贵州	19 411.11	9 526.99	8 973.50	8 973.50		910.62
云南	451 314.00	294 311.00	27 296.00	24 976.00	2 320.00	129 707.00
陕西	24 056.58	17 242.58	4 214.00	1 869.00	2 345.00	2 600.00
甘肃	88 233.92	53 930.36	20 297.82	15 050.91	5 246.91	14 005.74
青海	40 487.71	38 325.89	322.22	322.22		1 839.60
宁夏	122 648.00	82 485.90	13 701.00	9 578.30	4 122.70	26 461.10
新疆(兵团)	13 217 882.00	4 005 564.00	4 256 990.00	2 209 776.00	2 047 214.00	4 955 328.00
新疆(农业)	140 251.63	109 630.64	9 559.80	8 668.70	891.10	21 061.19
新疆(畜牧)	309 470.08	261 563.84	20 065.11	13 007.31	7 057.80	27 841.13
热科院	46 763.96					46 763.96
广州	19 595.00	2 649.00	14 471.00	14 471.00		2 475.00
南京	2 800.48	396.20	838.59	838.59		1 565.69

1－12 续表 1

地　区	第三产业					
	农、林、牧、渔专业及辅助性活动	开采专业及辅助性活动	金属制品、机械和设备修理业	批发和零售业	交通运输、仓储和邮政业	住宿和餐饮业
全国农垦	**703 802.18**	**17 859.20**	**40 729.80**	**3 436 083.49**	**1 495 400.14**	**1 087 515.35**
北　京	2 919.00			54 967.00	45 978.00	97 137.00
天　津				36 770.00	7 110.00	1 879.00
河　北	35 138.00	744.00	11 507.00	219 473.00	163 925.00	77 213.00
山　西	756.00			7 305.54	306.21	1 386.16
内蒙古	10 407.00	281.00	266.00	34 542.30	14 646.60	14 944.00
辽　宁	133 071.54	13 400.00	22 205.00	177 415.80	71 110.50	109 032.00
吉　林	5 281.40			7 988.50	965.80	1 449.40
黑龙江	141 647.00		2 614.50	461 988.90	205 738.70	117 567.50
上　海				331 643.00	91 694.00	16 993.00
江　苏				83 922.00	22 771.00	14 222.00
浙　江	1 018.11		59.00	615.00	91.20	302.60
安　徽	1 142.38		296.00	15 390.84	4 277.87	7 455.29
福　建	4 850.70		256.00	17 284.28	9 357.10	5 339.00
江　西	2 216.00			100 662.00	44 545.00	63 016.00
山　东	39.33			400.31		33.26
河　南	1 712.00		50.00	7 158.34	3 307.00	2 025.00
湖　北	26 457.00			381 531.00	98 968.00	63 857.00
湖　南	29 472.26	3 091.20	3 152.30	103 872.60	46 468.00	83 660.00
广　东	2 734.50			45 067.30	21 749.64	24 560.01
广　西	672.00			322 279.00	80 109.00	61 363.00
海　南	41 089.00			77 616.00	25 187.00	25 946.00
重　庆				201.00	3 261.00	3 257.00
四　川						128.00
贵　州	299.26			571.00		5.00
云　南	18 152.00			31 617.00	10 668.00	18 288.00
陕　西				428.00		394.00
甘　肃	5 551.78			2 639.70	198.80	1 290.54
青　海						131.30
宁　夏				6 997.60	4 140.70	3 663.80
新疆（兵团）	232 028.00	343.00	324.00	897 259.00	513 000.00	264 454.00
新疆（农业）	1 642.91			2 426.20	1 512.00	2 494.20
新疆（畜牧）	5 505.01			4 741.95	4 272.02	3 919.85
热科院				110.00		
广　州				938.00		
南　京				261.33	42.00	109.44

1－12 续表 2

地　区	第三产业					
	信息传输、软件和信息技术服务业	金融业	房地产业	租赁和商务服务业	科学研究和技术服务业	水利、环境和公共设施管理业
全国农垦	**111 492.30**	**557 007.00**	**652 932.26**	**402 324.84**	**536 231.69**	**241 400.58**
北　京	669.00	1 096.00	45 360.00	25 581.00	6 322.00	
天　津		846.00	4 781.00	16 991.00	1 617.00	
河　北	13 018.00	44 527.00	29 400.00	34 574.00	4 454.00	8 887.00
山　西	2.00			1 416.00		
内蒙古	151.00	480.00	235.00	154.00	625.00	581.00
辽　宁	2 866.00	2 546.00	14 538.52	36 182.40	816.00	3 854.00
吉　林						
黑龙江	30 322.30	87 926.40	8 486.20	12 358.90	23 899.80	91 359.70
上　海	253.00	1 379.00	55 900.00	44 198.00	262 516.00	3 422.00
江　苏	102.00	431.00	5 616.00	2 427.00	1 564.00	172.00
浙　江			123.00	1 623.62		
安　徽		99.00	3 896.00	33.20	203.98	
福　建	386.00	541.60		689.05	899.50	465.00
江　西	420.00	3 801.00	18 164.00	34 702.00	60.00	3 950.00
山　东			137.00	10.11		
河　南	14.00	717.00	246.00	257.00	100.00	461.00
湖　北	6 016.00	47 253.00	226 427.00	31 632.00	24 363.00	16 814.00
湖　南	21 126.00	9 937.00	37 799.00	16 475.00	4 661.00	4 323.00
广　东	2 049.00	711.00	3 598.30	8 801.73	2 067.01	69.98
广　西		4 936.00	17 187.00	6 713.00	10 148.00	
海　南	934.00	652.00	5 422.00	2 350.00	3 454.00	24.00
重　庆		357.00	7 457.00	2 190.00	200.00	
四　川						
贵　州				25.76		
云　南			591.00		9 893.00	432.00
陕　西			79.00	778.00		
甘　肃			375.79	295.07	66.83	518.90
青　海				1 708.30		
宁　夏	65.00	104.00			300.00	
新疆(兵团)	33 085.00	348 667.00	166 311.00	107 430.00	131 364.00	106 067.00
新疆(农业)	14.00		2.45	10 282.39		
新疆(畜牧)			800.00			
热科院				16.39	46 637.57	
广　州				1 537.00		
南　京				892.92		

1-12续表3

地　区	第三产业					
	居民服务、修理和其他服务业	教育	卫生和社会工作	文化、体育和娱乐业	公共管理、社会保障和社会组织	国际组织
全国农垦	**902 004.10**	**1 167 735.57**	**844 330.16**	**131 128.14**	**1 495 592.88**	
北　京	20 703.00	4 992.00		724.00		
天　津	3 790.00	6 669.00				
河　北	49 924.00	47 023.00	19 937.10	3 020.00	84 196.80	
山　西	696.79		443.00			
内蒙古	7 415.00	3 117.00	13 637.00	289.00	9 809.56	
辽　宁	34 634.00	11 999.00	17 991.72	2 062.70	15 057.00	
吉　林	568.70		104.70		250.90	
黑龙江	110 554.70	250 442.80	173 691.80	9 680.50	214 601.30	
上　海	6 231.00	8 091.00	11 102.00	3 095.00		
江　苏	72 179.00	1 456.00	18 735.00	329.00	3 187.00	
浙　江	169.77	79.98	41.69		1 011.37	
安　徽	5 834.89	292.60	1 915.28		2 628.00	
福　建	7 620.46	1 559.80	557.00	434.90	2 133.85	
江　西	97 876.00	15 631.00	1 642.00	2 842.00	2 940.00	
山　东	26.24		15.00	41.04	2 521.00	
河　南	1 250.25	1 191.00	596.16	181.00	2 548.00	
湖　北	40 320.00	108 441.00	51 722.00	8 834.00	119 267.00	
湖　南	24 260.00	17 679.00	10 882.00	24 228.00	88 318.80	
广　东	37 471.24	44 993.03	55 211.79		20 220.37	
广　西	77 265.00	21 755.00	8 896.00	1 316.00		
海　南	124 203.00	4 303.00	5 133.00	1 851.00	26 311.00	
重　庆						
四　川	98.00					
贵　州			9.60			
云　南	10 921.00		669.00	1 326.00	27 150.00	
陕　西	674.00		50.00		197.00	
甘　肃	1 662.61	746.80	286.32		372.60	
青　海						
宁　夏	8 730.70		66.00		2 393.30	
新疆（兵团）	154 040.00	613 815.00	450 947.00	70 874.00	865 320.00	
新疆（农业）	238.00	2 365.04	30.00		54.00	
新疆（畜牧）	2 386.75	1 093.52	18.00		5 104.03	
热科院						
广　州						
南　京	260.00					

1－13　各垦区固定资产折旧合计按当年价格计算

计量单位：万元

地　区	合计	第一产业	第二产业	工业	建筑业	第三产业
全国农垦	**9 498 323.84**	**1 461 270.04**	**4 502 117.13**	**3 957 820.21**	**544 296.92**	**3 534 936.67**
北　京	173 302.00	45 117.00	64 122.00	64 104.00	18.00	64 063.00
天　津	46 941.00	12 592.00	14 951.00	14 938.00	13.00	19 398.00
河　北	1 097 346.46	55 819.16	517 134.70	468 698.70	48 436.00	524 392.60
山　西	5 625.43	583.38	3 233.00	3 233.00		1 809.05
内蒙古	301 530.36	146 906.80	88 934.60	85 355.60	3 579.00	65 688.96
辽　宁	659 650.83	173 343.98	319 775.00	291 527.00	28 248.00	166 531.85
吉　林	9 070.80	4 755.30	2 065.90	1 881.00	184.90	2 249.60
黑龙江	1 664 375.90	510 059.50	231 126.10	196 806.10	34 320.00	923 190.30
上　海	378 815.00	93 234.00	135 543.00	135 299.00	244.00	150 038.00
江　苏	190 944.00	26 632.00	105 811.00	94 891.00	10 920.00	58 501.00
浙　江	11 862.93	1 807.02	8 402.64	8 395.94	6.70	1 653.27
安　徽	24 602.09	11 709.01	5 569.19	5 387.62	181.57	7 323.89
福　建	73 156.25	8 097.85	57 347.59	56 726.59	621.00	7 710.81
江　西	275 700.00	19 634.00	209 920.00	173 969.00	35 951.00	46 146.00
山　东	4 647.74	4 387.87	84.37	42.90	41.47	175.50
河　南	18 451.24	4 854.40	9 239.66	8 923.66	316.00	4 357.18
湖　北	1 085 611.00	55 986.00	802 348.00	729 883.00	72 465.00	227 277.00
湖　南	368 358.62	37 996.12	188 198.00	178 673.00	9 525.00	142 164.50
广　东	201 373.24	92 918.67	69 718.73	62 409.46	7 309.27	38 735.84
广　西	191 235.00	19 613.00	117 680.00	103 156.00	14 524.00	53 942.00
海　南	128 408.00	49 886.00	15 044.00	6 463.00	8 581.00	63 478.00
重　庆	36 451.00	6 510.00	26 127.00	26 040.00	87.00	3 814.00
四　川	474.00	422.00	42.00	42.00		10.00
贵　州	2 983.24	1 527.94	1 404.00	1 404.00		51.30
云　南	113 907.00	30 423.00	9 917.00	9 806.00	111.00	73 567.00
陕　西	10 588.67	2 569.67	3 907.00	1 939.00	1 968.00	4 112.00
甘　肃	31 377.35	16 033.00	13 339.07	13 220.38	118.69	2 005.28
青　海	10 005.54	9 613.95	57.59	57.59		334.00
宁　夏	30 427.80	18 255.30	6 485.30	6 054.70	430.60	5 687.20
新疆（兵团）	2 288 325.00	－28 361.00	1 454 341.00	1 188 723.00	265 618.00	862 345.00
新疆（农业）	20 986.99	7 769.86	11 062.00	10 987.00	75.00	2 155.13
新疆（畜牧）	29 545.17	18 980.26	7 288.47	6 884.75	403.72	3 276.44
热科院	8 165.41					8 165.41
广　州	3 531.00	1 576.00	1 800.00	1 800.00		155.00
南　京	547.78	17.00	98.22	98.22		432.56

1－13 续表 1

地区	第三产业					
	农、林、牧、渔专业及辅助性活动	开采专业及辅助性活动	金属制品、机械和设备修理业	批发和零售业	交通运输、仓储和邮政业	住宿和餐饮业
全国农垦	**176 699.84**	**32 908.10**	**43 697.40**	**903 678.67**	**543 916.35**	**278 466.53**
北京	469.00			13 226.00	15 199.00	11 217.00
天津				11 934.00	3 832.00	72.00
河北	11 623.00	367.00	4 818.00	134 719.00	110 023.00	52 863.00
山西	12.00			1 116.50	28.00	105.00
内蒙古	3 029.00	13 765.00	65.00	10 265.00	14 602.00	6 221.50
辽宁	11 808.00	17 115.00	35 544.00	29 098.00	26 455.00	15 661.00
吉林	1 520.50			256.70	150.50	216.70
黑龙江	71 402.60		397.90	177 111.60	97 527.50	58 522.70
上海				47 420.00	29 302.00	2 659.00
江苏				16 725.00	8 472.00	3 715.00
浙江	704.32			41.00	1.00	176.00
安徽	485.00		56.00	2 404.78	779.33	1 818.38
福建	95.00		20.00	2 713.91	1 829.25	844.30
江西	29.00			13 859.00	4 814.00	10 775.00
山东	15.67			49.64		2.90
河南	105.00			1 688.22	1 066.00	149.00
湖北	6 362.00			36 647.00	42 890.00	15 852.00
湖南	6 311.60	1 611.10	2 605.50	17 162.30	11 367.00	13 515.00
广东	36.60			5 942.72	6 783.34	4 158.45
广西	47.00			10 207.00	7 129.00	4 020.00
海南	1 502.00			5 898.00	2 786.00	4 118.00
重庆				217.00	1 736.00	543.00
四川						8.00
贵州	9.60			29.70		
云南	4 755.00			5 357.00	7 757.00	17 840.00
陕西				405.00		865.00
甘肃	657.98			399.94	19.00	490.78
青海						36.00
宁夏				607.10	1 279.90	899.80
新疆(兵团)	54 909.00	50.00	191.00	356 902.00	147 266.00	50 486.00
新疆(农业)	590.20			270.00	75.00	104.20
新疆(畜牧)	220.77			910.30	731.53	462.02
热科院				0.84		
广州				20.00		
南京				74.42	16.00	49.80

1-13续表2

地区	第三产业					
	信息传输、软件和信息技术服务业	金融业	房地产业	租赁和商务服务业	科学研究和技术服务业	水利、环境和公共设施管理业
全国农垦	**76 164.55**	**124 494.25**	**640 327.57**	**147 429.86**	**31 367.57**	**76 499.06**
北京	81.00	92.00	6 317.00	13 323.00	936.00	
天津		268.00	609.00	2 304.00	130.00	
河北	44 662.00	39 525.00	57 096.00	9 429.00	297.00	13 989.00
山西	1.50			429.00		
内蒙古	1 011.00	1 571.90	1 034.00	449.00	286.00	669.00
辽宁	530.00	1 171.00	9 631.65	5 612.20	504.00	2 036.00
吉林						
黑龙江	8 537.80	26 388.20	272 737.40	2 388.10	3 313.10	44 038.80
上海	14.00	66.00	6 588.00	57 380.00	522.00	2 698.00
江苏	10.00	47.00	1 770.00	139.00	318.00	18.00
浙江			48.00	652.93		
安徽		6.00	796.00	2.70	63.00	
福建	545.25	13.35		127.90	31.00	6.00
江西	70.00	114.00	8 401.00	810.00	210.00	883.00
山东			96.50	0.30		
河南		160.00	346.00	11.00	11.00	315.00
湖北	10 547.00	8 762.00	33 401.00	12 134.00	5 834.00	9 188.00
湖南	6 834.00	1 409.00	33 143.00	3 731.00	689.00	1 854.00
广东	100.00	26.00	298.45	1 253.02	66.73	16.16
广西		553.00	22 535.00	231.00	384.00	
海南	87.00	7.00	42 227.00	1 455.00	76.00	
重庆		16.00	542.00	760.00		
四川						
贵州				12.00		
云南			29.00		800.00	35.00
陕西			2.00	535.00		
甘肃			12.51	293.70	1.17	36.10
青海				298.00		
宁夏	7.00	2.80				
新疆(兵团)	3 127.00	44 296.00	142 588.00	32 262.00	8 731.00	717.00
新疆(农业)			19.06	1 037.67		
新疆(畜牧)			60.00			
热科院					8 164.57	
广州				135.00		
南京				234.34		

1-13 续表 3

地　　区	第三产业					
	居民服务、修理和其他服务业	教育	卫生和社会工作	文化、体育和娱乐业	公共管理、社会保障和社会组织	国际组织
全国农垦	**148 996.66**	**81 297.12**	**57 453.75**	**54 914.32**	**116 625.07**	
北　　京	2 943.00	232.00		28.00		
天　　津	249.00					
河　　北	26 713.00	3 806.00	4 039.70	2 023.00	8 399.90	
山　　西	115.05		2.00			
内 蒙 古	2 582.00	2 762.00	2 286.00	190.00	4 900.56	
辽　　宁	5 807.00	1 510.00	2 099.00	247.00	1 703.00	
吉　　林	97.00		8.20			
黑 龙 江	47 028.30	42 544.60	22 106.60	2 853.30	46 291.80	
上　　海	588.00	731.00	2 020.00	50.00		
江　　苏	18 729.00	297.00	4 596.00	53.00	3 612.00	
浙　　江	14.31	4.71	1.00		10.00	
安　　徽	339.20	21.00	192.50		360.00	
福　　建	811.00	45.65	21.00	7.30	599.90	
江　　西	3 929.00	1 009.00	116.00	933.00	194.00	
山　　东	4.77			5.72		
河　　南	20.00	120.00	85.54	30.00	250.42	
湖　　北	4 475.00	16 996.00	5 566.00	1 604.00	17 019.00	
湖　　南	5 029.00	1 995.00	2 499.00	3 766.00	28 643.00	
广　　东	4 297.50	3 388.60	10 246.01		2 122.26	
广　　西	3 598.00	4 788.00	382.00	68.00		
海　　南	2 076.00	273.00	570.00	1 032.00	1 371.00	
重　　庆						
四　　川	2.00					
贵　　州						
云　　南	938.00		429.00	35 627.00		
陕　　西	2 303.00				2.00	
甘　　肃	40.50	48.00	5.60			
青　　海						
宁　　夏	2 629.00		4.60		257.00	
新疆(兵团)	13 173.00	272.00	171.00	6 397.00	807.00	
新疆(农业)	7.00	47.00	5.00			
新疆(畜牧)	401.03	406.56	2.00		82.23	
热 科 院						
广　　州						
南　　京	58.00					

1－14　各垦区生产税净额合计按当年价格计算

计量单位：万元

地　区	合计	第一产业	第二产业	工业	建筑业	第三产业
全国农垦	**8 345 689.03**	**－78 069.01**	**5 557 593.79**	**4 956 432.05**	**601 161.74**	**2 866 164.25**
北　京	200 692.00	1 404.00	80 350.00	79 992.00	358.00	118 938.00
天　津	86 039.00	874.00	9 857.00	9 824.00	33.00	75 308.00
河　北	663 537.14	10 045.54	530 595.90	515 529.90	15 066.00	122 895.70
山　西	7 517.43	1 111.00	4 536.70	4 536.70		1 869.73
内蒙古	49 310.81	5 821.19	30 157.50	28 519.00	1 638.50	13 332.12
辽　宁	284 462.78	40 283.80	145 052.00	116 911.00	28 141.00	99 126.98
吉　林	7 531.80	7 013.60	162.00	162.00		356.20
黑龙江	－282 729.20	－671 668.20	201 845.10	162 174.90	39 670.20	187 093.90
上　海	463 830.40	3 423.30	130 702.00	128 363.00	2 339.00	329 705.10
江　苏	341 548.00	414.00	318 056.00	314 344.00	3 712.00	23 078.00
浙　江	19 844.25	615.16	18 633.42	18 629.52	3.90	595.67
安　徽	22 796.72	1 912.84	7 989.89	5 752.09	2 237.80	12 893.99
福　建	25 417.64	2 009.35	13 916.89	13 316.62	600.27	9 491.40
江　西	293 567.00	11 036.00	251 849.00	228 096.00	23 753.00	30 682.00
山　东	1 760.89	1 249.34	160.08	119.50	40.58	351.47
河　南	11 888.70	988.23	7 439.68	7 106.68	333.00	3 460.79
湖　北	1 553 088.00	5 753.00	1 116 398.00	774 890.00	341 508.00	430 937.00
湖　南	416 430.50	32 018.90	244 474.00	228 391.00	16 083.00	139 937.60
广　东	133 261.49	842.40	91 095.34	81 318.15	9 777.19	41 323.75
广　西	260 727.00	1 999.00	181 945.00	165 838.00	16 107.00	76 783.00
海　南	55 268.00	5 622.00	27 428.00	7 641.00	19 787.00	22 218.00
重　庆	33 559.00		23 005.00	21 520.00	1 485.00	10 554.00
四　川	288.00	154.00	92.00	92.00		42.00
贵　州	2 464.27	101.47	1 882.00	1 882.00		480.80
云　南	27 550.00	682.00	11 624.00	9 469.00	2 155.00	15 244.00
陕　西	8 003.75	2.00	5 979.75	5 979.75		2 022.00
甘　肃	10 059.09	448.03	7 938.64	6 816.64	1 122.00	1 672.42
青　海	855.73	321.45	156.28	156.28		378.00
宁　夏	21 898.70	707.00	17 196.70	15 596.40	1 600.30	3 995.00
新疆（兵团）	3 548 569.00	414 709.00	2 069 736.00	1 996 849.00	72 887.00	1 064 124.00
新疆（农业）	59 386.25	37 831.16	2 244.50	1 520.50	724.00	19 310.59
新疆（畜牧）	6 805.48	4 145.93	1 109.42	1 109.42		1 550.13
热科院	242.53					242.53
广　州	9 196.00	57.00	3 658.00	3 658.00		5 481.00
南　京	1 020.88	3.50	328.00	328.00		689.38

1-14 续表 1

地区	第三产业					
	农、林、牧、渔专业及辅助性活动	开采专业及辅助性活动	金属制品、机械和设备修理业	批发和零售业	交通运输、仓储和邮政业	住宿和餐饮业
全国农垦	**37 267.74**	**5 894.20**	**18 297.50**	**878 113.12**	**454 137.95**	**197 232.97**
北京	114.00			52 578.00	8 983.00	2 659.00
天津				36 678.00	1 087.00	124.00
河北	14 524.00	1 088.00	11 827.00	38 841.00	20 574.00	7 547.00
山西				1 561.80	10.90	87.55
内蒙古	552.00	25.00	18.00	4 852.40	3 119.00	1 887.18
辽宁	363.00	4 405.00	5 514.00	31 413.00	10 505.00	6 976.00
吉林				206.00	3.90	141.50
黑龙江	1 436.50		238.00	78 203.40	34 749.60	18 004.80
上海				83 642.10	7 133.00	1 818.00
江苏				7 642.00	3 085.00	2 603.00
浙江	2.00			72.10	31.23	129.20
安徽			2.00	1 540.34	443.40	1 316.50
福建	79.00		86.00	5 846.75	1 284.48	922.44
江西	844.00			10 126.00	2 887.00	9 075.00
山东				21.24		2.67
河南	342.00			682.31	12.00	117.00
湖北	6 982.00			261 334.00	27 054.00	25 757.00
湖南	6 564.00	258.20	529.50	38 372.40	7 935.00	26 488.00
广东	67.60			15 209.45	4 478.77	6 736.46
广西	62.00			33 228.00	6 007.00	7 181.00
海南	964.00			6 853.00	2 726.00	2 253.00
重庆				172.00	969.00	372.00
四川						37.00
贵州	3.80			452.00		
云南	3 714.00			5 057.00	1 331.00	2 060.00
陕西						
甘肃	48.00			711.43	34.00	217.46
青海						
宁夏				449.50	400.30	310.40
新疆(兵团)	398.00	118.00	83.00	158 506.00	298 801.00	68 839.00
新疆(农业)	192.84			2 893.00	10 449.18	3 442.60
新疆(畜牧)	15.00			221.07	40.19	69.44
热科院						
广州				592.00		
南京				155.83	4.00	58.77

1－14 续表 2

地　　区	第三产业					
	信息传输、软件和信息技术服务业	金融业	房地产业	租赁和商务服务业	科学研究和技术服务业	水利、环境和公共设施管理业
全国农垦	**45 835.65**	**87 686.90**	**645 659.22**	**91 926.14**	**27 116.83**	**27 894.62**
北　　京	197.00	427.00	30 959.00	15 021.00	508.00	
天　　津		5 988.00	26 460.00	4 324.00	267.00	
河　　北	1 236.00	5 593.00	8 344.00	1 568.00	144.00	126.00
山　　西	1.00			144.00		
内 蒙 古	51.00	672.00	779.00	323.00	3.00	
辽　　宁	98.00	267.00	35 221.28	873.70	31.00	635.00
吉　　林						
黑 龙 江	476.40	17 890.20	13 294.00	654.30	540.80	3 344.70
上　　海	10.00	1 613.00	224 445.00	8 616.00	422.00	753.00
江　　苏		8.00	7 025.00	85.00	15.00	
浙　　江			25.00	321.15		
安　　徽		69.00	8 731.00			
福　　建	705.25	11.00		192.43	13.50	2.00
江　　西	22.00	136.00	3 222.00	1 363.00		
山　　东			333.00	0.18		
河　　南				4.00		
湖　　北	8 618.00	11 836.00	59 962.00	12 098.00	6 074.00	883.00
湖　　南	2 718.00	2 605.00	10 409.00	6 580.00	2 404.00	1 419.00
广　　东	140.00	78.00	4 487.14	2 150.60	4.00	10.92
广　　西		304.00	23 749.00	260.00	444.00	
海　　南	212.00	4 861.00	126.00	235.00	1 471.00	
重　　庆			8 665.00	376.00		
四　　川						
贵　　州				25.00		
云　　南			431.00		629.00	1.00
陕　　西			1 400.00	389.00		
甘　　肃			430.00	188.23		
青　　海				378.00		
宁　　夏		3.70				
新疆(兵团)	31 351.00	35 325.00	175 698.00	29 165.00	13 904.00	20 720.00
新疆(农业)			263.80	1 257.77		
新疆(畜牧)			1 200.00			
热 科 院					242.53	
广　　州				4 889.00		
南　　京				444.78		

1－14 续表 3

地　　区	第三产业					
	居民服务、修理和其他服务业	教育	卫生和社会工作	文化、体育和娱乐业	公共管理、社会保障和社会组织	国际组织
全国农垦	**93 685.29**	**62 886.25**	**77 255.84**	**24 467.28**	**90 806.75**	
北　　京	7 114.00	151.00		227.00		
天　　津	380.00					
河　　北	3 869.00	1 167.00	464.80	85.00	5 897.90	
山　　西	64.48					
内 蒙 古	870.00		47.00	95.00	38.54	
辽　　宁	1 912.00	105.00	610.00	177.00	21.00	
吉　　林	4.30		0.50			
黑 龙 江	16 710.10	−141.70	658.10	907.90	126.80	
上　　海	555.00	388.00		310.00		
江　　苏	2 549.00	2.00	30.00	1.00	33.00	
浙　　江	14.99					
安　　徽	411.85	0.30	5.60		374.00	
福　　建	291.70	13.65	8.00	7.00	28.20	
江　　西	2 184.00	54.00	16.00	735.00	18.00	
山　　东				−5.62		
河　　南	12.00		1.70	43.00	2 246.78	
湖　　北	2 080.00	2 026.00	747.00	2 044.00	3 442.00	
湖　　南	9 507.50	2 442.00	2 821.00	6 191.00	12 694.00	
广　　东	7 936.14		19.14		5.53	
广　　西	4 730.00	669.00	100.00	49.00		
海　　南	2 084.00	25.00		252.00	156.00	
重　　庆						
四　　川	5.00					
贵　　州						
云　　南	1 540.00		39.00	432.00	10.00	
陕　　西	47.00				186.00	
甘　　肃	43.30					
青　　海						
宁　　夏	2 701.10				130.00	
新疆(兵团)	25 227.00	55 985.00	71 688.00	12 917.00	65 399.00	
新疆(农业)	811.40					
新疆(畜牧)	4.43					
热 科 院						
广　　州						
南　　京	26.00					

1－15　各垦区补贴合计按当年价格计算

计量单位：万元

地　　区	合计	第一产业	第二产业	工业	建筑业	第三产业
全国农垦	**812 519.30**	**749 564.19**	**22 615.99**	**21 959.99**	**656.00**	**40 339.12**
北　　京	3 598.00	1 626.00	1 322.00	1 322.00		650.00
天　　津						
河　　北	4 602.40		233.00	233.00		4 369.40
山　　西	215.00	215.00				
内 蒙 古	5 743.96	5 717.96				26.00
辽　　宁	20 312.30	16 371.30	1 079.00	1 045.00	34.00	2 862.00
吉　　林	3 878.70	3 627.80				250.90
黑 龙 江	676 888.60	671 838.90	3 776.90	3 776.90		1 272.80
上　　海	10 115.00	124.00	1 767.00	1 767.00		8 224.00
江　　苏						
浙　　江	403.30	285.02				118.28
安　　徽	1 851.90	1 851.90				
福　　建	38.90	20.00				18.90
江　　西	1 039.00	898.00	257.00	255.00	2.00	－116.00
山　　东	48.00	48.00				
河　　南	318.20	318.20				
湖　　北						
湖　　南	2 420.50	2 031.00	133.00		133.00	256.50
广　　东	487.19	300.00	169.19	169.19		18.00
广　　西						
海　　南						
重　　庆	3 670.00	1 050.00	2 620.00	2 620.00		
四　　川	76.00	76.00				
贵　　州	172.20	132.20	40.00	40.00		
云　　南						
陕　　西	791.00	565.00				226.00
甘　　肃	1 986.44	1 605.14	340.00	340.00		41.30
青　　海	318.00	218.00	100.00	100.00		
宁　　夏						
新疆(兵团)	58 255.00	27 317.00	9 482.00	9 053.00	429.00	21 456.00
新疆(农业)	9 780.19	8 403.79	1 188.40	1 188.40		188.00
新疆(畜牧)	5 501.48	4 923.98	108.50	50.50	58.00	469.00
热 科 院	8.04					8.04
广　　州						
南　　京						

1－15 续表 1

地　　区	第三产业					
	农、林、牧、渔专业及辅助性活动	开采专业及辅助性活动	金属制品、机械和设备修理业	批发和零售业	交通运输、仓储和邮政业	住宿和餐饮业
全国农垦	**2 934.70**	**55.00**		**22 239.00**	**2 115.50**	**23.00**
北　　京				263.00	229.00	
天　　津						
河　　北						
山　　西						
内 蒙 古					26.00	
辽　　宁	1 500.00			164.00	647.00	
吉　　林						
黑 龙 江	619.20				271.50	21.00
上　　海				1 108.00	887.00	2.00
江　　苏						
浙　　江						
安　　徽						
福　　建						
江　　西				7.00	1.00	
山　　东						
河　　南						
湖　　北						
湖　　南	35.50	55.00		63.00	54.00	
广　　东						
广　　西						
海　　南						
重　　庆						
四　　川						
贵　　州						
云　　南						
陕　　西						
甘　　肃	7.00					
青　　海						
宁　　夏						
新疆（兵团）	313.00			20 634.00		
新疆（农业）						
新疆（畜牧）	460.00					
热 科 院						
广　　州						
南　　京						

1－15 续表 2

地 区	第三产业					
	信息传输、软件和信息技术服务业	金融业	房地产业	租赁和商务服务业	科学研究和技术服务业	水利、环境和公共设施管理业
全国农垦	**1.00**	**23.00**	**399.00**	**6 705.38**	**31.04**	**310.00**
北 京				135.00	23.00	
天 津						
河 北						
山 西						
内 蒙 古						
辽 宁						310.00
吉 林						
黑 龙 江	1.00	5.00				
上 海			75.00	6 076.00		
江 苏						
浙 江				118.28		
安 徽						
福 建						
江 西						
山 东						
河 南						
湖 北						
湖 南						
广 东		18.00				
广 西						
海 南						
重 庆						
四 川						
贵 州						
云 南						
陕 西						
甘 肃				3.10		
青 海						
宁 夏						
新疆（兵团）			324.00	185.00		
新疆（农业）				188.00		
新疆（畜牧）						
热 科 院					8.04	
广 州						
南 京						

1－15 续表 3

地　　区	第三产业					
	居民服务、修理和其他服务业	教育	卫生和社会工作	文化、体育和娱乐业	公共管理、社会保障和社会组织	国际组织
全国农垦	**289.00**	**430.90**	**52.30**	**－125.00**	**4 855.30**	
北　　京						
天　　津						
河　　北			15.50		4 353.90	
山　　西						
内 蒙 古						
辽　　宁	200.00	41.00				
吉　　林					250.90	
黑 龙 江		340.00	0.60		14.50	
上　　海	49.00	27.00				
江　　苏						
浙　　江						
安　　徽						
福　　建		18.90				
江　　西				－125.00	1.00	
山　　东						
河　　南						
湖　　北						
湖　　南					49.00	
广　　东						
广　　西						
海　　南						
重　　庆						
四　　川						
贵　　州						
云　　南						
陕　　西	40.00				186.00	
甘　　肃			31.20			
青　　海						
宁　　夏						
新疆(兵团)						
新疆(农业)						
新疆(畜牧)		4.00	5.00			
热 科 院						
广　　州						
南　　京						

1－16　各垦区营业盈余合计按当年价格计算

计量单位：万元

地　区	合计					
		第一产业	第二产业			第三产业
				工业	建筑业	
全国农垦	**25 220 418.35**	**5 708 228.36**	**12 210 048.70**	**10 916 008.98**	**1 294 039.72**	**7 302 141.29**
北京	279 025.00	14 043.00	48 698.00	48 655.00	43.00	216 284.00
天津	96 829.00	3 006.00	－11 755.00	－11 868.00	113.00	105 578.00
河北	1 544 379.66	190 137.76	833 131.00	727 706.00	105 425.00	521 110.90
山西	13 688.04	2 002.07	5 262.00	5 262.00		6 423.97
内蒙古	306 433.66	148 784.45	91 625.01	86 482.01	5 143.00	66 024.20
辽宁	668 685.80	182 020.21	240 700.40	168 794.50	71 905.90	245 965.19
吉林	29 342.78	21 651.54	2 155.70	1 929.00	226.70	5 535.54
黑龙江	4 921 514.20	2 807 999.70	542 478.20	425 745.50	116 732.70	1 571 036.30
上海	479 960.20	44 002.00	142 570.50	144 442.30	－1 871.80	293 387.70
江苏	740 526.00	92 075.00	507 170.00	487 128.00	20 042.00	141 281.00
浙江	38 812.76	1 907.43	35 734.37	35 603.37	131.00	1 170.96
安徽	45 920.97	14 256.39	9 823.54	7 024.74	2 798.80	21 841.04
福建	134 855.98	17 965.48	94 622.27	93 799.27	823.00	22 268.23
江西	477 575.00	34 177.00	344 456.00	318 201.00	26 255.00	98 942.00
山东	5 089.95	3 790.03	661.85	658.00	3.85	638.07
河南	70 996.68	29 301.23	22 010.72	20 342.72	1 668.00	19 684.73
湖北	4 627 324.00	269 490.00	3 654 249.00	3 317 577.00	336 672.00	703 585.00
湖南	863 305.48	106 443.48	438 364.20	393 066.20	45 298.00	318 497.80
广东	742 744.21	206 583.93	366 559.30	341 105.60	25 453.70	169 600.98
广西	2 361 897.00	151 759.00	1 988 353.00	1 688 490.00	299 863.00	221 785.00
海南	104 012.00	7 097.00	33 952.00	3 423.00	30 529.00	62 963.00
重庆	76 574.00	1 968.00	32 105.00	30 436.00	1 669.00	42 501.00
四川	148.00	27.00	103.00	103.00		18.00
贵州	5 533.11	297.11	4 768.00	4 768.00		468.00
云南	121 963.00	31 932.00	11 711.00	10 418.00	1 293.00	78 320.00
陕西	11 407.66	5 820.72	5 021.00	4 934.00	87.00	565.94
甘肃	20 863.15	7 452.05	9 376.65	8 830.45	546.20	4 034.45
青海	1 402.13	1 159.13	80.00	80.00		163.00
宁夏	70 664.20	36 589.20	20 782.70	18 186.70	2 596.00	13 292.30
新疆（兵团）	6 098 683.00	1 064 160.00	2 722 432.00	2 524 648.00	197 784.00	2 312 091.00
新疆（农业）	166 048.19	145 015.26	2 764.40	1 659.40	1 105.00	18 268.53
新疆（畜牧）	80 763.65	64 298.64	7 827.64	6 122.97	1 704.67	8 637.37
热科院	10.80					10.80
广州	12 842.00	1 035.00	2 477.00	2 477.00		9 330.00
南京	597.09	－18.45	－221.75	－221.75		837.29

1-16 续表 1

地　区	第三产业					
	农、林、牧、渔专业及辅助性活动	开采专业及辅助性活动	金属制品、机械和设备修理业	批发和零售业	交通运输、仓储和邮政业	住宿和餐饮业
全国农垦	**374 984.75**	**14 360.50**	**27 438.20**	**2 369 897.89**	**933 715.40**	**580 894.54**
北　京	—3 631.00			69 301.00	13 189.00	46 989.00
天　津				21 100.00	8 185.00	—1 006.00
河　北	21 903.00	981.00	11 814.00	177 534.00	107 761.00	38 954.00
山　西	15.00			5 366.70	84.00	1 015.45
内蒙古	2 607.00	124.00	106.00	17 955.70	15 017.00	17 858.70
辽　宁	49 418.00	12 726.00	11 527.00	60 264.00	30 616.00	21 033.00
吉　林	218.00			3 241.78	873.60	776.00
黑龙江	167 253.50		1 838.50	518 755.50	278 960.20	137 130.80
上　海				—19 192.40	4 986.30	3 599.20
江　苏				60 519.00	7 714.00	5 952.00
浙　江	173.40			268.60	19.05	655.00
安　徽	136.96		40.00	3 714.10	1 095.10	1 385.34
福　建	333.00		700.00	15 448.59	2 370.85	1 730.58
江　西	18.00			32 664.00	8 909.00	26 802.00
山　东				229.96		41.17
河　南	1 915.00		23.00	7 042.57	716.00	845.60
湖　北	33 740.00			361 012.00	68 990.00	22 923.00
湖　南	14 995.40	366.50	823.70	91 016.70	27 819.00	35 775.00
广　东	—4 373.61			46 696.13	15 059.27	22 208.68
广　西	120.00			45 715.00	10 371.00	11 743.00
海　南	11 448.00			16 570.00	6 707.00	826.00
重　庆				273.00	658.00	467.00
四　川						7.00
贵　州				235.00		
云　南	6 505.00			23 947.00	14 744.00	10 796.00
陕　西				180.00		—64.00
甘　肃	967.72			2 052.78	217.80	68.60
青　海						
宁　夏				2 204.00	1 753.20	1 301.30
新疆(兵团)	68 470.00	163.00	566.00	796 670.00	303 418.00	168 664.00
新疆(农业)	2 256.80			5 081.60	1 288.40	1 167.00
新疆(畜牧)	495.58			2 690.82	2 181.63	1 182.78
热科院						
广　州				1 167.00		
南　京				173.76	12.00	67.34

1－16 续表 2

地　　区	第三产业					
	信息传输、软件和信息技术服务业	金融业	房地产业	租赁和商务服务业	科学研究和技术服务业	水利、环境和公共设施管理业
全国农垦	**124 526.53**	**777 284.25**	**847 015.28**	**332 981.19**	**69 938.40**	**67 827.71**
北　　京	421.00	4 553.00	30 747.00	52 411.00	－208.00	
天　　津		19 004.00	38 375.00	23 802.00	－196.00	
河　　北	23 156.00	50 155.00	19 085.00	11 332.00	1 447.00	3 637.00
山　　西	0.50			－109.00		
内 蒙 古	2 502.00	4 603.00	3 769.00	2 875.20	－527.00	
辽　　宁	1 051.00	2 357.00	37 872.39	4 012.80	118.00	2 020.00
吉　　林						
黑 龙 江	7 095.30	209 723.10	22 544.80	3 658.80	3 327.60	36 361.70
上　　海	－131.70	30 884.50	261 384.60	6 616.30	－1 065.40	－1 573.30
江　　苏		818.00	33 648.00	193.00	227.00	
浙　　江			－24.00	5.42		
安　　徽		327.00	6 944.00	13.80	20.00	
福　　建	360.50	66.45		12.06	35.00	2.00
江　　西	23.00	2 569.00	7 713.00	12 814.00	55.00	135.00
山　　东			341.00	17.91		
河　　南	103.00	2 172.00	711.00	34.00		61.00
湖　　北	16 738.00	57 607.00	60 499.00	12 828.00	14 757.00	9 554.00
湖　　南	16 463.00	8 675.00	15 155.00	11 479.00	4 282.00	2 526.00
广　　东	453.93	1 546.00	21 854.20	9 422.78	－18.00	37.11
广　　西		9 821.00	99 361.00	6 414.00	2 057.00	
海　　南	311.00	7 344.00	2 371.00	1 020.00	967.00	
重　　庆		1 423.00	33 000.00	6 680.00		
四　　川						
贵　　州				233.00		
云　　南			263.00		1 049.00	21.00
陕　　西				150.94		
甘　　肃			710.39	199.16	－0.40	－213.80
青　　海				163.00		
宁　　夏	5.00	334.20			70.80	
新疆（兵团）	55 975.00	363 302.00	149 116.00	149 348.00	43 530.00	15 260.00
新疆（农业）			－225.10	8 681.83		
新疆（畜牧）			1 800.00			
热 科 院					10.80	
广　　州				8 163.00		
南　　京				509.19		

1－16 续表 3

地　　区	第三产业					
	居民服务、修理和其他服务业	教育	卫生和社会工作	文化、体育和娱乐业	公共管理、社会保障和社会组织	国际组织
全国农垦	**425 221.54**	**69 568.64**	**97 796.39**	**66 683.44**	**122 006.64**	
北　　京	2 221.00	62.00		229.00		
天　　津	−3 686.00					
河　　北	39 684.00	899.00	6 574.60	401.00	5 793.30	
山　　西	51.32					
内 蒙 古	3 339.00		−103.00	584.00	−4 686.40	
辽　　宁	9 399.00	158.00	2 240.00	484.00	669.00	
吉　　林	422.66		3.50			
黑 龙 江	111 437.20	12 124.30	35 522.60	1 482.50	23 819.90	
上　　海	7 300.70	2 457.90	1 376.00	−3 255.00		
江　　苏	29 207.00	18.00	875.00	10.00	2 100.00	
浙　　江	19.99	2.01	33.82		17.67	
安　　徽	3 777.44	1.10	195.20		4 191.00	
福　　建	829.00		27.00	11.90	341.30	
江　　西	5 701.00	733.00	8.00	804.00	−6.00	
山　　东	2.99			5.04		
河　　南	118.00	23.00	151.14	49.00	5 720.42	
湖　　北	14 086.00	8 684.00	5 857.00	2 676.00	13 634.00	
湖　　南	37 779.50	4 717.00	20 377.00	8 191.00	18 057.00	
广　　东	22 572.18	562.33	9 488.53		24 091.45	
广　　西	24 498.00	10 516.00	1 048.00	121.00		
海　　南	3 971.00	289.00	217.00	232.00	10 690.00	
重　　庆						
四　　川	11.00					
贵　　州						
云　　南	16 118.00		249.00	4 628.00		
陕　　西	325.00		30.00		−56.00	
甘　　肃	83.20	−51.00				
青　　海						
宁　　夏	6 906.80				717.00	
新疆(兵团)	88 688.00	28 378.00	13 626.00	50 030.00	16 887.00	
新疆(农业)	−3.00	−5.00			26.00	
新疆(畜牧)	286.56					
热 科 院						
广　　州						
南　　京	75.00					

农业部分

2-1　农场基本情况

地　　区	农场个数（个）	小城镇情况		
		小城镇个数（个）	小城镇人口（人）	小城镇占地面积（万米^2）
全国农垦	**1 759**	**582**	**4 304 068**	**218 487**
北　　京	8			
天　　津	12			
河　　北	33	49	225 860	23 348
山　　西	25	3	11 015	218
内 蒙 古	104	21	87 862	7 181
辽　　宁	104	40	350 916	20 716
吉　　林	92	3	10 076	2 100
黑 龙 江	113	113	1 396 005	37 658
上　　海	21			
江　　苏	17	27	135 669	2 835
浙　　江	96	1	2 601	11
安　　徽	20	10	50 264	1 046
福　　建	110	13	53 032	16 663
江　　西	156	78	390 558	31
山　　东	12			
河　　南	91	5	28 187	2 256
湖　　北	65	53	358 185	9 713
湖　　南	65	25	329 813	16 085
广　　东	47	42	146 598	6 386
广　　西	18	28	217 909	3 438
海　　南	26			10 886
重　　庆	17			
四　　川	30			
贵　　州	37	4	26 056	282
云　　南	43	17	72 125	2 965
陕　　西	12	7	26 411	5 263
甘　　肃	21	2	5 646	145
青　　海	22			
宁　　夏	14	14	55 221	879
新疆（兵团）	178	11	237 730	
新疆（农业）	43	9	49 949	2 075
新疆（畜牧）	105	7	36 380	46 307
热 科 院	1			
广　　州				
南　　京	1			

2-1续表

地区	农场人口情况				居民人均可支配收入（元）	年末实有住房面积（万米²）
	农垦年末总人口（人）	#农场人口（人）	少数民族人口（人）	农垦年内平均人口（人）		
全国农垦	**14 332 291**	**11 803 030**	**1 353 925**	**13 938 380**	**18 946**	**99 532.00**
北京	116 220	27 751	796	116 169	43 992	64.00
天津	37 684	12 338	308	37 619	65 654	125.20
河北	420 874	354 181	9 938	417 467	19 527	1 706.16
山西	32 042	31 071	17	31 194	11 422	53.19
内蒙古	490 371	428 360	117 256	485 429	15 313	1 667.11
辽宁	921 218	791 370	50 254	882 776	15 826	3 398.96
吉林	180 012	173 791	6 653	179 770	15 269	387.15
黑龙江	1 655 896	1 466 461	36 528	1 664 644	28 789	5 444.60
上海	116 799	10 348	38	120 325	89 389	52.10
江苏	186 392	160 056		186 587	30 786	928.00
浙江	42 743	29 225	118	40 206	23 158	241.66
安徽	124 411	103 813	2 333	124 723	35 554	543.83
福建	192 664	155 578	1 837	187 864	12 724	867.80
江西	1 307 099	1 306 765	2 818	1 286 218	15 062	4 253.09
山东	18 772	18 519	30	17 826	22 326	84.86
河南	164 679	125 103	412	164 347	13 900	435.34
湖北	1 489 162	1 324 513	7 947	1 477 821	21 555	5 574.00
湖南	781 103	605 633	18 840	714 978	18 365	4 883.59
广东	390 400	335 967	7 572	387 811	25 887	1 386.09
广西	383 917	316 548	109 320	361 317	23 275	1 355.22
海南	835 164	727 479		780 132	17 552	2 503.30
重庆	21 432	3 565	190	22 435	15 139	70.00
四川	10 567	9 407	6 771	10 255	7 588	26.84
贵州	27 322	20 740	3 498	24 332	9 649	17 110.26
云南	373 797	354 386	108 210	372 129	21 490	966.08
陕西	27 399	24 801	76	27 340	10 753	196.35
甘肃	75 757	47 035	3 200	74 598	13 094	255.43
青海	47 593	35 646	9 283	16 623	12 000	61.14
宁夏	134 484	123 085	36 493	128 348	21 493	534.00
新疆（兵团）	3 105 567	2 106 761	476 154	3 055 438	31 513	
新疆（农业）	227 211	202 806	77 627	201 657	11 383	43 459.82
新疆（畜牧）	376 879	357 755	256 905	323 216	9 788	835.05
热科院	12 190	9 604	2 503	12 235	34 418	47.98
广州	1 718			1 809	77 100	2.48
南京	2 753	2 569		2 742	54 932	11.32

2－2 土地利用面积和耕地变动情况

计量单位：公顷

地区	土地总面积	耕地面积			牧草地面积
			#水田	#高标准农田面积	
全国农垦	**35 806 450.85**	**6 419 737.50**	**2 115 915.17**	**2 257 227.10**	**13 424 185.14**
北京	7 892.00	1 396.00			
天津	7 767.00	2 727.00	860.00	613.00	
河北	384 934.36	95 797.14	30 065.54	3 548.75	95 074.52
山西	22 900.43	6 484.79			4 423.30
内蒙古	4 986 461.64	694 575.80	9 046.00	108 694.39	2 324 242.60
辽宁	502 375.67	158 164.76	83 731.88	14 359.36	14 302.85
吉林	271 985.34	103 738.94	26 567.34	6 327.03	70 014.95
黑龙江	5 537 012.00	2 956 354.00	1 604 320.00	1 744 000.00	338 196.00
上海	65 703.00	38 238.00	35 602.00	9 568.00	
江苏	120 491.00	64 577.00	62 403.00	54 890.00	
浙江	17 243.39	4 259.52	1 770.83	283.96	10.42
安徽	63 871.04	30 215.36	12 853.38	15 030.18	198.40
福建	87 286.06	8 346.68	3 698.79	1 834.33	2 335.50
江西	696 457.39	84 383.86	68 534.47	10 177.76	9 740.81
山东	21 066.05	12 814.20	3 943.00	4 499.31	6.00
河南	41 741.88	28 083.63	1 369.45	1 487.07	60.00
湖北	365 660.00	142 551.00	55 979.00	81 977.00	477.00
湖南	161 111.83	76 187.32	42 190.02	21 754.26	734.61
广东	223 729.31	38 052.17	3 460.20	22 824.26	66.68
广西	132 735.00	33 624.00	910.00	4 550.00	704.00
海南	675 549.93	35 491.64	10 995.20		
重庆	2 942.00	306.00		80.00	
四川	463 794.00	850.00	67.00		321 396.00
贵州	13 468.63	1 145.11	209.77	115.07	1 921.57
云南	231 593.21	12 013.77	4 146.86	325.00	
陕西	19 011.58	10 843.90	36.00	2 361.10	1 244.10
甘肃	551 728.92	68 920.99	14 377.93	23 537.17	258 925.19
青海	599 368.66	38 062.96	2 286.00	1 885.00	281 997.26
宁夏	120 544.00	41 201.00	8 895.00	5 408.00	24 329.00
新疆(兵团)	7 000 818.80	1 277 316.50	7 588.80		1 719 034.20
新疆(农业)	665 471.16	139 549.85	234.06	34 569.81	294 852.09
新疆(畜牧)	11 738 416.20	213 172.41	19 652.17	82 492.82	7 659 891.94
热科院	4 530.70	292.20	121.48	34.47	6.15
广州	29.67				
南京	759.00				

2－2续表1

地　区	林地面积	#橡胶面积	水面面积	#可养殖水面	茶果桑园
全国农垦	**4 022 321.65**	**415 133.42**	**894 594.21**	**198 956.17**	**402 323.00**
北　京	1 353.00		41.00	26.00	447.00
天　津	558.00		1 098.00	897.00	296.00
河　北	74 111.22		29 876.37	18 522.40	2 029.73
山　西	8 122.87		9.93	3.33	272.54
内蒙古	231 486.06		66 464.78	5 808.50	1 281.10
辽　宁	75 713.84		52 187.59	33 577.33	11 507.74
吉　林	46 257.71		2 951.79	325.00	1 379.00
黑龙江	920 486.00		258 628.00	23 232.00	3 404.00
上　海	4 892.00		7 455.00	3 931.00	1 393.00
江　苏	19 894.00		12 529.00	3 993.00	229.00
浙　江	5 280.68		2 080.87	658.03	2 969.52
安　徽	11 470.51		4 797.36	942.63	3 582.64
福　建	38 809.81	78.00	2 652.83	1 675.87	15 469.55
江　西	488 124.96		25 091.58	13 926.07	14 888.21
山　东	1 229.40		1 733.84	954.54	359.69
河　南	2 438.36		1 869.60	732.40	1 959.46
湖　北	44 815.00		70 641.00	51 894.00	9 046.00
湖　南	28 126.21		26 325.04	16 166.85	6 982.87
广　东	83 358.87	47 802.17	5 608.76	3 573.39	33 023.62
广　西	32 481.00	1 719.00	2 007.00	1 353.00	13 759.00
海　南	388 454.78	243 200.05	7 606.70	3 542.20	40 591.20
重　庆	27.00		1 296.00	1 296.00	227.00
四　川	16 822.00		48.00	48.00	1 041.00
贵　州	2 468.95		308.01	118.84	3 967.47
云　南	132 098.33	120 815.05	3 531.08	1 103.67	19 866.11
陕　西	2 437.41		80.00	20.00	1 016.35
甘　肃	44 894.99		7 171.51	470.26	2 365.70
青　海	204 842.86		37.89		
宁　夏	6 445.00		8 727.00	5 836.00	6 091.00
新疆（兵团）	907 742.60		147 327.60		150 813.60
新疆（农业）	78 875.87		3 153.66	3 153.66	35 738.71
新疆（畜牧）	115 639.48		141 208.03	1 146.70	16 168.50
热科院	2 128.88	1 519.15	49.39	28.50	118.69
广　州					
南　京	434.00				38.00

2－2 续表 2

地　　区	可垦荒地面积	宜林地面积		居民点及工矿用地面积	其他面积
			#宜植橡胶面积		
全国农垦	**4 912 279.34**	**105 510.62**	**3 337.34**	**963 013.47**	**4 662 485.92**
北　　京				1 169.00	3 486.00
天　　津	13.00			411.00	2 664.00
河　　北	320.00	401.00		40 415.32	46 909.06
山　　西	339.53	272.74		1 004.80	1 969.93
内 蒙 古	100 901.12	23 878.86		68 687.56	1 474 943.76
辽　　宁	1 833.01	5 455.90	48.00	41 805.07	141 404.91
吉　　林	1 307.78	1 912.00		15 370.97	29 052.20
黑 龙 江	137 994.00	16 205.00		226 372.00	679 373.00
上　　海					13 725.00
江　　苏				6 251.00	17 011.00
浙　　江	182.81	10.27		539.56	1 909.74
安　　徽	1 472.20	700.80		4 727.52	6 706.25
福　　建	1 313.59	3 953.30		3 845.35	10 559.45
江　　西	7 998.76	6 713.19		29 345.95	30 170.07
山　　东	518.03			1 537.17	2 867.72
河　　南	53.00	178.00		3 872.78	3 227.05
湖　　北	3 963.00	2 967.00		51 685.00	39 515.00
湖　　南	1 049.82	897.09		9 183.68	11 625.19
广　　东	2 006.20	3 313.10	1 286.10	11 211.34	47 088.57
广　　西	3 672.00	9 492.00	1 693.00	10 453.00	26 543.00
海　　南				19 784.60	183 621.01
重　　庆				170.00	916.00
四　　川	5.00			11 980.00	111 652.00
贵　　州	749.03	266.73		510.90	2 130.86
云　　南	173.29	27.20	27.20	11 621.49	52 261.94
陕　　西	10.00	504.00		1 286.60	1 589.22
甘　　肃	22 080.89	3 398.68		5 942.92	138 028.05
青　　海	810.60	6 798.00		1 452.21	65 366.88
宁　　夏	5 291.00	7 629.00		2 940.00	17 891.00
新疆（兵团）	2 286 614.30			162 776.90	349 193.10
新疆（农业）	30 282.44	7 421.50		10 136.73	65 460.31
新疆（畜牧）	2 301 250.61	2 675.97		206 044.33	1 082 364.93
热 科 院	74.33	439.29	283.04	368.05	1 053.72
广　　州				29.67	
南　　京				81.00	206.00

2-2续表3

地区	农业产业园区情况		耕地变动情况			
	农业产业园区个数（个）	农业产业园区占地面积	年初实有耕地面积	当年增加的耕地面积	当年减少的耕地面积	#国家基建占地
全国农垦	**110**	**278 058.44**	**6 345 297.41**	**104 305.63**	**29 865.54**	**1 420.30**
北京	3	195.00	1 396.00	16.00	16.00	16.00
天津			2 782.00	214.00	269.00	22.00
河北	6	41 646.70	92 754.80	4 565.03	1 522.69	53.00
山西	2	162.36	6 495.48	189.58	200.27	
内蒙古	1	1 234.40	671 767.44	26 362.63	3 554.27	9.00
辽宁	3	1 615.00	152 598.00	10 537.36	4 970.60	
吉林	3	208.93	103 051.61	738.87	51.54	
黑龙江	19	128 760.00	2 917 370.00	39 003.00	19.00	12.00
上海			36 064.00	2 174.00		
江苏			64 825.00		248.00	101.00
浙江	2	26.33	4 339.88		80.36	10.12
安徽			30 225.58	62.08	72.30	10.40
福建	2	35.00	8 383.46	82.00	118.78	20.00
江西	11	7 620.63	84 121.28	391.38	128.80	19.80
山东	2	5 035.60	12 721.80	112.00	19.60	3.38
河南	2	11.50	28 844.33	799.20	1 559.90	39.60
湖北	1	2 160.00	138 084.00	4 857.00	390.00	57.00
湖南	12	3 226.38	75 853.19	947.63	613.50	328.30
广东	2	24 093.00	37 197.90	2 419.63	1 565.36	119.10
广西	13	6 093.00	33 678.00	633.00	687.00	200.00
海南	2	7 913.93	36 348.80	352.70	1 209.86	76.80
重庆			306.00			
四川			771.00	270.00	191.00	44.00
贵州	1	146.67	1 131.91	25.13	11.93	11.93
云南			12 337.46	48.88	372.57	141.89
陕西	3	585.66	10 819.50	69.40	45.00	45.00
甘肃	10	11 472.11	69 554.78	208.27	842.06	
青海	2	31 595.04	37 829.96	233.00		
宁夏	5	3 893.00	41 255.00	322.00	376.00	79.00
新疆（兵团）			1 272 670.50	5 829.00	1 183.00	
新疆（农业）	2	128.20	142 733.76	33.33	3 217.24	
新疆（畜牧）	1	200.00	216 697.81	2 803.53	6 328.93	
热科院			287.18	6.00	0.98	0.98
广州						
南京						

2－3 农作物播种面积情况

计量单位：公顷

地区	农作物播种面积总计	粮食作物	#夏收作物	谷物合计		
					稻谷	#早稻
全国农垦	**6 851 238.71**	**4 826 982.33**	**328 637.16**	**4 022 365.90**	**2 122 215.04**	**86 115.80**
北京	1 202.00	355.00	118.00	310.00		
天津	2 163.00	1 795.00	265.00	1 789.00	815.00	
河北	86 204.55	70 175.00	8 505.90	59 844.00	27 506.00	
山西	6 248.80	5 235.27	312.67	5 010.30		
内蒙古	683 541.44	485 648.00		347 623.91	5 423.30	2 302.00
辽宁	161 340.14	142 657.98	6 408.20	138 384.73	91 022.46	
吉林	102 812.73	99 156.73		88 958.73	28 172.34	210.00
黑龙江	2 892 983.00	2 867 795.00		2 296 084.00	1 557 869.00	
上海	53 884.70	39 154.70	16 705.00	39 095.70	22 391.00	
江苏	153 900.00	150 032.00	75 515.00	149 950.00	74 402.00	
浙江	4 197.83	1 456.82	393.15	1 097.76	693.93	40.84
安徽	58 231.72	51 942.36	23 213.66	42 055.53	17 109.96	
福建	16 597.40	7 809.70	2 255.30	5 746.47	5 122.80	1 429.20
江西	136 310.78	104 321.36		98 956.32	97 120.60	34 882.90
山东	15 012.44	14 287.14	3 454.10	13 522.14	3 921.00	
河南	54 143.56	42 925.59	22 043.42	36 191.29	859.30	
湖北	262 418.00	158 663.00	61 181.00	147 141.00	60 311.00	1 853.00
湖南	151 244.19	79 328.89	8 748.46	77 013.39	64 841.19	21 939.46
广东	49 566.83	7 326.99	2 743.30	4 969.58	4 154.48	2 086.90
广西	30 336.00	2 352.00	1 807.00	2 090.00	565.00	342.00
海南	35 381.10	20 384.45	9 030.46	16 842.06	15 892.86	7 770.86
重庆	787.33	774.00		774.00	187.00	
四川	1 340.00	1 073.00	167.00	127.00	53.00	
贵州	663.85	383.98	23.00	355.25	143.43	2.00
云南	18 005.30	9 586.45	1 177.35	8 858.90	3 380.21	1 521.39
陕西	16 023.97	14 445.77		13 486.77	79.60	
甘肃	71 599.03	26 647.56	5 249.63	19 847.41		
青海	35 963.86	18 787.30	338.40	18 780.10		
宁夏	39 751.00	30 886.00		30 812.00	11 198.00	11 198.00
新疆(兵团)	1 382 831.00	251 327.00	60 544.00	240 030.00	23 662.00	
新疆(农业)	119 985.54	27 666.82	3 334.97	27 445.96	508.86	1.00
新疆(畜牧)	206 432.42	92 530.66	15 058.57	89 104.34	4 746.46	497.63
热科院	123.20	58.81	38.62	56.26	51.26	38.62
广州						
南京						

2-3 续表 1

地区	谷物合计					
	小麦	#春小麦	玉米	谷子	高粱	其他谷物
全国农垦	**497 649.46**	**205 520.10**	**1 296 115.28**	**3 765.51**	**35 410.70**	**67 209.91**
北京	159.00		151.00			
天津	265.00		709.00			
河北	12 023.18	2 502.00	15 675.82		311.00	4 328.00
山西	325.97	10.00	4 381.63	39.56	154.97	108.17
内蒙古	120 789.66	120 789.66	190 473.01	689.95	3 796.12	26 451.87
辽宁	25.00	25.00	44 108.27	2 182.00	651.00	396.00
吉林	4.00	4.00	56 959.39	493.00	2 956.00	374.00
黑龙江	7 511.00	7 511.00	708 568.00	261.00	21 515.00	360.00
上海	15 087.00					1 617.70
江苏	73 911.00		37.00			1 600.00
浙江	366.56	233.83	34.74			2.53
安徽	23 078.10	2 442.70	989.37		755.40	122.70
福建	19.00		556.07			48.60
江西	667.90		1 050.69			117.13
山东	5 503.57	215.00	3 571.57	53.00	473.00	
河南	23 482.42		11 308.57	17.00	510.00	14.00
湖北	53 183.00		25 449.00		94.00	8 104.00
湖南	4 683.33	13.00	7 378.30		15.00	95.57
广东			781.10			34.00
广西			1 525.00			
海南			631.20			318.00
重庆			587.00			
四川	40.00		27.00			7.00
贵州	2.00		202.72			7.10
云南	156.80		5 321.22			0.67
陕西	6 190.60		7 183.57	20.00	1.00	12.00
甘肃	5 557.23	2 625.63	13 348.61		324.54	617.03
青海	936.00	605.00				17 844.10
宁夏	1 027.00	1 027.00	18 580.00		7.00	
新疆(兵团)	108 838.00	49 831.00	102 005.00	10.00	3 520.00	1 995.00
新疆(农业)	6 495.41	2 828.17	20 115.99		10.00	315.70
新疆(畜牧)	27 321.73	14 857.11	54 400.44		316.67	2 319.04
热科院			5.00			
广州						
南京						

2－3续表2

地　　区	豆类合计			薯类	油料合计	
		大豆	杂豆			花生
全国农垦	**740 955.48**	**713 967.38**	**20 282.18**	**63 660.95**	**306 219.93**	**29 862.81**
北　　京	45.00	45.00				
天　　津	3.00	3.00		3.00		
河　　北	69.00	69.00		10 262.00	2 517.21	341.21
山　　西	165.30	80.00	85.30	59.67	59.00	11.00
内 蒙 古	123 350.09	119 799.68	3 075.58	14 674.00	121 291.26	583.00
辽　　宁	3 911.75	3 520.75	391.00	361.50	4 646.80	4 245.80
吉　　林	10 194.00	7 841.00	1 435.00	4.00	2 429.00	1 686.00
黑 龙 江	558 226.00	545 901.00	12 325.00	13 485.00	2 068.00	504.00
上　　海	59.00	59.00			1 149.00	
江　　苏	82.00	82.00				
浙　　江	338.85	257.38	78.20	20.21	54.25	0.57
安　　徽	9 791.28	9 785.55	5.33	95.55	539.87	245.20
福　　建	768.00	623.80	141.20	1 295.23	1 041.83	913.83
江　　西	3 011.01	2 281.44	729.57	2 354.03	13 615.21	3 727.85
山　　东	765.00	764.67			65.00	65.00
河　　南	6 547.30	6 546.83		187.00	6 507.77	6 232.26
湖　　北	9 409.00	9 291.00	118.00	2 113.00	24 201.00	5 277.00
湖　　南	1 545.17	1 084.55	402.00	770.33	29 044.60	665.00
广　　东	241.30	192.00	48.90	2 116.11	2 254.98	2 164.78
广　　西	127.00	65.00	62.00	135.00	856.00	854.00
海　　南	476.39	180.73	295.66	3 066.00	1 509.06	1 509.06
重　　庆					13.33	
四　　川	100.00		100.00	846.00	5.00	
贵　　州	15.00	15.00		13.73	55.27	3.00
云　　南	148.65		148.65	578.90	49.17	27.96
陕　　西	588.00	574.00	14.00	371.00	185.00	112.00
甘　　肃	152.22	150.76	1.46	6 647.93	3 612.21	
青　　海				7.20	10 908.60	
宁　　夏	74.00	74.00			654.00	
新疆(兵团)	7 419.00	3 399.00	2.00	3 878.00	58 591.00	665.00
新疆(农业)	203.46	53.53	149.93	17.40	2 176.79	11.00
新疆(畜牧)	3 129.71	1 227.71	673.40	296.61	16 101.73	0.30
热 科 院				2.55	17.99	17.99
广　　州						
南　　京						

2-3续表3

地区	油料合计				棉花	
	油菜籽	芝麻	胡麻子	向日葵		长绒棉
全国农垦	**191 315.61**	**3 812.85**	**814.30**	**76 518.92**	**1 021 803.73**	**22 699.83**
北京						
天津						
河北	1 683.00		403.00	90.00	2 891.00	
山西		1.00		36.33	19.73	
内蒙古	93 964.00			26 743.39		
辽宁	2.00			399.00		
吉林				693.00		
黑龙江	23.00			379.00		
上海	1 149.00					
江苏					6.00	
浙江	53.02	0.13			16.54	
安徽	277.67	17.00			127.33	10.00
福建	102.00	26.00			31.00	
江西	9 087.64	799.72			1 393.18	
山东					128.30	2.00
河南	263.17	11.00			302.40	
湖北	16 373.00	2 488.00			8 387.00	
湖南	27 943.27	408.00		2.00	11 137.40	
广东		60.00				
广西		2.00				
海南						
重庆	13.33					
四川	5.00					
贵州	33.27			0.50		
云南	21.21					
陕西				73.00		
甘肃	1 001.20		38.00	2 572.41	4 134.23	420.13
青海	10 748.60					
宁夏				654.00		
新疆(兵团)	22 546.00		365.00	33 323.00	854 030.00	524.00
新疆(农业)	183.73			1 981.66	79 948.70	11 227.40
新疆(畜牧)	5 842.50		8.30	9 571.63	59 250.92	10 516.30
热科院						
广州						
南京						

2-3续表4

地区	麻类合计	黄红麻	苎麻	大麻（线麻）	亚麻
全国农垦	**5 682.26**	**48.00**	**119.00**	**996.00**	**850.00**
北京					
天津					
河北					
山西					
内蒙古	412.00				412.00
辽宁					
吉林					
黑龙江	1 136.00			996.00	140.00
上海					
江苏					
浙江					
安徽					
福建	8.00				
江西					
山东					
河南					
湖北	38.00		38.00		
湖南	129.00	48.00	81.00		
广东	3 661.26				
广西					
海南					
重庆					
四川					
贵州					
云南					
陕西					
甘肃					
青海					
宁夏					
新疆（兵团）	298.00				298.00
新疆（农业）					
新疆（畜牧）					
热科院					
广州					
南京					

2-3续表5

地　区	糖料合计			烟叶合计		药材类合计
		甘蔗	甜菜		烤烟叶	
全国农垦	**93 571.09**	**57 256.33**	**36 266.49**	**1 305.54**	**1 194.01**	**69 815.96**
北　京						13.00
天　津						
河　北	654.00		654.00			14.00
山　西	7.00		7.00			
内蒙古	10 868.79		10 868.79	18.00	18.00	34 381.64
辽　宁	53.00		53.00	83.00	83.00	308.00
吉　林						204.00
黑龙江	695.00		695.00	123.00	123.00	3 266.00
上　海						176.00
江　苏						
浙　江						0.53
安　徽	7.00		7.00			12.06
福　建	130.00	130.00		281.00	268.00	128.30
江　西	282.87	282.87		122.50		667.80
山　东						4.00
河　南						26.80
湖　北	85.00	85.00		27.00	27.00	718.00
湖　南	81.00	80.60		542.00	557.00	1 321.67
广　东	28 618.13	28 618.13				259.00
广　西	20 520.00	20 520.00				146.00
海　南	3 210.06	3 210.06				
重　庆						
四　川				1.00		
贵　州				43.00	56.30	27.60
云　南	4 322.26	4 322.26		61.71	61.71	58.20
陕　西						84.00
甘　肃	901.40		900.47			4 883.73
青　海	10.00		10.00			3 860.00
宁　夏						1 129.00
新疆(兵团)	20 891.00		20 891.00			15 351.00
新疆(农业)	574.67		574.40			1 067.07
新疆(畜牧)	1 652.50		1 605.83			1 708.56
热科院	7.41	7.41		3.33		
广　州						
南　京						

2-3续表6

地　区	蔬菜、瓜类			其他作物		
		蔬菜	瓜类		啤酒花	青饲料
全国农垦	**267 201.01**	**206 988.17**	**53 285.94**	**258 656.86**	**1 949.85**	**92 873.22**
北　京	103.00	102.00	1.00	731.00		731.00
天　津	54.00	49.00	5.00	314.00		119.00
河　北	5 541.34	4 370.66	1 170.00	4 412.00		4 403.00
山　西	519.80	461.80	58.00	408.00		408.00
内蒙古	5 141.20	1 591.60	3 118.86	25 780.55		9 636.52
辽　宁	11 873.54	10 968.05	905.49	1 717.82		943.00
吉　林	76.00	28.00	48.00	947.00		108.00
黑龙江	5 404.00	1 738.00	3 666.00	12 496.00		7 339.00
上　海	5 034.00	4 180.00	854.00	8 371.00		3 999.00
江　苏	3 128.00	1 778.00	1 350.00	734.00		729.00
浙　江	1 836.76	1 168.09	655.59	832.93		
安　徽	4 305.20	3 878.73	335.67	1 297.90		200.00
福　建	4 597.90	4 015.63	458.47	2 569.67	402.00	1 753.70
江　西	10 807.06	8 484.91	2 322.15	5 100.80		1 509.02
山　东	238.00	115.67	122.00	290.00		103.00
河　南	4 152.00	2 488.40	1 663.60	229.00		228.60
湖　北	60 557.00	51 161.00	9 396.00	9 742.00		6 611.00
湖　南	26 012.00	22 407.90	3 306.10	3 647.63		1 136.60
广　东	7 048.87	6 186.47	838.00	397.60		247.70
广　西	5 791.00	2 922.00	2 869.00	671.00		49.00
海　南	10 177.00	10 056.93	120.06	100.53		100.53
重　庆						
四　川	68.00	68.00		193.00		193.00
贵　州	109.00	54.00	55.00	45.00		44.00
云　南	3 570.30	1 598.91	1 971.39	357.21		120.44
陕　西	931.20	560.00	371.00	378.00		355.00
甘　肃	9 790.84	5 848.13	1 432.67	21 629.06	668.33	15 146.31
青　海	339.00	326.70	10.70	2 058.96		2 056.06
宁　夏	1 659.00	1 364.00	295.00	5 423.00		5 423.00
新疆(兵团)	67 805.00	55 673.00	12 132.00	114 538.00	817.00	14 868.00
新疆(农业)	4 214.34	1 913.19	419.70	4 337.15	49.52	1 322.41
新疆(畜牧)	6 289.19	1 402.43	3 334.99	28 898.86	13.00	12 985.51
热科院	27.47	26.97	0.50	8.19		4.82
广　州						
南　京						

2－4 农作物产量情况

计量单位：吨

地　区	粮食作物		谷物合计				
		夏收作物		稻谷	＃早稻	小麦	＃春小麦
全国农垦	**36 527 992.66**	**1 957 464.23**	**34 086 648.72**	**18 825 625.35**	**577 239.16**	**2 760 686.08**	**944 621.69**
北　京	1 470.00	586.00	1 402.00			666.00	
天　津	13 411.00	1 068.00	13 395.00	7 080.00		1 068.00	
河　北	570 494.17	45 169.60	350 480.17	178 161.50		58 663.00	6 666.00
山　西	38 680.34	1 560.00	38 045.34			1 611.50	37.50
内蒙古	2 059 633.60		1 736 694.07	35 199.00	19 083.00	461 335.70	461 335.70
辽　宁	1 193 879.96	31 857.00	1 181 728.91	886 061.34		133.00	133.00
吉　林	680 102.75		661 930.75	225 173.25	980.00	15.00	15.00
黑龙江	22 796 351.00		21 332 271.00	14 056 925.00		30 478.00	30 478.00
上　海	280 618.00	106 371.00	280 407.00	174 036.00		97 922.00	
江　苏	1 210 625.00	517 642.00	1 210 426.00	668 952.00		530 058.00	
浙　江	10 038.32	2 357.00	9 012.57	7 113.85	262.60	1 723.90	990.00
安　徽	328 445.60	134 045.71	305 158.48	164 709.87		128 263.71	13 219.00
福　建	44 343.15	13 498.00	37 382.70	34 821.00	9 330.50	128.00	
江　西	713 469.39		694 970.49	686 064.73	230 324.48	2 205.28	
山　东	75 012.00	23 647.00	73 366.00	22 010.00		31 271.00	1 292.00
河　南	279 440.42	153 147.54	262 614.42	7 203.00		163 115.21	
湖　北	962 653.00	214 404.00	925 658.00	530 836.00	7 379.00	207 711.00	
湖　南	642 025.38	48 692.00	634 438.11	573 849.92	124 388.18	15 852.50	100.00
广　东	55 293.34	16 950.00	34 197.54	27 948.14	12 539.00		
广　西	16 732.00	12 256.00	15 478.00	3 094.00	2 026.00		
海　南	116 704.00	55 802.00	100 898.00	96 972.00	50 656.00		
重　庆	3 716.00		3 716.00	776.00			
四　川	12 672.00	827.00	579.00	259.00		177.00	
贵　州	1 778.99	142.00	1 696.29	874.79	12.00	6.00	
云　南	59 451.42	5 996.53	54 921.55	27 020.76	13 526.95	260.55	
陕　西	112 986.80		110 481.80	658.00		44 518.40	
甘　肃	328 119.35	22 577.00	180 550.79			32 486.19	15 587.06
青　海	83 170.00	2 162.00	82 974.00			5 521.00	3 720.00
宁　夏	331 473.00		330 968.00	101 862.00	101 862.00	7 216.00	7 216.00
新疆（兵团）	2 384 570.00	454 153.00	2 312 429.00	256 052.00		754 192.00	308 193.00
新疆（农业）	299 446.05	23 248.90	298 787.21	4 490.80	7.50	38 904.82	16 065.93
新疆（畜牧）	820 879.48	69 033.45	809 291.03	47 134.90	4 618.60	145 183.32	79 573.50
热科院	307.15	271.50	299.50	286.50	243.35		
广　州							
南　京							

2－4 续表 1

地　　区	谷物合计				豆类合计		
	玉米	谷子	高粱	其他谷物		大豆	杂豆
全国农垦	**12 007 475.68**	**15 239.94**	**240 855.57**	**236 766.10**	**1 740 371.95**	**1 679 195.39**	**41 876.96**
北　　京	736.00				68.00	68.00	
天　　津	5 247.00				3.00	3.00	
河　　北	105 966.67		1 635.00	6 054.00	163.00	163.00	
山　　西	35 320.84	178.50	608.50	326.00	380.00	144.00	236.00
内 蒙 古	1 147 022.43	2 374.64	17 310.70	73 451.60	197 896.53	193 854.36	3 573.93
辽　　宁	282 947.97	7 495.80	4 010.80	1 080.00	10 600.05	9 996.55	603.50
吉　　林	415 903.00	3 450.00	16 539.50	850.00	18 153.00	14 515.00	1 802.00
黑 龙 江	7 091 870.00	1 346.00	150 269.00	1 383.00	1 386 357.00	1 358 927.00	27 430.00
上　　海				8 449.00	211.00	211.00	
江　　苏	132.00			11 284.00	199.00	199.00	
浙　　江	164.97			9.85	960.75	680.27	273.93
安　　徽	7 561.60		4 071.00	552.30	22 843.60	22 828.35	15.00
福　　建	2 256.70			177.00	1 792.40	1 456.90	299.20
江　　西	6 119.98			580.50	7 413.30	5 822.81	1 590.49
山　　东	18 728.00	70.00	1 287.00		1 646.00	1 646.00	
河　　南	89 138.21	86.00	3 002.00	70.00	15 935.00	15 934.00	
湖　　北	156 850.00		500.00	29 761.00	30 108.00	29 772.00	336.00
湖　　南	44 395.68		85.00	255.01	4 386.26	3 078.55	1 088.00
广　　东	6 115.40			134.00	602.20	393.30	208.00
广　　西	12 384.00				599.00	324.00	275.00
海　　南	2 512.00			1 414.00	1 121.00	508.00	613.00
重　　庆	2 940.00						
四　　川	120.00			23.00	530.00		530.00
贵　　州	784.00			31.50	35.00	35.00	
云　　南	27 639.24			1.00	708.87		708.87
陕　　西	65 068.40	200.00	3.00	34.00	1 161.00	1 143.00	18.00
甘　　肃	143 962.46		2 713.00	1 389.14	556.56	552.56	4.00
青　　海				77 453.00			
宁　　夏	221 843.00		47.00		505.00	505.00	
新疆(兵团)	1 255 347.00	39.00	36 898.00	9 901.00	26 214.00	12 836.00	7.00
新疆(农业)	253 782.59		39.00	1 570.00	577.96	175.36	402.60
新疆(畜牧)	604 603.54		1 837.07	10 532.20	8 645.47	3 423.38	1 862.44
热 科 院	13.00						
广　　州							
南　　京							

2-4续表2

地区	薯类	油料合计	花生	油菜籽	芝麻	胡麻子	向日葵
全国农垦	**700 971.99**	**797 273.82**	**110 752.42**	**429 039.43**	**7 494.65**	**1 138.23**	**237 558.04**
北京							
天津	13.00						
河北	219 851.00	3 427.13	1 178.13	1 707.00		283.00	259.00
山西	255.00	255.60	20.70		2.00		203.00
内蒙古	125 043.00	268 532.70	1 832.00	200 883.00			64 345.25
辽宁	1 551.00	13 004.50	11 569.00	5.00			1 430.00
吉林	19.00	8 095.00	5 935.00				1 709.00
黑龙江	77 723.00	5 019.00	1 426.00	55.00			654.00
上海		3 180.00		3 180.00			
江苏							
浙江	65.00	121.50	0.65	120.73	0.12		
安徽	443.52	1 740.54	689.14	1 027.50	23.90		
福建	5 168.05	2 776.00	2 588.00	143.00	44.00		
江西	11 085.60	28 798.03	11 236.90	16 141.50	1 419.63		
山东		190.00	190.00				
河南	891.00	23 687.00	22 957.50	715.59	12.50		
湖北	6 887.00	75 722.00	30 649.00	40 212.00	4 813.00		
湖南	3 201.01	47 840.47	1 569.00	45 111.73	1 103.50		3.00
广东	20 493.60	6 153.81	5 935.81		73.00		
广西	655.00	3 197.00	3 194.00		3.00		
海南	14 685.00	4 199.00	4 199.00				
重庆		15.00		15.00			
四川	11 563.00	7.00		7.00			
贵州	47.70	95.80	4.00	46.20			3.75
云南	3 821.00	103.40	59.89	43.51			
陕西	1 344.00	1 116.10	479.00				637.10
甘肃	147 012.00	13 373.30		2 950.00		30.00	10 393.30
青海	196.00	20 835.50		20 673.50			
宁夏		2 147.00					2 147.00
新疆(兵团)	45 927.00	222 313.00	4 926.00	81 259.00		813.00	131 145.00
新疆(农业)	80.88	6 586.67	73.00	507.60			6 006.07
新疆(畜牧)	2 942.98	34 701.97	0.90	14 235.57		12.23	18 622.57
热科院	7.65	39.80	39.80				
广州							
南京							

2-4续表3

地区	棉花		麻类合计				
		长绒棉		黄红麻	苎麻	大麻（线麻）	亚麻
全国农垦	**2 847 821.33**	**88 841.97**	**81 563.00**	**106.00**	**226.00**	**7 621.00**	**5 452.00**
北京							
天津							
河北	3 134.00						
山西	16.00						
内蒙古			2 072.00				2 072.00
辽宁							
吉林							
黑龙江			8 221.00			7 621.00	600.00
上海							
江苏	10.00						
浙江	20.63						
安徽	242.80	30.00					
福建	92.00		36.00				
江西	3 205.54						
山东	189.00	4.00					
河南	435.00						
湖北	10 297.00		33.00		33.00		
湖南	58 666.37		299.00	106.00	193.00		
广东			68 122.00				
广西							
海南							
重庆							
四川							
贵州							
云南							
陕西							
甘肃	6 434.27	820.97					
青海							
宁夏							
新疆（兵团）	2 046 542.00	1 035.00	2 780.00				2 780.00
新疆（农业）	409 298.47	32 761.00					
新疆（畜牧）	309 238.25	54 191.00					
热科院							
广州							
南京							

2-4 续表 4

地　　区	糖料合计			烟叶合计	
		甘蔗	甜菜		烤烟叶
全国农垦	**7 557 944.56**	**5 127 716.83**	**2 427 095.73**	**2 970.88**	**2 758.85**
北　　京					
天　　津					
河　　北	31 325.00		31 325.00		
山　　西	450.00		450.00		
内 蒙 古	410 362.90		410 362.90	14.00	14.00
辽　　宁	3 053.00		3 053.00	313.00	313.00
吉　　林					
黑 龙 江	25 458.00		25 458.00	286.00	229.00
上　　海					
江　　苏					
浙　　江					
安　　徽	118.00		118.00		
福　　建	3 626.00	3 626.00		592.93	557.00
江　　西	8 518.38	8 518.38		156.82	
山　　东					
河　　南					
湖　　北	8 233.00	8 233.00		31.00	31.00
湖　　南	5 419.25	5 419.25		1 362.50	1 375.00
广　　东	2 265 007.41	2 265 007.41			
广　　西	2 216 949.00	2 216 949.00			
海　　南	202 821.00	202 821.00			
重　　庆					
四　　川				1.00	
贵　　州				77.50	107.50
云　　南	416 581.29	416 581.29		132.35	132.35
陕　　西					
甘　　肃	69 814.76		69 814.76		
青　　海	750.00		750.00		
宁　　夏					
新疆（兵团）	1 766 570.00		1 766 570.00		
新疆（农业）	37 540.50		37 540.50		
新疆（畜牧）	84 785.57		81 653.57		
热 科 院	561.50	561.50		3.78	
广　　州					
南　　京					

2－4 续表 5

地　区	蔬菜、瓜类			啤酒花
		蔬菜	瓜类	
全国农垦	**12 184 536.06**	**9 926 531.52**	**1 918 262.82**	**5 877.70**
北　京	1 526.00	1 518.00	8.00	
天　津	1 586.00	1 515.00	71.00	
河　北	272 642.53	237 861.90	34 479.38	
山　西	15 079.00	13 576.00	1 503.00	
内蒙古	144 994.81	62 389.52	76 408.98	
辽　宁	1 171 141.01	1 134 567.38	36 573.63	
吉　林	1 607.00	420.00	1 187.00	
黑龙江	210 252.00	91 061.00	112 243.00	
上　海	225 318.00	174 827.00	50 491.00	
江　苏	126 841.00	41 060.00	85 781.00	
浙　江	46 054.43	27 968.51	17 638.03	
安　徽	86 311.73	77 125.73	7 478.00	
福　建	69 437.30	60 484.40	7 807.30	12.00
江　西	237 980.30	194 388.75	43 591.55	
山　东	8 160.00	3 575.00	4 585.00	
河　南	83 940.00	44 989.00	38 951.00	
湖　北	2 084 964.00	1 747 015.00	337 949.00	
湖　南	1 003 112.30	858 837.10	136 293.60	
广　东	125 106.50	109 031.50	15 833.00	
广　西	277 038.00	167 159.00	109 879.00	
海　南	201 159.00	197 488.00	3 671.00	
重　庆				
四　川	416.00	416.00		
贵　州	1 633.00	1 344.00	289.00	
云　南	90 507.51	30 531.16	59 976.35	
陕　西	22 659.00	15 931.00	6 576.00	
甘　肃	457 377.95	422 151.50	35 250.00	1 990.00
青　海	21 617.00	21 507.00	110.00	
宁　夏	85 152.00	71 841.00	13 311.00	
新疆(兵团)	4 485 240.00	3 838 629.00	646 611.00	3 195.00
新疆(农业)	206 334.10	198 791.00	7 200.98	459.70
新疆(畜牧)	418 902.61	78 090.59	26 511.52	221.00
热科院	445.98	441.48	4.50	
广　州				
南　京				

2－5 农作物公顷产量

计量单位：千克/公顷

地区	粮食作物		谷物						
		夏收作物		稻谷	＃早稻	小麦	＃春小麦	玉米	谷子
全国农垦	**7 567.46**	**5 956.31**	**8 474.28**	**8 870.74**	**6 703.06**	**5 547.45**	**4 596.25**	**9 264.20**	**4 047.24**
北京	4 140.85	4 966.10	4 522.58			4 188.68		4 874.17	
天津	7 471.31	4 030.19	7 487.42	8 687.12		4 030.19		7 400.56	
河北	8 129.59	5 310.38	5 856.56	6 477.19		4 879.16	2 664.27	6 759.88	
山西	7 388.41	4 989.29	7 593.43			4 943.71	3 750.00	8 061.12	4 512.13
内蒙古	4 241.00		4 995.90	6 490.33	8 289.75	3 819.33	3 819.33	6 021.97	3 441.76
辽宁	8 368.83	4 971.29	8 539.45	9 734.54		5 320.00	5 320.00	6 414.85	3 435.29
吉林	6 858.87		7 440.87	7 992.71	4 666.67	3 750.00	3 750.00	7 301.75	6 997.97
黑龙江	7 949.09		9 290.72	9 023.18		4 057.78	4 057.78	10 008.74	5 157.09
上海	7 166.90	6 367.61	7 172.32	7 772.59		6 490.49			
江苏	8 069.11	6 854.82	8 072.20	8 991.05		7 171.57		3 567.57	
浙江	6 890.57	5 995.17	8 209.96	10 251.54	6 429.97	4 702.91	4 233.85	4 748.70	
安徽	6 323.27	5 774.43	7 256.08	9 626.55		5 557.81	5 411.63	7 642.84	
福建	5 677.96	5 985.01	6 505.33	6 797.26	6 528.48	6 736.84		4 058.30	
江西	6 839.15		7 023.00	7 064.05	6 602.79	3 301.81		5 824.72	
山东	5 250.32	6 846.07	5 425.62	5 613.36		5 681.95	6 009.30	5 243.63	1 320.75
河南	6 509.88	6 947.54	7 256.29	8 382.40		6 946.27		7 882.36	5 058.82
湖北	6 067.28	3 504.42	6 290.96	8 801.64	3 982.19	3 905.59		6 163.31	
湖南	8 093.21	5 565.78	8 238.02	8 850.08	5 669.61	3 384.88	7 692.31	6 017.06	
广东	7 546.53	6 178.69	6 881.37	6 727.23	6 008.43			7 829.22	
广西	7 113.95	6 782.51	7 405.74	5 476.11	5 923.98			8 120.66	
海南	5 725.15	6 179.31	5 990.83	6 101.61	6 518.71			3 979.72	
重庆	4 801.03		4 801.03	4 149.73				5 008.52	
四川	11 809.88	4 952.10	4 559.06	4 886.79		4 425.00		4 444.44	
贵州	4 633.03	6 173.91	4 774.92	6 099.07	6 000.00	3 000.00		3 867.40	
云南	6 201.61	5 093.24	6 199.59	7 993.81	8 891.18	1 661.67		5 194.15	
陕西	7 821.45		8 191.87	8 266.33		7 191.29		9 057.95	10 000.00
甘肃	12 313.30	4 300.68	9 096.94			5 845.75	5 936.50	10 784.83	
青海	4 426.93	6 388.89	4 418.19			5 898.50	6 148.76		
宁夏	10 732.14		10 741.53	9 096.45	9 096.45	7 026.29	7 026.29	11 939.88	
新疆(兵团)	9 487.92	7 501.21	9 633.92	10 821.23		6 929.49	6 184.76	12 306.72	3 900.00
新疆(农业)	10 823.29	6 971.25	10 886.38	8 825.22	7 500.00	5 989.59	5 680.68	12 615.96	
新疆(畜牧)	8 871.43	4 584.33	9 082.51	9 930.54	9 281.19	5 313.84	5 355.92	11 113.95	
热科院	5 222.75	7 030.04	5 323.50	5 589.15	6 301.14			2 600.00	
广州									
南京									

2－5 续表 1

地区	谷物		豆类			薯类	油料	
	高粱	其他谷物		大豆	杂豆			花生
全国农垦	**6 801.77**	**3 522.79**	**2 348.82**	**2 351.92**	**2 064.72**	**11 011.02**	**2 603.60**	**3 708.71**
北京			1 511.11	1 511.11				
天津			1 000.00	1 000.00		4 333.33		
河北	5 257.23	1 398.80	2 362.32	2 362.32		21 423.80	1 361.48	3 452.80
山西	3 926.57	3 013.77	2 298.85	1 800.00	2 766.71	4 273.50	4 332.20	1 881.82
内蒙古	4 560.10	2 776.80	1 604.35	1 618.15	1 162.03	8 521.40	2 213.95	3 142.37
辽宁	6 160.98	2 727.27	2 709.80	2 839.32	1 543.48	4 290.46	2 798.59	2 724.81
吉林	5 595.23	2 272.73	1 780.75	1 851.17	1 255.75	4 750.00	3 332.65	3 520.17
黑龙江	6 984.38	3 841.67	2 483.50	2 489.33	2 225.56	5 763.66	2 426.98	2 829.37
上海		5 222.85	3 576.27	3 576.27			2 767.62	
江苏		7 052.50	2 426.83	2 426.83				
浙江		3 893.28	2 835.33	2 643.06	3 502.94	3 216.23	2 239.63	1 140.35
安徽	5 389.20	4 501.22	2 333.06	2 332.86	2 814.26	4 641.76	3 224.00	2 810.52
福建		3 641.98	2 333.85	2 335.52	2 118.98	3 990.06	2 664.54	2 832.04
江西		4 956.03	2 462.06	2 552.25	2 180.04	4 709.20	2 115.14	3 014.31
山东	2 720.93		2 151.63	2 152.56			2 923.08	2 923.08
河南	5 886.27	5 000.00	2 433.83	2 433.85		4 764.71	3 639.80	3 683.66
湖北	5 319.15	3 672.38	3 199.91	3 204.39	2 847.46	3 259.35	3 128.88	5 808.03
湖南	5 666.67	2 668.31	2 838.69	2 838.55	2 706.47	4 155.37	1 647.14	2 359.40
广东		3 941.18	2 495.65	2 048.44	4 253.58	9 684.56	2 728.99	2 741.99
广西			4 716.54	4 984.62	4 435.48	4 851.85	3 734.81	3 740.05
海南		4 446.54	2 353.11	2 810.82	2 073.33	4 789.63	2 782.53	2 782.53
重庆							1 125.28	
四川		3 285.71	5 300.00		5 300.00	13 667.85	1 400.00	
贵州		4 436.62	2 333.33	2 333.33		3 474.14	1 733.31	1 333.33
云南		1 492.54	4 768.72		4 768.72	6 600.45	2 102.91	2 141.99
陕西	3 000.00	2 833.33	1 974.49	1 991.29	1 285.71	3 622.64	6 032.97	4 276.79
甘肃	8 359.52	2 251.33	3 656.29	3 665.16	2 739.73	22 113.95	3 702.25	
青海		4 340.54				27 222.22	1 910.01	
宁夏	6 714.29		6 824.32	6 824.32			3 282.87	
新疆（兵团）	10 482.39	4 962.91	3 533.36	3 776.40	3 500.00	11 842.96	3 794.32	7 407.52
新疆（农业）	3 900.00	4 973.08	2 840.66	3 275.92	2 685.25	4 648.28	3 025.86	6 636.36
新疆（畜牧）	5 801.21	4 541.62	2 762.39	2 788.43	2 765.73	9 922.05	2 155.17	3 000.00
热科院						3 000.00	2 212.34	2 212.34
广州								
南京								

2－5 续表 2

地　　区	油料				棉花	
	油菜籽	芝麻	胡麻子	向日葵		长绒棉
全国农垦	**2 242.57**	**1 965.63**	**1 397.80**	**3 104.57**	**2 787.05**	**3 913.77**
北　　京						
天　　津						
河　　北	1 014.26		702.23	2 877.78	1 084.05	
山　　西		2 000.00		5 587.67	810.95	
内 蒙 古	2 137.87			2 406.02		
辽　　宁	2 500.00			3 583.96		
吉　　林				2 466.09		
黑 龙 江	2 391.30			1 725.59		
上　　海	2 767.62					
江　　苏					1 666.67	
浙　　江	2 277.07	923.08			1 247.28	
安　　徽	3 700.44	1 405.88			1 906.86	3 000.00
福　　建	1 401.96	1 692.31			2 967.74	
江　　西	1 776.20	1 775.16			2 300.88	
山　　东					1 473.11	2 000.00
河　　南	2 719.12	1 136.36			1 438.49	
湖　　北	2 455.99	1 934.49			1 227.73	
湖　　南	1 614.40	2 704.66		1 500.00	5 267.51	
广　　东		1 216.67				
广　　西		1 500.00				
海　　南						
重　　庆	1 125.28					
四　　川	1 400.00					
贵　　州	1 388.64			7 500.00		
云　　南	2 051.39					
陕　　西				8 727.40		
甘　　肃	2 946.46		789.47	4 040.30	1 556.34	1 954.09
青　　海	1 923.37					
宁　　夏				3 282.87		
新疆（兵团）	3 604.14		2 227.40	3 935.57	2 396.34	1 975.19
新疆（农业）	2 762.75			3 030.83	5 119.51	2 917.95
新疆（畜牧）	2 436.55		1 473.49	1 945.60	5 219.13	5 153.05
热 科 院						
广　　州						
南　　京						

2－5 续表 3

地　区	麻类	黄红麻	苎麻	大麻（线麻）	亚麻
全国农垦	**14 353.97**	**2 208.33**	**1 899.16**	**7 651.61**	**6 414.12**
北　京					
天　津					
河　北					
山　西					
内蒙古	5 029.13				5 029.13
辽　宁					
吉　林					
黑龙江	7 236.80			7 651.61	4 285.71
上　海					
江　苏					
浙　江					
安　徽					
福　建	4 500.00				
江　西					
山　东					
河　南					
湖　北	868.42		868.42		
湖　南	2 317.83	2 208.33	2 382.72		
广　东	18 606.16				
广　西					
海　南					
重　庆					
四　川					
贵　州					
云　南					
陕　西					
甘　肃					
青　海					
宁　夏					
新疆（兵团）	9 328.86				9 328.86
新疆（农业）					
新疆（畜牧）					
热科院					
广　州					
南　京					

2－5 续表 4

地　区	糖料	甘蔗	甜菜	烟叶	烤烟叶	青饲料
全国农垦	**80 772.22**	**89 557.20**	**66 923.92**	**2 275.59**	**2 310.58**	
北　京						
天　津						
河　北	47 897.55		47 897.55			
山　西	64 285.71		64 285.71			
内蒙古	37 756.08		37 756.08	777.78	777.78	
辽　宁	57 603.77		57 603.77	3 771.08	3 771.08	
吉　林						7 140.63
黑龙江	36 630.22		36 630.22	2 325.20	1 861.79	
上　海						
江　苏						
浙　江						
安　徽	16 857.14		16 857.14			25 000.00
福　建	27 892.31	27 892.31		2 110.07	2 078.36	
江　西	30 114.12	30 114.12		1 280.16		
山　东						
河　南						31 189.85
湖　北	96 858.82	96 858.82		1 148.15	1 148.15	
湖　南	66 904.32	67 236.35		2 513.84	2 468.58	
广　东	79 145.89	79 145.89				10 795.32
广　西	108 038.45	108 038.45				
海　南	63 182.93	63 182.93				
重　庆						
四　川				1 000.00		
贵　州				1 802.33	1 909.41	
云　南	96 380.43	96 380.43		2 144.71	2 144.71	
陕　西						25 994.03
甘　肃	77 451.48		77 531.47			
青　海	75 000.00		75 000.00			
宁　夏						34 934.35
新疆(兵团)	84 561.29		84 561.29			
新疆(农业)	65 325.32		65 356.02			
新疆(畜牧)	51 307.46		50 848.20			
热科院	75 775.98	75 775.98		1 135.14		
广　州						
南　京						

2－6 茶、果和桑年末实有面积

计量单位：公顷

地区	茶叶	水果	香蕉	苹果	柑、橘、橙、柚	梨	桃
全国农垦	**27 292.87**	**411 299.43**	**20 418.70**	**49 816.69**	**27 712.32**	**37 983.99**	**14 864.17**
北京		153.00		80.00		6.00	18.00
天津		295.00		51.00		70.00	15.00
河北		1 375.01		124.53		330.87	73.13
山西		241.77		136.70		22.60	60.40
内蒙古		1 277.10		192.93		127.38	0.20
辽宁		11 517.74		5 778.54		1 614.17	1 189.65
吉林		2 866.00		564.00		1 785.00	6.00
黑龙江		964.30		386.00		87.00	
上海	93.00	116.00				21.00	37.00
江苏		139.00				108.00	4.00
浙江	1 511.82	745.85			441.69	24.68	45.61
安徽	2 222.71	1 318.40			5.00	760.10	376.50
福建	4 631.57	10 632.70	932.75		2 015.66	393.06	177.30
江西	5 702.70	8 943.01		43.66	6 286.64	1 105.50	713.43
山东		208.65		8.52			174.34
河南	32.00	1 925.46		409.00	29.00	532.53	596.50
湖北	808.00	8 865.00		33.00	1 787.00	762.00	4 834.00
湖南	2 070.50	6 613.08			5 529.67	234.20	102.30
广东	642.40	31 730.57	6 050.43		823.81		
广西	614.00	12 126.00	2 425.00		5 520.00	5.00	14.00
海南	997.06	41 935.66	3 842.00		1 785.06		
重庆		1 490.00			1 310.00	25.00	40.00
四川	1 043.00	125.00		19.00	64.00	5.00	
贵州	2 368.43	797.07		0.50	393.73	20.70	5.67
云南	4 517.68	15 185.71	7 149.82		1 718.30		
陕西		886.35		1.47		61.68	90.45
甘肃		2 371.00		609.74		1 245.60	
青海		3.00					
宁夏		5 173.00		927.00		187.00	42.00
新疆(兵团)		201 709.00		23 072.00		20 057.00	4 980.00
新疆(农业)		33 547.66		16 547.80		8 362.52	434.39
新疆(畜牧)		5 922.40		831.30		30.40	834.30
热科院		99.94	18.70		2.76		
广州							
南京	38.00						

2-6 续表 1

地区	葡萄	菠萝	红枣	柿子	荔枝	龙眼	芒果
全国农垦	**54 857.59**	**14 474.62**	**109 612.84**	**388.13**	**16 669.27**	**9 772.19**	**22 214.39**
北京	2.00						
天津	146.00						
河北	86.47		694.60				
山西	20.07						
内蒙古	319.33						
辽宁	551.25		29.00				
吉林	40.00						
黑龙江	159.30						
上海	21.00						
江苏	21.00			2.00			
浙江	100.43			0.50			
安徽	111.50			19.90			
福建	50.00	5.00		75.60	1 594.40	2 322.24	41.00
江西	270.98						
山东	18.19		7.60				
河南	175.43		25.00	11.00			
湖北	753.00		18.00	124.00			
湖南	260.20		3.20	4.40			
广东		10 782.86			6 862.52	3 365.14	82.40
广西	99.00	7.00			1 108.00	1 218.00	1 027.00
海南		2 484.06			6 895.80	2 700.80	19 493.93
重庆	115.00						
四川						2.00	
贵州	326.54			1.73		1.00	1.00
云南	1 853.48	1 193.70			199.31	160.01	1 560.86
陕西	47.33		6.00	149.00			
甘肃	16.20		385.80				
青海							
宁夏	3 655.00		282.00				
新疆（兵团）	40 729.00		104 711.00				
新疆（农业）	3 192.12		3 254.61				
新疆（畜牧）	1 714.40		196.03				
热科院	3.37	2.00			9.24	3.00	8.20
广州							
南京							

2-6续表2

地区	杨桃	火龙果	番石榴	红毛丹	西番莲	其他	桑园
全国农垦	**320.73**	**918.73**	**769.06**	**617.33**	**240.00**	**29 648.68**	**852.75**
北京						47.00	
天津						13.00	
河北						65.41	
山西						2.00	
内蒙古						637.26	
辽宁						2 355.13	
吉林						471.00	
黑龙江						332.00	
上海						37.00	
江苏						4.00	60.00
浙江						132.94	3.30
安徽						45.40	
福建	1.00	2.00	11.83		240.00	2 770.86	
江西		9.00				513.80	242.50
山东							
河南		2.00	3.00			142.00	
湖北						554.00	
湖南		3.60				475.51	25.00
广东	191.27	606.09	655.24			2 310.81	374.00
广西	4.00					699.00	
海南	124.13	148.26	95.33	617.33		3 748.96	44.60
重庆							
四川						35.00	80.00
贵州						46.20	
云南		141.45				1 208.78	
陕西		0.60				529.82	
甘肃						113.66	
青海						3.00	
宁夏						80.00	
新疆(兵团)						8 160.00	
新疆(农业)		0.40				1 755.82	
新疆(畜牧)						2 315.97	
热科院	0.33	5.33	3.66			43.35	23.35
广州							
南京							

2-7 茶、果和桑收获面积

计量单位：公顷

地区	茶叶	水果	香蕉	苹果	柑、橘、橙、柚	梨	桃
全国农垦	**24 748.32**	**350 009.62**	**18 914.32**	**37 151.71**	**24 261.04**	**30 693.93**	**12 688.92**
北京		153.00		80.00		6.00	18.00
天津		249.00		39.00		69.00	5.00
河北		1 170.67		69.26		288.20	30.80
山西		220.69		125.66		17.30	60.40
内蒙古		720.18		168.67		93.15	
辽宁		9 716.34		5 127.34		1 510.37	974.25
吉林		2 688.00		508.00		1 780.00	6.00
黑龙江		964.30		386.00		87.00	
上海	93.00	108.00				21.00	33.00
江苏		139.00				108.00	4.00
浙江	1 154.12	623.06			367.56	21.22	38.59
安徽	2 112.61	553.07			5.00	169.20	231.97
福建	4 142.39	9 451.53	870.05		1 909.49	345.06	155.00
江西	5 702.70	8 943.01		43.66	6 286.64	1 105.50	713.43
山东		95.67		8.52			73.96
河南	27.00	1 810.06		399.00	29.00	528.53	589.50
湖北	808.00	8 865.00		33.00	1 787.00	762.00	4 834.00
湖南	1 982.70	6 046.32			5 032.71	223.70	66.30
广东	507.70	26 839.80	5 573.75		596.00		
广西	195.00	11 211.00	2 425.00		4 687.00	5.00	14.00
海南	641.66	35 647.93	3 676.60		898.33		
重庆		1 490.00			1 310.00	25.00	40.00
四川	928.00	118.00		15.00	64.00	2.00	
贵州	2 092.46	679.24		0.50	312.10	19.70	5.67
云南	4 322.98	12 560.12	6 355.62		976.21		
陕西		747.26		1.47		61.68	88.93
甘肃		1 814.60		565.00		823.60	
青海		3.00					
宁夏		4 891.00		881.00		120.00	42.00
新疆(兵团)		168 873.00		15 728.00		15 197.00	3 524.00
新疆(农业)		27 297.45		12 172.13		7 276.32	395.09
新疆(畜牧)		5 261.63		800.50		28.40	745.03
热科院		58.69	13.30				
广州							
南京	38.00						

2－7续表1

地　　区	葡萄	菠萝	红枣	柿子	荔枝	龙眼	芒果
全国农垦	**52 534.72**	**11 295.49**	**96 408.83**	**227.06**	**14 988.36**	**8 729.11**	**18 845.17**
北　　京	2.00						
天　　津	132.00						
河　　北	50.07		667.60				
山　　西	15.33						
内 蒙 古	211.10						
辽　　宁	541.05		25.00				
吉　　林	40.00						
黑 龙 江	159.30						
上　　海	20.00						
江　　苏	21.00			2.00			
浙　　江	99.10			0.50			
安　　徽	111.50			19.40			
福　　建	50.00	5.00		52.60	1 335.20	1 752.24	38.00
江　　西	270.98						
山　　东	13.19						
河　　南	155.03		20.00	11.00			
湖　　北	753.00		18.00	124.00			
湖　　南	257.50		3.20	4.40			
广　　东		7 962.94			6 281.22	3 074.86	82.40
广　　西	99.00	7.00			1 108.00	1 218.00	945.00
海　　南		2 235.93			6 131.13	2 518.00	16 463.66
重　　庆	115.00						
四　　川						2.00	
贵　　州	323.54			1.73		1.00	1.00
云　　南	1 843.34	1 082.62			131.01	160.01	1 307.11
陕　　西	47.33		6.00	11.43			
甘　　肃	16.20		385.80				
青　　海							
宁　　夏	3 486.00		279.00				
新疆（兵团）	38 930.00		91 607.00				
新疆（农业）	3 069.99		3 211.20				
新疆（畜牧）	1 699.40		186.03				
热 科 院	2.77	2.00			1.80	3.00	8.00
广　　州							
南　　京							

2-7续表2

地区	杨桃	火龙果	番石榴	红毛丹	西番莲	其他	桑园
全国农垦	**308.73**	**720.58**	**739.73**	**492.80**	**243.00**	**20 766.12**	**762.80**
北京						47.00	
天津						4.00	
河北						64.74	
山西						2.00	
内蒙古						247.26	
辽宁						1 538.33	
吉林						354.00	
黑龙江						332.00	
上海						34.00	
江苏						4.00	60.00
浙江						96.09	3.30
安徽						16.00	
福建	1.00	2.00	11.83		243.00	2 681.06	
江西		9.00				513.80	242.50
山东							
河南		2.00				76.00	
湖北						554.00	
湖南		2.50				456.01	22.00
广东	187.27	525.23	637.24			1 918.89	344.00
广西	4.00					699.00	
海南	116.13	44.60	87.66	492.80		2 983.09	
重庆							
四川						35.00	80.00
贵州						14.00	
云南		131.25				572.95	
陕西		0.60				529.82	
甘肃						24.00	
青海						3.00	
宁夏						83.00	
新疆(兵团)						3 887.00	
新疆(农业)		0.40				1 172.32	
新疆(畜牧)						1 802.27	
热科院	0.33	3.00	3.00			21.49	11.00
广州							
南京							

2-8 茶、果和桑产量

计量单位：吨

地区	茶叶	水果	香蕉	苹果	柑、橘、橙、柚	梨	桃
全国农垦	**56 392.51**	**7 452 729.30**	**731 430.74**	**1 011 757.98**	**463 821.57**	**623 839.02**	**193 085.41**
北京		663.00		544.00		25.00	46.00
天津		3 174.00		466.00		1 887.00	29.00
河北		16 322.78		4 719.28		3 565.90	2 412.06
山西		3 588.00		908.00		4.00	2 129.50
内蒙古		6 201.13		1 186.50		2 117.95	
辽宁		158 627.00		104 388.00		16 583.30	18 702.70
吉林		15 776.50		1 892.00		10 622.00	27.00
黑龙江		18 019.00		7 455.00		1 149.00	
上海	2.50	800.00				210.50	273.00
江苏		3 173.00				2 735.00	9.00
浙江	3 848.29	13 529.67			10 416.00	353.00	362.50
安徽	14 922.30	17 430.00			200.00	9 161.00	5 555.00
福建	5 598.39	153 309.91	21 218.30		37 399.50	2 540.60	1 457.00
江西	4 275.00	86 733.00		11.00	66 562.00	7 139.00	5 180.00
山东		1 447.20		103.40			1 169.50
河南	6.60	34 180.35		10 321.50	100.00	11 636.85	8 991.00
湖北	811.00	125 741.00		169.00	29 470.00	13 696.00	58 942.00
湖南	5 727.00	89 887.85			66 816.00	5 086.50	1 491.00
广东	855.80	900 609.46	290 913.60		8 011.00		
广西	716.00	382 284.00	138 779.00		199 479.00	211.00	448.00
海南	440.00	664 783.00	121 756.00		15 023.00		
重庆		5 157.55			4 860.00	10.70	12.85
四川	1 242.00	908.00		209.00	287.00	11.00	
贵州	7 786.00	11 626.12		4.00	3 485.72	178.30	62.10
云南	10 157.23	282 642.85	158 085.20		21 712.35		
陕西		9 116.31		46.20		691.20	912.15
甘肃		20 635.40		5 588.50		12 112.00	
青海		120.00					
宁夏		50 105.00		12 464.00		1 088.00	685.00
新疆(兵团)		3 927 133.00		632 091.00		461 624.00	64 108.00
新疆(农业)		391 891.14		218 417.05		59 000.22	12 309.05
新疆(畜牧)		56 304.95		10 774.55		400.00	7 772.00
热科院		809.13	678.64				
广州							
南京	4.40						

2-8续表1

地　区	葡萄	菠萝	红枣	柿子	荔枝	龙眼	芒果
全国农垦	**1 060 220.34**	**577 216.76**	**1 928 953.60**	**2 658.70**	**141 252.65**	**64 861.12**	**320 014.77**
北　京	8.00						
天　津	707.00						
河　北	3 245.29		2 045.50				
山　西	530.00						
内蒙古	1 553.62						
辽　宁	9 732.70		386.00				
吉　林	124.00						
黑龙江	2 448.00						
上　海	143.50						
江　苏	396.00			13.00			
浙　江	1 876.17			15.00			
安　徽	2 116.00			377.00			
福　建	352.00	106.00		193.30	10 362.13	11 328.78	347.60
江　西	3 084.00						
山　东	140.30		34.00				
河　南	2 209.00		139.00	189.00			
湖　北	17 959.00		26.00	1 174.00			
湖　南	3 635.00		11.00	76.00			
广　东		482 011.40			50 242.51	19 100.14	165.00
广　西	2 496.00	165.00			7 427.00	8 576.00	8 770.00
海　南		68 341.00			71 962.00	25 641.00	293 130.00
重　庆	274.00						
四　川						7.00	
贵　州	7 496.00			10.00		30.00	30.00
云　南	48 027.00	26 590.36			1 257.01	177.20	17 562.17
陕　西	863.00		7.00	611.40			
甘　肃	243.00		2 676.90				
青　海							
宁　夏	33 207.00		2 118.00				
新疆(兵团)	828 863.00		1 881 961.00				
新疆(农业)	58 265.66		39 001.40				
新疆(畜牧)	30 221.00		547.80				
热科院	5.10	3.00			2.00	1.00	10.00
广　州							
南　京							

2－8续表2

地　区	杨桃	火龙果	番石榴	红毛丹	西番莲	其他	桑园
全国农垦	**3 758.94**	**23 575.53**	**19 599.21**	**3 233.00**	**42 492.00**	**240 957.96**	**13 882.66**
北　京						40.00	
天　津						85.00	
河　北						334.75	
山　西						16.50	
内蒙古						1 343.06	
辽　宁						8 834.30	
吉　林						3 111.50	
黑龙江						6 967.00	
上　海						173.00	
江　苏						20.00	151.00
浙　江						507.00	70.00
安　徽						21.00	
福　建	6.00	10.00	87.00		42 492.00	25 409.70	
江　西		195.00				4 562.00	1 149.00
山　东							
河　南		30.00				564.00	
湖　北						4 305.00	
湖　南		152.10				12 620.25	22.00
广　东	2 808.94	19 816.06	17 433.21			10 107.60	12 436.46
广　西	30.00					15 903.00	
海　南	911.00	636.00	2 034.00	3 233.00		62 116.00	
重　庆							
四　川						394.00	36.20
贵　州						330.00	
云　南		2 672.37				6 559.19	
陕　西		18.00				5 967.36	
甘　肃						15.00	
青　海						120.00	
宁　夏						543.00	
新疆（兵团）						58 486.00	
新疆（农业）		20.00				4 877.76	
新疆（畜牧）						6 589.60	
热科院	3.00	26.00	45.00			35.39	18.00
广　州							
南　京							

2－9　林业生产情况

地　区	营林情况（公顷）					
	当年造林面积	用材林	经济林	防护林	薪炭林	特种用材林
全国农垦	**65 390.04**	**11 588.95**	**14 987.82**	**38 116.62**	**257.67**	**438.98**
北　京	186.00			61.00		125.00
天　津	13.00	13.00				
河　北	7 457.00	286.00	593.00	6 578.00		
山　西	20.00		20.00			
内蒙古	3 418.69	1 031.00	822.30	1 334.72	230.67	
辽　宁	3 413.46	1 098.60	924.70	1 390.16		
吉　林	117.37		14.80	102.57		
黑龙江	1 505.00	1 138.00		340.00	27.00	
上　海	136.00	133.00	3.00			
江　苏	164.00	74.00	66.00	24.00		
浙　江	254.86	20.00		34.86		200.00
安　徽	112.10	27.60	81.50	3.00		
福　建	1 491.20	760.00	508.20	223.00		
江　西	3 585.53	2 406.09	903.06	276.38		
山　东	122.00	10.00	112.00			
河　南	2 403.20	0.90	39.00	2 363.30		
湖　北	4 018.00	2 388.00	1 333.00	281.00		16.00
湖　南	3 053.92	871.90	343.06	1 811.46		27.50
广　东	1 285.96	307.33	902.43	74.20		2.00
广　西	1 036.00	690.00	346.00			
海　南	290.83	26.40	260.13	4.30		
重　庆						
四　川						
贵　州	2 336.95	0.10	1 002.00	1 334.85		
云　南	184.73	58.70	78.84	1.01		46.18
陕　西	181.50		181.50			
甘　肃	771.56		396.50	375.06		
青　海	5 603.70		1 009.00	4 594.70		
宁　夏	884.00		789.00	95.00		
新疆（兵团）	10 462.00		2 559.00	7 882.00		21.00
新疆（农业）	1 896.62	6.03	770.24	1 119.05		1.30
新疆（畜牧）	8 921.11	242.30	865.81	7 813.00		
热科院	63.75		63.75			
广　州						
南　京						

2－9 续表 1

地　区	营林情况（公顷）					
	当年零星植树（万株）	年末实有育苗面积	当年新育面积	幼林抚育面积	成林抚育面积	森林覆盖率
全国农垦	**4 335.21**	**17 873.22**	**3 255.75**	**61 960.87**	**321 499.86**	**31.9**
北　京				11.00	344.00	6.85
天　津	0.40				77.00	7.10
河　北	1.35	344.00	35.00	3 184.00	3 000.00	19.1
山　西	1.04	542.80		3.00	7.30	69.32
内蒙古	469.42	1 091.13	629.00	631.05	3 002.33	4.60
辽　宁	82.87	730.90	152.50	1 803.10	1 915.12	17.36
吉　林	7.76			104.62	193.30	68.0
黑龙江	223.00	2 996.00	1 304.00	12 792.00	27 297.00	16.80
上　海		849.00	13.00	906.00	4 297.00	15.00
江　苏	50.00	1 159.00	125.00	2 004.00	1 061.00	16.51
浙　江	901.00	400.00	5.00	2 504.33	2 528.94	86.0
安　徽	28.80	82.53	13.53	2 317.80	2 497.20	18.3
福　建	716.08	910.40	13.00	1 280.37	3 058.00	45.20
江　西	497.30	580.55	95.80	10 195.50	10 685.97	71.00
山　东				151.00	667.00	5.80
河　南	9.43	93.40	33.50	60.00	469.00	8.00
湖　北	397.00	2 621.00	353.00	6 024.00	11 970.00	23.00
湖　南	99.80	297.50	102.00	2 868.90	3 045.74	47.0
广　东	37.93	3.00	3.00	6 362.04	7 239.29	52.50
广　西	0.40	273.00	162.00	1 439.00	8 093.00	24.10
海　南	4.00			886.60	1 776.66	60.00
重　庆					160.00	12.00
四　川		3.00	3.00			8.40
贵　州	21.70	0.20	0.10	41.96	494.37	16.0
云　南	0.78	20.60	1.33	888.57	441.02	56.22
陕　西	1.50			255.00	588.00	2.65
甘　肃	7.50	191.93	1.33	277.37	3 420.26	35.94
青　海	10.00				1 067.70	23.5
宁　夏	23.00	199.00	40.00	2 491.00	1 069.00	0.70
新疆（兵团）	191.06	3 816.00			211 101.00	19.20
新疆（农业）	26.54	184.70	154.50	1 499.75	5 265.09	24.0
新疆（畜牧）	525.55	483.58	16.16	384.20	2 943.24	74.8
热科院				594.71	1 291.33	72.7
广　州						
南　京					434.00	57.20

2-9 续表 2

地　区	林产品产量（吨）					
	生漆	油茶籽	乌桕籽	五倍子	棕片	松脂
全国农垦	**26.00**	**4 727.08**	**22.00**	**6.00**	**170.00**	**999.80**
北　京						
天　津						
河　北						
山　西						
内蒙古						
辽　宁						
吉　林						
黑龙江						
上　海						
江　苏						
浙　江						
安　徽						
福　建		66.00			10.00	10.00
江　西	21.00	3 915.60		4.00	158.00	626.80
山　东						
河　南						
湖　北		122.00	22.00			
湖　南		341.00		2.00	2.00	65.00
广　东		260.48				258.00
广　西						40.00
海　南		22.00				
重　庆						
四　川						
贵　州						
云　南						
陕　西						
甘　肃						
青　海						
宁　夏						
新疆（兵团）						
新疆（农业）						
新疆（畜牧）	5.00					
热科院						
广　州						
南　京						

2－9 续表 3

地　区	林产品产量（吨）			竹木采伐	
	竹笋干	核桃	板栗	木材（万米^2）	毛竹（万根）
全国农垦	**1 756.26**	**30 297.70**	**1 637.95**	**900 381.86**	**24 711.52**
北　京					
天　津					
河　北			36.00	14.90	
山　西					
内蒙古				226.00	
辽　宁				18 810.00	
吉　林				3 189.00	
黑龙江		1.10			1.20
上　海				10 000.00	
江　苏				13 820.00	
浙　江				1 400.00	4.10
安　徽			320.10	18 173.00	10 002.70
福　建	810.00		86.00	29 271.90	292.33
江　西	741.00		197.25	117 266.36	1 136.57
山　东					
河　南			5.00	5 523.70	
湖　北	6.00	4.00	842.00	77 996.00	82.00
湖　南	27.00	2.00	148.60	38 070.00	142.00
广　东				108 654.46	78.20
广　西	85.00		3.00	132 219.00	658.00
海　南	71.00			202 970.00	12 291.00
重　庆					
四　川					
贵　州				400.00	2.00
云　南	16.26			105 074.70	21.42
陕　西		21.60			
甘　肃					
青　海					
宁　夏		63.00			
新疆（兵团）		16 658.00		8.24	
新疆（农业）		4 199.00		12 121.30	
新疆（畜牧）		9 349.00		1 481.00	
热科院				3 692.30	
广　州					
南　京					

2－10 牧业生产情况（饲养情况）

计量单位：万头

指 标	大牲畜总头数	#从事农事劳役的牲畜	牛	黄牛	良种及改良种乳牛	水牛
全国农垦	**280.24**	**5.46**	**238.60**	**62.19**	**128.80**	**5.68**
北 京	9.00		9.00		9.00	
天 津	3.80		3.50		3.50	
河 北	17.44		17.24	2.12	14.98	
山 西	1.04	0.01	0.99	0.03	0.84	
内 蒙 古	33.84	0.04	28.92	6.66	17.06	
辽 宁	6.52	0.10	6.46	5.59	0.85	
吉 林	2.67	0.02	2.63	2.14	0.41	
黑 龙 江	20.49		18.67	6.84	11.83	
上 海	8.45		8.45		8.45	
江 苏	0.72	0.05	0.72	0.07	0.65	
浙 江						
安 徽	0.23		0.23	0.04	0.07	0.12
福 建	0.58	0.07	0.55	0.26	0.18	0.11
江 西	3.91	1.11	3.91	2.16	0.42	1.32
山 东	0.96		0.96		0.96	
河 南	0.71		0.71	0.15	0.51	0.01
湖 北	3.17	0.84	3.17	1.95	0.75	0.47
湖 南	4.40	0.66	3.97	2.69	0.09	1.17
广 东	2.52	0.70	2.52	1.02	1.11	0.39
广 西	1.01	0.35	1.01	0.54	0.24	0.06
海 南	5.76		5.76	2.55	0.01	1.92
重 庆	3.04		3.04		3.04	
四 川	7.06		6.83	6.78	0.05	
贵 州	1.03		1.03	0.01	1.02	
云 南	1.01	0.03	1.00	0.84	0.07	0.09
陕 西	1.14	0.42	1.14	0.47	0.65	
甘 肃	1.78		1.51	0.27	1.08	
青 海	8.17		4.59	1.09	2.79	
宁 夏	6.20		6.18	1.17	5.01	
新疆(兵团)	55.68	0.07	49.95		23.41	
新疆(农业)	4.59	0.03	3.64	0.40	1.34	
新疆(畜牧)	62.70	0.96	39.70	16.32	17.85	0.01
热 科 院	0.04		0.04	0.03		0.01
广 州	0.58		0.58		0.58	
南 京						

2－10续表1　计量单位：万头、万只

指　　标	猪	羊	山羊	＃绒山羊	绵羊	家禽	兔
全国农垦	**1 173.05**	**1 236.46**	**204.82**	**36.81**	**1 031.64**	**11 115.10**	**75.14**
北　　京	16.00					452.00	
天　　津	3.00					92.70	
河　　北	36.61	8.01	0.38		7.63	415.74	7.20
山　　西	0.19	11.90	11.23		0.67	12.61	0.02
内 蒙 古	26.98	261.05	27.26	4.69	233.79	75.15	1.04
辽　　宁	62.04	18.54	9.89	1.12	8.65	2 158.07	
吉　　林	6.30	16.61	4.29	3.23	12.32	76.62	0.17
黑 龙 江	70.53	19.37	3.42	1.81	15.95	938.30	0.44
上　　海	76.70					99.20	
江　　苏	10.27	0.87	0.87			529.00	1.37
浙　　江	8.77	0.21	0.21	0.19		1.60	
安　　徽	4.09	0.90	0.85	0.02	0.05	211.99	0.42
福　　建	16.03	1.49	1.49			176.19	5.42
江　　西	46.92	1.82	1.82			255.50	0.34
山　　东	7.14					15.00	
河　　南	49.93	0.70	0.60		0.10	54.75	0.15
湖　　北	103.47	5.80	5.80			936.00	1.95
湖　　南	91.68	3.77	3.77	1.05		458.55	0.68
广　　东	82.95	0.38	0.38			491.64	2.14
广　　西	99.71	0.18	0.18			348.21	0.07
海　　南	145.14	20.72	20.72			1 376.00	8.15
重　　庆	11.03					100.05	
四　　川	0.20	2.12	0.37		1.75		
贵　　州	0.14	0.15			0.15	2.01	
云　　南	7.69	0.79	0.79			240.02	
陕　　西	1.24	3.52	3.07	0.62	0.45	5.82	
甘　　肃	1.02	15.60	2.18	0.24	13.42	18.35	0.12
青　　海	0.57	23.70	0.61	0.10	23.09		
宁　　夏	3.12	7.70	2.30	0.25	5.40	53.00	
新疆(兵团)	172.49	445.50	42.90		402.60	1 291.83	45.05
新疆(农业)	6.77	36.98	5.76	0.88	31.22	157.58	0.37
新疆(畜牧)	4.00	327.94	53.54	22.61	274.40	60.53	0.04
热 科 院	0.33	0.14	0.14			3.09	
广　　州							
南　　京						8.00	

2-10续表2

指　　标	能繁殖的母畜（万头、万只）					
	牛	黄牛	良种及改良种乳牛	水牛	猪	羊
全国农垦	**126.41**	**29.81**	**73.35**	**2.43**	**127.03**	**631.17**
北　　京	4.00		4.00		2.00	
天　　津	2.80		2.80		0.30	
河　　北	10.15	1.52	8.63		4.85	4.61
山　　西	0.60		0.56		0.05	10.20
内 蒙 古	16.56	4.16	9.95		2.59	77.19
辽　　宁	2.13	1.62	0.51		9.62	6.03
吉　　林	1.53	1.18	0.34		0.93	8.12
黑 龙 江	8.64	2.96	5.68		8.01	8.91
上　　海	4.66		4.66		5.60	
江　　苏	0.35		0.35		1.35	0.15
浙　　江					1.07	0.08
安　　徽	0.10		0.01	0.09	0.52	0.20
福　　建	0.13	0.07		0.05	1.80	0.37
江　　西	1.46	0.91	0.06	0.49	5.45	
山　　东					0.58	
河　　南	0.13	0.05	0.08		5.28	0.07
湖　　北	1.53	0.68	0.58	0.27	10.96	
湖　　南	1.27	0.59	0.01	0.45	9.57	0.91
广　　东	1.14	0.22	0.88	0.04	10.30	
广　　西	0.33	0.14	0.09	0.01	9.50	0.08
海　　南	1.83	0.83		0.99	7.54	3.20
重　　庆	2.65		2.65		1.02	
四　　川	3.10	3.08	0.02		0.04	0.79
贵　　州	0.60		0.60		0.07	
云　　南	0.30	0.22	0.05	0.03		0.30
陕　　西	0.06	0.05			0.10	
甘　　肃	0.73	0.06	0.54		0.15	4.25
青　　海	2.08	0.59	0.02		0.06	12.38
宁　　夏	3.00	0.28	2.70		0.34	
新疆（兵团）	29.62		17.00		24.84	348.31
新疆（农业）	2.38	0.14	0.92		0.82	16.07
新疆（畜牧）	22.13	10.44	9.26	0.01	1.66	128.90
热 科 院	0.02	0.02			0.06	0.05
广　　州	0.40		0.40			
南　　京						

2－10续表3

指　　标	当年生仔畜（万头、万只）				规模化养殖场（个）	
	其中：牛	黄牛	良种及改良种乳牛	水牛	大牲畜	其中：牛
全国农垦	**79.27**	**18.63**	**39.94**	**1.02**	**697**	**789**
北　　京	1.00		1.00		32	32
天　　津	0.60		0.60		16	15
河　　北	4.33	0.62	3.71		36	37
山　　西	0.32		0.28		1	13
内 蒙 古	11.36	2.38	7.63		54	58
辽　　宁	2.46	2.29	0.17		5	5
吉　　林	1.06	0.86	0.20			2
黑 龙 江	4.06	1.50	2.56		133	133
上　　海	1.20		1.20		32	32
江　　苏	0.30		0.30		22	22
浙　　江						
安　　徽	0.03		0.01	0.02		
福　　建	0.05	0.03		0.01	5	6
江　　西	0.66	0.43	0.05	0.18	15	15
山　　东						
河　　南	0.10	0.04	0.06			
湖　　北	0.73	0.43	0.12	0.18	12	12
湖　　南	0.62	0.35		0.17	8	7
广　　东	0.41	0.17	0.22	0.02	2	2
广　　西	0.19	0.08	0.03	0.01	20	20
海　　南	0.88	0.47		0.41		25
重　　庆	1.10		1.10			39
四　　川	0.87	0.86	0.01		2	2
贵　　州	0.42		0.42		4	3
云　　南	0.12			0.02		6
陕　　西	0.04	0.03				
甘　　肃	0.57	0.03	0.51			2
青　　海	1.00	0.08	0.01		2	
宁　　夏	1.59	0.09	1.50			16
新疆(兵团)	25.23		10.67		268	259
新疆(农业)	1.00	0.09	0.50		3	
新疆(畜牧)	16.68	7.80	6.79		25	24
热 科 院						
广　　州	0.29		0.29			2
南　　京						

2－10续表4

指　　标	规模化养殖场（个）					
	黄牛	良种及改良种乳牛	猪	羊	山羊	绒山羊
全国农垦	**212**	**472**	**2 488**	**1 751**	**185**	**33**
北　　京		32				
天　　津		15	2			
河　　北	3	35	2	3	1	
山　　西		12		3	2	
内 蒙 古	8	8	7	21	1	1
辽　　宁	2	3	22	15	8	
吉　　林		2		3		
黑 龙 江	20	113		6		
上　　海		32	37			
江　　苏						
浙　　江			6			
安　　徽						
福　　建	6		37	3	3	
江　　西	1	2	44			
山　　东		1	2			
河　　南			24			
湖　　北	6	3	236	19	19	
湖　　南	7	1	143	3	3	3
广　　东		2	117			
广　　西		17	550			
海　　南			92	6	6	
重　　庆		39	8			
四　　川	1	1				
贵　　州		3	1	1		
云　　南	6		17			
陕　　西						
甘　　肃		1	1			
青　　海		1	1			
宁　　夏	1	15	13			
新疆（兵团）	149	110	1 121	1 645	140	28
新疆（农业）		2	5	5		
新疆（畜牧）	2	20		18	2	1
热 科 院						
广　　州		2				
南　　京						

2-10续表5

指标	规模化养殖场（个）			规模化养殖量		
	绵羊	家禽	兔	大牲畜总头数（万头）	其中：牛（万头）	黄牛（万头）
全国农垦	**1 566**	**775**	**84**	**84.96**	**6 195.22**	**18.92**
北京		39		8.00	8.00	
天津		1		3.80	3.50	
河北	2	5	1	13.85	14.52	2.12
山西	1	4		0.02	0.69	
内蒙古	20			3.83	4.42	1.13
辽宁	7	89		0.31	0.31	0.06
吉林	3				0.04	
黑龙江	6	99		9.40	9.40	0.50
上海		5		8.45	8.45	
江苏				0.60	0.60	
浙江						
安徽						
福建		13		0.40	0.42	0.42
江西		14	1	0.50	0.50	0.03
山东		1				
河南		2		0.01		
湖北		109		1.19	1.19	0.42
湖南		19		1.13	0.15	0.15
广东		32		0.88	0.88	
广西		165		0.77	0.77	
海南					6 107.00	
重庆		11			3.00	
四川				0.07	0.07	0.02
贵州	1	1		1.03	1.02	
云南		18			0.13	0.13
陕西						
甘肃					1.13	
青海				2.37		
宁夏					4.80	0.55
新疆(兵团)	1 505	142	82	20.08	19.08	11.55
新疆(农业)	5	5		0.20		0.80
新疆(畜牧)	16			8.07	4.57	1.04
热科院						
广州					0.58	
南京		1				

2-10续表6

指　　标	规模化养殖量					
	良种及改良种乳牛（万头）	猪（万头）	羊（万只）	山羊（万只）	绒山羊（万只）	绵羊（万只）
全国农垦	**69.72**	**1 613.93**	**253.39**	**38.66**	**5.58**	**214.73**
北　京	8.00					
天　津	3.50	3.00				
河　北	13.80	5.50	0.50	0.20		0.30
山　西	0.66		11.10	11.00		0.10
内蒙古	1.37	12.95	5.75	0.07	0.07	5.68
辽　宁	0.24	11.35	4.80	4.20		0.60
吉　林	0.04		0.15			0.15
黑龙江	8.90		0.70			0.70
上　海	8.45	76.70				
江　苏						
浙　江		4.63				
安　徽						
福　建		8.35	0.60	0.60		
江　西	0.40	22.01				
山　东	0.96	7.22				
河　南		22.57				
湖　北	0.75	117.59	1.20	1.20		
湖　南	0.08	531.15	0.19	0.19	0.19	
广　东	0.88	82.27				
广　西	0.66	360.71				
海　南		37.03	0.33	0.33		
重　庆	3.00	10.20				
四　川	0.05					
贵　州	1.02	0.30	0.15			0.15
云　南		0.86				
陕　西						
甘　肃	0.98	0.35				
青　海	0.12	0.30	0.01			0.01
宁　夏	4.30	0.88				
新疆(兵团)	7.52	296.02	214.50	18.30	3.80	196.20
新疆(农业)	0.14	1.99	1.35	0.35		1.00
新疆(畜牧)	3.32		12.06	2.22	1.52	9.84
热科院						
广　州	0.58					
南　京						

2-10续表7

指标	规模化养殖量		带动农户个数（个）				
	家禽（万只）	兔（万只）	大牲畜	#从事农事劳役的牲畜	其中：牛	黄牛	良种及改良种乳牛
全国农垦	**6 588.87**	**24.57**	**17 453**	**118**	**15 429**	**1 078**	**13 926**
北京	1 263.00						
天津	92.70						
河北	184.05	1.20	8 116		8 161	46	8 115
山西	12.16		87		199		189
内蒙古	0.40		725		414	335	36
辽宁	1 073.00		60		60	40	20
吉林					20		20
黑龙江	568.00		665		665	100	565
上海	99.20						
江苏			80		80		
浙江							
安徽							
福建	59.69		624	48	306	305	
江西	110.16	0.29					
山东	15.00		5		5	5	
河南	2.00		5		5	5	
湖北	359.00						
湖南	25.40		380		37	32	
广东	433.56		2 800		2 800		2 800
广西	688.00		20		20		17
海南							
重庆	100.05						
四川							
贵州	4.00		74				
云南	100.39				12	12	
陕西			30	30	30	30	
甘肃							
青海			438		58		58
宁夏							
新疆（兵团）	1 372.91	23.08	352		343	125	218
新疆（农业）	18.20		2 232	40	1 694	40	1 371
新疆（畜牧）			760		520	3	517
热科院							
广州							
南京	8.00						

2－10续表 8

指　　标	带动农户个数（个）							
	水牛	猪	羊	山羊	绒山羊	绵羊	家禽	兔
全国农垦	**8**	**22 672**	**6 694**	**1 758**	**108**	**4 936**	**55 336**	**400**
北　　京		250					32 366	
天　　津								
河　　北		7					6	
山　　西			45	15		30	80	
内 蒙 古		1 018	1 370	499	2	871	5 265	111
辽　　宁		272	6	6			350	
吉　　林			3			3		
黑 龙 江			30			30	495	
上　　海								
江　　苏								
浙　　江		6 010						
安　　徽		11	15	15			20	2
福　　建		192	24	24			1 215	150
江　　西								
山　　东			1			1	5	
河　　南		2 129	85	85			255	
湖　　北								
湖　　南	5	9 857	12	12	12		12 532	
广　　东		403					13	
广　　西	3	1 458					256	
海　　南								
重　　庆								
四　　川								
贵　　州		15	20			20	5	
云　　南		17					18	
陕　　西		6					3	
甘　　肃								
青　　海			156			156		
宁　　夏								
新疆(兵团)		158	754	82	35	672	85	25
新疆(农业)		869	3 419	552	19	2 867	2 367	112
新疆(畜牧)			754	468	40	286		
热 科 院								
广　　州								
南　　京								

2－11 牧业生产情况（畜产品）

地区	肉类总产量（吨）	当年出栏肉猪（万头）	猪肉产量（吨）	当年出售和自宰的肉用牛（万头）	牛肉产量（吨）
全国农垦	**2 204 066.70**	**1 570.27**	**1 261 533.22**	**114.24**	**162 977.36**
北京	107 509.00	17.00	17 328.00		1 029.00
天津	5 024.00	4.00	3 242.00	0.60	1 244.00
河北	71 771.81	61.88	47 332.90	2.86	2 910.55
山西	4 266.86	1.33	1 983.64	0.10	270.33
内蒙古	82 833.21	16.40	16 024.25	10.94	19 404.82
辽宁	137 239.94	53.93	37 309.53	9.31	9 343.98
吉林	8 115.14	3.24	3 433.90	0.62	1 660.90
黑龙江	273 687.99	149.95	116 032.05	10.94	18 712.89
上海	78 268.00	100.88	76 668.80	0.12	398.00
江苏	44 040.00	20.64	18 357.00	0.05	103.00
浙江	10 348.18	11.66	10 302.83		
安徽	12 601.74	6.15	5 522.04	0.21	293.31
福建	21 215.06	23.13	16 005.51	0.44	569.30
江西	72 791.00	72.52	65 064.00	2.20	2 655.00
山东	10 362.91	12.29	9 209.60	0.05	98.24
河南	46 551.76	50.00	45 165.16	0.15	262.30
湖北	144 664.00	148.76	119 007.00	1.96	3 915.00
湖南	132 445.50	150.38	123 124.30	1.93	4 058.73
广东	132 757.15	118.00	106 021.82	0.36	660.81
广西	96 454.00	115.68	80 978.00	0.38	940.00
海南	106 489.00	86.06	86 292.00	0.52	1 385.00
重庆	12 961.00	9.30	12 462.00		
四川	1 671.00	0.16	151.00	1.34	1 361.00
贵州	168.13	0.06	87.28		2.39
云南	11 979.00	9.19	7 262.00	0.69	819.00
陕西	962.27	0.66	692.15	0.03	59.20
甘肃	4 998.08	1.68	1 718.43	0.32	389.52
青海	3 197.00	0.63	360.00	0.99	1 039.30
宁夏	10 727.00	5.10	3 452.00	2.60	4 764.00
新疆（兵团）	463 889.00	310.49	222 955.00	41.55	62 919.00
新疆（农业）	19 587.66	6.82	6 186.30	2.02	2 264.93
新疆（畜牧）	74 050.92	1.93	1 490.61	20.94	19 426.58
热科院	379.39	0.37	312.12	0.02	17.28
广州					
南京	60.00				

2-11 续表 1

地区	当年出售和自宰的肉用羊（万只）	羊肉产量（吨）	兔肉产量（吨）	禽肉产量（吨）	牛奶产量（吨）
全国农垦	**1 345.65**	**205 117.78**	**10 844.59**	**526 493.50**	**3 897 985.47**
北京				89 152.00	447 701.00
天津				538.00	180 528.00
河北	71.83	1 048.77	3 411.00	17 068.06	558 699.97
山西	2.54	1 948.77		0.50	30 779.00
内蒙古	216.98	44 865.26	87.30	1 956.20	219 505.50
辽宁	16.80	2 218.87		87 491.96	28 302.00
吉林	4.25	694.30	2.25	2 282.75	9 007.20
黑龙江	34.64	6 709.43	44.60	131 743.86	376 142.00
上海				1 201.00	482 929.00
江苏	1.17	339.00	38.00	25 203.00	24 700.00
浙江	0.05	11.50		29.00	
安徽	1.18	320.62	35.00	6 430.77	1 945.00
福建	1.02	184.35	90.08	4 339.72	3 008.20
江西	1.69	244.00	40.00	4 788.00	12 936.00
山东	0.25	30.07		976.66	43 897.00
河南	0.80	96.30	4.00	1 001.10	14 497.00
湖北	6.82	1 363.00	2 184.00	18 195.00	28 720.00
湖南	4.20	750.38	25.50	4 397.83	2 539.00
广东	1.29	108.50	144.08	25 238.58	63 199.00
广西	0.18	32.00	4.00	14 500.00	5 659.00
海南	12.20	2 074.00	134.00	16 604.00	65.00
重庆					103 510.00
四川	0.48	158.00		1.00	5 105.00
贵州	0.16	67.00		9.56	42 461.00
云南	0.61	156.00		3 742.00	
陕西	1.20	178.22		8.30	15 499.00
甘肃	28.94	2 346.60	2.38	79.17	43 098.80
青海	172.65	1 795.00			432.00
宁夏	5.70	919.00		1 583.00	240 825.00
新疆（兵团）	559.72	106 437.00	4 592.00	64 522.00	716 745.00
新疆（农业）	18.35	3 350.21	6.40	1 870.86	6 287.10
新疆（畜牧）	179.85	26 663.34		1 437.92	162 217.70
热科院	0.10	8.29		41.70	
广州					27 046.00
南京				60.00	

2－11 续表 2

地　　区	山羊毛产量（吨）	绵羊毛产量（吨）			羊绒产量（吨）
			细羊毛（吨）	半细羊毛（吨）	
全国农垦	**1 459.72**	**30 363.46**	**12 487.74**	**9 285.95**	**1 651.62**
北　　京					
天　　津					
河　　北		132.00	70.00	50.00	
山　　西	12.60	12.54	3.54		
内 蒙 古	111.34	5 705.43	1 533.00	2 750.09	353.99
辽　　宁	39.03	128.50	6.00	58.10	
吉　　林	22.15	192.86	32.00	98.36	6.40
黑 龙 江	1.58	399.45	98.87	300.58	24.98
上　　海					
江　　苏					
浙　　江					
安　　徽					
福　　建					1.00
江　　西					
山　　东		0.20			
河　　南					
湖　　北					
湖　　南					
广　　东					
广　　西					
海　　南					
重　　庆					
四　　川					
贵　　州		6.25		5.25	1.00
云　　南					
陕　　西	3.63	4.00	0.50	3.50	5.83
甘　　肃	14.20	166.33	18.00	127.92	3.00
青　　海	6.25	481.08	117.10	317.66	4.15
宁　　夏	16.00	72.00	54.00	12.00	11.00
新疆（兵团）	609.00	17 976.00	9 095.00	4 649.00	
新疆（农业）	32.38	692.33	49.70	116.01	20.15
新疆（畜牧）	591.56	4 394.49	1 410.03	797.48	1 220.12
热 科 院					
广　　州					
南　　京					

2－11续表3

地　　区	蜂蜜产量（吨）	禽蛋产量（吨）	蚕茧产量（吨）	
				桑蚕茧（吨）
全国农垦	**15 714.24**	**454 212.81**	**1 365.00**	**1 209.00**
北　京		40 877.00		
天　津		11 735.00		
河　北		19 044.01		
山　西		2 081.50		
内蒙古	1 626.10	3 449.35	112.00	112.00
辽　宁	74.00	36 497.60		
吉　林	17.10	4 812.25		
黑龙江	1 419.84	29 617.36		
上　海		15 011.00		
江　苏	16.00	14 725.00	151.00	
浙　江		11.40	6.50	6.50
安　徽	60.00	3 465.00		
福　建	116.80	4 526.31		
江　西	581.00	13 322.00	215.00	215.00
山　东		48.00		
河　南	2.50	2 533.00		
湖　北	769.00	48 513.00		
湖　南	474.71	18 755.00	8.50	8.50
广　东	38.26	2 934.10	827.20	827.20
广　西	226.00	3 516.00		
海　南	254.00	3 225.00		
重　庆		11 563.00		
四　川		1.00	36.00	36.00
贵　州	1.00	209.33	1.00	
云　南		6 861.00		
陕　西		17.69		
甘　肃		1 966.00		
青　海				
宁　夏		1 329.00		
新疆（兵团）	9 462.00	126 497.00		
新疆（农业）	47.70	12 279.16		
新疆（畜牧）	528.23	12 829.65	4.00	
热科院		1.10	3.80	3.80
广　州		980.00		
南　京		980.00		

2-12 渔业生产情况

计量单位：吨

地区	水产品总产量	#养殖产量	鱼类	虾蟹类	#对虾	贝类
全国农垦	**1 627 503.68**	**1 279 883.19**	**1 174 873.58**	**245 766.60**	**42 254.50**	**107 737.00**
北京	2 680.00		2 680.00			
天津	8 193.00	8 193.00	7 834.00	252.00	251.00	
河北	154 640.00	135 379.00	76 135.00	33 755.00	24 118.00	7 835.00
山西	13.00		13.00			
内蒙古	4 100.50	2 310.00	3 784.50	316.00		
辽宁	288 327.20	203 610.00	101 121.20	65 499.00	3 002.00	98 205.00
吉林	564.00	424.00	564.00			
黑龙江	31 490.08	23 335.46	30 559.88	930.20		
上海	204 463.00	52 024.00	184 242.00	3 886.00		
江苏	53 823.00	44 778.00	51 165.00	1 832.00	1 418.00	146.00
浙江	5 097.30	1 365.50	2 296.70	2 099.60	731.50	661.00
安徽	8 249.80	1 144.00	4 986.00	3 190.80		
福建	21 074.70	13 752.00	19 106.70	1 147.00	1 050.00	181.00
江西	51 008.00	38 358.00	46 441.00			
山东	910.00	550.00	550.00	360.00		
河南	7 601.00	7 245.00	7 601.00			
湖北	473 003.00	473 003.00	361 799.00	100 216.00		
湖南	124 298.50	104 813.00	103 169.50	15 680.00	94.00	709.00
广东	41 917.03	30 577.03	29 816.03	12 098.00	9 832.00	
广西	17 297.00	17 297.00	16 080.00	1 077.00	1 077.00	
海南	38 625.00	38 625.00	36 970.00	1 322.00		
重庆	4 348.00	4 348.00	4 348.00			
四川	351.00		351.00			
贵州	34.00	20.00	34.00			
云南	12 083.00	12 083.00	12 021.00			
陕西	48.00	43.00	43.00	5.00		
甘肃	40.00	40.00	40.00			
青海						
宁夏	11 169.00	5 843.00	11 144.00	25.00		
新疆（兵团）	57 652.00	56 677.00	55 590.00	2 062.00	681.00	
新疆（农业）	3 990.00	3 714.00	3 976.00	14.00		
新疆（畜牧）	289.37	220.00	287.87			
热科院	112.20	112.20	112.20			
广州						
南京	12.00		12.00			

2-12续表1

地区	藻类	其他	养殖面积（公顷）	＃对虾（公顷）	海水	
					水产品总产量	＃养殖产量
全国农垦	**275.00**	**98 851.50**	**299 576.90**	**16 248.73**	**421 565.50**	**182 707.00**
北京					2 680.00	
天津		107.00	897.00	315.00	179.00	179.00
河北		36 915.00	16 222.95	10 165.00	65 586.00	48 166.00
山西			9.93			
内蒙古			3 798.67			
辽宁		23 502.00	85 062.00	2 732.00	185 901.00	123 523.00
吉林			452.00	87.00		
黑龙江			25 231.90			
上海		16 335.00	4 690.00		152 449.00	
江苏		680.00	4 004.00	481.00		
浙江		40.00	2 342.80	729.73	937.00	937.00
安徽		73.00	173.00			
福建		640.00	1 674.76	83.00	434.00	30.00
江西		4 567.00	16 962.19			
山东			763.00	287.00		
河南			595.70			
湖北		10 988.00	63 994.00			
湖南	150.00	4 590.00	22 452.66	26.00	600.00	600.00
广东		3.00	3 590.55	942.00	10 273.00	6 753.00
广西	125.00	15.00	1 349.00	161.00	1 202.00	1 202.00
海南		333.00	3 342.16		1 317.00	1 317.00
重庆			2 150.00			
四川			48.00			
贵州			30.67			
云南		62.00	1 304.00			
陕西			62.00			
甘肃			426.93			
青海						
宁夏						
新疆（兵团）			33 468.00	240.00		
新疆（农业）			2 983.60			
新疆（畜牧）		1.50	1 460.83		1.50	
热科院			22.60			
广州						
南京			12.00		6.00	

2-12 续表 2

地区	海水					
	鱼类	虾蟹类	#对虾	贝类	藻类	其他
全国农垦	**184 049.00**	**53 524.00**	**21 493.00**	**106 881.00**	**125.00**	**76 986.50**
北京	2 680.00					
天津	23.00	73.00	73.00			83.00
河北	7 730.00	13 106.00	11 420.00	7 835.00		36 915.00
山西						
内蒙古						
辽宁	36 772.00	27 422.00	2 883.00	98 205.00		23 502.00
吉林						
黑龙江						
上海	133 583.00	2 531.00				16 335.00
江苏						
浙江	28.00	248.00	108.00	661.00		
安徽						
福建	94.00	10.00		180.00		150.00
江西						
山东						
河南						
湖北						
湖南	600.00					
广东	2 533.00	7 740.00	5 932.00			
广西		1 077.00	1 077.00		125.00	
海南		1 317.00				
重庆						
四川						
贵州						
云南						
陕西						
甘肃						
青海						
宁夏						
新疆(兵团)						
新疆(农业)						
新疆(畜牧)						1.50
热科院						
广州						
南京	6.00					

2-12续表3

地　区	海水		淡水			
	养殖面积（公顷）	#对虾（公顷）	水产品总产量	#养殖产量	鱼类	虾蟹类
全国农垦	**27 998.74**	**8 220.73**	**1 205 938.18**	**1 097 176.19**	**990 824.58**	**192 242.60**
北　京						
天　津	68.00	67.00	8 014.00	8 014.00	7 811.00	179.00
河　北	7 536.35	4 699.00	89 054.00	87 213.00	68 405.00	20 649.00
山　西			13.00		13.00	
内蒙古			4 100.50	2 310.00	3 784.50	316.00
辽　宁	17 318.00	2 672.00	102 426.20	80 087.00	64 349.20	38 077.00
吉　林			564.00	424.00	564.00	
黑龙江			31 490.08	23 335.46	30 559.88	930.20
上　海			52 014.00	52 024.00	50 659.00	1 355.00
江　苏			53 823.00	44 778.00	51 165.00	1 832.00
浙　江	1 287.73	79.73	4 160.30	428.50	2 268.70	1 851.60
安　徽			8 249.80	1 144.00	4 986.00	3 190.80
福　建	161.00		20 640.70	13 722.00	19 012.70	1 137.00
江　西			51 008.00	38 358.00	46 441.00	
山　东			910.00	550.00	550.00	360.00
河　南			7 601.00	7 245.00	7 601.00	
湖　北			473 003.00	473 003.00	361 799.00	100 216.00
湖　南	60.00		123 698.50	104 213.00	102 569.50	15 680.00
广　东	1 285.00	542.00	31 644.03	23 824.03	27 283.03	4 358.00
广　西	167.00	161.00	16 095.00	16 095.00	16 080.00	
海　南	109.66		37 308.00	37 308.00	36 970.00	5.00
重　庆			4 348.00	4 348.00	4 348.00	
四　川			351.00		351.00	
贵　州			34.00	20.00	34.00	
云　南			12 083.00	12 083.00	12 021.00	
陕　西			48.00	43.00	43.00	5.00
甘　肃			40.00	40.00	40.00	
青　海						
宁　夏			11 169.00	5 843.00	11 144.00	25.00
新疆（兵团）			57 652.00	56 677.00	55 590.00	2 062.00
新疆（农业）			3 990.00	3 714.00	3 976.00	14.00
新疆（畜牧）			287.87	220.00	287.87	
热科院			112.20	112.20	112.20	
广　州						
南　京	6.00		6.00		6.00	

2－12续表4

地　　区	淡水					
	#对虾	贝类	藻类	其他	养殖面积（公顷）	#对虾（公顷）
全国农垦	**20 761.50**	**856.00**	**150.00**	**21 865.00**	**271 578.16**	**8 028.00**
北　京						
天　津	178.00			24.00	829.00	248.00
河　北	12 698.00				8 686.60	5 466.00
山　西					9.93	
内蒙古					3 798.67	
辽　宁	119.00				67 744.00	60.00
吉　林					452.00	87.00
黑龙江					25 231.90	
上　海					4 690.00	
江　苏	1 418.00	146.00		680.00	4 004.00	481.00
浙　江	623.50			40.00	1 055.07	650.00
安　徽				73.00	173.00	
福　建	1 050.00	1.00		490.00	1 513.76	83.00
江　西				4 567.00	16 962.19	
山　东					763.00	287.00
河　南					595.70	
湖　北				10 988.00	63 994.00	
湖　南	94.00	709.00	150.00	4 590.00	22 392.66	26.00
广　东	3 900.00			3.00	2 305.55	400.00
广　西				15.00	1 182.00	
海　南				333.00	3 232.50	
重　庆					2 150.00	
四　川					48.00	
贵　州					30.67	
云　南				62.00	1 304.00	
陕　西					62.00	
甘　肃					426.93	
青　海						
宁　夏						
新疆（兵团）	681.00				33 468.00	240.00
新疆（农业）					2 983.60	
新疆（畜牧）					1 460.83	
热科院					22.60	
广　州						
南　京					6.00	

2－13 热带、亚热带作物年末实有面积

计量单位：公顷

地　区	全国农垦	福建	湖南	广东	广西	海南	云南	热科院
总面积合计	47 667.92	1.00	2.50	4 100.76	5 962.00	33 106.05	4 180.00	315.61
1. 剑麻（按纤维计算）	6 850.26			3 661.26	3 182.00			7.00
2. 香辛料	7 942.20			79.70	1 518.00	6 256.00	83.00	5.50
＃胡椒（按籽计算）	6 345.20			79.70		6 256.00	4.00	5.50
肉桂（按干皮计算）	682.00				603.00		79.00	
八角（按干果计算）	915.00				915.00			
3. 咖啡（按干豆计产量）	1 265.14					437.00	824.00	4.14
4. 椰子（按果计产量）	1 847.04					1 748.93		98.11
5. 油棕（按油计产量）	84.03			2.50		34.93		46.60
7. 可可（按豆计产量）	10.60							10.60
8. 南药	22 407.34	1.00	2.50	22.00	146.00	21 733.79	367.00	135.05
＃槟榔（按果计产量）	21 670.91					21 547.86		123.05
砂仁（干果）	216.50			1.50			215.00	
益智（干果）	170.43			1.50		162.93		6.00
其它	349.50	1.00	2.50	19.00	146.00	23.00	152.00	6.00
9. 澳洲坚果（按干果计产量）	3 385.07				521.00		2 857.00	7.07
10. 木薯（按干薯产量）	3 876.24			335.30	595.00	2 895.40	49.00	1.54

2－14　热带、亚热带作物当年新植面积

计量单位：公顷

地　　区	全国农垦	福建	湖南	广东	广西	海南	云南	热科院
总面积合计	3 666.62			576.79	989.00	1 869.05	183.00	48.78
1. 剑麻（按纤维计算）	617.06			455.79	159.00			2.27
2. 香辛料	181.00					181.00		
＃胡椒（按籽计算）	181.00					181.00		
肉桂（按干皮计算）								
八角（按干果计算）								
3. 咖啡（按干豆计产量）	370.37					370.00		0.37
4. 椰子（按果计产量）	33.43					21.33		12.10
5. 油棕（按油计产量）								
7. 可可（按豆计产量）	1.00							1.00
8. 南药	1 097.22			8.00	146.00	788.72	123.00	31.50
＃槟榔（按果计产量）	811.56					780.06		31.50
砂仁（干果）	67.00						67.00	
益智（干果）	4.00					4.00		
其它	214.66			8.00	146.00	4.66	56.00	
9. 澳洲坚果（按干果计产量）	145.00				89.00		56.00	
10. 木薯（按干薯产量）	1 221.54			113.00	595.00	508.00	4.00	1.54

2－15　热带、亚热带作物收获面积

计量单位：公顷

地　　区	全国农垦	福建	湖南	广东	广西	海南	云南	热科院
总面积合计	36 103.42	1.00	1.00	2 357.33	5 066.00	26 675.44	1 899.00	103.65
1. 剑麻（按纤维计算）	4 554.63			1 948.63	2 603.00			3.00
2. 香辛料	7 306.10			70.70	1 395.00	5 834.00	3.00	3.40
＃胡椒（按籽计算）	5 911.10			70.70		5 834.00	3.00	3.40
肉桂（按干皮计算）	480.00				480.00			
八角（按干果计算）	915.00				915.00			
3. 咖啡（按干豆计产量）	798.23					48.33	747.00	2.90
4. 椰子（按果计产量）	1 252.67					1 185.73		66.94
5. 油棕（按油计产量）	6.66					6.66		
7. 可可（按豆计产量）	9.67							9.67
8. 南药	17 057.51	1.00	1.00	8.00	146.00	16 709.19	177.00	15.32
＃槟榔（按果计产量）	16 559.45					16 544.13		15.32
砂仁（干果）	54.00						54.00	
益智（干果）	148.06					148.06		
其它	296.00	1.00	1.00	8.00	146.00	17.00	123.00	
9. 澳洲坚果（按干果计产量）	1 252.00				327.00		924.00	1.00
10. 木薯（按干薯产量）	3 865.95			330.00	595.00	2 891.53	48.00	1.42

2－16 热带、亚热带作物公顷产量

计量单位：公斤

地　　区	全国农垦	福建	湖南	广东	广西	海南	云南	热科院
1. 剑麻（按纤维计算）	4.19			1.37	6.32			
2. 香辛料	1.78			1.58	0.71	2.04	1.67	0.83
＃胡椒（按籽计算）	2.03			1.58		2.04	1.67	0.83
肉桂（按干皮计算）	1.64				1.64			
八角（按干果计算）	0.21				0.21			
3. 咖啡（按干豆计产量）	1.75					1.51	1.77	1.08
4. 椰子（按果计产量）	0.86					0.87		0.55
5. 油棕（按油计产量）	5.71					5.71		
7. 可可（按豆计产量）	1.26							1.26
8. 南药	2.40	1.00		22.00	7.38	2.33	4.11	3.25
＃槟榔（按果计产量）	2.34					2.34		3.25
砂仁（干果）	0.39						0.39	
益智（干果）	1.22					1.22		
其它	6.78	1.00		22.00	7.38	2.59	5.75	
9. 澳洲坚果（按干果计产量）	1.80				1.40		1.94	
10. 木薯（按干薯产量）	11.42			18.43	10.30	10.26	18.00	991.55

2－17　热带、亚热带作物总产量

计量单位：公顷

地　　区	全国农垦	福建	湖南	广东	广西	海南	云南	热科院
1. 剑麻（按纤维计算）	19 105.98			2 662.98	16 443.00			
2. 香辛料	12 976.51			111.70	984.00	11 873.00	5.00	2.81
#胡椒（按籽计算）	11 992.38			111.57		11 873.00	5.00	2.81
肉桂（按干皮计算）	788.00				788.00			
八角（按干果计算）	196.00				196.00			
3. 咖啡（按干豆计产量）	1 395.13					73.00	1 319.00	3.13
4. 椰子（按果计产量）	1 072.95					1 036.00		36.95
5. 油棕（按油计产量）	38.00					38.00		
7. 可可（按豆计产量）	12.19							12.19
8. 南药	40 889.73	1.00		176.00	1 078.00	38 857.00	728.00	49.73
#槟榔（按果计产量）	38 681.73					38 632.00		49.73
砂仁（干果）	21.00						21.00	
益智（干果）	181.00					181.00		
其它	2 006.00	1.00		176.00	1 078.00	44.00	707.00	
9. 澳洲坚果（按干果计产量）	2 250.00				459.00		1 791.00	
10. 木薯（按干薯产量）	44 140.83			6 082.83	6 128.00	29 658.00	864.00	1 408.00

2-18 农业机械拥有量

地区	农业机械总动力（千瓦）				
	总动力合计	柴油发动机动力	汽油发动机动力	电动机动力	其他机械动力
全国农垦	**30 623 073.30**	**24 525 739.18**	**1 750 917.59**	**4 043 707.00**	**302 709.53**
北京	62 501.00	38 413.00	17 228.00	6 824.00	36.00
天津	18 445.00	14 899.00	61.00	3 485.00	
河北	1 085 079.85	722 765.05	49 953.10	293 544.70	18 817.00
山西	27 068.00	12 494.00	5 807.00	8 156.00	611.00
内蒙古	2 236 594.51	1 798 932.21	189 953.43	244 629.87	3 079.00
辽宁	1 022 388.90	806 046.88	44 862.17	137 224.85	34 255.00
吉林	587 272.00	540 803.00	25 356.00	19 853.00	1 260.00
黑龙江	11 375 306.00	9 891 484.00	674 133.00	723 509.00	86 180.00
上海	282 739.00	208 503.00	3 989.00	69 245.00	1 002.00
江苏	483 560.00	426 642.00	15 043.00	41 875.00	
浙江	11 625.50	3 942.00	1 124.00	5 375.00	1 184.50
安徽	438 236.90	355 641.00	15 920.90	61 655.00	5 020.00
福建	49 957.00	28 984.00	3 850.00	14 794.00	2 329.00
江西	524 221.00	369 688.00	52 958.00	93 331.00	8 244.00
山东	38 753.00	29 224.00	15.00	7 218.00	2 296.00
河南	315 361.00	227 945.50	41 847.50	45 068.00	500.00
湖北	1 800 881.00	1 285 476.00	116 394.00	379 800.00	19 211.00
湖南	1 498 065.75	1 115 538.50	127 049.75	188 063.50	67 414.00
广东	447 987.00	250 686.90	54 985.60	135 911.50	6 403.00
广西	355 255.00	236 644.00	42 726.00	75 885.00	
海南	328 778.00	227 269.00	59 341.00	28 204.00	13 964.00
重庆	7 416.00	7 416.00			
四川	1 789.00	262.00	1 132.00	145.00	250.00
贵州	14 653.76	9 344.92	285.80	4 742.04	281.00
云南	206 596.32	118 974.42	24 657.50	62 964.40	
陕西	40 138.56	27 427.16	331.00	12 380.40	
甘肃	352 326.13	285 155.42	3 946.10	54 550.89	8 673.72
青海	55 672.04	51 472.70	3 007.34	778.00	414.00
宁夏	324 476.00	275 062.00	1 951.00	47 368.00	95.00
新疆（兵团）	5 389 642.00	4 183 019.00	43 332.00	1 163 291.00	
新疆（农业）	434 653.35	332 475.15	38 939.00	51 039.00	12 200.20
新疆（畜牧）	801 711.51	640 044.40	90 157.00	62 540.00	8 970.11
热科院	2 388.22	1 789.97	581.40	16.85	
广州	1 535.00	1 275.00		240.00	20.00
南京					

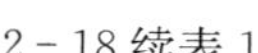

2－18续表1

地　区	拖拉机及配套机械			
	大中型拖拉机（台）	小型及手扶拖拉机（台）	大中型拖拉机配套农具（部）	小型及手扶拖拉机配套农具（部）
全国农垦	**228 803**	**373 375**	**390 880**	**345 682**
北　京	82	54	45	25
天　津	95	52	24	1
河　北	4 274	16 068	3 595	13 601
山　西	47	1 187	82	492
内蒙古	15 248	53 502	27 102	39 414
辽　宁	4 984	9 179	7 459	6 226
吉　林	5 014	16 876	4 650	14 879
黑龙江	90 450	43 610	188 952	55 401
上　海	1 317	68		189
江　苏	3 536	698	8 878	2 029
浙　江	46	44	8	20
安　徽	2 906	5 008	5 179	5 723
福　建	48	566	170	199
江　西	1 950	75 871	6 703	75 086
山　东	466	570	158	167
河　南	1 187	7 960	1 998	5 302
湖　北	9 039	45 631	12 519	46 363
湖　南	5 645	9 157	3 882	5 590
广　东	758	3 714	1 040	465
广　西	1 820	5 222	1 986	6 131
海　南	810	10 427	3 782	936
重　庆	7	3	6	2
四　川		4		
贵　州	20	23		23
云　南	683	1 860	97	1 356
陕　西	237	1 571	390	1 415
甘　肃	7 392	2 209	4 981	7 636
青　海	297	2 476	896	5 967
宁　夏	2 648	1 537	4 888	1 228
新疆（兵团）	53 664	27 998	83 374	26 011
新疆（农业）	8 862	8 510	9 776	14 019
新疆（畜牧）	5 238	21 620	8 226	9 778
热科院	18	93	31	8
广　州	15	7	3	
南　京				

2-18 续表 2

地区	种植业机械				
	耕整地及种植机械				
	播种机（台）	#精量半精量播种机（台）	机动水稻插秧机（台）	化肥深施机（台）	机引铺膜机（台）
全国农垦	**1 593 839**	**66 988**	**98 367**	**18 356**	**18 456**
北京	19	6		5	
天津	31			2	
河北	2 919	908	36	60	677
山西	90	62		5	33
内蒙古	25 482	16 372	30	4 358	2 232
辽宁	2 905	2 073	4 738	129	116
吉林	1 487 737	3 576	2 581	242	41
黑龙江	32 671	22 578	85 373	4 360	433
上海	639	290	77	144	
江苏	898	532	923	124	
浙江			8	561	
安徽	1 742	886	550	180	2
福建			7		
江西	50	50	217	91	
山东	315	57	100	3	3
河南	3 977	1 415	2	53	10
湖北	3 785	2 005	940	2 609	3 689
湖南	58	24	1 601	244	39
广东	75		4	66	11
广西	90			337	
海南					
重庆					
四川					
贵州					
云南	112				
陕西	716	41	3	32	32
甘肃	3 439	1 504		287	1 889
青海	251	27			
宁夏	582	271	23	80	56
新疆（兵团）	13 431	10 123	693	1 960	4 971
新疆（农业）	9 170	2 867		1 903	3 381
新疆（畜牧）	2 655	1 321	461	521	841
热科院					
广州					
南京					

2－18 续表 3

地 区	种植业机械					
	农用排灌机械					植保机械
	排灌动力机械（台）	＃柴油机（台）	电动机（台）	农用水泵（台）	滴喷灌溉机械（套）	机动喷雾（粉）机（台）
全国农垦	**332 612**	**132 601**	**146 618**	**279 171**	**57 266**	**124 138**
北 京	50	4	46	66	207	
天 津	50	3	47	57	7	6
河 北	12 232	8 539	3 652	11 890	1 210	1 595
山 西	591	24	567	71	218	14
内 蒙 古	11 095	2 290	7 185	14 960	5 729	6 046
辽 宁	13 868	9 792	3 890	17 695	703	900
吉 林	4 913	2 739	1 536	9 424	511	121
黑 龙 江	103 020	52 941	50 079	97 561	12 102	28 990
上 海	697	59	638	648	49	1 268
江 苏	1 000	12	988	502	150	926
浙 江	650	195	454	285	146	525
安 徽	6 086	4 225	1 119	2 171	5 458	4 508
福 建	3 160	712	2 442	1 109	35	1 062
江 西	10 544	3 504	6 694	5 832	306	2 364
山 东	804	380	424	708	72	287
河 南	7 047	723	5 972	8 431	392	905
湖 北	26 423	12 444	12 500	31 304	3 291	29 205
湖 南	27 725	13 307	14 369	30 096	391	19 858
广 东	9 158	6 503	1 494	4 315	125	6 535
广 西	4 099	1 632	1 766	3 365	2 821	
海 南	52 960	7 239	2 594	7 732		8 052
重 庆	6	1	3	3	3	
四 川	6	3	3	1		35
贵 州	60	28	30	30		127
云 南	1 196	702	494	5 713	45	3 764
陕 西	459	46	413	936	113	548
甘 肃	616	2	376	578	1 041	825
青 海	37	21	14	376	1	11
宁 夏	1 464	78	1 386	1 300	92	250
新疆（兵团）	27 177	2 789	24 388	18 481	17 599	1 947
新疆（农业）	4 763	1 478	779	2 598	3 154	2 741
新疆（畜牧）	649	183	272	880	1 286	653
热 科 院	7	3	4	41	8	70
广 州				12	1	
南 京						

2-18续表4

地　区	种植业机械					
	收获机械					
	联合收获机		#自走式		机动割晒机	
	(台)	(千瓦)	(台)	(千瓦)	(台)	(千瓦)
全国农垦	**63 642**	**4 930 558.46**	**52 757**	**3 875 835.25**	**5 513**	**164 100.00**
北　京						
天　津	6	1 318.00	6	1 318.00		
河　北	762	48 917.80	320	22 386.00	623	5 605.00
山　西	15	2 526.00	8	986.00		
内蒙古	2 471	284 916.56	2 211	250 505.56	760	28 848.00
辽　宁	1 116	119 612.34	703	51 411.44	112	3 174.00
吉　林	722	41 303.05	516	24 476.31	5	1 080.00
黑龙江	41 688	3 104 940.00	39 295	2 912 682.00	3 149	109 420.00
上　海	161	21 171.00	4	250.00		
江　苏	1 809	144 675.00	1 469	123 814.00	5	360.00
浙　江	5	273.00	1	30.00		
安　徽	1 294	99 070.00	974	74 027.00	73	1 322.00
福　建	44	768.00	40	732.00	13	219.00
江　西	1 648	61 883.00	441	15 457.00	22	181.00
山　东	96	5 812.00	30	1 483.00		
河　南	679	47 244.50	354	24 237.50	67	572.00
湖　北	3 654	178 762.00	2 338	121 287.00	32	319.00
湖　南	3 033	123 374.31	1 517	58 308.00	20	20.00
广　东	62	5 389.00				
广　西	36	5 280.00	28	4 633.00		
海　南					50	1 235.00
重　庆						
四　川						
贵　州						
云　南	36	1 473.00			350	840.00
陕　西	62	5 099.00	34	1 987.00		
甘　肃	160	18 902.19	58	6 487.19	32	1 171.00
青　海	159	15 151.55	78	7 481.65	41	3 861.00
宁　夏	517	42 102.00	513	41 674.00		
新疆(兵团)	2 964	500 992.00	1 537	102 010.00	135	4 566.00
新疆(农业)	189	23 929.16	103	10 222.60		
新疆(畜牧)	254	25 674.00	179	17 949.00	24	1 307.00
热科院						
广　州						
南　京						

2－18续表5

地　区	种植业机械					
	收获机械		脱粒烘干机械		种子加工设备	
	其他作物收获机械		机动脱粒机（台）	谷物烘干机（台）	种子包衣机（台）	种子清选机（台）
	（台）	（千瓦）				
全国农垦	**8 572**	**175 845.22**	**21 593**	**2 160**	**636**	**1 436**
北　京						
天　津						
河　北	315	2 897.00	3 355	8	2	2
山　西	2	120.00	15		2	3
内蒙古	129	9 806.00	1 275	82	289	187
辽　宁	842	19 310.00	1 733	47	15	5
吉　林	184	8 435.00	408	4		1
黑龙江	881	63 060.00	1 870	587	120	522
上　海	140	6 900.00	16	117	7	
江　苏	1 280	1 638.00	948	75	24	48
浙　江			5	4		1
安　徽			131	220	21	153
福　建	565	682.00	2 117	1		
江　西	315	1 214.00	702	110	26	11
山　东			20	6	10	11
河　南	222	3 085.00	109	40	70	227
湖　北	1 006	9 695.00	1 344	324	12	25
湖　南	1 173	6 347.00	1 840	356		
广　东	6	51.00	459	6		
广　西	119	5 214.00	299			
海　南			1 605			
重　庆	5	1 535.00	4		3	20
四　川						
贵　州			2			
云　南	40	97.00	888			
陕　西	28	1 069.40	126	2	1	2
甘　肃	213	6 203.82	740	4	9	23
青　海					7	66
宁　夏	35	886.00	203	33	11	51
新疆（兵团）			1 206	103		
新疆（农业）	302	8 736.00	109	12	4	14
新疆（畜牧）	770	18 864.00	63	15	3	64
热科院			1	4		
广　州						
南　京						

2－18 续表 6

地　区	种植业机械			
	设施农业设备			
	水稻工厂化育秧设备（套）	温室（米²）	大棚（米²）	田园管理机（台）
全国农垦	**830**	**74 271 986.60**	**293 540 235.35**	**6 585**
北　京		275 469.00	288 614.00	
天　津		16 667.00	280 001.00	
河　北	105	5 492 084.00	4 741 142.00	
山　西		408 187.00	213 720.00	
内蒙古		1 083 416.00	1 659 605.58	56
辽　宁	160	4 543 570.00	2 936 427.00	6
吉　林	5	119 192.00	1 382 387.00	7
黑龙江	136	3 009 800.00	190 837 900.00	6
上　海		11 246 014.00	16 016 967.00	2 412
江　苏	128	1 114 630.00	230 245.00	13
浙　江		97 969.00	257 684.00	1
安　徽	15	14 998.00	3 981 357.00	
福　建		254 200.00	546 850.00	4
江　西	6	19 765.00	589 383.00	4
山　东	1	78 507.00	532 754.00	
河　南		256 247.00	309 664.00	2
湖　北	138	3 144 201.00	44 447 605.00	1 160
湖　南	134	196 240.00	1 943 283.00	173
广　东		125 187.00	490 936.67	20
广　西			374 598.00	39
海　南				
重　庆		21 000.00		
四　川			37 201.00	
贵　州			2 000.00	2
云　南		725 151.00	748 816.00	
陕　西		223 983.00	1 507 632.00	160
甘　肃		143 075.00	372 907.00	
青　海		694 312.00	901 264.00	
宁　夏		3 020 953.00		717
新疆（兵团）		37 770 634.00	15 082 474.00	1 795
新疆（农业）		162 674.20	2 581 253.20	7
新疆（畜牧）	2	4 567.00	160 385.50	
热科院		9 294.40	85 179.40	1
广　州				
南　京				

2-18 续表 7

地　区	农副产品加工机械				畜牧业机械	
	粮食加工机械（台）	棉花加工机械（台）	油料加工机械（台）	橡胶粗加工机械（台）	牧草播种机（台）	牧草收割机（台）
全国农垦	**10 178**	**2 486**	**4 520**	**7 154**	**1 307**	**17 347**
北　京			1		4	8
天　津						
河　北	493	105	44		117	501
山　西	20		6		3	2
内蒙古	533	1	93		653	13 604
辽　宁	1 079	38	71		5	2
吉　林	62		7		1	31
黑龙江	562		43		273	347
上　海	11					28
江　苏	64	1	8			
浙　江	2					
安　徽	44	6	20			9
福　建	123	2	8			
江　西	1 411	167	2 309	6		
山　东	2		2			
河　南	222	8	13		11	5
湖　北	1 449	882	588		4	228
湖　南	2 333	628	808		12	339
广　东	110		58	2 108		162
广　西	212		26	65	5	10
海　南	772		111	1 123		
重　庆						2
四　川						
贵　州	27		1			
云　南				3 852		
陕　西						1
甘　肃	2	4	1		1	186
青　海			1		76	150
宁　夏	83		34		35	167
新疆（兵团）	322	328	220			713
新疆（农业）	210	310	19		31	61
新疆（畜牧）	30	6	28		75	789
热科院					1	2
广　州						
南　京						

2－18 续表 8

地　　区	畜牧业机械			林业机械	
	牧草打捆机（台）	机动剪毛机（把）	机动挤奶器（套）	挖坑机（台）	植树机（台）
全国农垦	**3 247**	**875**	**6 880**	**1 879**	**165**
北　　京	5		104		
天　　津					
河　　北	66		722	56	17
山　　西			111		
内 蒙 古	1 953	204	878	91	25
辽　　宁	4		191	2	
吉　　林	6	2	13	3	2
黑 龙 江	187	100	3 031	44	11
上　　海	2		142		
江　　苏			30		
浙　　江					
安　　徽				1	
福　　建					
江　　西				8	60
山　　东				1	2
河　　南	7		1	3	
湖　　北	1		1	29	2
湖　　南	3		3	63	
广　　东			4	841	6
广　　西	2		1		
海　　南				133	
重　　庆	12		220		
四　　川	20		27		
贵　　州		1	14		
云　　南					
陕　　西	3				
甘　　肃	23		2	2	
青　　海	60	60		1	
宁　　夏	108	1	172	17	1
新疆（兵团）	536	404	897	491	35
新疆（农业）	95	18	56	75	3
新疆（畜牧）	154	85	260	18	1
热 科 院					
广　　州					
南　　京					

2－18 续表 9

地区	渔业机械	运输机械		农田基本建设机械	
	渔用机动船（艘）	农用运输车		推土机	
		（辆）	（千瓦）	（台）	（千瓦）
全国农垦	**4 563**	**76 030**	**2 051 642.16**	**3 822**	**326 237.76**
北京	14	233	25 301.00	4	626.00
天津		81	1 502.00	5	285.00
河北	160	4 806	113 392.50	551	52 149.00
山西		186	5 230.00	2	140.00
内蒙古	8	5 582	216 087.00	383	38 196.00
辽宁	668	12 819	263 274.19	152	15 412.00
吉林	3	1 658	73 960.00	63	4 710.00
黑龙江	361	5 653	161 622.00	266	25 748.00
上海	73	33	711.00	6	704.00
江苏	3	652	34 015.00	67	6 345.00
浙江		33	880.00		
安徽	9	641	17 863.00	50	3 861.00
福建	6	472	15 474.00	21	1 518.00
江西	319	1 800	72 748.00	249	13 992.00
山东	25	97	1 901.00	6	430.00
河南		1 001	21 468.00	46	4 885.00
湖北	475	9 217	218 229.00	937	66 281.00
湖南	2 159	1 690	45 055.17	400	24 478.26
广东	7	1 556	79 451.00	120	7 279.50
广西		1 217	48 807.00	33	3 154.00
海南	70	2 770	103 694.00	119	8 977.00
重庆	19	5	381.00		
四川					
贵州		29	960.00	2	242.00
云南		1 063	50 977.00	35	3 144.00
陕西		138	3 005.00	2	188.00
甘肃		809	19 650.88	9	385.28
青海		690	21 160.08	7	710.00
宁夏	8	1 799	35 019.00	84	6 611.00
新疆（兵团）	176	15 651	300 711.00		
新疆（农业）		2 263	29 379.30	107	24 362.72
新疆（畜牧）		1 360	67 938.00	95	11 284.00
热科院		17	480.04	1	140.00
广州		9	1 316.00		
南京					

2－18 续表 10

地　区	农田基本建设机械			
	挖掘机		开沟机	
	（台）	（千瓦）	（台）	（千瓦）
全国农垦	**2 562**	**281 228.47**	**1 408**	**40 006.60**
北　京	8	487.00		
天　津	16	906.00		
河　北	221	34 401.00	1	30.00
山　西	3	223.00		
内蒙古	178	21 633.00	40	4 648.60
辽　宁	242	30 977.00	29	3 824.00
吉　林	26	2 610.00	3	255.00
黑龙江	146	16 133.00	16	1 287.00
上　海	8	585.00	4	
江　苏	61	634.00	861	3 879.00
浙　江			2	35.00
安　徽	24	1 611.00	107	7 018.00
福　建	72	5 161.00	8	719.00
江　西	85	3 928.00	9	648.00
山　东	5	443.00	20	323.00
河　南	26	1 796.00	15	1 073.00
湖　北	806	83 819.00	181	10 156.00
湖　南	91	7 207.40	34	1 558.75
广　东	60	3 223.00		
广　西	98	9 532.00		
海　南	133	14 749.00	34	1 749.00
重　庆				
四　川				
贵　州	1	110.00		
云　南	40	9 219.00		
陕　西	5	263.00	1	100.00
甘　肃	3	316.67	23	1 278.80
青　海			2	51.45
宁　夏	59	9 449.00		
新疆（兵团）				
新疆（农业）	93	15 361.40	11	635.00
新疆（畜牧）	47	3 438.00	7	738.00
热科院	5	3 013.00		
广　州				
南　京				

2－19 农业机械化、用电、化肥、水利情况

地区	当年实际机耕面积（按耕地面积）（公顷）	当年实际机播面积（按播种面积）（公顷）	#机械插秧面积（按插秧面积）（公顷）	当年机械收割面积（按收获面积）（公顷）	飞机播种面积（公顷）	飞机施肥面积（公顷）
全国农垦	**6 467 680.19**	**6 124 768.32**	**1 953 824.97**	**5 805 074.72**	**1 530 767.00**	**1 302 760.12**
北京	597.00	976.00		1 302.00		
天津	1 815.00	1 815.00	1 788.00	1 788.00		
河北	288 674.55	84 502.16	27 008.00	73 889.16		
山西	5 548.08	5 013.92	736.80	2 123.66		
内蒙古	646 420.55	655 269.07	13 505.00	597 088.69	8 500.00	4 012.00
辽宁	140 886.93	126 923.65	74 538.88	111 168.51		
吉林	97 615.00	99 044.00	24 232.00	84 399.00	580.00	580.00
黑龙江	2 885 491.00	2 850 145.00	1 553 910.00	2 865 472.00	1 514 264.00	1 253 305.00
上海	23 631.80	42 716.60	3 738.33	42 716.60		480.00
江苏	64 970.00	153 205.00	73 600.00	153 900.00		
浙江	2 953.52	353.66	339.73	2 104.53		
安徽	30 240.39	45 871.97	8 438.57	48 927.24		
福建	3 834.00	50.80	1.00	1 947.00		
江西	62 422.00	22 783.00	2 718.00	58 384.00	743.00	1.00
山东	9 879.61	12 392.94	800.00	10 787.94		
河南	27 611.12	37 178.62	1 446.30	38 836.76		352.00
湖北	164 213.00	79 969.00	28 184.00	143 355.00		1 370.00
湖南	116 502.07	51 375.77	33 608.77	99 278.27	2 880.00	10 880.00
广东	35 655.64	8 817.33		4 740.64		
广西	21 302.00	2 200.00		605.00		
海南	13 264.40	1 160.06	176.66	4 357.13		
重庆	140.00	69.00				
四川	75.00	33.00	33.00			
贵州	1 176.87	308.47		9.00		
云南	4 654.87	1 141.16	11.16	2 077.58		
陕西	14 372.30	13 327.00	220.00	12 122.00		
甘肃	66 853.53	62 477.39	4 300.00	48 715.36		
青海	29 801.60	29 632.60	91.00	28 775.60		
宁夏	39 383.00	37 620.00		37 602.00		
新疆（兵团）	1 318 158.00	1 382 830.00	12 850.00	1 110 870.00		
新疆（农业）	123 433.20	116 672.66	30 166.33	48 619.61		
新疆（畜牧）	225 979.16	198 893.49	57 383.44	169 112.44	3 800.00	31 780.12
热科院	125.00					
广州						
南京						

2－19续表1

地　　区	飞机病虫害防治面积（公顷）	自有农用飞机（架）	农场用电量（万千瓦时）	农药施用量（吨）	农用化肥施用总量（实物量）（吨）	农用化肥施用总量（折纯量）（吨）
全国农垦	**1 402 398.77**	**193**	**3 207 685.28**	**88 890.24**	**5 544 372.08**	**2 737 683.20**
北　　京			4 976.00	20.00	2 613.00	2 181.00
天　　津			6 882.40	58.20	1 570.00	495.00
河　　北			207 857.05	1 177.82	64 838.83	32 166.00
山　　西			2 570.25	18.05	7 328.75	3 905.75
内 蒙 古	3 513.70	2	21 931.03	5 968.22	286 799.36	162 482.70
辽　　宁	224.87		80 787.37	2 491.90	137 374.12	81 774.76
吉　　林	1 689.00	6	20 221.14	538.32	69 203.10	39 388.10
黑 龙 江	1 352 251.00	77	216 162.00	15 626.95	1 157 188.00	571 852.00
上　　海				529.60	47 888.00	19 145.00
江　　苏	3 967.00		51 707.00	2 756.00	192 494.00	84 184.00
浙　　江	12.00		20 109.09	402.56	3 812.31	2 235.65
安　　徽	993.00	3	10 536.90	603.93	57 962.16	27 489.60
福　　建			9 560.70	895.60	24 205.20	17 160.90
江　　西	4 123.00	14	56 976.00	2 108.00	54 418.00	30 359.00
山　　东	1 283.00	1	17 088.00	169.00	39 000.00	29 875.00
河　　南	222.00		13 470.70	1 189.45	43 671.54	22 717.10
湖　　北	2 345.00	11	50 568.00	5 588.00	367 142.00	148 931.00
湖　　南	15 070.00	37	58 337.93	3 544.71	136 798.90	57 181.00
广　　东	3 310.20	4	41 479.62	4 109.44	215 108.25	57 007.22
广　　西			52 790.00	3 211.00	121 780.00	59 767.00
海　　南			49 146.00	10 677.00	377 580.00	188 706.00
重　　庆			596.00		39.70	39.70
四　　川			78.13	4.70	547.00	335.00
贵　　州			187 101.38	13.86	1 143.50	608.90
云　　南			18 029.60	1 810.94	62 977.53	25 556.00
陕　　西		1	1 618.90	58.50	15 103.00	6 935.00
甘　　肃	919.00		14 948.34	854.34	86 415.59	36 248.59
青　　海			542.26	40.04	19 745.59	11 211.99
宁　　夏			11 039.00	405.88	73 403.00	34 336.00
新疆(兵团)		33	415 764.00	12 526.11	1 551 288.98	783 985.00
新疆(农业)	1 901.00	4	40 101.43	3 753.19	197 978.38	123 505.15
新疆(畜牧)	10 575.00		1 523 196.60	7 711.91	125 433.55	75 136.45
热 科 院			487.46	27.02	1 509.74	774.14
广　　州			815.00			
南　　京			210.00		11.00	7.50

2-19续表2

地　区	#施用于农作物的数量（吨）	生物肥施用量（实物量）（吨）	有机肥施用量（实物量）（吨）	测土配方施肥面积（公顷）	农用塑料薄膜使用量（吨）
全国农垦	**1 403 112.59**	**280 316.97**	**1 909 255.87**	**2 918 955.31**	**329 645.71**
北　京	1 943.00		11 039.00		2.00
天　津	493.00				9.20
河　北	13 729.00	279.00	8 126.90	989.00	2 134.60
山　西	3 246.75	71.00	41 035.00	33.00	130.70
内蒙古	145 350.20	14 136.00	225 591.00	21 647.00	2 299.71
辽　宁	43 269.46	4 825.00	46 158.00	55 755.22	3 858.90
吉　林	31 907.37	4 419.00	9 992.00	28 468.00	364.00
黑龙江	571 852.00	9 837.28	459 363.21	2 441 953.00	14 294.29
上　海	19 145.00	85.40	116 316.00	16 237.00	230.79
江　苏	84 184.00	8 879.00	19 066.00		1 605.00
浙　江	1 051.26	37.70	2 444.15		125.51
安　徽	23 400.71	86.10	19 037.00	16 919.93	301.80
福　建	12 040.80	3 839.00	29 971.00	273.10	267.62
江　西		3 603.50	14 948.00	33 508.00	5 439.00
山　东	4 858.00		323.00	681.00	32.40
河　南	17 788.60	608.50	22 482.00	15 850.00	549.00
湖　北	117 529.00	136 561.00	163 859.00	62 746.00	3 159.00
湖　南	39 324.30	7 065.36	25 639.30	20 983.38	2 037.40
广　东	44 863.37	33 320.69	164 438.07	47 643.40	898.23
广　西	44 684.00	14 251.00	213 433.00	30 026.00	623.00
海　南					
重　庆	39.70		1 109.00		0.08
四　川	233.00		276.00	28.00	9.00
贵　州	102.40	373.00	1 488.00	151.67	2.25
云　南	25 556.00		34 912.44	9 325.69	698.00
陕　西	2 368.00	5 598.10	5 714.00		91.00
甘　肃	27 542.22	257.00	101 231.75	52 153.37	2 698.52
青　海	5 809.64	3 598.00	29 879.00	1 020.00	16 517.84
宁　夏	34 336.00	10 319.00	5 894.00	17 476.00	138.98
新疆（兵团）					78 341.00
新疆（农业）	36 403.08	5 079.22	120 758.00	37 479.00	22 121.69
新疆（畜牧）	49 556.29	13 143.62	10 714.13	7 608.55	170 659.70
热科院	506.44	44.50	3 901.92		5.50
广　州			58.00		
南　京			58.00		

2－19续表3

地　　区	#地膜使用量（吨）	地膜覆盖面积（公顷）	沼气池（个）	沼气池体积（米^3）	有效灌溉面积（公顷）	#机灌面积（包括水轮泵提水灌溉）（公顷）
全国农垦	**259 656.18**	**1 533 029.39**	**33 360**	**706 061.16**	**4 431 059.77**	**1 935 618.92**
北　　京		7.00	3	1 290.00	1 139.00	277.00
天　　津	3.60	53.00			3 519.00	3 029.00
河　　北	1 897.70	13 253.30	12	3 090.00	55 891.18	39 021.20
山　　西	130.44	1 919.54	2	32.00	4 262.42	359.34
内 蒙 古	2 124.64	44 632.99	153	1 450.00	200 987.40	56 155.67
辽　　宁	2 125.25	10 818.35	2 185	32 437.00	126 037.32	42 158.22
吉　　林	170.15	2 550.00			46 792.44	21 811.04
黑 龙 江	1 960.34	12 713.90	559	10 652.00	1 641 297.60	639 382.00
上　　海	27.45	543.67	6	2 700.00	22 391.00	
江　　苏	413.00	4 239.00			75 620.00	5 544.00
浙　　江	60.00	4 804.73	25	8 950.00	1 165.68	408.39
安　　徽	87.25	542.67			149 280.04	11 651.97
福　　建	84.22	2 367.40	2 878	32 984.00	5 344.00	2 804.00
江　　西	5 439.00	3 050.00	2 380	34 884.00	48 784.00	4 450.00
山　　东	31.40	332.00	2	1 800.00	11 814.45	7 497.00
河　　南	468.00	3 663.70	175	4 148.00	27 619.62	11 908.20
湖　　北	1 833.00	27 527.00	11 997	109 065.00	112 353.00	26 231.00
湖　　南	1 663.21	17 573.10	7 251	212 841.00	61 105.77	23 340.00
广　　东	887.23	17 828.70	359	188 210.16	22 393.64	6 140.64
广　　西	496.00	9 026.00	969	12 764.00	18 304.00	9 731.00
海　　南			3 061	33 696.00	11 818.40	3 790.66
重　　庆	0.08	0.20	5	620.00	80.00	80.00
四　　川	9.00	54.00	5	58.00	263.00	240.00
贵　　州	2.25	19.30	35	5 300.00	86.00	8.05
云　　南	365.00	3 204.22	452	2 134.00	11 949.60	3 786.04
陕　　西	66.00	1 599.00			10 596.90	2 825.00
甘　　肃	2 426.52	39 916.66			77 374.87	3 114.93
青　　海	17.84	171.60			14 162.59	240.00
宁　　夏	58.66	1 325.00	610	5 472.00	32 859.00	13 500.00
新疆(兵团)	73 927.00	1 020 673.00			1 348 810.00	943 118.00
新疆(农业)	6 042.59	96 355.51	150	900.00	154 009.31	5 955.74
新疆(畜牧)	156 833.86	192 240.18			132 863.54	47 060.83
热 科 院	5.50	24.67	86	584.00	85.00	
广　　州						
南　　京						

2－19续表4

地　区	电灌面积（公顷）	漫灌面积（自流灌溉面积）（公顷）	＃节水灌溉面积（公顷）	喷灌面积（公顷）	滴灌面积（公顷）	机电井数量（眼）
全国农垦	**1 394 679.32**	**180 361.45**	**2 065 383.68**	**406 347.54**	**400 994.86**	**178 614**
北　京	469.00	20.00	761.00	661.00	100.00	91
天　津						37
河　北	6 116.40	50.33	41 602.25	9 817.25	3 060.00	3 813
山　西	3 016.74	353.00	310.01	80.01		278
内蒙古	73 923.20	29 091.53	99 726.39	63 127.00	20 420.99	21 462
辽　宁	28 307.67	8 829.69	17 158.62	2 208.22	6 702.80	5 160
吉　林	16 549.96	6 576.34	11 286.00	1 919.00	1 381.00	4 625
黑龙江	910 158.00		460 772.00	276 463.00	184 309.00	92 407
上　海	22 391.00		40.00	40.00		
江　苏	67 097.59	2 978.00	9 590.00	3 629.00	2 340.00	80
浙　江	532.79		168.60	51.27	109.23	16
安　徽	11 792.80	2 640.85	6 500.67	1 972.67	1 515.00	663
福　建	406.00	366.00	191.00	25.00	42.00	139
江　西	20 897.00	23 437.00	7 350.00	6 769.00	581.00	1 654
山　东	1 347.38		914.07	415.67	47.40	666
河　南	11 863.42	342.00	8 824.00	6 095.00	1 378.00	7 767
湖　北	84 136.00	1 986.00	20 362.00	5 709.00	2 398.00	1 538
湖　南	25 780.00	4 924.27	1 951.50	389.00	252.00	4 539
广　东	12 007.30	4 118.90	4 228.20	3 815.20	151.00	2 437
广　西	7 591.00	982.00	13 618.00	8 649.00	3 158.00	1 001
海　南	1 881.26	5 762.86	383.60	383.60		591
重　庆			22.00		22.00	
四　川	3.00	20.00	17.00	17.00		
贵　州	51.00	22.00				4
云　南	645.00	6 733.36	785.20	469.70	315.50	8
陕　西	2 631.10	2 026.60	2 232.80	1 100.00	150.00	1 264
甘　肃	7 640.56	24 870.50	56 061.69	8 393.60	37 496.86	2 146
青　海		9 994.23	4 882.66		1 616.66	48
宁　夏	10 574.00	1 679.00	4 134.00	1 670.00	2 464.00	1 204
新疆（兵团）			1 129 070.00			21 401
新疆（农业）	51 816.37	29 263.34	75 854.09	285.00	72 259.76	2 347
新疆（畜牧）	15 053.78	13 293.65	86 501.33	2 188.35	58 644.66	1 214
热科院			85.00	5.00	80.00	14
广　州						
南　京						

2－20 无公害农产品、绿色、有机食品生产情况（一）

项　　目	认证个数（个）	带动农户数量（户）	已认证无公害农产品	
			面积（公顷）	产量（吨）
一、种植业				
（一）主要农作物	1 138	285 868	2 273 424.24	17 746 568.74
1. 水稻	291	75 973	1 366 642.70	11 817 573.51
2. 小麦	51	33 344	49 599.30	257 571.32
3. 玉米	117	44 745	487 889.64	4 009 319.25
4. 大豆	106	47 246	259 491.23	548 417.46
5. 油料	14	12 300	15 791.00	34 511.00
6. 糖料	14	22 416	3 870.00	110 042.00
7. 药材	4	185	99.00	364.00
8. 蔬菜	402	29 769	10 121.31	594 222.50
9. 其他	139	19 890	79 920.06	374 547.70
（二）茶叶	66	43 096	4 418.48	11 455.20
（三）水果	211	48 204	11 842.93	284 953.00
1. 香蕉				
2. 苹果	25	3 603	4 577.00	29 743.00
3. 柑橘、橙、柚	36	15 121	1 365.97	64 605.00
4. 梨	12	16 134	421.30	3 214.00
5. 桃	12	1 191	6.00	27.00
6. 葡萄	35	1 371	420.00	3 390.00
7. 菠萝	1	300		
8. 荔枝	4	3 075	67.00	1 000.00
9. 龙眼	4	865	267.00	4 000.00
10. 芒果	3	1 532	333.00	9 500.00
11. 西瓜	18	2 300	3 920.66	159 226.00
12. 其他水果	61	2 712	465.00	10 248.00
（四）食用菌	19	196	1 822 012.40	22 493.20
二、渔业				
1. 淡水鱼	93	10 769	11 469.20	51 230.60
2. 海水鱼	1	82	447.00	453.00
3. 虾	1 176	355	4 616.90	7 313.00
4. 蟹	716	2 887	2 500.00	2 700.00
5. 甲鱼	1	150		
6. 贝				
7. 其他水产品	17	2 116		1 770.00

2-20续表

项目	已认证绿色食品				已认证有机食品	
	A级		AA级			
	面积（公顷）	产量（吨）	面积（公顷）	产量（吨）	面积（公顷）	产量（吨）
一、种植业						
（一）主要农作物	912 683.97	4 546 816.26	85 450.00	607 624.00	113 834.08	664 436.34
1. 水稻	390 622.61	1 905 904.68	53 204.00	381 285.00	51 010.18	312 094.00
2. 小麦	58 964.92	250 198.80	3 800.00	14 050.00	22 779.27	104 751.00
3. 玉米	209 875.89	1 311 510.83	15 433.00	122 741.00	9 663.77	81 219.50
4. 大豆	163 954.85	238 768.95	8 800.00	21 538.00	17 619.83	23 557.89
5. 油料	13 115.80	43 719.00				
6. 糖料	40 859.00	333 655.00			66.67	3 500.00
7. 药材	531.30	1 666.00				
8. 蔬菜	8 178.30	323 758.00	677.00	60 278.00	7 375.87	100 962.00
9. 其他	26 581.30	137 635.00	3 536.00	7 732.00	5 318.49	38 351.95
（二）茶叶	2 853.37	2 485.00	20.00	50.00	7 649.98	980.20
（三）水果	53 005.42	726 285.89	1 711.00	97 850.00	1 427.11	32 282.15
1. 香蕉						
2. 苹果	4 339.00	66 522.00			415.37	13 967.90
3. 柑橘、橙、柚	4 262.50	80 654.00	1 421.00	88 500.00	13.00	3.00
4. 梨	5 882.34	72 400.00			137.92	1 616.00
5. 桃	3 280.00	32 723.00			303.00	6 301.00
6. 葡萄	18 085.67	306 424.00			237.83	3 129.25
7. 菠萝	100.00	4 500.00				
8. 荔枝	859.93	7 299.00				
9. 龙眼					103.00	2.00
10. 芒果			267.00	8 000.00	5.00	
11. 西瓜	630.00	61 132.00	0.00	0.00	186.66	7 000.00
12. 其他水果	15 565.98	94 631.89	23.00	1 350.00	25.33	263.00
（四）食用菌	2 536.70	93 697.50				
二、渔业						
1. 淡水鱼	2 440.00	20 227.00			13 302.00	4 325.00
2. 海水鱼						
3. 虾					2 845.00	7 866.00
4. 蟹	330.00	218.00			2 029.67	1 139.00
5. 甲鱼					212.00	124.25
6. 贝						
7. 其他水产品	1 081.00	7 616.00	4.00	60.00	2.00	30.00

2-21 无公害农产品、绿色、有机食品生产情况（二）

项　　目	认证个数（个）	带动农户数（户）	已认证无公害农产品	
			数量 万头（万只）	产量（吨）
三、畜牧业				
（一）家畜类	427	16 611	99 373.14	275 944.82
1. 生猪	59	13 563	99 357.53	241 689.32
2. 肉牛	82	52	2.10	3 167.50
3. 奶牛	15	2 814	0.59	18 316.00
4. 羊	270	182	9.92	12 703.00
5. 其他家畜	1		3.00	69.00
（二）禽类	28	1 668	61 248.30	86 194.00
1. 肉鸡	8	798	2 290.00	56 240.00
2. 蛋鸡	14	223	58 123.30	15 202.00
3. 鸭	6	647	835.00	14 752.00
4. 其他禽类				
四、加工品				
1. 面粉加工类	55	60	—	
2. 蔬菜加工类	12		—	2 250.00
3. 饮品类	37	847	—	4 056.00
4. 乳制品	35	123	—	105 722.00
5. 果脯类	5	100	—	
6. 酒类	35	3 792	—	

2－21 续表

项　目	已认证绿色食品				已认证有机食品	
	A 级		AA 级			
	数量 万头（万只）	产量 （吨）	数量 万头（万只）	产量 （吨）	数量 万头（万只）	产量 （吨）
三、畜牧业						
（一）家畜类	5 211	11 306			21	41 518
1. 生猪	5 202	7 080			14	10 056
2. 肉牛	2	1 609				
3. 奶牛	1	1 800			2	30 581
4. 羊	7	817			5	881
5. 其他家畜						
（二）禽类	730	15 460	270	108	1 161	23 292
1. 肉鸡					707	10 109
2. 蛋鸡	730	15 460			142	6 613
3. 鸭			270	108	312	6 570
4. 其他禽类						
四、加工品						
1. 面粉加工类	—	6 453	—		—	15 054
2. 蔬菜加工类	—	66 460	—		—	3 600
3. 饮品类	—	13 400	—	105 994	—	565
4. 乳制品	—	130 490	—		—	3 389
5. 果脯类	—	3 000	—		—	
6. 酒类	—	800	—		—	1 000

2-22 农作物种业基本情况

地区	种子播种面积合计（公顷）	#原种播种面积（公顷）	良种播种面积（公顷）	种子生产量合计（吨）
全国农垦	**279 258**	**58 771**	**190 961**	**1 206 264**
北京				
天津				
河北	1 880	385	1 495	8 450
山西				
内蒙古	975	960	15	228
辽宁	8 588	1 070	828	580
吉林	6 320	5 430	440	
黑龙江	36 520	2 437	34 083	220 430
上海	681	27	655	3 598
江苏	24 582	11 257	13 325	174 259
浙江	108	28	79.60	105
安徽	13 359	2 494	10 865	75 607
福建				
江西				
山东	2 426	1 297	1 129	12 236
河南	13 020	8 551	4 469	102 130
湖北	687	155	532	3 329
湖南	43 420	8	43 411	137 401
广东	53		53	95
广西				
海南				
重庆				
四川	776	776		
贵州	267	217	50	98
云南				
陕西	10 751	6 867	1 180	53 506
甘肃	9 065	2 350	6 531	9 870
青海	1 848	890	605	226
宁夏	562	247	315	4 105
新疆（兵团）	65 034	4 007	61 009	286 847
新疆（农业）	941	18	922.85	419
新疆（畜牧）	37 395	9 300	8 968	112 744
热科院				
广州				
南京				

2－22 续表 1

地　　区	种子生产量合计（吨）					
	#原种生产量	良种生产量	水稻	小麦	玉米	大豆
全国农垦	**180 447**	**1 075 351**	**205 780**	**320 466**	**354 136**	**2 253**
北　　京						
天　　津						
河　　北	3 668	7 908		5 956	1 951	
山　　西						
内 蒙 古	1	227		60	67	21
辽　　宁		580	292		288	
吉　　林	200	455	200		15	140
黑 龙 江	12 157	208 273			24 847	
上　　海	222	3 376			721	
江　　苏	41 255	133 004	67 202	65 802		
浙　　江	135	728	491	209		
安　　徽		78 354	6 591	71 336	121	306
福　　建						
江　　西						
山　　东	3 466	16 353		15 061	1 292	
河　　南	70 116	54 480		44 909	8 956	57
湖　　北	300	3 029	1 235	881	553	360
湖　　南	128	139 969	126 215	1 685	10 912	242
广　　东		95	95			
广　　西						
海　　南						
重　　庆						
四　　川	10 482					
贵　　州	98	98	98			
云　　南						
陕　　西	120	82 547		43 163	34 725	1 127
甘　　肃	145	9 725			9 725	
青　　海	226	3 720		3 720		
宁　　夏	1 804	4 105	1 800		2 305	
新疆（兵团）	5 044	231 803	1 440	57 374	172 989	
新疆（农业）	122	346		339	7	
新疆（畜牧）	30 758	96 176	120	9 971	84 662	
热 科 院						
广　　州						
南　　京						

2－22 续表 2

地　　区	新品种更新更换				加工厂情况	
	总面积（公顷）	＃更新面积（公顷）	更换面积（公顷）	更新更换品种数量（个）	加工厂数量（个）	加工厂生产能力（吨）
全国农垦	**161 537**	**30 217**	**138 131**	**250**	**285**	**1 733 248**
北　　京						
天　　津						
河　　北	139		139	4	6	15 030
山　　西						
内 蒙 古					2	10
辽　　宁	53			11	11	12 307
吉　　林				6	2	5 000
黑 龙 江	1 062		1 062	8	63	271 365
上　　海					4	52 500
江　　苏	3 533	3 333	200	15	25	320 000
浙　　江						
安　　徽	500	500		4	11	85 700
福　　建						
江　　西	334	206	206	6		
山　　东	10	10	10	1	3	7 104
河　　南	3 181	1 899	1 395	48	27	554 934
湖　　北	22 122	14 993	13 711	11	9	20 449
湖　　南	1 500	500	1 000	16	38	185 000
广　　东						
广　　西						
海　　南						
重　　庆						
四　　川						
贵　　州					1	3 650
云　　南						
陕　　西	20	33	53	4	2	10
甘　　肃	2 081		2 081	11	10	38 990
青　　海					1	
宁　　夏	2 241	1 729	527	5	8	180
新疆（兵团）	124 761	7 014	117 747	100	62	161 019
新疆（农业）						
新疆（畜牧）						
热 科 院						
广　　州						
南　　京						

2－22 续表 3

地区	精选单机		包衣机		加工精选总量（吨）
	精选单机数量（个）	单机加工能力（吨）	包衣机数量（个）	包衣能力（吨）	
全国农垦	**735**	**184 811**	**355**	**587 270**	**968 987**
北京					
天津					
河北	7	3 474	6	2 044	4 734
山西					
内蒙古	4	5	5	8 000	5 000
辽宁	5	704	3	1	1 000
吉林	1	5 000			1 000
黑龙江	159	80 731	70	124 049	233 678
上海	7	20	7	6	24 806
江苏	124	1 007	20	139 800	331 353
浙江					
安徽	125	4 345	15	12 081	58 659
福建					
江西					
山东	8	3 103	4	2 407	8 714
河南	121	78 677	37	196 265	110 494
湖北	10	1 753	2	29 466	6 567
湖南					
广东					
广西					
海南					
重庆					
四川					
贵州					
云南					
陕西	10	6	7	12	6 000
甘肃	28	1 040	5	3 730	10 603
青海	12		1		
宁夏	47	286	12	67	
新疆（兵团）	64	1 800	151	64 342	161 019
新疆（农业）	3	2 860	10	5 000	5 360
新疆（畜牧）					
热科院					
广州					
南京					

2－22续表4

地　　区	生产包衣量（吨）	晒场面积（米^2）	仓储面积（米^2）	库存能力（吨）	种子公司个数（个）
全国农垦	**346 581**	**4 351 242**	**745 248.80**	**1 167 209**	**133**
北　　京					
天　　津					
河　　北	7 140	72 240	16 379	11 589	6
山　　西					
内 蒙 古	5 000	67 467	21 278	30 000	2
辽　　宁	1 080	44 900	18 300	6 700	3
吉　　林		2 000	2 500	2 000	
黑 龙 江	195 879	43 564	34 033	162 757	14
上　　海	10 506	41 500	27 546	47 170	3
江　　苏	9 420	1 617 750	168 486		2
浙　　江		2 900	3 500		
安　　徽	3 361	118 284	50 997	83 250	13
福　　建					
江　　西					
山　　东	8 094	54 600	11 180	11 100	3
河　　南	38 293	622 250	114 444.80	123 665	22
湖　　北	1 698	119 410	24 452	41 293	11
湖　　南		20 000	1 500	400	1
广　　东		8 000	1 000	100	2
广　　西					
海　　南					
重　　庆					
四　　川					1
贵　　州		2 010	5 320	300	
云　　南					
陕　　西		122 182	38 859	63 084	2
甘　　肃	1 728	75 939	24 614	13 520	3
青　　海		66 600	8 800		
宁　　夏	40	938 364	34 167	26 111	4
新疆（兵团）	64 342	306 052	130 103	534 170	38
新疆（农业）		5 230	7 790	10 000	2
新疆（畜牧）					1
热 科 院					
广　　州					
南　　京					

2－22 续表 5

地　区	年末从业人数（人）	#技术人员人数（人）	种子质量检验室个数（个）	种子检验人员（人）
全国农垦	**11 719**	**2 181**	**193**	**892**
北　京				
天　津				
河　北	150	24	4	8
山　西				
内蒙古	797	8	2	2
辽　宁	1 299	45	4	11
吉　林	39	8		
黑龙江	1 950	428		230
上　海	111	30	3	11
江　苏	650	85	23	90
浙　江	48	16	1	1
安　徽	325	45	13	28
福　建				
江　西			1	2
山　东	428	57	4	18
河　南	802	175	29	108
湖　北	865	59	9	23
湖　南	233	53		
广　东	28	7		
广　西				
海　南				
重　庆				
四　川	59	20	2	7
贵　州	35	8		
云　南				
陕　西	65	22	2	16
甘　肃	1 013	100	4	16
青　海	513		1	6
宁　夏	336	36	4	11
新疆（兵团）	1 857	936	86	302
新疆（农业）	97	14	1	2
新疆（畜牧）	19	5		
热科院				
广　州				
南　京				

2-23 农林牧渔业总产值

计量单位：万元

地区	农林牧渔业总产值	种植业产值	林业产值	#橡胶产值
全国农垦	**38 230 484.95**	**24 500 785.79**	**979 939.58**	**369 598.92**
北京	659 080.00	7 274.00	2 079.00	
天津	132 016.00	16 268.00	149	
河北	1 115 189.08	294 470.08	9 306.00	
山西	36 039.92	16 724.10	442	
内蒙古	1 302 047.35	757 581.96	15 225.10	
辽宁	1 709 781.37	838 180.93	28 566.88	
吉林	321 762.62	276 709.71	2 468.00	
黑龙江	8 464 962.10	6 918 520.00	99 791.90	
上海	894 584.80	204 599.00	6 997.70	
江苏	417 693.00	199 498.00	15 584.00	
浙江	59 183.86	23 754.60	6 385.70	
安徽	210 352.47	154 497.04	3 501.12	
福建	229 637.52	117 662.08	8 657.10	40
江西	600 185.10	298 112.40	52 223.90	
山东	65 907.64	20 787.68	2 177.00	
河南	250 173.93	124 872.43	1 381.53	
湖北	2 385 369.00	1 044 151.00	39 842.00	
湖南	1 023 245.02	516 682.97	23 254.25	
广东	1 142 091.73	645 250.68	60 014.36	29 246.85
广西	748 235.00	424 689.00	20 559.00	55
海南	1 503 106.00	885 322.00	197 766.00	190 575.00
重庆	149 681.00	26 325.00		
四川	16 252.63	10 278.23	28.15	
贵州	59 782.43	18 830.43	817.5	
云南	667 645.21	187 877.40	157 796.51	148 799.24
陕西	56 314.74	40 364.34	320	
甘肃	238 044.97	194 426.50	1 334.80	
青海	71 134.91	46 928.99	11 610.00	
宁夏	316 639.80	164 008.80	3 314.00	
新疆(兵团)	12 087 708.00	9 146 383.00	164 236.00	
新疆(农业)	560 384.00	467 303.82	38 126.23	
新疆(畜牧)	715 006.17	411 181.42	3 033.50	
热科院	5 110.58	1 141.20	2 951.35	882.83
广州	14 817.00			
南京	1 320.00	129		

2－23续表

地　　区	农林牧渔业总产值（万元）			农林牧渔业商品总产值
	牧业产值	渔业产值	农林牧渔服务业产值	
全国农垦	**7 770 154.55**	**2 567 076.62**	**2 412 528.41**	**19 374 332.17**
北　　京	524 590.00	7 212.00	117 925.00	648 386.00
天　　津	108 331.00	7 268.00		
河　　北	361 925.00	347 815.00	101 673.00	970 180.75
山　　西	17 170.82	27	1 676.00	28 313.84
内 蒙 古	479 175.43	8 561.20	41 503.66	752 444.00
辽　　宁	320 788.78	466 859.78	55 385.00	1 393 721.94
吉　　林	35 959.91	1 465.40	5 159.60	246 508.22
黑 龙 江	764 236.80	66 453.50	615 959.90	7 426 454.40
上　　海	385 108.30	266 017.80	31 862.00	867 700.00
江　　苏	128 121.00	74 490.00		404 052.00
浙　　江	17 435.47	8 799.83	2 808.26	12 611.62
安　　徽	35 703.59	15 184.42	1 466.30	171 271.58
福　　建	68 469.52	29 245.82	5 603.00	135 941.13
江　　西	152 116.60	59 056.00	38 676.20	427 754.40
山　　东	38 749.00	3 572.00	621.96	29 109.68
河　　南	106 116.16	7 742.20	10 061.61	199 479.23
湖　　北	528 849.00	725 755.00	46 772.00	1 699 256.00
湖　　南	268 720.40	161 849.40	52 738.00	650 083.40
广　　东	311 086.57	98 540.89	27 199.23	991 676.31
广　　西	273 226.00	28 673.00	1 088.00	674 806.00
海　　南	253 191.00	38 600.00	128 227.00	
重　　庆	118 944.00	4 412.00		136 842.00
四　　川	5 299.10	13	634.15	9 842.00
贵　　州	39 971.50	163		1 147.00
云　　南	42 666.24	16 432.54	262 872.52	591 095.75
陕　　西	11 160.40	51	4 419.00	19 412.00
甘　　肃	34 414.14	140	7 729.53	86 713.48
青　　海	7 532.07		5 063.85	8 657.24
宁　　夏	128 692.00	10 490.00	10 135.00	301 821.50
新疆(兵团)	1 854 736.00	102 342.00	820 011.00	
新疆(农业)	39 023.64	5 832.20	10 098.11	352 757.38
新疆(畜牧)	291 687.39	3 944.33	5 159.53	117 465.83
热 科 院	956.72	61.31		4 010.49
广　　州	14 817.00			14 817.00
南　　京	1 184.00	7		

2-24 农场按经济总量排序

垦区	农场名称	生产总值（现价）（万元）	排序	工业增加值（万元）	排序	农业增加值（万元）	排序	耕地面积（公顷）	排序	年平均职工人数（人）	排序
湖北	汉南农场	1 633 299	1	831 710	2	165 453	2	7 167	150	69 315	1
河北	河北省国营柏各庄农场	1 488 975	2	480 802	6	301 036	1				
广西	广西农垦新兴农场有限公司	1 400 312	3	1 217 158	1	10 127	265	3 967	200	360	379
河北	中捷农场	1 397 209	4	618 494	4	26 508	113	6 375	158	9 637	66
江西	九江市共青垦殖场	1 310 000	5	720 500	3	52 400	47	3 930	202	65 500	2
河北	南大港农场	1 070 309	6	558 570	5	33 525	85	6 345	159	7 998	75
河北	河北省芦台农场	569 038	7	416 913	7	49 550	51	9 073	130	2 386	220
湖南	湖南省益阳市大通湖管理区	451 578	8	197 967	10	112 884	10	13 791	106	59 891	3
广西	广西农垦明阳农场有限公司	426 066	9	376 086	8	9 393	282	593	329	519	360
湖北	武湖农场	401 624	10	170 574	12	15 161	188	590	330	25 213	10
湖南	湖南省常德市西洞庭农场	343 536	11	190 410	11	38 216	70	6 900	154	26 629	9
湖北	总口农场	341 701	12	280 773	9	39 922	64	5 723	164	15 993	24
黑龙江	黑龙江省查哈阳农场	314 271	13	5 457	196	74 052	23	63 777	12	23 588	13
辽宁	辽宁省盘锦市大洼区东风农场	308 646	14	114 434	14	40 030	62	5 023	173	12 000	44
广西	广西农垦西江农场有限公司	306 631	15	87 024	18	19 929	147	4 145	197	1 032	304
河北	汉沽农场	290 924	16	66 572	24	36 447	76			2 459	216
黑龙江	黑龙江省友谊农场	277 896	17	39 383	40	141 063	6	111 056	2	34 380	5
辽宁	辽宁省盘锦市大洼区唐家农场	248 605	18	70 262	23	13 978	199	6 047	162	19 000	18
黑龙江	黑龙江省宝泉岭农场	236 669	19	2 358	268	101 757	13	38 775	31	12 708	39
广西	广西农垦九曲湾农场有限公司	233 572	20	10 336	127	9 174	286	206	359	559	354
黑龙江	黑龙江省七星农场	232 421	21	15 647	93	151 157	3	81 615	4	22 530	14
黑龙江	黑龙江省八五三农场	228 052	22	26 627	60	118 311	9	68 332	9	19 190	17
黑龙江	黑龙江省八五六农场	212 849	23	10 509	126	149 546	5	78 867	7	12 251	43
黑龙江	黑龙江省八五四农场	211 826	24	24 687	64	149 895	4	67 927	11	10 697	58
湖北	王三农场	211 607	25	70 780	22	40 328	61	9 300	128	33 802	6
黑龙江	黑龙江省八五二农场	207 442	26	24 100	65	103 206	12	79 741	6	28 081	7
湖北	龙感湖农场	205 972	27	108 197	15	42 317	57	4 102	199	20 323	15
辽宁	辽宁省盘锦市大洼区前进农场	198 784	28	31 548	50	47 821	52	2 726	246	3 106	187
湖北	后湖农场	189 535	29	138 295	13	39 008	67	3 008	239	16 393	23
黑龙江	黑龙江省五九七农场	185 920	30	8 691	142	103 634	11	51 207	16	17 254	22
江苏	江苏省农垦东辛农场有限公司	183 235	31	51 652	32	18 712	160			3 524	177
辽宁	辽宁省锦州市果树农场	178 000	32	12 690	114	9 840	268	200	362	1 020	305
广西	广西农垦北部湾农场有限公司	173 780	33	58 096	28	49 636	50	6 987	153	1 198	293
内蒙古	贺斯格乌拉牧场	170 484	34	92 418	17	25 539	119	5 502	166	1 151	294

2－24续表1

垦区	农场名称	生产总值（现价）（万元）	排序	工业增加值（万元）	排序	农业增加值（万元）	排序	耕地面积（公顷）	排序	年平均职工人数（人）	排序
黑龙江	黑龙江省八五九农场	169 761	35	2 010	280	126 970	8	86 740	3	11 988	45
黑龙江	黑龙江省前锋农场	168 356	36	1 539	302	139 019	7	77 456	8	12 444	40
河北	河北省国营察北牧场	167 852	37	64 603	25	60 741	36	9 713	125	1 221	292
黑龙江	黑龙江省前进农场	161 002	38	16 736	87	90 568	16	53 067	14	7 891	78
黑龙江	黑龙江省军川农场	158 283	39	3 505	234	76 425	21	41 452	23	6 502	107
黑龙江	黑龙江省兴凯湖农场	150 945	40	2 647	260	83 098	19	39 090	30	5 632	119
辽宁	辽宁省盘锦市坝墙子农场	147 296	41			70 473	27	3 546	221	10 076	59
河北	河北省国营沽源牧场	143 900	42	46 298	37	69 822	28	9 933	122	2 337	225
黑龙江	黑龙江省绥滨农场	143 734	43	1 400	309	73 603	24	35 800	40	11 606	50
黑龙江	黑龙江省勤得利农场	139 577	44	6 513	178	100 215	14	68 213	10	9 691	64
黑龙江	黑龙江省八五七农场	138 264	45	20 950	72	71 565	25	36 063	38	7 665	84
黑龙江	黑龙江省创业农场	137 632	46	38 003	42	62 959	32	38 549	33	11 636	49
辽宁	辽宁省盘锦市大洼区城郊农场	133 623	47	22 627	68	17 388	166	924	305	2 230	233
辽宁	辽宁省盘锦市大洼区王家农场	130 954	48	72 015	21	37 410	74	3 919	203	13 000	37
黑龙江	黑龙江省庆丰农场	130 936	49	10 120	129	87 890	17	44 431	21	9 909	60
黑龙江	黑龙江省八五八农场	130 777	50	14 788	103	84 920	18	40 267	27	8 442	72
黑龙江	黑龙江省赵光农场	127 015	51	5 100	207	40 000	63	34 001	41	11 940	46
黑龙江	黑龙江省共青农场	125 939	52	16 012	89	64 057	31	32 686	44	5 578	124
湖北	草埠湖农场	125 323	53	57 153	29	37 999	72	4 600	183	15 312	29
广西	广西农垦源头农场有限公司	124 231	54	39 408	39	38 180	71	161	369	802	324
湖南	洞口县茶铺茶场	121 000	55	2 156	275	558	418	272	354	1 675	259
黑龙江	黑龙江省大兴农场	120 030	56	1 638	295	91 490	15	51 529	15	5 878	114
辽宁	辽宁省盘山县太平农场	119 838	57	22 579	69	37 465	73	3 389	227	2 066	244
辽宁	辽宁省国营盖州市西海农场	119 476	58	37 487	43	17 170	170	695	322	9 862	61
广西	广西农垦通润发展有限公司	118 293	59	15 963	92	25 613	118	332	349	403	373
黑龙江	黑龙江省二九〇农场	117 620	60	723	341	65 523	30	41 111	24	9 700	63
湖北	沙市农场	117 109	61	99 180	16	10 197	263	1 001	298	15 255	30
黑龙江	黑龙江省红卫农场	116 685	62	1 500	306	74 191	22	40 723	25	14 445	33
黑龙江	黑龙江省八五〇农场	115 908	63	15 999	90	62 641	34	33 445	43	6 577	105
黑龙江	黑龙江省胜利农场	114 732	64	6 228	182	70 619	26	47 813	18	9 672	65
黑龙江	黑龙江省铁力农场	114 457	65	20 617	76	35 162	78	15 054	99	5 884	112
江西	江西云山集团有限责任公司	110 716	66	86 588	19	12 186	223	1 764	274	12 326	42
黑龙江	黑龙江省浓江农场	110 505	67	2 288	273	79 734	20	39 767	29	4 017	165
广西	广西农垦良丰农场有限公司	109 329	68	915	329	4 013	374	38	387	219	406

2－24 续表 2

垦区	农场名称	生产总值（现价）（万元）	排序	工业增加值（万元）	排序	农业增加值（万元）	排序	耕地面积（公顷）	排序	年平均职工人数（人）	排序
黑龙江	黑龙江省普阳农场	108 032	69	1 305	313	60 356	37	30 533	49	7 311	91
广西	广西农垦沙塘农场有限公司	107 191	70	47 089	35	19 678	151	342	347	510	361
黑龙江	黑龙江省饶河农场	106 881	71	7 550	163	55 222	44	36 367	37	8 624	70
辽宁	辽宁省阜新市农场	105 786	72	46 376	36	756	411	291	351	19 821	16
广西	广西农垦良圻农场有限公司	103 057	73	36 065	46	33 228	88	2 479	250	943	309
辽宁	辽宁省盘锦市大洼区新兴农场	101 556	74	25 130	62	30 592	98	3 071	237	13 810	35
黑龙江	黑龙江省红旗岭农场	101 061	75	3 374	239	55 673	43	18 941	80	5 452	131
黑龙江	黑龙江省云山农场	100 570	76	7 215	166	54 071	46	31 480	48	6 749	98
辽宁	辽宁省盘锦市大洼区新立农场	99 264	77	54 100	31	34 320	82	3 672	214	3 289	182
黑龙江	黑龙江省克山农场	98 764	78	6 237	181	34 566	81	29 607	52	10 880	55
黑龙江	黑龙江省北兴农场	98 430	79	9 595	136	57 209	42	36 509	36	12 438	41
内蒙古	巴音胡硕镇	98 354	80	34 648	47	13 691	202	8 052	138	2 148	239
黑龙江	黑龙江省二龙山农场	98 104	81	11 804	119	30 133	100	27 286	55	5 604	122
黑龙江	黑龙江省青龙山农场	97 758	82	5 067	208	59 657	38	37 370	35	7 589	86
黑龙江	黑龙江省新华农场	95 688	83	1 124	321	58 488	39	32 669	45	7 861	80
海南	西联农场	95 165	84	823	337	15 638	183	20 792	72	476	367
河北	御道口牧场	95 036	85	77 168	20	8 304	301	2 120	265	1 222	291
黑龙江	黑龙江省前哨农场	91 611	86	3 140	244	62 635	35	49 767	17	6 895	95
江苏	江苏省岗埠农场有限公司	91 424	87	25 487	61	18 022	163			554	355
黑龙江	黑龙江省引龙河农场	90 190	88	7 999	156	35 025	79	25 122	59	5 361	134
辽宁	辽宁省抚顺市高湾种畜场	88 551	89	3 200	243	5 510	344	933	303	1 382	278
黑龙江	黑龙江省洪河农场	87 952	90	953	326	69 008	29	43 667	22	10 786	57
湖北	运粮湖农场	86 936	91	54 116	30	27 498	108	3 386	228	7 574	87
黑龙江	黑龙江省八五一一农场	86 526	92	20 865	73	32 444	91	22 993	67	7 953	76
广西	广西农垦五星农场有限公司	85 735	93	62 351	26	12 766	214	289	352	212	408
黑龙江	黑龙江省八五一〇农场	85 317	94	14 350	105	39 671	65	21 629	70	4 891	144
海南	金江农场	85 091	95	1 547	301	43 572	55	7 371	146	186	413
黑龙江	黑龙江省二道河农场	84 229	96	2 294	270	62 898	33	40 140	28	6 563	106
湖北	张集农场	83 279	97	14 676	104	57 933	40	10 742	118	27 522	8
广西	广西农垦黔江农场有限公司	83 176	98	12 847	112	22 281	136	3 145	234	771	329
辽宁	辽宁省盘锦市大洼区西安农场	80 929	99	1 555	300	5 100	354	4 564	185	13 459	36
新疆（农业）	阿克苏地区红旗坡农场	80 689	100			31 476	94	16 667	89	4 311	156
黑龙江	黑龙江省江滨农场	79 232	101	906	331	42 073	58	22 607	68	5 582	123

2-24 续表 3

垦区	农场名称	生产总值（现价）（万元）	排序	工业增加值（万元）	排序	农业增加值（万元）	排序	耕地面积（公顷）	排序	年平均职工人数（人）	排序
湖北	熊口农场	78 547	102	51 078	33	23 225	128	3 461	224	7 906	77
黑龙江	黑龙江省海伦农场	76 575	103	5 393	200	21 863	140	16 171	91	5 251	139
辽宁	辽宁省盘锦市大洼区清水农场	75 281	104			57 514	41	4 647	182	12 800	38
辽宁	辽宁省盘锦市大洼区新开农场	74 624	105	48 978	34	17 115	171	3 299	229	7 500	88
黑龙江	黑龙江省襄河农场	73 145	106	6 625	176	17 607	164	19 186	79	3 657	174
广西	广西农垦火光农场有限公司	73 079	107	32 713	48	12 024	227	1 202	293	1 356	282
黑龙江	黑龙江省江川农场	73 066	108	10 803	122	41 845	59	20 763	73	11 242	51
广西	广西农垦金光农场有限公司	72 033	109	5 245	203	32 630	90	4 555	186	1 314	283
黑龙江	黑龙江省长水河农场	71 593	110	4 007	224	22 648	132	24 271	62	3 802	168
黑龙江	黑龙江省龙镇农场	70 370	111	2 864	254	24 859	123	24 525	61	5 264	138
上海	光明食品集团上海五四有限公司	69 318	112	7 094	168	22 541	133	2 685	247	3 406	179
上海	光明食品集团上海东海总公司	69 187	113	6 972	170	16 104	180	558	334	1 515	264
黑龙江	黑龙江省逊克农场	68 500	114	1 990	281	33 930	83	44 770	20	7 870	79
黑龙江	黑龙江省八五五农场	68 350	115	2 884	253	41 268	60	30 014	51	5 081	142
黑龙江	黑龙江省鹤山农场	67 896	116	8 153	153	39 419	66	33 970	42	6 829	97
江西	南昌市桑海农场	67 109	117	38 168	41	1 377	398	1 382	286	5 940	111
辽宁	辽宁省盘锦市大洼区平安农场	66 935	118	20 510	77	33 285	87	3 772	205	6 735	101
河南	河南省黄泛区农场	66 776	119	8 362	149	29 560	102	6 171	161	8 903	69
上海	光明食品集团崇明农场有限公司	66 053	120	12 846	113	24 862	122	18 055	84	2 568	211
黑龙江	黑龙江省七星泡农场	65 973	121	6 649	175	29 918	101	32 353	46	6 673	103
黑龙江	黑龙江省鸭绿河农场	65 854	122	1 456	308	50 645	49	31 800	47	5 691	116
湖北	太湖农场	65 592	123	14 096	107	19 587	152	4 355	192	24 082	11
海南	荣光农场	64 201	124			34 750	80	5 674	165	867	313
海南	八一农场	64 097	125	7 620	162	10 939	247	28 195	53	121	425
辽宁	辽宁省盘锦市大洼区榆树农场	63 500	126	3 201	242	42 800	56	3 725	208	6 663	104
黑龙江	黑龙江省建设农场	63 433	127	1 305	313	19 162	155	20 048	78	8 247	74
湖北	朱湖农场	63 412	128	14 791	102	38 871	68	2 241	261	11 824	47
广西	广西农垦龙北农场有限公司	63 381	129	3 135	246	33 909	84	3 167	233	843	319
黑龙江	黑龙江省二九一农场	63 017	130	2 602	263	44 733	54	38 612	32	7 454	89
江西	萍乡市鸡冠山垦殖场	62 520	131	59 431	27	460	420	795	316	2 831	200
黑龙江	黑龙江省红星农场	62 277	132	3 077	248	28 723	105	27 333	54	4 889	145
江西	新干县洋峰垦殖场	61 957	133	10 762	123	623	414	172	366	17 368	21
广东	广东省华海糖业发展有限公司	61 678	134			54 980	45	5 139	170	1 149	295
湖北	阳新综合农场	59 423	135	8 070	154	8 748	294	454	342	13 851	34

2－24 续表 4

垦区	农场名称	生产总值（现价）（万元）	排序	工业增加值（万元）	排序	农业增加值（万元）	排序	耕地面积（公顷）	排序	年平均职工人数（人）	排序
湖北	周矶农场	59 137	136	40 669	38	12 504	218	1 254	290	6 742	99
海南	西培农场	59 099	137	1 150	320	12 512	216	79 981	5	388	375
江西	新余市介桥垦殖场	58 230	138	3 428	236	1 240	400	729	321	130	423
黑龙江	黑龙江省延军农场	57 618	139	10 062	130	32 161	92	16 813	88	4 321	154
湖北	人民大垸农场	57 345	140	15 413	95	29 533	103	7 400	144	18 085	20
海南	红明农场	57 273	141	443	356	26 982	110	15 890	94	65	431
辽宁	辽宁省锦州小东农工商有限责任公司	57 040	142	3 260	241	46 630	53	13 444	108	15 704	26
黑龙江	黑龙江省尖山农场	56 910	143	3 030	249	36 694	75	23 376	66	7 815	81
黑龙江	黑龙江省双鸭山农场	56 832	144	7 242	165	22 891	131	14 917	100	7 312	90
海南	东新农场	56 775	145	283	370	36 314	77	8 307	135	391	374
广东	广东省丰收糖业发展有限公司	56 190	146	4 381	219	30 663	97	3 625	217	1 292	285
广东	广东省铜锣湖农场	55 257	147	29 752	55	10 191	264	774	318	227	405
广东	广东省广前糖业发展有限公司	54 930	148	269	371	51 549	48	6 610	156	1 512	265
黑龙江	黑龙江省富裕牧场	54 804	149	2 900	251	24 909	121	13 409	109	4 560	152
黑龙江	黑龙江省香坊实验农场	54 783	150	12 292	116	729	412	598	328	2 946	196
黑龙江	黑龙江省梧桐河农场	54 704	151	1 396	310	33 493	86	18 815	81	4 800	148
黑龙江	黑龙江省大西江农场	54 116	152	5 416	199	22 510	134	20 428	77	6 326	109
湖北	大同湖农场	54 030	153	5 725	190	31 922	93	2 224	262	15 778	25
黑龙江	黑龙江省嘉荫农场	53 847	154	1 087	322	23 118	129	18 377	82	6 883	96
广西	广西农垦旺茂农场有限公司	53 428	155	31 206	51	13 078	207	90	378	386	376
黑龙江	黑龙江省嫩北农场	52 141	156	5 903	188	28 048	107	26 851	57	6 109	110
湖北	中洲垸农场	51 946	157	9 438	138	16 421	178	3 606	219	11 127	52
湖北	白鹭湖农场	51 841	158	31 122	52	16 878	173	2 887	244	7 691	83
内蒙古	哈拉盖图农牧场	51 772	159	28 178	57	11 501	239	12 264	113	593	349
黑龙江	黑龙江省尾山农场	51 415	160	6 000	186	19 159	156	15 944	93	2 967	193
湖北	华严农场	50 816	161	37 356	44	6 001	334	1 287	288	11 057	54
黑龙江	黑龙江省和平牧场	50 666	162	9 900	133	10 375	260	7 858	141	4 724	149
湖北	蒋湖农场	50 499	163	15 308	97	15 074	191	3 646	215	9 177	68
北京	北京市南郊农场	50 448	164	20 509	78	8 588	295	488	340	2 059	245
黑龙江	黑龙江省龙门农场	50 363	165	3 912	225	14 400	195	16 828	87	3 082	189
江苏	江苏省黄海农场有限公司	50 232	166	5 351	201	9 678	274			3 869	167
江苏	江苏省滨淮农场有限公司	49 995	167	513	353	1 591	397			1 053	301
黑龙江	黑龙江省建边农场	49 414	168	4 900	212	11 510	237	16 402	90	5 510	127
黑龙江	黑龙江省名山农场	48 849	169	623	346	21 989	139	18 151	83	3 512	178

2－24 续表 5

垦区	农场名称	生产总值（现价）（万元）	排序	工业增加值（万元）	排序	农业增加值（万元）	排序	耕地面积（公顷）	排序	年平均职工人数（人）	排序
云南	云南农垦曼沙农场	47 828	170	323	365	4 355	368	7	400	200	411
辽宁	辽宁省辽阳市首山农场	47 717	171	27 220	59	13 850	201	791	317	1 520	253
海南	龙江农场	47 632	172	645	343	14 055	197	20 465	76	241	397
黑龙江	黑龙江省山河农场	47 488	173	3 855	227	25 022	120	24 800	60	7 728	82
江苏	江苏省新曹农场有限公司	46 963	174	7 165	167	12 092	226			2 164	237
湖北	王集农场	46 136	175	8 642	144	30 159	99	4 351	193	23 626	12
江苏	江苏省江心沙农场有限公司	45 933	176	30 551	53	3 862	378			793	327
黑龙江	黑龙江省红色边疆农场	45 416	177	3 903	226	15 044	192	15 724	97	4 565	151
辽宁	辽宁省盘锦市大洼区赵圈河苇场	44 958	178			32 900	89	1 846	269	2 250	231
黑龙江	黑龙江荣军农场	44 797	179	4 545	217	16 794	174	15 784	96	4 191	160
辽宁	辽宁省盘山县国营胡家农场	44 777	180	2 676	259	28 850	104	7 499	143	11 063	53
新疆（农业）	新疆阿克苏地区	44 281	181			926	407	12 578	112	237	398
江苏	江苏省白马湖农场有限公司	44 102	182	9 550	137	5 936	338			2 088	242
海南	乌石农场	43 956	183	2 296	269	19 850	149	7 011	152	122	424
广东	广东省湖光农场	43 334	184	3 710	230	23 471	126	2 549	249	1 379	279
黑龙江	黑龙江省嫩江农场	43 081	185	5 237	204	26 270	114	30 105	50	8 502	71
湖北	三湖农场	43 016	186	11 713	120	25 626	117	3 126	236	8 406	73
黑龙江	黑龙江省齐齐哈尔种畜场	42 973	187	3 448	235	20 761	142	5 000	174	3 990	166
黑龙江	黑龙江省曙光农场	42 500	188	8 481	145	22 243	137	13 659	107	5 468	129
黑龙江	黑龙江省绥棱农场	42 167	189	820	338	15 149	189	16 091	92	3 002	192
新疆（农业）	巴州乌拉斯台农场	42 085	190					4 211	196	2 105	241
云南	云南农垦景洪农场	42 011	191	1 714	292	26 704	112	18	395	2 058	246
江西	江西黄岗山垦殖场	41 975	192	36 470	45	4 246	369	1 400	285	5 050	143
内蒙古	通辽市国有珠日河牧场	41 830	193	1 600	297	18 570	161	130 500	1	2 771	202
海南	西达农场	41 799	194			22 506	135	45 113	19	364	378
江西	上饶市五府山场	41 529	195	21 700	71	887	408	665	324	11 638	48
黑龙江	黑龙江省红旗农场	40 995	196	17 593	82	7 681	309	831	314	3 651	175
黑龙江	黑龙江省锦河农场	40 653	197	8 454	147	12 266	221	15 115	98	4 189	161
新疆（农业）	哈图布呼农场	40 623	198					9 866	123	18 882	19
黑龙江	黑龙江省格球山农场	40 321	199	800	339	15 483	185	14 400	103	3 729	170

2-24 续表 6

垦区	农场名称	生产总值（现价）（万元）	排序	工业增加值（万元）	排序	农业增加值（万元）	排序	耕地面积（公顷）	排序	年平均职工人数（人）	排序
新疆（农业）	阿瓦提县丰收三场	40 122	200	3 817	228			12 747	111	420	370
云南	云南农垦思茅农场	40 091	201	1 345	312	29	427	7	400	294	389
江西	恒丰集团	39 803	202	29 306	56	10 497	257	1 266	289	3 207	186
湖北	大沙湖农场	39 588	203	11 957	117	16 511	177	3 028	238	15 413	27
新疆（农业）	八家户农场	39 310	204	850	336	38 460	69	17 797	85	4 165	162
内蒙古	甘河农场	39 186	205	543	348	30 904	96	23 761	65	5 569	125
内蒙古	阿鲁科尔沁旗巴彦包特农场	39 091	206	25 045	63	11 736	232	2 147	264	4 841	147
山东	东营市广北农场	38 975	207	10 027	131	24 673	124				
北京	北京市西郊农场	38 764	208			1 142	401	132	372	847	317
黑龙江	黑龙江省宁安农场	38 563	209	15 600	94	11 162	241	4 589	184	2 626	207
黑龙江	黑龙江省依安农场	38 414	210	9 930	132	15 324	187	5 744	163	2 589	210
辽宁	辽宁省盘锦市大洼区荣兴农场	38 040	211	5 509	194	6 000	335	3 250	231	5 320	135
安徽	安徽省皖河农场	38 025	212	10 708	124	26 955	111	3 682	212	3 074	190
广东	广东省平岗农场	37 878	213			31 215	95	3	402	365	377
云南	云南农垦弥勒东风农场	37 767	214	1 526	303	27 103	109	461	341	781	328
黑龙江	黑龙江省庆阳农场	37 606	215	14 959	99	12 251	222	4 734	179	2 861	199
湖北	军垦农场	37 564	216	4 135	222	25 901	115	1 699	276	4 339	153
黑龙江	黑龙江省红光农场	36 942	217	738	340	9 520	280	10 066	121	4 262	158
上海	光明食品集团上海农场有限公司	36 500	218	2 035	279	28 076	106	14 636	101	1 718	257
湖北	荒湖农场	36 398	219	5 964	187	17 363	168	3 700	211	10 835	56
湖北	长港农场	35 908	220	8 159	152	17 195	169	1 292	287	9 754	62
海南	红昇农场	35 694	221	1 560	299	18 736	159	6 191	160	715	334
海南	东太农场	35 516	222	399	362	21 486	141	7 623	142	308	388
江苏	江苏省三河农场有限公司	35 017	223	10 930	121	6 499	328			1 357	281
广东	广东省胜利农场	35 001	224	8 659	143	14 921	193			852	316
新疆（农业）	巴州清水河农场	34 894	225	30	393	6 727	325	4 488	189	805	321
江西	上饶市大茅山场	34 744	226	29 756	54	4 472	366	280	353	5 102	141
黑龙江	黑龙江省汤原农场	34 531	227	3 136	245	10 387	259	9 857	124	2 258	230
云南	云南农垦勐捧农场	34 516	228			19 986	145	37	388	6 686	102
湖北	南湖农场	34 408	229	27 500	58	4 023	373	416	344	3 755	169
黑龙江	黑龙江省海林农场	34 231	230	7 791	160	10 974	243	9 228	129	2 935	197

2-24续表7

垦区	农场名称	生产总值（现价）（万元）	排序	工业增加值（万元）	排序	农业增加值（万元）	排序	耕地面积（公顷）	排序	年平均职工人数（人）	排序
黑龙江	黑龙江省闫家岗农场	34 187	231	6 041	183	4 089	370	439	343	1 601	262
云南	云南农垦东风农场	33 755	232	404	361	20 670	143	131	373	3 542	176
江西	武夷山场	33 743	233	17 242	85	1 700	394	916	306	1 863	254
湖北	万福店农场	33 361	234	7 875	158	10 477	258	1 978	268	15 026	31
黑龙江	黑龙江省红五月农场	32 975	235	4 488	218	15 698	182	15 846	95	5 466	130
广西	广西农垦昌菱农场有限公司	32 848	236	221	374	11 508	238	2 414	253	661	341
河南	河南省博农实业集团有限公司	32 848	237	31 875	49	930	406	885	309	2 352	224
江苏	江苏省临海农场有限公司	32 676	238	17 259	84	5 985	337			1 475	266
辽宁	辽宁省阜新市阿尔乡畜牧场	32 400	239	8 400	148	12 500	219	3 889	204	5 879	113
福建	大南坂农场	32 069	240			7 587	311	525	337	4 299	157
重庆	中垦天宁牧业有限公司	31 940	241	7 830	159	7 591	310	100	377	218	407
黑龙江	黑龙江省哈拉海农场	31 863	242	5 445	197	16 758	175	11 153	115	2 962	195
内蒙古	那吉屯农场	31 764	243	2 934	250	22 983	130	20 663	74	185	415
海南	阳江农场	31 548	244	1 581	298	5 928	339	21 167	71	231	401
湖南	岳阳市黄盖湖农场	31 480	245	8 016	155	17 595	165	2 021	267	5 127	140
广东	广东省曙光农场	31 286	246	4 287	220	19 230	154	23	391	606	347
江西	樟树阁山垦殖场	31 168	247	22 967	66	4 905	358	73	379	553	356
江苏	江苏省宝应湖农场有限公司	30 958	248	14 142	106	2 698	385			853	315
云南	云南农垦黎明农场	30 909	249	310	367	23 379	127	2 766	245	2 228	234
内蒙古	内蒙古三河种马场	30 015	250	58	390	25 649	116	38 352	34	1 258	289
北京	北京市东郊农场	29 800	251					20	393	144	421
辽宁	国营抚顺兰山种畜农场	29 739	252	20 863	74	1 265	399	633	326	1 424	271
江苏	江苏省新洋农场有限公司	29 398	253	10 207	128	1 678	395			1 714	258
黑龙江	黑龙江省绿色草原牧场	29 106	254	1 727	291	12 506	217	7 333	147	2 789	201
江西	上饶市饶丰场	29 077	255	4 262	221	12 124	225	3 719	209	15 326	28
湖南	回龙圩管理区	29 015	256	1 164	317	2 674	386	1 768	273	4 312	155
江苏	江苏省弶港农场有限公司	28 999	257	6 972	170	575	417			1 416	275
黑龙江	黑龙江省肇源农场	28 633	258	8 467	146	9 169	287	3 961	201	2 690	206
广东	广东省红峰农场	28 632	259	4 961	210	10 530	256			614	346
黑龙江	黑龙江省松花江农场	28 485	260	16 464	88	5 717	342	4 456	190	2 264	229
新疆（农业）	库尔勒市普惠农场	28 400	261			4 714	361	6 667	155	1 900	252
海南	中坤农场	28 103	262	642	344	3 799	379	3 541	222	202	409
广东	广东省南华农场	27 981	263	2 246	274	19 973	146	1 677	279	922	310

2－24 续表 8

垦区	农场名称	生产总值（现价）（万元）	排序	工业增加值（万元）	排序	农业增加值（万元）	排序	耕地面积（公顷）	排序	年平均职工人数（人）	排序
江西	新余市南英场沼气站	27 970	264	8 840	140	19 130	157	6 395	157	48 815	4
海南	立才农场	27 933	265	130	382	10 124	266	11 000	116	262	393
广东	广东省团结农场	27 840	266	2 485	264	10 950	245	14	398	797	326
辽宁	辽宁省台安县新华农场	26 798	267	2 608	262	10 859	249	2 989	240	2 733	203
甘肃	甘肃省国营八一农场	26 727	268			9 760	272	8 803	131	1 130	297
湖北	江北农场	26 349	269	19 858	80	1 856	393			2 521	212
江西	余江县刘家站垦殖场	25 987	270	7 900	157	11 815	230	1 152	296	6 976	94
广东	湛江农垦东方红农场	25 964	271	82	387	24 264	125	545	336	754	332
海南	南金农场	25 680	272	72	388	15 496	184	27 088	56	482	365
安徽	安徽省寿西湖农场	25 639	273	13 159	110	11 702	233	3 732	207	2 692	205
北京	北京市北郊农场	25 353	274	626	345	2 316	387			805	321
广东	广东省火星农场	25 325	275	905	332	11 020	242			658	342
湖北	菱角湖农场	25 206	276	6 021	184	13 093	206	2 266	260	5 557	126
广东	广东省新时代农场	24 947	277	5 436	198	9 624	276	15	397	584	350
内蒙古	陈巴尔虎旗特泥河农牧场	24 874	278	1 739	289	17 006	172	25 521	58	1 086	298
江西	上高县墨山垦殖场	24 736	279	20 789	75	2 124	390	550	335	3 665	172
安徽	安徽省华阳河农场	24 460	280	1 162	319	22 075	138	7 228	149	1 897	253
江西	九江市国营赛湖农场	24 392	281	17 429	83	6 963	322	730	320	14 564	32
江西	九江市芙蓉农场	24 331	282	20 247	79	4 084	372	854	313	5 654	118
湖北	桐湖农场	24 175	283	5 505	195	9 293	284	518	338		
湖北	车河农场	24 145	284	7 484	164	10 769	252	1 168	295	3 282	183
海南	中建农场	23 978	285	946	327	8 105	302	7 951	140	159	419
湖北	龙王咀农场	23 852	286	13 980	108	4 617	363	408	345	5 615	121
海南	东路农场	23 713	287	210	375	16 057	181	3 130	235	99	426
江西	萍乡市五陂下垦殖场	23 708	288	14 871	100	2 831	384	248	356	2 455	217
海南	东兴农场	23 353	289	435	358	10 697	255	7 147	151	233	400
湖北	清河农场	23 310	290	5 206	206	12 827	212	2 092	266	6 490	108
内蒙古	阿荣旗国有格尼河农场	23 213	291	442	357	13 589	204	13 200	110	231	401
江西	景德镇市罗家垦殖场	23 206	292	22 906	67	300	422	100	376	3 091	188
江西	上饶市信丰场	23 006	293	22 207	70	799	409	976	302	2 367	221
内蒙古	谢尔塔拉农牧场	22 978	294	412	359	19 868	148	20 560	75	1 050	302
辽宁	辽宁省昌图县宝力农场	22 904	295	8 830	141	5 213	350	2 270	257	2 237	232
云南	云南农垦橄榄坝农场	22 866	296	1 380	311	15 382	186	159	370	2 402	218
内蒙古	内蒙古拉布大林农牧场	22 596	297	126	384	16 370	179	35 957	39	1 275	287

2-24 续表 9

垦区	农场名称	生产总值（现价）（万元）	排序	工业增加值（万元）	排序	农业增加值（万元）	排序	耕地面积（公顷）	排序	年平均职工人数（人）	排序
内蒙古	乌拉盖牧场	22 590	298	12 588	115	5 137	352	1 720	275	599	348
云南	云南农垦集团江城橡胶公司	22 498	299			19 481	153	24	390	445	369
内蒙古	巴彦淖尔市临河农场	22 471	300	5 674	192	14 197	196	24 091	64	1 417	274
湖北	六合垸农场	22 127	301	8 224	151	7 384	315	2 270	257	4 204	159
黑龙江	黑龙江省繁荣种畜场	22 084	302	2 709	258	12 151	224	9 710	126	3 254	184
广东	广东省五一农场	22 017	303	861	335	18 338	162	1 681	278	651	343
内蒙古	白音锡勒牧场	22 008	304	122	385	19 817	150	14 493	102	2 300	227
甘肃	甘肃莫高实业发展股份有限公司	22 000	305	15 400	96					582	351
辽宁	辽宁省盘山县大荒农场	21 784	306	5 570	193	8 538	298	4 550	187	7 219	92
黑龙江	黑龙江省泰来农场	21 533	307	2 763	256	10 711	254	4 854	177	1 960	250
新疆（畜牧）	呼图壁种牛场有限公司	21 517	308	12 897	111	8 041	303	10 728	119	2 018	247
福建	程溪农场	21 073	309	15 995	91	2 934	382	51	383	265	392
广东	广东省幸福农场	21 015	310	1 615	296	15 117	190	2 462	251	917	311
广东	广东省建设农场	20 833	311	2 435	266	10 911	248	3	403	409	372
江西	上饶市康山场	20 795	312	2 076	278	4 385	367	2 359	254	2 719	204
内蒙古	内蒙古上库力农场	20 789	313	130	382	16 539	176	40 313	26	1 424	271
湖北	万丈湖农场	20 701	314	10 623	125	9 296	283	1 566	281	7 637	85
新疆（畜牧）	博州温泉县呼和托哈种畜场	20 618	315			20 613	144	8 036	139	5 629	120
广东	广东省新华农场	20 559	316	1 959	282	6 743	324			553	356
云南	云南农垦勐腊农场	20 407	317	1 164	317	13 495	205	181	365	1 787	256
湖北	小港农场	20 391	318	7 716	161	4 993	356	741	319	9 493	67
江西	九江市上十岭场	20 200	319	17 008	86	2 140	389	203	360	1 798	255
江西	景德镇市梅岩场	19 983	320	18 910	81	393	421	65	382	1 648	260
内蒙古	乌额格其牧场	19 889	321			19 018	158	16 881	86	1 379	279
黑龙江	黑龙江省岔林河农场	19 798	322	5 728	189	6 988	321	4 272	195	1 475	266
广东	广东省火炬农场	19 746	323	4 790	214	10 363	261	2 165	263	664	340
河北	河北省国营海兴农场	19 700	324	13 500	109	5 450	346	2 268	259	1 250	290
内蒙古	内蒙古苏沁农牧场	19 512	325			17 367	167	24 213	63	719	333
江西	南昌市北郊农场	19 490	326					10	399	800	325
云南	云南农垦陇川农场	19 418	327	6 274	180	10 722	253	3 415	226	2 610	208
海南	红华农场	19 122	328			4 906	357	60 020	13	498	363
海南	东昌农场	19 109	329			12 613	215	11 650	114	286	390

2－24 续表 10

垦区	农场名称	生产总值（现价）（万元）	排序	工业增加值（万元）	排序	农业增加值（万元）	排序	耕地面积（公顷）	排序	年平均职工人数（人）	排序
云南	云南农垦瑞丽农场	18 986	330	10	395	9 113	288	185	364	847	317
云南	云南农垦南联山农场	18 871	331	978	324	2 932	383	15	396	326	383
新疆（农业）	沙依东园艺场	18 536	332	536	350					692	337
黑龙江	黑龙江省五大连池农场	18 457	333	933	328	7 750	308	10 352	120	4 578	150
黑龙江	黑龙江省安达畜牧场	18 420	334	1 847	286	5 906	340	997	299	963	307
湖南	土桥农场管理区	17 800	335	5 000	209	12 800	213	45	384	1 630	261
海南	广坝农场	17 559	336	870	334	7 289	318	8 125	137	178	416
云南	云南农垦勐满农场	17 425	337			14 045	198	69	380	3 020	191
黑龙江	黑龙江省四方山农场	17 392	338	2 435	266	5 988	336	7 319	148	2 079	243
江苏	江苏省淮海农场有限公司	17 296	339	252	373	4 803	360			1 065	300
安徽	安徽省龙亢农场	17 287	340	6 891	172	9 994	267	2 450	252	5 268	137
江苏	江苏省海安农场有限公司	17 271	341	15 121	98	656	413			27	433
广东	广东省和平农场	17 270	342	457	354	9 550	279	40	385	564	353
广东	湛江农垦金星农场	17 200	343	406	360	9 514	281	2 341	255	680	338
海南	毛公山农场	17 062	344			5 435	347	8 375	134	177	417
江西	萍乡市万龙山垦殖场	17 049	345	9 795	134	3 959	376	812	315	480	366
江西	南昌市扬子洲农场	16 860	346	－52	396	600	415				
黑龙江	黑龙江省阿城原种场	16 843	347	6 800	173	6 028	332	1 810	270	1 269	288
黑龙江	黑龙江省宝山农场	16 817	348	890	333	12 500	219	7 385	145	1 992	248
辽宁	辽宁省盘山县国营甜水农场	16 801	349	3 547	233	7 465	313	3 710	210	450	368
辽宁	辽宁省东港市五四农场	16 767	350	1 521	304	12 996	208	1 248	292	566	352
宁夏	宁夏农垦贺兰山实业公司	16 669	351	4 634	216	11 202	240	3 681	213	322	384
广东	广东省红阳农场	16 620	352	2 120	276	8 770	293			256	394
江西	上饶市禾斛岭场	16 571	353	1 166	316	1 045	403	5 242	168	3 233	185
宁夏	宁夏农垦前进农场有限公司	16 502	354	4 102	223	11 574	234	4 760	178	704	336
甘肃	甘肃农垦天牧乳业有限公司	16 483	355			4 491	364			228	404
江西	新余市九龙山垦殖场	16 343	356	8 343	150	8 000	305	600	327	2 500	213
江西	抚州市红星垦殖场	16 216	357	11 840	118	3 990	375	882	310	3 371	181
广东	广东省红星农场	16 199	358	19	394	14 757	194	1 251	291	805	321
湖北	八里湖农场	16 192	359	3 727	229	6 008	333	1 010	297	7 002	93
重庆	中垦华山牧业有限公司	16 149	360	5 678	191	5 678	343	865	311	195	412
广东	广东省友好农场	16 036	361	521	351	13 899	200	1 201	294	708	335
广东	广东省红湖农场	15 951	362	1 503	305	10 949	246	169	367	335	381

2-24续表11

垦区	农场名称	生产总值（现价）（万元）	排序	工业增加值（万元）	排序	农业增加值（万元）	排序	耕地面积（公顷）	排序	年平均职工人数（人）	排序
广东	广东省梅陇农场	15 929	363	1 670	294	8 873	290	575	332	418	371
黑龙江	黑龙江省大山种羊场	15 874	364	3 320	240	8 551	297	3 230	232	1 035	303
江西	上饶市怀玉山场	15 780	365	6 500	179	210	426	162	368	1 431	270
广西	广西农垦阳圩农场有限公司	15 535	366	58	390	7 585	312			231	401
贵州	贵阳三联乳业有限公司	15 452	367	14 856	101	596	416			1 440	269
宁夏	宁夏农垦平吉堡农场有限公司	15 347	368	2 782	255	11 797	231	3 475	223	616	345
湖北	金水农场	15 198	369	1 930	284	8 487	300	855	312	2 479	214
湖北	黄盖湖农场	14 999	370	4 935	211	7 871	306	911	307	3 660	173
内蒙古	陈巴尔虎旗哈达图农牧场	14 986	371	158	379	12 970	210	21 893	69	857	314
内蒙古	巴彦淖尔市狼山农场	14 947	372	1 952	283	11 545	235	4 676	180	2 354	223
黑龙江	黑龙江省柳河农场	14 825	373	370	364	5 148	351	4 141	198	1 423	273
甘肃	甘肃省国营黄花农场	14 575	374			3 372	381	5 067	172	2 185	236
辽宁	国营建平县八家农场	14 556	375	2 293	271	9 556	278	3 759	206	2 138	240
湖北	涨渡湖农场	14 379	376	3 636	231	6 934	323	1 626	280	4 088	164
内蒙古	巴彦农场	14 201	377	119	386	11 972	229	13 881	104	2 927	198
新疆（畜牧）	阿勒泰市萨尔胡松牧场	14 160	378	207	376	1 036	404	983	301	5 680	117
山东	黄河农场	14 049	379			10 800	251	4 422	191	874	312
辽宁	辽宁省铁岭市两家子农垦有限公司	14 030	380	515	352	9 614	277	3 450	225	5 393	133
新疆（农业）	伊宁县多浪农场	14 003	381	160	378	300	422	2 613	248	5 800	115
广东	广东省红江农场	13 998	382			9 793	271	651	325	337	380
广东	广东省红五月农场	13 828	383	445	355	10 267	262	40	386	309	387
江西	上饶市鸦鹊湖场	13 821	384	6 694	174	1 891	392	1 692	277	4 883	146
江苏	江苏省云台农场有限公司	13 764	385	1 704	293	792	410			672	339
河南	河南省正阳种猪场	13 680	386			12 993	209	686	323	532	359
辽宁	国营朝阳县贾家店农场	13 667	387	306	368	9 801	270	1 431	284	1 149	295
辽宁	铁岭市种畜场	13 626	388			13 626	203	1 477	282	1 987	249
甘肃	甘肃亚盛薯业集团有限责任公司	13 459	389	6 012	185	7 447	314	4 300	194	132	422
云南	云南农垦大渡岗农场	13 399	390			11 980	228	194	363	6 736	100
江西	九江市八角岭垦殖场	13 393	391	3 409	237	5 502	345	491	339	2 965	194
云南	云南农垦坝洒农场	13 358	392			9 184	285			488	364
河南	开封市金明区杏花营农场	13 295	393	2 610	261	8 775	292	1 800	271	2 150	238
黑龙江	黑龙江省依兰农场	13 242	394	156	380	6 042	331	3 632	216	1 286	286
湖北	官庄湖农场	13 135	395	2 289	272	7 762	307	3 269	230	5 429	132
广东	广东省三叶农场	13 102	396	1 892	285	6 720	326	66	381	765	330
江西	上饶市永平场	13 014	397	6 610	177	262	424	20	394	322	384
江西	景德镇市十里岗场	12 839	398			12 839	211	1 440	283	1 295	284
青海	青海省贵南草业开发有限责任公司	12 728	399					8 485	133	2 192	235

2-24 续表 12

垦区	农场名称	生产总值（现价）（万元）	排序	工业增加值（万元）	排序	农业增加值（万元）	排序	耕地面积（公顷）	排序	年平均职工人数（人）	排序
广东	广东省水丰农场	12 701	400	910	330	5 845	341			269	391
黑龙江	黑龙江省巨浪牧场	12 570	401	1 801	287	6 336	330	2 272	256	1 459	268
宁夏	宁夏农垦灵武农场有限公司	12 551	402	3 101	247	8 823	291	3 612	218	1 016	306
宁夏	宁夏农垦连湖农场有限公司	12 545	403	4 707	215	7 211	319	2 890	242	763	331
内蒙古	巴彦淖尔市乌兰布和农场	12 493	404	3 375	238	8 532	299	4 939	176	544	358
河南	扶沟县农牧场	12 450	405	9 757	135	2 050	391	926	304	1 906	251
江西	贵溪市河潭埠垦殖场	12 385	406	68	389	1 135	402	151	371	951	308
江西	上饶市乐丰场	12 343	407	5 232	205	4 886	359	1 776	272	3 391	180
云南	云南农垦孟定农场	12 280	408	542	349	3 946	377	201	361	2 595	209
宁夏	宁夏农垦暖泉农场有限公司	12 230	409	651	342	10 968	244	5 162	169	811	320
内蒙古	宜里农场	11 736	410	131	381	9 807	269	8 213	136	2 315	226
广东	广东省大池农场	11 645	411	1 245	315	3 762	380	230	357	89	428
湖北	随阳农场	11 599	412	2 103	277	5 130	353	887	308	5 300	136
海南	长征农场	11 558	413	297	369	5 408	348	4 974	175	235	399
内蒙古	阿拉善盟巴音毛道农场	11 516	414			11 516	236	2 905	241	254	395
江西	宜春市石花尖垦殖场	11 493	415	5 285	202	1 652	396	131	373	86	430
云南	云南农垦勐底农场	11 417	416	977	325	5 080	355	566	333	147	420
新疆（农业）	包头湖农场	11 407	417							61	432
甘肃	甘肃省国营小宛农场	11 061	418	255	372	10 806	250	5 275	167	170	418
湖北	东风农场	10 975	419	1 000	323	8 001	304	582	331	5 485	128
江西	抚州市长红垦殖场	10 871	420	6 996	169	2 244	388	117	375	628	344
内蒙古	欧肯河农场	10 863	421			9 732	273	9 521	127	2 355	222
内蒙古	扎兰屯市大河湾农场	10 794	422	40	392	8 880	289	10 810	117	201	410
内蒙古	东方红农场	10 765	423			9 644	275	8 710	132	2 265	228
广东	广东省马鞍山农场	10 700	424	3 610	232	4 085	371	251	355	87	429
江西	南昌市万埠农场	10 692	425	9 149	139	523	419	220	358	1 410	276
广东	广东省红旗农场	10 689	426	1 752	288	4 480	365	21	392	315	386
新疆（畜牧）	新疆轮台县草湖牧场	10 658	427					5 100	171	1 407	277
江西	上饶市莲花山场	10 626	428	4 870	213	995	405	324	350	3 703	171
宁夏	宁夏农垦渠口农场有限公司	10 475	429	2 748	257	7 203	320	2 890	242	328	382
湖北	头墩农场	10 463	430	1 730	290	6 376	329	990	300	4 123	163
黑龙江	黑龙江省山市种奶牛场	10 390	431	316	366	7 357	316	4 490	188	2 401	219
江西	景德镇市西郊场	10 339	432	2 891	252	247	425	29	389	2 478	215
云南	云南农垦勐撒农场	10 093	433	1 486	307	5 294	349	394	346	250	396
云南	云南农垦双江农场	10 055	434	554	347	6 528	327	337	348	186	413
内蒙古	内蒙古国营牙克石农场	10 031	435	397	363	8 578	296	13 871	105	507	362
内蒙古	巴彦淖尔市中滩农场	10 020	436	2 436	265	7 295	317	3 604	220	1 077	299
内蒙古	国有扎兰屯马场	10 000	437	205	377	4 652	362	4 667	181	91	427

工业部分

3-1 规模以上非国有工业企业及国有工业企业合计情况

地区	企业个数（个）	#亏损企业数（个）	工业总产值（现价）（万元）	工业销售产值（现价）（万元）	主营业务收入（万元）
全国农垦	**6 563**	**1 368**	**83 972 671.82**	**84 774 754.91**	**88 863 009.04**
北京	80	29	3 216 428.00	3 303 283.00	4 234 258.00
天津	26	17	277 125.00	278 990.00	342 068.00
河北	211	12	7 242 774.16	5 192 542.86	7 966 571.86
山西	50	1	46 858.50	26 736.00	25 253.60
内蒙古	55	10	345 722.46	356 322.70	355 178.68
辽宁	198	16	2 408 894.60	1 914 946.90	2 119 321.64
吉林	19	11	62 743.90	63 065.40	62 154.90
黑龙江	1199	58	5 755 130.00	5 841 838.00	7 285 046.00
上海	118	47	3 297 293.00	3 254 348.00	5 679 543.00
江苏	312	10	2 902 591.00	2 915 946.00	2 859 369.00
浙江	5	3	18 599.90	18 584.50	20 781.50
安徽	46	2	234 547.40	221 809.79	218 288.96
福建	89	8	391 611.82	430 688.82	417 897.82
江西	1168	614		7 068 928.00	6 041 245.00
山东	4	1	526.86	550.18	550.18
河南	26	2	313 313.80	273 658.40	272 925.40
湖北	888	91	23 900 645.00	20 404 458.00	17 714 628.00
湖南	201	9	3 220 676.60	3 135 488.00	2 954 523.00
广东	92	33	2 173 703.80	2 073 815.55	2 233 005.57
广西	415	38	6 226 297.00	6 012 425.00	6 244 681.00
海南	102	13	130 018.00	121 311.00	250 327.00
重庆	9	1	1 031 639.00	1 029 078.00	1 006 370.00
四川	2	1	872.30	700.80	700.80
贵州	5	1	88 191.00	90 333.00	90 552.00
云南	107	18	164 615.63	161 667.10	254 915.35
陕西	2	1	16 560.00	37 012.00	35 175.70
甘肃	29	13	155 295.03	120 889.16	159 342.03
青海	1		1 292.20	1 194.20	1 082.12
宁夏	50	7	101 724.00	99 105.00	104 606.00
新疆(兵团)	938	222	19 856 915.00	19 194 014.00	18 791 638.00
新疆(农业)	98	68	140 085.00	159 902.00	150 973.00
新疆(畜牧)	12	8	166 165.86	887 532.55	886 444.93
热科院					
广州	3	1	76 996.00	76 931.00	76 931.00
南京	3	2	6 820.00	6 660.00	6 660.00

3－1续表1

地　　区	主营业务成本（万元）	主营业务费用（万元）	主营业务税金及附加（万元）	主营业务利润（万元）	从业人员年末人数（人）
全国农垦	**72 780 744.77**	**5 374 571.59**	**929 214.34**	**4 870 701.46**	**610 662**
北　　京	3 696 448.00	482 269.00	16 791.00	335 034.00	23 218
天　　津	310 258.00	43 539.00	2 959.00	－14 688.00	3 502
河　　北	7 036 198.68	540 350.20	54 162.74	297 874.41	24 790
山　　西	12 677.62	1 853.70	2 512.00	4 004.00	1 873
内 蒙 古	185 332.79	33 931.77	35 739.77	99 225.11	3 213
辽　　宁	1 884 597.42	123 477.02	30 390.60	80 856.60	15 055
吉　　林	51 491.19	6 292.31	806.85	3 445.85	539
黑 龙 江	6 639 541.00	488 827.00	35 188.00	107 612.00	46 949
上　　海	4 801 839.00	511 792.00	19 962.00	191 223.00	39 596
江　　苏	1 270 340.00	670 047.00	30 773.00	443 587.00	26 402
浙　　江	17 733.30	2 185.90	158.20	280.69	371
安　　徽	186 646.83	8 106.91	1 137.35	3 763.44	2 856
福　　建	358 197.83	22 928.15	10 866.14	24 288.70	7 589
江　　西	5 309 300.00	523 841.00	156 027.00	441 241.00	73 106
山　　东	421.80	125.46	18.02	－16.10	22
河　　南	230 815.32	18 819.79	2 212.74	20 755.64	4 922
湖　　北	14 765 271.00	939 900.00	181 404.00	828 053.00	148 343
湖　　南	2 746 366.00	97 463.00	18 216.00	84 704.00	42 453
广　　东	1 658 952.84	169 369.35	61 844.78	340 387.90	21 246
广　　西	4 098 160.00	484 517.00	46 357.00	303 922.00	58 541
海　　南	214 984.00	4 225.00	4 373.00	26 745.00	36 471
重　　庆	891 240.00	70 265.00	8 680.00	30 576.00	9 473
四　　川	544.20	202.70	2.30	－48.40	117
贵　　州	66 668.00	14 910.00	418.00	4 787.00	1 766
云　　南	215 392.40	7 012.02	2 054.42	6 963.70	4 386
陕　　西	16 326.70	10 458.60	2 581.70	5 808.70	554
甘　　肃	109 871.26	40 246.31	2 119.44	2 034.65	3 469
青　　海	1 734.41	456.09	70.41	－3 047.93	56
宁　　夏	66 862.00	13 833.00	6 730.00	13 351.00	2 071
新疆（兵团）	15 661 719.00		193 145.00	1 175 326.00	
新疆（农业）	136 123.00	8 586.00	791.00	7 887.00	2 242
新疆（畜牧）	80 538.18	11 453.31	91.88	3 245.50	3 818
热 科 院					
广　　州	52 093.00	22 638.00	607.00	1 593.00	1 536
南　　京	6 060.00	650.00	24.00	－74.00	117

3－1续表2

地　　区	从业人员年平均人数（人）	从业人员年报酬总额（万元）	利润总额（万元）	#亏损企业亏损额（万元）
全国农垦	**762 683**	**2 876 876.03**	**4 856 339.46**	**913 820.00**
北　　京	23 403	199 559.00	98 044.00	−21 284.00
天　　津	3 570	25 713.00	−12 061.00	−14 609.00
河　　北	28 411	108 204.88	279 768.13	35 287.90
山　　西	1 661	5 846.40	4 068.00	18.00
内 蒙 古	2 886	13 319.70	95 066.11	12 926.00
辽　　宁	11 290	44 910.92	95 752.60	12 491.00
吉　　林	550	2 285.12	5 477.52	2.58
黑 龙 江	59 534	236 131.00	112 761.00	68 416.00
上　　海	40 078	352 034.00	192 533.00	45 783.00
江　　苏	26 441	216 297.00	482 862.00	1 882.00
浙　　江	371	1 999.10	442.92	266.00
安　　徽	2 827	10 420.80	3 971.55	
福　　建	7 040	29 341.07	26 674.50	2 000.00
江　　西	69 494	200 596.00	363 553.00	695.00
山　　东	22	138.40	−16.10	−23.04
河　　南	4 858	18 382.90	20 658.50	−367.68
湖　　北	145 340	748 768.00	925 243.00	148 464.00
湖　　南	40 397	113 297.54	85 047.00	3 686.70
广　　东	21 227	153 841.95	362 463.16	25 592.42
广　　西	56 668	225 412.00	304 304.00	72 992.00
海　　南	35 910	23 297.00	7 215.00	1 034.00
重　　庆	9 536	63 336.00	30 716.00	2 080.00
四　　川	113	208.90	−102.90	144.00
贵　　州	1 618	8 240.00	4 787.00	−1 445.00
云　　南	4 452	19 983.09	40 260.84	−522.69
陕　　西	534	2 414.40	5 858.70	1.00
甘　　肃	3 659	13 646.28	5 494.33	2 084.75
青　　海	56	166.22	−3 047.93	
宁　　夏	2 062	9 578.00	13 381.00	−1 128.00
新疆（兵团）	151 098		1 291 818.00	519 371.00
新疆（农业）	2 050	6 245.00	7 941.00	−895.00
新疆（畜牧）	3 847	8 151.77	3 133.46	−1 373.87
热 科 院				
广　　州	1 561	14 471.00	2 460.00	53.00
南　　京	119	639.59	−187.93	197.93

3－1续表3

地区	应缴税金（万元）	固定资产原值（万元）	#生产经营用（万元）	固定资产净值（万元）
全国农垦	**2 479 509.85**	**22 234 411.67**	**15 743 275.89**	**13 914 033.02**
北京	71 037.00	1 259 276.00	1 068 843.00	794 607.00
天津	3 550.00	240 025.00	240 025.00	123 314.00
河北	172 405.94	1 660 493.94	1 537 095.94	895 507.54
山西	1 174.00	28 935.00	24 870.00	22 039.40
内蒙古	32 510.27	329 552.06	278 478.10	234 117.21
辽宁	20 238.60	965 299.06	188 637.00	717 634.44
吉林	1 208.67	38 159.83	36 547.63	25 412.38
黑龙江	82 019.00	2 917 761.00		1 812 861.00
上海	108 401.00	2 323 588.00	2 323 588.00	1 154 151.00
江苏	329 347.00	867 225.00	848 899.00	470 099.00
浙江	593.18	12 652.51	1 860.00	6 738.07
安徽	3 610.58	65 713.64	60 774.64	48 773.59
福建	6 570.90	110 713.70	85 760.60	69 536.10
江西	145 365.00	489 270.00	327 137.00	318 429.00
山东	28.05	850.76	850.76	226.28
河南	9 061.15	165 207.06	153 220.50	140 362.01
湖北	521 694.00	5 924 707.00	4 425 546.00	3 897 511.00
湖南	2 207.00	386 516.00	232 815.00	337 644.00
广东	71 114.22	587 788.70	531 603.51	373 545.61
广西	159 339.00	2 725 762.00	2 507 701.00	1 813 321.00
海南	15 169.00	132 824.00	116 817.00	64 654.00
重庆	78 121.00	235 060.00	157 800.00	116 050.00
四川	55.20	3 523.50	3 521.50	3 013.60
贵州	1 703.00	47 454.90	43 582.00	35 587.30
云南	8 171.45	146 178.16	81 349.02	60 388.13
陕西	3 387.20	12 906.00	8 175.00	3 418.00
甘肃	7 968.07	281 195.04	237 335.03	191 975.66
青海	165.95	2 044.67		1 997.79
宁夏	6 730.00	138 221.00	90 645.00	96 147.00
新疆（兵团）	600 215.00			
新疆（农业）	10 336.00	44 824.00	35 394.00	29 844.00
新疆（畜牧）	2 065.42	56 068.60	60 452.66	32 630.40
热科院				
广州	3 678.00	32 723.00	32 723.00	21 366.00
南京	270.00	1 892.54	1 229.00	1 131.51

3－2　国有工业企业基本情况

地　　区	企业个数（个）	#亏损企业数（个）	工业总产值（现价）（万元）	工业销售产值（现价）（万元）	主营业务收入（万元）
全国农垦	**959**	**246**	**17 984 951.73**	**20 377 074.13**	**26 123 189.65**
北　　京	77	29	2 877 743.00	2 975 187.00	3 875 982.00
天　　津	26	17	277 125.00	278 990.00	342 068.00
河　　北	9	1	1 485 335.96	1 468 888.96	1 960 782.06
山　　西	1	1			
内 蒙 古	18	9	238 268.46	252 513.70	251 822.68
辽　　宁	3	2	3 400.00	3 600.00	3 600.00
吉　　林	1		259.60	2 008.60	2 008.60
黑 龙 江	220	25	505 373.00	3 678 157.00	5 240 801.00
上　　海	118	47	3 297 293.00	3 254 348.00	5 679 543.00
江　　苏	17	5	2 060 951.00	2 092 330.00	2 059 719.00
浙　　江	2	2	3 531.00	3 531.00	3 631.00
安　　徽	9	2	24 130.59	23 881.68	25 313.14
福　　建	14	2	27 027.32	26 906.32	26 639.32
江　　西	61	20		327 631.00	229 726.00
山　　东	2		366.00	366.00	366.00
河　　南	7	2	80 174.80	79 848.40	81 735.40
湖　　北	68	3	3 494 497.00	1 689 785.00	1 487 411.00
湖　　南	13	1	166 107.60	168 564.00	154 392.00
广　　东	73	33	1 171 325.27	1 079 560.33	1 245 204.57
广　　西	76	1	820 296.00	787 551.00	961 645.00
海　　南	30	5	49 966.00	41 746.00	178 056.00
重　　庆	4	1	590 021.00	585 226.00	585 226.00
四　　川	2	1	872.30	700.80	700.80
贵　　州	3		86 576.00	88 717.00	88 839.00
云　　南	25	10	105 456.89	104 649.91	203 718.50
陕　　西	2	1	16 560.00	16 556.00	16 555.70
甘　　肃	29	13	153 802.61	120 245.85	158 698.72
青　　海					
宁　　夏	13	4	80 363.30	78 008.50	83 579.60
新疆（兵团）	21	2	174 741.00	173 777.00	202 223.00
新疆（农业）	5	2	17 520.00	17 520.00	17 520.00
新疆（畜牧）	6	3	102 007.03	882 296.08	881 699.56
热 科 院					
广　　州	3	1	73 861.00	73 983.00	73 983.00
南　　京	1	1			

3－2续表1

地　区	主营业务成本（万元）	主营业务费用（万元）	主营业务税金及附加（万元）	主营业务利润（万元）	从业人员年末人数（人）
全国农垦	**20 267 568.15**	**2 936 774.72**	**263 075.72**	**1 213 847.15**	**206 750**
北　京	3 412 594.00	435 152.00	14 390.00	293 849.00	21 301
天　津	310 258.00	43 539.00	2 959.00	－14 688.00	3 502
河　北	1 443 295.38	433 780.20	2 080.24	75 703.41	3 828
山　西					13
内蒙古	116 624.19	23 758.77	32 684.00	74 755.71	1 633
辽　宁	3 362.00	197.00	24.00	17.00	89
吉　林	1 592.00	154.20	0.50	245.00	16
黑龙江	4 858 588.00	369 432.00	14 677.00	12 781.00	22 400
上　海	4 801 839.00	511 792.00	19 962.00	191 223.00	39 596
江　苏	619 841.00	632 130.00	28 101.00	404 290.00	10 722
浙　江	3 548.00	298.00	26.00	－263.00	54
安　徽	22 168.88	2 205.26	206.89	308.20	438
福　建	21 951.63	1 431.15	521.34	2 714.20	698
江　西	133 583.00	123 757.00	82 056.00	13 987.00	7 824
山　东	277.00	71.00	17.00		10
河　南	64 933.32	8 443.79	613.94	7 422.44	2 004
湖　北	929 147.00	21 466.00	11 270.00	95 528.00	14 361
湖　南	146 662.00	1 341.00	1 561.00	4 634.00	2 594
广　东	1 133 120.14	79 769.18	24 298.28	5 567.32	12 163
广　西	846 276.00	88 287.00	9 996.00	－36 242.00	11 898
海　南	155 458.00	1 330.00	1 867.00	19 401.00	33 548
重　庆	510 240.00	49 864.00	1 191.00	27 175.00	3 942
四　川	544.20	202.70	2.30	－48.40	117
贵　州	64 853.00	14 882.00	363.00	4 972.00	1 693
云　南	182 013.45	4 667.85	1 215.89	3 737.47	2 462
陕　西	7 781.70	7 020.60	1 189.70	563.70	342
甘　肃	109 176.77	39 495.16	2 110.17	2 818.79	3 469
青　海					
宁　夏	50 121.70	11 487.40	6 250.40	11 847.70	1 021
新疆（兵团）	173 023.00		2 778.00	6 921.00	
新疆（农业）	17 632.00	36.00	3.00	－151.00	36
新疆（畜牧）	76 563.79	8 710.46	82.07	3 547.61	3 519
热科院					
广　州	50 400.00	22 074.00	579.00	1 230.00	1 450
南　京					7

3－2 续表 2

地　　区	从业人员年平均人数（人）	从业人员年报酬总额（万元）	利润总额（万元）	# 亏损企业亏损额（万元）
全国农垦	**209 083**	**1 186 167.96**	**1 069 704.60**	**163 209.12**
北　　京	21 455	179 031.00	72 096.00	－20 471.00
天　　津	3 570	25 713.00	－12 061.00	－14 609.00
河　　北	3 998	19 261.08	75 971.43	4 340.60
山　　西	13	18.40	－18.00	18.00
内 蒙 古	1 457	7 677.40	70 408.71	12 229.00
辽　　宁	94	193.00	2 017.00	33.00
吉　　林	16	27.70	245.20	
黑 龙 江	21 667	128 682.00	23 685.00	56 204.00
上　　海	40 078	352 034.00	192 533.00	45 783.00
江　　苏	10 421	116 081.00	432 582.00	1 752.00
浙　　江	54	481.00	－263.00	265.00
安　　徽	436	1 779.80	361.60	
福　　建	659	2 495.87	2 724.00	
江　　西	9 105	27 178.00	7 194.00	523.00
山　　东	10	40.00		
河　　南	2 006	10 342.90	7 081.30	－367.68
湖　　北	13 881	88 909.00	107 158.00	1 197.00
湖　　南	2 689	5 047.00	4 660.00	24.00
广　　东	11 951	58 838.66	8 849.16	16 924.42
广　　西	10 960	50 541.00	－36 142.00	56 530.00
海　　南	33 374	15 280.00	6 581.00	814.00
重　　庆	3 942	31 677.00	27 475.00	2 080.00
四　　川	113	208.90	－102.90	144.00
贵　　州	1 515	7 916.00	4 972.00	
云　　南	2 739	14 578.16	37 002.06	－1 088.98
陕　　西	324	1 401.40	613.70	1.00
甘　　肃	3 659	13 442.74	5 490.91	1 332.00
青　　海				
宁　　夏	1 039	6 879.50	12 322.20	－1 490.00
新疆(兵团)	2 903		11 018.00	2 189.00
新疆(农业)	82	271.00	－151.00	－151.00
新疆(畜牧)	3 391	6 240.86	3 375.16	－1 122.17
热 科 院				
广　　州	1 475	13 851.00	2 099.00	53.00
南　　京	7	49.59	－72.93	72.93

3－2续表 3

地　区	应缴税金（万元）	固定资产原值（万元）	#生产经营用（万元）	固定资产净值（万元）
全国农垦	**852 443.70**	**9 985 989.87**	**7 478 105.45**	**5 739 747.18**
北　京	55 476.00	1 105 686.00	1 002 952.00	675 601.00
天　津	3 550.00	240 025.00	240 025.00	123 314.00
河　北	97 954.44	792 491.94	774 352.94	359 236.54
山　西		103.00		6.40
内蒙古	29 157.50	205 347.36	203 338.40	150 508.85
辽　宁	57.00	1 267.00	777.00	655.00
吉　林		428.00	416.20	348.60
黑龙江	40 049.00	1 953 083.00		1 178 953.00
上　海	108 401.00	2 323 588.00	2 323 588.00	1 154 151.00
江　苏	310 132.00	528 567.00	527 653.00	268 012.00
浙　江	68.00	1 873.00	1 796.00	1 374.00
安　徽	201.00	16 555.07	15 811.07	11 139.36
福　建	923.40	4 553.70	3 376.60	1 689.10
江　西	24 768.00	81 896.00	56 776.00	51 598.00
山　东	17.00	514.00	514.00	71.00
河　南	6 531.15	29 143.06	27 313.50	15 750.01
湖　北	61 789.00	515 743.00	418 679.00	324 765.00
湖　南	9.00	14 234.00	11 019.00	10 798.00
广　东	36 741.46	503 473.80	454 702.11	305 202.06
广　西	20 887.00	789 422.00	710 480.00	580 276.00
海　南	12 342.00	94 704.00	85 787.00	45 768.00
重　庆	1 072.00	143 220.00	125 320.00	72 352.00
四　川	55.20	3 523.50	3 521.50	3 013.60
贵　州	1 644.00	43 439.90	41 976.00	33 255.30
云　南	6 977.14	106 124.22	50 859.26	43 905.28
陕　西	3 387.20	5 096.00	1 572.00	1 612.00
甘　肃	7 968.00	277 827.21	233 967.20	190 093.85
青　海				
宁　夏	6 250.40	120 989.30	75 582.40	85 303.60
新疆（兵团）	9 340.00			
新疆（农业）	1 752.00	2 300.00	1 265.00	890.00
新疆（畜牧）	1 385.81	51 470.27	56 034.27	31 094.12
热科院				
广　州	3 558.00	28 651.00	28 651.00	18 414.00
南　京		650.54		596.51

3－3　工业总产值

计量单位：万元

地　　区	总计		在总计中：国有		在总计中：战略性新兴工业	
	企业数（个）	工业总产值（现价）（万元）	企业数（个）	工业总产值（现价）（万元）	企业数（个）	工业总产值（现价）（万元）
全国农垦	**11 240**	**79 341 885.76**	**1 191**	**23 298 121.51**	**354**	**6 478 645.70**
北　　京	80	3 216 428.00	59	3 092 921.00		
天　　津	26	277 125.00	26	277 125.00		
河　　北	1 146	7 105 498.16	8	1 478 074.66	41	571 164.30
山　　西	50	46 858.50	1			
内 蒙 古	586	395 037.46	16	233 045.46		
辽　　宁	632	3 362 671.90	3	3 400.00	5	14 873.00
吉　　林	18	56 961.30	1	266.00		
黑 龙 江	1 199	5 755 129.00	220	3 619 455.00		
上　　海	118	3 297 293.40	118	3 297 293.40		
江　　苏	312	2 902 589.00	17	2 060 951.00		
浙　　江	15	241 968.70	1	3 531.00		
安　　徽	136	306 809.72	7	16 118.29		
福　　建	352	498 322.09	13	28 481.32	43	77 391.00
江　　西	1 050	7 812 034.00	79	338 388.00	20	268 181.00
山　　东	2	1 541.00				
河　　南	45	361 526.80	7	80 174.80		
湖　　北	2 389	23 900 645.00	35	3 139 964.00	99	4 613 105.00
湖　　南	353	3 337 670.60	14	187 977.60	15	315 295.00
广　　东	582	2 377 369.64	73	1 171 325.27		
广　　西	775	6 548 346.00	77	831 336.00		
海　　南	80	119 341.00	34	49 966.00		
重　　庆	11	1 053 154.00	8	615 653.00		
四　　川	5	4 656.30	2	872.30		
贵　　州	10	103 184.00	6	101 360.00	3	927.00
云　　南	107	164 615.63	25	105 456.89		
陕　　西	3	39 560.00	2	21 301.00		
甘　　肃	26	155 295.03	5	19 824.20		
青　　海	2	2 369.20				
宁　　夏	50	101 723.80	13	80 363.30		
新疆（兵团）	938	5 468 980.00	303	2 255 357.00	127	614 575.00
新疆（农业）	102	141 158.90	2	17 520.00		
新疆（畜牧）	35	99 366.63	14	93 624.02	1	3 134.40
热 科 院						
广　　州	2	76 996.00	2	76 996.00		
南　　京	5	9 660.00				

3－4 按工业主要行业分的工业总产值

计量单位：万元

地区	煤炭开采和洗选业		石油和天然气开采业		黑色金属矿采选业	
	企业数（个）	工业总产值（现价）（万元）	企业数（个）	工业总产值（现价）（万元）	企业数（个）	工业总产值（现价）（万元）
全国农垦	**42**	**452 421.00**			**26**	**101 038.00**
北京						
天津						
河北						
山西						
内蒙古	2	209 901.00			1	1 112.00
辽宁						
吉林						
黑龙江	6	34 606.00				
上海						
江苏						
浙江						
安徽						
福建						
江西	9	80 365.00			9	39 750.00
山东						
河南						
湖北					6	25 830.00
湖南						
广东						
广西					4	33 885.00
海南						
重庆						
四川						
贵州						
云南						
陕西	2	38 715.00				
甘肃						
青海						
宁夏	5					
新疆（兵团）	18	88 834.00			6	461.00
新疆（农业）						
新疆（畜牧）						
热科院						
广州						
南京						

3－4 续表 1

地 区	有色金属矿采选业		非金属矿采选业		开采专业及辅助性活动	
	企业数（个）	工业总产值（现价）（万元）	企业数（个）	工业总产值（现价）（万元）	企业数（个）	工业总产值（现价）（万元）
全国农垦	**11**	**183 372.00**	**122**	**392 909.17**	**7**	**10 070.08**
北京						
天津						
河北			2	1 714.00		
山西						
内蒙古			2	396.00		
辽宁			9	9 152.00		
吉林						
黑龙江	2	28 384.00	40	72 185.00		
上海						
江苏						
浙江						
安徽						
福建			6	6 202.00		
江西	2	139 706.00	10	4 544.00		
山东			1	366.00		
河南						
湖北						
湖南			2	41.00		
广东			6	5 530.00	7	10 070.08
广西	5	7 896.00	35	270 591.00		
海南						
重庆						
四川						
贵州			1	186.00		
云南						
陕西						
甘肃						
青海			1	1 292.20		
宁夏			2			
新疆（兵团）	2	7 386.00	5	20 372.00		
新疆（农业）						
新疆（畜牧）			1	337.97		
热科院						
广州						
南京						

3-4 续表 2

地区	其他采矿业		农副食品加工业		食品制造业	
	企业数（个）	工业总产值（现价）（万元）	企业数（个）	工业总产值（现价）（万元）	企业数（个）	工业总产值（现价）（万元）
全国农垦	**96**	**162 904.55**	**2 108**	**16 498 077.07**	**674**	**8 041 831.22**
北京			20	1 542 494.00	48	1 636 518.00
天津			6	54 800.00	8	174 619.00
河北			95	345 357.00	31	490 953.00
山西	36	21 000.00	2	5 269.50	2	580.00
内蒙古	8	2 135.00	140	45 510.00	56	23 285.46
辽宁	12	17 150.00	106	421 167.10	103	108 020.00
吉林			13	17 783.70		
黑龙江	2	610.00	492	4 251 768.00	41	478 415.00
上海			51	1 440 012.70	30	1 478 139.70
江苏			36	522 922.00	9	34 325.00
浙江			1	60.00	1	5 000.00
安徽			31	142 425.02	6	5 618.58
福建	3	6 260.00	33	30 560.00	17	11 789.00
江西	12	42 883.00	68	207 487.00	30	118 905.00
山东			1	1 175.00		
河南			9	66 495.00	4	75 094.00
湖北	5	43 672.00	424	4 257 312.00	141	1 822 285.00
湖南	2	572.00	59	714 321.00	30	419 099.00
广东	9	12 377.55	79	351 156.60	30	148 152.16
广西	2	13 938.00	78	967 814.00	14	42 780.00
海南	2	2 135.00	12	20 121.00	3	1 835.00
重庆			4	332 857.00	4	457 380.00
四川						
贵州			2	14 338.00	2	88 191.00
云南			3	32 867.50	2	5 578.30
陕西					1	845.00
甘肃	1	172.00	7	63 587.19	1	281.82
青海						
宁夏	2		13	23 758.00		
新疆（兵团）			229	501 587.00	54	270 389.00
新疆（农业）			79	94 584.00	1	
新疆（畜牧）			15	27 637.76	3	66 757.20
热科院						
广州					2	76 996.00
南京			1	850.00		

3－4 续表 3

地　区	酒饮料和精制茶制造业		烟草制品业		纺织业	
	企业数（个）	工业总产值（现价）（万元）	企业数（个）	工业总产值（现价）（万元）	企业数（个）	工业总产值（现价）（万元）
全国农垦	**573**	**2 372 631.31**	**6**	**1 668 272.00**	**388**	**2 972 183.11**
北　京	3	14 439.00				
天　津	3	19 628.00			1	7 169.00
河　北	5	5 740.00			17	35 964.00
山　西	2	936.00				
内蒙古	22	1 016.00				
辽　宁	11	27 933.00			5	33 546.00
吉　林						
黑龙江	45	54 249.00			17	14 308.00
上　海	11	142 888.10				
江　苏	6	3 041.00			4	145 395.00
浙　江	2	1 084.90			1	5 395.00
安　徽	16	14 962.30			6	45 986.50
福　建	32	23 821.60			3	7 929.00
江　西	27	167 720.00	3	494.00	24	385 802.00
山　东						
河　南	4	89 999.00			4	38 316.00
湖　北	127	1 313 393.00	1	1 667 658.00	162	1 271 855.00
湖　南	55	75 285.00			25	516 961.00
广　东	24	10 069.05	2	120.00	22	26 801.31
广　西	58	29 243.00			31	79 890.00
海　南	12	5 904.00				
重　庆						
四　川	4	4 034.00			1	622.30
贵　州	2	443.00				
云　南	52	28 135.39				
陕　西						
甘　肃	3	22 187.87			1	
青　海						
宁　夏	13	65 149.10				
新疆（兵团）	33	251 170.00			61	312 865.00
新疆（农业）	1	160.00			3	43 378.00
新疆（畜牧）						
热科院						
广　州						
南　京						

3-4 续表 4

地　区	纺织服装服饰业		皮革毛皮羽毛及其制品和制鞋业		木材加工和木竹藤棕草制品业	
	企业数（个）	工业总产值（现价）（万元）	企业数（个）	工业总产值（现价）（万元）	企业数（个）	工业总产值（现价）（万元）
全国农垦	**503**	**3 170 758.84**	**75**	**292 999.13**	**466**	**1 300 884.65**
北　京						
天　津						
河　北	28	32 561.00	6	1 761.00	15	6 108.00
山　西						
内蒙古	29	307.00			9	1 049.00
辽　宁	5	2 057.00	1	7 356.00	10	9 025.00
吉　林			1	7 456.00		
黑龙江	1		2		46	72 809.00
上　海						
江　苏	42	20 755.00				
浙　江		5 676.00				
安　徽	14	15 876.20			7	2 184.00
福　建	6	6 944.00	9	47 587.00	33	43 393.00
江　西	175	2 250 580.00	4	36 414.00	90	209 073.00
山　东						
河　南						
湖　北	109	627 286.00	11	134 517.00	42	209 326.00
湖　南	5	106 320.00	2	23 555.00	5	26 136.00
广　东	80	28 049.64	29	12 697.13	48	28 155.22
广　西	6	64 829.00	8	20 252.00	106	632 237.00
海　南					29	36 855.00
重　庆						
四　川						
贵　州						
云　南					14	9 254.43
陕　西						
甘　肃						
青　海						
宁　夏						
新疆（兵团）	3	9 518.00	2	1 404.00	7	14 221.00
新疆（农业）					5	1 059.00
新疆（畜牧）						
热科院						
广　州						
南　京						

3－4 续表 5

地　　区	家具制造业		造纸和纸制品业		印刷和记录媒介复制业	
	企业数（个）	工业总产值（现价）（万元）	企业数（个）	工业总产值（现价）（万元）	企业数（个）	工业总产值（现价）（万元）
全国农垦	**465**	**1 876 818.60**	**177**	**1 150 654.74**	**113**	**1 188 669.47**
北　　京						
天　　津			2	9 147.00		
河　　北	50	340 995.00	37	88 526.00	29	13 097.00
山　　西	1	2 500.00	1			
内 蒙 古	10	234.00	1	6 322.00	2	104.00
辽　　宁	26	18 139.00	3	62 682.00	4	823.00
吉　　林						
黑 龙 江	9	4 996.00	3		10	6 998.00
上　　海			1	22 256.10	3	27 454.40
江　　苏	2	1 131.00	6	27 018.00	6	703.00
浙　　江	3	6 574.90	2	651.15		
安　　徽			1	1 122.30	3	214.07
福　　建	17	38 056.00	11	4 912.97	4	1 422.00
江　　西	24	108 005.00	22	170 042.00	8	18 380.00
山　　东						
河　　南	1	2 200.00	2	52 728.80	1	160.00
湖　　北	276	1 000 953.00	34	380 010.00	23	947 121.00
湖　　南	8	11 381.00	7	118 962.00	8	67 517.00
广　　东	16	61 050.70	8	10 644.05	2	341.00
广　　西	16	33 643.00	26	179 629.00	5	99 511.00
海　　南	3	1 090.00				
重　　庆	1	243 225.00				
四　　川						
贵　　州						
云　　南						
陕　　西						
甘　　肃			1	227.37		
青　　海						
宁　　夏						
新疆（兵团）	2	2 645.00	9	15 774.00	5	4 824.00
新疆（农业）						
新疆（畜牧）						
热 科 院						
广　　州						
南　　京						

3-4续表6

地　　区	文教工美体育和娱乐用品制造业		石油加工炼焦和核燃料加工业		化学原料和化学制品制造业	
	企业数（个）	工业总产值（现价）（万元）	企业数（个）	工业总产值（现价）（万元）	企业数（个）	工业总产值（现价）（万元）
全国农垦	**58**	**115 610.10**	**156**	**5 626 663.20**	**404**	**2 842 803.95**
北　　京					2	545.00
天　　津	2					
河　　北	12	36 199.00	81	3 240 573.00	53	376 351.00
山　　西					2	3 100.00
内 蒙 古					3	360.00
辽　　宁			40	2 057 005.20	41	118 770.00
吉　　林						
黑 龙 江	1	2 950.00	4	3 520.00	43	30 571.00
上　　海					8	53 698.50
江　　苏	9	14 965.00			3	3 851.00
浙　　江					1	1 560.00
安　　徽	2	23.10				
福　　建	6	2 540.00			6	38 439.00
江　　西	3	2 525.00	1	2 561.00	51	424 092.00
山　　东						
河　　南					2	1 977.00
湖　　北	17	42 970.00	5	70 550.00	72	757 317.00
湖　　南	1	120.00	1	150.00	11	224 867.00
广　　东			1	7 357.00	1	300.00
广　　西	2	10 823.00	2	32 444.00	34	172 278.00
海　　南						
重　　庆						
四　　川						
贵　　州						
云　　南					2	1 530.50
陕　　西						
甘　　肃					3	2 301.25
青　　海						
宁　　夏					3	1 065.70
新疆(兵团)	3	2 495.00	21	212 503.00	63	629 830.00
新疆(农业)						
新疆(畜牧)						
热 科 院						
广　　州						
南　　京						

3－4 续表 7

地区	医药制造业		化学纤维制造业		橡胶和塑料制品业	
	企业数（个）	工业总产值（现价）（万元）	企业数（个）	工业总产值（现价）（万元）	企业数（个）	工业总产值（现价）（万元）
全国农垦	**114**	**3 390 881.60**	**17**	**153 677.00**	**321**	**2 363 135.80**
北京	2	9 356.00				
天津					1	10 476.00
河北	1	2 437.00	3	3 002.00	53	112 525.00
山西	1	2 278.00				
内蒙古	1	406.00			3	650.00
辽宁	7	76 447.00			7	9 568.30
吉林	1	3 971.00			1	2 631.00
黑龙江	10	47 792.00			12	11 672.00
上海	2	4 739.50			3	31 123.60
江苏	5	1 680 906.00				
浙江		138 800.00				49 570.00
安徽	1	2 513.10			1	739.20
福建	1	175.00	1	1 550.00	14	9 883.00
江西	19	312 616.00	3	51 557.00	13	50 301.00
山东						
河南					1	2 070.00
湖北	33	763 232.00	4	27 879.00	67	724 720.00
湖南	10	205 384.00	1	34 000.00	3	44 874.00
广东	1	95.00			26	765 701.52
广西	8	27 621.00			36	375 486.00
海南					1	21 007.00
重庆	1	1 247.00			1	18 445.00
四川						
贵州						
云南					2	1 751.98
陕西						
甘肃	2	39 588.00			2	6 026.00
青海						
宁夏						
新疆（兵团）	8	71 278.00	5	35 689.00	60	111 567.00
新疆（农业）					10	1 220.00
新疆（畜牧）					4	1 128.20
热科院						
广州						
南京						

3－4 续表 8

地　区	非金属矿物制品业		黑色金属冶炼和压延加工业		有色金属冶炼和压延加工业	
	企业数（个）	工业总产值（现价）（万元）	企业数（个）	工业总产值（现价）（万元）	企业数（个）	工业总产值（现价）（万元）
全国农垦	**875**	**2 970 590.77**	**59**	**456 882.00**	**86**	**1 286 691.30**
北　京	2	12 718.00			1	
天　津	1	75.00				
河　北	43	195 618.00	12	45 636.00	2	10 099.00
山　西	1	3 240.00			1	3 010.00
内蒙古	14	70 014.00	1	45.00		
辽　宁	28	90 989.00	3	7 252.00	2	120.00
吉　林	1	24 893.60	1	226.00		
黑龙江	102	136 987.00			3	3 963.00
上　海						
江　苏	26	48 277.00				
浙　江	1	5 317.45			2	9 659.30
安　徽	19	9 994.25				
福　建	58	77 555.02	1	760.00	8	2 200.00
江　西	107	395 404.00	4	7 036.00	17	124 557.00
山　东						
河　南	1	3 500.00				
湖　北	177	910 137.00	12	88 781.00	13	66 284.00
湖　南	29	135 007.00	1	7 652.00	2	16 258.00
广　东	15	5 481.00			10	2 239.00
广　西	72	287 530.00	16	238 126.00	5	39 407.00
海　南	17	30 176.00				
重　庆						
四　川						
贵　州	2	8.00				
云　南	11	17 250.48				
陕　西						
甘　肃	2	7 579.33				
青　海						
宁　夏	5	7 541.00				
新疆（兵团）	136	494 750.00	8	61 368.00	20	1 008 895.00
新疆（农业）						
新疆（畜牧）	5	548.64				
热科院						
广　州						
南　京						

3－4续表9

地　　区	金属制品业		通用设备制造业		专用设备制造业	
	企业数（个）	工业总产值（现价）（万元）	企业数（个）	工业总产值（现价）（万元）	企业数（个）	工业总产值（现价）（万元）
全国农垦	**525**	**1 959 478.94**	**233**	**960 626.80**	**226**	**1 517 325.03**
北　　京						
天　　津			1	953.00	1	258.00
河　　北	155	254 476.00	49	124 295.00	26	38 285.50
山　　西						
内 蒙 古	6	246.00				
辽　　宁	28	32 891.00	13	7 250.00	33	43 773.00
吉　　林						
黑 龙 江	24	22 870.00	10	7 725.00	43	53 638.00
上　　海	5	45 788.40	2	44 984.90		
江　　苏			35	54 226.00	13	26 143.00
浙　　江	1	2 397.00				
安　　徽	6	24 636.30	3	6 328.90	3	2 874.10
福　　建	23	52 127.80			1	8.00
江　　西	20	138 836.00	34	56 000.00	9	9 988.00
山　　东						
河　　南			3	11 436.00	4	11 498.00
湖　　北	150	961 987.00	39	347 642.00	44	385 896.00
湖　　南	10	110 174.00	15	51 623.00	7	72 945.00
广　　东	29	107 922.44			4	7 677.00
广　　西	44	153 452.00	19	232 850.00	25	842 160.00
海　　南					1	218.00
重　　庆						
四　　川						
贵　　州						
云　　南	1	7 380.00			1	4 128.43
陕　　西						
甘　　肃						
青　　海						
宁　　夏						
新疆（兵团）	23	44 295.00	6	6 503.00	11	17 835.00
新疆（农业）						
新疆（畜牧）						
热 科 院						
广　　州						
南　　京			4	8 810.00		

3－4 续表 10

地 区	汽车制造业		铁路船舶航空航天和其他运输设备制造业		电气机械和器材制造业	
	企业数（个）	工业总产值（现价）（万元）	企业数（个）	工业总产值（现价）（万元）	企业数（个）	工业总产值（现价）（万元）
全国农垦	**145**	**2 991 028.00**	**155**	**691 171.30**	**116**	**2 346 238.40**
北 京						
天 津						
河 北	9	78 761.00	106	513 172.00	13	6 560.00
山 西						
内 蒙 古						
辽 宁	5	90.00	1	1 345.00		
吉 林						
黑 龙 江			3	1 552.00		
上 海			1	2 797.30		
江 苏						
浙 江						8 902.00
安 徽			2	3 238.00	2	6 603.40
福 建	3	4 090.00			5	5 924.00
江 西			3	13 322.00	23	241 971.00
山 东						
河 南						
湖 北	81	2 041 795.00	27	112 347.00	45	1 638 406.00
湖 南	2	11 008.00	1	3 550.00	6	49 480.00
广 东			6	431.00		
广 西	43	851 510.00	5	39 417.00	16	375 613.00
海 南						
重 庆						
四 川						
贵 州						
云 南	1	3 156.00				
陕 西						
甘 肃						
青 海						
宁 夏						
新疆(兵团)	1	618.00			6	12 779.00
新疆(农业)						
新疆(畜牧)						
热 科 院						
广 州						
南 京						

3－4 续表 11

地　　区	计算机通信和其他电子设备制造业		仪器仪表制造业		其他制造业	
	企业数（个）	工业总产值（现价）（万元）	企业数（个）	工业总产值（现价）（万元）	企业数（个）	工业总产值（现价）（万元）
全国农垦	**148**	**2 152 523.00**	**158**	**83 636.00**	**606**	**2 058 554.53**
北　　京					1	124.00
天　　津						
河　　北	1	450.00	148	36 314.00	14	5 483.00
山　　西					1	4 945.00
内 蒙 古					4	952.00
辽　　宁	1	7 054.00	1	5 066.00	104	139 721.30
吉　　林						
黑 龙 江					10	10 844.00
上　　海						
江　　苏	26	24 753.00			84	294 178.00
浙　　江						
安　　徽					7	16 931.20
福　　建	1	4 390.00	1	3 571.00	26	48 368.70
江　　西	97	1 763 991.00	1	92.00	65	124 392.00
山　　东						
河　　南					4	1 014.00
湖　　北	10	237 026.00	4	24 454.00	152	293 589.00
湖　　南	2	21 515.00			13	145 001.00
广　　东	3	15 462.00			78	747 153.12
广　　西	4	8 171.00	2	14 133.00	15	193 551.00
海　　南						
重　　庆						
四　　川						
贵　　州						
云　　南					11	17 154.15
陕　　西						
甘　　肃					2	7 916.20
青　　海						
宁　　夏					7	4 210.00
新疆（兵团）	3	69 711.00	1	6.00		
新疆（农业）					1	70.00
新疆（畜牧）					7	2 956.86
热 科 院						
广　　州						
南　　京						

3－4 续表 12

地区	废弃资源综合利用业		金属制品机械和设备修理业		电力热力生产和供应业	
	企业数（个）	工业总产值（现价）（万元）	企业数（个）	工业总产值（现价）（万元）	企业数（个）	工业总产值（现价）（万元）
全国农垦	**51**	**497 319.20**	**271**	**395 291.89**	**440**	**2 174 083.41**
北京						
天津						
河北	13	202 678.00	5	9 084.00	23	224 521.66
山西						
内蒙古			224	8 912.00	8	20 028.00
辽宁	4	144.00	3	14.00	8	34 072.00
吉林						
黑龙江					165	378 636.00
上海	1	3 410.20				
江苏						
浙江						1 321.00
安徽					1	3 355.00
福建	3	1 257.00			15	11 786.00
江西	5	2 853.00			46	103 552.00
山东						
河南					3	4 561.00
湖北	10	219 798.00	2	369 114.00	14	50 420.00
湖南	2	14 395.00	2	165.00	17	77 381.60
广东	1	148.00	35	8 002.89	7	2 071.78
广西	8	46 556.00			14	111 831.00
海南						
重庆						
四川						
贵州					1	18.00
云南					7	36 428.47
陕西						
甘肃					1	5 428.00
青海					1	1 077.00
宁夏						
新疆（兵团）	4	6 080.00			107	1 106 907.00
新疆（农业）					2	687.90
新疆（畜牧）						
热科院						
广州						
南京						

3－4续表13

地　区	燃气生产和供应业		水的生产和供应业	
	企业数（个）	工业总产值（现价）（万元）	企业数（个）	工业总产值（现价）（万元）
全国农垦	**41**	**279 552.00**	**183**	**191 626.60**
北　京			1	234.00
天　津				
河　北	5	172 227.00	4	53 975.00
山　西				
内蒙古			40	2 053.00
辽　宁	1	12 413.00	7	1 637.00
吉　林				
黑龙江			53	23 081.00
上　海				
江　苏				
浙　江				
安　徽			5	1 184.20
福　建	1	3 820.00	4	1 001.00
江　西	3	199.00	9	6 039.00
山　东				
河　南	1	347.00	1	131.00
湖　北	14	5 989.00	36	59 094.00
湖　南	2	20 046.00	7	11 925.00
广　东	1	1 187.00	2	926.40
广　西	5	12 077.00	6	7 172.00
海　南				
重　庆				
四　川				
贵　州				
云　南				
陕　西				
甘　肃				
青　海				
宁　夏				
新疆（兵团）	8	51 247.00	8	23 174.00
新疆（农业）				
新疆（畜牧）				
热科院				
广　州				
南　京				

3－5　主要工业产品产量

地　　区	原煤（吨）	铁矿石原矿（吨）	原盐（吨）	小麦粉（吨）	大米（吨）
全国农垦	**22 885 462.90**	**1 180 000.00**	**66 000.00**	**1 380 568.05**	**7 188 729.00**
北　京				280 756.00	106 507.00
天　津				132 083.00	
河　北			34 900.00		123 974.00
山　西					
内蒙古	12 059 000.00			13 826.00	6 750.00
辽　宁				115.00	552 576.00
吉　林					80 261.00
黑龙江	145 000.00			57 766.00	2 801 010.00
上　海				312 756.00	220 759.00
江　苏				67 328.00	402 365.00
浙　江					
安　徽				46 281.00	79 966.00
福　建					16 276.00
江　西	804 993.00	1 180 000.00		1 990.00	1 366 676.00
山　东			20 000.00		
河　南				51 460.00	
湖　北				97 497.00	640 843.00
湖　南			2 600.00		425 449.00
广　东					28 228.00
广　西					122 342.00
海　南					3 867.00
重　庆					
四　川					
贵　州					65.00
云　南					
陕　西	869 538.00				
甘　肃			8 500.00	44.05	
青　海					
宁　夏					12 785.00
新疆（兵团）	9 006 931.90			318 476.00	183 950.00
新疆（农业）					
新疆（畜牧）				190.00	14 080.00
热科院					
广　州					
南　京					

3－5 续表 1

地　区	饲料（吨）	其中：配合饲料（吨）	混合饲料（吨）	精制食用植物油（吨）	成品糖（吨）
全国农垦	**8 464 916.54**	**4 113 389.00**	**4 351 527.54**	**4 144 928.82**	**3 134 659.83**
北　京	165 309.00	142 592.00	22 717.00	165 844.00	64 174.00
天　津	10 257.00	10 257.00			
河　北	277 452.00	218 569.00	58 883.00	1 055.00	
山　西	21 000.00	21 000.00			
内蒙古	21 525.00	1 271.00	20 254.00	5 863.00	5 605.00
辽　宁	120 909.00	41 273.00	79 636.00	172 799.00	
吉　林					
黑龙江	193 478.00	86 171.00	107 307.00	1 399 511.00	
上　海	379 656.00	206 384.00	173 272.00	86 480.00	1 572 646.00
江　苏	101 235.00	60 915.00	40 320.00	8 328.00	
浙　江					
安　徽	49 669.00	39 960.00	9 709.00	11 009.00	
福　建	24 295.00	20 299.00	3 996.00	50.00	
江　西	32 092.00	20 982.00	11 110.00	30 841.00	
山　东	4 500.00	4 500.00			
河　南	189 457.00	89 457.00	100 000.00		
湖　北	2 753 977.00	1 493 659.00	1 260 318.00	1 723 802.00	80 740.00
湖　南	113 318.00	16 376.00	96 942.00	8 725.00	
广　东	114 107.00	111 615.00	2 492.00	44 270.30	377 957.00
广　西	629 665.00	466 541.00	163 124.00	1 352.00	735 650.00
海　南					20 472.00
重　庆	393 119.00	393 119.00			
四　川					
贵　州	45 088.00	45 000.00	88.00		
云　南	12 600.00	12 600.00			55 306.70
陕　西					
甘　肃				7.52	140.13
青　海					
宁　夏	35 765.00		35 765.00		
新疆（兵团）	2 704 788.00	610 694.00	2 094 094.00	484 962.00	221 969.00
新疆（农业）	10.00	5.00	5.00		
新疆（畜牧）	70 345.54	150.00	70 195.54	30.00	
热科院					
广　州					
南　京	1 300.00		1 300.00		

3－5 续表 2

地区	鲜、冷藏肉（吨）	乳制品（吨）			罐头（吨）	
			其中：液体乳（吨）	乳粉（吨）		其中：番茄酱罐头（吨）
全国农垦	**1 319 361.17**	**4 009 053.01**	**3 741 514.01**	**91 572.00**	**785 664.00**	**362 199.00**
北京	713 306.00	599 810.00	453 096.00	11 669.00	3 217.00	
天津		59 153.00	58 051.00	1 102.00		
河北	2 160.00	375 660.00	346 615.00	29 045.00		
山西		324.00	324.00			
内蒙古	16 384.00	394.00		394.00	500.00	500.00
辽宁		10 110.00	10 110.00			
吉林						
黑龙江	242 930.00	281 662.00	246 488.00	32 906.00	2 308.00	
上海	144 877.00	1 047 763.00	1 039 945.00	3 592.00	347 000.00	
江苏						
浙江						
安徽						
福建		385.00	385.00		41.00	20.00
江西		243.00			4 002.00	
山东						
河南		14 535.47	14 535.47			
湖北	106 175.00	584 101.00	552 375.00		40 370.00	
湖南	2 311.00	2 500.00	2 500.00		10 300.00	300.00
广东		146 190.54	146 190.54		2 539.00	
广西	2 234.00	3 102.00	3 102.00			
海南						
重庆	1 112.00	247 003.00	245 009.00	1 994.00	11 990.00	
四川		3 110.00	3 110.00			
贵州		96 405.00	96 405.00			
云南						
陕西		1 021.00	1 021.00			
甘肃		42 991.00	42 991.00			
青海						
宁夏	1 308.00	59 544.00	59 544.00			
新疆（兵团）	86 338.00	274 636.00	261 870.00	10 307.00	363 397.00	361 379.00
新疆（农业）						
新疆（畜牧）	226.17	74 945.00	74 382.00	563.00		
热科院						
广州		83 465.00	83 465.00			
南京						

3－5续表3

地　　区	饮料酒（千升）	其中：白酒（折65度，商品量）（千升）	啤酒（千升）	葡萄酒（千升）
全国农垦	**1 793 283.80**	**961 472.74**	**590 374.00**	**93 749.06**
北　　京	1 425.00	1 425.00		
天　　津	8 937.00			8 937.00
河　　北	6 004.00	6 004.00		
山　　西	780 000.00	780 000.00		
内 蒙 古	420.00	420.00		
辽　　宁	61 321.06	1 292.00	60 000.00	29.06
吉　　林				
黑 龙 江	44 541.00	43 161.00		
上　　海	99 905.00	4 764.00		
江　　苏				
浙　　江				
安　　徽	5 005.00	1 900.00		
福　　建	5 829.00	4 709.00		1 120.00
江　　西	18 285.00	964.00	17 201.00	
山　　东				
河　　南	2 412.00			2 312.00
湖　　北	316 844.00	18 461.00	255 324.00	
湖　　南	8 957.00	3 027.00		3 110.00
广　　东	1 471.00	1 441.00		
广　　西	1 491.00	1 491.00		
海　　南				
重　　庆				
四　　川				
贵　　州				
云　　南	3 574.49	3 574.49		
陕　　西				
甘　　肃	38 159.25	34 009.25		4 150.00
青　　海				
宁　　夏	193 422.00	343.00	186 272.00	6 797.00
新疆（兵团）	195 201.00	54 407.00	71 577.00	67 294.00
新疆（农业）	80.00	80.00		
新疆（畜牧）				
热 科 院				
广　　州				
南　　京				

3－5 续表 4

地　　区	软饮料（吨）	其中：碳酸饮料类（汽水）（吨）	包装饮用水类（吨）	果汁和蔬菜汁饮料类（吨）
全国农垦	**3 992 271.00**	**692 000.00**	**1 200 173.00**	**429 468.04**
北　京	8 089.00		3 637.00	4 452.00
天　津	3 671.00		3 671.00	
河　北				
山　西				
内蒙古	7 532.00		7 532.00	
辽　宁				
吉　林				
黑龙江	440 485.00		414 020.00	6 220.00
上　海	284 251.00	10 852.00	196 199.00	1 694.00
江　苏				
浙　江				
安　徽				
福　建	10.00		4.00	6.00
江　西	143 651.00		114 234.00	29 417.00
山　东				
河　南				
湖　北	2 587 803.00	641 529.00	50 293.00	336 852.00
湖　南				
广　东	221.00			221.00
广　西	125 597.00		116 302.00	
海　南	455.00		455.00	
重　庆				
四　川				
贵　州				
云　南				
陕　西				
甘　肃				
青　海				
宁　夏				
新疆（兵团）	390 506.00	39 619.00	293 826.00	50 606.04
新疆（农业）				
新疆（畜牧）				
热科院				
广　州				
南　京				

3－5 续表 5

地　区	精制茶（吨）	纱（吨）	布（万米）	服装（万件）	皮革鞋靴（万双）	家具（件）
全国农垦	**26 963.07**	**1 170 936.52**	**51 659.74**	**15 584.27**	**49 610.01**	**12 616 729**
北　京						
天　津						
河　北			125.00	30.10	109.80	3 293 535
山　西						12 500
内蒙古				0.30		20 000
辽　宁		5 807.00	1 071.94	124.86	11.00	1 114 102
吉　林						
黑龙江				6.60		19 649
上　海	116.00					
江　苏		26 320.00		248.00		
浙　江				24.50		1 722
安　徽	3 510.00	16 500.00		376.50		
福　建	4 140.00		1 350.00	6.00	582.11	337 120
江　西	1 141.00	13 522.00	280.00	7 907.00	192.00	83 710
山　东						
河　南		15 944.00				20 000
湖　北	454.00	332 009.00	29 276.00	3 653.00	12.00	1 213 322
湖　南	4 438.00	184 363.60	6 883.80	1 182.00	48 166.00	39 215
广　东	696.80	5 585.92		1 105.30	537.10	3 688 852
广　西	2 198.00			502.00		82 900
海　南	462.00					4 000
重　庆						2 384 800
四　川	619.00					
贵　州	232.05					
云　南	8 796.82					
陕　西						
甘　肃						
青　海						
宁　夏						
新疆（兵团）	155.00	559 412.00	12 673.00	418.00		301 302
新疆（农业）		11 473.00				
新疆（畜牧）				0.11		
热科院						
广　州						
南　京	4.40					

3－5 续表 6

地　区	机制纸及纸板（外购原纸加工除外）（吨）	农用氮、磷、钾化学肥料总计（折纯）（吨）	其中：氮肥（折含N 100%）（吨）	磷肥（折五氧化二磷 100%）（吨）	钾肥（折氧化钾 100%）（吨）
全国农垦	**596 074.27**	**731 953.81**	**590 933.58**	**80 656.03**	**60 364.20**
北京					
天津	8 975.00				
河北	4 535.00				
山西					
内蒙古					
辽宁	99 341.00	22 249.00	2 063.00	1 555.00	18 631.00
吉林					
黑龙江	207.00	2 876.00	1 555.00	861.00	460.00
上海					
江苏		985.00	135.00	655.00	195.00
浙江					
安徽		1 099.63	1 099.63		
福建	5 521.00				
江西	74 120.00	1 941.00	1 780.00	40.00	121.00
山东					
河南	60 000.00	2 733.00		2 733.00	
湖北	96 437.00	79 395.00	15 617.00	57 151.00	6 627.00
湖南	34 830.00	1 838.00	1 024.00	530.00	284.00
广东	17 273.00	5 727.57	5 173.97	342.90	210.70
广西	123 573.00	85 204.00	69 999.00	8 109.00	7 096.00
海南					
重庆					
四川					
贵州					
云南		9 706.67	9 706.67		
陕西					
甘肃	34.27	8 003.94	1 208.31	5 308.13	1 487.50
青海					
宁夏					
新疆（兵团）	69 958.00	498 707.00	477 319.00		21 388.00
新疆（农业）		8 586.00	2 540.00	2 321.00	3 725.00
新疆（畜牧）	1 270.00	2 902.00	1 713.00	1 050.00	139.00
热科院					
广州					
南京					

3－5 续表 7

地　　区	化学农药原药（折有效成分100%）（吨）	其中：杀虫剂原药（吨）	杀菌剂原药（吨）	除草剂原药（吨）	化学药品原药（吨）	中成药（吨）
全国农垦	**4 392.43**	**2 193.14**	**321.56**	**631.73**	**35 028.97**	**62 399.00**
北　　京					1 051.00	
天　　津						
河　　北						
山　　西	253.00			253.00		
内 蒙 古						120.00
辽　　宁	13.00	1.00	6.00	6.00		20.00
吉　　林						500.00
黑 龙 江					3 994.00	1 835.00
上　　海					101.00	
江　　苏	2 756.00	2 100.00	296.00	360.00	14 328.00	450.00
浙　　江						
安　　徽	6.41	2.05	2.56	1.80		403.00
福　　建						90.00
江　　西	95.00	80.00	15.00		10 083.00	16 559.00
山　　东						
河　　南						
湖　　北	1 254.00	3.00	1.00	4.00	435.00	38 431.00
湖　　南					5 000.00	60.00
广　　东	4.02	0.09		3.93		6.00
广　　西						
海　　南						
重　　庆						
四　　川						
贵　　州						
云　　南						
陕　　西						
甘　　肃					0.97	2 164.00
青　　海						
宁　　夏						
新疆（兵团）					36.00	1 761.00
新疆（农业）						
新疆（畜牧）	11.00	7.00	1.00	3.00		
热 科 院						
广　　州						
南　　京						

3－5续表8

地　　区	塑料制品（吨）	水泥（吨）	砖（万块）	瓦（万片）	发电量（万千瓦时）	自来水生产量（万米^3）
全国农垦	**1 196 058.58**	**17 358 253.41**	**1 078 174.36**	**25 776.00**	**9 643 267.53**	**1 951 339.17**
北　　京					12 018.00	
天　　津	6 790.00					
河　　北	2 505.00	42 390.00			301 133.23	247.00
山　　西						
内 蒙 古		741 770.40	19 395.00		22 589.11	408.87
辽　　宁	100.00	758 636.60	8 130.00	455.00		619.50
吉　　林	1 315.00	761 939.72				
黑 龙 江		376 683.00	39 660.00	699.00	144 159.00	4 746.00
上　　海	12 167.00				6 870.00	
江　　苏	2 115.00		24 830.00			
浙　　江						
安　　徽	966.00		230.00			1 900 285.50
福　　建	42.00		7 182.00	15.00	10 504.50	178.00
江　　西	34 555.00	184 420.00	63 897.00	1 970.00	73 710.87	267.00
山　　东						
河　　南	955.00		1 130.00			62.00
湖　　北	381 498.00	2 101 041.00	253 881.00	16 592.00	47 746.00	15 327.00
湖　　南	28 000.00	7 500.00	216 253.00	4 265.00	29 489.50	630.00
广　　东	39 359.00	128 642.50	54 896.06	1 600.00	14 563.28	57.30
广　　西		99 500.00	144 095.00		61 472.00	4 517.00
海　　南		707 000.00	8 803.00		16 493.00	
重　　庆						
四　　川						
贵　　州		109.00	298.00			
云　　南	330.00	394 055.19	6 440.00		47 064.24	
陕　　西						
甘　　肃	3 866.00	267 100.00			25 128.80	
青　　海						
宁　　夏			915.00			
新疆（兵团）	676 999.00	10 787 466.00	227 050.00	180.00	8 830 326.00	23 957.00
新疆（农业）	3 861.00		400.00			37.00
新疆（畜牧）	635.58		689.30			
热 科 院						
广　　州						
南　　京						

3－6　大中型工业

垦　区	企业名称	大型或中型	行业类型
江　苏	江苏省正大天晴药业集团股份有限公司	大型	中成药生产
河　北	中海油中捷石化	中型	石油和天然气开采专业及辅助性活动
新疆(兵团)	新疆生产建设兵团农八师天山铝业有限公司	大型	铝冶炼
黑龙江	九三粮油工业集团有限公司	大型	食用植物油加工
新疆(兵团)	新疆农六师煤电有限公司	中型	热电联产
新疆(兵团)	新疆梅花氨基酸有限责任公司	大型	其他调味品、发酵制品制造
新疆(兵团)	天能化工有限公司	大型	初级形态塑料及合成树脂制造
新疆(兵团)	新疆伊力特实业股份有限公司	大型	白酒制造
新疆(兵团)	天辰化工有限公司	大型	初级形态塑料及合成树脂制造
江　苏	南京正大天晴制药有限公司	中型	中成药生产
湖　北	益海嘉里（武汉）粮油工业有限公司	大型	食用植物油加工
上　海	光明乳业股份有限公司	大型	液体乳制造
广　西	广西糖业集团有限公司	大型	制糖业
新疆(兵团)	天伟化工有限公司	大型	初级形态塑料及合成树脂制造
湖　北	TCL空调器（武汉）有限公司	大型	家用空气调节器制造
新疆(兵团)	新疆天富能源股份有限公司	大型	热电联产
湖　北	凌云科技集团有限责任公司	大型	金属门窗制造
新疆(兵团)	新疆大全新能源股份有限公司	大型	电子专用材料制造
广　西	中国重汽集团柳州运力专用汽车有限公司	中型	汽柴油车整车制造
广　东	广东广垦糖业集团有限公司	大型	制糖业
黑龙江	黑龙江省完达山乳业股份有限公司	大型	液体乳制造
上　海	信联乳业有限公司(Synlait Milk Limited，又名：新莱特)	中型	液体乳制造
广　西	柳州市威鹏汽车配件制造有限公司	中型	汽车零部件及配件制造
新疆(兵团)	石河子市西部宁新碳素有限公司	中型	石墨及碳素制品制造
广　东	广东省广垦橡胶集团有限公司	大型	农产品初加工活动
湖　北	武汉中海粮油工业有限公司	中型	食用植物油加工
湖　北	蒙牛乳制品武汉有限责任公司	中型	液体乳制造
新疆(兵团)	新疆西部天富合盛热电有限公司	中型	火力发电
广　西	柳州双飞电器汽车配件制造有限公司	大型	汽车零部件及配件制造
江　西	江西鸭鸭股份公司	大型	其他家用纺织制成品制造
河　北	蒙牛塞北乳业有限公司	中型	液体乳制造
广　东	广东省华海糖业发展有限公司	中型	糖料种植
新疆(兵团)	新疆西部合盛硅业有限公司	大型	硅冶炼
新疆(兵团)	新疆农六师铝业有限公司	大型	铝压延加工
广　东	广东省丰收糖业发展有限公司	中型	糖料种植
河　北	蒙牛乳业（察北）有限公司	中型	乳粉制造

企业一览表

增加值（万元）	排序	总产值（万元）	排序	销售产值（万元）	排序	年末资产总额（万元）	排序	所有者权益（万元）	排序	固定资产原值年末数（万元）	排序	年平均从业人员（人）	排序
653 282	1	1 264 712	4	1 264 712	4	1 079 557	8	695 302	3	276 142	23	4 398	5
370 252	2	1 241 986	5	122 768	68	850 000	13	226 417	23	154 112	38	1 076	64
281 936	3	1 417 419	3	1 451 183	3	3 354 662	1	1 060 196	1	2 296 259	1	4 886	4
233 921	4	2 334 917	1	2 369 863	1	2 278 740	3	278 814	17	533 213	11	3 325	13
198 146	5	469 911	15	469 911	13	1 273 274	6	889 879	2	988 261	4	746	102
188 219	6	520 339	14	501 931	12	731 220	17	350 054	11	868 327	5	3 343	12
183 099	7	372 769	21	364 040	21	939 902	10	600 356	5	541 093	10	2 522	22
142 816	8	200 613	41	200 613	34	275 340	43	262 552	19	50 807	120	1 794	32
142 688	9	367 427	22	369 699	20	704 999	18	325 607	13	691 314	7	3 261	14
139 953	10	238 132	33	295 882	22	212 057	54	105 494	42	88 677	74	2 608	19
133 935	11	633 564	8	430 144	15	237 112	52	97 195	46	90 707	70	743	103
126 793	12	531 997	12	532 310	9	974 736	9	479 890	8	219 564	29	3 184	16
125 800	13	387 925	19	375 637	19	886 472	12	142 994	30	442 274	13	5 702	3
125 239	14	271 183	28	267 400	25	587 746	22	301 848	15	568 703	8	2 171	27
122 305	15	886 912	6	726 292	5	330 294	40	15 344	195	11 051	279	1 722	33
121 119	16	621 874	9	621 874	6	2 050 399	4	676 010	4	1 371 186	2	2 615	18
105 945	17	520 615	13	522 207	10	643 061	20	98 942	45	188 880	32	2 310	25
105 717	18	208 315	37	199 371	35	551 057	25	306 682	14	461 844	12	1 255	50
98 040	19	275 200	26	261 450	26	102 091	112	63 955	73	21 300	218	671	128
86 864	20	299 066	24	247 176	30	2 450 268	2	81 764	56	63 616	100	3 825	10
81 745	21	385 046	20	404 209	18	368 177	34	252 928	20	289 009	20	4 113	8
81 045	22					477 506	30	213 559	25	289 709	19	580	154
74 992	23	208 287	38	197 873	36	50 492	183	32 500	122	20 277	225	714	112
70 710	24	67 894	134	61 105	142	63 573	158	56 242	82	37 066	151	543	171
67 946	25	656 979	7	611 489	7	1 124 997	7	375 602	9	194 038	31	6 249	2
67 026	26	301 617	23	189 246	38	309 908	42	−12 794	374	116 298	50	341	285
66 188	27	260 376	29	260 186	27	42 703	213	11 327	222	32 769	160	815	88
64 820	28	127 885	69	115 096	72	313 016	41	183 522	29	205 609	30	383	262
64 482	29	162 012	56	153 911	56	80 310	132	46 000	100	6 400	321	3 250	15
61 819	30	621 588	10	575 432	8	224 686	53	46 560	99	224 686	28	3 886	9
61 720	31	172 870	49	192 870	37	122 640	91	67 452	69	19 943	228	300	327
61 678	32	115 869	78	19 870	277	272 714	44	243 697	21	265 922	25	1 149	56
61 456	33	451 459	18	406 314	17	410 344	33	96 093	48	142 017	41	2 384	24
56 543	34	2 109 373	2	2 080 739	2	1 396 797	5	115 209	36	1 071 131	3	2 241	26
56 190	35	126 695	71	33 134	210	338 653	38	301 708	16	307 519	18	1 292	49
55 540	36	175 205	47	88 243	97	33 413	236	18 372	170	23 608	203	308	320

垦 区	企业名称	大型或中型	行业类型
广 东	广东广前糖业发展有限公司	中型	糖料种植
新疆（兵团）	新疆青松建材化工（集团）股份有限公司	中型	水泥制造
上 海	云南德宏英茂糖业有限公司	大型	制糖业
广 西	柳州市动力宝电源科技有限公司	中型	其他电池制造
湖 北	东风（武汉）实业有限公司	中型	汽车零部件及配件制造
辽 宁	阜新鲁花浓香花生油有限公司	中型	食用植物油加工
新疆（兵团）	新疆天智辰业化工有限公司	大型	合成纤维单（聚合）体制造
广 东	广东燕塘乳业股份有限公司	中型	液体乳制造
湖 北	武汉航达航空科技发展有限公司	中型	航空航天器修理
新疆（兵团）	新疆生产建设兵团第四师电力有限责任公司	大型	电力供应
江 苏	江苏正大丰海制药有限公司	中型	中成药生产
湖 北	湖北武汉双汇食品有限公司	中型	肉制品及副产品加工
湖 北	武汉统一企业食品有限公司	大型	茶饮料及其他饮料制造
新疆（兵团）	奎屯锦疆化工有限公司	中型	氮肥制造
湖 北	湖北友芝友乳业有限责任公司	中型	液体乳制造
新疆（兵团）	石河子天域新实化工有限公司	中型	初级形态塑料及合成树脂制造
湖 北	联塑科技发展（武汉）有限公司	中型	塑料板、管、型材制造
湖 北	伟福科技工业（武汉）有限公司	中型	汽车零部件及配件制造
新疆（兵团）	天康生物股份有限公司	中型	其他饲料加工
北 京	北京三元食品股份有限公司	大型	液体乳制造
湖 北	武汉百事可乐饮料有限公司	大型	碳酸饮料制造
湖 北	武汉虹之彩包装印刷有限公司	大型	包装装潢及其他印刷
湖 北	武汉回盛生物科技有限公司	中型	兽用药品制造
黑 龙 江	黑龙江省北大荒肉业有限公司	大型	牲畜屠宰
湖 北	湖北周黑鸭食品工业园有限公司	中型	肉制品及副产品加工
北 京	北京艾莱发喜食品有限公司	中型	液体乳制造
湖 北	华润雪花啤酒（武汉）有限公司	中型	啤酒制造
湖 北	武汉斯坦雷电气有限公司	中型	照明灯具制造
湖 北	武汉长兴电器发展有限公司	中型	配电开关控制设备制造
新疆（兵团）	新疆农六师碳素有限公司	中型	石墨及碳素制品制造
新疆（兵团）	库尔勒金川矿业有限公司	大型	烟煤和无烟煤开采洗选
北 京	河北三元食品有限公司	大型	液体乳制造
广 西	柳州市永兴赛福机械制造有限公司	中型	汽车零部件及配件制造
北 京	北京二商大红门五肉联食品有限公司	中型	牲畜屠宰
新疆（兵团）	新疆天山盈达碳素有限公司	中型	石墨及碳素制品制造
河 北	建投新能源有限责任公司	大型	电光源制造

3-6 续表 1

增加值（万元）	排序	总产值（万元）	排序	销售产值（万元）	排序	年末资产总额（万元）	排序	所有者权益（万元）	排序	固定资产原值年末数（万元）	排序	年平均从业人员（人）	排序
54 930	37	100 005	90	33 170	209	129 839	86	66 148	70	101 539	58	1 678	38
54 845	38	35 660	205	35 372	193	911 321	11	497 633	7	94 766	68	773	99
54 583	39	210 443	36	187 775	39	168 213	70	70 542	66	131 006	44	2 536	20
52 794	40	146 127	61	138 821	62	14 226	318	10 755	227	9 900	284	686	123
52 723	41	214 407	35	214 407	33	168 183	71	58 703	80	38 584	148	705	118
49 054	42	137 164	65	165 637	53	150 187	76	117 100	35	24 552	192	466	205
47 533	43	240 733	32	235 696	32	744 311	16	99 739	44	740 781	6	1 707	34
47 293	44	143 558	63	140 828	61	131 991	84	91 666	51	109 405	55	1 466	43
47 190	45	193 880	42	180 390	44	118 795	96	49 184	94	23 424	205	432	221
45 055	46	82 597	118	82 597	108	203 707	59	68 189	68	172 591	36	1 009	68
45 032	47	108 208	82	90 283	95	63 546	159	37 494	112	27 091	176	1 112	59
45 027	48	204 854	39	175 588	45	88 277	127	69 271	67	40 888	143	1 179	53
44 202	49	182 805	44	182 805	42	115 524	97	74 290	59	89 701	72	2 418	23
43 550	50	122 799	76	121 114	70	356 514	35	96 636	47	392 003	14	805	91
43 268	51	170 211	50	170 211	48	45 182	202	17 249	179	37 417	149	619	139
42 025	52	168 744	51	168 048	51	57 387	171	9 498	244	145 124	39	778	97
41 649	53	168 550	52	169 366	49	140 298	80	109 388	37	44 217	135	871	80
41 328	54	168 068	53	168 068	50	105 892	105	45 202	102	75 241	86	906	76
41 153	55	87 523	105	81 270	112	573 566	24	264 481	18	98 744	61	668	129
40 888	56	252 196	31	292 777	23	779 848	14	596 982	6	124 965	45	2 736	17
40 635	57	168 054	54	173 833	46	63 430	160	22 896	146	26 019	183	1 151	55
39 513	58	141 979	64	187 444	40	241 531	48	187 015	28	31 599	163	544	170
37 783	59	110 607	81	101 491	82	22 205	284	15 949	191	2 843	356	323	306
36 007	60	252 773	30	243 125	31	147 704	77	126 272	32	57 087	110	2 536	20
35 390	61	161 008	57	149 710	59	101 598	113	82 849	54	29 277	171	893	78
35 363	62	127 279	70	128 299	64	100 197	114	60 951	76	53 702	114	600	145
34 918	63	91 170	99	96 467	85	120 215	95	65 210	71	59 244	108	1 675	39
34 402	64	151 886	60	151 886	57	124 920	89	55 617	85	66 854	93	386	258
34 273	65	145 472	62	122 873	67	46 508	192	27 900	132	3 692	346	325	305
34 211	66	274 898	27	277 797	24	497 028	29	85 329	52	255 080	26	490	197
33 880	67	54 135	158	58 391	146	112 444	99	71 021	65	64 189	98	1 045	65
32 021	68	134 244	67	137 473	63	265 529	46	207 886	27	112 841	53	1 963	30
30 924	69	82 105	120	78 000	116	57 744	169	10 250	237	8 408	301	387	257
30 400	70	455 390	17	455 390	14	90 196	125	34 191	119	19 727	230	701	120
30 194	71	107 771	83	109 460	76	237 828	51	92 486	50	63 137	101	408	235
29 104	72	40 629	188	40 629	179	239 864	49	94 346	49	179 913	33	20	386

垦　　区	企业名称	大型或中型	行业类型
江　　西	江西回圆服饰有限公司	中型	纺织品、针织品及原料批发
湖　　北	际华三五零六纺织服装有限公司	中型	其他机织服装制造
宁　　夏	宁夏西夏嘉酿啤酒有限公司	大型	啤酒制造
新疆(兵团)	新疆锦龙电力有限责任公司	中型	热电联产
上　　海	黑龙江省光明松鹤乳品有限责任公司	中型	液体乳制造
新疆(兵团)	新疆新业能源化工有限责任公司	大型	煤制液体燃料生产
新疆(兵团)	新疆东纯兴纺织有限公司	大型	棉纺纱加工
湖　　北	武汉采之韵服饰有限公司	中型	其他机织服装制造
内 蒙 古	阿鲁科尔沁旗山水水泥有限公司	中型	其他采矿业
新疆(兵团)	新疆昆仑钢铁有限公司	中型	钢压延加工
江　　西	南昌双汇食品有限公司	中型	农副食品加工专用设备制造
河　　北	唐山市蓝欣玻璃有限公司	中型	玻璃包装容器制造
湖　　北	潜江市宝龙水产食品有限公司	中型	糕点、面包制造
河　　北	旗帜婴儿乳品股份有限公司	中型	乳粉制造
湖　　北	武汉艾帕克汽车配件有限公司	中型	汽车车身、挂车制造
上　　海	银蕨农场有限公司（Silver Fern Farm Limited）	中型	牲畜屠宰
广　　西	广西东正木业有限公司	中型	胶合板制造
湖　　北	武汉江河幕墙系统工程有限公司	中型	金属门窗制造
广　　西	广西农垦糖业集团昌菱制糖有限公司	中型	制糖业
上　　海	上海石库门酿酒有限公司	中型	制糖业
新疆(兵团)	新疆天润生物科技股份有限公司	中型	液体乳制造
湖　　北	湖北福好医疗用品有限公司	中型	化学药品制剂制造
新疆(兵团)	新疆鑫立植物蛋白科技有限公司	中型	其他饲料加工
新疆(兵团)	新疆如意纺织服装有限公司	大型	棉纺纱加工
河　　北	华润风能电力有限公司	大型	电光源制造
广　　西	广西明阳生化集团股份有限公司	中型	淀粉及淀粉制品制造
湖　　北	武汉光明乳品有限公司	中型	液体乳制造
上　　海	广西凤糖生化股份有限公司	大型	制糖业
广　　西	广西糖业集团柳兴制糖有限公司	中型	制糖业
湖　　北	武汉富拉司特汽车零部件有限公司	中型	汽车零部件及配件制造
江　　苏	江苏省清江药业有限公司	中型	中成药生产
新疆(兵团)	新疆新越丝路有限公司	大型	毛巾类制品制造
江　　西	江西深傲服装有限公司	中型	纺织品、针织品及原料批发
上　　海	武汉光明乳品有限公司	中型	液体乳制造
广　　西	广西农垦糖业集团防城精制糖有限公司	中型	制糖业
河　　南	焦作市方便面厂	大型	方便面制造

3－6 续表 2

增加值（万元）	排序	总产值（万元）	排序	销售产值（万元）	排序	年末资产总额（万元）	排序	所有者权益（万元）	排序	固定资产原值年末数（万元）	排序	年平均从业人员（人）	排序
29 092	73	588 428	11	505 453	11	128 541	87	49 110	95	94 889	67	3 405	11
28 990	74	123 414	75	92 905	92	74 675	139	39 843	108	25 402	189	937	74
28 351	75	52 441	164	51 599	159	65 234	156	43 177	103	44 066	137	450	211
28 109	76	82 322	119	82 322	109	524 910	26	212 598	26	389 696	15	847	84
27 220	77	85 869	110	95 094	90	120 298	94	64 821	72	40 615	144	860	82
26 798	78	133 538	68	123 473	66	702 804	19	214 219	24	546 442	9	1 108	60
25 870	79	102 224	86	74 092	122	143 773	78	60 231	77	98 158	63	1 703	35
25 214	80	107 339	84	107 339	77	111 036	101	63 584	74	11 724	276	735	105
25 045	81	61 659	147	61 659	137	71 540	145	5 349	285	44 811	132	300	327
24 541	82	284 267	25	247 770	29	339 134	37	52 271	90	76 674	82	985	69
24 520	83	93 120	98	92 886	93	60 280	165	50 870	93	35 152	155	1 210	51
24 223	84	74 237	128	68 153	131	72 178	143	14 396	201	62 895	102	550	164
24 165	85	87 874	103	83 480	105	16 482	310	6 533	278	5 869	328	525	181
23 774	86	75 026	127	77 172	117	169 808	69	35 261	115	115 328	52	940	73
23 440	87	102 001	88	102 001	81	89 216	126	33 224	120	86 868	75	572	156
23 228	88					352 485	36	230 726	22	315 340	17	7 127	1
23 016	89	64 767	143	61 510	139	12 354	335	4 211	299	9 097	293	327	299
22 993	90	103 468	85	103 468	79	43 400	208	11 903	215	23 105	208	801	93
22 680	91	63 312	144	55 559	149	136 167	82	36 624	113	89 042	73	752	101
22 672	92	71 700	129	71 282	126	150 555	75	135 867	31	100 883	59	434	219
22 561	93	125 386	73	120 944	71	56 595	172	27 970	131	39 477	147	668	129
22 308	94	80 386	121	76 367	118	9 543	351	7 343	270	9 520	288	557	162
22 282	95	116 804	77	114 696	73	25 634	270	13 737	206	15 028	255	425	224
22 247	96	164 389	55	151 086	58	759 130	15	373 070	10	287 503	21	4 335	6
22 203	97	24 309	252	24 309	255	125 203	88	82 794	55	95 087	66	66	371
22 104	98	77 760	123	82 156	110	642 802	21	23 098	142	172 390	37	1 445	44
21 273	99	83 685	113	83 685	103	57 628	170	30 632	123	20 176	226	508	190
21 256	100	125 582	72	113 109	75	99 465	115	73 504	61	64 367	96	1 692	36
21 203	101	59 367	151	52 147	156	102 941	111	35 868	114	55 900	112	713	113
21 037	102	85 552	111	84 636	100	49 297	186	19 057	167	25 521	188	538	174
21 011	103	65 614	139	62 387	136	47 052	190	16 622	186	13 232	267	738	104
20 952	104	58 502	153	56 883	147	199 754	61	109 222	38	115 954	51	1 974	29
20 731	105	468 188	16	409 571	16	46 239	194	17 666	172	34 134	156	854	83
20 341	106	71 641	130	83 685	103	64 857	157	38 471	111	20 859	222	505	193
20 196	107	62 379	146	69 254	130	79 747	134	5 186	290	49 783	121	730	108
19 946	108	64 910	141	66 364	132	33 021	238	28 001	129	11 106	278	1 561	41

垦　　区	企业名称	大型或中型	行业类型
广　　州	广州风行乳业股份有限公司	大型	液体乳制造
湖　　北	荷贝克电源系统（武汉）有限公司	中型	铅蓄电池制造
上　　海	光明乳业（德州）有限公司	中型	液体乳制造
广　　西	广西农垦糖业集团红河制糖有限公司	中型	制糖业
新疆（兵团）	阿拉尔市富丽达纤维有限公司	大型	人造纤维（纤维素纤维）制造
上　　海	上海冠生园食品有限公司	中型	黄酒制造
湖　　北	武汉长利玻璃（汉南）有限公司	中型	平板玻璃制造
新疆（兵团）	新疆生产建设兵团第一师电力有限责任公司	中型	电力供应
新疆（兵团）	天能水泥有限公司	中型	水泥制造
湖　　北	武汉径河化工有限公司	中型	合成橡胶制造
上　　海	上海乳品四厂有限公司	中型	液体乳制造
湖　　北	建华建材（湖北）有限公司	中型	水泥制品制造
广　　西	广西剑麻集团有限公司	中型	麻织造加工
湖　　北	潜江市乐水林纸股份有限公司	中型	纸和纸板容器制造
贵　　州	贵阳金满船饲料有限公司	中型	其他饲料加工
北　　京	北京二商大红门肉类食品有限公司	中型	牲畜屠宰
北　　京	北京安德鲁水果食品有限公司	中型	蔬菜、水果罐头制造
新疆（兵团）	新疆屯南煤业有限责任公司	中型	烟煤和无烟煤开采洗选
湖　　南	汇美农业科技有限公司	大型	蔬菜、水果罐头制造
新疆（兵团）	新疆中硅科技有限公司	中型	硅冶炼
北　　京	北京二商王致和食品有限公司	中型	其他调味品、发酵制品制造
河　　北	华能风能电力有限公司	大型	电光源制造
新疆（兵团）	铁门关市新兴纺织有限公司	中型	棉纺纱加工
上　　海	上海梅林食品有限公司	中型	肉、禽类罐头制造
新疆（兵团）	天伟水泥有限公司	中型	水泥制造
新疆（兵团）	新疆大安特种钢有限责任公司	中型	炼钢
北　　京	龙江生物	中型	淀粉及淀粉制品制造
贵　　州	贵阳三联乳业有限公司	大型	液体乳制造
湖　　北	潜江市茂昌纺织有限公司	中型	其他机织服装制造
甘　　肃	甘肃莫高实业发展股份有限公司	中型	酒、饮料和精制茶
江　　西	共青城金源服装有限公司	中型	纺织品、针织品及原料批发
上　　海	广西上上糖业有限公司	中型	制糖业
湖　　北	武汉祥恒包装有限公司	中型	纸和纸板容器制造
新疆（兵团）	新疆宣力环保能源有限公司	中型	其他原油制造
云　　南	云南农垦集团电力公司	中型	水力发电
北　　京	北京二商希杰食品有限责任公司	中型	豆制品制造

3－6 续表 3

增加值（万元）	排序	总产值（万元）	排序	销售产值（万元）	排序	年末资产总额（万元）	排序	所有者权益（万元）	排序	固定资产原值年末数（万元）	排序	年平均从业人员（人）	排序
19 727	109	70 523	131	70 844	128	110 449	102	84 582	53	22 200	213	1 383	47
19 302	110	87 779	104	87 537	98	40 154	220	22 684	150	23 360	206	524	182
19 136	111	86 116	108	83 809	102	40 499	218	15 665	194	29 719	167	726	109
18 760	112	53 388	160	48 184	167	97 358	118	30 422	124	51 245	119	532	179
18 683	113	202 462	40	182 094	43	520 945	27	39 437	109	271 149	24	2 141	28
18 421	114	66 777	136	59 847	143	270 552	45	105 928	41	31 306	164	476	202
18 261	115	94 988	96	93 705	91	97 329	119	79 606	57	66 310	94	775	98
18 103	116	83 295	114	83 295	107	238 002	50	42 750	104	286 337	22	704	119
18 012	117	34 752	208	34 484	200	80 314	131	75 327	58	75 595	85	400	240
17 599	118	78 957	122	78 472	115	29 654	248	18 404	169	5 689	330	318	313
17 593	119	61 162	149	61 166	141	26 426	266	16 685	185	18 031	240	543	171
17 452	120	86 185	107	86 185	99	32 147	240	11 028	224	15 963	251	625	137
17 317	121	30 455	235	32 491	215	68 302	151	9 124	249	24 237	197	4 153	7
17 115	122	62 697	145	59 562	144	36 289	231	1 720	334	22 854	210	310	319
17 087	123	17 087	302	17 087	297	5 770	367	1 095	348	1 447	373	115	362
17 036	124	188 841	43	186 601	41	434 598	31	106 492	40	28 933	172	1 198	52
17 027	125	37 648	197	36 054	192	34 194	235	26 584	134	9 718	285	372	270
16 771	126	24 073	263	23 939	257	60 883	162	27 983	130	58 853	109	706	117
16 612	127	76 494	124	72 669	125	43 507	207	9 052	251	26 871	177	519	184
16 488	128	56 451	157	56 129	148	29 312	249	28 536	128	39 995	146	586	149
16 429	129	95 702	95	96 155	87	70 803	147	53 913	86	2 617	361	393	252
16 259	130	20 396	276	20 396	275	135 181	83	45 912	101	111 606	54	31	382
16 010	131	98 194	93	95 328	89	29 020	251	6 028	283	20 090	227	715	111
15 938	132	67 998	133	52 951	154	44 125	203	17 197	180	19 904	229	393	252
15 921	133	33 626	214	32 607	214	91 292	123	8 762	255	96 481	64	408	235
15 672	134	228 412	34	253 136	28	335 903	39	52 629	88	101 719	57	831	85
15 570	135	176 862	46	167 036	52	142 781	79	47 605	96	77 223	81	482	200
15 452	136	86 576	106	88 717	96	203 779	58	27 831	133	41 976	139	1 440	45
15 421	137	56 646	156	53 814	152	48 382	188	6 366	281	12 968	269	820	87
15 400	138	22 000	272	22 000	263	130 000	85	120 000	34	100 000	60	582	153
15 360	139	157 064	58	121 539	69	16 521	308	12 153	213	2 622	360	188	345
15 349	140	82 884	117	70 986	127	52 428	178	47 573	97	59 643	106	879	79
15 288	141	52 196	165	51 899	157	43 949	204	5 306	287	18 088	239	339	287
15 284	142	85 065	112	84 065	101	165 176	72	102 751	43	98 701	62	386	258
15 189	143	31 350	229	31 350	220	70 115	149	23 002	144	46 904	126	549	165
15 154	144	31 914	225	29 968	224	20 912	289	17 282	177	12 948	270	791	95

垦　　区	企业名称	大型或中型	行业类型
湖　　北	江苏新程（武汉）汽车零部件有限公司	中型	汽车零部件及配件制造
新疆（兵团）	新疆生产建设兵团第三师电力有限责任公司	中型	电力供应
新疆（兵团）	新疆大黄山鸿基焦化有限责任公司	中型	炼焦
上　　海	上海梅林正广和（绵阳）有限公司	中型	肉、禽类罐头制造
湖　　北	本田制锁（武汉）有限公司	中型	建筑、家具用金属配件制造
新疆（兵团）	奎屯天北矿业投资有限责任公司	中型	烟煤和无烟煤开采洗选
新疆（兵团）	石河子天富农电有限责任公司	中型	电力供应
湖　　北	康地饲料（中国）有限公司	中型	其他饲料加工
湖　　北	三叶士林电机（武汉）有限公司	中型	汽车零部件及配件制造
新疆（兵团）	新疆庆回归化肥有限公司	中型	复混肥料制造
新疆（兵团）	新疆六孚纺织工业园有限公司	大型	棉纺纱加工
广　　东	广东广垦调丰糖业有限公司	中型	制糖业
湖　　北	武汉法比特电源有限公司	中型	其他电池制造
黑 龙 江	北大荒丰缘集团有限公司	中型	小麦加工
新疆（兵团）	图木舒克市东恒兴纺织科技有限公司	大型	棉纺纱加工
广　　西	广西送变电建设公司铁塔厂	中型	其他输配电及控制设备制造
江　　西	南昌济生制药公司	中型	中成药生产
广　　东	广东广垦华丰糖业有限公司	中型	制糖业
河　　北	唐山市三元食品有限公司	中型	液体乳制造
新疆（兵团）	新疆兵团建工金石商品混凝土有限责任公司	中型	水泥制品制造
黑 龙 江	黑龙江省农垦总局建三江分局电业局	中型	电力供应
上　　海	天津光明梦得乳品有限公司	中型	液体乳制造
黑 龙 江	黑龙江省建三江农垦三江热电有限责任公司	中型	火力发电
湖　　北	武汉艾特纸塑包装有限公司	中型	包装装潢及其他印刷
广　　西	广西农垦糖业集团良圻制糖有限公司	中型	制糖业
广　　东	雷州市信通糖业有限公司	中型	制糖业
广　　西	广西农垦集团华成纸业有限公司	中型	机制纸及纸板制造
江　　西	南昌桑海制药公司	中型	中成药生产
新疆（兵团）	新疆顶益食品有限公司	中型	方便面制造
新疆（兵团）	天辰水泥有限责任公司	中型	水泥制造
湖　　北	武汉市科达云石护理材料有限公司	中型	密封用填料及类似品制造
上　　海	江苏淮安苏食肉品有限公司	中型	牲畜屠宰
上　　海	卡洛斯·阿尔博的孩子们股份有限公司(Hijosde Carlos Albo S.L.)	中型	水产品罐头制造
新疆（兵团）	新疆屯富热电有限责任公司	中型	火力发电
湖　　北	武汉市玫隆皇冠食品有限公司	中型	糕点、面包制造
新疆（兵团）	奎屯锦孚纺织有限公司	大型	棉纺纱加工

3－6续表4

增加值（万元）	排序	总产值（万元）	排序	销售产值（万元）	排序	年末资产总额（万元）	排序	所有者权益（万元）	排序	固定资产原值年末数（万元）	排序	年平均从业人员（人）	排序
15 017	145	75 085	126	75 085	120	28 305	256	1 226	345	23 112	207	944	72
14 966	146	88 243	102	65 570	134	210 964	55	58 875	79	106 393	56	532	179
14 846	147	99 060	92	99 060	83	179 234	65	－26 621	384	173 030	35	927	75
14 825	148	46 619	177	45 718	172	38 633	222	21 408	156	14 406	260	496	196
14 579	149	83 120	115	83 346	106	40 966	215	7 976	261	18 929	231	815	88
14 461	150	19 403	287	16 382	300	173 737	68	8 757	256	45 954	128	673	125
14 419	151	65 666	138	65 666	133	77 285	135	73 472	62	71 680	89	558	161
14 412	152	53 997	159	53 997	151	45 803	198	41 578	105	5 721	329	415	233
14 320	153	58 234	155	50 568	161	26 488	265	16 692	184	6 847	313	298	329
14 186	154	89 134	101	82 101	111	28 966	252	16 950	181	27 992	173	395	248
14 047	155	46 431	179	46 213	171	122 680	90	71 485	63	42 966	138	1 342	48
13 816	156	52 641	163	43 392	174	20 056	293	2 839	311	25 599	186	585	151
13 778	157	47 695	175	48 175	168	36 448	230	15 866	193	24 375	196	711	114
13 640	158	136 535	66	142 218	60	513 540	28	－11 756	373	120 180	47	950	71
13 636	159	112 855	80	74 398	121	121 828	92	59 139	78	68 477	91	1 573	40
13 074	160	38 915	193	37 853	184	37 239	225	16 938	182	35 239	154	821	86
12 806	161	50 206	168	49 554	163	19 643	295	15 867	192	9 392	290	1 122	57
12 746	162	46 502	178	37 313	186	12 510	333	881	350	29 596	169	473	203
12 700	163	47 962	174	47 676	169	95 907	121	4 195	300	18 146	238	553	163
12 693	164	39 664	192	39 664	182	42 939	212	11 448	220	20 999	220	384	260
12 567	165	4 469	368	4 469	367	112 256	100	16 033	190	65 549	95	570	157
12 389	166	75 140	125	76 358	119	68 117	152	16 309	189	49 431	123	534	177
11 848	167	31 423	227	28 569	233	45 414	200	10 451	233	61 513	103	446	214
11 839	168	42 542	182	42 542	176	26 850	262	13 950	203	6 460	319	315	317
11 793	169	33 700	212	34 778	197	43 027	210	17 515	174	21 339	216	452	209
11 777	170	38 348	195	29 964	225	25 231	271	2 000	328	864	381	397	245
11 771	171	37 074	201	28 227	236	73 140	141	－15 079	377	72 573	87	326	302
11 748	172	48 703	171	42 794	175	22 760	282	11 480	219	5 388	333	800	94
11 726	173	42 754	181	43 461	173	23 311	278	11 689	218	23 983	198	404	237
11 587	174	23 052	265	22 863	259	56 449	173	51 688	91	83 134	77	398	244
11 532	175	50 076	169	50 076	162	12 213	336	7 271	271	1 886	367	460	207
11 394	176	178 164	45	164 569	54	59 953	166	14 548	198	30 852	165	710	115
11 386	177	67 790	135	73 239	123	38 614	223	33 159	121	13 843	265	236	339
11 332	178	31 811	226	31 811	217	164 846	73	22 734	149	142 549	40	277	334
11 138	179	40 415	189	34 661	198	37 014	227	7 631	264	15 453	253	1 500	42
11 124	180	61 440	148	69 632	129	103 142	110	11 058	223	72 454	88	1 423	46

垦 区	企业名称	大型或中型	行业类型
江 苏	江苏省农垦麦芽有限公司	中型	啤酒制造
河 北	雪川农业发展股份有限公司	中型	薯类种植
新疆(兵团)	新疆天富天源燃气有限公司	中型	天然气生产和供应业
广 西	广西扶绥县春江木材市场投资有限公司	中型	胶合板制造
湖 北	湖北航达科技有限公司	中型	航空航天器修理
新疆(兵团)	新疆宇硅科技有限公司	中型	硅冶炼
广 东	湛江华资农垦糖业发展有限公司广丰分公司	中型	制糖业
江 西	江西共青焕利实业有限公司	中型	纺织品、针织品及原料批发
广 西	柳州商泰机械零部件有限公司	中型	汽车零部件及配件制造
湖 北	武汉玛丽文化用品有限公司	中型	本册印制
新疆(兵团)	铁门关市新恒立纺织有限公司	中型	棉纺纱加工
新疆(兵团)	新疆叶河源果业股份有限公司	中型	水果和坚果加工
新疆(畜牧)	新疆呼图壁种牛场有限公司西域春乳业	中型	农产品初加工活动
广 西	广西农垦糖业集团金光制糖有限公司	中型	制糖业
湖 北	武汉和盛汽车零部件有限公司	中型	汽车零部件及配件制造
新疆(兵团)	新疆蒙鑫水泥有限公司	中型	水泥制造
上 海	广州光明乳品有限公司	大型	液体乳制造
广 西	广西农垦糖业集团黔江制糖有限公司	中型	制糖业
江 西	江西振兴纺织有限公司	中型	棉纺纱加工
黑 龙 江	牡丹江垦区兴凯湖电业局	中型	电力供应
黑 龙 江	黑龙江省宝泉岭电业局	中型	电力供应
广 西	广西农垦集团天成纸业有限公司	中型	非木竹浆制造
新疆(兵团)	伊犁南岗化工有限责任公司	中型	初级形态塑料及合成树脂制造
湖 北	武汉古河汽车系统有限公司	中型	汽车零部件及配件制造
广 东	湛江市金丰糖业有限公司	中型	制糖业
北 京	北京六必居食品有限公司	中型	其他调味品、发酵制品制造
江 西	江西天祥科技有限公司	中型	化学试剂和助剂制造
黑 龙 江	黑龙江北大荒药业有限公司	中型	中成药生产
湖 北	湖北省龙感湖力达棉花纺织有限公司	中型	其他机织服装制造
新疆(兵团)	新疆锦域纺织有限公司	大型	棉纺纱加工
新疆(兵团)	新疆绿华糖业有限责任公司	中型	制糖业
天 津	天津市利民调料有限公司	中型	酱油、食醋及类似制品制造
新疆(兵团)	新疆一和生物有限责任公司	中型	淀粉及淀粉制品制造
上 海	南京光明乳品有限公司	中型	液体乳制造
上 海	广西凤糖鹿寨纸业有限公司	中型	非木竹浆制造
河 北	现代牧业（察北）有限公司	中型	牛的饲养

3-6 续表 5

增加值（万元）	排序	总产值（万元）	排序	销售产值（万元）	排序	年末资产总额（万元）	排序	所有者权益（万元）	排序	固定资产原值年末数（万元）	排序	年平均从业人员（人）	排序
11 072	181	86 075	109	80 783	113	72 469	142	17 334	176	44 215	136	168	348
11 063	182	17 292	299	21 598	265	106 312	104	50 937	92	23 713	202	620	138
11 031	183	37 908	196	37 908	183	74 857	138	28 885	126	79 047	79	533	178
10 994	184	30 213	237	28 569	232	9 910	347	6 782	273	8 266	304	1 036	66
10 993	185	45 166	180	37 639	185	46 382	193	9 537	243	9 481	289	341	285
10 958	186	37 079	199	36 999	187	16 989	307	16 475	188	20 450	224	326	302
10 924	187	41 365	184	33 784	206	35 910	232	10 691	228	26 618	179	443	217
10 489	188	13 615	317	13 023	322	52 164	179	6 485	280	52 164	117	267	336
10 392	189	26 241	248	24 929	252	20 282	291	11 400	221	18 282	237	672	127
10 319	190	37 077	200	30 042	223	84 201	129	24 411	137	17 099	243	519	184
10 211	191	36 840	202	36 840	188	53 271	177	29 815	125	46 872	127	498	195
10 094	192	64 816	142	21 565	266	67 046	153	8 149	259	48 503	125	708	116
10 048	193	65 990	137	64 002	135	45 807	197	21 883	153	33 131	159	549	165
9 955	194	32 552	219	34 534	199	73 509	140	14 832	196	44 404	134	667	131
9 784	195	39 788	191	39 788	181	43 725	206	23 801	140	22 459	211	318	313
9 728	196	26 050	249	25 302	245	91 961	122	18 646	168	78 428	80	390	255
9 701	197	48 728	170	51 862	158	33 229	237	9 765	242	26 817	178	1 159	54
9 614	198	26 035	250	25 006	249	20 054	294	1 375	343	18 561	232	416	232
9 505	199	51 101	166	51 101	160	43 946	205	2 286	324	8 561	297	150	352
9 447	200	25 006	258	25 006	250	68 843	150	6 487	279	84 499	76	417	231
9 366	201	25 238	257	25 238	248	48 437	187	4 284	296	56 602	111	548	169
9 328	202	30 716	234	30 716	222	96 369	120	−59 686	387	63 655	99	449	213
9 302	203	82 942	116	79 948	114	138 896	81	−20 247	381	121 674	46	871	80
9 269	204	47 273	176	41 747	177	17 423	304	3 343	308	4 063	343	373	269
9 267	205	33 123	216	27 421	241	19 299	297	−9 374	372	12 868	271	468	204
9 236	206	12 687	325	13 700	318	38 050	224	6 741	274	16 484	246	564	159
9 031	207	48 555	172	48 555	166	16 508	309	2 430	320	5 379	334	78	369
9 008	208	27 868	242	27 428	240	46 104	196	40 434	107	24 531	193	615	141
8 965	209	36 369	203	36 214	191	30 647	244	16 589	187	9 584	286	1 018	67
8 694	210	96 626	94	96 187	86	202 867	60	73 613	60	67 400	92	1 121	58
8 688	211	32 506	220	29 724	227	40 377	219	10 901	226	17 774	241	536	176
8 671	212	59 760	150	61 494	140	74 884	137	23 276	141	25 598	187	446	214
8 661	213	25 313	255	20 863	272	30 958	243	17 591	173	21 345	215	350	280
8 641	214	34 035	211	34 159	202	14 884	315	8 611	257	14 679	259	402	239
8 625	215	22 256	270	22 259	261	12 732	330	10 360	236	95 346	65	452	209
8 623	216	27 001	245	26 503	243	160 833	74	58 100	81	141 190	43	514	187

垦　　区	企业名称	大型或中型	行业类型
湖　　北	武汉日特固防音配件有限公司	中型	汽车零部件及配件制造
新疆（兵团）	新疆天富阳光生物科技有限公司	中型	兽用药品制造
天　　津	天津海河乳业有限公司	中型	液体乳制造
上　　海	广西凤糖六塘制糖有限责任公司	中型	制糖业
上　　海	云南西双版纳英茂糖业有限公司	中型	制糖业
北　　京	荷美尔食品有限公司	中型	肉制品及副产品加工
湖　　北	武汉东海敏实汽车零部件有限公司	中型	汽车车身、挂车制造
黑 龙 江	黑龙江东隆化工有限公司	中型	烟煤和无烟煤开采洗选
广　　东	广东半岛糖业有限公司	中型	制糖业
广　　东	广东省东方剑麻集团有限公司	中型	麻织造加工
上　　海	无锡市振太酒业有限公司	中型	黄酒制造
湖　　北	武汉菱电汽车电控系统股份有限公司	中型	汽车车身、挂车制造
辽　　宁	辽宁振兴生态造纸有限公司	中型	机制纸及纸板制造
上　　海	上海思乐得不锈钢制品有限公司	中型	金属制餐具和器皿制造
新疆（兵团）	新疆天业节水灌溉股份有限公司	中型	塑料板、管、型材制造
黑 龙 江	黑龙江省红兴隆电业局	中型	电力供应
湖　　北	武汉旭东食品有限公司	中型	水果和坚果加工
甘　　肃	甘肃普安制药股份有限公司	中型	中成药生产
江　　西	江西顺昌塑料包装有限公司	中型	纺织品、针织品及原料批发
新疆（兵团）	图木舒克市前海棉纺织有限责任公司	中型	棉纺纱加工
广　　西	柳州市利威车业橡胶机械制造有限公司	中型	汽车零部件及配件制造
广　　东	广西合浦县伟恒糖业有限公司	中型	制糖业
上　　海	上海海丰米业有限公司	中型	稻谷加工
新疆（兵团）	新疆国鹏科技有限公司	中型	硅冶炼
广　　西	广西农垦糖业集团西江制糖有限公司	中型	制糖业
新疆（兵团）	新疆华兴玻璃有限公司	中型	玻璃包装容器制造
云　　南	云南农垦陇川糖厂	中型	制糖业
湖　　北	武汉市东西湖自来水公司	中型	自来水生产和供应
新疆（兵团）	和布克赛尔县和什托洛盖一三七团煤矿	中型	烟煤和无烟煤开采洗选
新疆（兵团）	乌鲁木齐西城热力有限公司	中型	热力生产和供应
新疆（兵团）	新疆天宏新八棉产业有限公司	中型	棉纺纱加工
河　　北	小山光伏发电有限公司	中型	太阳能发电
湖　　北	武汉瀚兴日月电源有限公司	中型	锂离子电池制造
湖　　北	湖北黄冈霞客环保色纺有限公司	中型	其他机织服装制造
河　　北	圣坤仁合光伏发电有限公司	大型	电光源制造
广　　东	廉江市和益糖业有限公司	中型	制糖业

3－6 续表 6

增加值（万元）	排序	总产值（万元）	排序	销售产值（万元）	排序	年末资产总额（万元）	排序	所有者权益（万元）	排序	固定资产原值年末数（万元）	排序	年平均从业人员（人）	排序
8 610	217	35 016	207	34 375	201	36 619	229	22 995	145	25 117	190	384	260
8 435	218	22 649	268	20 443	274	35 074	233	7 911	262	33 934	157	424	225
8 403	219	39 887	190	39 896	180	25 711	269	−17 362	379	22 011	214	896	77
8 304	220	30 928	232	28 551	234	31 368	241	24 870	136	17 137	242	508	190
8 283	221	52 990	162	53 622	153	55 878	174	17 672	171	51 844	118	605	144
7 927	222	28 841	239	28 850	229	28 722	254	23 844	139	18 301	236	349	281
7 840	223	34 116	210	34 116	203	28 773	253	20 485	158	10 603	281	411	234
7 800	224	19 700	283	19 700	279	37 185	226	19 851	161	36 000	152	480	201
7 769	225	26 345	247	21 388	267	17 883	302	11 786	216	8 189	305	403	238
7 606	226	22 609	269	21 024	270	75 897	136	19 808	162	29 419	170	803	92
7 581	227	15 349	311	14 845	311	13 314	322	10 149	238	6 434	320	333	292
7 372	228	32 082	223	32 082	216	28 714	255	14 661	197	6 624	317	304	322
7 364	229	58 304	154	54 375	150	177 779	66	52 355	89	118 033	49	606	142
7 246	230	32 783	217	33 318	208	13 139	324	6 623	276	5 478	332	418	230
7 041	231	31 959	224	32 929	212	98 770	117	63 583	75	41 334	142	734	107
6 840	232	24 746	260	24 746	253	50 521	182	1 879	330	59 335	107	434	219
6 831	233	30 981	231	33 097	211	17 360	305	2 575	317	5 488	331	329	296
6 825	234	25 646	252	22 011	262	13 616	320	3 538	307	6 358	324	316	316
6 752	235	36 301	204	36 301	190	6 534	366	4 243	297	686	386	130	358
6 722	236	33 195	215	33 835	205	60 664	164	39 300	110	49 719	122	690	122
6 670	237	16 764	304	15 926	307	9 034	353	5 320	286	8 034	307	430	222
6 619	238	22 087	271	19 257	280	20 991	288	1 449	341	14 007	264	331	293
6 565	239	14 976	313	15 696	308	80 003	133	21 010	157	41 514	141	141	355
6 505	240	19 694	284	19 841	278	9 886	349	9 342	247	11 849	275	302	324
6 406	241	18 302	294	17 465	293	24 020	276	8 874	254	14 728	258	322	308
6 284	242	17 076	303	17 161	296	15 180	313	9 048	252	21 038	219	328	298
6 274	243	26 807	246	26 004	244	20 209	292	19 086	165	13 345	266	339	287
6 249	244	14 701	314	14 701	312	198 379	62	108 190	39	45 379	130	397	245
6 218	245	10 404	341	10 395	340	20 385	290	−8 028	371	20 735	223	380	264
6 195	246	18 690	289	18 690	285	82 451	130	52 928	87	64 322	97	330	295
6 194	247	33 656	213	29 655	228	43 007	211	21 542	155	16 449	247	692	121
6 100	248	7 850	352	7 850	352	45 517	199	34 896	116	45 517	129	10	388
6 058	249	30 897	233	25 275	247	17 600	303	4 867	291	3 344	350	662	132
6 032	250	29 614	238	28 544	235	26 410	267	12 456	211	7 568	309	652	135
5 967	251	6 622	359	6 622	360	46 644	191	22 877	147	35 915	153	12	387
5 914	252	18 132	295	14 134	315	1 484	388	131	361	41	388	355	278

垦　　区	企业名称	大型或中型	行业类型
新疆（兵团）	新疆美丰化工有限公司	中型	氮肥制造
黑　龙　江	黑龙江北三峡食品有限公司	大型	禽类屠宰
北　　京	北京二商穆香源清真肉类食品有限公司	中型	牲畜屠宰
北　　京	河北安平大红门食品有限公司	中型	牲畜屠宰
黑　龙　江	黑龙江乌苏里江制药有限公司	中型	中成药生产
上　　海	上海正广和饮用水有限公司	中型	瓶（罐）装饮用水制造
辽　　宁	阜新小东北食品有限公司	中型	速冻食品制造
湖　　北	湖北卓尔雪龙纺织有限公司	中型	其他机织服装制造
新疆（兵团）	华芳石河子纺织有限公司	大型	棉纺纱加工
上　　海	上海向明轴承股份有限公司	中型	滚动轴承制造
广　　西	贵港市冠峰制药有限公司	中型	生物药品制造
湖　　北	武汉智迅创源科技发展股份有限公司	中型	卫生材料及医药用品制造
北　　京	山东福宽生物工程有限公司	中型	玉米加工
湖　　北	广泽精机（武汉）有限公司	中型	汽车零部件及配件制造
黑　龙　江	黑龙江省九三农垦电业局	中型	电力供应
北　　京	北京古船食品有限责任公司	中型	米、面制品制造
上　　海	广西凤糖罗城制糖有限责任公司	中型	制糖业
黑　龙　江	北大荒马铃薯集团有限公司	中型	淀粉及淀粉制品制造
新疆（兵团）	新疆华世丹药业股份有限公司	中型	化学药品制剂制造
广　　西	广西农垦糖业集团星星制糖有限公司	中型	制糖业
湖　　北	台玻武汉工程玻璃有限公司	中型	特种玻璃制造
广　　西	广西扶绥县鑫源木业有限公司	中型	胶合板制造
新疆（兵团）	伊犁伊力特玻璃制品有限公司	中型	玻璃包装容器制造
湖　　北	武汉新世界制冷工业有限公司	中型	制冷、空调设备制造
上　　海	广西凤糖鹿寨制糖有限责任公司	中型	制糖业
广　　西	广西杨氏鲜果有限公司	中型	农产品初加工活动
新疆（兵团）	新疆华茂阿拉尔纺织有限公司	中型	棉纺纱加工
天　　津	天津利金粮油股份有限公司	中型	小麦加工
新疆（兵团）	新疆农垦现代糖业有限公司	中型	制糖业
北　　京	陕西蒲城大红门肉类食品有限公司	中型	牲畜屠宰
新疆（农业）	乌苏市哈图布呼农牧发展有限责任公司	中型	农产品初加工活动
黑　龙　江	黑龙江省人和米业有限公司	中型	稻谷加工
新疆（兵团）	新疆天康食品有限责任公司	中型	牲畜屠宰
新疆（兵团）	新疆兵团农五师电力公司	中型	电力供应
湖　　北	武汉昊诚能源科技有限公司	中型	锂离子电池制造
宁　　夏	宁夏西夏王葡萄酒业有限公司	中型	含乳饮料和植物蛋白饮料制造

3－6 续表 7

增加值（万元）	排序	总产值（万元）	排序	销售产值（万元）	排序	年末资产总额（万元）	排序	所有者权益（万元）	排序	固定资产原值年末数（万元）	排序	年平均从业人员（人）	排序
5 880	253	25 782	251	28 774	230	58 813	167	8 519	258	75 923	84	301	326
5 879	254	65 416	140	72 758	124	40 688	217	－6 517	368	26 131	182	1 105	62
5 729	255	156 246	59	157 332	55	66 640	154	13 705	207	10 512	282	372	270
5 668	256	124 471	74	124 123	65	19 620	296	10 443	234	10 293	283	420	226
5 638	257	11 565	333	11 565	334	32 952	239	7 500	267	14 741	257	521	183
5 598	258	21 318	274	21 020	271	14 573	316	10 484	232	9 570	287	329	296
5 543	259	19 878	281	16 757	299	17 293	306	6 617	277	8 158	306	400	240
5 521	260	28 420	240	27 684	239	21 250	287	8 965	253	6 632	316	782	96
5 425	261	68 758	132	61 532	138	104 961	106	25 101	135	76 567	83	1 108	60
5 388	262	12 190	329	12 260	328	10 221	345	4 586	294	2 774	357	358	276
5 325	263	15 215	312	15 215	310	9 000	354	2 050	326	4 715	338	355	278
5 298	264	19 644	285	21 158	269	26 606	264	23 087	143	13 014	268	509	189
5 229	265	94 168	97	99 024	84	87 884	128	55 650	84	54 265	113	673	125
5 211	266	23 451	264	23 079	258	9 618	350	5 454	284	6 384	323	378	266
5 032	267	6 690	358	6 690	359	22 578	283	－1 257	364	29 699	168	400	240
4 974	268	101 835	89	105 798	78	114 693	98	47 043	98	61 332	104	606	142
4 909	269	38 746	194	35 346	194	27 716	259	14 374	202	27 274	175	594	148
4 908	270	40 904	186	49 530	164	180 158	64	71 104	64	141 258	42	655	133
4 870	271	27 286	244	28 668	231	46 158	195	1 674	337	14 298	261	489	198
4 759	272	25 422	253	24 980	251	26 706	263	－17 085	378	25 731	185	512	188
4 727	273	22 652	267	21 844	264	53 504	176	9 768	241	44 683	133	375	267
4 708	274	13 365	320	12 936	324	3 609	380	3 552	306	3 180	353	583	152
4 700	275	9 400	346	6 232	362	10 528	343	6 144	282	7 989	308	318	313
4 618	276	20 923	275	21 360	268	49 672	184	13 817	205	25 858	184	501	194
4 473	277	27 418	243	25 283	246	30 310	245	22 126	152	24 593	191	633	136
4 379	278	11 839	332	11 839	332	5 312	371	3 795	304	4 140	342	356	277
4 374	279	18 459	291	19 173	281	24 083	274	6 674	275	24 393	195	419	227
4 331	280	48 405	173	46 934	170	120 399	93	34 534	118	15 236	254	338	289
4 317	281	23 000	266	16 090	305	27 762	258	7 444	269	15 547	252	381	263
4 291	282	102 183	87	102 217	80	31 263	242	7 556	266	20 955	221	394	249
4 268	283	17 912	298	17 912	291	16 003	311	－1 352	365	615	387	49	377
4 191	284	27 944	241	34 795	196	51 787	180	22 809	148	24 434	194	388	256
4 176	285	53 238	161	52 173	155	12 950	328	10 681	229	7 492	310	292	331
4 101	286	24 614	261	24 614	254	70 506	148	2 752	313	70 047	90	600	145
3 981	287	18 103	296	18 103	289	11 950	337	7 812	263	5 149	335	366	272
3 976	288	8 334	349	7 530	355	109 282	103	1 679	336	33 137	158	238	338

垦　　区	企业名称	大型或中型	行业类型
新疆（兵团）	新疆天业股份有限公司	中型	塑料丝、绳及编织品制造
广　　西	广西博白县新盈邦陶瓷有限公司	中型	日用陶瓷制品制造
广　　西	黄浦江制衣（贵港）有限公司	中型	服饰制造
北　　京	湖南颐丰食品有限公司	中型	牲畜屠宰
广　　东	广东省广垦粮油有限公司	中型	食用植物油加工
湖　　北	武汉蓝盾门业有限公司	中型	金属门窗制造
湖　　北	武汉五景药业有限公司	中型	化学药品制剂制造
上　　海	广西凤糖融水和睦制糖有限责任公司	中型	制糖业
新疆（兵团）	新疆仁和纺织科技有限公司	中型	棉纺纱加工
湖　　北	武汉广佳汽车饰件有限公司	中型	汽车零部件及配件制造
新疆（兵团）	新疆生产建设兵团第九师热电有限公司	中型	电力供应
河　　北	风阳光伏发电有限责任公司	大型	电光源制造
辽　　宁	阜新杰超煤矸石热电有限公司	中型	热电联产
江　　苏	江苏省金象传动设备股份有限公司	中型	机械零部件加工
上　　海	光明乳业（泾阳）有限公司	中型	液体乳制造
新疆（兵团）	新疆石河子花园乳业有限公司	中型	液体乳制造
江　　西	江西佰仕通电子科技有限公司	中型	电子元器件与机电组件设备制造
河　　南	孟州市华兴有限责任公司	中型	酒精制造
新疆（兵团）	克拉玛依市润泰纺织有限公司	中型	棉纺纱加工
北　　京	承德三元金星鸭业有限责任公司	中型	牲畜屠宰
新疆（兵团）	新疆汉帛纺织有限公司	中型	棉纺纱加工
新疆（兵团）	新疆唐成棉业有限公司	中型	棉纺纱加工
辽　　宁	华丰食品（阜新）有限公司	中型	方便面制造
湖　　南	常德市伊康食品有限公司	中型	蔬菜、水果罐头制造
新疆（农业）	乌苏市新棉红星棉业有限责任公司	中型	农产品初加工活动
湖　　北	武汉顺威电器有限公司	中型	风机、风扇制造
新疆（兵团）	新疆绿翔糖业有限责任公司	中型	制糖业
北　　京	湖南太子奶集团生物科技有限责任公司	中型	含乳饮料和植物蛋白饮料制造
江　　西	花桥选矿厂	中型	其他贵金属矿采选
新疆（兵团）	新疆嘉和毛纺织有限公司	中型	毛织造加工
广　　西	广西农垦糖业集团达华制糖有限公司	中型	制糖业
江　　西	共青城兴龙实业有限公司	中型	纺织品、针织品及原料批发
湖　　北	湖北汇东农产品有限公司	中型	蔬菜加工
新疆（兵团）	哈密市盛镁镁业有限公司	中型	镁冶炼
新疆（兵团）	新疆燕京啤酒有限公司	中型	啤酒制造
广　　东	湛江碧丽华模压木制品有限公司	中型	木质家具制造

3－6 续表 8

增加值（万元）	排序	总产值（万元）	排序	销售产值（万元）	排序	年末资产总额（万元）	排序	所有者权益（万元）	排序	固定资产原值年末数（万元）	排序	年平均从业人员（人）	排序
3 965	289	32 207	221	31 381	219	580 725	23	325 716	12	119 798	48	597	147
3 870	290	11 880	331	11 610	333	49 410	185	11 015	225	48 650	124	320	310
3 838	291	10 965	336	10 965	337	5 340	370	2 100	325	1 158	377	769	100
3 815	292	172 967	48	173 799	47	45 335	201	5 233	289	14 027	263	419	227
3 801	293	19 191	288	16 098	304	103 722	108	6 802	272	27 821	174	204	342
3 787	294	18 611	290	18 611	286	14 455	317	2 531	318	819	384	362	274
3 738	295	11 210	334	11 870	331	24 045	275	22 408	151	8 523	299	562	160
3 734	296	19 616	286	18 570	287	28 222	257	13 657	208	16 345	248	516	186
3 733	297	20 008	278	18 011	290	24 792	272	10 510	231	18 474	233	484	199
3 711	298	16 699	306	22 457	260	24 585	273	14 479	200	23 459	204	573	155
3 684	299	17 162	301	14 258	313	54 959	175	19 072	166	32 095	161	212	340
3 635	300	3 953	373	3 953	374	21 381	286	4 040	302	16 802	244	6	389
3 608	301	16 278	308	16 278	302	103 414	109	－6 950	369	52 773	115	335	290
3 601	302	13 473	318	13 473	320	27 253	260	1 699	335	26 346	181	394	249
3 550	303	13 168	321	12 976	323	14 091	319	7 458	268	8 372	303	289	332
3 505	304	32 093	222	33 864	204	23 036	280	13 937	204	11 922	274	327	299
3 489	305	18 408	293	17 485	292	12 931	329			4 939	337	725	110
3 443	306	115 152	79	114 350	74	103 865	107			60 894	105	320	310
3 439	307	37 126	198	27 775	238	47 711	189	10 039	240	18 373	234	430	222
3 406	308	16 715	305	16 053	306	18 677	301	155	360	10 934	280	326	302
3 401	309	16 414	307	16 167	303	4 452	377	245	358	1 579	370	362	274
3 398	310	35 186	206	34 919	195	40 755	216	10 062	239	32 024	162	980	70
3 336	311	17 233	300	17 330	294	12 637	332	12 637	210	11 693	277	327	299
3 335	312	20 145	277	18 796	284	4 621	376	1 408	342	2 495	365	320	310
3 291	313	14 006	316	14 006	316	10 365	344	895	349	852	382	36	381
3 254	314	16 269	309	16 292	301	10 882	341	4 743	292	4 352	339	391	254
3 241	315	34 574	209	32 630	213	71 894	144	8 137	260	45 243	131	506	192
3 200	316	6 368	361	8 290	347	38 674	221	24 017	138	23 953	199	463	206
3 200	316	2 000	386	3 200	381	4 000	379	2 300	323	3 600	347	25	384
3 192	318	10 804	337	10 112	342	29 800	246	9 300	248	16 785	245	617	140
3 163	319	13 468	319	13 730	317	51 560	181	9 383	245	30 068	166	375	267
3 144	320	13 097	323	12 528	326	11 592	338	4 625	293	2 500	364	161	349
3 121	321	14 156	315	14 156	314	1 638	387	1 141	346	839	383	380	264
3 076	322	15 756	310	16 810	298	4 956	375	199	359	1 060	378	440	218
3 070	323	9 960	344	9 927	344	62 389	161	56 195	83	40 352	145	586	149
3 064	324	9 153	348	6 504	361	12 491	334	－13 395	375	22 301	212	284	333

垦　　区	企业名称	大型或中型	行业类型
上　　海	安徽光明槐祥工贸集团有限公司	中型	稻谷加工
北　　京	北京王致和（桂林腐乳）食品有限公司	中型	其他调味品、发酵制品制造
江　　苏	江苏省勤奋药业有限公司	中型	中成药生产
江　　西	江西省天翌光电有限公司	中型	光电子器件制造
广　　州	张家口长城乳业有限公司	中型	液体乳制造
江　　西	共青城雪狐服饰有限公司	中型	纺织品、针织品及原料批发
北　　京	北京三元种业科技股份有限公司饲料分公司	中型	其他饲料加工
浙　　江	绍兴御茶村茶业有限公司	中型	食品生产
江　　西	华达医用材料有限公司	中型	卫生材料及医药用品制造
上　　海	上海福新面粉有限公司	中型	小麦加工
新疆（兵团）	新疆新聚丰特种纱业有限公司	中型	棉纺纱加工
北　　京	北京二商龙和食品有限公司	中型	酱油、食醋及类似制品制造
河　　北	海兴县江山新能源有限公司	中型	太阳能发电
上　　海	上海新三花薄膜有限公司	中型	塑料薄膜制造
新疆（兵团）	新疆华桉纺织有限公司	中型	棉纺纱加工
河　　南	河南省黄泛区天鹰缸套股份有限公司	中型	其他通用零部件制造
江　　西	金淞电器（九江）有限公司	中型	灯用电器附件及其他照明器具制造
江　　西	江西顺盛织造	中型	棉织造加工
江　　西	江西安平包装有限责任公司	中型	塑料包装箱及容器制造
新疆（兵团）	燕京啤酒（阿拉尔）有限公司	中型	啤酒制造
湖　　北	武汉多美丽服饰有限公司	中型	其他机织服装制造
广　　东	广东红马饲料有限公司	中型	其他饲料加工
江　　西	江西春蕾服饰有限公司	中型	纺织品、针织品及原料批发
新疆（兵团）	新疆胜沃能源开发有限公司	中型	无机盐制造
辽　　宁	阜新市驰宇石油机械有限公司	中型	石油钻采专用设备制造
上　　海	广西凤糖雒容制糖有限责任公司	中型	制糖业
湖　　南	常德银骏纺织有限公司	中型	化纤织造加工
上　　海	广西凤糖柳江制糖有限责任公司	中型	制糖业
江　　西	江西新恒星抛光材料有限公司	中型	非织造布制造
北　　京	河北霸州六必居食品有限公司	中型	其他调味品、发酵制品制造
江　　西	鸿奕实业（九江）有限公司	中型	皮鞋制造
上　　海	广西凤糖白沙制糖有限责任公司	中型	制糖业
江　　西	中南（共青城）科技有限公司	中型	通信设备零售
上　　海	云南文山英茂糖业有限公司	中型	制糖业
上　　海	上海乐惠米业有限公司	中型	稻谷加工
新疆（兵团）	阿拉尔新农乳业有限责任公司	中型	液体乳制造

3－6 续表 9

增加值（万元）	排序	总产值（万元）	排序	销售产值（万元）	排序	年末资产总额（万元）	排序	所有者权益（万元）	排序	固定资产原值年末数（万元）	排序	年平均从业人员（人）	排序
2 954	325	25 393	254	30 761	221	36 962	228	19 718	163	16 200	249	192	343
2 924	326	8 169	350	8 005	349	5 156	374	2 618	316	3 022	355	302	324
2 703	327	4 239	370	4 239	371	5 278	372	3 680	305	3 128	354	120	361
2 678	328	12 795	324	12 239	329	9 956	346	2 750	314	3 862	345	297	330
2 672	329	6 473	360	6 087	363	13 050	325	11 696	217	8 406	302	178	346
2 652	330	19 898	280	19 033	282	2 726	385	1 511	340	1 784	368	314	318
2 639	331	58 794	152	58 794	145	29 208	250	−801	363	1 453	372	175	347
2 600	332	5 000	365	5 070	365	23 239	279	16 847	183	9 251	292	155	351
2 581	333	41 122	185	29 769	226	13 030	326	5 250	288	6 619	318	189	344
2 424	334	32 605	218	33 427	207	34 588	234	10 399	235	12 649	273	145	354
2 366	335	50 284	167	36 580	189	42 535	214	14 526	199	16 179	250	549	165
2 333	336	3 887	374	7 884	351	5 381	369	4 229	298	4 144	341	146	353
2 310	337	2 520	383	2 520	383	22 972	281	20 150	159	22 972	209	6	389
2 231	338	11 059	335	11 164	336	9 900	348	4 347	295	2 495	366	270	335
2 108	339	31 122	230	15 401	309	13 183	323	740	353	9 050	294	450	211
2 045	340	3 606	378	3 381	378	7 403	362	2 769	312	7 246	312	206	341
1 997	341	18 055	297	17 270	295	12 964	327	9 348	246	6 784	314	344	284
1 946	342	10 464	339	10 464	339	8 894	356	865	351	2 610	363	161	349
1 841	343	9 896	345	9 896	345	7 431	361	1 641	338	943	380	137	357
1 781	344	7 004	356	7 017	356	29 726	247	21 678	154	26 496	180	348	282
1 723	345	7 333	355	6 982	357	11 472	340	4 052	301	6 391	322	322	308
1 656	346	31 361	228	31 445	218	10 773	342	9 115	250	3 446	349	72	370
1 615	347	19 720	282	18 863	283	9 045	352	2 332	321	9 045	295	123	360
1 596	348	8 000	351	7 589	353	209 756	56	123 564	33	1 706	369	331	293
1 580	349	4 010	372	3 930	375	13 370	321	12 915	209	3 200	352	115	362
1 515	350	9 379	347	7 927	350	22 064	285	19 546	164	12 844	272	1 692	36
1 502	351	5 097	363	4 834	366	2 740	384	491	355	2 740	358	304	322
1 433	352	12 519	328	11 211	335	18 682	300	17 250	178	14 038	262	570	157
1 404	353	7 549	354	7 549	354	6 794	365	1 835	333	6 000	326	38	379
1 337	354	3 693	377	3 672	377	5 443	368	2 640	315	3 476	348	140	356
1 332	355	25 262	256	24 164	256	8 197	358	7 593	265	3 989	344	1 094	63
1 250	356	10 141	343	8 079	348	5 218	373	787	352	8 530	298	363	273
1 202	357	21 807	273	20 859	273	23 932	277	2 310	322	23 932	200	394	249
1 173	358	13 153	322	13 196	321	43 322	209	−3 091	367	37 317	150	323	306
1 116	359	41 753	183	49 156	165	60 815	163	12 185	212	1 350	374	66	371
1 070	360	30 297	236	27 983	237	57 826	168	17 410	175	41 951	140	655	133

垦　　区	企业名称	大型或中型	行业类型
江　　西	共青城欧唯诺太阳能科技股份有限公司	中型	太阳能器具制造
新疆(兵团)	阿拉尔盛源热电有限责任公司	中型	热电联产
江　　西	江西芳湖米业有限公司	中型	米、面制品制造
上　　海	上海方信包装材料有限公司	中型	塑料零件及其他塑料制品制造
新疆(兵团)	阿拉尔天丰纺织有限责任公司	中型	棉纺纱加工
湖　　南	湖南上优食品科技有限公司	中型	液体乳制造
新疆(农业)	乌苏鑫力棉业有限责任公司	中型	农产品初加工活动
宁　　夏	宁夏贺兰山牛羊产业（集团）公司	中型	良种繁育、养殖加工
江　　西	鹰潭市大地蔬菜制品有限公司	中型	蔬菜加工
北　　京	三河金狮龙门醋业有限公司	中型	酱油、食醋及类似制品制造
湖　　南	常德市隆源包装有限责任公司	中型	包装装潢及其他印刷
新疆(兵团)	新疆绿翔牧业有限责任公司	中型	牲畜屠宰
湖　　南	湖南德人牧业科技有限责任公司	中型	有机肥料及微生物肥料制造
江　　西	江西德诚纺织	中型	纺织品、针织品及原料批发
新疆(农业)	乌苏市宜辰纺织有限公司	中型	棉纺纱加工
黑 龙 江	黑龙江红兴隆农垦宝利采金有限公司	中型	金矿采选
江　　西	江西羽博服饰有限公司	中型	纺织品、针织品及原料批发
新疆(兵团)	新疆天绮纺织有限公司	中型	棉纺纱加工
湖　　南	湖南车霸房车实业有限公司	中型	其他未列明制造业
上　　海	广西凤糖融安制糖有限责任公司	中型	制糖业
新疆(兵团)	新疆农六师大黄山豫新煤业有限公司	中型	烟煤和无烟煤开采洗选
北　　京	北京二商（江西大观楼）食品有限公司	中型	食品及饲料添加剂制造
北　　京	上海三元乳业有限公司	中型	液体乳制造
新疆(兵团)	新疆睿盛纺织有限公司	中型	棉纺纱加工
北　　京	北京二商宫颐府食品有限公司	中型	糕点、面包制造
新疆(兵团)	新疆金川热电有限责任公司	中型	热电联产
内 蒙 古	合适佳公司	中型	食用植物油加工
黑 龙 江	黑龙江省北大荒米业集团有限公司	中型	稻谷加工
新疆(兵团)	伊犁青松南岗建材有限责任公司	中型	水泥制造
新疆(兵团)	石河子市国能能源投资有限公司	中型	火力发电

3－6 续表 10

增加值（万元）	排序	总产值（万元）	排序	销售产值（万元）	排序	年末资产总额（万元）	排序	所有者权益（万元）	排序	固定资产原值年末数（万元）	排序	年平均从业人员（人）	排序
1 070	361	99 671	91	95 337	88	177 078	67	19 854	160	177 078	34	127	359
1 065	362	40 715	187	40 715	178	204 740	57	34 763	117	248 318	27	454	208
1 011	363	5 433	362	5 433	364	800	390	78	362	800	385	30	383
951	364	18 440	292	18 182	288	15 391	312	1 839	332	3 232	351	109	365
928	365	10 606	338	10 720	338	12 718	331	－6 992	370	9 368	291	348	282
923	366	4 421	369	4 421	368	7 730	359	4 019	303	6 120	325	90	368
885	367	4 145	371	4 145	372	8 520	357	1 250	344	965	379	65	373
865	368	12 100	330	12 039	330	27 122	261	347	357	6 661	315	53	376
798	369	2 626	381	301	387	1 220	389	615	354	1 189	376	98	367
746	370	3 745	376	3 690	376	3 253	381	2 493	319	2 612	362	57	375
725	371	3 202	380	3 202	380	2 684	386	1 910	329	1 214	375	22	385
715	372	7 710	353	9 372	346	18 951	299	3 275	309	7 299	311	334	291
652	373	2 300	384	2 317	384	7 685	360	2 945	310	6 000	326	45	378
612	374	3 293	379	3 293	379	2 766	383	462	356	2 670	359	115	362
590	375	2 620	382	2 620	382	19 000	298	12 000	214	8 500	300	63	374
541	376	3 864	375	4 369	369	2 929	382	1 138	347	4 270	340	397	245
522	377	10 417	340	9 964	343	15 000	314	1 580	339	15 000	256	267	336
498	378	5 009	364	3 983	373	25 735	268	10 584	230	18 349	235	446	214
462	379	2 140	385	2 140	385	4 396	378	1 850	331	1 532	371	38	379
207	380	12 600	327	12 272	327	11 578	339	－13 904	376	21 338	217	419	227
－163	381	10 288	342	10 288	341	71 066	146	－18 618	380	89 863	71	680	124
－619	382	2 000	386	2 028	386	7 117	364	2 031	327	5 123	336	99	366
－1 044	383					7 178	363	－23 385	382	30	389	542	173
－1 088	384	24 785	259	26 989	242	66 450	155	28 717	127	52 589	116	735	105
－2 017	385	4 896	366	4 260	370	8 946	355	－2 173	366	8 688	296	549	165
－4 920	386	12 627	326	12 627	325	190 193	63	41 455	106			400	240
－5 079	387	4 521	367	13 535	319	90 928	124	－26 516	383	23 824	201	305	321
－13 713	388	90 917	100	92 364	94	250 351	47	－157 115	388	80 796	78	815	88
－23 273	389	19 970	279	20 222	276	99 278	116	－29 257	385	91 542	69	538	174
－63 882	390	6 966	357	6 966	358	411 166	32	－34 812	386	351 104	16	1 846	31

3－7　龙头企业

省　　份	企业名称	省级或国家级	行业类型
上　　海	光明乳业股份有限公司	国家级	液体乳制造
黑 龙 江	九三粮油工业集团有限公司	国家级	食用植物油加工
云　　南	云南农垦集团有限责任公司	国家级	其他林业专业及辅助性活动
广　　西	广西糖业集团有限公司	国家级	制糖业
上　　海	上海良友（集团）有限公司	国家级	企业总部管理
上　　海	光明米业（集团）有限公司	国家级	米、面制品及食用油批发
黑 龙 江	黑龙江省完达山乳业股份有限公司	国家级	液体乳制造
北　　京	北京市华都峪口禽业有限责任公司	国家级	鸡的饲养
广　　东	广东省广垦橡胶集团有限公司	国家级	农产品初加工活动
广　　东	广东省华海糖业发展有限公司	省级	糖料种植
河　　北	蒙牛塞北乳业有限公司	省级	液体乳制造
广　　东	广东省丰收糖业发展有限公司	省级	糖料种植
河　　北	蒙牛乳业（察北）有限公司	省级	液体乳制造
广　　东	广东省广前糖业发展有限公司	省级	糖料种植
辽　　宁	辽宁省阜新市阜新鲁花浓香花生油有限公司	省级	食用植物油加工
广　　西	广西农垦永新畜牧集团有限公司	国家级	猪的饲养
北　　京	北京三元食品股份有限公司	省级	液体乳制造
北　　京	北京艾莱发喜食品有限公司	省级	液体乳制造
新疆（农业）	新疆维吾尔自治区阿克苏地区红旗坡农场	省级	仁果类和核果类水果种植
北　　京	河北三元食品有限公司	省级	液体乳制造
湖　　北	湖北良品铺子食品工业有限公司	国家级	其他方便食品制造
河　　北	建投新能源有限责任公司	省级	电光源制造
宁　　夏	宁夏西夏嘉酿啤酒有限公司	省级	啤酒制造
广　　西	广西农垦金光农场有限公司	省级	糖料种植
天　　津	天津嘉立荷牧业集团有限公司	国家级	牛的饲养
江　　西	南昌双汇食品有限公司	省级	农副食品加工专用设备制造
河　　北	旗帜婴儿乳品股份有限公司	省级	乳粉制造
河　　北	华润电力风能有限公司	省级	电光源制造
广　　西	广西明阳生化集团股份有限公司	国家级	其他未列明农副食品加工
新疆（畜牧）	新疆呼图壁种牛场有限公司	省级	其他未列明畜牧业
广　　东	广东燕塘乳业股份有限公司	国家级	液体乳制造
河　　南	焦作市方便面厂	省级	方便面制造
广　　州	广州风行乳业股份有限公司	省级	液体乳制造
广　　东	广东广垦畜牧集团股份有限公司	国家级	猪的饲养
北　　京	河北滦平华都食品有限公司	省级	鸡的饲养
贵　　州	贵阳金满船饲料有限公司	省级	其他饲料加工

一览表

增加值（万元）	排序	总产值（万元）	排序	销售产值（万元）	排序	年末资产总额（万元）	排序	所有者权益（万元）	排序	固定资产原值年末数（万元）	排序	年平均从业人员（人）	排序
572 347	1	2 096 663	2	2 064 475	3	3 136 633	2	989 118	3	970 936	2	21 533	1
233 921	2	2 334 917	1	2 369 863	2	2 278 740	4	278 814	11	533 213	4	3 325	9
127 647	3	366 648	8	2 898 698	1	1 326 256	5	350 588	8	224 665	10	11 698	2
125 800	4	387 925	6	375 637	8	886 472	7	142 994	16	442 274	5	5 702	6
96 101	5	525 365	4	524 189	5	3 300 600	1	1 633 705	2	639 388	3	6 932	4
86 316	6	115 419	23	100 408	25	611 097	10	289 331	10	180 529	13	1 921	17
81 745	7	385 046	7	404 209	7	368 177	14	252 928	12	289 009	8	4 113	8
71 075	8	301 547	9	323 486	9	292 734	16	81 042	25	202 998	11	7 205	3
67 946	9	656 979	3	611 489	4	1 124 997	6	375 602	7	194 038	12	6 249	5
61 678	10	115 869	22	19 870	78	272 714	17	243 697	13	265 922	9	1 149	26
61 270	11	172 870	13	192 870	12	122 640	36	67 452	28	19 943	63	300	73
56 190	12	126 695	19	33 134	59	338 653	15	301 708	9	307 519	7	1 292	24
55 540	13	175 205	12	88 243	30	33 413	76	18 372	59	23 608	58	308	71
54 930	14	100 005	28	33 170	58	129 839	34	66 148	29	101 539	25	1 678	18
49 054	15	137 164	15	165 637	13	150 187	31	117 100	18	24 552	55	466	54
46 525	16	97 631	29	97 610	26	80 149	51	50 696	35	38 700	40	1 068	29
40 888	17	252 196	10	292 777	10	779 848	8	596 982	5	124 965	19	2 736	10
35 363	18	127 279	18	128 299	18	100 197	46	60 951	30	53 702	34	600	46
33 757	19	57 483	41	25 191	67	601 403	11	423 755	6	33 855	45	416	62
32 021	20	134 244	17	137 473	17	265 529	18	207 886	14	112 841	23	1 963	16
29 236	21	445 976	5	445 976	6	211 574	21	19 864	57	20 567	62	800	39
29 104	22	40 629	54	40 629	52	239 864	20	94 346	21	179 913	14	20	165
28 351	23	52 441	42	51 599	40	65 234	54	43 177	39	44 066	38	450	55
26 240	24	38 867	59	38 318	56	155 910	30	111 333	19	26 162	51	2 217	13
25 024	25	91 298	31	74 769	34	156 462	29	95 109	20	85 782	28	1 318	23
24 520	26	93 120	30	92 886	27	60 280	57	50 870	34	35 152	44	1 200	25
23 774	27	75 026	36	77 172	33	169 808	25	35 261	40	115 328	22	940	34
22 203	28	24 309	69	24 309	69	125 203	35	82 794	24	95 087	27	66	125
22 104	29	77 760	34	82 156	31	642 802	9	23 098	53	133 057	18	1 061	30
21 517	30	146 825	14	145 459	14	168 069	26	612 638	4	118 294	21	2 001	15
20 281	31	119 532	20	118 862	20	110 694	40	91 578	22	31 273	46	770	41
19 946	32	64 910	39	66 364	37	33 021	77	28 001	48	11 106	80	1 561	19
19 727	33	70 523	37	70 844	36	110 449	41	84 582	23	22 200	59	1 383	21
18 754	34	103 585	26	102 311	24	167 263	27	74 339	26	84 205	29	1 088	28
18 334	35	117 066	21	139 849	16	92 344	48	13 047	72	55 649	33	2 547	11
17 087	36	17 087	87	17 087	83	5 770	142	1 095	147	1 447	145	115	103

省　　份	企业名称	省级或国家级	行业类型
黑龙江	中粮建三江米业有限公司	省级	稻谷加工
江　苏	江苏省东辛农场有限公司	省级	内陆养殖
湖　南	汇美农业科技有限公司	省级	蔬菜、水果罐头制造
河　北	华能承德风力发电有限公司	省级	电光源制造
上　海	上海都市农商社有限公司	国家级	其他组织管理服务
贵　州	贵阳三联乳业有限公司	国家级	液体乳制造
甘　肃	甘肃莫高实业发展股份有限公司	国家级	酒、饮料和精制茶
黑龙江	北大荒丰缘集团有限公司	国家级	稻谷加工
江　西	南昌济生制药公司	省级	中成药生产
河　北	唐山市三元食品有限公司	省级	液体乳制造
青　海	青海省格尔木农垦（集团）有限公司	省级	其他农业
江　西	南昌桑海制药公司	省级	中成药生产
广　西	广西农垦良圻农场有限公司	省级	糖料种植
河　北	雪川农业发展股份有限公司	省级	薯类种植
河　北	北粮农业股份有限公司	省级	鸡的饲养
河　北	唐山市腾龙畜禽养殖	省级	鸡的饲养
北　京	北京金星鸭业有限公司	省级	鸭的饲养
广　东	湛江市金丰糖业有限公司	省级	制糖业
天　津	天津市利民调料有限公司	省级	酱油、食醋及类似制品制造
河　北	现代牧业（察北）有限公司	省级	牛的饲养
天　津	天津海河乳业有限公司	国家级	液体乳制造
黑龙江	黑龙江省建三江农垦双盛米业有限责任公司	国家级	稻谷加工
河　南	河南中亨纺织有限公司	国家级	棉纺纱加工
广　东	广东省东方剑麻集团有限公司	省级	麻织造加工
广　西	广西农垦西江畜牧有限公司	省级	猪的饲养
黑龙江	黑龙江省农垦华彬粮油经贸有限公司	省级	稻谷加工
上　海	上海市海丰水产养殖有限公司	省级	内陆养殖
黑龙江	黑龙江省建三江农垦富油商贸有限责任公司	省级	稻谷加工
河　北	围场圣坤仁合光伏发电有限公司	省级	电光源制造
天　津	天津农垦渤海农业集团有限公司	省级	稻谷种植
辽　宁	辽宁省阜新市阜新小东北食品有限公司	国家级	速冻食品制造
黑龙江	黑龙江省建三江农垦众成工贸有限责任公司	省级	稻谷加工
黑龙江	黑龙江省建三江农垦雪那红米业有限责任公司	省级	稻谷加工
北　京	北京古船食品有限责任公司	省级	米、面制品制造
黑龙江	北大荒马铃薯集团有限公司	省级	淀粉及淀粉制品制造
北　京	北京大红门京深海鲜批发市场有限公司	省级	市场管理服务

3－7 续表 1

增加值（万元）	排序	总产值（万元）	排序	销售产值（万元）	排序	年末资产总额（万元）	排序	所有者权益（万元）	排序	固定资产原值年末数（万元）	排序	年平均从业人员（人）	排序
16 955	37	67 818	38	78 232	32	53 903	60	29 932	45	36 557	42	30	156
16 839	38	45 527	49	43 250	48	60 730	56	29 175	46	52 199	36	769	42
16 612	39	76 494	35	72 669	35	43 507	71	9 052	85	26 871	50	519	50
16 259	40	20 396	75	21 396	74	135 181	32	45 912	38	111 606	24	31	155
16 174	41	112 009	25	111 931	22	201 131	23	16 680	64	150 932	15	2 215	14
15 452	42	86 576	33	88 717	29	203 779	22	27 831	49	41 976	39	1 440	20
15 400	43	22 000	72	22 000	71	130 000	33	120 000	17	100 000	26	582	47
13 640	44	136 535	16	142 218	15	513 540	12	－11 756	167	120 180	20	950	33
12 806	45	50 206	45	49 554	43	19 643	94	15 867	65	9 392	85	1 122	27
12 700	46	47 962	48	47 676	46	95 907	47	4 195	114	18 146	64	553	48
12 085	47	20 814	74	10 959	103	30 560	84	10 733	79	12 295	77	221	82
11 748	48	48 703	46	42 794	49	22 760	91	11 480	77	5 388	107	800	39
11 142	49	16 424	91	16 420	87	56 032	59	4 292	111	5 948	102	2 499	12
11 063	50	17 292	86	21 598	73	106 312	42	50 937	33	23 713	57	620	44
10 628	51	16 800	89	16 800	85	45 804	69	31 147	44	25 154	54	125	99
9 544	52	18 054	85	18 054	82	13 006	110	12 413	73	10 689	82	122	100
9 379	53	51 034	43	50 852	41	45 933	68	23 582	51	14 750	71	884	36
9 267	54	33 123	61	27 421	64	19 299	96	－9 374	166	12 868	74	468	53
8 671	55	59 760	40	61 494	38	74 884	53	23 276	52	25 598	53	446	56
8 623	56	27 001	64	26 503	65	160 833	28	58 100	32	141 190	17	514	51
8 403	57	39 887	56	39 896	53	25 711	87	－17 362	168	22 011	60	896	35
8 282	58	33 131	60	33 131	60	19 595	95	14 187	67	7 552	93	54	139
8 213	59	43 198	50	42 334	51	32 000	80	23 010	54	12 040	79	311	70
7 606	60	22 609	71	21 024	75	75 897	52	19 808	58	29 419	47	803	38
7 382	61	15 379	93	15 379	92	23 035	90	11 631	76	9 251	86	186	88
6 546	62	26 190	66	26 190	66	10 053	118	2 082	129	2 345	129	50	141
6 380	63	50 554	44	50 554	42	53 888	61	14 080	68	15 735	68	99	108
6 248	64	24 993	68	24 993	68	9 632	119	5 331	105	4 649	114	86	114
5 967	65	6 622	125	6 622	125	46 644	65	22 877	55	35 915	43	12	171
5 576	66	12 296	96	12 296	97	111 103	39	58 117	31	17 559	65	229	80
5 543	67	19 878	79	16 757	86	17 293	100	6 617	96	8 158	91	400	63
5 450	68	21 804	73	21 804	72	23 854	88	2 500	127			50	141
5 027	69	20 108	78	20 108	77	13 294	109	5 442	104			56	138
4 974	70	101 835	27	105 798	23	114 693	38	47 043	37	61 332	31	606	45
4 908	71	40 904	53	49 530	44	180 158	24	71 104	27	141 258	16	655	43
4 841	72	10 411	107	10 411	108	26 552	86	13 723	70	1 225	148	121	102

省　　份	企业名称	省级或国家级	行业类型
上　　海	上海星辉蔬菜有限公司	省级	蔬菜种植
黑 龙 江	黑龙江省农垦龙王食品有限责任公司	国家级	乳粉制造
广　　西	广西农垦源头农场有限公司	省级	柑橘类种植
黑 龙 江	黑龙江省建三江农垦汇丰源粮油工贸有限公司	省级	稻谷加工
天　　津	天津利金粮油股份有限公司	国家级	小麦加工
湖　　南	永州市回龙圩管理区农垦集团公司	省级	柑橘类种植
广　　东	广东广垦绿色农产品有限公司	省级	果品、蔬菜零售
安　　徽	安徽皖垦种业股份有限公司	省级	种子种苗培育活动
北　　京	赤城县大红门科技牧业有限公司	省级	猪的饲养
黑 龙 江	黑龙江省建三江农垦茂泰米业有限公司	省级	稻谷加工
新疆（农业）	新疆鲁泰丰收棉业有限责任公司	省级	棉花种植
广　　东	广东省广垦长晟粮油食品有限公司	省级	食用植物油加工
黑 龙 江	黑龙江福康生物科技有限公司	省级	其他乳制品制造
河　　北	围场风阳光伏发电有限责任公司	省级	电光源制造
黑 龙 江	黑龙江农垦卉菊海林甜菊糖有限公司	省级	食品及饲料添加剂制造
北　　京	迁安三元食品有限公司	省级	液体乳制造
河　　北	海兴牧原农牧有限公司	省级	猪的饲养
河　　南	孟州市华兴有限责任公司	省级	酒精制造
黑 龙 江	黑龙江红兴隆农垦小清河米业有限公司	省级	稻谷加工
北　　京	承德三元金星鸭业有限责任公司	省级	鸭的饲养
辽　　宁	辽宁省阜新市阜新科威生物科技有限公司	省级	其他饲料加工
辽　　宁	辽宁省大连市三寰集团有限公司	省级	控股公司服务
湖　　南	常德市伊康食品有限公司	省级	蔬菜、水果罐头制造
黑 龙 江	黑龙江农垦龙兴米业有限公司	省级	稻谷加工
上　　海	上海黄海种业有限公司	省级	种子批发
黑 龙 江	黑龙江省牡丹江农垦春城粮油加工有限公司	省级	稻谷加工
江　　西	江西云山绿海现代农业科技有限公司	省级	种子种苗培育活动
广　　东	广东省农垦集团进出口有限公司	省级	贸易代理
河　　北	唐山禾丰饲料有限公司	省级	其他饲料加工
浙　　江	绍兴御茶村茶业有限公司	国家级	食品生产
安　　徽	安徽省安禽禽业有限公司	省级	鸡的饲养
湖　　北	武汉市金德戈糖业有限公司	省级	食品及饲料添加剂制造
广　　东	湛江燕塘澳新牧业有限公司	省级	液体乳制造
黑 龙 江	黑龙江省宽鑫米业有限责任公司	省级	稻谷加工
上　　海	上海光明饲料有限公司	省级	其他饲料加工
黑 龙 江	黑龙江农垦爱邦实业有限公司	省级	稻谷加工

3-7 续表 2

增加值（万元）	排序	总产值（万元）	排序	销售产值（万元）	排序	年末资产总额（万元）	排序	所有者权益（万元）	排序	固定资产原值年末数（万元）	排序	年平均从业人员（人）	排序
4 840	73	39 423	57	39 423	54	45 154	70	32 418	43	47 297	37	366	64
4 622	74	18 252	84	19 422	79	30 941	83	9 383	83	9 103	88	200	85
4 586	75	8 557	112	8 550	113	31 007	82	28 292	47	6 915	97	417	61
4 543	76	22 714	70	22 714	70	7 131	130	1 579	140	671	154	41	146
4 331	77	48 405	47	46 934	47	120 399	37	34 534	41	15 236	69	338	65
4 223	78	26 748	65	2 146	159	5 602	145	5 602	102	1 815	140	4 312	7
4 033	79	6 817	124	6 817	123	46 130	67	7 258	90	485	156	543	49
4 017	80	4 683	139	32 644	61	40 831	72	34 397	42	20 750	61	316	69
3 978	81	16 941	88	16 941	84	31 290	81	24 654	50	17 056	66	239	79
3 889	82	18 778	82	19 223	80	16 143	102	874	152	5 074	111	54	139
3 817	83	40 122	55	61 069	39	90 657	50	49 384	36	14 764	70	420	59
3 801	84	19 191	80	16 098	88	103 722	44	6 802	93	27 821	48	204	84
3 638	85	9 600	109	9 094	111	5 100	149	1 072	148	5 590	105	177	91
3 635	86	3 953	146	2 953	153	21 381	92	4 040	115	16 802	67	6	172
3 581	87	12 046	98	11 450	100	10 523	115	908	151			75	121
3 558	88	27 807	63	28 004	63	10 277	117	5 561	103	5 981	101	292	74
3 450	89	7 726	118	7 726	119	4 764	152	698	155	335	158	210	83
3 443	90	115 152	24	114 350	21	103 865	43			60 894	32	320	67
3 413	91	10 475	106	10 475	107	3 352	158	3 352	118	897	152	265	77
3 406	92	16 715	90	16 053	89	18 677	97	155	158	10 934	81	326	66
3 376	93	10 584	105	10 584	106	1 879	168	1 837	134	1 543	143	60	132
3 346	94	20 119	77	126 422	19	2 842 286	3	2 410 528	1	2 501 281	1	1 336	22
3 335	95	20 145	76	18 796	81	4 621	154	1 408	143	2 495	127	320	67
3 209	96	11 460	100	12 402	95	3 309	159	1 634	139	2 263	132	127	97
3 101	97	11 013	102	11 013	102	19 858	93	14 073	69	1 908	139	42	144
2 777	98	10 100	108	10 230	109	8 539	123	6 030	98	3 620	118	60	132
2 700	99	9 000	110	8 500	114	15 000	103	11 000	78	3 000	121	267	75
2 633	100	3 234	154	15 468	91	46 130	66	−2 502	165	485	155	67	124
2 556	101	19 103	81	20 236	76	13 628	108	8 255	88	9 067	89	86	114
2 500	102	5 000	137	5 070	137	23 239	89	16 847	63	9 251	86	155	92
2 390	103	2 422	159	2 389	158	2 514	165	928	150	1 472	144	60	132
2 366	104	6 379	128	5 678	134	14 397	105	4 587	110	5 302	108	58	136
2 342	105	5 713	133	5 713	133	1 271	171	5 926	101	6 545	99	82	116
2 214	106	11 069	101	11 069	101	6 700	133	1 509	141	111	160	20	165
2 188	107	39 107	58	38 753	55	59 071	58	11 811	75	4 939	112	111	105
2 091	108	6 970	122	6 337	128	8 776	121	6 671	95	2 784	124	112	104

省　份	企业名称	省级或国家级	行业类型
江　西	江西云山油茶科技发展有限公司	省级	食用植物油加工
上　海	上海牛奶（集团）有限公司	国家级	企业总部管理
广　西	广西农垦山圩农场有限公司	省级	麻类种植
河　北	唐山汉沽兴业奶牛养殖有限公司	省级	奶牛养殖
上　海	上海福新面粉有限公司	省级	小麦加工
江　西	江西燕山青茶叶有限公司	省级	茶叶种植
辽　宁	辽宁省阜新市阜新德美客食品有限公司	省级	肉制品及副产品加工
天　津	天津市广源畜禽养殖有限公司	省级	鸡的饲养
上　海	上海一只鼎食品有限公司	省级	水产品罐头制造
黑龙江	黑龙江省建三江农垦恒盛米业有限责任公司	省级	稻谷加工
黑龙江	黑龙江省建三江农垦华鑫米业有限责任公司	省级	稻谷加工
黑龙江	黑龙江省建三江农垦万顺米业有限责任公司	省级	稻谷加工
黑龙江	北大荒亲民有机食品有限公司	省级	蔬菜加工
上　海	上海鲜花港企业发展有限公司	省级	花卉种植
上　海	上海乐惠米业有限公司	省级	稻谷加工
新疆（农业）	阿克苏地区温宿县宏丰农业发展有限责任公司	省级	其他水果种植
黑龙江	黑龙江省建三江农垦金三江粮油工贸有限公司	省级	稻谷加工
黑龙江	黑龙江省宝泉岭农垦山林粮食加工有限责任公司	省级	稻谷加工
天　津	天津立达海水资源开发有限公司	省级	海水养殖
黑龙江	黑龙江省建三江农垦丰源米业有限责任公司	省级	稻谷加工
山　西	临汾市尧都区奶牛场	省级	果品、蔬菜批发
黑龙江	齐齐哈尔农垦学成米业有限责任公司	省级	稻谷加工
江　西	江西云山集团畜牧水产良种公司	省级	畜牧良种繁殖活动
河　北	张家口察哈尔乳业有限公司	省级	乳粉制造
甘　肃	黄羊河集团种业有限责任公司	省级	良种繁育、生产销售
浙　江	宁波福泉山茶场（宁波市茶叶科学研究所）	省级	茶叶种植
上　海	上海光明森源生物科技有限公司	省级	食用菌种植
安　徽	安徽省雁湖面粉有限公司	省级	农产品初加工活动
黑龙江	齐齐哈尔农垦大强米业有限责任公司	省级	稻谷加工
青　海	青海省河卡种羊场	省级	其他谷物种植
浙　江	杭州大观山种猪育种有限公司	国家级	猪的饲养
黑龙江	黑龙江省建三江农垦深彤鑫粮油工贸有限公司	省级	稻谷加工
吉　林	吉林天强制药有限公司	国家级	中成药生产
黑龙江	齐齐哈尔农垦金星米业有限责任公司	省级	稻谷加工
黑龙江	黑龙江省建三江农垦嘉良米业有限责任规上	省级	稻谷加工
新疆（农业）	温宿永丰农业发展有限责任公司	省级	水果和坚果加工

3-7续表3

增加值（万元）	排序	总产值（万元）	排序	销售产值（万元）	排序	年末资产总额（万元）	排序	所有者权益（万元）	排序	固定资产原值年末数（万元）	排序	年平均从业人员（人）	排序
2 070	109	6 900	123	6 900	122	7 000	132	4 800	107	4 800	113	16	170
2 053	110	207 549	11	201 833	11	384 484	13	173 961	15	338 315	6	955	32
2 000	111	6 509	126	6 509	126	32 777	78	10 315	81	8 114	92	475	52
1 980	112	6 450	127	6 450	127	6 560	136	5 955	100	5 112	110	60	132
1 872	113	32 605	62	33 427	57	34 588	74	10 399	80	12 649	75	145	94
1 869	114	6 230	130	6 223	129	5 758	143	2 508	126	1 628	141	72	123
1 730	115	5 424	134	5 396	135	3 580	156	1 017	149	2 531	126	98	110
1 608	116	10 988	103	10 864	104	18 592	98	13 325	71	13 203	72	145	94
1 582	117	6 079	131	5 385	136	5 749	144	−2 467	164	1 571	142	80	118
1 564	118	7 818	117	7 818	118	5 904	139	1 392	144			20	165
1 507	119	6 032	132	6 032	132							44	143
1 506	120	7 528	119	7 528	120	2 293	166	3 162	120			30	156
1 454	121	4 139	143	4 571	139	12 197	113	2 973	122	12 566	76	267	75
1 445	122	13 412	94	13 412	94	50 241	62	17 948	62	52 674	35	250	78
1 351	123	41 753	51	49 156	45	60 815	55	12 185	74	1 350	146	66	125
1 272	124	8 480	113	1 280	170	6 685	134	4 742	108	5 651	104	34	153
1 221	125	4 885	138	4 912	138	14 583	104	7 050	92	2 166	134	62	128
1 203	126	40 951	52	42 528	50	50 055	63	18 060	61	6 799	98	90	112
1 116	127	3 505	152	3 505	149	29 519	85	4 219	113	7 436	94	89	113
1 105	128	4 418	141	4 418	142							29	160
1 080	129	3 830	147	3 648	146	2 616	164	87	159	2 057	135	193	87
1 055	130	12 073	97	12 073	98	8 770	122	5 190	106	2 283	131	36	151
1 050	131	3 500	153	3 500	150	2 743	161	−65	160	1 085	150	419	60
1 001	132	3 156	155	2 670	155	18 062	99	8 455	86	27 340	49	228	81
1 001	133	5 022	136	6 034	131	12 026	114	9 287	84	2 815	122	41	146
952	134	4 151	142	4 151	143	5 825	140	2 924	123	3 192	119	82	116
949	135	12 308	95	12 308	96	103 393	45	−241	161	37 767	41	426	58
860	136	8 881	111	8 936	112	6 487	137	407	156	2 645	125	128	96
860	137	8 080	115	8 080	115	12 558	111	8 287	87	3 664	117	35	152
840	138	1 648	167	1 648	165	4 510	155	2 843	124	1 908	138	127	97
779	139	4 100	144	3 464	151	5 931	138	1 793	136	2 786	123	79	119
778	140	3 700	148	3 700	145	12 448	112	10 198	82	9 650	84	38	149
777	141	3 971	145	3 971	144	14 323	106	5 958	99	6 299	100	152	93
764	142	10 806	104	10 806	105	4 923	151	4 229	112	2 206	133	61	131
706	143	3 529	151	3 529	148	5 174	148	4 680	109			20	165
686	144	7 310	120	7 310	121	6 623	135	3 903	117	2 398	128		

省　份	企业名称	省级或国家级	行业类型
黑龙江	黑龙江省农垦胜利东北黑蜂开发有限公司	省级	保健食品制造
辽宁	辽宁省阜新市辽宁实维天食品有限公司	省级	速冻食品制造
黑龙江	黑龙江省建三江农垦阿祥粮油工贸有限公司	省级	稻谷加工
上海	安徽光明槐祥工贸集团有限公司	国家级	稻谷加工
黑龙江	黑龙江省建三江农垦鑫三江粮油工贸有限公司	省级	稻谷加工
河南	河南省诸美种猪育种集团有限公司	国家级	猪的饲养
黑龙江	黑龙江省建三江农垦北斗星粮油工贸有限责任公司	省级	稻谷加工
浙江	浙江加华种猪有限公司	国家级	种猪生产
湖南	湖南大通湖锦大特种水产有限公司	省级	内陆养殖
黑龙江	黑龙江省农垦胜利粮油食品有限责任公司	省级	稻谷加工
黑龙江	黑龙江农垦雁窝岛集团酿酒有限公司	省级	白酒制造
安徽	安徽省青草湖酒业有限公司	省级	黄酒制造
黑龙江	齐齐哈尔农垦金田米业有限责任公司	省级	稻谷加工
安徽	安徽倮倮米业有限公司	省级	农产品初加工活动
安徽	安徽省农业服务股份有限公司	省级	其他农业专业及辅助性活动
黑龙江	黑龙江省建三江农垦中航益华粮食收储有限公司	省级	稻谷加工
黑龙江	黑龙江省建三江农垦鑫盛源粮油工贸有限规上	省级	稻谷加工
黑龙江	黑龙江省建三江农垦七星粮油工贸有限责任公司	省级	稻谷加工
安徽	安徽省绿魁茶业有限公司	省级	精制茶加工
内蒙古	海拉尔麦多利啤酒原料有限公司	省级	农产品初加工活动
天津	天津农垦康嘉生态养殖有限公司	省级	猪的饲养
上海	江苏东越生物技术股份有限公司	省级	食用菌种植
吉林	敦化市东升鹿业有限责任公司	国家级	其他牲畜饲养
甘肃	甘肃亚盛绿鑫啤酒原料集团有限责任公司	省级	其他饮料作物种植
黑龙江	齐齐哈尔农垦双全米业有限责任公司	省级	稻谷加工
贵州	国营丹寨县金钟农场	省级	稻谷种植
北京	北京二商（江西大观楼）食品有限公司	省级	食品及饲料添加剂制造
内蒙古	呼伦贝尔合适佳食品有限公司	省级	食用植物油加工
黑龙江	黑龙江省北大荒米业集团有限公司	省级	稻谷加工

3－7续表4

增加值（万元）	排序	总产值（万元）	排序	销售产值（万元）	排序	年末资产总额（万元）	排序	所有者权益（万元）	排序	固定资产原值年末数（万元）	排序	年平均从业人员（人）	排序
662	145	2 548	158	2 548	157	1 874	169	1 138	146	9 945	83	40	148
617	146	1 934	165	1 934	163	4 634	153	799	153	2 300	130	65	127
567	147	2 834	156	2 834	154	5 067	150	2 069	130			20	165
557	148	25 393	67	30 761	62	34 336	75	14 518	66	13 141	73	200	85
517	149	2 068	161	2 068	160	5 407	146	2 000	132			30	156
516	150	18 363	83	9 579	110	34 705	73	20 763	56	12 225	78	180	90
512	151	2 558	157	2 558	156	7 508	129	7 156	91			30	156
505	152	8 277	114	7 869	116	47 231	64	18 349	60	7 213	95	186	88
500	153	7 100	121	6 200	130	7 963	126	1 500	142	5 655	103	122	100
499	154	2 274	160	3 230	152	8 310	124	2 277	128	5 502	106	93	111
485	155	1 567	169	1 567	167	2 656	163	1 676	138	2 041	136	105	106
460	156	911	172	1 530	168	3 013	160	707	154	1 104	149	62	128
435	157	11 763	99	11 763	99	7 722	127	3 177	119	999	151	38	149
427	158	5 172	135	4 552	140	8 981	120	6 187	97	3 133	120	75	121
329	159	15 525	92	15 525	90	16 206	101	7 356	89	199	159	100	107
294	160	1 632	168	1 632	166	5 286	147	3 915	116	4 274	115	42	144
268	161	1 340	170	1 340	169	2 125	167	1 984	133			28	161
225	162	1 123	171	1 123	171	2 690	162	2 580	125			22	164
206	163	2 050	162	1 743	164	3 392	157	249	157	1 922	137	27	162
203	164	3 560	150	4 432	141	14 092	107	3 011	121	7 178	96	78	120
192	165	2 025	163	2 025	162	8 071	125	6 709	94	3 754	116	57	137
167	166	3 648	149	3 648	147	7 713	128	−1 061	163	9 037	90	62	128
152	167	210	173	150	173	1 620	170	−433	162	796	153	24	163
124	168	6 368	129	6 687	124	32 033	79	1 809	135	25 672	52	990	31
40	169	7 840	116	7 840	117	5 790	141	1 739	137	425	157	33	154
15	170	1 670	166	503	172	10 336	116	1 323	145	1 297	147	438	57
−619	171	2 000	164	2 028	161	7 117	131	2 031	131	5 123	109	99	108
−5 079	172	4 521	140	13 535	93	90 928	49	−26 516	169	23 824	56	305	72
−13 713	173	90 917	32	92 364	28	250 351	19	−157 115	170	80 796	30	815	37

建运服部分

4-1 建筑业基本情况

地区	年末单位个数（个）	年末从业人员（人）	全年从业人员报酬（万元）	年末固定资产原值（万元）
全国农垦	**3 612**	**400 096**	**1 709 682.28**	**1 744 955.74**
北京	5	115	1 325.00	8 072.00
天津	1	59	972.00	418.00
河北	620	9 447	40 321.00	35 268.00
山西				
内蒙古	69	2 273	8 482.00	24 226.00
辽宁	236	9 605	34 752.70	85 961.50
吉林	31	272	756.82	3 412.00
黑龙江	297	22 297	79 041.82	288 257.51
上海	8	675	8 269.00	6 553.00
江苏	64	3 319	28 759.00	47 458.00
浙江				
安徽	127	3 875	12 874.20	2 100.50
福建	143	1 866	5 549.50	1 299.00
江西	79	5 677	16 135.00	20 296.70
山东	2	50	175.24	911.53
河南	4	767	1 398.00	1 072.00
湖北	854	175 833	1 109 959.00	611 744.00
湖南	93	18 326	52 166.65	28 557.00
广东	233	6 070	36 650.52	32 693.72
广西	277	17 230	83 285.00	318 382.00
海南	147	9 415	48 582.00	138 861.00
重庆				
四川				
贵州				
云南	53	556	2 223.32	1 070.28
陕西	1	441	1 323.00	33.30
甘肃	2	1 185	4 954.91	1 814.00
青海				
宁夏	17	1 641	4 122.70	1 273.60
新疆（兵团）	228	107 415		
新疆（农业）	5	642	732.20	2 155.00
新疆（畜牧）	16	1 045	126 871.70	83 066.10
热科院				
广州				
南京				

4－1续表

地　　区	年末拥有机械设备总台数（台）	全年施工房屋建筑面积（万米^2）	房屋建筑竣工面积（万米^2）	建筑业总产值（万元）
全国农垦	**82 242**	**25 694.34**	**12 489.03**	**21 098 570.81**
北　　京	11	5.00	1.00	5 165.00
天　　津	3	8.01		12 100.00
河　　北	3 752	56.91	21.44	547 525.00
山　　西				
内 蒙 古	678	5.76	2.91	48 819.00
辽　　宁	1 858	186.44	112.94	386 594.00
吉　　林	81	603.49	603.06	1 107.20
黑 龙 江	5 037	137.18	109.82	1 047 027.30
上　　海	63	0.90	0.90	38 282.00
江　　苏	661	10.70	8.22	174 809.00
浙　　江				
安　　徽	178	80.11	16.05	73 343.00
福　　建	261	39.82	23.02	17 203.50
江　　西	4 174	171.59	128.09	170 000.00
山　　东	20			1 641.00
河　　南	340	1.36	0.86	4 564.00
湖　　北	24 314	10 827.00	2 758.00	7 026 065.00
湖　　南	11 203	605.79	400.13	223 361.00
广　　东	896	82.20	67.63	211 488.70
广　　西	3 827	150.18	81.07	1 371 219.00
海　　南	1 283	113.27	84.54	451 546.00
重　　庆				
四　　川				
贵　　州				
云　　南	131	12.58	6.92	45 873.98
陕　　西	27	10.45	4.68	4 400.00
甘　　肃	91	9 314.20	6 804.20	29 067.00
青　　海				
宁　　夏	426	6.80		12 142.30
新疆（兵团）	22 526	3 244.68	1 236.39	9 148 939.00
新疆（农业）	77	6.52	6.52	9 225.00
新疆（畜牧）	324	13.40	10.64	37 063.83
热 科 院				
广　　州				
南　　京				

4－2 国有及国有控股建筑业基本情况

地　区	年末单位个数（个）	年末从业人员（人）	全年从业人员报酬（万元）	年末固定资产原值（万元）
全国农垦	**247**	**167 198**	**746 949.38**	**266 604.94**
北　京	5	115	1 325.00	8 072.00
天　津	1	59	972.00	418.00
河　北	3	210	935.00	4 003.00
山　西				
内蒙古	2	258	761.00	2 514.00
辽　宁	3	53	20.00	35.50
吉　林				
黑龙江	38	8 013	27 548.30	75 699.19
上　海	8	675	8 269.00	6 553.00
江　苏	5	110	800.00	511.00
浙　江				
安　徽	6	2 714	9 999.20	660.40
福　建				
江　西	12	533	1 882.00	931.00
山　东	2	50	175.24	911.53
河　南	1	482	348.00	872.00
湖　北	20	73 669	653 601.00	123 047.00
湖　南	1	725	55.65	550.00
广　东	9	335	8 178.57	9 223.00
广　西	20	1 349	9 809.00	29 422.00
海　南	13	1 032	19 047.00	770.00
重　庆				
四　川				
贵　州				
云　南	5	59	229.62	234.12
陕　西				
甘　肃	1	52	357.00	1 650.00
青　海				
宁　夏	2	421	2 348.80	453.20
新疆（兵团）	89	76 126		
新疆（农业）	1	150	280.00	75.00
新疆（畜牧）		8	8.00	
热科院				
广　州				
南　京				

4－2续表

地　区	年末拥有机械设备总台数（台）	全年施工房屋建筑面积（万米^2）	房屋建筑竣工面积（万米^2）	建筑业总产值（万元）
全国农垦	**19 378**	**90 541.56**	**2 267.38**	**10 683 896.36**
北京	11	5.00	1.00	5 165.00
天津	3	80 052.00		12 100.00
河北	236			8 570.00
山西				
内蒙古	172	0.05	0.04	8 128.00
辽宁	20	0.10		50.00
吉林				
黑龙江	1 458	45.83	29.85	387 607.10
上海	63	0.90	0.90	38 282.00
江苏	25	1.53	0.98	3 955.00
浙江				
安徽	46	75.35	14.35	62 274.00
福建				
江西	241	4.69	4.52	22 636.00
山东	20			1 641.00
河南	280	0.90	0.40	3 094.00
湖北	796	7 443.00	1 036.00	3 174 616.00
湖南	8	385.00	265.00	5 735.00
广东	47	4.33	3.91	39 011.25
广西	376	37.13	19.62	78 762.00
海南	2	33.42	24.44	105 414.00
重庆				
四川				
贵州				
云南	15	10.32	3.42	33 179.01
陕西				
甘肃				26 000.00
青海				
宁夏	236	6.80		9 068.00
新疆(兵团)	15 301	2 435.21	862.95	6 658 031.00
新疆(农业)	12			570.00
新疆(畜牧)				8.00
热科院				
广州				
南京				

4－3 交通运输业基本情况

地　　区	年末单位个数（个）	年末从业人员（人）	全年从业人员报酬（万元）	年末固定资产原值（万元）	年末拥有主要运输工具（台）
全国农垦	**37 186**	**137 473**	**669 300.31**	**3 159 452.51**	**442 970**
北　京	5	2 371	8 718.00	73 217.00	1 737
天　津					
河　北	5 938	17 069	96 491.00	196 807.00	10 408
山　西	43	107	284.00	641.00	39
内蒙古	1 416	3 389	12 927.60	103 945.00	2 891
辽　宁	3 455	8 340	29 114.00	54 230.00	7 507
吉　林	157	312	873.80	3 232.00	165
黑龙江	226	17 198	52 510.00	458 141.00	25 776
上　海	46	17 546	106 392.00	461 598.00	759
江　苏	32	2 309	22 238.00	23 807.00	968
浙　江					
安　徽	560	903	4 278.40	7 623.00	617
福　建	994	1 770	8 499.80	5 631.00	1 155
江　西	273	1 757	5 403.00	12 250.00	1 039
山　东					
河　南	1	10	60.00	100.00	5
湖　北	13 109	35 461	171 570.00	1 341 200.00	37 619
湖　南	310	2 978	12 826.00	25 561.00	3 182
广　东	869	3 878	22 371.64	33 266.06	2 746
广　西	4 642	8 314	45 940.00	72 819.00	6 085
海　南	1 930	6 679	24 571.00	30 227.00	
重　庆	2	427	3 073.00	1 054.00	294
四　川					
贵　州					
云　南	1 289	3 617	7 854.36	81 379.51	8 108
陕　西					
甘　肃	40	55	198.80	423.86	31
青　海					
宁　夏	714	1 217	4 145.70	6 393.30	832
新疆（兵团）	88		23 081.30	156 005.90	329 747
新疆（农业）	407	760	1 731.00	5 676.00	552
新疆（畜牧）	639	991	4 105.91	4 099.88	693
热科院					
广　州					
南　京	1	15	42.00	125.00	15

4－3 续表

地　区	全年客货运输量		营业总收入（万元）	
	货运量（万吨）	客运量（万人）		货运及装卸收入（万元）
全国农垦	**265 234.96**	**70 194.02**	**7 534 600.81**	**5 043 044.93**
北　京	12.00	861.00	99 058.00	14 757.00
天　津				
河　北	87 975.55	708.30	272 566.00	200 932.00
山　西	15.35	5.60	699.00	373.00
内蒙古	1 642.76	375.17	50 963.00	40 427.00
辽　宁	14 097.30	1 462.60	112 940.00	65 615.00
吉　林	24.30	67.30	2 559.00	774.20
黑龙江	19 496.00	7 628.00	1 239 227.00	454 604.00
上　海	51.60		718 220.00	186 007.00
江　苏	207.61	107.12	80 550.00	55 486.00
浙　江				
安　徽	293.80	186.50	10 525.00	7 679.00
福　建	1 111.62	638.35	18 144.33	15 173.33
江　西	61.44	60.95	20 315.00	15 767.00
山　东				
河　南			80.00	30.00
湖　北	10 243.00	1 769.00	835 765.00	779 226.00
湖　南	24 698.53	3 588.84	68 492.20	37 610.00
广　东	937.79	1 131.31	70 269.00	44 388.00
广　西	3 528.00	1 010.00	173 798.00	126 137.00
海　南	1 071.02	599.75	76 378.00	59 570.00
重　庆	43.30		19 156.00	19 156.00
四　川				
贵　州				
云　南	22 764.22	2 306.01	42 394.64	25 875.86
陕　西				
甘　肃	111.20	52.86	892.27	800.17
青　海				
宁　夏	340.00	492.00	9 162.20	5 130.20
新疆（兵团）	75 641.34	24 815.64	3 589 855.80	2 873 242.00
新疆（农业）	82.90	94.40	14 081.40	11 619.00
新疆（畜牧）	769.33	22 229.32	8 371.97	2 594.17
热科院				
广　州				
南　京	15.00	4.00	138.00	72.00

4－4 国有及国有控股交通运输业基本情况

地　区	年末单位个数（个）	年末从业人员（人）	全年从业人员报酬（万元）	年末固定资产原值（万元）	年末拥有主要运输工具（台）
全国农垦	**391**	**24 496**	**138 721.14**	**749 325.66**	**5 377**
北　京	5	2 371	8 718.00	73 217.00	1 737
天　津					
河　北	3	17	43.00	91.00	
山　西					
内蒙古	1	13	34.00	321.00	10
辽　宁					
吉　林					
黑龙江	69	2 390	9 720.00	188 778.00	1 146
上　海	46	17 546	106 392.00	461 598.00	759
江　苏					
浙　江					
安　徽					
福　建	24	9			
江　西	2	222	538.00	843.00	82
山　东					
河　南					
湖　北	4	283	798.00	2 883.00	234
湖　南	1	7	20.00	156.00	31
广　东	4	896	6 963.56	6 834.50	686
广　西	4	73	340.00	2 575.00	31
海　南	201	110	1 425.00	3 618.00	
重　庆	2	427	3 073.00	1 054.00	294
四　川					
贵　州					
云　南	23	120	622.58	7 257.22	367
陕　西					
甘　肃	1	7	34.00	2.26	
青　海					
宁　夏					
新疆（兵团）					
新疆（农业）					
新疆（畜牧）	1	5		97.68	
热科院					
广　州					
南　京					

4－4 续表

地　区	全年客货运输量		营业总收入（万元）	
	货运量（万吨）	客运量（万人）		货运及装卸收入（万元）
全国农垦	**3 493.40**	**3 421.50**	**1 287 505.79**	**275 614.00**
北　京	12.00	861.00	99 058.00	14 757.00
天　津				
河　北	2.00	1.00	178.00	160.00
山　西				
内蒙古	2.00		260.00	260.00
辽　宁				
吉　林				
黑龙江	1 112.00	1 445.00	413 950.00	28 691.00
上　海	51.60		718 220.00	186 007.00
江　苏				
浙　江				
安　徽				
福　建			47.00	
江　西	0.50	49.32	1 141.00	218.00
山　东				
河　南				
湖　北	2 138.00	372.00	5 526.00	3 821.00
湖　南	4.00		46.00	46.00
广　东		668.00	5 641.00	
广　西	54.00	19.00	2 275.00	860.00
海　南	67.00	6.18	21 188.00	21 103.00
重　庆	43.30		19 156.00	19 156.00
四　川				
贵　州				
云　南			166.36	
陕　西				
甘　肃	7.00		535.00	535.00
青　海				
宁　夏				
新疆（兵团）				
新疆（农业）				
新疆（畜牧）			118.43	
热科院				
广　州				
南　京				

4－5 批发零售业基本情况

地　区	年末单位个数（个）	年末从业人员（人）	全年从业人员报酬（万元）	营业网点个数（个）
全国农垦	**107 954**	**451 741**	**1 573 577.17**	**117 176**
北京	117	5 360	64 555.00	228
天津	28	2 429	24 368.00	396
河北	5 970	21 753	73 322.20	7 879
山西	1 045	3 478	7 230.20	1 149
内蒙古	4 226	10 920	30 444.20	2 219
辽宁	7 804	31 542	105 810.80	5 234
吉林	823	1 882	3 853.70	673
黑龙江	792	47 876	157 904.00	26 547
上海	265	36 576	332 463.00	3 468
江苏	4 139	12 892	83 698.00	2 723
浙江	4	88	278.00	48
安徽	1 903	6 409	14 632.96	2 524
福建	1 983	5 444	12 608.26	1 610
江西	3 182	19 593	53 858.00	5 981
山东	42	111	458.00	42
河南	216	1 251	3 255.50	191
湖北	52 129	130 344	316 409.00	23 955
湖南	3 567	9 689	19 876.12	2 261
广东	3 040	9 386	44 889.34	2 848
广西	6 551	22 447	95 406.00	6 752
海南	3 087	55 888	76 879.00	11 380
重庆	2	37	461.00	
四川				
贵州	2	52	530.00	
云南	4 756	10 321	30 764.87	5 775
陕西	29	84	313.50	24
甘肃	6	207	1 743.09	3
青海				
宁夏	151	2 697	6 997.60	1 319
新疆（兵团）				
新疆（农业）	993	1 356	2 483.20	1 172
新疆（畜牧）	1 060	1 431	6 774.30	726
热科院	1	14	110.00	2
广州	3	94	939.00	
南京	38	90	261.33	47

4－5续表

地　区	年末固定资产原值（万元）	年末营业用房面积（米²）	销售总额或营业收入（万元）
全国农垦	**4 798 710.50**	**9 658 609.66**	**47 055 069.68**
北　京	335 798.00	654 704.00	5 565 843.00
天　津	173 572.00	79 221.00	2 499 953.00
河　北	134 620.00	200 303.00	2 176 581.00
山　西	3 407.00	34 620.00	391 581.90
内蒙古	84 500.00	401 421.00	324 071.50
辽　宁	155 826.00	475 754.00	431 977.00
吉　林	5 750.00	71 414.00	9 231.50
黑龙江	1 239 478.00	2 281 538.00	7 414 263.00
上　海	1 235 153.00	863 826.00	8 928 642.00
江　苏	131 129.00	437 250.00	672 080.00
浙　江	304.00	1 938.00	1 546.00
安　徽	40 460.00	172 311.00	160 952.50
福　建	33 234.60	118 285.00	162 780.33
江　西	42 008.00	353 820.00	193 357.00
山　东	806.00	3 690.00	1 601.00
河　南	8 401.20	30 359.00	55 595.00
湖　北	587 333.00	1 716 991.00	10 546 543.00
湖　南	32 173.60	194 843.50	249 627.42
广　东	162 359.90	216 914.00	1 459 794.58
广　西	183 358.00	398 856.00	2 066 977.00
海　南	91 400.00	406 076.00	997 899.00
重　庆	5 560.00	6 700.00	19 204.00
四　川			
贵　州	206.00		11 332.00
云　南	66 180.57	320 567.00	2 463 851.52
陕　西	4 171.30	3 302.00	548.20
甘　肃	2 671.10	3 051.00	75 950.50
青　海			
宁　夏	11 743.80	47 191.00	29 750.30
新疆(兵团)			
新疆(农业)	21 937.00	66 756.00	18 884.50
新疆(畜牧)	4 590.08	90 436.16	8 934.56
热科院	40.94	1 598.00	638.98
广　州	202.00	739.00	112 683.00
南　京	336.41	4 135.00	2 395.39

4－6　国有及国有控股批发零售业基本情况

地　区	年末单位个数（个）	年末从业人员（人）	全年从业人员报酬（万元）	营业网点个数（个）
全国农垦	**811**	**56 935**	**497 111.39**	**16 520**
北　京	117	5 360	64 555.00	228
天　津	28	2 429	24 368.00	396
河　北	11	198	174.00	15
山　西	5	104	239.00	7
内蒙古	22	651	4 642.00	55
辽　宁	62	936	3 739.00	195
吉　林	1	3	10.80	
黑龙江	116	1 842	6 978.00	396
上　海	265	36 576	332 463.00	3 468
江　苏	3	552	2 836.00	3
浙　江				
安　徽	5	345	2 540.00	15
福　建	7	55	369.00	1
江　西	11	239	148.00	6
山　东	7	35	194.00	13
河　南	9	316	1 124.80	36
湖　北	14	2 520	20 446.00	27
湖　南				
广　东	27	1 030	7 336.31	228
广　西	32	1 244	5 060.00	32
海　南	39	1 317	10 184.00	11 292
重　庆	2	37	461.00	
四　川				
贵　州				
云　南	14	570	5 436.06	28
陕　西	1	27	113.00	
甘　肃	6	207	1 743.09	3
青　海				
宁　夏	3	244	971.00	71
新疆（兵团）				
新疆（农业）				
新疆（畜牧）				
热科院				
广　州	3	94	939.00	
南　京	1	4	41.33	5

4-6续表

地　　区	年末固定资产原值（万元）	年末营业用房面积（米²）	销售总额或营业收入（万元）
全国农垦	**3 005 089.71**	**2 372 184.00**	**27 844 561.98**
北　　京	335 798.00	654 704.00	5 565 843.00
天　　津	173 572.00	79 221.00	2 499 953.00
河　　北	54 187.00	25 154.00	120 042.00
山　　西	312.00	3 749.00	2 680.50
内 蒙 古	25 651.00	74 663.00	170 962.00
辽　　宁	3 704.00	18 570.00	37 989.00
吉　　林	44.67		
黑 龙 江	782 741.00	431 121.00	4 001 339.00
上　　海	1 235 153.00	863 826.00	8 928 642.00
江　　苏	15 208.00	6 908.00	40 124.00
浙　　江			
安　　徽	21 012.61	3 950.00	38 379.75
福　　建	650.00	1 000.00	31 635.00
江　　西	1 348.00	10 423.00	1 628.00
山　　东	102.00	2 095.00	396.00
河　　南	6 875.88	17 339.00	32 652.68
湖　　北	134 629.00	32 329.00	1 678 669.00
湖　　南			
广　　东	122 323.40	13 584.00	1 073 695.55
广　　西	19 768.00	21 887.00	341 324.00
海　　南	36 993.00		737 294.00
重　　庆	5 560.00	6 700.00	19 204.00
四　　川			
贵　　州			
云　　南	19 824.34	96 915.00	2 321 925.61
陕　　西	3 782.00		3.00
甘　　肃	2 671.10	3 051.00	75 950.50
青　　海			
宁　　夏	2 971.30	3 271.00	11 302.00
新疆（兵团）			
新疆（农业）			
新疆（畜牧）			
热 科 院			
广　　州	202.00	739.00	112 683.00
南　　京	6.41	985.00	245.39

4－7 餐饮业基本情况

地区	年末单位个数（个）	年末从业人员（人）	全年从业人员报酬（万元）	营业网点个数（个）
全国农垦	**26 400**	**166 889**	**503 900.67**	**31 502**
北京	9	16 998	58 650.00	421
天津	3	219	1 471.00	3
河北	1 319	9 727	37 448.00	1 376
山西	180	478	999.00	188
内蒙古	2 054	4 979	11 560.90	787
辽宁	1 906	21 310	46 767.00	1 296
吉林	141	462	1 483.20	111
黑龙江	67	23 063	62 072.00	9 903
上海	24	2 337	16 945.00	141
江苏	527	2 830	14 205.00	286
浙江	2	64	233.60	19
安徽	541	2 242	7 476.08	748
福建	445	1 755	5 270.00	481
江西	1 053	8 789	19 568.00	848
山东	7	15	54.00	7
河南	82	458	580.40	68
湖北	11 337	37 373	100 646.00	5 081
湖南	1 287	4 654	9 373.00	2 484
广东	609	4 756	23 883.05	530
广西	1 140	5 866	28 853.00	1 208
海南	488	7 697	25 384.00	2 172
重庆	2	367	2 656.00	3
四川				
贵州				
云南	1 741	6 301	18 168.03	2 104
陕西	19	132	339.90	18
甘肃	3	39	139.20	2
青海	1	31	131.30	1
宁夏	401	1 962	3 663.80	401
新疆（兵团）				
新疆（农业）	429	780	1 691.80	316
新疆（畜牧）	558	1 162	4 078.97	468
热科院				
广州				
南京	25	43	109.44	31

4－7 续表

地　区	年末固定资产原值（万元）	年末营业用房面积（米^2）	销售总额或营业收入（万元）
全国农垦	**1 467 488.25**	**4 549 270.59**	**2 983 022.07**
北　京	131 413.00	60 338.00	389 536.00
天　津	1 023.00	5 760.00	3 435.00
河　北	33 315.00	104 148.00	213 199.00
山　西	367.00	4 149.00	64 369.00
内蒙古	24 238.00	174 682.00	48 492.30
辽　宁	61 226.00	234 009.00	142 691.00
吉　林	3 241.00	21 459.00	2 911.30
黑龙江	291 503.00	1 278 735.00	631 592.00
上　海	63 725.00	207 086.00	87 727.00
江　苏	32 211.00	67 584.00	52 712.00
浙　江	616.00	1 760.00	906.00
安　徽	37 212.77	126 073.00	26 561.44
福　建	21 966.80	90 203.00	15 142.00
江　西	27 490.00	133 098.00	115 479.00
山　东	312.00	226.00	39.00
河　南	1 991.00	14 790.00	8 153.60
湖　北	109 108.00	555 329.00	612 592.00
湖　南	30 821.00	160 761.94	64 136.16
广　东	31 159.11	89 614.25	107 315.28
广　西	78 999.00	236 109.00	239 528.00
海　南	129 395.00	294 632.00	60 427.00
重　庆	8 382.00	31 200.00	6 751.00
四　川			
贵　州			
云　南	229 895.77	399 528.00	61 191.53
陕　西	3 265.00	39 987.00	1 061.90
甘　肃	2 186.00	1 728.00	252.00
青　海	3 500.00	17 000.00	260.00
宁　夏	18 824.60	51 611.00	10 797.70
新疆（兵团）			
新疆（农业）	4 529.00	73 976.00	5 379.00
新疆（畜牧）	83 790.97	66 594.40	9 295.74
热科院			
广　州			
南　京	1 782.23	7 100.00	1 089.12

4-8　国有及国有控股餐饮业基本情况

地　区	年末单位个数（个）	年末从业人员（人）	全年从业人员报酬（万元）	营业网点个数（个）
全国农垦	**176**	**24 452**	**95 720.94**	**826**
北　京	9	16 998	58 650.00	421
天　津	3	219	1 471.00	3
河　北	3	48	114.00	3
山　西				
内蒙古	4	96	326.00	1
辽　宁				
吉　林				
黑龙江	46	1 441	4 212.00	80
上　海	24	2 337	16 945.00	141
江　苏	2	154	639.00	1
浙　江				
安　徽	7	330	1 936.92	7
福　建	5	14	43.00	
江　西	3	30	61.00	2
山　东				
河　南				
湖　北	5	61	180.00	5
湖　南				
广　东	10	578	3 249.10	10
广　西	5	52	161.00	5
海　南	9	595	1 936.00	106
重　庆	2	367	2 656.00	3
四　川				
贵　州				
云　南	29	564	2 046.48	29
陕　西	1	60	168.00	1
甘　肃	3	39	139.20	2
青　海				
宁　夏	5	468	767.80	5
新疆（兵团）				
新疆（农业）				
新疆（畜牧）			8.00	
热科院				
广　州				
南　京	1	1	11.44	1

4－8续表

地　　区	年末固定资产原值 （万元）	年末营业用房面积 （米²）	销售总额或营业收入 （万元）
全国农垦	**472 645.30**	**818 228.50**	**550 010.93**
北　　京	131 413.00	60 338.00	389 536.00
天　　津	1 023.00	5 760.00	3 435.00
河　　北	1 544.00	1 569.00	1 045.00
山　　西			
内 蒙 古	1 076.00	5 700.00	631.00
辽　　宁			
吉　　林			
黑 龙 江	96 615.00	215 866.00	19 081.00
上　　海	63 725.00	207 086.00	87 727.00
江　　苏	1 920.00	3 728.00	4 722.00
浙　　江			
安　　徽	27 160.77	75 501.00	8 124.44
福　　建			49.00
江　　西	360.00	8 505.00	238.00
山　　东			
河　　南			
湖　　北	1 858.00	10 344.00	799.00
湖　　南			
广　　东	12 086.00	3 641.00	8 262.97
广　　西	10 176.00	2 979.00	980.00
海　　南	72 096.00	90 286.00	8 666.00
重　　庆	8 382.00	31 200.00	6 751.00
四　　川			
贵　　州			
云　　南	21 685.40	56 915.00	7 096.30
陕　　西	2 917.00	16 000.00	351.00
甘　　肃	2 186.00	1 728.00	252.00
青　　海			
宁　　夏	14 776.90	15 782.50	2 105.10
新疆（兵团）			
新疆（农业）			
新疆（畜牧）	63.00	300.00	20.00
热 科 院			
广　　州			
南　　京	1 582.23	5 000.00	139.12

4－9 服务业基本情况

地　区	年末单位个数（个）	年末从业人员（人）	全年从业人员报酬（万元）	营业网点个数（个）
全国农垦	**28 818**	**140 547**	**626 067.76**	**30 268**
北　京	160	8 871	88 101.00	85
天　津	52	1 471	19 389.00	12
河　北	6 334	18 999	80 434.00	6 437
山　西	62	423	1 528.00	114
内蒙古	1 712	3 331	6 286.90	916
辽　宁	3 517	21 153	70 735.40	2 939
吉　林	107	259	598.80	99
黑龙江	100	5 495	25 250.00	
上　海	98	2 456	33 753.00	16
江　苏	1 973	10 524	77 955.00	1 018
浙　江	10	87	592.60	25
安　徽	835	2 523	6 054.60	1 076
福　建	545	1 465	4 441.00	632
江　西	723	4 500	14 658.00	579
山　东	16	33	135.00	14
河　南	51	460	876.80	42
湖　北	5 024	13 915	40 236.00	5 290
湖　南	1 398	10 310	25 735.40	295
广　东	1 481	8 793	46 563.76	1 409
广　西	1 274	6 090	26 615.00	1 292
海　南	711	8 963	20 958.00	3 635
重　庆	2	212	2 150.00	2
四　川	2	31	135.01	2
贵　州				
云　南	1 355	4 434	11 530.00	2 978
陕　西	23	186	905.90	48
甘　肃	13	323	1 818.28	2
青　海				
宁　夏	621	2 808	10 773.40	618
新疆（兵团）				
新疆（农业）	215	642	3 314.40	328
新疆（畜牧）	311	1 490	1 852.59	266
热科院				
广　州	12	66	1 538.00	
南　京	81	234	1 152.92	99

4－9续表

地　区	年末固定资产原值（万元）	年末营业用房面积（米²）	销售总额或营业收入（万元）
全国农垦	**2 908 667.81**	**5 846 177.95**	**5 716 957.96**
北　京	512 635.00	935 061.00	973 408.00
天　津	124 343.00	65 787.00	211 327.00
河　北	165 070.00	259 628.00	626 168.00
山　西	2 105.00	5 163.00	27 152.00
内蒙古	17 274.00	93 707.00	79 774.10
辽　宁	65 609.00	186 203.00	115 008.00
吉　林	945.00	6 986.00	917.70
黑龙江	1 067 098.00	1 953 854.00	2 228 348.00
上　海	350 870.00	13 736.00	234 872.00
江　苏	157 946.00	222 899.00	303 627.00
浙　江	930.10	13 481.00	2 620.40
安　徽	13 307.90	33 564.00	38 777.50
福　建	8 468.60	22 594.00	9 101.00
江　西	9 108.00	58 339.00	132 240.00
山　东	505.00	603.00	103.00
河　南	16 193.00	26 891.00	5 962.00
湖　北	44 314.00	217 703.00	102 044.00
湖　南	38 531.00	69 571.00	116 698.42
广　东	78 430.42	708 732.29	163 129.25
广　西	45 374.00	276 099.00	146 104.00
海　南	56 943.00	127 599.00	61 980.00
重　庆	13 569.00	65 900.00	6 342.00
四　川	441.20	628.00	234.50
贵　州			
云　南	14 323.80	146 369.00	52 819.45
陕　西	3 995.55	10 136.00	3 733.10
甘　肃	12 022.71	85 378.60	3 299.70
青　海			
宁　夏	67 535.50	42 478.00	38 858.30
新疆(兵团)			
新疆(农业)	6 613.00	33 329.00	3 942.00
新疆(畜牧)	1 268.37	32 335.08	1 973.12
热科院			
广　州	6 797.00	116 435.00	14 641.00
南　京	6 101.66	14 988.98	11 753.42

4-10 国有及国有控股服务业基本情况

地 区	年末单位个数（个）	年末从业人员（人）	全年从业人员报酬（万元）	营业网点个数（个）
全国农垦	**668**	**27 141**	**203 235.08**	**1 226**
北京	159	8 533	84 277.00	84
天津	52	1 471	19 389.00	12
河北	4	84	297.00	1
山西	2	120	679.00	2
内蒙古	21	206	1 021.00	16
辽宁	37	142	775.00	37
吉林				
黑龙江	74	4 274	18 657.00	
上海	98	2 456	33 753.00	16
江苏	6	3 128	4 102.00	3
浙江	1	14	131.60	
安徽	23	368	1 232.00	122
福建	3	53	145.00	6
江西	2	32	62.00	2
山东				
河南				
湖北	2	21	112.00	3
湖南				
广东	40	2 393	17 097.95	51
广西	15	328	1 506.00	15
海南	26	1 429	4 577.00	481
重庆	2	212	2 150.00	2
四川	2	31	135.01	2
贵州				
云南	58	261	1 726.72	58
陕西	2	60	350.00	12
甘肃	12	303	1 755.28	2
青海	2	43		273
宁夏	10	991	6 873.60	7
新疆（兵团）				
新疆（农业）				
新疆（畜牧）				
热科院				
广州	12	66	1 538.00	
南京	3	122	892.92	19

4－10续表

地　区	年末固定资产原值（万元）	年末营业用房面积（米^2）	销售总额或营业收入（万元）
全国农垦	**1 974 745.94**	**3 095 184.52**	**3 352 918.38**
北　京	472 699.00	890 321.00	955 799.00
天　津	124 343.00	65 787.00	211 327.00
河　北	780.00	1 260.00	552.00
山　西	1 788.00	816.00	998.00
内蒙古	3 395.00	9 052.00	21 069.00
辽　宁	14 835.00	12 480.00	2 747.00
吉　林			
黑龙江	750 598.00	1 107 221.00	1 683 020.00
上　海	350 870.00	13 736.00	234 872.00
江　苏	23 388.00	101 120.00	38 020.00
浙　江	286.50	5 124.00	226.10
安　徽	5 052.77	4 412.00	20 013.00
福　建	1 988.00	424.00	365.00
江　西	549.00	2 360.00	357.00
山　东			
河　南			
湖　北	3 616.00	50 500.00	876.00
湖　南			
广　东	53 183.14	458 233.54	51 545.53
广　西	10 329.00	13 408.00	21 136.00
海　南	43 220.00	21 293.00	36 469.00
重　庆	13 569.00	65 900.00	6 342.00
四　川	441.20	628.00	234.50
贵　州			
云　南	4 186.72	29 544.00	4 107.08
陕　西	300.00	400.00	600.00
甘　肃	10 645.95	20 020.00	3 189.65
青　海	9 759.00	72 019.00	3 881.00
宁　夏	62 347.00	19 802.00	31 038.10
新疆（兵团）			
新疆（农业）			
新疆（畜牧）			
热科院			
广　州	6 797.00	116 435.00	14 641.00
南　京	5 779.66	12 888.98	9 493.42

固定资产投资

5-1 固定资产投资完成情况

计量单位：万元

地区	本年完成投资总额（按工程用途分）	第一产业	第二产业	第三产业	当年新增固定资产
全国农垦	**40 196 132.08**	**3 256 255.40**	**20 709 434.39**	**16 230 442.29**	**19 289 671.76**
北京	373 670.00	81 425.00	97 057.00	195 188.00	216 561.00
天津	47 313.00	5 549.00	11 232.00	30 532.00	37 747.00
河北	4 686 595.19	323 900.19	3 312 063.00	1 050 632.00	2 113 162.19
山西	2 370.60	626.60	1 660.00	84.00	2 348.60
内蒙古	257 238.91	166 166.66	35 038.00	56 034.25	191 327.71
辽宁	793 504.15	193 499.15	172 934.00	427 071.00	358 932.15
吉林	6 868.74	6 049.74	267.00	552.00	6 337.21
黑龙江	959 782.99	467 046.46	123 697.25	369 039.28	776 390.93
上海	392 669.00	92 225.00	180 037.00	120 407.00	314 857.00
江苏	338 811.00	45 177.00	103 393.00	190 241.00	276 446.00
浙江	2 587.79	2 559.79	10.00	18.00	2 200.47
安徽	29 346.04	15 118.44	8 665.10	5 562.50	20 037.14
福建	49 307.09	3 053.69	31 115.40	15 138.00	46 313.40
江西	3 075 202.00	65 689.00	1 955 801.00	1 053 712.00	515 894.00
山东	22 875.66	15 256.56	29.30	7 589.80	8 425.56
河南	812 305.80	22 119.80	335 270.00	454 916.00	275 579.80
湖北	12 566 599.00	502 040.00	8 510 147.00	3 554 412.00	7 310 768.00
湖南	2 321 724.50	51 701.50	814 820.00	1 455 203.00	772 467.50
广东	297 413.63	78 510.60	45 978.18	172 924.85	142 031.96
广西	2 042 212.00	97 118.00	1 205 357.00	739 737.00	906 613.00
海南	553 204.00	50 116.00	29 665.00	473 423.00	293 645.00
重庆	64 014.00	7 563.00	38 329.00	18 122.00	34 000.00
四川	692.00	692.00			692.00
贵州	5 302.78	970.78	4 332.00		5 012.78
云南	142 247.64	44 858.66	43 294.61	54 094.37	76 519.20
陕西	10 910.40	10 337.40	490.00	83.00	3 994.32
甘肃	78 122.49	65 402.41	8 594.89	4 125.19	42 867.90
青海	8 355.80	5 853.80	500.00	2 002.00	4 332.80
宁夏	62 316.80	20 250.50	7 423.30	34 643.00	33 067.90
新疆（兵团）	10 017 648.00	741 849.00	3 589 593.00	5 686 206.00	4 388 966.00
新疆（农业）	61 002.91	38 616.67	18 443.00	3 943.24	21 944.89
新疆（畜牧）	79 238.86	34 106.22	20 947.36	24 185.28	64 506.89
热科院	30 289.69			30 289.69	21 291.84
广州	4 089.00	684.00	3 251.00	154.00	4 089.00
南京	300.62	122.78		177.84	300.62

5-1续表

地区	资金来源合计	国家预算内资金	国内贷款	利用外资	自筹资金	其他资金
全国农垦	**34 117 863.08**	**4 401 742.66**	**1 443 768.00**	**196 798.20**	**23 027 073.06**	**5 048 481.16**
北京	373 670.00	9 039.00	3 853.00		338 881.00	21 897.00
天津	88 621.00	3 274.00	6 274.00		75 629.00	3 444.00
河北	4 686 595.19	32 602.00			4 511 443.19	142 550.00
山西	2 370.60	1 079.20			471.40	820.00
内蒙古	185 062.30	45 677.30	4 566.00	900.00	128 001.00	5 918.00
辽宁	793 504.15	88 335.00	103 636.00		534 111.50	67 421.65
吉林	6 868.74	2 068.00		3 090.00	679.74	1 031.00
黑龙江	945 997.94	365 870.38	0.97		380 000.51	200 126.08
上海	340 129.00	12 524.00	67 529.00	42.00	195 548.00	64 486.00
江苏	338 811.00	31 778.00			295 131.00	11 902.00
浙江	2 702.00	1 757.00			899.00	46.00
安徽	29 346.56	12 999.50			9 324.06	7 023.00
福建	49 068.09	5 033.00		750.00	41 103.09	2 182.00
江西	3 075 202.00	686 011.00	4 396.00	143 321.00	1 891 392.00	350 082.00
山东	11 807.66	724.47	602.00	1 201.00	9 280.19	
河南	807 077.80	329.00	2 100.00		801 682.00	2 966.80
湖北	12 560 251.00	1 319 602.00	415 742.00	24 605.00	8 018 740.00	2 781 562.00
湖南	972 139.50	450 057.00	38 000.00	21 300.00	129 661.50	333 121.00
广东	297 413.63	57 410.20	3 129.00		77 388.87	159 485.56
广西	2 046 712.00	60 413.00	112 027.00	230.00	1 570 775.00	303 267.00
海南	553 204.00	14 572.00	103 429.00		129 065.00	306 138.00
重庆	63 400.00	5 400.00	11 000.00		47 000.00	
四川	692.00				692.00	
贵州	5 312.78	602.78			4 519.00	191.00
云南	142 247.64	32 422.67	9 497.03		80 177.23	20 150.71
陕西	10 672.40	885.00			9 565.40	222.00
甘肃	74 797.14	14 261.01	31 701.00		22 297.13	6 538.00
青海	4 083.80	571.00	2 731.00		704.80	77.00
宁夏	62 316.80	17 738.30		159.20	44 407.10	12.20
新疆(兵团)	5 443 656.00	1 062 133.00	507 649.00	1 200.00	3 628 622.00	244 052.00
新疆(农业)	42 292.89	3 811.60	15 906.00		14 178.05	8 397.24
新疆(畜牧)	67 158.16	34 930.11			31 058.05	1 170.00
热科院	30 289.69	27 832.14			255.63	2 201.92
广州	4 089.00				4 089.00	
南京	300.62				300.62	

5－2 国有单位固定资产完成情况

计量单位：万元

地区	本年完成投资总额（按工程用途分）				当年新增固定资产
		第一产业	第二产业	第三产业	
全国农垦	**11 494 227.63**	**1 537 738.23**	**2 652 652.95**	**7 303 836.45**	**5 873 479.25**
北京	364 232.00	81 425.00	89 798.00	193 009.00	208 871.00
天津	47 313.00	5 549.00	11 232.00	30 532.00	37 747.00
河北	95 669.19	2 886.19	1 258.00	91 525.00	74 069.19
山西	707.60	623.60		84.00	685.60
内蒙古	167 796.55	116 797.30	18 229.00	32 770.25	121 234.55
辽宁	38 307.15	12 662.15	906.00	24 739.00	21 477.15
吉林	1 941.43	1 904.43	13.00	24.00	1 901.67
黑龙江	589 376.66	306 213.02	65 186.15	217 977.49	542 809.80
上海	392 669.00	92 225.00	180 037.00	120 407.00	314 857.00
江苏	313 375.00	43 773.00	98 909.00	170 693.00	220 338.00
浙江	2 587.79	2 559.79	10.00	18.00	2 200.11
安徽	19 481.04	14 171.44	330.10	4 979.50	11 163.14
福建	18 145.09	1 207.69	10 505.40	6 432.00	16 250.40
江西	744 861.00	17 961.00	57 928.00	668 972.00	55 930.00
山东	8 752.66	7 131.56	29.30	1 591.80	7 500.56
河南	10 679.06	4 720.20	2 068.07	3 890.79	9 627.80
湖北	2 768 651.00	96 502.00	856 696.00	1 815 453.00	1 496 218.00
湖南	596 650.50	7 398.50	333 942.00	255 310.00	262 885.50
广东	125 520.72	56 709.81	22 076.77	46 734.14	85 670.72
广西	387 223.00	50 133.00	94 595.00	242 495.00	245 701.00
海南	239 636.00	32 367.00	8 040.00	199 229.00	228 109.00
重庆	56 063.00	1 529.00	36 412.00	18 122.00	27 000.00
四川	556.90	556.90			556.90
贵州	1 070.78	970.78	100.00		780.78
云南	85 790.39	33 588.88	30 175.61	22 025.90	45 511.07
陕西	9 865.40	9 292.40	490.00	83.00	2 949.32
甘肃	45 506.61	33 550.68	8 582.04	3 373.89	34 900.57
青海	8 343.00	5 841.00	500.00	2 002.00	4 320.00
宁夏	60 996.10	20 178.10	6 366.60	34 451.40	31 897.40
新疆（兵团）	4 156 126.00	414 343.00	694 797.00	3 046 986.00	1 679 568.00
新疆（农业）	50 500.91	37 459.67	9 098.00	3 943.24	10 892.89
新疆（畜牧）	51 153.79	24 700.36	11 091.91	15 361.52	44 173.90
热科院	30 289.69			30 289.69	21 291.61
广州	4 089.00	684.00	3 251.00	154.00	4 089.00
南京	300.62	122.78		177.84	300.62

5-2续表

地　　区	资金来源合计	国家预算内资金	国内贷款	利用外资	自筹资金	其他资金
全国农垦	**9 430 359.17**	**3 888 635.97**	**611 074.10**	**2 478.20**	**4 147 632.05**	**780 538.85**
北　　京	364 232.00	9 039.00	3 853.00		329 443.00	21 897.00
天　　津	88 621.00	3 274.00	6 274.00		75 629.00	3 444.00
河　　北	95 669.19	29 670.00			49 051.19	16 948.00
山　　西	707.60	236.20			471.40	
内 蒙 古	114 284.30	40 416.30	4 516.00		69 278.00	74.00
辽　　宁	38 307.15	8 285.00	4 326.00		24 767.50	928.65
吉　　林	1 941.43	1 803.00			126.43	12.00
黑 龙 江	557 543.61	355 749.82	0.97		175 418.51	26 374.31
上　　海	340 129.00	12 524.00	67 529.00	42.00	195 548.00	64 486.00
江　　苏	313 375.00	31 778.00			269 695.00	11 902.00
浙　　江	2 702.00	1 757.00			899.00	46.00
安　　徽	19 480.95	12 999.50			3 245.45	3 236.00
福　　建	18 042.09	4 960.00		750.00	10 670.09	1 662.00
江　　西	740 302.00	603 227.00	396.00		57 756.00	78 923.00
山　　东	4 914.66	609.47	602.00		3 703.19	
河　　南	10 433.80	329.00			7 138.00	2 966.80
湖　　北	2 762 303.00	1 157 405.00	146 336.00	1 297.00	1 216 698.00	240 567.00
湖　　南	528 371.50	385 811.00			4 252.50	138 308.00
广　　东	125 520.72	56 977.20	2 007.00		53 237.26	13 299.26
广　　西	387 873.00	53 012.00	33 227.00	230.00	258 144.00	43 260.00
海　　南	239 636.00	13 867.00	102 038.00		113 599.00	10 132.00
重　　庆	54 400.00	4 400.00	11 000.00		39 000.00	
四　　川	556.90				556.90	
贵　　州	1 080.78	602.78			287.00	191.00
云　　南	85 790.39	32 336.17	5 888.13		29 425.62	18 140.47
陕　　西	9 627.40				9 405.40	222.00
甘　　肃	42 896.04	14 211.00			22 222.04	6 463.00
青　　海	4 071.00	571.00	2 731.00		692.00	77.00
宁　　夏	60 996.10	17 691.40		159.20	43 133.30	12.20
新疆(兵团)	2 308 969.00	972 057.00	204 444.00		1 064 973.00	67 495.00
新疆(农业)	31 747.39	3 136.50	15 906.00		5 434.65	7 270.24
新疆(畜牧)	41 154.86	32 068.49			9 086.37	
热 科 院	30 289.69	27 832.14			255.63	2 201.92
广　　州	4 089.00				4 089.00	
南　　京	300.62				300.62	

5－3　外贸出口供货商品金额

计量单位：万元

地　　区	总金额	农产品	林产品	畜产品	水产品
全国农垦	**7 014 628.09**	**285 296.11**		**88 015.29**	**129 890.00**
北　　京	39 040.00			25 995.00	
天　　津	15 292.00				
河　　北	242 739.00	40.00			2 558.00
山　　西					
内 蒙 古	18.00	18.00			
辽　　宁	54 649.63	8 800.00			12 452.00
吉　　林					
黑 龙 江	68 020.20	5 313.00		40 499.50	
上　　海	74 945.00	3 955.00			
江　　苏	20 084.00	1 728.00			
浙　　江	61 149.00	137.00			
安　　徽					
福　　建	3 009.00	303.00			
江　　西	393 221.00				2 241.00
山　　东					
河　　南	3 862.00			3 862.00	
湖　　北	409 618.00	12 198.00		6 265.00	69 239.00
湖　　南	5 154.86	5 154.86			
广　　东	776 474.23	418.00		7 730.79	43 400.00
广　　西	100 403.00	9 760.00		3 663.00	
海　　南	1 410.00	1 410.00			
重　　庆	379.00				
四　　川					
贵　　州					
云　　南	6 568.00	6 568.00			
陕　　西					
甘　　肃	1 779.00	1 163.00			
青　　海					
宁　　夏	6 148.10	6 148.10			
新疆（兵团）	4 730 665.07	222 182.15			
新疆（农业）					
新疆（畜牧）					
热 科 院					
广　　州					
南　　京					

5－3续表

地　区	工业品	#医药	食品	纺织品
全国农垦	**6 511 426.69**	**3 779.22**	**50 452.14**	**468 781.93**
北　京	13 045.00		13 045.00	
天　津	15 292.00		13 019.00	923.00
河　北	240 141.00			14 224.00
山　西				
内蒙古				
辽　宁	33 397.63	400.00	4 028.00	
吉　林				
黑龙江	22 207.70	619.40	8 488.40	
上　海	70 990.00			
江　苏	18 356.00	124.00	1 600.00	600.00
浙　江	61 012.00			61 012.00
安　徽				
福　建	2 706.00			
江　西	390 980.00			25 206.00
山　东				
河　南				
湖　北	321 916.00	1 006.00	4 388.00	46 353.00
湖　南				
广　东	724 925.44		238.74	2 406.00
广　西	86 980.00		4 650.00	3 944.00
海　南				
重　庆	379.00		379.00	
四　川				
贵　州				
云　南				
陕　西				
甘　肃	616.00		616.00	
青　海				
宁　夏				
新疆（兵团）	4 508 482.92	1 629.82		314 113.93
新疆（农业）				
新疆（畜牧）				
热科院				
广　州				
南　京				

5－4 外贸出口供货商品量情况

地　区	大豆（吨）	玉米（吨）	蔬菜（吨）	水果（吨）	苹果（吨）
全国农垦	**629.00**	**9 847.00**	**53 420.12**	**42 261.96**	
北　京					
天　津					
河　北					
山　西					
内蒙古					
辽　宁			1 200.00	23.00	
吉　林					
黑龙江		1 200.00	366.80		
上　海			3 894.32		
江　苏			4 000.00		
浙　江					
安　徽	629.00	11.00			
福　建					
江　西					
山　东					
河　南					
湖　北			11 000.00		
湖　南				21 958.96	
广　东					
广　西				19 580.00	
海　南				700.00	
重　庆					
四　川					
贵　州					
云　南					
陕　西					
甘　肃		636.00	2 180.00		
青　海					
宁　夏			14 994.00		
新疆（兵团）			15 785.00		
新疆（农业）					
新疆（畜牧）		8 000.00			
热科院					
广　州					
南　京					

5-4续表1

地　区	葡萄（吨）	香蕉（吨）	菠萝（吨）	牛（头）	猪（头）
全国农垦	**0.10**			**2 350**	**128 673**
北　京					
天　津					
河　北					
山　西					
内蒙古					
辽　宁					
吉　林					
黑龙江					
上　海	0.10				
江　苏					
浙　江					
安　徽					
福　建					
江　西					
山　东					
河　南					24 080
湖　北					48 568
湖　南					5 180
广　东					45 452
广　西					
海　南					
重　庆					5 368
四　川					
贵　州					
云　南					
陕　西					
甘　肃					
青　海					
宁　夏					
新疆（兵团）					
新疆（农业）					
新疆（畜牧）				2 350	25
热科院					
广　州					
南　京					

5－4 续表 2

地　　区	羊（只）	家禽（只）	猪肉（吨）	牛肉（吨）	羊肉（吨）
全国农垦	**41 300**	**10 000**	**34 481.01**	**150.00**	**300.00**
北　　京					
天　　津					
河　　北					
山　　西					
内 蒙 古					
辽　　宁					
吉　　林					
黑 龙 江					
上　　海					
江　　苏					
浙　　江					
安　　徽					
福　　建					
江　　西					
山　　东					
河　　南			27 735.00		
湖　　北					
湖　　南					
广　　东			5 308.01		
广　　西			1 436.00		
海　　南					
重　　庆					
四　　川					
贵　　州					
云　　南					
陕　　西					
甘　　肃					
青　　海					
宁　　夏					
新疆（兵团）					
新疆（农业）					
新疆（畜牧）	41 300	10 000	2.00	150.00	300.00
热 科 院					
广　　州					
南　　京					

5-4 续表 3

地　区	家禽肉（吨）	牛奶（吨）	蛋类（吨）	鸡蛋（吨）	鱼类（吨）
全国农垦	**9 191.00**		**2 897.00**		**4 845.00**
北　京	9 171.00				
天　津					
河　北					810.00
山　西					
内蒙古					
辽　宁					2 035.00
吉　林					
黑龙江					
上　海					
江　苏					
浙　江					
安　徽					
福　建					
江　西					
山　东					
河　南					
湖　北			879.00		
湖　南					
广　东			2 018.00		2 000.00
广　西					
海　南					
重　庆					
四　川					
贵　州					
云　南					
陕　西					
甘　肃					
青　海					
宁　夏					
新疆（兵团）					
新疆（农业）					
新疆（畜牧）	20.00				
热科院					
广　州					
南　京					

5-4续表4

地　　区	虾类（吨）	对虾（吨）	原料药（吨）	大米（吨）	食用油类（吨）
全国农垦	**11 083.00**	**10 460.00**	**83.00**	**19 902.60**	**435.46**
北　　京					
天　　津					
河　　北					
山　　西					
内 蒙 古					
辽　　宁		460.00		8 000.00	
吉　　林					
黑 龙 江			59.00	11 902.60	
上　　海					
江　　苏					
浙　　江					
安　　徽					
福　　建					
江　　西	1 083.00				430.00
山　　东					
河　　南					
湖　　北			24.00		
湖　　南					
广　　东	10 000.00	10 000.00			
广　　西					
海　　南					
重　　庆					
四　　川					
贵　　州					
云　　南					
陕　　西					
甘　　肃					
青　　海					
宁　　夏					
新疆（兵团）					5.46
新疆（农业）					
新疆（畜牧）					
热 科 院					
广　　州					
南　　京					

5－4 续表 5

地　区	乳制品（吨）	罐头（吨）	酒类（吨）	葡萄酒（吨）
全国农垦	**7.50**	**18 459.65**	**1 681.00**	**0.50**
北　京				
天　津				0.50
河　北				
山　西				
内蒙古				
辽　宁				
吉　林				
黑龙江				
上　海		17 038.00	1 681.00	
江　苏				
浙　江				
安　徽				
福　建				
江　西				
山　东				
河　南				
湖　北				
湖　南		980.00		
广　东		243.65		
广　西				
海　南				
重　庆		198.00		
四　川				
贵　州				
云　南				
陕　西				
甘　肃				
青　海				
宁　夏				
新疆（兵团）	7.50			
新疆（农业）				
新疆（畜牧）				
热科院				
广　州				
南　京				

5-4 续表 6

地　　区	茶叶（吨）	饲料（吨）	服装（万件）	棉纱（万件）
全国农垦	**139.40**	**2 612.50**	**720 947.64**	**300 181.20**
北　　京				
天　　津				
河　　北			111.10	
山　　西				
内 蒙 古				
辽　　宁				
吉　　林				
黑 龙 江		2 512.50		
上　　海				
江　　苏			26.00	
浙　　江	20.00		168.00	
安　　徽				
福　　建	85.00			
江　　西			22 711.00	
山　　东				
河　　南				
湖　　北			7.00	
湖　　南				
广　　东			310.00	251.00
广　　西				
海　　南				
重　　庆				
四　　川				
贵　　州				
云　　南				
陕　　西				
甘　　肃				
青　　海				
宁　　夏				
新疆（兵团）	34.40		697 614.54	299 930.20
新疆（农业）				
新疆（畜牧）		100.00		
热 科 院				
广　　州				
南　　京				

5－5 主要物资消费情况

地区	钢材（吨）	木材（包括原木和锯材）（米³）	水泥（吨）	纯碱（吨）
全国农垦	**3 238 561.76**	**4 586 619.32**	**10 631 433.97**	**19 675.85**
北京	1 705.00	50.00	1 045.00	185.00
天津	2 561.00		8 051.00	16.00
河北	37 632.00	11 347.00	130 224.00	7 616.00
山西	1 598.00	161.00	1 224.00	
内蒙古	15 261.00	26 672.00	150 963.00	
辽宁	61 095.00	82 897.00	225 235.00	1 585.00
吉林	912.00	802.00	36 424.00	423.00
黑龙江				
上海	480 155.00			
江苏	40 063.00	7 526.00	417 313.00	10.00
浙江	102.17	41.00	616.00	1.00
安徽	21 544.00	11 229.60	29 059.00	
福建	16 250.00	21 688.00	66 514.00	60.00
江西	93 314.00	82 947.00	334 506.00	1 744.00
山东	225.20	222.00	693.00	
河南	2 811.00	623.00	5 662.00	152.00
湖北	478 512.00	873 330.00	965 373.00	855.00
湖南	152 299.00	75 474.50	451 380.25	1 688.75
广东	43 576.31	45 782.90	209 827.07	0.78
广西	175 970.00	2 811 248.00	634 743.00	385.00
海南	58 701.00		551 984.00	
重庆	32 605.00		35 397.00	
四川	20.00	10.00	200.00	
贵州	118.00	520.00	470.00	
云南	20 239.00	43 264.00	29 991.00	2.00
陕西	7.00		1 756.00	
甘肃				
青海	2.60		38.00	
宁夏	11 041.00	2 323.00	101 319.00	
新疆（兵团）	1 455 857.78	461 138.12	6 168 442.65	4 337.02
新疆（农业）	3 342.00	1 195.00	12 668.00	
新疆（畜牧）	27 741.00	26 128.20	51 920.00	615.30
热科院	1 711.70		8 396.00	
广州				
南京	1 590.00			

5－5续表

地　区	烧碱 （吨）	化肥（实物量） （吨）	聚乙烯、聚丙烯 （吨）
全国农垦	**80 199.87**	**10 221 523.34**	**249 885.63**
北　京	33.00	2 613.00	
天　津	3.00	1 570.00	2.00
河　北	1 127.00	65 881.20	2 628.00
山　西	3.00	7 356.75	
内蒙古		295 264.36	871.00
辽　宁	750.00	164 769.22	1 423.80
吉　林		73 787.50	240.80
黑龙江		1 157 188.00	
上　海	26 776.00	47 888.00	
江　苏	100.00	192 494.00	1 253.00
浙　江		4 006.86	183.00
安　徽		59 611.34	90.85
福　建	5.00	29 371.20	11.00
江　西	132.00	93 601.00	2 921.00
山　东		39 000.40	13.00
河　南	19.00	49 318.44	382.00
湖　北	938.00	522 828.00	91 789.00
湖　南	2 500.00	470 337.90	7 505.25
广　东	108.90	220 726.87	95.23
广　西	31 076.00	172 202.00	359.00
海　南	48.00	377 580.00	
重　庆		39.70	
四　川		547.00	
贵　州		1 184.50	
云　南	7.00	62 978.00	3.00
陕　西		21 946.00	10.00
甘　肃		99 887.22	3 277.56
青　海		21 518.33	
宁　夏	53.00	73 403.00	37.00
新疆（兵团）	16 463.52	1 551 288.98	134 539.66
新疆（农业）	50.00	213 765.58	1 885.60
新疆（畜牧）	7.45	4 125 894.25	363.88
热科院		1 663.74	1.00
广　州			
南　京		11.00	

5－6 主要能源消费情况

地　　区	原煤（吨）	原煤（吨标准煤）	焦炭（吨）	焦炭（吨标准煤）	汽油（吨）
全国农垦	**65 782 667.01**	**46 968 824.25**	**2 095 059.44**	**2 035 140.74**	**1 380 273.19**
北　　京	382 850.00	273 354.90			8 952.00
天　　津	49.00	34.99			702.00
河　　北	131 566.10	93 938.20			41 525.55
山　　西	14 689.00	10 487.95	90.00	87.43	8 471.20
内 蒙 古	611 077.30	436 309.19			37 753.17
辽　　宁	744 673.00	531 696.52	6 974.00	6 774.54	255 770.37
吉　　林	13 157.30	9 394.31	551.87	536.09	4 758.31
黑 龙 江	3 633 008.00	2 593 967.71	340.00	330.28	196 078.00
上　　海					127 494.00
江　　苏	13 566.00	9 686.12			13 068.00
浙　　江	735.00	524.79			1 013.70
安　　徽	14 189.00	10 130.95	25.00	24.29	1 845.45
福　　建	3 122.57	2 229.51	19.00	18.46	6 964.00
江　　西	163 918.00	117 037.45	1 651.00	1 603.78	25 665.00
山　　东	140.00	99.96			1 161.00
河　　南	91 693.74	65 469.33	4.00	3.89	3 427.51
湖　　北	283 769.00	202 611.07	12 202.00	11 853.02	139 277.00
湖　　南	187 379.50	133 788.96	10 306.00	10 011.25	48 246.80
广　　东	6 509.78	4 647.98	90.34	87.76	30 996.48
广　　西	228 513.00	163 158.28	4 680.00	4 546.15	49 700.00
海　　南	12.00	8.57			14 380.00
重　　庆	1 560.00	1 113.84			403.00
四　　川	142.00	101.39			14.00
贵　　州	11 245.00	8 028.93			41.40
云　　南	45 183.00	32 260.66			14 999.00
陕　　西	13 012.94	9 291.24			1 190.72
甘　　肃	71 295.91	50 905.28			1 295.84
青　　海	17 094.00	12 205.10			381.00
宁　　夏	53 605.80	38 274.54			3 148.90
新疆（兵团）	58 785 900.96	41 973 133.29	2 058 109.23	1 999 247.31	310 341.03
新疆（农业）	71 559.00	51 093.13			12 766.50
新疆（畜牧）	187 424.26	133 820.92	17.00	16.51	17 949.76
热 科 院	5.85	4.18			370.50
广　　州					110.00
南　　京	21.00	14.99			12.00

5－6 续表1

地　　区	汽油（吨标准煤）	柴油（吨）	柴油（吨标准煤）	# 农用柴油（吨）	电力（万千瓦时）	电力（吨标准煤）
全国农垦	**2 030 933.97**	**2 131 383.03**	**3 105 638.21**	**866 882.64**	**18 740 326.10**	**75 710 917.44**
北　　京	13 171.97	14 996.00	21 850.67	3 924.00	95 995.00	387 819.80
天　　津	1 032.92	1 063.00	1 548.90	913.00	17 775.00	71 811.00
河　　北	61 100.69	29 474.34	42 947.06	12 680.00	219 979.08	888 715.48
山　　西	12 464.52	1 503.07	2 190.12	803.00	17 108.80	69 119.55
内 蒙 古	55 550.01	73 828.79	107 575.93	35 071.55	53 319.30	215 409.97
辽　　宁	376 340.52	43 017.48	62 680.77	5 487.00	170 142.70	687 376.51
吉　　林	7 001.38	17 548.12	25 569.37	12 609.76	29 609.10	119 620.76
黑 龙 江	288 509.17	468 656.00	682 878.66	313 510.00	312 101.00	1 260 888.04
上　　海	187 594.67	81 639.00	118 956.19	68 086.00	138 232.00	558 457.28
江　　苏	19 228.26	37 527.00	54 680.59	26 051.00	80 848.00	326 625.92
浙　　江	1 491.56	2 814.40	4 100.86	17.30	20 708.29	83 661.49
安　　徽	2 715.40	7 335.02	10 687.86	3 739.00	26 187.35	105 796.89
福　　建	10 246.83	4 765.29	6 943.50	341.00	15 665.63	63 289.15
江　　西	37 763.48	33 889.00	49 379.66	16 315.00	97 961.00	395 762.44
山　　东	1 708.30	932.00	1 358.02	232.00	17 621.00	71 188.84
河　　南	5 043.24	5 070.31	7 387.95	2 999.50	24 055.94	97 186.00
湖　　北	204 932.18	93 167.00	135 753.64	45 617.00	521 876.00	2 108 379.04
湖　　南	70 990.34	51 995.50	75 762.64	18 161.00	166 032.80	670 772.51
广　　东	45 608.22	61 662.09	89 847.83	9 178.58	108 142.09	436 894.04
广　　西	73 128.58	46 899.00	68 336.53		375 420.00	1 516 696.80
海　　南	21 158.73	12 907.00	18 806.79		49 146.00	198 549.84
重　　庆	592.97	4 590.00	6 688.09		15 962.00	64 486.48
四　　川	20.60	16.00	23.31		498.82	2 015.23
贵　　州	60.92	64.00	93.25	4.00	192 735.28	778 650.53
云　　南	22 069.53	3 760.00	5 478.70	1 960.00	50 657.53	204 656.42
陕　　西	1 752.03	771.83	1 124.63	435.00	965 615.56	3 901 086.86
甘　　肃	1 906.70	6 092.91	8 877.98	3 674.57	1 384 803.24	5 594 605.09
青　　海	560.62	1 014.15	1 477.73	92.70	188 619.53	762 022.90
宁　　夏	4 633.29	68 026.80	99 121.85		14 412.80	58 227.71
新疆（兵团）	456 635.79	925 105.81	1 347 971.68	265 567.23	8 562 800.16	34 593 712.65
新疆（农业）	18 784.63	13 808.80	20 120.80	12 188.30	406 030.03	1 640 361.32
新疆（畜牧）	26 411.28	16 453.63	23 974.58	6 982.15	4 394 298.68	17 752 966.67
热 科 院	545.15	129.59	188.83	2.00	3 509.39	14 177.94
广　　州	161.85	858.00	1 250.19	241.00	2 247.00	9 077.88
南　　京	17.66	2.10	3.06		210.00	848.40

5-6 续表 2

地　　区	燃气消费（米³）	工业用气	天然气（米³）	农业用气（米³）	天然气（米³）	其他能源（吨标准煤）
全国农垦	**1 115 756 657.59**	**709 844 645.79**	**289 253 429.99**	**17 406 435.30**	**16 989 492.20**	**2 129 868.40**
北　　京	31 719 596.00	31 883 393.00	37 391 649.00	9 616 309.00	9 616 309.00	773 482.00
天　　津	9 224 251.00	8 369 037.00		653 692.00		1 394.00
河　　北	278 865 468.00	268 272 037.00	125 352 433.00	859 285.00	895 916.00	42 657.34
山　　西	130.00					145.00
内 蒙 古	11 666.00			2 356.00	3 356.00	
辽　　宁	16 576.79	6 091.79	4 752.00	10 485.00	127.00	4 073.00
吉　　林	150 008.00		8.00			1 650.00
黑 龙 江	21 340 000.00	15 340 000.00	15 340 000.00	10 000.00	10 000.00	887 489.00
上　　海	51 742 650.00	39 711 676.00	39 711 676.00	3 632 470.00	3 632 470.00	283 070.00
江　　苏						
浙　　江	55.00	55.00				
安　　徽	124.00			3.00	25.00	
福　　建	27 125.00	1 587.00	750.00	7 800.00	7 250.00	6.00
江　　西	537 196.36	82 864.00	5 640.00			4 627.00
山　　东	802 026.00					
河　　南	3 881 200.00	3 880 200.00	3 880 200.00			
湖　　北	110 601 651.00	37 185 546.00	36 185 546.00	2 030.00	18 960.00	31.00
湖　　南	2 921 731.00	1 268 742.00	2 531 112.00	4.00	125 860.00	
广　　东	25 689.10	6 265.00	5 674.00	3 985.00	1 183 935.00	74 888.86
广　　西	4 084.00					52 821.00
海　　南	9 221.00	9 221.00	9 221.00			
重　　庆	21 621 732.00	20 572 533.00	20 572 533.00	975 279.00	975 279.00	
四　　川	36 000.00					
贵　　州						
云　　南	406 945.00	406 945.00				
陕　　西	446 800.00		98 300.00		228 500.00	95.00
甘　　肃	2 057 800.00	10 000.00	1 875 000.00			
青　　海	189 000.00					
宁　　夏	5 002 736.00	5 002 736.00	5 002 736.00			136.30
新疆（兵团）	570 932 886.35	275 995 800.00		1 363 719.30		454.90
新疆（农业）	2 018 663.00		260 000.00	200 000.00	205 000.00	
新疆（畜牧）	1 153 652.99	950 000.00	136 282.99	69 018.00	83 929.20	2 848.00
热 科 院	9 994.00				2 576.00	
广　　州		889 917.00	889 917.00			
南　　京						

5－7 热力消费情况

地 区	集中供热耗热量（万千焦耳）	集中供热耗热量（吨标准煤）	集中供冷耗冷量（万千焦耳）	集中供冷耗冷量（吨标准煤）
全国农垦	**392 033 565.55**	**1 336 834 458.53**	**540 911.00**	**1 844 506.51**
北 京	21 556 545.00	73 507 818.45		
天 津				
河 北	1 899 692.11	6 477 950.10	590.00	2 011.90
山 西	363.00	1 237.83		
内 蒙 古	299 185 907.36	1 020 223 944.10		
辽 宁	23 465 594.16	80 017 676.09		
吉 林				
黑 龙 江	36 823 114.00	125 566 818.74		
上 海	1 528 377.00	5 211 765.57		
江 苏				
浙 江				
安 徽				
福 建				
江 西				
山 东	730 823.00	2 492 106.43		
河 南				
湖 北				
湖 南				
广 东	26 507.00	90 388.87	540 321.00	1 842 494.61
广 西				
海 南				
重 庆				
四 川				
贵 州	0.10	0.34		
云 南				
陕 西	6.82	23.26		
甘 肃	157 340.40	536 530.76		
青 海				
宁 夏	950.00	3 239.50		
新疆（兵团）				
新疆（农业）	8 589.00	29 288.49		
新疆（畜牧）	6 649 756.60	22 675 670.01		
热 科 院				
广 州				
南 京				

5－8 水消费情况

计量单位：米³

地区	工业用水总量	地表水源用水量	地下水源用水量	其他水源用水量
全国农垦	**420 044 932.72**	**313 642 663.54**	**45 222 381.10**	**61 179 888.08**
北京	1 066 624.00	159 426.00	183 050.00	724 148.00
天津	133.00	33.00	63.00	37.00
河北	9 940 172.26	29 770.00	7 879 079.00	2 031 323.26
山西	451 310.00	301 000.00	130 310.00	20 000.00
内蒙古	1 037 829.10	216 900.00	820 929.10	
辽宁	12 521 383.49	7 440 630.10	3 079 496.90	2 001 256.49
吉林	4 670.00	4 300.00	1.00	369.00
黑龙江	33 875 909.00	33 875 909.00		
上海	24 976 119.00	12 040 200.00	4 585 897.00	8 350 022.00
江苏	13 518 102.00	11 903 460.00	908 320.00	706 322.00
浙江	35 594.00	32 435.00		3 159.00
安徽	97 859.00	88 259.00	9 600.00	
福建	8 954 644.69	5 707 908.56	55 786.10	3 190 950.03
江西	5 390 109.00	3 523 272.00	1 358 504.00	508 333.00
山东				
河南	2 606 600.00	854 450.00	1 450 950.00	301 200.00
湖北	82 483 107.00	63 212 265.00	1 253 751.00	18 017 091.00
湖南	13 563 893.50	11 660 903.00	1 368 677.50	534 313.00
广东	36 158 451.50	33 967 454.20	1 501 962.50	689 034.80
广西	44 460 280.00	25 425 015.00	1 568 521.00	17 466 744.00
海南	7 982 510.00	851 316.00	3 123 227.00	4 007 967.00
重庆	57 334 221.00	57 334 221.00		
四川	2 700.00	2 700.00		
贵州	99 542.00	8 538.00	90 448.00	556.00
云南	20 172 391.00	6 335 042.00	12 994 359.00	842 990.00
陕西	26 500.00		26 500.00	
甘肃	2 839 472.80	1 273 864.60	1 509 060.00	56 548.20
青海	16 420.00	16 020.00	400.00	
宁夏	1 683 915.00		1 198 654.00	485 261.00
新疆（兵团）	16 369.00	9 042.70	3 210.00	4 116.30
新疆（农业）	1 381 476.00	523 362.00	5 108.00	853 006.00
新疆（畜牧）	36 962 124.38	36 844 967.38	116 517.00	640.00
热科院				
广州	384 501.00			384 501.00
南京				

5－8续表

地　区	工业废水排放量	农业用水总量			
			#地表水源用水量	地下水源用水量	其他水源用水量
全国农垦	**89 220 323.01**	**12 452 311 197.93**	**10 495 062 964.18**	**1 345 996 215.39**	**611 252 018.36**
北　京	711 401.00	313 571.00	5.00	312 291.00	1 275.00
天　津	28.00	129.00	116.00	13.00	
河　北	3 609 283.00	112 595 022.92	52 084 374.00	60 489 648.92	21 000.00
山　西	154 050.00	5 080 215.00	795 740.00	1 775 300.00	2 509 175.00
内蒙古	68 770.00	566 537 683.18	356 790 644.95	209 740 038.23	7 000.00
辽　宁	1 087 622.42	796 070 166.03	674 995 985.00	54 361 981.03	66 712 200.00
吉　林	730.00	370 192 669.79	189 458 943.00	180 226 626.79	507 100.00
黑龙江		6 485 623 894.00	6 485 623 894.00		
上　海	17 800 144.00	77 350 220.00	70 939 815.00	2 838 105.00	3 572 300.00
江　苏	11 025 205.00	110 252 062.00	110 039 832.00	212 230.00	
浙　江		5 122 744.62	101 481.29	136.41	5 021 126.92
安　徽	34 807.00	52 434 103.00	47 659 168.00	4 164 935.00	610 000.00
福　建	44 700.05	2 713 243.30	2 112 242.30	380 816.00	220 185.00
江　西	1 133 744.00	8 713 665.00	8 025 913.00	451 652.00	236 100.00
山　东		79 310 906.00	72 191 000.00	1 930 500.00	5 189 406.00
河　南	841 510.00	35 546 168.64	2 371 712.30	33 073 718.45	100 737.89
湖　北	19 406 054.00	275 567 225.00	271 764 853.00	1 514 795.00	2 287 577.00
湖　南	752 624.30	222 351 839.30	221 804 863.30	429 874.00	117 102.00
广　东	3 503 793.20	13 775 372.66	8 414 496.66	5 251 356.00	109 520.00
广　西	18 158 167.00	49 941 393.00	43 051 751.00	6 748 613.00	141 029.00
海　南	5 723 821.00	30 326 093.00	10 115 342.00	4 646 179.00	15 564 572.00
重　庆	2 005 213.00	3 589 433.00	1 534 061.00	2 055 372.00	
四　川		87 974.00	70 966.00	10 758.00	6 250.00
贵　州	9 045.00	154 403.00	34 583.00	93 900.00	25 920.00
云　南	1 363 929.00	17 126 144.00	15 502 152.00	1 621 678.00	2 314.00
陕　西	6 000.00	16 283 510.00	7 940 215.00	7 513 321.00	829 974.00
甘　肃	1 133 529.14	662 015 213.00	232 078 400.00	382 802 981.00	47 133 832.00
青　海		219 851 904.00	205 624 719.00	14 225 625.00	1 560.00
宁　夏	640 732.00	995 625 509.00	562 360 968.00	66 999 541.00	366 265 000.00
新疆(兵团)	5 344.90				
新疆(农业)	70.00	681 270 310.05	404 882 654.74	201 811 435.76	74 576 219.55
新疆(畜牧)		554 337 435.68	435 172 240.88	99 707 231.80	19 457 963.00
热科院		2 150 962.76	1 519 832.76	605 563.00	25 567.00
广　州	6.00	13.00			13.00
南　京					

科技部分

6－1 科研单位情况

地　区	个数（个）	职工合计（人）	#科技人员（人）	其中：本科及以上（人）	其他人员（人）
全国农垦	**293**	**16 518**	**9 054**	**6 544**	**6 942**
北　京	15	1 503	911	567	583
天　津	2	113	54	47	59
河　北	4	83	56	46	27
山　西	1	13	3		10
内蒙古	5	107	14	12	85
辽　宁	4	31	31	16	
吉　林					
黑龙江	20	2 587	1 089	749	1 498
上　海	35	1 742	747	523	919
江　苏	24	1 271	973	970	298
浙　江					
安　徽	9	318	52	36	22
福　建					
江　西	4	200	129	30	71
山　东	3	52	34	29	19
河　南	7	257	115	42	142
湖　北	30	1 060	382	172	534
湖　南	6	85	75	33	12
广　东	49	487	374	236	112
广　西	3	603	348	278	255
海　南	7	1 213	394		819
重　庆	3	83	74	65	9
四　川	2	9	5	3	4
贵　州	1	6	6	3	
云　南	7	697	460	437	237
陕　西	1	5	5	2	3
甘　肃	13	210	97	63	115
青　海	2	76	29	7	24
宁　夏	1	10	7		3
新疆（兵团）	18	993	807	677	186
新疆（农业）	1	21	14	8	11
新疆（畜牧）					
热科院	15	2 517	1 603	1 428	885
广　州	1	166	166	65	
南　京					

6－1续表

地　区	科研经费合计（万元）	#国家拨款（万元）	省地局自筹（万元）	企业自筹（万元）	实验地面积（公顷）
全国农垦	**395 596.00**	**74 883.43**	**26 141.66**	**293 794.91**	**11 097.80**
北　京	37 671.00	3 139.00	654.00	33 878.00	2.00
天　津	44.00		44.00		
河　北	1 605.93		1 595.93	10.00	109.00
山　西	50.40			50.40	11.67
内蒙古	1 188.00	1 078.00		110.00	181.00
辽　宁	139.00	80.00		59.00	
吉　林					
黑龙江	13 482.15	3 881.15		9 601.00	920.00
上　海	19 066.00	2 307.00		15 986.00	1 145.00
江　苏	212 973.00			212 973.00	852.00
浙　江					
安　徽	356.18	13.35		342.83	96.60
福　建					
江　西	2 796.00		20.00	2 776.00	7.87
山　东	1 944.10	1 800.00	100.00	44.10	140.07
河　南	1 155.00	664.00	102.00	389.00	1 053.00
湖　北	2 150.00	680.00	172.00	1 298.00	441.00
湖　南	597.00	5.00		589.00	145.00
广　东	5 476.46	1 103.41	9.50	4 363.55	815.92
广　西	9 393.00	9 393.00			335.00
海　南	3 424.00	1 379.00		2 045.00	692.00
重　庆	3 450.00	600.00	2 300.00	550.00	15.00
四　川	99.00			99.00	61.00
贵　州	43.00			43.00	
云　南	7 402.47	4 608.05		2 794.42	589.00
陕　西	42.00			42.00	10.30
甘　肃	747.80	57.00	226.03	464.77	307.60
青　海	298.80			298.80	1 200.00
宁　夏					
新疆（兵团）	20 026.70	4 105.20	15 076.50	845.00	
新疆（农业）	50.00			50.00	23.00
新疆（畜牧）					
热科院	47 357.01	39 530.27	5 841.70	1 985.04	1 944.77
广　州	2 568.00	460.00		2 108.00	
南　京					

6－2 部、省、地属科研单位情况

地　区	个数（个）	职工合计（人）	#科技人员（人）	其中：本科及以上（人）	其他人员（人）
全国农垦	**133**	**11 614**	**6 278**	**4 648.00**	**5 236**
北　京	3	215	132	132.00	83
天　津	2	113	54	47.00	59
河　北	1	49	36	35.00	13
山　西					
内蒙古					
辽　宁					
吉　林					
黑龙江	20	2 587	1 089	749.00	1 498
上　海	35	1 742	747	523.00	919
江　苏					
浙　江					
安　徽					
福　建					
江　西					
山　东	2	38	27	26.00	12
河　南	3	199	64	36.00	135
湖　北	10	158	58	7.00	100
湖　南					
广　东	6	322	287	203.00	39
广　西	2	585	336	266.00	249
海　南	7	1 213	394		819
重　庆	1	20	18	17.00	2
四　川					
贵　州					
云　南	7	697	460	437.00	237
陕　西					
甘　肃					
青　海					
宁　夏					
新疆（兵团）	18	993	807	677.00	186
新疆（农业）					
新疆（畜牧）					
热科院	15	2 517	1 603	1 428.00	885
广　州	1	166	166	65.00	
南　京					

6-2续表

地　区	科研经费合计（万元）	#国家拨款（万元）	省地局自筹（万元）	企业自筹（万元）	实验地面积（公顷）
全国农垦	**137 695.12**	**71 114.08**	**25 147.63**	**40 660.41**	**6 200.96**
北　京	2 536.00	1 788.00		748.00	
天　津	44.00		44.00		
河　北	1 595.93		1 595.93		93.00
山　西					
内蒙古					
辽　宁					
吉　林					
黑龙江	13 482.15	3 881.15		9 601.00	920.00
上　海	19 066.00	2 307.00		15 986.00	1 145.00
江　苏					
浙　江					
安　徽					
福　建					
江　西					
山　东	1 910.00	1 800.00	100.00	10.00	133.34
河　南	790.00	664.00	102.00	24.00	8.00
湖　北	998.00	510.00	78.00	410.00	209.00
湖　南					
广　东	5 151.86	1 038.41	9.50	4 103.95	120.85
广　西	8 443.00	8 443.00			331.00
海　南	3 424.00	1 379.00		2 045.00	692.00
重　庆	2 900.00	600.00	2 300.00		15.00
四　川					
贵　州					
云　南	7 402.47	4 608.05		2 794.42	589.00
陕　西					
甘　肃					
青　海					
宁　夏					
新疆（兵团）	20 026.70	4 105.20	15 076.50	845.00	
新疆（农业）					
新疆（畜牧）					
热科院	47 357.01	39 530.27	5 841.70	1 985.04	1 944.77
广　州	2 568.00	460.00		2 108.00	
南　京					

6－3 场直属科研单位情况

地 区	个数（个）	职工合计（人）	#科技人员（人）	其中：本科及以上（人）	其他人员（人）
全国农垦	**160**	**4 904**	**2 776**	**1 896**	**1 706**
北 京	12	1 288	779	435	500
天 津					
河 北	3	34	20	11	14
山 西	1	13	3		10
内 蒙 古	5	107	14	12	85
辽 宁	4	31	31	16	
吉 林					
黑 龙 江					
上 海					
江 苏	24	1 271	973	970	298
浙 江					
安 徽	9	318	52	36	22
福 建					
江 西	4	200	129	30	71
山 东	1	14	7	3	7
河 南	4	58	51	6	7
湖 北	20	902	324	165	434
湖 南	6	85	75	33	12
广 东	43	165	87	33	73
广 西	1	18	12	12	6
海 南					
重 庆	2	63	56	48	7
四 川	2	9	5	3	4
贵 州	1	6	6	3	
云 南					
陕 西	1	5	5	2	3
甘 肃	13	210	97	63	115
青 海	2	76	29	7	24
宁 夏	1	10	7		3
新疆（兵团）					
新疆（农业）	1	21	14	8	11
新疆（畜牧）					
热 科 院					
广 州					
南 京					

6-3续表

地　　区	科研经费合计（万元）	#国家拨款（万元）	省地局自筹（万元）	企业自筹（万元）	实验地面积（公顷）
全国农垦	**257 900.88**	**3 769.35**	**994.03**	**253 134.50**	**4 896.84**
北　　京	35 135.00	1 351.00	654.00	33 130.00	2.00
天　　津					
河　　北	10.00			10.00	16.00
山　　西	50.40			50.40	11.67
内 蒙 古	1 188.00	1 078.00		110.00	181.00
辽　　宁	139.00	80.00		59.00	
吉　　林					
黑 龙 江					
上　　海					
江　　苏	212 973.00			212 973.00	852.00
浙　　江					
安　　徽	356.18	13.35		342.83	96.60
福　　建					
江　　西	2 796.00		20.00	2 776.00	7.87
山　　东	34.10			34.10	6.73
河　　南	365.00			365.00	1 045.00
湖　　北	1 152.00	170.00	94.00	888.00	232.00
湖　　南	597.00	5.00		589.00	145.00
广　　东	324.60	65.00		259.60	695.07
广　　西	950.00	950.00			4.00
海　　南					
重　　庆	550.00			550.00	
四　　川	99.00			99.00	61.00
贵　　州	43.00			43.00	
云　　南					
陕　　西	42.00			42.00	10.30
甘　　肃	747.80	57.00	226.03	464.77	307.60
青　　海	298.80			298.80	1 200.00
宁　　夏					
新疆(兵团)					
新疆(农业)	50.00			50.00	23.00
新疆(畜牧)					
热 科 院					
广　　州					
南　　京					

从业人员及工资总额

7－1 从业人员及工资总额情况

地　区	从业人员年末数（人）			
		第一产业（人）	第二产业（人）	第三产业（人）
全国农垦	**6 464 045**	**3 047 168**	**1 450 646**	**1 966 231**
北　京	63 490	13 538	22 351	27 601
天　津	11 009	2 260	3 561	5 188
河　北	256 950	92 331	80 565	84 054
山　西	15 241	6 808	3 866	4 567
内蒙古	209 278	166 919	10 984	31 375
辽　宁	518 923	284 069	86 453	148 401
吉　林	66 395	59 278	3 265	3 852
黑龙江	759 807	463 194	76 433	220 180
上　海	117 597	13 384	40 947	63 266
江　苏	79 491	18 760	29 750	30 981
浙　江	9 978	2 682	1 740	5 556
安　徽	53 820	31 399	9 703	12 718
福　建	93 350	51 621	23 286	18 443
江　西	374 267	212 082	116 015	46 170
山　东	3 789	3 317	197	275
河　南	43 902	32 203	7 068	4 631
湖　北	922 491	339 815	341 232	241 444
湖　南	249 774	128 324	56 018	65 432
广　东	126 405	54 831	33 781	37 793
广　西	190 872	53 754	84 790	52 328
海　南	283 456	177 366	10 323	95 767
重　庆	12 712	1 386	9 601	1 725
四　川	6 207	6 064	92	51
贵　州	5 243	3 059	2 121	63
云　南	166 385	126 686	5 141	34 558
陕　西	6 830	6 063	339	428
甘　肃	23 039	18 144	3 595	1 300
青　海	7 523	7 318	87	118
宁　夏	58 864	46 150	3 887	8 827
新疆（兵团）	1 465 235	400 474	371 806	692 955
新疆（农业）	95 385	82 725	4 787	7 873
新疆（畜牧）	160 151	140 868	5 177	14 106
热科院	3 663			3 663
广　州	1 870	174	1 536	160
南　京	653	122	149	382

7－1续表1

地　区	国有单位从业人员年末数（人）	＃在岗职工年末数（人）	其他从业人员年末数（人）	国有单位年平均从业人员（人）	国有单位离开本单位仍保留劳动关系的职工（人）	内部退养职工（人）
全国农垦	**2 608 205**	**1 793 735**	**814 470**	**3 169 918**	**127 417**	**47 860**
北　京	61 143	56 070	5 073	63 371	597	750
天　津	11 009	10 218	791	11 252	381	615
河　北	57 425	53 458	3 967	165 097	1 043	29
山　西	3 168	2 663	505	3 179	483	20
内蒙古	168 322	63 672	104 650	164 492	2 550	1 114
辽　宁	224 510	147 493	77 017	319 909	680	8 432
吉　林	48 797	27 611	21 186	47 642	742	259
黑龙江	466 044	274 165	191 879	837 489		
上　海	107 972	85 760	22 212	120 166	2 245	2 245
江　苏	44 873	44 801	72	79 855	4 876	1 592
浙　江	2 297	1 517	780	2 417	441	167
安　徽	34 352	18 073	16 279	34 020	514	1 106
福　建	36 031	17 487	18 544	33 662	2 191	436
江　西	272 500	262 866	9 634	250 312	46 059	4 924
山　东	3 726	3 116	610	3 831	21	859
河　南	35 416	23 710	11 706	36 217	1 806	419
湖　北	385 106	330 296	54 810	368 642	30 792	3 131
湖　南	103 594	83 954	19 640	104 537	12 695	3 983
广　东	65 050	39 749	25 301	64 407	343	387
广　西	54 750	20 862	33 888	51 943	1 121	353
海　南	44 600	44 600		47 333	9 915	9 915
重　庆	6 735	6 735		6 654	14	
四　川	5 972	1 024	4 948	5 626	4	
贵　州	4 531	2 317	2 214	3 996	302	516
云　南	126 267	49 630	76 637	128 384	2 257	2 257
陕　西	3 792	3 451	341	5 005	59	63
甘　肃	21 438	12 364	9 074	18 032	251	219
青　海	6 158	4 167	1 991	7 566	1 672	364
宁　夏	11 365	11 289	76	11 715	132	110
新疆（兵团）						
新疆（农业）	52 992	33 239	19 753	49 266	1 236	2 344
新疆（畜牧）	132 648	52 366	80 282	118 445	1 857	1 141
热科院	3 663	3 095	568	3 396		
广　州	1 718	1 705	13	1 809		13
南　京	241	212	29	251	138	97

7－1续表2

地区	国有单位从业人员工资总额（万元）			国有单位离开本单位仍保留劳动关系的职工补贴（万元）
		在岗职工工资总额（万元）	其他从业人员工资总额（万元）	
全国农垦	**10 087 714.43**	**7 039 550.66**	**3 020 620.88**	**27 542.89**
北京	511 283.00	483 119.00	27 036.00	1 128.00
天津	97 487.00	94 312.00	2 861.00	314.00
河北	247 061.61	236 185.18	10 773.43	103.00
山西	7 347.10	6 130.30	700.80	516.00
内蒙古	561 847.45	240 055.93	320 122.36	1 669.16
辽宁	459 699.65	330 170.88	129 147.77	381.00
吉林	75 423.73	47 380.41	28 043.32	
黑龙江	2 691 901.00	1 247 317.00	1 444 584.00	
上海	1 336 221.30	1 100 737.10	231 171.50	4 312.70
江苏	273 129.00	271 594.00	507.00	1 028.00
浙江	17 622.88	13 267.55	3 691.83	663.50
安徽	120 953.19	74 325.46	46 567.81	59.92
福建	76 546.14	35 864.85	40 638.94	42.35
江西	498 658.00	462 755.00	33 799.00	2 104.00
山东	12 006.70	10 514.01	1 492.69	
河南	75 962.82	54 500.09	20 600.34	862.39
湖北	1 168 169.00	1 010 401.00	151 810.00	5 958.00
湖南	239 331.78	214 001.68	24 043.93	1 286.17
广东	348 685.93	249 786.17	98 701.54	198.22
广西	191 088.00	100 778.00	89 318.00	992.00
海南	180 749.00	178 569.00		2 180.00
重庆	58 756.50	58 729.00		27.50
四川	8 018.26	4 367.96	3 650.30	
贵州	14 827.23	9 891.33	4 822.90	113.00
云南	225 108.07	131 968.94	90 522.82	2 616.31
陕西	11 942.06	11 394.95	547.11	
甘肃	83 922.62	60 511.31	23 075.60	335.71
青海	26 911.88	18 375.04	8 191.84	345.00
宁夏	50 779.00	50 555.00	224.00	
新疆（兵团）				
新疆（农业）	90 918.53	63 470.02	27 448.51	
新疆（畜牧）	262 949.25	109 612.79	153 235.26	101.20
热科院	46 763.96	43 611.45	3 152.51	
广州	13 947.00	13 892.00	55.00	
南京	1 695.79	1 406.26	83.77	205.76

7－2 农场从业人员及工资总额情况

地区	从业人员年末数（人）			
		第一产业（人）	第二产业（人）	第三产业（人）
全国农垦	**3 746 327**	**2 133 247**	**791 996**	**821 084**
北京	14 263	1 129	9 574	3 560
天津	11 009	2 260	3 561	5 188
河北	113 658	36 906	42 489	34 263
山西	9 004	5 010	13	3 981
内蒙古	185 314	156 947	8 372	19 995
辽宁	207 515	154 073	17 591	35 851
吉林	57 660	51 091	3 080	3 489
黑龙江	668 123	461 714	42 052	164 357
上海	117 597	13 384	40 947	63 266
江苏	56 585	9 117	19 253	28 215
浙江	2 491	2 036	50	405
安徽	29 757	28 012	412	1 333
福建	39 577	27 430	5 574	6 573
江西	374 118	212 082	116 003	46 033
山东	3 272	3 014	88	170
河南	40 858	31 380	5 447	4 031
湖北	918 005	336 920	341 232	239 853
湖南	192 320	103 010	42 160	47 150
广东	67 081	45 660	8 483	12 938
广西	157 341	48 134	68 039	41 168
海南				
重庆	1 072	453	619	
四川	5 966	5 890	25	51
贵州	3 405	2 710	689	6
云南	159 097	123 888	3 609	31 600
陕西	6 255	5 830	64	361
甘肃	18 435	16 693	1 197	545
青海	5 577	5 490	87	
宁夏	50 910	42 440	2 387	6 083
新疆（兵团）				
新疆（农业）	89 070	77 059	4 770	7 241
新疆（畜牧）	139 839	123 378	4 129	12 332
热科院	1 046			1 046
广州				
南京	107	107		

7－2续表1

地　区	国有单位从业人员年末数（人）			国有单位年平均从业人员（人）	国有单位离开本单位仍保留劳动关系的职工（人）	
		#在岗职工年末数（人）	其他从业人员年末数（人）			内部退养职工（人）
全国农垦	**2 240 995**	**1 510 651**	**730 344**	**2 527 899**	**114 659**	**42 189**
北　京	13 887	11 588	2 299	14 240	408	371
天　津	11 009	10 218	791	11 252	381	615
河　北	26 594	23 981	2 613	22 177	1 043	29
山　西	3 161	2 656	505	3 172	483	20
内蒙古	157 884	57 420	100 464	153 088	2 508	898
辽　宁	179 480	121 106	58 374	177 088	664	8 380
吉　林	39 807	23 825	15 982	39 682	674	212
黑龙江	430 521	243 042	187 479	743 765		
上　海	107 972	85 760	22 212	120 166	2 245	2 245
江　苏	21 967	21 963	4	56 358	4 177	1 519
浙　江	2 037	1 331	706	1 679	441	167
安　徽	29 827	17 050	12 777	29 883	507	1 103
福　建	23 542	15 271	8 271	19 755	1 527	396
江　西	272 351	262 722	9 629	250 161	46 046	4 923
山　东	3 209	2 599	610	3 308	21	859
河　南	35 096	23 629	11 467	35 733	1 806	419
湖　北	376 348	322 097	54 251	356 554	30 755	3 106
湖　南	85 958	68 547	17 411	89 261	8 380	3 940
广　东	39 491	22 316	17 175	38 881	281	168
广　西	39 200	10 269	28 931	37 608	977	235
海　南	9 037	9 037		9 411	6 731	6 731
重　庆	1 072	1 072		1 076		
四　川	5 972	1 024	4 948	5 239	4	
贵　州	2 879	1 112	1 767	2 318	258	288
云　南	119 520	45 148	74 372	121 525	1 660	1 660
陕　西	3 245	3 087	158	4 455	59	47
甘　肃	16 669	8 686	7 983	15 018	144	114
青　海	5 326	3 444	1 882	5 239	943	290
宁　夏	7 082	7 026	56	7 470	49	42
新疆(兵团)						
新疆(农业)	40 526	33 231	7 295	42 486	1 236	2 344
新疆(畜牧)	129 173	49 268	79 905	108 608	139	980
热科院	1 046	1 046		1 124		
广　州						
南　京	107	80	27	119	112	88

7－2续表2

地区	国有单位从业人员工资总额（万元）			国有单位离开本单位仍保留劳动关系的职工补贴（万元）
		在岗职工工资总额（万元）	其他从业人员工资总额（万元）	
全国农垦	**7 772 599.13**	**5 021 052.40**	**2 726 854.19**	**24 692.54**
北京	128 550.00	113 994.00	13 838.00	718.00
天津	97 487.00	94 312.00	2 861.00	314.00
河北	92 340.85	87 948.42	4 289.43	103.00
山西	7 180.10	5 963.30	700.80	516.00
内蒙古	505 856.07	193 574.84	310 747.36	1 533.87
辽宁	321 091.18	221 412.88	99 307.30	371.00
吉林	62 329.75	41 267.03	21 062.72	
黑龙江	2 149 205.00	808 155.00	1 341 050.00	
上海	1 336 221.30	1 100 737.10	231 171.50	4 312.70
江苏	78 798.00	77 825.00	8.00	965.00
浙江	13 996.32	11 547.35	1 785.47	663.50
安徽	95 437.65	63 861.43	31 545.70	30.52
福建	37 162.31	26 061.20	11 079.56	21.55
江西	498 384.00	462 505.00	33 791.00	2 088.00
山东	9 380.70	7 888.01	1 492.69	
河南	69 214.96	48 774.23	19 578.34	862.39
湖北	1 108 723.00	953 390.00	149 441.00	5 892.00
湖南	183 992.96	163 868.18	18 991.53	1 133.25
广东	168 216.16	94 038.55	73 999.09	178.52
广西	115 550.00	36 765.00	77 885.00	900.00
海南	31 397.00	29 885.00		1 512.00
重庆	7 718.00	7 718.00		
四川	7 195.26	3 580.76	3 614.50	
贵州	5 881.89	3 444.57	2 401.32	36.00
云南	180 287.31	94 527.89	83 793.31	1 966.11
陕西	10 217.43	9 770.32	447.11	
甘肃	62 357.93	40 857.61	21 495.06	5.26
青海	22 269.38	14 172.04	7 752.34	345.00
宁夏	26 716.00	26 492.00	224.00	
新疆（兵团）				
新疆（农业）	73 750.51	63 429.02	10 321.49	
新疆（畜牧）	256 931.05	104 719.83	152 113.42	97.80
热科院	8 138.24	8 138.24		
广州				
南京	621.82	428.60	66.15	127.07

附　录

附录一　中华人民共和国2018年国民经济和社会发展统计公报

中华人民共和国2018年国民经济和社会发展统计公报[1]

国家统计局

2019年2月28日

2018年，面对复杂严峻的国际环境和艰巨繁重的改革发展稳定任务，在以习近平同志为核心的党中央坚强领导下，各地区各部门以习近平新时代中国特色社会主义思想为指导，全面贯彻党的十九大和十九届二中、三中全会精神，按照党中央、国务院决策部署，统筹推进“五位一体”总体布局，协调推进“四个全面”战略布局，坚持稳中求进工作总基调，深入贯彻新发展理念，落实高质量发展要求，以供给侧结构性改革为主线，着力深化改革扩大开放，坚决打好防范化解重大风险、精准脱贫、污染防治三大攻坚战，有效应对外部环境深刻变化，统筹稳增长、促改革、调结构、惠民生、防风险，做好稳就业、稳金融、稳外贸、稳外资、稳投资、稳预期工作，经济运行总体平稳、稳中有进，质量效益稳步提升，人民生活持续改善，保持了经济持续健康发展和社会大局稳定，朝着实现全面建成小康社会的目标迈出了新的步伐。

一、综合

初步核算，全年国内生产总值[2]900 309亿元，比上年增长6.6%（图1）。其中，第一产业增加值64 734亿元，增长3.5%；第二产业增加值366 001亿元，增长5.8%；第三产业增加值469 575亿元，增长7.6%。第一产业增加值占国内生产总值的比重为7.2%，第二产业增加值比重为40.7%，第三产业增加值比重为52.2%（图2）。全年最终消费支出对国内生产总值增长的贡献率为76.2%，资本形成总额的贡献率为32.4%，货物和服务净出口的贡献率为－8.6%。人均国内生产总值64 644元，比上年增长6.1%。国民总收入[3]896 915亿元，比上年增长6.5%。全国万元国内生产总值能耗[4]比上年下降3.1%（图3）。全员劳动生产率[5]为107 327元/人，比上年提高6.6%（图4）。

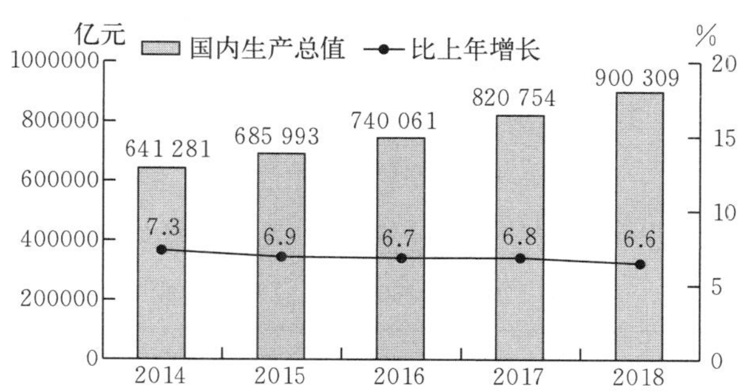

图1　2014—2018年国内生产总值及其增长速度

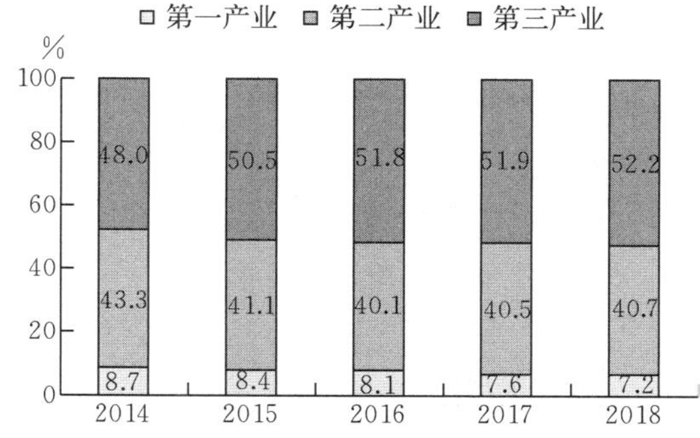

图2　2014—2018年三次产业增加值占国内生产总值比重

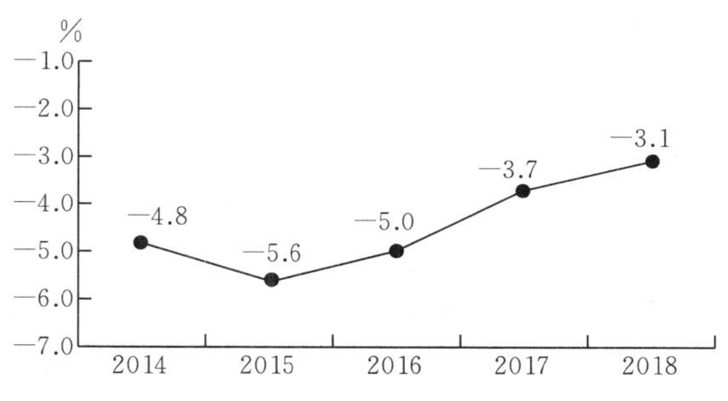

图3　2014—2018年万元国内生产总值能耗降低率

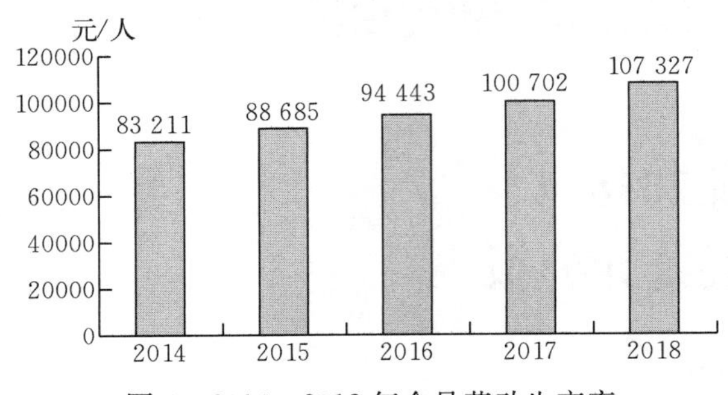

图4　2014—2018年全员劳动生产率

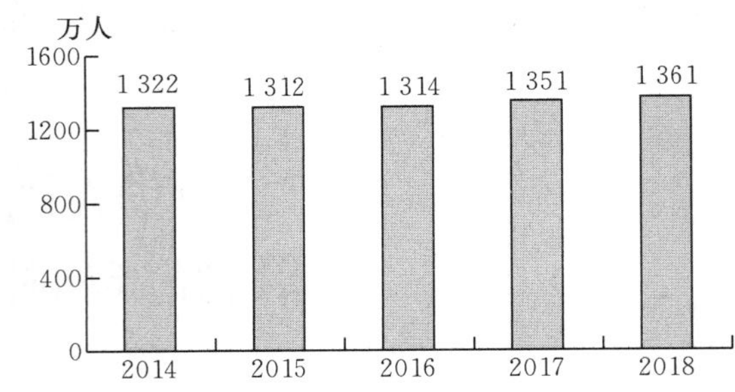

图5　2014—2018年城镇新增就业人数

年末全国总人口139 538万人，比上年末增加530万人，其中城镇常住人口83 137万人，占总人口比重（常住人口城镇化率）为59.58%，比上年末提高1.06个百分点（表1）。户籍人口城镇化率为43.37%，比上年末提高1.02个百分点。全年出生人口1 523万人，出生率为10.94‰；死亡人口993万人，死亡率为7.13‰；自然增长率为3.81‰。全国人户分离的人口[6]2.86亿人，其中流动人口[7]2.41亿人。

表1　2018年年末人口数及其构成

指　　标	年末数（万人）	比重（%）
全国总人口	139 538	100.0
其中：城镇	83 137	59.58
乡村	56 401	40.42
其中：男性	71 351	51.1
女性	68 187	48.9
其中：0～15岁（含不满16周岁）[8]	24 860	17.8
16～59岁（含不满60周岁）	89 729	64.3
60周岁及以上	24 949	17.9
其中：65周岁及以上	16 658	11.9

年末全国就业人员77 586万人，其中城镇就业人员43 419万人。全年城镇新增就业1 361万人，比上年增加10万人（图5）。年末全国城镇调查失业率为4.9%，比上年末下降0.1个百分点；城镇登记失业率为3.8%，下降0.1个百分点。全国农民工[9]总量28 836万人，比上年增长0.6%。其中，外出农民工17 266万人，增长0.5%；本地农民工11 570万人，增长0.9%。

全年居民消费价格比上年上涨2.1%（图6、表2）。工业生产者出厂价格上涨3.5%。工业生产者购进价格上涨4.1%。固定资产投资价格上涨5.4%。农产品生产者价格[10]下降0.9%。12月份70个大中城市新建商品住宅销售价格月同比上涨的城市个数为69个，下降的为1个。

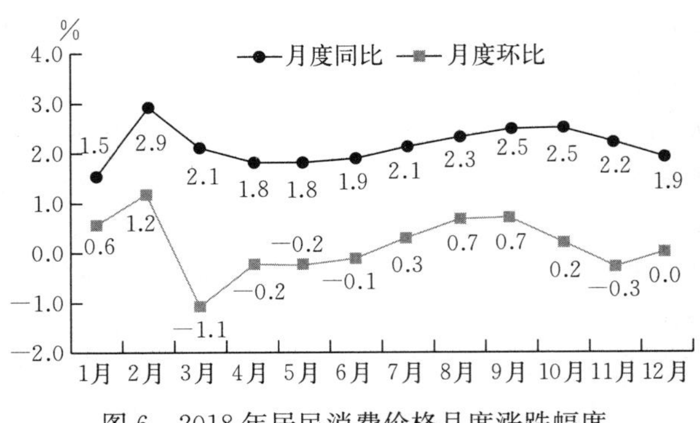

图6　2018年居民消费价格月度涨跌幅度

表2　2018年居民消费价格比上年涨跌幅度

单位：%

指　　标	全　国	城市	农村
居民消费价格	2.1	2.1	2.1
其中：食品烟酒	1.9	2.1	1.1
衣着	1.2	1.1	1.5
居住[11]	2.4	2.1	3.3
生活用品及服务	1.6	1.6	1.6
交通和通信	1.7	1.6	1.8
教育文化和娱乐	2.2	2.3	2.2
医疗保健	4.3	4.6	3.7
其他用品和服务	1.2	1.2	1.2

年末国家外汇储备30 727亿美元，比上年末减少672亿美元（图7）。全年人民币平均汇率为1美元兑6.617 4元人民币，比上年升值2.0%。

供给侧结构性改革深入推进。全年全国工业产能利用率[12]为76.5%。其中，煤炭开采和洗选业产能利用率为70.6%，比上年提高2.4个百分点；

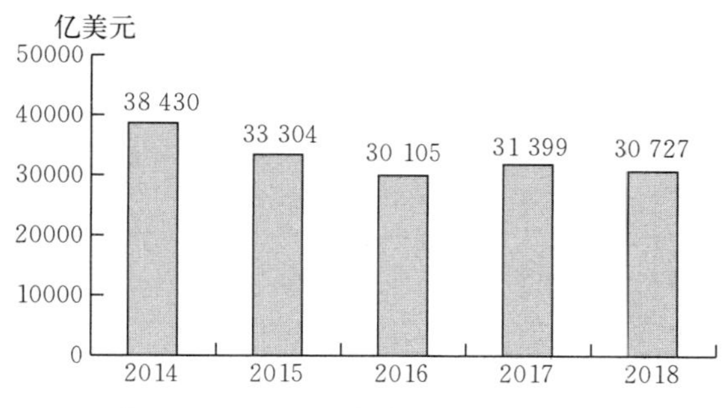

图7　2014—2018年年末国家外汇储备

黑色金属冶炼和压延加工业产能利用率为78.0%，提高2.2个百分点。年末商品房待售面积52 414万米²，比上年末减少6 510万米²。其中，商品住宅待售面积25 091万米²，减少5 072万米²。年末规模以上工业企业资产负债率为56.5%，比上年末下降0.5个百分点[13]。全年规模以上工业企业每百元主营业务收入中的成本为83.88元，比上年下降0.20元。全年生态保护和环境治理业、农业固定资产投资（不含农户）分别比上年增长43.0%和15.4%。

新动能持续发展壮大。全年规模以上工业中，战略性新兴产业[14]增加值比上年增长8.9%。高技术制造业[15]增加值增长11.7%，占规模以上工业增加值的比重为13.9%。装备制造业[16]增加值增长8.1%，占规模以上工业增加值的比重为32.9%。全年规模以上服务业[17]中，战略性新兴服务业[18]营业收入比上年增长14.6%。全年高技术产业投资[19]比上年增长14.9%，工业技术改造投资[20]增长12.8%。全年新能源汽车产量115万辆，比上年增长66.2%；智能电视产量11 376万台，增长17.7%。全年网上零售额[21]90 065亿元，比上年增长23.9%。

脱贫攻坚成效显著。按照每人每年2 300元（2010年不变价）的农村贫困标准计算，年末农村贫困人口1 660万人，比上年末减少1 386万人[22]；贫困发生率[23]1.7%，比上年下降1.4个百分点（图8）。全年贫困地区[24]农村居民人均可支配收入10 371元，比上年增长10.6%，扣除价格因素，实际增长8.3%。

二、农业[25]

全年粮食种植面积11 704万公顷，比上年减少95万公顷。其中，小麦种植面积2 427万公顷，

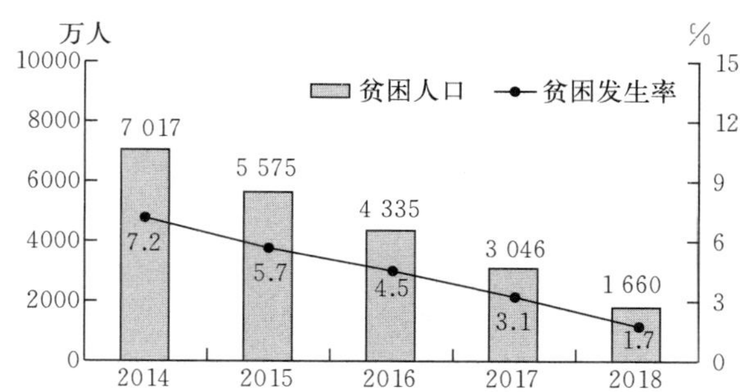

图8　2014—2018年年末全国农村贫困人口和贫困发生率

减少24万公顷；稻谷种植面积3 019万公顷，减少56万公顷；玉米种植面积4 213万公顷，减少27万公顷。棉花种植面积335万公顷，增加16万公顷。油料种植面积1 289万公顷，减少33万公顷。糖料种植面积163万公顷，增加9万公顷。

全年粮食产量65 789万吨，比上年减少371万吨，减产0.6%（图9）。其中，夏粮产量13 878万吨，减产2.1%；早稻产量2 859万吨，减产4.3%；秋粮产量49 052万吨，增产0.1%。全年谷物产量61 019万吨，比上年减产0.8%。其中，稻谷产量21 213万吨，减产0.3%；小麦产量13 143万吨，减产2.2%；玉米产量25 733万吨，减产0.7%。

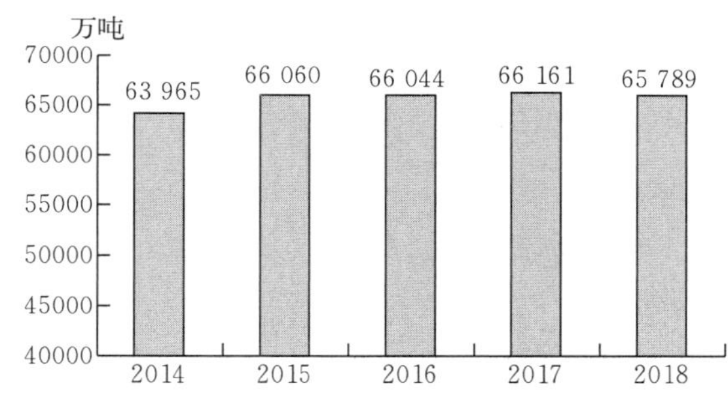

图9　2014—2018年粮食产量

全年棉花产量610万吨，比上年增产7.8%。油料产量3 439万吨，减产1.0%。糖料产量11 976万吨，增产5.3%。茶叶产量261万吨，增产5.9%。

全年猪牛羊禽肉产量8 517万吨，比上年下降0.3%。其中，猪肉产量5 404万吨，下降0.9%；牛肉产量644万吨，增长1.5%；羊肉产量475万吨，增长0.8%；禽肉产量1 994万吨，增长0.6%。禽蛋产量3 128万吨，增长1.0%。牛奶产量3 075万吨，增长1.2%。年末生猪存栏42 817万头，下降3.0%；生猪出栏69 382万头，下

降1.2%。

全年水产品产量6 469万吨，比上年增长0.4%。其中，养殖水产品产量5 018万吨，增长2.3%；捕捞水产品产量1 451万吨，下降5.7%。

全年木材产量8 432万米^3，比上年增长0.4%。

全年新增耕地灌溉面积72万公顷，新增高效节水灌溉面积144万公顷。

三、工业和建筑业

全年全部工业增加值305 160亿元，比上年增长6.1%（图10）。规模以上工业增加值增长6.2%。在规模以上工业中，分经济类型看，国有控股企业增加值增长6.2%；股份制企业增长6.6%，外商及港澳台商投资企业增长4.8%；私营企业增长6.2%。分门类看，采矿业增长2.3%，制造业增长6.5%，电力、热力、燃气及水生产和供应业增长9.9%。

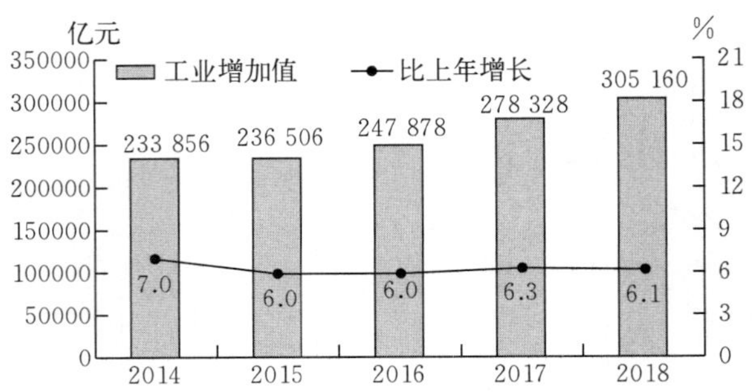

图10　2014—2018年全部工业增加值及其增长速度

全年规模以上工业中，农副食品加工业增加值比上年增长5.9%，纺织业增长1.0%，化学原料和化学制品制造业增长3.6%，非金属矿物制品业增长4.6%，黑色金属冶炼和压延加工业增长7.0%，通用设备制造业增长7.2%，专用设备制造业增长10.9%，汽车制造业增长4.9%，电气机械和器材制造业增长7.3%，计算机、通信和其他电子设备制造业增长13.1%，电力、热力生产和供应业增长9.6%（表3）。

表3　2018年主要工业产品产量及其增长速度[26]

产品名称	计量单位	产量	比上年增长（%）
纱	万吨	2 958.9	−7.3
布	亿米	657.3	−4.9
化学纤维	万吨	5 011.1	2.7
成品糖	万吨	1 524.1	3.5
卷烟	亿支	23 358.7	−0.4
彩色电视机	万台	18 834.8	18.2
其中：液晶电视机	万台	18 825.2	19.5
家用电冰箱	万台	7 993.2	−3.9
房间空气调节器	万台	20 486.0	14.7
一次能源生产总量	亿吨标准煤	37.7	5.0
原煤	亿吨	36.8	4.5
原油	万吨	18 910.6	−1.3
天然气	亿米^3	1 602.7	8.3
发电量	亿千瓦时	71 117.7	7.7
其中：火电[27]	亿千瓦时	50 738.6	6.7
水电	亿千瓦时	12 342.3	3.0
核电	亿千瓦时	2 943.6	18.7
粗钢	万吨	92 800.9	6.6
钢材[28]	万吨	110 551.7	5.6
十种有色金属	万吨	5 702.7	3.7
其中：精炼铜（电解铜）	万吨	902.9	0.7

（续）

产品名称	计量单位	产量	比上年增长（%）
原铝（电解铝）	万吨	3 580.2	7.5
水泥	亿吨	22.1	−5.3
硫酸（折100%）	万吨	9 129.8	−0.9
烧碱（折100%）	万吨	3 420.2	2.7
乙烯	万吨	1 841.0	1.1
化肥（折100%）	万吨	5 424.4	−7.9
发电机组（发电设备）	万千瓦	10 600.5	−10.3
汽车	万辆	2 781.9	−4.1
其中：基本型乘用车（轿车）	万辆	1 160.1	−2.9
运动型多用途乘用车（SUV）	万辆	927.4	−7.7
大中型拖拉机	万台	24.3	−29.3
集成电路	亿块	1 739.5	11.2
程控交换机	万线	1 006.6	7.3
移动通信手持机	万台	179 846.4	−4.8
微型计算机设备	万台	30 700.2	0.1
工业机器人	万台（套）	14.8	6.4

年末全国发电装机容量189 967万千瓦，比上年末增长6.5%[29]。其中[30]，火电装机容量114 367万千瓦，增长3.0%；水电装机容量35 226万千瓦，增长2.5%；核电装机容量4 466万千瓦，增长24.7%；并网风电装机容量18 426万千瓦，增长12.4%；并网太阳能发电装机容量17 463万千瓦，增长33.9%。

全年规模以上工业企业利润66 351亿元，比上年增长10.3%[31]。分经济类型看，国有控股企业利润18 583亿元，比上年增长12.6%；股份制企业46 975亿元，增长14.4%，外商及港澳台商投资企业16 776亿元，增长1.9%；私营企业17 137亿元，增长11.9%。分门类看，采矿业利润5 246亿元，比上年增长40.1%；制造业56 964亿元，增长8.7%；电力、热力、燃气及水生产和供应业4 141亿元，增长4.3%。全年规模以上工业企业主营业务收入利润率为6.49%，比上年提高0.11个百分点。

全年全社会建筑业增加值61 808亿元，比上年增长4.5%（图11）。全国具有资质等级的总承包和专业承包建筑业企业利润8 104亿元，比上年增长8.2%，其中国有控股企业2 470亿元，增长8.5%。

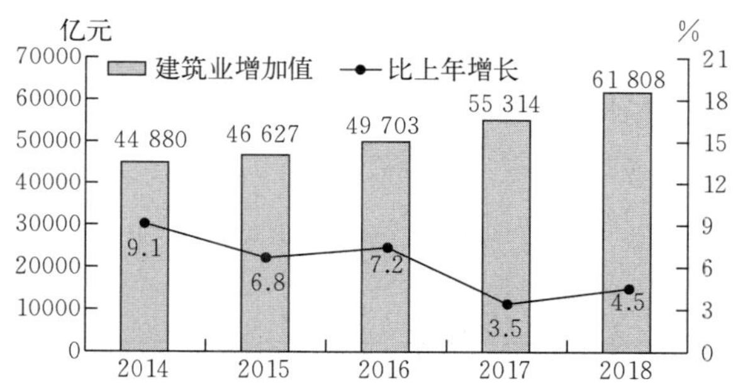

图11　2014—2018年建筑业增加值及其增长速度

四、服务业

全年批发和零售业增加值84 201亿元，比上年增长6.2%；交通运输、仓储和邮政业增加值40 550亿元，增长8.1%；住宿和餐饮业增加值16 023亿元，增长6.5%；金融业增加值69 100亿元，增长4.4%；房地产业增加值59 846亿元，增长3.8%；信息传输、软件和信息技术服务业增加值32 431亿元，增长30.7%；租赁和商务服务业增加值24 427亿元，增长8.9%（图12）。全年规模以上服务业企业营业收入比上年增长11.4%，营业利润增长6.5%。

全年货物运输总量515亿吨，比上年增长7.1%。货物运输周转量205 452亿吨公里，增长

图 12　2014—2018 年服务业增加值及其增长速度

4.1%。全年规模以上港口完成货物吞吐量 133 亿吨，比上年增长 2.7%[32]，其中外贸货物吞吐量 42 亿吨，增长 2.0%。规模以上港口集装箱吞吐量 24 955 万标准箱，增长 5.2%（表 4）。

表 4　2018 年各种运输方式完成货物运输量及其增长速度

指　标	计量单位	绝对数	比上年增长（%）
货物运输总量	亿吨	514.6	7.1
铁路	亿吨	40.3	9.2
公路	亿吨	395.9	7.4
水运	亿吨	69.9	4.7
民航	万吨	738.5	4.6
管道	亿吨	8.5	5.4
货物运输周转量	亿吨公里	205 451.6	4.1
铁路	亿吨公里	28 821.0	6.9
公路	亿吨公里	71 202.5	6.6
水运	亿吨公里	99 303.6	0.7
民航	亿吨公里	262.4	7.7
管道	亿吨公里	5 862.0	22.5

全年旅客运输总量 179 亿人次，比上年下降 3.1%[33]。旅客运输周转量 34 213 亿人公里，增长 4.3%（表 5）。

表 5　2018 年各种运输方式完成旅客运输量及其增长速度

指　标	计量单位	绝对数	比上年增长（%）
旅客运输总量	亿人次	179.2	−3.1
铁路	亿人次	33.7	9.4
公路	亿人次	136.5	−6.3
水运	亿人次	2.8	−0.5
民航	亿人次	6.1	10.9
旅客运输周转量	亿人公里	34 213.5	4.3
铁路	亿人公里	14 146.6	5.1
公路	亿人公里	9 275.5	−5.0
水运	亿人公里	79.8	2.7
民航	亿人公里	10 711.6	12.6

年末全国民用汽车保有量 24 028 万辆（包括三轮汽车和低速货车 906 万辆），比上年末增长 10.5%，其中私人汽车保有量 20 730 万辆，增长 10.9%。民用轿车保有量 13 451 万辆，增长 10.4%，其中私人轿车 12 589 万辆，增长 10.3%。

全年完成邮政行业业务总量[34] 12 345 亿元，比上年增长 26.4%。邮政业全年完成邮政函件业务 26.8 亿件，包裹业务 0.2 亿件，快递业务量 507.1 亿件，快递业务收入 6 038 亿元（图 13）。全年完成电信业务总量[35] 65 556 亿元，比上年增长 137.9%。电信业新增移动电话交换机容量[36] 17 267 万户，达到 259 453 万户。年末全国电话用户总数 174 835 万户，其中移动电话用户 156 610 万户。移动电话普及率上升至 112.2 部/百人。固定互联网宽带接入用户[37] 40 738 万户，比上年末增加 5 884 万户，其中固定互联网光纤宽带接入用户[38] 36 833 万户，增加 7 440 万户；移动宽带用户[39] 130 565 万户，增加 17 413 万户（图 14）。全年移动互联网用户接入流量 711 亿 GB，比上年增长 189.1%。全年软件和信息技术服务业[40]完成软件业务收入 63 061 亿元，按可比口径计算，比上年增长 14.2%。

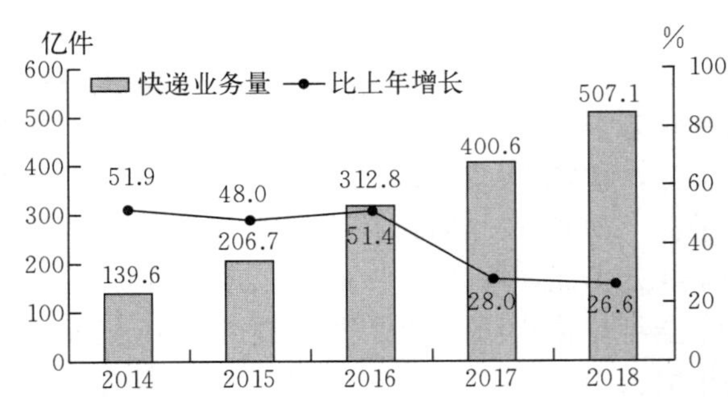

图 13　2014—2018 年快速业务量及其增长速度

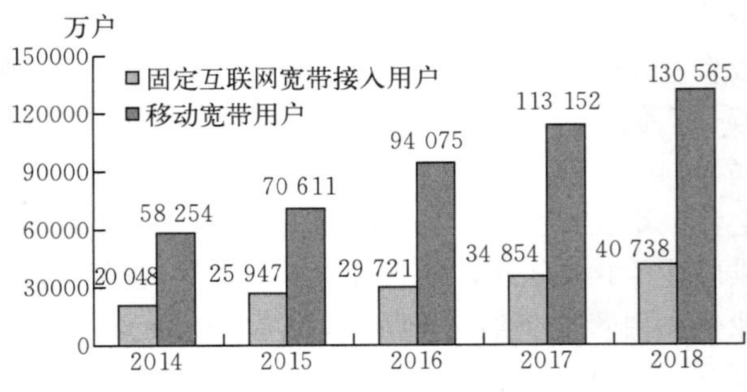

图 14　2014—2018 年年末固定互联网宽带接入用户数和移动宽带用户数

五、国内贸易[41]

全年社会消费品零售总额 380 987 亿元，比上年增长 9.0%。按经营地统计，城镇消费品零售额 325 637 亿元，增长 8.8%；乡村消费品零售额 55 350 亿元，增长 10.1%。按消费类型统计，商品零售额 338 271 亿元，增长 8.9%；餐饮收入额 42 716 亿元，增长 9.5%。

在限额以上单位商品零售额中，粮油、食品类零售额比上年增长 10.2%，饮料类增长 9.0%，烟酒类增长 7.4%，服装、鞋帽、针纺织品类增长 8.0%，化妆品类增长 9.6%，金银珠宝类增长 7.4%，日用品类增长 13.7%，家用电器和音像器材类增长 8.9%，中西药品类增长 9.4%，文化办公用品类增长 3.0%，家具类增长 10.1%，通信器材类增长 7.1%，建筑及装潢材料类增长 8.1%，石油及制品类增长 13.3%，汽车类下降 2.4%。

全年实物商品网上零售额 70 198 亿元，比上年增长 25.4%，占社会消费品零售总额的比重为 18.4%，比上年提高 3.4 个百分点。

六、固定资产投资[42]

全年全社会固定资产投资 645 675 亿元，比上年增长 5.9%。其中固定资产投资（不含农户）635 636 亿元，增长 5.9%。分区域看[43]，东部地区投资比上年增长 5.7%，中部地区投资增长 10.0%，西部地区投资增长 4.7%，东北地区投资增长 1.0%。

在固定资产投资（不含农户）中，第一产业投资 22 413 亿元，比上年增长 12.9%；第二产业投资 237 899 亿元，增长 6.2%；第三产业投资 375 324 亿元，增长 5.5%（图 15、表 6）。民间固定资产投资[44] 394 051 亿元，增长 8.7%，占固定资产投资（不含农户）的比重为 62.0%。基础设施投资[45]增长 3.8%。六大高耗能行业投资增长 1.4%（表 7）。

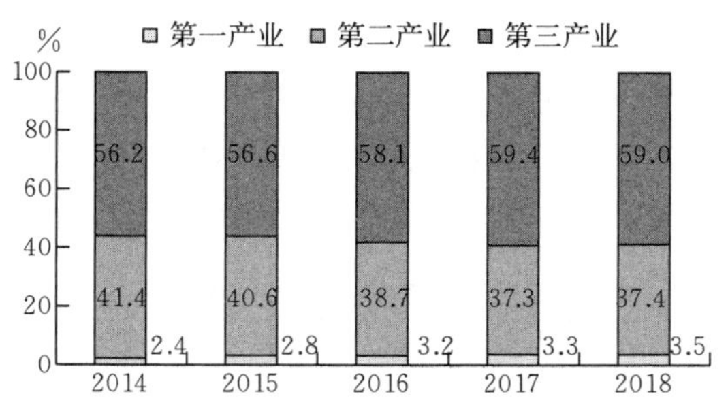

图 15　2014—2018 年三次产业投资占固定资产投资（不含农户）比重

表 6　2018 年分行业固定资产投资（不含农户）增长速度

行　　业	比上年增长（%）	行　　业	比上年增长（%）
总计	5.9	金融业	−13.1
农、林、牧、渔业	12.3	房地产业[46]	8.3
采矿业	4.1	租赁和商务服务业	14.2
制造业	9.5	科学研究和技术服务业	13.6
电力、热力、燃气及水生产和供应业	−6.7	水利、环境和公共设施管理业	3.3
建筑业	−13.9	居民服务、修理和其他服务业	−14.4
批发和零售业	−21.5	教育	7.2
交通运输、仓储和邮政业	3.9	卫生和社会工作	8.4
住宿和餐饮业	−3.4	文化、体育和娱乐业	21.2
信息传输、软件和信息技术服务业	4.0	公共管理、社会保障和社会组织	−18.0

表 7　2018 年固定资产投资新增主要生产与运营能力

指　　标	计量单位	绝对数
新增 220 千伏及以上变电设备	万千伏安	22 082
新建铁路投产里程	千米	4 683
其中：高速铁路[47]	千米	4 100
增、新建铁路复线投产里程	千米	4 711

（续）

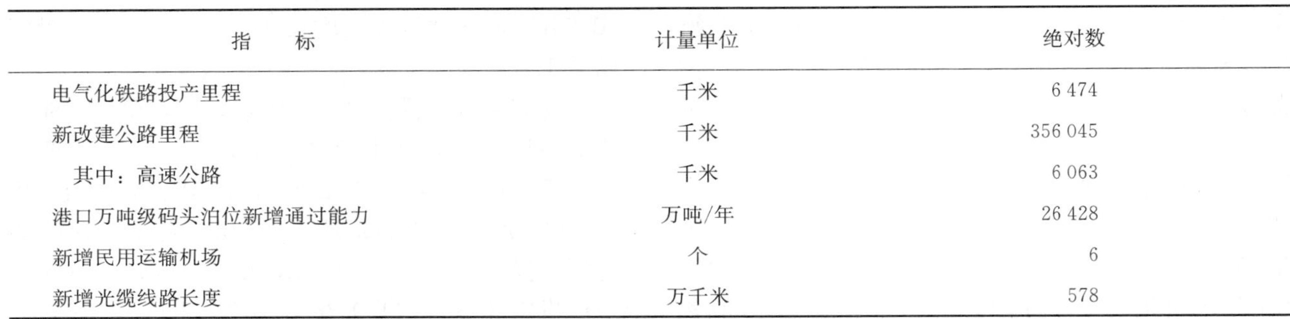

指　标	计量单位	绝对数
电气化铁路投产里程	千米	6 474
新改建公路里程	千米	356 045
其中：高速公路	千米	6 063
港口万吨级码头泊位新增通过能力	万吨/年	26 428
新增民用运输机场	个	6
新增光缆线路长度	万千米	578

全年房地产开发投资120 264亿元，比上年增长9.5%。其中住宅投资85 192亿元，增长13.4%（表8）；办公楼投资5 996亿元，下降11.3%；商业营业用房投资14 177亿元，下降9.4%。

全年全国棚户区住房改造开工626万套，基本建成511万套。全国农村地区建档立卡贫困户危房改造157万户[48]。

表8　2018年房地产开发和销售主要指标及其增长速度

指　标	计量单位	绝对数	比上年增长（%）
投资额	亿元	120 264	9.5
其中：住宅	亿元	85 192	13.4
房屋施工面积	万米^2	822 300	5.2
其中：住宅	万米^2	569 987	6.3
房屋新开工面积	万米^2	209 342	17.2
其中：住宅	万米^2	153 353	19.7
房屋竣工面积	万米^2	93 550	−7.8
其中：住宅	万米^2	66 016	−8.1
商品房销售面积	万米^2	171 654	1.3
其中：住宅	万米^2	147 929	2.2
本年到位资金	亿元	165 963	6.4
其中：国内贷款	亿元	24 005	−4.9
个人按揭贷款	亿元	23 706	−0.8

七、对外经济

全年货物进出口总额305 050亿元，比上年增长9.7%。其中，出口164 177亿元，增长7.1%；进口140 874亿元，增长12.9%。货物进出口顺差23 303亿元，比上年减少5 217亿元。对“一带一路”[49]沿线国家进出口总额83 657亿元，比上年增长13.3%。其中，出口46 478亿元，增长7.9%；进口37 179亿元，增长20.9%（图16、表9至表12）。

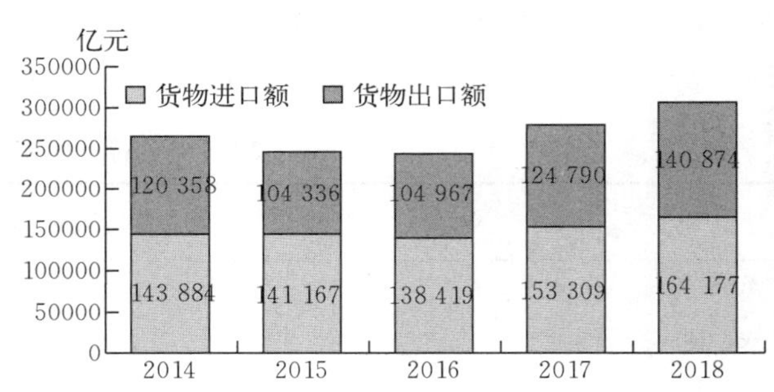

图16　2014—2018年货物进出口总额

表9　2018年货物进出口总额及其增长速度

指　标	金额（亿元）	比上年增长（%）
货物进出口总额	305 050	9.7
货物出口额	164 177	7.1
其中：一般贸易	92 405	10.9
加工贸易	52 676	2.5
其中：机电产品	96 457	7.9
高新技术产品	49 374	9.3
货物进口额	140 874	12.9
其中：一般贸易	83 947	14.3
加工贸易	31 097	6.6
其中：机电产品	63 727	10.3
高新技术产品	44 340	12.2
货物进出口顺差	23 303	—

表 10 2018 年主要商品出口数量、金额及其增长速度

商品名称	计量单位	数量	比上年增长（%）	金额（亿元）	比上年增长（%）
钢材	万吨	6 934	−8.1	3 984	7.7
纺织纱线、织物及制品	—	—	—	7 851	5.1
服装及衣着附件	—	—	—	10 413	−2.3
鞋类	万吨	448	−0.4	3 095	−5.4
家具及其零件	—	—	—	3 544	4.8
箱包及类似容器	万吨	316	2.0	1 787	−1.0
玩具	—	—	—	1 662	2.3
塑料制品	万吨	1 312	12.3	2 870	9.3
集成电路	亿个	2 171	6.2	5 591	23.5
自动数据处理设备及其部件	万台	147 296	−4.4	11 355	6.0
手持或车载无线电话机	万台	111 918	−7.8	9 343	9.8
集装箱	万个	340	13.5	685	20.9
液晶显示板	万个	175 810	−9.3	1 527	−12.5
汽车	万辆	115	11.3	972	8.3

表 11 2018 年主要商品进口数量、金额及其增长速度

商品名称	计量单位	数量	比上年增长（%）	金额（亿元）	比上年增长（%）
谷物及谷物粉	万吨	2 047	−20.0	385	−12.4
大豆	万吨	8 803	−7.9	2 502	−6.9
食用植物油	万吨	629	9.0	313	2.0
铁矿砂及其精矿	万吨	106 447	−1.0	4 984	−4.0
煤及褐煤	万吨	28 123	3.9	1 613	4.9
原油	万吨	46 190	10.1	15 882	43.1
成品油	万吨	3 348	13.0	1 333	35.6
天然气	万吨	9 039	31.9	2 552	62.1
初级形状的塑料	万吨	3 284	14.5	3 718	13.2
纸浆	万吨	2 479	4.5	1 300	25.1
钢材	万吨	1 317	−1.0	1 083	5.5
未锻轧铜及铜材	万吨	530	12.9	2 469	16.5
集成电路	亿个	4 176	10.8	20 584	16.9
汽车	万辆	113	−8.5	3 331	−2.7

表 12 2018 年对主要国家和地区货物进出口金额、增长速度及其比重

国家和地区	出口额（亿元）	比上年增长（%）	占全部出口比重（%）	进口额（亿元）	比上年增长（%）	占全部进口比重（%）
欧盟	26 974	7.0	16.4	18 067	9.2	12.8
美国	31 603	8.6	19.2	10 195	−2.3	7.2
东盟	21 066	11.3	12.8	17 722	11.0	12.6
日本	9 709	4.4	5.9	11 906	6.2	8.5

（续）

国家和地区	出口额（亿元）	比上年增长（%）	占全部出口比重（%）	进口额（亿元）	比上年增长（%）	占全部进口比重（%）
韩国	7 174	3.1	4.4	13 495	12.3	9.6
中国香港	19 966	5.7	12.2	564	13.8	0.4
中国台湾	3 212	7.9	2.0	11 714	11.0	8.3
巴西	2 214	12.9	1.3	5 119	28.2	3.6
俄罗斯	3 167	9.1	1.9	3 909	39.4	2.8
印度	5 054	9.5	3.1	1 242	12.2	0.9
南非	1 072	6.9	0.7	1 799	8.9	1.3

全年服务进出口[50]总额 52 402 亿元，比上年增长 11.5%。其中，服务出口 17 658 亿元，增长 14.6%；服务进口 34 744 亿元，增长 10.0%。服务进出口逆差 17 086 亿元。

全年外商直接投资（不含银行、证券、保险领域）新设立企业 60 533 家，比上年增长 69.8%。实际使用外商直接投资金额 8 856 亿元，增长 0.9%，折 1 350 亿美元，增长 3.0%。其中“一带一路”沿线国家对华直接投资新设立企业 4 479 家，增长 16.1%；对华直接投资金额 424 亿元，增长 13.2%，折 64 亿美元，增长 16.0%。全年高技术制造业实际使用外资 898 亿元，增长 35.1%，折 137 亿美元，增长 38.1%（表 13）。

表 13　2018 年外商直接投资（不含银行、证券、保险领域）及其增长速度

行　业	企业数（家）	比上年增长（%）	实际使用金额（亿元）	比上年增长（%）
总计	60 533	69.8	8 856	0.9
其中：农、林、牧、渔业	741	5.0	53	−26.4
制造业	6 152	23.4	2 713	20.1
电力、热力、燃气及水生产和供应业	284	−23.7	291	23.6
交通运输、仓储和邮政业	754	45.8	314	−16.0
信息传输、软件和信息技术服务业	7 222	127.9	773	−44.4
批发和零售业	22 853	86.1	643	−16.5
房地产业	1 053	42.9	1 489	31.4
租赁和商务服务业	9 099	78.9	1 196	6.4
居民服务、修理和其他服务业	485	39.0	37	−2.6

全年对外非金融类直接投资额 7 974 亿元，比上年下降 1.6%，折 1 205 亿美元，增长 0.3%。其中，对“一带一路”沿线国家非金融类直接投资额 156 亿美元，增长 8.9%（表 14）。

表 14　2018 年对外非金融类直接投资额及其增长速度

行　业	金额（亿美元）	比上年增长（%）
总计	1 205	0.3
其中：农、林、牧、渔业	18	−20.3
采矿业	92	11.3
制造业	188	−1.6
电力、热力、燃气及水生产和供应业	32	−0.9
建筑业	74	0.8
批发和零售业	106	−57.5
交通运输、仓储和邮政业	58	92.7
信息传输、软件和信息技术服务业	68	−33.7
房地产业	40	82.0
租赁和商务服务业	446	27.6

全年对外承包工程完成营业额 11 186 亿元，比上年下降 1.7%，折 1 690 亿美元，增长 0.3%。其中，对“一带一路”沿线国家完成营业额 893 亿美元，增长 4.4%，占对外承包工程完成营业额比重为 52.8%。对外劳务合作派出各类劳务人员 49 万人。

八、财政金融

全年全国一般公共预算收入 183 352 亿元，比上年增长 6.2%（图 17）。其中税收收入 156 401 亿元，比上年增加 12 031 亿元，增长 8.3%。全年各地共发行地方政府置换债券 13 130 亿元，平均发行利率约 3.89%。2015—2018 年，置换债券累计发行 12.2 万亿元，基本完成既定的存量政府债务置换目标。经过置换，年末地方政府债务平均利率比 2014 年末降低约 6.5 个百分点，累计节约利息约 1.7 万亿元。

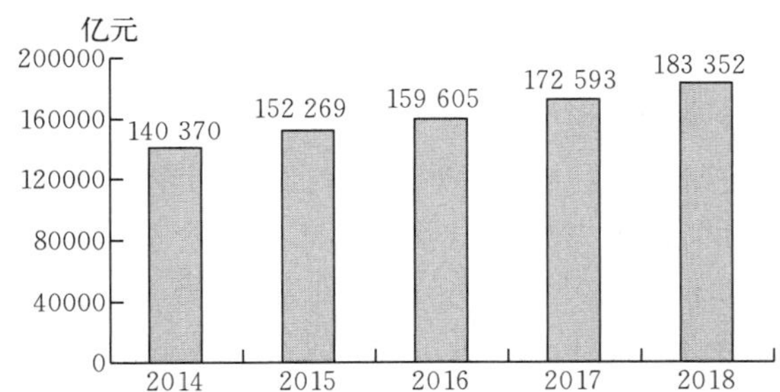

图 17　2014—2018 年全国一般公共预算收入

注：图中 2014—2017 年数据为全国一般公共预算收入决算数，2018 年为执行数。

年末广义货币供应量（M_2）余额 182.7 万亿元，比上年末增长 8.1%；狭义货币供应量（M_1）余额 55.2 万亿元，增长 1.5%；流通中货币（M_0）余额 7.3 万亿元，增长 3.6%。

全年社会融资规模增量[51] 19.3 万亿元，按可比口径计算，比上年少 3.1 万亿元；年末社会融资规模存量[52] 200.7 万亿元，比上年末增长 9.8%。年末全部金融机构本外币各项存款余额 182.5 万亿元，比年初增加 13.2 万亿元，其中人民币各项存款余额 177.5 万亿元，增加 13.4 万亿元。全部金融机构本外币各项贷款余额 141.8 万亿元，增加 16.2 万亿元，其中人民币各项贷款余额 136.3 万亿元，增加 16.2 万亿元（表 15）。

表 15　2018 年年末全部金融机构本外币存贷款余额及其增长速度

指　　标	年末数（亿元）	比上年末增长（%）
各项存款	1 825 158	7.8
其中：境内住户存款	724 439	11.1
其中：人民币	716 038	11.2
境内非金融企业存款	589 105	3.1
各项贷款	1 417 516	12.9
其中：境内短期贷款	443 200	7.8
境内中长期贷款	854 571	13.8

年末主要农村金融机构（农村信用社、农村合作银行、农村商业银行）人民币贷款余额 169 822 亿元，比年初增加 20 002 亿元。全部金融机构人民币消费贷款余额 377 903 亿元，增加 62 709 亿元。其中，个人短期消费贷款余额 87 994 亿元，增加 19 989 亿元；个人中长期消费贷款余额 289 909 亿元，增加 42 720 亿元。

全年境内交易场所累计筹资[53] 64 365 亿元，比上年增加 13 572 亿元。其中，首次公开发行 A 股 105 只，筹资 1 378 亿元，减少 923 亿元；A 股现金再融资（包括公开增发、定向增发、配股、优先股）5 505 亿元，减少 2 504 亿元；各类主体通过沪深交易所发行债券（包括公司债、可转债、可交换债、政策性金融债、地方政府债和企业资产支持证券）筹资 56 878 亿元，增加 17 731 亿元；全国中小企业股份转让系统[54]新增挂牌公司 577 家，挂牌公司累计筹资 604 亿元。

全年发行公司信用类债券[55] 7.79 万亿元，比上年增加 1.92 万亿元。

全年保险公司原保险保费收入[56] 38 017 亿元，比上年增长 3.9%。其中，寿险业务原保险保费收入 20 723 亿元，健康险和意外伤害险业务原保险保费收入 6 524 亿元，财产险业务原保险保费收入 10 770 亿元。支付各类赔款及给付 12 298 亿元。其中，寿险业务给付 4 389 亿元，健康险和意外伤害险业务赔款及给付 2 012 亿元，财产险业务赔款 5 897 亿元。

九、居民收入消费和社会保障

全年全国居民人均可支配收入 28 228 元，比上年增长 8.7%，扣除价格因素，实际增长 6.5%

(图 18)。全国居民人均可支配收入中位数[57] 24 336 元，增长 8.6%。按常住地分，城镇居民人均可支配收入 39 251 元，比上年增长 7.8%，扣除价格因素，实际增长 5.6%。城镇居民人均可支配收入中位数 36 413 元，增长 7.6%。农村居民人均可支配收入 14 617 元，比上年增长 8.8%，扣除价格因素，实际增长 6.6%。农村居民人均可支配收入中位数 13 066 元，增长 9.2%。按全国居民五等份收入分组[58]，低收入组人均可支配收入 6 440 元，中间偏下收入组人均可支配收入 14 361 元，中间收入组人均可支配收入 23 189 元，中间偏上收入组人均可支配收入 36 471 元，高收入组人均可支配收入 70 640 元。全国农民工人均月收入 3 721 元，比上年增长 6.8%。

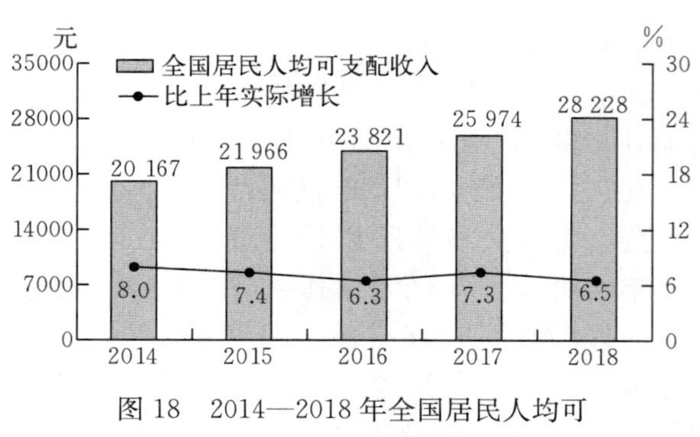

图 18 2014—2018 年全国居民人均可支配收入及其增长速度

全年全国居民人均消费支出 19 853 元，比上年增长 8.4%，扣除价格因素，实际增长 6.2%。按常住地分，城镇居民人均消费支出 26 112 元，增长 6.8%，扣除价格因素，实际增长 4.6%；农村居民人均消费支出 12 124 元，增长 10.7%，扣除价格因素，实际增长 8.4%。全国居民恩格尔系数为 28.4%，比上年下降 0.9 个百分点，其中城镇为 27.7%，农村为 30.1%（图 19）。

年末全国参加城镇职工基本养老保险人数 41 848 万人，比上年末增加 1 555 万人。参加城乡居民基本养老保险人数 52 392 万人，增加 1 137 万人。参加基本医疗保险人数 134 452 万人，增加 16 771 万人。其中，参加职工基本医疗保险人数 31 673 万人，增加 1 351 万人；参加城乡居民基本医疗保险人数 89 741 万人，增加 2 382 万人。参加失业保险人数 19 643 万人，增加 859 万人。年末全国领取失业保险金人数 223 万人。参加工伤保险人数 23 868 万人，增加 1 145 万人，其中参加工伤

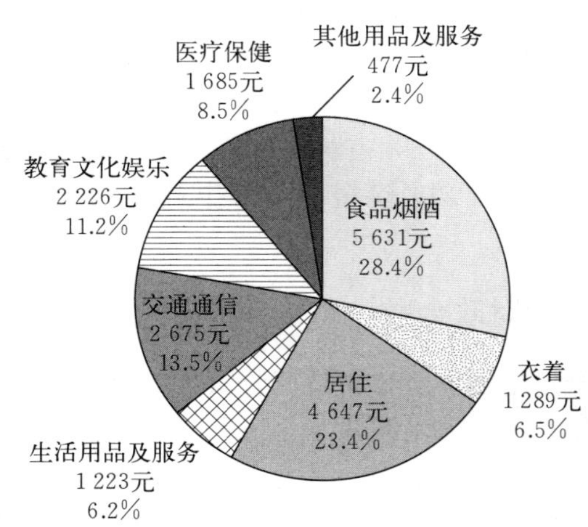

图 19 2018 年全国居民人均消费支出及其构成

保险的农民工 8 085 万人，增加 278 万人。参加生育保险人数 20 435 万人，增加 1 135 万人。年末全国共有 1 008 万人享受城市居民最低生活保障，3 520 万人享受农村居民最低生活保障，455 万人享受农村特困人员[59]救助供养，全年临时救助[60] 1 075 万人次。全年资助 4 972 万人参加基本医疗保险，医疗救助 3 825 万人次。国家抚恤、补助退役军人和其他优抚对象 861 万人。

年末全国共有各类提供住宿的社会服务机构 3.3 万个，其中养老服务机构 3.0 万个，儿童服务机构 664 个。社会服务床位[61] 782.4 万张，其中养老服务床位 746.3 万张，儿童服务床位 10.4 万张。年末共有社区服务中心 2.7 万个，社区服务站 14.5 万个。

十、科学技术和教育

全年研究与试验发展（R&D）经费支出 19 657 亿元，比上年增长 11.6%，与国内生产总值之比为 2.18%，其中基础研究经费 1 118 亿元（图 20）。全年国家重点研发计划共安排 1 052 个项目，国家科技重大专项共安排 563 个课题，国家自然科学基金共资助 44 504 个项目。截至年底，正在运行的国家重点实验室 501 个，累计建设国家工程研究中心 132 个，国家工程实验室 217 个，国家企业技术中心 1 480 家。国家科技成果转化引导基金累计设立 21 支子基金，资金总规模 313 亿元。全年境内外专利申请 432.3 万件，比上年增长 16.9%；授予专利权 244.7 万件，增长 33.3%；PCT 专利申请受理量[62]为 5.5 万件。截至年底，有效专利 838.1 万件，其中境内有效发明专利

160.2万件，每万人口发明专利拥有量11.5件（表16）。全年共签订技术合同41.2万项，技术合同成交金额17 697亿元，比上年增长31.8%。

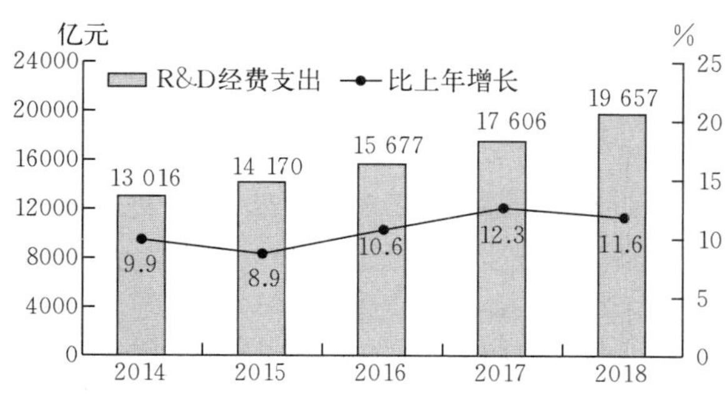

图20 2014—2018年研究与试验发展（R&D）经费支出及其增长速度

表16 2018年专利申请、授权和有效专利情况

指 标	专利数（万件）	比上年增长（%）
专利申请数	432.3	16.9
其中：境内专利申请	412.1	17.3
其中：发明专利申请	154.2	11.6
其中：境内发明专利	138.1	11.9
专利授权数	244.7	33.3
其中：境内专利授权	231.9	36.0
其中：发明专利授权	43.2	2.9
其中：境内发明专利	34.0	6.0
年末有效专利数	838.1	17.3
其中：境内有效专利	739.9	19.3
其中：有效发明专利	236.6	13.5
其中：境内有效发明专利	160.2	18.1

全年成功完成38次宇航发射。嫦娥四号探测器成功着陆月球背面并通过中继星将数据传回地球，标志着人类首次月球背面巡视探测任务正式开启；北斗三号基本系统完成建设，开始提供全球服务；我国地震立体观测体系首个天基平台中意电磁监测试验卫星、中法航天合作的首颗卫星中法海洋卫星成功发射。第二艘航母出海试航，国产大型水陆两栖飞机水上首飞，港珠澳大桥正式通车运营。

年末全国共有国家质检中心791家。全国现有产品质量、体系和服务认证机构484个，累计完成对63万家企业的认证。全国共有法定计量技术机构5 030个，全年强制检定计量器具10 406万台（件）。全年制定、修订国家标准2 668项，其中新制定1 935项。全年制造业产品质量合格率[63]为93.93%。

全年研究生教育招生85.8万人，在学研究生273.1万人，毕业生60.4万人。普通本专科招生791.0万人，在校生2 831.0万人，毕业生753.3万人。中等职业教育[64]招生557.0万人，在校生1 555.2万人，毕业生487.3万人。普通高中招生792.7万人，在校生2 375.4万人，毕业生779.2万人。初中招生1 602.6万人，在校生4 652.6万人，毕业生1 367.8万人。普通小学招生1 867.3万人，在校生10 339.3万人，毕业生1 616.5万人。特殊教育招生12.4万人，在校生66.6万人，毕业生8.1万人。学前教育在园幼儿4 656.4万人。九年义务教育巩固率为94.2%，高中阶段毛入学率为88.8%（图21）。

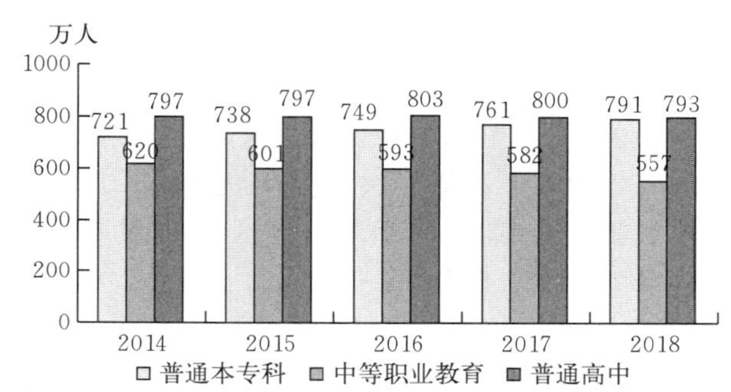

图21 2014—2018年普通本专科、中等职业教育及普通高中招生人数

十一、文化旅游、卫生健康和体育

年末全国文化系统共有艺术表演团体2 075个，博物馆3 331个。全国共有公共图书馆3 173个，总流通[65]84 529万人次；文化馆3 326个。有线电视实际用户2.14亿户，其中有线数字电视实际用户2.02亿户。年末广播节目综合人口覆盖率为98.9%，电视节目综合人口覆盖率为99.3%。全年生产电视剧323部13 726集，电视动画片86 257分钟。全年生产故事影片902部，科教、纪录、动画和特种影片[66]180部。出版各类报纸340亿份，各类期刊24亿册，图书95亿册（张），人均图书拥有量[67]6.85册（张）。年末全国共有档案馆4 210个，已开放各类档案14 016万卷（件）。

全年国内游客55.4亿人次，比上年增长10.8%；国内旅游收入51 278亿元，增长12.3%。入境游客14 120万人次，增长1.2%。其中，外国人3 054万人次，增长4.7%；香港、澳门和台湾同胞11 066万人次，增长0.3%。在入境游客中，过夜游客6 290万人次，增长3.6%。国际旅游收入1 271亿美元，增长3.0%。国内居民出境16 199万人次，增长13.5%。其中因私出境15 502万人次，增长14.1%；赴港澳台出境9 919万人次，增长14.0%（图22）。

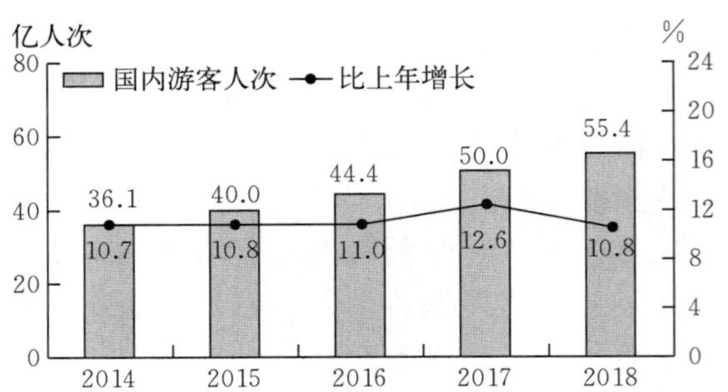

图22　2014—2018年国内游客人次及其增长速度

年末全国共有医疗卫生机构100.4万个，其中医院3.2万个，在医院中有公立医院1.2万个，民营医院2.0万个；基层医疗卫生机构95.0万个，其中乡镇卫生院3.6万个，社区卫生服务中心（站）3.5万个，门诊部（所）24.8万个，村卫生室63.0万个；专业公共卫生机构1.9万个，其中疾病预防控制中心3 469个，卫生监督所（中心）3 141个。年末卫生技术人员950万人，其中执业医师和执业助理医师358万人，注册护士412万人。医疗卫生机构床位845万张，其中医院656万张，乡镇卫生院134万张。全年总诊疗人次[68] 84.2亿人次，出院人数[69] 2.6亿人（图23）。

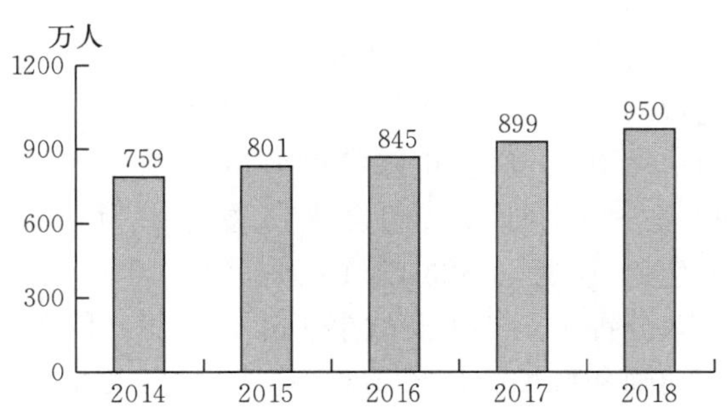

图23　2014—2018年年末卫生技术人员人数

全年我国运动员在24个运动大项中获得118个世界冠军，共创15项世界纪录。全年我国残疾人运动员在20项国际赛事中获得50个世界冠军。

十二、资源、环境和应急管理

全年全国国有建设用地供应总量[70] 64.3万公顷，比上年增长6.6%。其中，工矿仓储用地13.2万公顷，增长7.2%；房地产用地[71] 14.4万公顷，增长24.6%；基础设施等用地36.8万公顷，增长0.7%。

全年水资源总量27 960亿米^3。全年总用水量6 110亿米^3，比上年增长1.1%。其中，生活用水增长1.4%，工业用水增长0.6%，农业用水增长1.1%，生态补水增长3.8%。万元国内生产总值用水量[72] 73米^3，比上年下降5.1%。万元工业增加值用水量45米^3，下降5.2%。人均用水量439米^3，比上年增长0.6%。

全年完成造林面积707万公顷，其中人工造林面积360万公顷，占全部造林面积的50.9%。森林抚育面积852万公顷。截至年底，国家级自然保护区474个。新增水土流失治理面积5.4万千米^2。

初步核算，全年能源消费总量46.4亿吨标准煤，比上年增长3.3%。煤炭消费量增长1.0%，原油消费量增长6.5%，天然气消费量增长17.7%，电力消费量增长8.5%。煤炭消费量占能源消费总量的59.0%，比上年下降1.4个百分点；天然气、水电、核电、风电等清洁能源消费量占能源消费总量的22.1%，上升1.3个百分点（图24）。重点耗能工业企业单位烧碱综合能耗下降0.5%，单位合成氨综合能耗下降0.7%，吨钢综合能耗下降3.3%，单位铜冶炼综合能耗下降4.7%，每千瓦时火力发电标准煤耗下降0.7%。全国万元国内生产总值二氧化碳排放下降4.0%。

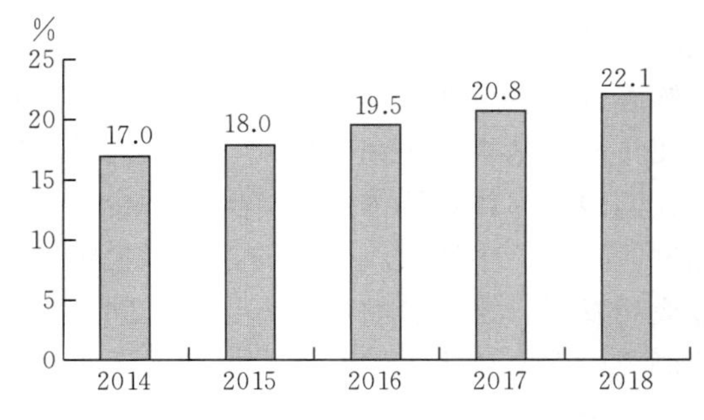

图24　2014—2018年清洁能源消费量占能源消费总量的比重

近岸海域417个海水水质监测点中，达到国家一、二类海水水质标准的监测点占74.6%，三类

海水占 6.7%，四类、劣四类海水占 18.7%。

在监测的 338 个地级及以上城市中，城市空气质量达标的城市占 35.8%，未达标的城市占 64.2%。细颗粒物（PM2.5）未达标城市（基于 2015 年 PM2.5 年平均浓度未达标的 262 个城市）年平均浓度 43 微克/米^3，比上年下降 10.4%。

在开展城市区域声环境监测的 323 个城市中，声环境质量好的城市占 4.0%，较好的占 63.5%，一般的占 30.7%，较差的占 1.2%，差的占 0.6%。

全年平均气温为 10.09 ℃，比上年下降 0.30 ℃。共有 10 个台风登陆。

全年农作物受灾面积 2 081 万公顷，其中绝收 259 万公顷。全年因洪涝和地质灾害造成直接经济损失 1 061 亿元，因旱灾造成直接经济损失 255 亿元，因低温冷冻和雪灾造成直接经济损失 434 亿元，因海洋灾害造成直接经济损失 48 亿元。全年大陆地区共发生 5.0 级以上地震 16 次，成灾 11 次，造成直接经济损失约 30 亿元。全年共发生森林火灾 2 478 起，受害森林面积 1.6 万公顷。

全年各类生产安全事故共死亡 34 046 人。工矿商贸企业就业人员 10 万人生产安全事故死亡人数 1.547 人，比上年下降 5.6%；煤矿百万吨死亡人数 0.093 人，下降 12.3%。道路交通事故万车死亡人数 1.93 人，下降 6.3%。

注释：

[1] 本公报中数据均为初步统计数。各项统计数据均未包括香港特别行政区、澳门特别行政区和台湾省。部分数据因四舍五入的原因，存在总计与分项合计不等的情况。

[2] 国内生产总值、各产业增加值、人均国内生产总值和国民总收入绝对数按现价计算，增长速度按不变价格计算。根据第三次全国农业普查结果，对国内生产总值、三次产业增加值比重、全员劳动生产率等历史数据进行了修订。

[3] 国民总收入，原称国民生产总值，是指一个国家或地区所有常住单位在一定时期内所获得的初次分配收入总额，等于国内生产总值加上来自国外的初次分配收入净额。

[4] 万元国内生产总值能耗按 2015 年价格计算。

[5] 全员劳动生产率为国内生产总值（按 2015 年价格计算）与全部就业人员的比率。

[6] 人户分离的人口是指居住地与户口登记地所在的乡镇街道不一致且离开户口登记地半年及以上的人口。

[7] 流动人口是指人户分离人口中扣除市辖区内人户分离的人口。市辖区内人户分离的人口是指一个直辖市或地级市所辖区内和区与区之间，居住地和户口登记地不在同一乡镇街道的人口。

[8] 2018 年年末，0～14 岁（含不满 15 周岁）人口为 23 523 万人，15～59 岁（含不满 60 周岁）人口为 91 066 万人。

[9] 年度农民工数量包括年内在本乡镇以外从业 6 个月及以上的外出农民工和在本乡镇内从事非农产业 6 个月及以上的本地农民工两部分。

[10] 农产品生产者价格是指农产品生产者直接出售其产品时的价格。

[11] 居住类价格包括租赁房房租、住房保养维修及管理、水电燃料等价格。

[12] 产能利用率是指实际产出与生产能力（均以价值量计量）的比率。企业的实际产出是指企业报告期内的工业总产值；企业的生产能力是指报告期内，在劳动力、原材料、燃料、运输等保证供给的情况下，生产设备（机械）保持正常运行，企业可实现的、并能长期维持的产品产出。

[13] 由于统计制度规定的口径调整、统计执法、剔除重复数据、企业改革剥离等因素，2018 年规模以上工业企业财务指标增速及变化按可比口径计算。

[14] 工业战略性新兴产业包括节能环保产业，新一代信息技术产业，生物产业，高端装备制造产业，新能源产业，新材料产业，新能源汽车产业等七大产业中的工业相关行业。

[15] 高技术制造业包括医药制造业，航空、航天器及设备制造业，电子及通信设备制造业，计算机及办公设备制造业，医疗仪器设备及仪器仪表制造业，信息化学品制造业。

[16] 装备制造业包括金属制品业，通用设备制造业，专用设备制造业，汽车制造业，铁路、船舶、航空航天和其他运输设备制造业，电气机械和器材制造业，计算机、通信和其他电子设备制造业，仪器仪表制造业。

[17] 规模以上服务业统计范围包括年营业收入 1 000 万元及以上，或年末从业人员 50 人及以上的交通运输、仓储和

邮政业，信息传输、软件和信息技术服务业，房地产业（不含房地产开发经营），租赁和商务服务业，科学研究和技术服务业，水利、环境和公共设施管理业，教育，卫生和社会工作；年营业收入500万元及以上，或年末从业人员50人及以上的居民服务、修理和其他服务业，文化、体育和娱乐业法人单位。

[18] 战略性新兴服务业包括节能环保产业，新一代信息技术产业，生物产业，高端装备制造产业，新能源产业，新材料产业，新能源汽车产业等七大产业中的服务业相关行业。

[19] 高技术产业投资包括医药制造、航空航天器及设备制造等六大类高技术制造业投资和信息服务、电子商务服务等九大类高技术服务业投资。

[20] 工业技术改造投资是指工业企业利用新技术、新工艺、新设备、新材料对现有设施、工艺条件及生产服务等进行改造提升，实现内涵式发展的投资活动。

[21] 网上零售额是指通过公共网络交易平台（主要从事实物商品交易的网上平台，包括自建网站和第三方平台）实现的商品和服务零售额。2018年网上零售额增速按可比口径计算。

[22] 减贫人口等于当年贫困人口减去上年贫困人口，也相当于当年脱贫人口减去当年返贫人口。

[23] 贫困发生率是指贫困人口占目标调查人口的比重。

[24] 贫困地区包括集中连片特困地区和片区外的国家扶贫开发工作重点县，原共有832个县。2017年开始将新疆阿克苏地区纳入贫困监测范围。

[25] 农、牧、渔业等历史数据根据第三次全国农业普查结果进行了修订。

[26] 2017年部分产品产量数据进行了核实调整，2018年产量增速按调整后的可比口径计算。

[27] 火电包括燃煤发电量，燃油发电量，燃气发电量，余热、余压、余气发电量，垃圾焚烧发电量，生物质发电量。

[28] 钢材产量数据中含企业之间重复加工钢材约21 800万吨。

[29] 2018年，中国电力企业联合会对发电装机容量统计范围进行了调整，增速按可比口径计算。

[30] 少量发电装机容量（如地热等）公报中未列出。

[31] 见注释[13]。

[32] 2018年部分规模以上港口货物吞吐量统计范围进行调整，扩大至全港企业，相关指标增速按可比口径计算。

[33] 旅客运输总量包括铁路、公路、水运、民航营业性旅客运输量，其中公路旅客运输量占70%以上。近年来，随着人们出行方式的变化，居民自驾出行、网络约车及拼车人数增长较快，分流了公路客运量，导致旅客运输总量下降。

[34] 邮政行业业务总量按2010年价格计算。

[35] 电信业务总量按2015年价格计算。

[36] 移动电话交换机容量是指移动电话交换机根据一定话务模型和交换机处理能力计算出来的最大同时服务用户的数量。

[37] 固定互联网宽带接入用户是指报告期末在电信企业登记注册，通过xDSL、FTTx+LAN、FTTH/O以及其他宽带接入方式和普通专线接入公众互联网的用户。

[38] 固定互联网光纤宽带接入用户是指报告期末在电信企业登记注册，通过FTTH或FTTO方式接入公众互联网的用户。

[39] 移动宽带用户是指报告期末在计费系统拥有使用信息，占用3G或4G网络资源的在网用户。

[40] 软件和信息技术服务业包括软件开发，集成电路设计，信息系统集成和物联网技术服务，运行维护服务，信息处理和存储支持服务，信息技术咨询服务，数字内容服务和其他信息技术服务等行业。

[41] 根据第三次全国农业普查结果及有关制度规定，对2017年社会消费品零售总额及分项基数进行修订，2018年增速按可比口径计算。

[42] 根据统计执法检查和第四次全国经济普查单位清查结果，对2017年固定资产投资基数进行一些修订，2018年增速按可比口径计算。

[43] 东部地区是指北京、天津、河北、上海、江苏、浙江、福建、山东、广东和海南10省（直辖市）；中部地区是指山西、安徽、江西、河南、湖北和湖南6省；西部地区是指内蒙古、广西、重庆、四川、贵州、云南、西藏、陕西、甘肃、青海、宁夏和新疆12省（自治区、直辖市）；东北地区是指辽宁、吉林和黑龙江3省。

[44] 民间固定资产投资是指具有集体、私营、个人性质的内资企事业单位以及由其控股（包括绝对控股和相对控股）的企业单位建造或购置固定资产的投资。

[45] 基础设施投资包括交通运输、邮政业，电信、广播电视和卫星传输服务业，互联网和相关服务业，水利、环境和

公共设施管理业投资。

[46] 房地产业投资除房地产开发投资外，还包括建设单位自建房屋以及物业管理、中介服务和其他房地产投资。

[47] 高速铁路是指线路最大速度200千米/小时及以上的铁路和200千米/小时以下仅运行动车组列车的铁路。

[48] 各省（自治区、直辖市）汇总上报截至2018年12月底建档立卡贫困户农村危房改造实际竣工数。

[49] “一带一路”是指“丝绸之路经济带”和“21世纪海上丝绸之路”。

[50] 服务进出口按照《国际收支手册（第六版）》标准统计，增速按可比口径计算。

[51] 社会融资规模增量是指一定时期内实体经济从金融体系获得的资金总额。

[52] 社会融资规模存量是指一定时期末（月末、季末或年末）实体经济从金融体系获得的资金余额。

[53] 境内股票市场筹资额按上市日统计。

[54] 全国中小企业股份转让系统又称“新三板”，是2012年经国务院批准设立的全国性证券交易场所。全年全国中小企业股份转让系统挂牌公司累计筹资不含优先股。

[55] 公司信用类债券包括非金融企业债务融资工具、企业债券以及公司债、可转债等。

[56] 原保险保费收入是指保险企业确认的原保险合同保费收入。

[57] 人均收入中位数是指将所有调查户按人均收入水平从低到高（或从高到低）顺序排列，处于最中间位置调查户的人均收入。

[58] 全国居民五等份收入分组是指将所有调查户按人均收入水平从高到低顺序排列，平均分为五个等份，处于最高20%的收入群体为高收入组，依此类推依次为中间偏上收入组、中间收入组、中间偏下收入组、低收入组。

[59] 农村特困人员是指无劳动能力，无生活来源，无法定赡养、抚养、扶养义务人或者其法定义务人无履行义务能力的农村老年人、残疾人以及未满16周岁的未成年人。

[60] 临时救助是国家对遭遇突发事件、意外伤害、重大疾病或其他特殊原因导致基本生活陷入困境，其他社会救助制度暂时无法覆盖或救助之后基本生活暂时仍有严重困难的家庭或个人给予的应急性、过渡性的救助。

[61] 社会服务床位数除收养性机构外，还包括救助类机构、社区类机构以及军休所、军供站等机构的床位。

[62] PCT专利申请受理量是指国家知识产权局作为PCT专利申请受理局受理的PCT专利申请数量。PCT（Patent Cooperation Treaty）即专利合作条约，是专利领域的一项国际合作条约。

[63] 制造业产品质量合格率是指以产品质量检验为手段，按照规定的方法、程序和标准实施质量抽样检测，判定为质量合格的样品数占全部抽样样品数的百分比，统计调查样本覆盖制造业的29个行业。

[64] 中等职业教育包括普通中专、成人中专、职业高中和技工学校。

[65] 总流通人次是指本年度内到图书馆场馆接受图书馆服务的总人次，包括借阅书刊、咨询问题以及参加各类读者活动等。

[66] 特种影片是指那些采用与常规影院放映在技术、设备、节目方面不同的电影展示方式，如巨幕电影、立体电影、立体特效（4D）电影、动感电影、球幕电影等。

[67] 人均图书拥有量是指在一年内全国平均每人能拥有的当年出版图书册数。

[68] 总诊疗人次指所有诊疗工作的总人次数，包括门诊、急诊、出诊、预约诊疗、单项健康检查、健康咨询指导（不含健康讲座）人次。

[69] 出院人数指报告期内所有住院后出院的人数，包括医嘱离院、医嘱转其他医疗机构、非医嘱离院、死亡及其他人数，不含家庭病床撤床人数。

[70] 国有建设用地供应总量是指报告期内市、县人民政府根据年度土地供应计划依法以出让、划拨、租赁等方式将土地使用权提供给单位或个人使用的国有建设用地总量。

[71] 房地产用地是指商服用地和住宅用地的总和。

[72] 万元国内生产总值用水量、万元工业增加值用水量按2015年价格计算。

资料来源：

本公报中户籍人口城镇化率、民用汽车、道路交通事故数据来自公安部；城镇新增就业、登记失业率、社会保障、技工学校数据来自人力资源和社会保障部；外汇储备、汇率数据来自国家外汇管理局；水产品产量数据来自农业农村部；木材产量、造林面积、森林抚育面积、国家级自然保护区数据来自国家林业和草原局；灌溉面积、水资源、水土流失治理面积数据来自水利部；发电装机容量、新增220千伏及以上变电设备数据来自中国电力企业联合会；港口货物吞吐量、港口集装箱吞吐量、公路运输、水运、新改建公路里程、港口万吨级码头泊位新增通过能力数据来自交通运输部；铁路运输、新建铁路投产里程、增新建铁路复线投产里程、电气化铁路投产里程数据来自中国铁路总公司；民航、新增民用运输机场数据来自中国民用航空局；管道数据来自中国石油天然气集团有限公司、中国石油化工集团有限公司、中国海洋石油集团有限公司；邮政业务数据来自国家邮政局；通信业、软件业务收入、新增光缆线路长度等数据来自工业和信息化部；棚户区改造、农村地区建档立卡贫困户危房改造数据来自住房和城乡建设部；货物进出口数据来自海关总署；服务进出口、外商直接投资、对外直接投资、对外承包工程、对外劳务合作等数据来自商务部；财政数据来自财政部；货币金融、公司信用类债券数据来自中国人民银行；境内交易场所筹资数据来自中国证券监督管理委员会；保险业数据来自中国银行保险监督管理委员会；医疗保险、资助参加基本医疗保险、医疗救助数据来自国家医疗保障局；城乡低保、农村特困人员救助供养、临时救助、社会服务数据来自民政部；优抚对象数据来自退役军人事务部；国家重点研发计划、国家科技重大专项、国家重点实验室、科技成果转化引导基金、技术合同等数据来自科学技术部；国家自然科学基金项目数据来自国家自然科学基金委员会；国家工程研究中心、国家工程实验室、国家企业技术中心等数据来自国家发展和改革委员会；专利数据来自国家知识产权局；宇航发射数据来自国家国防科技工业局；质量检验、国家标准制定修订、制造业产品质量合格率数据来自国家市场监督管理总局；教育数据来自教育部；艺术表演团体、博物馆、公共图书馆、文化馆、图书、旅游数据来自文化和旅游部；电视、广播数据来自国家广播电视总局；电影数据来自国家电影局；报纸、期刊数据来自国家新闻出版署；档案数据来自国家档案局；居民出境数据来自国家移民管理局；医疗卫生数据来自国家卫生健康委员会；体育数据来自国家体育总局；残疾人运动员数据来自中国残疾人联合会；国有建设用地供应、海洋灾害造成直接经济损失数据来自自然资源部；万元国内生产总值二氧化碳排放、环境监测等数据来自生态环境部；平均气温、登陆台风数据来自中国气象局；农作物受灾面积、洪涝和地质灾害造成直接经济损失、旱灾造成直接经济损失、低温冷冻和雪灾造成直接经济损失、森林火灾、受害森林面积、安全生产数据来自应急管理部；地震次数、地震灾害造成直接经济损失数据来自中国地震局；其他数据均来自国家统计局。

附录二　西藏国有农场基本情况

西藏国有农场基本情况统计表（一）

（2018 年）

序号	项目名称	计量单位	西藏	西藏林芝市易贡茶场	西藏林芝市察隅农场	西藏拉萨市八一农场	西藏林芝市米林农场
1	农场总数	个	4	1	1	1	1
2	一、人口情况						
3	农场总户数	户	968	529	96	178	165
4	农场总人口数	人	2 899	1 508	342	415	634
5	其中：在职职工人数	人	504	290	38	96	80
6	离、退休职工人数	人	1 030	460	139	187	244
7	年末从业人员数	人	618	300	38	123	157
8	二、土地总面积	亩	50 912	27 173	4 249	13 148	6 342
9	其中：耕地面积	亩	14 224	6 270	300	5 300	2 354
10	牧草面积	亩	1 100			1 100	
11	林地面积	亩	17 923	13 230	1 143	3 550	
12	果园面积	亩	4 863	740	500	100	3 523
13	茶园面积	亩	7 638	6 090	1 548		
14	橡胶园面积	亩					
15	水面面积	亩					
16	其他土地面积	亩	5 164	843	758	3 098	465
17	三、生产总值	万元	18 566.00	2 111.00	4 677.00	3 324.00	8 454.00
18	其中：第一产业增加值	万元	6 523.00	1 642.00	1 623.00	108.00	3 150.00
19	所占比重	%	35.13	77.78	34.70	3.25	37.26
20	第二产业增加值	万元	3 357.00	352.00	645.00		2 360.00
21	所占比重	%	18.08	16.67	13.79		27.92
22	第三产业增加值	万元	8 686.00	117.00	2 409.00	3 216.00	2 944.00
23	所占比重	%	46.78	5.54	51.51	96.75	34.82
24	四、收入情况						
25	职均年收入	元	42 865	38 360	5 800	74 058	39 369
26	居民人均可支配收入	元	15 621	16 060	34 800	7 050	9 842
27	从业人员年均收入	元	43 808	38 360	29 800	76 876	31 700
28	五、主要财务指标情况						
29	年末资产总额	万元	69 676.88	10 766.00	12 000.00	35 591.00	11 319.88
30	年末负债总额	万元	25 073.63	9 389.00	2 300.00	9 216.00	4 168.63
31	年末所有者权益	万元	44 603.25	1 377.00	9 700.00	26 375.00	7 151.25
32	营业总收入	万元	5 445.27	506.00	240.00	4 026.00	673.27
33	营业总支出	万元	4 181.97	982.00	202.00	2 447.00	550.97
34	利润总额	万元	1 188.30	−716.00	203.00	1 579.00	122.30
35	农场办社会职能支出总额	万元	94.00		94.00		
36	其中：财政补助	万元					
37	企业自筹	万元	94.00		94.00		
38	六、生产、生活情况						
39	农机总动力	千瓦	13 051	11 800	900	65	286
40	高标准农田面积	亩	3 494	2 650		844	
41	有效灌溉面积	亩	6 810	3 110	400	3 300	
42	场内道路里程	千米	125	50	3	56	16
43	其中：硬化里程	千米	122	50	2	54	16
44	符合生活饮用水卫生标准人数	人	2 899	1 508	342	415	634
45	年末实有住房面积	米^2	121 200	46 000	7 100	42 330	25 770
46	人均占有面积	米^2	41.81	30.50	20.76	102.00	40.65
47	七、贫困户数、人口情况						
48	年人均可支配收入低于 3 000 元户数	户	32		11	21	
49	其中：纳入地方建档立卡户数	户	23		2	21	
50	年人均可支配收入低于 3 000 元人数	人	57		23	34	
51	其中：纳入地方建档立卡人数	人	42		8	34	

西藏国有农场主要农产品生产情况表（二）

（2018 年）

序号	项目名称	计量单位	西藏	西藏林芝市易贡茶场	西藏林芝市察隅农场	西藏拉萨市八一农场	西藏林芝市米林农场
1	一、种植业						
2	（一）农作物播种面积	亩	8 404	5 000	930	120	2 354
3	1. 粮豆作物播种面积	亩	5 534	3 000	400		2 134
4	总产量	吨	2 044	1 020	320		704
5	亩产量	千克	369	340	800		330
6	2. 棉花播种面积	亩					
7	总产量	吨					
8	亩产量	千克					
9	3. 油料作物播种面积	亩	1 620	1 400			220
10	总产量	吨	249	210			39
11	亩产量	千克	154	150			177
12	4. 糖料作物播种面积	亩					
13	总产量	吨					
14	亩产量	千克					
15	5. 蔬菜种植面积	亩	750	600	30	120	
16	总产量	吨	383	240	53	90	
17	亩产量	千克	511	400	1 767	750	
18	6. 其他农作物播种面积	亩	500		500		
19	其他农作物总产量	吨	21		21		
20	（二）干胶总产量	吨					
21	（三）水果总产量	吨	1 745		180		1 565
22	（四）茶叶总产量	吨	57	57			
23	二、养殖业						
24	当年出栏畜禽数	头（只）	46 229	1 209	5 100	90	39 830
25	年末存栏畜禽数	头（只）	50 936	4 206	6 100	600	40 030
26	肉类总产量	吨	1 423	50	450	3	920
27	禽蛋总产量	吨	595		5		590
28	水产品总产量	吨					
29	牛奶总产量	吨	96	94			2

附录三　内蒙古海拉尔农牧场管理局2018年基本情况

内蒙古海拉尔农牧场管理局2018年主要经济指标表

指标名称	计量单位	数　量	指标名称	计量单位	数　量
一、基本情况			其中：小麦播种面积	公顷	86 162
单位个数	个	22	公顷产量	千克	4 150
其中：国有农场	个	16	小麦总产量	吨	357 601
总人口	人	85 113	四、畜牧业生产指标		
职工人数	人	10 909	牧业年度牲畜总头数	头（匹、只）	1 031 557
土地总面积	公顷	1 424 840	其中：大畜存栏	头（匹）	85 706
其中：耕地面积	公顷	311 358	小畜存栏	只	927 010
草原面积	公顷	649 795	生猪存栏	头	18 841
农业机械总动力	千瓦	637 173	梅花鹿存栏	只	
大中型农用拖拉机	台	5 634	年末牲畜总头数	头（匹、只）	864 065
小型农用拖拉机	台	9 096	其中：大畜存栏	头（匹）	103 032
联合收割机	台	918	小畜存栏	只	743 246
二、综合指标			生猪存栏	头	17 787
生产总值	万元	282 803	梅花鹿存栏	只	
其中：第一产业增加值	万元	211 836	五、特色养殖		
第二产业增加值	万元	15 879	年末实有獭兔	只	2 986
其中：工业增加值	万元	6 858	年末实有貂	只	
第三产业增加值	万元	55 088	年末实有貉	只	
自营经济增加值	万元	136 382	六、畜产品产量		
农垦居民年人均可支配收入	元	29 465	肉类总产量	吨	15 995
农牧场年人均收入	元	28 881	牛奶总产量	吨	102 959
人均生产总值	元	33 450	绵羊毛产量	吨	1 553
职均收入	元	61 513	山羊绒产量	吨	
利润总额	万元		禽蛋总产量	吨	762
固定资产投资	万元	110 747	蜂蜜总产量	吨	1 500
其中：国有投资	万元	88 951	七、工业产品产量		
工农业总产值（现行价）	万元	471 984	马铃薯雪花全粉	吨	
其中：农业总产值	万元	452 734	面粉	吨	560
工业总产值	万元	19 250	植物油	吨	
三、农作物总播种面积	公顷	300 991	干酪素	吨	
其中：粮食大豆播种面积	公顷	167 646	奶粉	吨	394
公顷产量	千克	4 112	奶油	吨	
粮豆总产量	吨	689 321	混合饲料	吨	3 110
其中：油菜播种面积	公顷	80 131	石灰	吨	
公顷产量	千克	2 198	红砖	万块	1 284
油菜总产量	吨	176 128			

内蒙古海拉尔农牧场管理局 2018年经济和社会发展统计公报

2018年，内蒙古海拉尔农牧场管理局以习近平新时代中国特色社会主义思想为指导，全面贯彻党的十九大和十九届二中、三中全会以及中央经济工作会议精神，紧紧围绕统筹推进“五位一体”总体布局和协调推进“四个全面”战略布局，牢牢把握稳中求进工作总基调，深入实践“创新、协调、绿色、开放、共享”发展理念，以保障国家粮食安全和重要农畜产品有效供给为己任，以农业供给侧结构性改革为主线，以创新驱动和农垦改革为动力，以农牧业产业化为突破口，加快建设现代农牧业的大基地、大企业、大产业，构建农垦现代农牧业的产业体系、生产体系和经营体系，走出一条具有农垦特色的“产出高效、产品安全、资源节约、环境友好”的现代化大健康产业发展之路。

一、综合

2018年实现各业总产值639 271万元，比上年同期增加82 766万元，增长14.87%；其中：第一产业实现总产值452 734万元，比上年同期增加82 978万元，增长22.44%，其中：畜牧业实现总产值162 693万元，比上年同期增加7 332万元，增长4.72%；第二产业实现总产值52 209万元，比上年同期减少12 393万元，下降19.18%，其中：工业实现总产值19 250万元，比上年同期减少4 336万元，下降18.38%；第三产业实现总产值134 328万元，比上年同期增加12 181万元，增长9.97%，其中：流通业实现总产值74 060万元，比上年同期增加8 034万元，增长12.17%。居民人均可支配收入29 456元，同比增长5.42%；职均收入61 513元，同比增长4.75%。

二、农牧业

2018年，内蒙古海拉尔农牧场管理局认真贯彻落实中央1号文件精神及中央支持农业特别是粮食生产的政策措施，极大地调动了广大职工群众的积极性，面对春季干旱等不利影响，垦区上下团结一心，积极应对，将不利影响降到了最低，为垦区今年的经济与社会发展奠定了坚实基础。

2018年垦区实现农业总产值（现行价）452 734万元，同比增长22.44%。

农业坚持以防灾减灾为中心，进一步提升现代化农业发展水平，加大种植结构调整力度，引进试验推广先进的科学技术，为发展现代农业提供了强大的技术支撑。2018年耕地总面积31.13万公顷，同比增长0.06%。2018年完成播种面积30.07万公顷，比上年同期增长1 170公顷，增长0.39%。2018年垦区主要农产品产量见表1。

表1　2018年垦区主要农产品产量

指标名称	2018年实际（万吨）	同比增长（%）
粮豆油合计	118.17	35.99
1. 粮豆合计	68.93	33.63
其中：小麦	35.76	73.63
大麦	4.76	544.84
玉米	18.59	−9.48
大豆	2.35	−40.27
2. 油料	17.64	46.09

内蒙古海拉尔农牧场管理局农业生产从育种到粮食销售实现全程机械化，农业机械化装备程度不断提高，进一步改善了垦区农业生产条件，以满足农业生产的需要。2018年机械总动力63.72万千瓦，同比增长1.10%；拥有大中型拖拉机5 634台，联合收割机918台；全年化肥施用量（折纯量）4.75万吨。

2018年垦区进一步加大对畜牧业的政策扶持和项目带动力度，已经初步形成畜牧业稳步发展的基础和机制。年内各类牲畜存栏86.4万头（匹、只），比上年同期增加1.45万头（匹、只），增长1.71%，各类牲畜出栏率56%。2018年牲畜存栏头数及主要畜产品产量见表2。

表 2　2018 年牲畜存栏头数及主要畜产品产量

指标名称	计量单位	2018 年实际	同比增长（%）
年末牲畜存栏	头（匹、只）	864 056	1.71
其中：牛	头	82 798	2.76
羊	只	743 246	1.55
猪	头	17 787	−9.65
出栏率	%	56	14.29
肉类总产量	吨	15 995	0.86
牛奶总产量	吨	102 959	−4.35

三、工业、商贸

工业生产态势下降明显。2018 年垦区实现工业增加值（现价）6 858 万元，同比下降 10.83%，完成工业总产值（现价）19 250 万元，同比下降 18.38%。

2018 年建筑业按照全口径计算完成建筑面积 1.79 万米^2，实现总产值 32 959 万元。

四、固定资产投资

2018 年垦区完成固定资产投资 110 747 万元，同比增长 15.68%，当年新增固定资产 96 504 万元，同比增长 137.55%。

五、非国有经济

随着垦区企业改制的进一步深入，非国有经济经营范围不断扩展，一、二、三产业中的非国有经济成分逐步扩大，垦区经济结构进一步优化。2018 年完成非国有经济生产总值 136 382 万元，占垦区经济总量的 48.23%。

附录四　内蒙古大兴安岭农场管理局2018年基本情况

内蒙古大兴安岭农场管理局2018年主要经济指标表

指标名称	计量单位	数　量	指标名称	计量单位	数　量
一、基本情况			①小麦播种面积	公顷	7 811
1. 单位个数	个	18	公顷产量	千克	3 181
其中：国有农场	个	9	粮食总产量	吨	24 848
2. 总人口	人	61 318	②玉米播种面积	公顷	24 567
3. 在岗职工	人	7 141	公顷产量	千克	6 159
4. 耕地面积	公顷	84 013	粮食总产量	吨	151 314
5. 农业机械总动力	千瓦	220 297	③大豆播种面积	公顷	83 146
6. 大中型拖拉机	台	577	公顷产量	千克	1 585
7. 小型拖拉机	台	3 843	粮食总产量	吨	131 799
8. 联合收割机	台	402	2. 经济作物播种面积	公顷	28
二、综合指标			3. 杂类作物播种面积	公顷	1 432
1. 生产总值	万元	113 933	四、畜牧业生产指标		
其中：第一产业增加值	万元	88 935	1. 牧业年度牲畜存栏	头（匹、只）	131 042
第二产业增加值	万元	3 183	其中：大畜存栏	头	5 678
第三产业增加值	万元	21 815	小畜存栏	只	119 356
2. 居民人均可支配收入	元	16 104	生猪存栏	头	6 008
3. 职均收入	元	62 204	2. 年末牲畜存栏	头（匹、只）	87 829
4. 人均生产总值	元	18 429	其中：大畜存栏	头	5 505
5. 利润总额	万元	2 059	小畜存栏	只	75 293
6. 工农业总产值	万元	144 549	生猪存栏	头	7 031
三、农业生产指标			五、畜产品产量		
总播种面积	公顷	118 746	1. 肉类总产量	吨	3 026
1. 粮食作物播种面积	公顷	117 286	2. 禽蛋产量	吨	594
公顷产量	千克	2 648	3. 鹿茸产量	千克	115
粮食总产量	吨	310 577	4. 蜂蜜产量	吨	72

内蒙古大兴安岭农场管理局2018年经济和社会发展统计公报

2018年，大兴安岭垦区在农业农村部农垦局、呼伦贝尔市委、市政府的正确领导下，垦区党政一班人团结带领广大干部职工，以实施乡村振兴战略为总抓手，以深化农垦改革“两个3年”任务为主线，继续发扬“艰苦奋斗、勇于开拓”的农垦精神，战胜了涝、雹、冻等多种自然灾害，克服了市场低迷、粮价下滑等不利因素影响，在困难与压力中凝心聚力，在风险与挑战中攻坚克难，经济和社会发展稳中有进，粮食生产、生产总值、利润总额、居民人均可支配收入、职均收入等主要经济指标较好地完成了预期目标，垦区经济社会发展呈现出良性发展态势。

一、综合

2018年垦区经济平稳发展，产业结构调整进一步优化，经济运行质量稳中向好，实现各业总产值22.66亿元，生产总值11.4亿元，利润总额2 059万元，同比增长80.9%。居民人均可支配收入16 104元；职均收入62 204元，同比增长3.1%；人均生产总值18 430元。播种面积118 746公顷（流转周边乡镇耕地35 012公顷），同比下降4.9%；粮食产量31万吨，同比增长8%；年末牲畜存栏8.8万头（只）。

二、农牧业

全年实现农业总产值13.8亿元，同比下降24%，完成农林牧渔业增加值8.9亿元，同比下降4.3%。

2018年垦区播种面积118 746公顷，同比下降4.9%；粮食产量31万吨，同比增长8%，可供商品粮26.2万吨，粮食商品率达84.5%。

1. 生态高效农业稳步推进

本着“优豆、稳玉、增麦、寻特”的原则，种植结构不断优化，农业供给侧结构性改革深入推进。农业标准化生产卓有成效，加大“统”的力度，1.69万公顷统管地在土壤改良、标准化作业、生产高效率等方面发挥了典型示范作用，落实2万公顷大豆标准化生产，实施了2.47万公顷耕地轮作和深松整地试点任务，落实500万元农机购置补贴资金，更新农机具184台（套），“农机服务360”和“农技服务360”两个平台作用发挥效果好，农业社会化服务体系逐步完善。农业科技综合能力显著提升，农业农村部生态循环农业和可持续发展试验示范区项目稳步推进，巴彦国家现代农业庄园通过农业农村部及文化和旅游部初审，节水灌溉项目区启动运营，减肥减药措施加快推进，精准落实抗灾核灾防灾减灾措施，6.67万公顷绿色食品认证，为垦区大健康产业走向市场、申报农产品质量追溯项目奠定了坚实基础。

垦区开发建设60年，累计生产粮食677.64万吨，向国家交售商品粮451.6万吨，在保障国家粮食安全方面做出了积极贡献。

“三品一标”工作成果显著，质量追溯工作进一步加强，检测体系工作进一步强化。2018年垦区绿色食品种植面积55 269万公顷，占总播种面积46.5%，带动农户3 174户；有机食品种植面积1 017公顷，带动农户413户；无公害种植面积2 667公顷，带动农户262户。垦区获得国家绿色农产品标志3个，工业绿色产品标志1个，无公害农产品标志3个，有机农产品标志3个。农产品质量追溯8家，追溯面积56 147公顷。

全面落实各项惠农政策，垦区职工群众得到了实惠，2018年垦区享受各项惠农政策补贴34 654万元，其中：良种补贴、粮食直补、农资综合三项补贴9 451万元、大豆目标价格补贴19 383万元、玉米价补分离补贴2 946万元、农业保险理赔1 415万元、轮作补贴750万元、农业救灾补助资金200万元、农机补贴500万元。通过惠农政策补贴的实施，极大地提高了职工种粮的积极性。全面参加农业保险，解除了职工的后顾之忧，降低了农业生产的风险，为职工增收致富提供了保证。

2. 农区畜牧业发展稳步推进

按照“清洁、循环、优质、高效”发展思路，产业化良种化实现新突破，“两降三提高”成效明显，推行了良繁杂交公羊补贴补助模式，完成了垦区基础母羊品种改良，巴彦种羊园存栏稳步增长，欧肯河安格斯肉牛生产的首批犊牛状态良好。生态草牧业经济成效明显，借助中国科学院专家团队优势，区域生态循环农业项目进入实施阶段，粮经饲三元结构初步形成，非洲猪瘟疫情防控措施得力。政策扶持力度不断加大，中国科学院为种羊园争取到项目资金 63.5 万元，种羊园已被莫旗农牧局列入莫旗种公羊供种单位和高素质农民培训基地，200 户退牧还草棚圈建设任务积极推进，农区畜牧业发展迈出新步伐。

3. 农垦旅游实现新发展

借全市旅游发展大会的东风，积极践行“绿水青山生态黑土地，田园乡愁农垦大兴安”理念，开展了冰雪节、三少民族文化节、美食节、芍药花摄影节、月见草观花节、苹果采摘节等节庆活动。借助百家旅行社踩线活动及北京等地展销会、推介会，大力推介农垦杂粮、蜂产品、林下产品、汉麻类等产品。完成了 13 个品牌商标注册和 23 款产品的商标条码注册。巴彦农场 AA 级景区已验收通过，巴彦打造的中药材种子种苗繁育、食药菌种植、有机果蔬生产、特种特用花卉生产“四个基地”引领效果好，诺敏河杜鹃雪连、七彩夏日水世界、宜里民俗文化驿站、风尚人物展、知青记忆馆、中国·欧肯河湿地公园、巴彦生态农业大观园、植物园成为展示农垦旅游发展新形象的亮丽风景线。据不完全统计，垦区全年接待游客近 6 万人次，旅游业发展步伐不断加快。

三、工商贸产业基础逐步夯实

1. 建设项目

全年项目总投资 7 971.85 万元，其中申请中央资金 5 827 万元，地方配套资金 438 万元，企业自筹资金 1 671.65 万元，其他资金 35.20 万元。共实施 20 个项目，其中：实施了巴彦小城镇综合基础设施建设项目，诺敏河、东方红基本农田建设项目，东方红千亿斤粮食增产项目，甘河高标准农田建设项目及 3 万吨大豆流通设施建设项目，扎兰河优质成熟蜜加工厂建设项目，东方红杂粮加工项目，宜里、扎兰河、诺敏河党建现场会建设项目及甘河、东方红、欧肯河粮食除尘设备建设项目。

2. 工业项目

杂粮项目国家财政扶贫资金 1 931 万元已拨付到位，白酒项目实施主体呼伦贝尔宝生公司注册登记地迁移、营业执照变更等工作已完成，东方红酱菜、扎兰河优质成熟蜜加工项目正在积极推进当中。

3. 粮食贸易

借助垦区两条专用铁路线和 35 万吨粮食仓储优势，做实粮食流通贸易，共收购玉米 13 274 吨，大豆 1 322 吨。加强对外合作，与海天集团签订源头直供基地大豆 1.44 万公顷，与国内各大玉米、大豆加工企业和贸易商推介购销业务，促进粮企转型，缓解了卖粮难问题。

四、运输业、批发零售贸易业、服务业

年末运输业 608 个，从业人员 834 人，从业人员劳动报酬 2 954 万元。全年完成货运周转量 223 万吨，客运周转量 81 万人，实现营业收入 7 857 万元。

批发零售贸易业、餐饮业、服务业共有营业单位 1 180 个，拥有固定资产原值 30 655 万元，营业用房面积 137 052 米^2，从业人员 3 507 人，从业人员劳动报酬 8 243 万元，完成营业总收入 48 733 万元，实现批发零售贸易业、餐饮业、服务业增加值 10 920 万元。

五、精准脱贫关注持续深化

垦区党政领导高度关注民生，把民生工作放在更加突出的位置。2018 年，垦区现有在职职工 7 141 人，离退休 9 371 人，遗属 446 人，“五七工”“集体工”退休人员 5 787 人。全年共缴纳各项社会保险 1.44 亿元。其中：企业缴费 1.09 亿元，个人缴费 0.35 亿元。认真落实劳模待遇，完成了岗位职工培训人数 5 157 人，帮助职工提升职业技术等级 1 960 人次，组织职工开展职业技能比赛和岗位练兵比武 24 次 6 890 人次，联合举办了 790 人参加的电焊、烹饪、面点、保健按摩和月嫂培训班，多种方式开展“两节”送温暖活动，为 507 户困难职工发放慰问金 81.7 万元，15 万元“博爱一日”捐款纳入地方红十字会，慰问困难患病女职工 41 人，发放慰问金 4.1 万元，为 20 名白内障患者免费手术，为 3 230 人投保特病保险。文化建设和职工业余文化生活丰富多彩，典型培树成

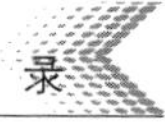

果丰硕，巴彦有机果蔬采摘园创新工作室获得自治区级工人先锋号，宜里农场获得呼伦贝尔市五一劳动奖状，诺敏河三连获得呼伦贝尔市工人先锋号。

六、社会保障和卫生全面发展

社会保障全面发展，深化人事、劳动用工管理制度改革，依法履行合同，劳动用工行为更加规范。垦区现有在职职工 7 141 人，离退休人员 9 371 人、遗属人员 446 人，“五七工”“集体工”人员 5 787 人，全年发放养老金 29 051 万元。加强企业离退休人员社会化、信息化、规范化管理，按政策落实职工工资及各项福利待遇，在职职工养老保险、医疗保险、工伤保险、失业保险全面启动，实现 100%参保。

七、人口、人民生活和社会保障

垦区总人口 61 318 人，垦区居民生活水平显著提高，由于各项民生措施的实施，社会保障资金的落实，职工工资和福利提高。2018 年职均收入 62 204 元，居民人均可支配收入 16 104 元。居民住房条件进一步改善，人均住房面积 19.2 $米^2$。

2018 年，在农业农村部农垦局的正确领导和支持下，以党的十九大精神为指导，以“优农牧、立旅游吧、兴工业、强流通，全力发展大健康产业”为主导，以实施乡村振兴战略为总抓手，以供给侧结构性改革为主线，以富民强企为根本，以创新驱动、转型升级、科学发展为动力，深入践行习近平新时代中国特色社会主义思想，全面推动高质量发展，紧紧依靠广大干部职工，战胜了雹灾、涝灾、霜冻灾等多种自然灾害，赢得了垦区经济发展、社会进步、政治稳定的良好局面，取得显著的经济效益和社会效益。

附录五 全国农垦2018年大事记

全国农垦2018年大事记

1 月

2日 广西壮族自治区党委书记鹿心社听取广西农垦改革发展情况的汇报，对下一步工作作出指示。

4日 宣布谭良良任广西壮族自治区农垦工委副书记和农垦集团董事、总经理，杨海空不再担任自治区农垦工委副书记和农垦集团董事、总经理职务。

7日 海胶集团全自动智能割胶系统技术在红光分公司橡胶园首次亮相。

10日 澜沧江-湄公河合作成果展在柬埔寨首都金边隆重举行，广西农垦代表团参展并受到巡视参观成果展的李克强总理点赞。

10日 吉林省省长景俊海在《关于全省农垦改革情况的报告》上批示：同意所提意见，请于强同志调度各方资源与力量，切实抓好落实，取得实实在在的改革成效。

12日 美国驻华大使特里·布兰斯塔德一行到访黑龙江省农垦总局。

15日 北大荒集团与京东集团在哈尔滨举行战略合作框架协议签约仪式，黑龙江省委书记、省人大常委会主任张庆伟，省委副书记、省长陆昊等出席签约仪式。

15日 老挝人民革命党中央委员、老挝川圹省省委书记、省长宋哥·芒诺美一行到访云南农垦集团。

19日 农业部农垦局局长邓庆海当选为中国天然橡胶协会第三届理事会会长。

19日 江苏省农垦集团与五粮液集团签署战略合作协议，开展专用原粮基地建设合作。

20日 农业部副部长余欣荣在访问越南期间，专程到广西农垦明阳生化集团越南公司调研。

25日 斯洛伐克驻华使馆与中国捷克斯洛伐克友谊农场合作备忘录在京签署。

27日 广西壮族自治区主席陈武对广西农垦改革成效给予高度肯定并作出批示：深入持续推动改革，以此增强我区农垦活力、动力，要把农垦集团打造成为我区特色产业发展、乡村振兴的龙头企业。

29日 农业部办公厅印发《关于印发2018年深化农垦改革责任书和计划书的通知》，并对各垦区报送的《2018年深化农垦改革责任书》《2018年深化农垦改革计划书》进行确认备案。

2 月

2～3日 安徽省委书记李锦斌赴凤阳县小岗村调研，现场察看安徽农垦小岗公司生产情况。

3日 中央政治局委员、北京市委书记蔡奇，市委副书记、市长陈吉宁，市人大常委会主任李伟，市政协主席吉林一行到首农食品集团双桥农场塞隆国际文化创意园调研。

4日 江西省委书记刘奇走访农垦企业——井冈山企业集团。

5日 海南省委副书记、省深化海南农垦管理体制改革领导小组组长李军到桂林洋国家热带农业公园调研开园准备工作。

5日 王守聪任黑龙江省农垦总局局长，徐学阳任黑龙江北大荒农垦集团总公司总经理，刘君不再担任黑龙江省农垦总局局长职务。

5日 农业部办公厅印发《关于贯彻落实中央农垦改革发展文件2017年量化考评结果的通报》。

8日 农业部部长韩长赋、副部长余欣荣、总经济师张合成一行到天津食品集团渤海农业广源畜禽养殖公司，调研百万只蛋鸡工厂化养殖及废弃物循环利用情况。

8 日　安徽省政协主席张昌尔赴安徽农垦小岗公司调研。

11 日　江苏省国资委、省财政厅、省卫计委、省民政厅、中国人民银行南京分行、江苏省农垦事业管理办公室联合印发《江苏省农垦国有农场办社会职能改革实施方案》。

12 日　中央政治局委员、上海市市委书记李强到光明食品集团调研深化上海国资国企改革、推动国企创新发展情况。

13 日　海南省委副书记、省深化海南农垦管理体制改革领导小组组长李军主持召开领导小组第十六次全体会议，研究农垦改革工作。

13 日　福建省第二家区域性农垦集团——福安市农垦集团有限公司正式揭牌成立。

22 日　海南省副省长刘平治到海垦控股集团和海胶集团总部走访调研。

23 日　新疆维吾尔自治区党委常委、人民政府副主席艾尔肯·吐尼亚孜听取自治区农牧渔场改革专题汇报。

24 日至 3 月 2 日　农业部副部长屈冬玉一行赴广西、广东、湖南 3 省（自治区），督导调研农垦改革发展工作。

24 日　湖北省副省长周先旺到湖北省农垦局检查指导工作，并召开农垦改革发展工作座谈会。

27～28 日　农业部农垦局和国土资源部地籍管理司就农垦土地确权登记发证工作，共同约谈内蒙古、河北两省（自治区）有关部门。

28 日　郑永利任浙江省农业厅农场管理局副局长（主持工作）。

3　月

7 日　黑龙江省委副书记陈海波到黑龙江农垦哈尔滨管理局调研改革发展情况，强调要增强改革的自觉性，抓紧推动农垦按新体制运行。

9 日　广东省建立广东农垦改革发展联席会议。

11 日　西藏自治区政府副主席罗梅带队到察隅农场督导维稳工作。

12 日　西藏自治区政府副主席罗梅到易贡茶场调研。

14 日　海南省副省长刘星泰到海垦乌石农场公司、乌石白马岭茶业公司调研。

14 日　李国臣任云南省农垦局党委书记。

15 日　北京市副市长卢彦到首农股份金星鸭业南口北京鸭育种中心和首农集团中法企业北京安德鲁水果制品有限公司调研。

25 日　新华·海南农垦系列价格指数在海口面向全球发布，包括中国天然橡胶系列价格指数、胡椒价格指数以及槟榔价格指数。

30 日　吉林省委书记巴音朝鲁听取省农委《关于农垦改革工作情况的汇报》并指出“这一年多，工作出色，很有成效，成绩喜人”。

30 日　新疆维吾尔自治区党委常委、常务副主席张春林在农业农村部副部长屈冬玉来信上批示：一、请转艾尔肯副主席、农业厅朱岗、热比娅同志阅处。要坚定信心，统筹力量、克服困难，加速推进农牧场改革和土地确权发证工作。二、请农业厅代我和艾尔肯副主席起草回信。

30 日　安徽省政府办公厅印发《安徽农垦国有农场办社会职能改革实施方案》。

4　月

1 日　全国人大常委会委员、农业与农村委员会主任委员陈锡文一行到黑龙江农垦调研改革、乳品产业发展等情况。

1 日　江苏省农垦集团农场公司制改革全面完成。

2 日　上海市副市长彭沉雷一行到光明食品集团调研。

2 日　海南省副省长刘平治率队到东昌农场公司调研基层党建促脱贫攻坚工作。

3 日　农业农村部、中央机构编制委员会办公室、国家发展和改革委员会、财政部、人力资源和社会保障部、自然资源部、黑龙江省人民政府、广东省人民政府联合印发《中央直属垦区“部省双重领导、以省为主”管理暂行办法》。

5 日　津巴布韦共和国总统埃默森·姆南加古瓦在安徽省副省长周喜安、中国驻津大使黄屏等陪同下，访问安徽农垦集团。

7 日　西藏自治区政府主席齐扎拉一行到察隅农场调研指导工作。

9 日　广东省副省长叶贞琴到广东农垦开展农

垦改革专题调研。

10 日 河南省省长陈润儿到黄泛区农场调研。

11 日 农业农村部与老挝农林部在老挝万象市召开中老现代农业产业合作示范园区建设协调小组第一次会议。

11 日 全国人大常委会副委员长吉炳轩一行到重庆农投集团中垦华山牧乳业参观指导工作。

11 日 黑龙江省委副书记、代省长王文涛到建三江管理局调研。

12 日 湖北省委副书记马国强到湖北省农垦局调研。

14 日 黑龙江省副省长刘忻到黑龙江农垦洪河农场调研。

16 日 农业农村部办公厅、财政部办公厅、教育部办公厅、国家卫生健康委员会办公厅、民政部办公厅联合印发《农垦国有农场办社会职能改革工作 2018 年度考核评估指标》。

16 日 内蒙古自治区副主席李秉荣到呼伦贝尔农垦调研备春耕工作情况。

17～18 日 农业农村部农垦局在安徽宣城召开全国农垦国有土地使用权确权登记发证工作现场推进会，农业农村部副部长屈冬玉对会议作出批示，自然资源部、财政部相关司局同志参加会议。

19 日 上海市政府在白茅岭监狱召开上海市白茅岭农场、军天湖农场移交大会，标志着皖南两农场型监狱监社分开的监狱体制改革任务完成。

21 日 农业农村部副部长张桃林考察湖北农垦承建并运营的中国-莫桑比克农业技术示范中心。

22 日 广州风行乳业股份有限公司通过“国家优质乳工程”项目验收，成为华南地区首批通过优质乳工程验收的企业之一。

27 日 原中共中央政治局常委、全国政协主席贾庆林一行莅临北京长阳农场，实地参观农场都市农业项目千亩花海。

5 月

7 日 广东省副省长叶贞琴听取广东农垦办社会职能改革专题汇报，并考察燕塘乳业广州开发区旗舰工厂。

9 日 上海市副市长彭沉雷一行到光明食品集团上海农场调研。

9 日 新疆维吾尔自治区党委副书记、农村工作领导小组组长李鹏新听取农垦改革工作汇报，要求以 7 部门名义尽快下发《自治区农牧渔场办社会职能改革实施方案》。

10 日 湖北省十二届人大常委会党组书记、常务副主任傅德辉到五三农场调研指导工作。

11 日 广东省人大常委会副主任罗娟一行到广东农垦调研。

12 日 中共中央政治局常委、全国人大常委会委员长栗战书视察湖北农垦承建并运营的中国-莫桑比克农业技术示范中心。

14 日 光明食品集团领导接待瑞典农村事务大臣一行。

22 日 首农食品集团与玉树州人民政府、北京青海玉树指挥部签订产业扶贫合作协议，拓展深化对口援助工作。

22 日 安徽省委常委、省军区司令员杨征检查指导安徽农垦华阳河农场防汛工作。

26 日 农业农村部在甘肃组织举办“努力打造中国农垦现代农业航母”专题研讨班，集团化垦区和部分国有农场归属市县管理的垦区主要负责同志参加研讨班。农业农村部副部长屈冬玉出席并讲话。

27 日 海南省省长沈晓明赴红明农场公司调研荔枝产销情况。

29 日 中共河北省人民政府党组召开第 14 次会议，听取农垦改革发展情况汇报，研究部署下一步工作。

30 日 黑龙江省委常委会会议决定，徐学阳、陶喜军为黑龙江北大荒农垦集团总公司（农垦总局）副董事长人选。

30 日 广西壮族自治区副主席方春明听取广西农垦集团关于农垦改革发展专题汇报。

6 月

1 日 农业农村部副部长屈冬玉赴湖南省屈原管理区开展农垦改革专题调研，督导检查农垦改革情况。

2 日 河南省副省长武国定一行到黄泛区农场视察调研。

3 日 西藏自治区政府副主席坚参一行到米林农场农业园区调研。

7 日 陕西省委书记胡和平到陕西省农垦集团

朝邑农场调研省农垦改革和“三夏”工作。

7日　江西省委书记刘奇在《关于报送〈关于落实中央和省委农垦改革发展文件精神的报告〉的报告》上批示：并请胡强（副省长）同志商有关部门研究提出意见。

7日　黑龙江省垦区公安机关移交揭牌仪式举行。

10日　海南省政协主席毛万春到海垦控股集团调研。

15日　中国-中东欧（沧州）中小企业合作区启动发布会在河北省沧州市中捷友谊农场举行，该合作区是国内唯一一家面向中东欧国家的中小企业合作区。

16日　云南省委常委、常务副省长宗国英到云南农垦集团考察调研。

21日　光明食品集团加入中国国际进口博览会上海交易团四大采购商联盟。

22日　黑龙江省委副书记陈海波到黑龙江农垦建三江管理局调研。

28日　全国人大常委会副委员长、九三学社中央主席武维华一行到黑龙江绿色草原牧场调研。

28日　天津食品集团完成下属全部农场社区管理职能移交，此次移交涉及滨海新区、东丽区、北辰区、西青区、宝坻区、宁河区等6个区、10个农场、11个街镇。

28～30日　2018年中国国际荔枝产业大会在广州召开。

29日　云南农垦集团公司与红星美凯龙集团在昆明签署合作协议，云南省委书记陈豪、省长阮成发、副省长陈舜出席签约仪式。

7　月

2日　甘肃省委副书记、省长唐仁健在《农垦集团助力脱贫攻坚产业项目汇报》上批示：请宋亮、沛兴同志阅。农垦集团在我省脱贫攻坚中做了不少事。所提建议请研究，支持农垦在产业扶贫中发挥更大作用。

5日　河北省人民政府办公厅印发《关于尽快完成农垦改革任务的通知》。

7日　中国-中东欧国家领导人在保加利亚索菲亚举行会晤期间，李克强总理对参加16+1高端成就展的中国-中东欧（沧州）中小企业合作区高度关注并给予厚望。

9日　农业农村部副部长、马铃薯专业委员会主任委员屈冬玉到云南农垦昭通农投公司昭通马铃薯科技育种中心检查指导工作。

9～12日　北大荒集团参加在俄罗斯叶卡捷琳堡市举行的第五届中俄博览会。

10日　农业农村部副部长屈冬玉一行到云南农垦集团所属咖啡公司、高特公司考察调研。

10日　张天喜任呼伦贝尔农垦集团有限公司党委书记。

10日　海南省政协主席毛万春实地考察海垦和牛公司文儒牧场。

11日　黑龙江省委书记张庆伟到北大荒垦丰种业股份有限公司宾西产业园区调研。

14～15日　农业农村部副部长韩俊到黑龙江农垦建三江管理局调研。

18日　黑龙江省副省长孙东生到黑龙江农垦建三江管理局调研。

18日　阿联酋上海总领事拉世德·卡姆兹一行到访光明食品集团。

19日　中国油菜新业态发展高峰论坛在呼伦贝尔举行。

21日　农业农村部、财政部、黑龙江省人民政府联合向国务院报送了《关于明确黑龙江北大荒农垦集团总公司出资人相关事项的请示》，共同推动黑龙江北大荒农垦集团总公司由全民所有制企业向国有独资公司转制。

23日　宣布谢强任新疆生产建设兵团农业局（林业局、畜牧兽医局）党组书记、局长。

24日　海南省副省长王路一行到母瑞山农场公司督导美丽乡村项目建设进度。

24日　财政部办公厅、农业农村部办公厅联合印发《关于做好农垦国有农场办社会职能改革中央财政补助工作的通知》，明确中央财政按照先改后补、早改早补、以补促改的原则给予补助。

25日　北京市委常委、副市长阴和俊一行赴首农食品集团调研。

26日　国家发改委党组成员，国家粮食和物资储备局党组书记、局长张务锋一行到黑龙江农垦建三江管理局调研。

26日　张天喜任呼伦贝尔农垦集团有限公司董事长。

27日　中央政治局委员、北京市委书记蔡奇，市委常委、副市长张工等领导，内蒙古自治区党委书记李纪恒率领的党政代表团到首农食品集团所属月盛斋公司考察调研。

28日 《中共中央办公厅 国务院办公厅关于印发〈农业农村部职能配置、内设机构和人员编制规定〉的通知》印发，明确农垦局为农业农村部内设机构之一，明确农垦局5个方面职责。

28日 江苏省委常委、省纪委书记蒋卓庆到江苏农垦集团产业扶贫点调研指导工作。

30～31日 全国农垦改革"两个3年"任务2018年中期评估通报会暨改革推进会在京召开，农业农村部副部长屈冬玉出席会议并讲话。

8 月

1日 全国人大常委会副委员长、民革中央主席万鄂湘一行到黑龙江北大荒博物馆参观考察。

3日 江西省委书记刘奇与新余市渝水区罗坊镇（南英垦殖场）连线通话，询问智慧小镇项目运行情况。

7日 江西省委副书记、代省长易炼红在《"三变三化三合"，垦出发展新天地》专报上批示：农垦系统的改革，创新之举有特色、有力度、有成效，可供全省各地各部门借鉴。请省政府办公厅组织调研，形成专题报告，予以通报、推介。

8日 甘肃省委书记林铎在《甘肃省农垦集团公司工作情况汇报》上批示：请正国同志阅。农垦集团在我省农业企业中起着重要作用，业务领域广泛，农业生产规模大且有经验。但积累的问题太多，体制机制障碍明显，创新活力动力不足，有些遗留问题难解。要通过深化改革来破解，要以壮士断腕的勇气，积极稳妥推进，既保持稳定，又要创新发展。

12日 罗马尼亚驻华大使巴西尔·瓦西利克·康斯坦丁内斯库一行对河北省沧州市中捷友谊农场进行友好访问。

14日 宁夏回族自治区党委书记、人大常委会主任石泰峰到宁夏农垦贺兰山奶业公司暖泉牧场调研。

16日 浙江省委书记车俊在《浙江省农业厅关于要求成立省国有农场改革发展工作领导小组的函》上批示：原则同意省农业厅所提建议。省长袁家军、省委副书记郑栅洁、副省长彭佳学相继作出批示。

17日 邓庆海任农业农村部农垦局局长。

20日 农业农村部向中央改革办呈报《关于报送深化农垦改革重点任务进展情况的函》。

20日 海垦控股集团（海南省农垦总局）与马来西亚橡胶局在京签署合作谅解备忘录。

22日 农业农村部副部长屈冬玉就加快推进安徽垦区国有农场办社会职能改革，致信安徽省省长李国英。

22日 经商财政部、自然资源部，农业农村部办公厅印发《关于全国农垦国有农场办社会职能改革和国有土地使用权确权登记发证工作进展情况的通报》。

23日 中共河北省委全面深化改革领导小组听取全省农垦改革发展工作汇报。

25日 海南省副省长刘平治一行到海垦南繁产业集团调研。

28日 广东省农垦集团公司参与主办的首届全球天然橡胶发展（广州）论坛在广州举行。

29日 印度尼西亚贸易部国际事务司司长丹尼·古尼亚（Deny W. Kurnia）、老挝橡胶协会会长蓬凯·维莱万（Phomkhe Vilayvanh）一行9人到访广东农垦集团。

30日 安徽省省长李国英在农业农村部副部长屈冬玉关于加快推进安徽垦区国有农场办社会职能改革的来信上批示：请树山同志研处。

30日 泰国橡胶局局长依恩·塔瓦罗利特（Yium Tavarolit）一行到访广东农垦集团。

9 月

4日 云南省委书记、省人大常委会主任陈豪一行到云南农垦集团调研指导工作。

4日 北大荒集团参与承办的"第三届中国大豆产业国际高峰论坛暨新时代中国大豆产业创新升级探讨会"在哈尔滨举行。

9日 福建省民政厅、农业厅共同印发《关于加强农垦国有农场社区建设的指导意见》。

11日 吉林省省长景俊海在《关于全国农垦国有农场办社会职能改革和国有土地使用权确权登记发证工作进展情况的通报》上批示：很好，要与市州做好扎实对接，确保可持续发展。

11日 农业农村部副部长屈冬玉赴广西农垦

开展专题调研，督导检查广西农垦改革进展情况。

12～13日　全国政协副主席、交通运输部党组书记杨传堂，全国政协常委、农业和农村委员会主任罗志军分别带队，深入黑龙江农垦赵光农场和七星农场调研。

13日　老挝万象省委书记兼省长维东·赛雅颂一行到访云胶集团。

17日　2018年热带、南亚热带作物工作座谈会在昆明召开，农业农村部农垦局局长邓庆海出席会议并讲话。

19～20日　海南省政协主席毛万春、副主席马勇霞一行先后赴儋州八一总场公司石花水洞、海垦温泉公园、西联农场公司百年胶园等地调研。

21～23日　首届中国农民丰收节农垦系列活动在广州举行。

21日　江苏省委书记娄勤俭对江苏省农垦集团改善农民住房工作作出指示。

22日　全国"质量兴垦、品牌强垦"工作座谈会在广东省农垦集团公司举行。

23日　甘肃省委副书记、省长唐仁健在《助力脱贫攻坚产业项目初步规划》上批示：农垦集团近几年要把眼光和精力很大程度放在助力脱贫攻坚和乡村振兴上。干的事情，要有一定的面和规模，带动和辐射能力要更强。

25日　习近平总书记到黑龙江农垦建三江管理局考察调研。习近平总书记先后到北大荒精准农业农机中心，听取发展现代化大农业、粮食生产、"三江连通"水资源综合利用等情况介绍，了解农业物联网综合服务管理平台运行情况，并通过大屏幕察看农场、农机远程管理调度等情况；到七星农场万亩大地号，察看水稻收获情况；到北大荒建三江国家农业科技园区，听取精准农业技术研究和成果转化情况，了解水稻繁育、土壤情况测试分析、栽培和推广种植情况。

25日　海南省政协主席毛万春到海南农垦共享农庄（保国）田园综合体项目和毛公山景区现场调研。

26日　国务院副总理胡春华视察呼伦贝尔农垦集团。农业农村部部长韩长赋陪同。

27日　中央政治局委员、重庆市委书记陈敏尔听取新华社品牌办与重庆农投集团共同发起的"新华社民族品牌工程·良品行动"工作汇报。

27日　北大荒集团与中国农业发展银行举行业务合作协议签约仪式，黑龙江省副省长孙东生等见证签约。

30日　内蒙古自治区主席布小林在《我区农垦改革存在三方面问题需关注》上批示：中央要求农垦土地确权和办社会职能改革今年必须完成。请秉荣同志尽快调度我区农垦改革情况，研究解决存在的问题，紧盯重点地区、重点任务，加大推进力度，严格按时间要求高质量完成改革任务。将推进情况定期报我。

10　月

12日　河北省省长许勤到中国-中东欧（沧州）中小企业合作区、中海石油中捷石化有限公司考察调研。

7～14日　农业农村部农垦局组团赴泰国清莱市执行天然橡胶生产国联合会（ANRPC）2018年会任务。

8日　黑龙江省副省长刘忻主持召开专题会议，听取北大荒农垦集团（总局）党委贯彻落实习近平总书记在黑龙江垦区考察时的重要指示和推进东北振兴座谈会重要讲话精神情况，以及农垦改革和企业发展情况汇报。

9日　海南省委常委、常务副省长毛超峰一行到南繁科技城调研。

10～16日　农业农村部副部长屈冬玉一行到黑龙江、内蒙古督导调研。

13～14日　黑龙江省委书记、省人大常委会主任张庆伟到黑河市、黑龙江农垦北安管理局，宣讲习近平深入推进东北振兴座谈会重要讲话和视察黑龙江省重要指示精神，听取贯彻落实工作意见建议。

13日　"海南农垦产业发展股权投资基金""海南农垦农业产业投资基金"揭牌成立。

19日　2018年中国中部国际产能合作论坛暨对接洽谈会"一带一路"专场活动在湖北武汉举行，湖北省农垦局代表与吉尔吉斯斯坦农业部部长签署合作协议。

22日　余繁任云南省农垦局党委委员、副书记、局长。

22日　北大荒集团与中国农垦产业发展基金战略合作协议签约仪式在京举行。

22日　江西省省长易炼红对全省农垦改革发

展调研报告作出批示：很好！请胡强同志加强指导、协调。

25日 农业农村部副部长余欣荣一行到江西云山集团凤凰山高标准农田和稻鳖共生基地参观考察。

26日 黑龙江省副省长刘忻到黑龙江农垦尖山农场调研。

27日 九三粮油工业集团获“中国十佳粮油集团——特别奖”，北大荒粮食集团获“中国十佳粮油集团”称号。

29日 甘肃省委副书记、省长唐仁建在《关于助力脱贫攻坚工作情况的报告》上批示：进一步强化责任担当，加大工作力度，发挥更大作用。

30日 立陶宛共和国农业部部长葛底留斯·塞普里斯一行参观三元食品瀛海工业园。

31日 江苏省委书记娄勤俭在《江苏农垦改革发展的情况与建议》上批示：江苏农垦改革发展走在全国前列，特别是保障粮食安全，饭碗端在自己手里，功不可没。可研究进一步支持，在改善农民住房、乡村振兴战略实施中大有可为。

31日 安徽省农委、安徽大学、安徽农业大学专家和联合国粮食计划署有关官员调研安徽农垦皖津公司。

11 月

1日 江苏省省长吴政隆在《江苏农垦改革发展的情况与建议》上批示：要支持农垦集团在推动农业供给侧结构性改革和高质量发展上发挥更大作用。

1～5日 农业农村部农垦局组织农垦系统组团参加第十六届中国国际农产品交易会，开展“中国农垦品质”系列宣传推介活动，并获得最佳组织奖、设计奖等荣誉。

2日 黑龙江省人民政府办公厅印发《黑龙江省农垦政府行政职能移交及办社会职能改革实施方案等4个农垦改革配套文件的通知》。

7日 江西省委书记刘奇在《关于国家督导组对我省农垦“两个3年”改革任务进展情况进行专项督导调研情况的报告》上批示：要按照督导组提出的工作要求，认真抓好落实。

7日 海南省省长沈晓明在定安县调研期间，深入母瑞山农场公司考察美丽场队建设情况。

8日 甘肃省委书记林铎到甘肃农垦天牧乳业有限公司调研。

9日 农业农村部副部长余欣荣到三元食品公司调研。

9日 自然资源部办公厅、财政部办公厅、农业农村部办公厅印发《关于尽快完成农垦国有土地使用权确权登记发证工作的通知》。

13日 安徽省副省长周喜安一行到皖津公司视察指导工作。

17日 福建省副省长李德金一行到福建龙海市调研农垦改革发展情况。

20日 江西省省长易炼红到吉安市峡江县金坪华侨农场调研。

25日 安徽省省长李国英再次在农业农村部副部长屈冬玉关于加快推进安徽垦区国有农场办社会职能改革的来信上批示：树山并小龙同志，农垦国有农场办社会职能改革是中央农垦改革发展文件明确要求到今年底基本完成的任务之一。现已接近年底，我省的改革任务完成得怎样？要抓紧推进。抄丰纯同志。

26日 全国人大常委会副委员长、九三学社中央主席武维华，到海垦茶业集团琼中乌石白马岭茶叶生产基地调研。

27日 首农供应链公司所属天津港首农食品进出口贸易有限公司，在首届中国国际进出口博览会上与阿根廷黑竹公司签署进口1亿美元阿根廷肉牛项目战略合作协议。

29日 经财政部、教育部、国家卫生健康委员会、民政部、中国人民银行同意，农业农村部办公厅印发《关于做好农垦国有农场办社会职能改革总结工作的通知》。

30日 中国天然橡胶协会第三届二次理事大会在海口召开，农业农村部农垦局局长、协会会长邓庆海作“天然橡胶产业的出路在于科技创新与战略突破”主旨发言。

12 月

5日 江西省委书记刘奇到宜丰县黄岗山垦殖场炎岭村实地考察农村垃圾分类和减量回收服务点及“供销e家”村级服务网点。

10日 农业农村部副部长屈冬玉在浙江省《关于农垦改革“两个3年”任务完成情况的报告》

中批示：可喜可贺！

10日　农业农村部副部长屈冬玉在内蒙古自治区农牧厅报送材料上批示：可喜可贺，再接再厉。

12～16日　2018年中国（海南）国际热带农产品冬季交易会在海南国际会展中心举行期间，海南省省长沈晓明、中国农产品市场协会会长张玉香等领导先后参观海南农垦馆，了解海南农垦新一轮改革发展的新进展。

14日　财政部、农业农村部、黑龙江省人民政府联合印发《关于明确黑龙江北大荒农垦集团总公司出资人等有关事项的通知》，明确财政部已经国务院授权，履行黑龙江北大荒农垦集团总公司的出资人职责，农业农村部、黑龙江省人民政府等将按照《中央直属垦区“部省双重领导、以省为主”管理暂行办法》的规定，履行相关职责。

15～16日　农业农村部部长韩长赋赴黑龙江出席黑龙江北大荒农垦集团总公司成立大会，并主持召开农垦改革座谈会。

16日　黑龙江北大荒农垦集团总公司挂牌成立。

20日　青海省农垦9家国有农牧场办社会职能全部通过省级验收。

图书在版编目（CIP）数据

2018中国农垦统计年鉴/中华人民共和国农业农村部农垦局，中国农垦经济发展中心编．—北京：中国农业出版社，2019.11
ISBN 978-7-109-25898-3

Ⅰ.①2… Ⅱ.①中… ②中… Ⅲ.①农垦地区-统计资料-中国-2018-年鉴 Ⅳ.①C832-54

中国版本图书馆CIP数据核字（2019）第194209号

2018中国农垦统计年鉴
2018 ZHONGGUO NONGKEN TONGJI NIANJIAN

中国农业出版社出版
地址：北京市朝阳区麦子店街18号楼
邮编：100125
责任编辑：郑　君
版式设计：韩小丽　　责任校对：沙凯霖
印刷：北京通州皇家印刷厂
版次：2019年11月第1版
印次：2019年11月北京第1次印刷
发行：新华书店北京发行所
开本：889mm×1194mm　1/16
印张：27.75　　插页：10
字数：938千字
定价：450.00元
